延安一代士林

烏托邦的幻滅

裴毅然 著

一本逼人深思的書
——裴毅然《延安一代士林》

錢理群

（一）

酷暑中讀完裴毅然先生這本好沉重的書——不僅是書的篇幅「重」，更是其內容之「沉」，我長長吐了一口氣：此書的出版，正當其時！

我這麼說，基於我對當下中國思想文化問題的一項判斷。約於 2010年初，郭小川（他正屬於本書所研究的「延安一代」）誕辰九十周年紀念座談會上，我有一篇發言，談到如何認識「革命時代」和當下「我們的時代」，這兩個有著內在聯繫的時代，「實際上是當下中國知識界、思想文化界、學術界所面臨的一個核心問題，也是爭論的焦點」；並且有這樣的分析：「據我的觀察，存在著四種傾向。一是對革命時代和當下中國現實的全面肯定和讚揚，將革命理想化、現實盛世化；二是對革命和現實都持尖銳的批判態度，以至全盤否定；三是肯定革命年代而否定現實社會；四是肯定現實而否定革命時代。」事實上，這些不同傾向，已經有了理論上的表述，一方面是黨內毛派呼籲「回歸毛澤東時代」，一部分知識分子提出「集權為民」的「中國道路」、「中國模式」、「北京共識」；另一方面，黨內民主派高揚「民主社會主義」，另一部分知識分子提出以「憲政民主」為中心的零八憲章等等，其背後都隱含著對革命時代與當下時代的不同評價與態度。

在發言中，我還談到自己的困惑：

> 這四種傾向，在我看來，都有兩個特點，一是觀點明快，態度鮮明，
> 立場堅定；二是立場、觀點在先，缺乏具體的分析、研究。談歷史，

實際上對歷史瞭解甚少，根本沒有進入具體的歷史情境；講現實，多從感情、道德、義憤出發，缺乏具體實際的調查研究，更不用說理論的辨析和批判。我的困惑在於，儘管我自有必須堅守的基本信念和基本判斷，但我更願意把問題看得複雜一些，對所有過於明快的判斷，我都有些懷疑，總覺得在明快因而痛快的背後，遮蔽了一些東西。因此，在對歷史與現實作出判斷時，我常常猶豫不決，即使作出了一些判斷，也有些心虛，自己就先懷疑起來。這樣的立場就顯得不夠堅定，在這處處要求站隊的時代，就不免把自己置於尷尬的境地。

在發言的最後，我還表達了這樣的期待：

作為一個學者，一個知識分子，我們要做的，所能做的，不是急急忙忙地表態，而是要坐下來，踏踏實實地進行研究，創造對歷史與現實都具有闡釋力的新的批判理論。而這樣的探討，又應當從個案研究入手。

我正是以這樣的期待來看裴毅然先生的這本新著，論定它的出版「正當其時」，不僅是因為本書對當下中國政治、思想、文化、學術界爭論的焦點問題，旗幟鮮明地表達了自己的看法，對時代所提出的重大問題作出了自己的回應，表現了在當下中國學術界特別難能可貴的知識分子的社會責任感；更因為本書是作者坐下來踏踏實實地研究的成果，其用功之力、思考之深，表明這是一個學者的回應，它的鮮明的觀點，是建立在學術研究基礎上的，讀者盡可以不完全同意研究的結論，但確實能夠從中得到許多啟示。

我尤其欣賞的，是作者採用的「個案研究」的方法，而且選擇「延安一代知識分子」作為研究對象，這是顯示了一種銳利的學術眼光的：延安一代人，如作者所說，是上承五四一代，大革命一代，下啟解放一代及紅衛兵一代的，因此拎起這一代，可以把握與揭示二十世紀中國知識分子歷史道路的全景。或許更為重要的是，延安這一代還在深刻地影響著中國的

現實，前文提到的黨內毛澤東派與黨內民主派的主要骨幹都是延安一代人，意味著延安一代在當代的分化。因此，以延安一代人作為個案進行研究，總結歷史經驗教訓，能夠有助於人們認清當下這些爭論的歷史淵源及其深厚的歷史內容：這是一個極好的歷史與現實的結合點。

（二）

我更看重本書的，是作者的研究對當下爭論的啟示。

本書的最大特點是史料的詳實，這也是作者的自覺追求：「儘量還原史實，以據立論，重在對具體歷史情境的剖析」。這本來是學術研究的基本要求，但在當下的中國政治、思想、文化、學術界卻成了問題。這也是本書所揭示的歷史的積弊：「為實現自己頭腦中的紅色概念，無視具體現實，尤其無視革命造成的悲慘現實」；立場在先，觀念在先，判斷在先，而且不需要事實的支撐，甚至不顧及基本歷史事實，睜了眼睛說瞎話。比如說，一位毛澤東派的帶頭人宣稱「文革前三年天下大亂，後七年天下大治──億萬人民意氣風發，各行各業碩果累累，社會主義新生事物層出不窮，新型革命秩序初步確立」──作者自可以為毛澤東時代辯護，但用這樣歪曲事實的作法來唱讚歌，就有些離譜。還有一位鼓吹「中國模式」的學者，則揚言「人類在解決收入貧困、人類貧困、知識貧困和生態貧困四類貧困中沒有什麼太大成功的案例，只有中國在其特定的國情條件和體制下，才取得了初步的成功」──這樣的描述和判斷，與真實地生活在中國這塊土地上的普通人的實際感受大相徑庭。這位學者盡可以採取支援中國現行「體制」的立場，但如此不顧事實，在我看來，無異於在幫倒忙。

這當然不是一個單純的學風問題，它其實正是這些年當局推行「強迫遺忘」的思想、文化政策的產物。而且不能低估這樣的遮蔽、否認歷史事實的「強迫遺忘」國策的有效性。比如說，今天一些青年已經不知道，進而不相信 1959～1961 年中國曾經發生過大饑荒引發的大規模死人的事實──人們對死人的具體數字與造成非正常死亡的原因盡可以有不同的認定和分析，但討論的前提，是必須承認歷史上確實發生過大規模非正常死亡這一基本事實。如果把論斷建立在不承認基本事實的基礎上，那是無法

討論問題的。理論與觀點的力量正在於，能面對所有的事實，並作出有說服力的解釋與分析。也就是說，揭示與面對所有的事實，這應該是我們討論中國革命時代和當下時代問題的前提與基礎。從客觀存在的事實出發，得出結論：不管人們在認識上存在怎樣的分歧，但在這一基本方法論或基本討論規則上應該取得共識，不然是越爭論越糊塗的。

我讀本書，最為感佩的，就是作者敢於面對事實的膽識。本書所揭示的事實，在今天的某些年輕人看來，是不可思議的，因而是可疑的；對歷史的當事人而言，這些事實又是不堪回首的，對年輕時候深受延安這一代人影響的作者來說，面對這些事實，也會引發痛苦的記憶；而應該對這段歷史負責的執政者，不僅不願正視這些事實，更因為對事實的揭示、分析與批判，會觸動他們的統治利益，而運用權力對揭示者進行打壓。這就意味著，作者要面對歷史事實，必須頂住來自各方面的壓力──不僅是體制的，權力掌握者的外在壓力，更來自研究對象，接受對象，以至作者自身的內心恐懼。這是需要勇氣、良知和學術與歷史責任感的。

真正面對全部事實也不容易，除了主觀有意無意的遮蔽外，也還有材料不足的困難，事實上歷史也不可能完全復原；由此決定了任何對已掌握的事實作出的判斷，都具有相對性，隨著新的史料不斷發現，就可能對已有結論作出補充修正，以至局部或全部否定。而要面對不利於自己分析的材料，並作出合理解釋，則更不容易。比如本書多次談到一些延安人至今也還局部或全面地堅持自己當年的選擇和觀念，作者沒有回避這樣的事實，但卻歸之於這些歷史當事人缺乏反省和覺悟，迷途而不知返的局限，這就有點簡單化，是應該作更複雜的分析的。其實這是反而有助於對問題的深入認識和討論的，作者錯過了這樣的機會，有點可惜。

我一直記著恩格斯的一句話：道德的義憤，代替不了科學的研究。學術研究不能局限在對歷史或肯定或否定的價值判斷上，而應該對所發生的一切，作出學理的追問和解釋，並從中總結歷史的經驗教訓，這樣才能做到「將歷史苦難轉化為精神資源」。這正是本書的著力點，在這方面是顯示了作者思考的深度和功力的，也同樣給今天的爭論以啟發。比如，延安這一代人的最大悲劇，是所謂「從這道門進入，卻走到了另一個房間」。

用作者的話來說，就是「尋找中失去了尋找的東西，在努力中失去了努力的價值」。本書特地引述了原毛澤東秘書李銳先生的反思：

> 「無產階級革命和無產階級專政」的道路從根本上就錯了。一場以消滅私有制為結局的革命，一種以排斥先進生產力為特徵的社會制度，無論以什麼堂皇的名義，都是沒有前途的。代表先進生產力的資產階級和私有制，無論遭到多大誤解，無論怎樣被妖魔化，最終都會被人類認同的。……資本家和知識分子代表先進生產力和先進文化，是不能消滅的，消滅了還得請回來。這是二十世紀國際共產主義運動的失敗留給後世的最根本的教訓。

這其實也是所有面對這段歷史的人們，包括研究者，都必須認真思考的。於是，就注意到這樣的現象：延安這一代所獻身的中國革命事業除了它的現實性以外，還有強烈的「烏托邦」色彩，每一個命題在邏輯與歷史的起點上，都充滿純粹、崇高的理想主義、浪漫主義、烏托邦主義精神，而其邏輯的展開，歷史的實現的結果，卻顯示出專制主義的血腥味。如作者所說，「一切非理性的所謂『抒情詩』都有導向專制與恐怖的可能」。而且終點的專制主義並非對起點的理想主義和浪漫主義、烏托邦主義的反叛，而恰恰是其邏輯與歷史展開的必然結果。這也就是說，專制主義的後果正孕育於起點的理想主義、浪漫主義、烏托邦主義之中。

本書的探討，最有價值的部分，就是對上述起點的追問，作者用大量的史實，銳利的分析，真實而具體地揭示了這些真誠的革命者，是在什麼地方、通過怎樣的思想、邏輯而落入陷阱的。例如，以建立「至善至美」的「地上天堂」為目標，將彼岸理想此岸化，必然導向現實地獄化的後果；追求思想的至善至美性，絕對真理性，必然導致馬克思主義的絕對化與宗教化，同時也使自身發生了異化，「以信仰代替思考」，放棄探索真理的權利，而成為「真理的執行者」、「專橫的啟蒙者」；追求至善至美的人性，鼓吹「毫不利己，專門利人」的聖徒道德，強調對人性的「改造」，必然導致人的異化，成了「馴服工具」和「用響亮的口號包裝自私的目標」的「偽君子」；將「人民」理想化神聖化，製造民粹主義的「人民崇拜」，其

現實落實，必然變成對自稱「人民代表」的黨和領袖的「組織崇拜」與「領袖崇拜」；將鬥爭、矛盾、反抗、運動絕對化，鼓吹「階級鬥爭」、「鬥爭哲學」，也必然誘發人的嗜殺性，導致災難性後果，同時也將自身變成「終身生活在鬥爭思維和仇恨之中」的「政治動物」，等等。這樣一些追根溯源的分析，都是以大量的事實為依據，是從事實出發的，但又不是對事實的簡單描述，是高於事實，更具有理論的高度與深度的，這樣的建立在科學理性的分析基礎上的批判，才是真正有力的，由此總結出的歷史經驗教訓，就具有了某種普遍的啟示意義，足以警戒後人。──這正是我們的研究、討論、爭論的目的所在。

　　本書自然也有可能引起爭論的方面。前文已經談到，作者對歷史與現實的批判立場是十分鮮明的，在行文中就常常忍不住跳出來發表許多含有主觀感情的尖銳議論，這固然可以取得「振聾發聵」之效，但也很容易遭到批評。如作者在序言中所說，就有學者批評本書「感情色彩強烈，太重褒貶，文學筆調，缺乏學術性」。儘管我也認為作者對自己的主觀情感如有所抑制，或許更好；但卻願意為作者作一點辯護。其實，本書的寫作，某種程度上，是「當代人寫當代史」，也就是說，作者所要研究的這段歷史，是和自己的生命攸關的，是直接影響了自己人生道路與命運的，有著太多的刻骨銘心的記憶和種種身歷其中者才有的生命體驗。因此，在研究與描述這段歷史時，就很難做到「純客觀」，有必要把自己的生命投擲其中。這樣的主體投入式的研究，或許有它的局限，但同時又獲得了完全根據文獻資料來進行客觀研究與冷靜描述的學術研究所不具有的特殊價值。它不僅對遠溢於文字、文獻之外的歷史情境有深切的把握，對文字、文獻內在的言外之意有精微的體驗，這都是僅憑文獻來把握歷史的後世研究者所難以達到的；而且它自身就構成一種價值，讀者讀到的不僅是研究對象的歷史，也包括研究者自身的歷史，連同它的局限也都是一種歷史現象，可以作歷史的解釋，可以折射出歷史的某一側面。

　　這一點，作者也是高度自覺的。他一再強調自己「紅衛兵一代，知青一代」的身份，強調：「紅衛兵無論價值理念，文化構成，思維方式，行為範式，都出自延安一代的母體」。在這個意義上，我們可以說，本書寫的是「紅衛兵一代眼裡的延安一代」，更準確地說，是一位幡然醒悟的紅

衛兵對曾經是自己「精神之父」延安一代的反思和反叛，所展現的是處於精神糾纏中的兩代人的精神史。這大概是本書的真正意義和價值所在。

它自有不可取代的特殊價值，但同時，也就有了對其進行再反思的餘地。比如說，作者對精神之父的反思與反叛的背後，是一種刻骨銘心的「弒父情結」；而這又恰恰是延安一代覺醒的起點。如作者所說，延安一代對於五四一代也同樣存有「弒父情結」，而且不止於弒父，幾乎對所有的老祖宗都持尖銳的批判、否定的態度。而如作者所分析，這樣的和前輩、傳統的徹底決裂的決絕態度，發展到極端，就成為延安一代人後來走向迷誤的一個重要原因。我們從總結歷史經驗教訓的角度看，對各代人都難免的弒父情結，包括延安一代的弒父，都要有同情的理解，因為不對前輩進行反思和反叛，就永遠被傳統所籠罩，無法走出自己的路，但同時更要看到將必要的反思反叛，推向極端，就會成為一個陷阱。因此，我讀完本書，就不免產生一個疑惑：難道延安一代除了慘烈的教訓，就沒有給後代人留下任何精神財富嗎？他們的精神價值，僅存在於他們晚年的反思、懺悔顯示的「真」嗎？他們早年的「真」，難道僅僅是一種需要反思的幼稚與天真？作者也承認，延安一代人的特點是：「正直天真、嫉私如仇、浪漫激越、憎恨自由、害怕個性、思維偏狹」。不可否認，這樣的精神氣質，是他們後來走向精神迷誤的內在原因，這裡確實包含了慘痛的歷史教訓；但它難道就沒有正面的價值和意義？在我看來，今天大陸理想喪失激情不再是非不明，整個社會彌漫著遊惰、虛假、世故、市儈之氣，延安一代人精神氣質在經過反思以後，是可以轉化為新的精神資源的。——這裡有兩條界限：一是不能不加反思，批判，也就是絕不能把那一代人和那個時代理想化，那就會重犯歷史的錯誤；二是又不能因為反思和批判而將其全盤否定，那我們就會犯「把孩子和髒水一起倒掉」的新的歷史錯誤。

（三）

本書的敘述，給我的一個強烈印象，是處處充滿了「大徹大悟，回頭是岸」的氣息。而這恰恰是我最為擔憂的。因為這恰恰是延安一代曾經落入的一個陷阱。本書引述了當年丁玲在批判王實味會議上的發言，其中心

意思就是大談她的「大徹大悟，回頭是岸」。客觀地說，當年丁玲的「徹悟」：從個人主義皈依集體主義，從自由、民主的理想到皈依追求平等、正義的社會主義理想，從追求個性解放到皈依爭取工農解放的革命，是自有邏輯，有局部的合理性的，並非完全的盲從，而且在丁玲看來，她所皈依的是「真理」，因此，她說自己「回頭是岸」，是有相當的真誠性的，當然也不排斥有屈服於外在壓力的成分。對這兩方面都不可忽視，這正是顯示了歷史和人的思想的複雜性。丁玲的真正迷誤在於，她將自以為找到的「真理」絕對化，把「回頭」看到的那個「岸」（革命，社會主義，馬克思主義等等）終極化，其結果就是本書所總結的：走到了當初追求的反面，從理想主義、烏托邦主義走向了專制主義。我們不能一面總結這樣的歷史教訓，一面又自覺、不自覺地以另一種形式，從另一個極端，重複歷史的錯誤。也就是說，前文所概括的本書對延安一代的精神迷誤的批判、經驗教訓的總結，不僅要警示世人，也應該警示作者自己。其實，作者對此也並非沒有警覺：他在本書的〈跋〉裡就談到了「自己也難以避免像空氣一樣進入體內的紅色思維，難以避免『以赤反赤』」，反思、批判者與被反思、批判者之間，研究者與研究對象之間存在著思維方式的類似或相同，正是深刻地反映了我們在前面一再強調的兩代人之間「生命的糾纏」，這也從一個側面反映了作者所要批判的「從理想主義到專制主義」的思維毒害與危害之深重，並且反映了這段革命歷史的複雜性與豐富性。

　　本書作者曾引述了一位著名學者的一個觀點：應該在「保守」與「激進」之間保持必要的「張力」。在我看來，這一命題具有普遍意義。我們應該在一切方面——民主、自由與平等之間，個人主義和集體主義之間，資本主義與社會主義之間……都保持一定的張力。當然，就個人的具體選擇而言，總是有「偏至」的，所以魯迅有《文化偏至論》之說。也就是說，在現實政治思想文化的選擇中，有的人偏向於民主、自由，個人主義，資本主義，有的偏向社會平等，集體主義，社會主義，這都是正常的。問題是，一不能把自己的選擇絕對化，終極化，二不能把不同於己的選擇妖魔化，而且還要善於從中吸取合理的資源。做到後者就自會有一種博大、寬容的胸襟，這是保證自身思想的健全發展和民族與世界文化的多元化的一個前提；做到前者，就會和自己信奉的思想、社會制度之間，保持一個距

離，形成一種張力，這是保證自身思想、學術和精神上的獨立性、批判性與創造性的前提，而在我看來，這樣的獨立性、批判性和創造性，是一切真正的知識分子的生命之根本。在這方面，魯迅對民主、科學、自由、平等等工業文明的基本價值觀所採取的「既堅持又質疑」的態度，有極大的啟示意義。

寫到這裡，我突然想起了捷克著名改革家、思想家、前總統哈威爾的一個警告。我們知道，哈威爾也有過從理想主義的共產黨人到批判自己參與建構的體制、推動民主改革的經歷，和本書所討論的老延安人的思想發展有類似之處。他在談到自己這一代的「歷史經驗」時，就提醒說，時刻不要忘記我們曾被「一種透明的烏托邦所捕獲」。因此，我們必須「懷疑所有的烏托邦」，懷疑所有「形形色色的意識形態產物」，要永遠保持「對任何不能自審的東西的反感」和本能的警惕與抵制。應該說，缺乏這樣的懷疑和警惕，正是延安一代發生精神迷誤的重要原因，後來人應該永遠引以為戒。

當然，我對自己對本書的疑惑也有一個自我警戒：說不定我的疑惑正是本文一開始就提到的我在當前這場論爭中的「猶豫不決」，「不鮮明不堅定」，因而常「陷入尷尬」狀態的表現。因此，我的疑惑也只能「僅供參考」，說說而已。而我確實從本書中受到很大啟示和教益，包括引發的某些疑惑，也是能逼人深思的。我想，這或許也是作者對我們讀者的期待。

2010 年 8 月 14～18 日

引　言

　　延安澀重，史頁難翻。延安一代演出結束，即將整體隱入歷史帷幕的皺褶之中。但曾經大紅大紫的「延安一頁」，還未徹底翻過去，赤色烏托邦雖然幻滅，意識形態強大的滯後性使延安理念還在彌漫播遷——控制現實、影響未來。

　　拙著以延安一代紅色士林為研究對象，以個體行跡為依據，以集體整合為旨歸，以微觀細節支撐宏觀概括，具體展示赤潮禍華過程中對延安一代的實際影響。拙著力求還原歷史進程的整體性，化抽象為感性，匯個例證整體。這一研究方法，庶可避免此前史學研究之兩難——或過於宏觀、缺乏具體實證；或過於微觀，失之宏觀整合。

　　拙著旨在剖析延安一代悲劇的過程中，全面檢討赤潮禍華的各項致因：激烈動盪的時代背景、日寇入侵的歷史機緣、老舊孱弱的傳統文化、辨別赤說的致命時差、中共「鬧紅」的真實過程、拖垂至今的現實影響。同時，剖駁馬列謬說、刨挖赤學歪根，為史立說，為後立警。惟願宏力拙，一士之力耳。

　　資料來源上，除依託綜合史、思想史、政治史、社會史、黨派史等，儘量參照各種傳記——自傳、評傳、回憶錄，以個人具體感受辨析各種史料史評，力避紅色史著「以論帶史」之惡弊。儘量還原史實，以據立論，重在對具體歷史情境的剖析，以史實、資料、言行等客觀材料佐證各種歸納。如延安一代的學歷、知識結構、五四方向何以被逆轉、延安與反右與文革與當下的聯繫、馬列赤說何以被廣泛接受……因研討中共奉為神靈的意識形態，為避「惡攻」[1]，也必須握有結實可靠的論據。

　　如果延安之航大方向正確，怎會一步步走向暴烈土改、恐怖鎮反、三反五反、「擴大」肅反、反右反右傾、「人禍」大饉、十年文革、六四坦克？大批中共元勳怎麼成了反革命？聲名赫赫的林總竟成「叛國林賊」？一場

---

[1] 文革重罪，全稱「惡毒攻擊毛主席和無產階級司令部的現行反革命罪」，至少涉及十餘萬人。參見寓真：〈聶紺弩刑事檔案〉，載《中國作家》（北京）2009 年第 4 期，頁 14。

「最偉大最徹底」的革命，怎麼還是演成那麼熟悉的鳥盡弓藏兔死狗烹？天翻地覆慨而慷的大變革還是一場昔日舊戲？

後人當然有權轉動今日陽光去照射昔日陰霾，用今天的人文標準檢剔昨日的斑斑汙點。社會進化與時代進步，精髓當然是人文評判標準的提高。「革命人民」今天多少有點覺醒了：歷史不能任由統治者按需解釋；用哪一種理念闡釋歷史等於選用哪一根規尺裁量今天，即選用哪一種價值標準安排未來，茲事體大呵！對中共歷史的闡釋與判認自然不能任憑中共自評自擺，對延安一代的評議也不能由延安人自裁自量。

延安一代紅色士林，時代特徵烈然鮮明，價值取向渾然整一。無法複製的一段歷史使他們裹帶上濃密的紅色資訊，身後倚托著百年國史，腳下也就埋有史家最感興趣的史料，成為共產革命的重要標本。

「東風」「西風」，誰的「主義」真，是騾是馬還不得看政經效績？取決為社會帶來什麼。如今，俄中東歐越柬等赤國東風落篷，「風向」大致已定。雖然馬列旗幟尚在中國大陸飄揚，誰都明白：紅旗打不久了。事實上，文革後中共改革轉向——恢復私有制，承認市場經濟，第一站就必須摘除毛澤東思想，必須與馬列主義有所剝離。雖然至今仍閃左燈，經濟實體畢竟早已右拐，資本主義早已復辟，「西風」已經壓倒「東風」。大陸今天的「言」「行」不一（打左燈向右行），當然是特殊的歷史產物，「言」「行」終將合一。

延安一代與馬列主義相始終，一輩子高舉赤色大旗，由延安人自己去降旗，雖然只是少數「兩頭真」，其間史蘊已夠史家啜吸。僅僅這一大轉折，就值得後人循階上山，嚼延安橄欖，覽紅色風景。延安一代，風景獨異呵！研析延安一代，釐清這代赤士何以整體走歪走斜，等於解剖赤色時代的骨骼，刨挖赤潮根鬚。

太陽明天還會重新升起，中國已從極左深巷折返，二十世紀一路滴淌的鮮血都將在二十一世紀模糊褪色，但對於那些註定在黎明前走進歷史褶皺的數代紅色士林，卻是真正西風殘照，漢家陵闕。如果後人不從他們那兒提煉經驗教訓，不從他們巨大的價值背反中找到悲劇成因，不從他們的腳步中總結出「千萬不要忘記」，認清「奪權大於原則」的延安之痛，那才叫最大的悲劇——還會在原地再摔第二跤。

　　延安一代的悲劇也許是中國現代化進程中無法規避的「俄狄浦斯命運」，但存在並非必然合理，今人有權要求終止這一「必然」。擴大每一代人的選擇權，而非限制甚至褫奪後人的選擇權，乃是歷史發展的前提，也是人類必須持守的基本人文價值。否則，自由的內涵還剩下什麼？

　　延安一代演出結束了，大幕即將合閉，惟少數耄耋延安老者「人還在，心未死」，憑藉歷史形成的高度發揮餘熱，對當下仍有重大影響，個別重要人物（如李銳、萬里、杜潤生、杜導正）餘熱尚熾。京中流諺：「老年燃燒，青年取暖。」觀之前人、驗之當世、參之後人，研析延安一代似有歷史、現實與未來三重意義。

　　黑格爾（1770～1831）：「密納發的貓頭鷹要等黃昏到來，才會起飛。」[2]對某一大型社會現象的理性認識，須待其形成過程結束才會開始。延安一代，變數幾盡，「密納發的貓頭鷹」庶可起飛矣。

---

[2]　（德）黑格爾（G・W・F・Hegel）：《法哲學原理》，范揚、張企泰譯，商務印書館 1961 年版，頁14。密納發，希臘神話智慧女神雅典娜的羅馬名字，她身邊蹲著一頭象徵思想與理性的貓頭鷹，黃昏才悄然起飛。

目　次

第一章

代際作用

壹、黃金一代

中共黨史上，延安一代士林承上啟下，對 1930 年代以後的國史走向作用巨大。1949 年，共軍進城，青年學生到處唱起〈延安頌〉。巍巍寶塔山，滾滾延河水……北大女生樂黛雲（1931～）：「讓我感到又神秘又聖潔，真是無限嚮往心醉神迷。」[1]

1949 年以後，「延安出身」成為新政權上流社會入門券，沒有這一出身的文化界昔日主角縮退邊緣，「延安一代」一統天下。延安士林不過數百（包括大革命一代），他們推著炮車將馬列主義送進城，成為紅色意識形態掌門人，1950～70 年代寰內知識界主導群體。

1980 年代，中共將延安時期視為「黃金時代」，延安一代呼為「黃金一代」。李維漢（1896～1984）：「現在有些同志把延安的這段時間稱為『黃金時代』，說整風對於小資產階級知識分子的改造確實力量大，效果好。」[2]1989年 11 月，中顧委常委王首道（1906～1996）：「延安成為出政策、出幹部、出經驗的革命聖地。」[3]延安一代也大多認為延安時期是人生的黃金歲月。23 歲抵延的胡績偉（1916～2012）：「延安時期，真如魚在江河，鳥在天空，自由遊弋，自由翱翔，意氣風發地度過了十年的編報生涯。」[4]

延安一代以「一二・九」群體為核心，抗戰前後加入中共陣營。一些大革命時期入黨但主要作用始於延安的，也「擴大」收入，如陳伯達、周

---

[1] 樂黛雲：《絕色霜楓》，百花洲文藝出版社（南昌）2000 年版，頁 28。
[2] 李維漢：《回憶與研究》，中共黨史資料出版社（北京）1986 年版，下冊，頁 495。
[3] 陳俊岐：《延安軼事》，人民文學出版社（北京）1991 年版，頁 2。
[4] 胡績偉：《青春歲月——胡績偉自述》，河南人民出版社 1999 年版，頁 205。

揚、楊獻珍等。延安一代主要活動於 1940～90 年代，所持所守的共產學說，如今至少三分天下有其一，仍牢牢攫握中國大陸社會生活各條經脈。

延安時期，一些青年精英陸續成為中共要角秘書，參贊軍機，躋身梯隊，形成「青年學士」集群：周小舟、陳伯達、胡喬木、田家英、吳冷西、李昌、黃華、廖蓋隆、李銳、鄧力群、呂振羽、宋平、廖魯言、劉家棟、劉祖春、師哲、姚依林、周太和、匡亞明、馬洪⋯⋯

1950 年代嶄露頭角並陸續進入中高層的延安一代：楊秀峰（最高法院院長）、曾濤（新華社書記）、王任重（湖北省委第一書記）、蔣南翔（高教部長）、周揚（中宣部副部長）、吳冷西（中宣部副部長）、林默涵（中宣部副部長）、鄧拓（人民日報總編）、范長江（人民日報社長）、許立群（馬恩編譯局長）、艾思奇（中央黨校副校長）、錢俊瑞（文化部黨組書記）、陳虞孫（《文匯報》總編）、周惠（湖南省委第一書記）、潘復生（河南省委書記）、何偉（教育部長）⋯⋯

文革時期，延安一代進入政治局：華國鋒（中央主席兼總理）、紀登奎（副總理）、張春橋（中常委、副總理）、吳德（北京市委書記）、江青（政治局委員）、葉群（政治局委員）；部長一級：喬冠華（外長）、錢正英（水電部長）、熊復（新華社長、《紅旗》總編）。名噪一時者：王力（中央文革成員、《紅旗》副總編）、關鋒（中央文革成員）、聶元梓（中候委）、馬天水（中委）、魯瑛（《人民日報》總編）⋯⋯

1981 年，中組部統計 3900 萬中共黨員，1949 年 10 月前入黨僅 6.8%，[5] 多入中高層。1982 年中共十二大，趙紫陽、萬里、胡喬木、姚依林、方毅、喬石、田紀雲、吳學謙、陳慕華等延安一代進入政治局；李銳、蔣南翔、谷牧、王丙乾、張勁夫、胡繩、崔月犁、楊靜仁、芮杏文、何東昌、鄧力群、許家屯、朱穆之、穆青、彭沖、賀敬之、錢其琛進入中委，全面接班。

1987 年中共十三大，各省市及重要部門均由延安一代出長：閻明復（書記處書記）、任仲夷（廣東省委書記）、項南（福建省委書記）、汪道涵（上海市長）、吳南生（廣東省委書記兼深圳第一書記、市長）、梁湘（海南省長）、許士傑（海南省委書記）、林若（廣東省委書記）、高揚（河北省委

5　《胡喬木傳》編寫組編：《胡喬木談中共黨史》，人民出版社（北京）1999 年版，頁 179。

書記）、池必卿（貴州省委書記）、楊易辰（黑龍江省委書記）⋯⋯還有于光遠（中社科院副院長）、胡績偉（人民日報社長）、李莊（人民日報主編）、曾濤（新華社長）、李普（新華社副社長）、曾彥修（人民出版社長）、劉順元（中紀委副書記）、熊向暉（統戰部副部長）⋯⋯

1990 年代，以延安保育院為核心的紅色後代，「喝過延河水的孩子們」進入政治局：李鵬、李鐵映、葉選平、伍紹祖、阮崇武⋯⋯他們的基礎教育與價值理念均形成於延安。江澤民、曾慶紅、鄒家華、賈春旺等「紅二代」亦屬這一序列。

延安是中共治國的「邏輯之始」。1937 年 7 月，丁玲（1904～1986）：「青春的心／燃燒著／要把全中國化成像一個延安。」[6]1942 年 9 月，周揚（1907～1989）：「我們今天在根據地所實行的，基本上就是明天要在全國實行的。為今天的根據地，就正是為明天的全國。」[7]延安整風塑造了此後 50 年大陸國人的思維大框架，規範了幾代人的思想，制約了幾代人的價值走向。2009 年 8 月 16 日，新華社仍豪稱：「革命聖地延安——永遠的精神財富、不竭的力量源泉，共和國從這裡走來。」[8]

從代際角度，延安一代繼承了大革命兩湖農運的一系列邏輯，成為文革紅衛兵（法西斯別動隊）的直接母體。精確地說，劉少奇、張聞天、彭德懷是被他們自己架設的邏輯打倒的。1941 年 7 月 2 日，劉少奇在華中局黨校演講〈論黨內鬥爭〉，疾呼「黨內鬥爭是黨外階級鬥爭的反映」。[9]文革時，毛澤東舉著這一理論「名正言順」地打倒了這一邏輯的倡導者。

不同的意識形態、不同的社會制度捏塑不同的一代人，代際之間原本就存在價值差異，尤其社會思潮大起大落的二十世紀，價值落差起伏甚大，代溝相當明顯。當大紅大紫的赤色思潮「落花流水春去也」，代際衝突也就不可避免拴繫思想衝突，昔日的「絕對真理」一逆而成需要革命的對象。

延安一代整體遠去，帶著無限輝煌無限留戀無限懊惱無限⋯⋯無論如何，演出結束了。存世的延安老人年屆九旬，再有伏櫪壯心，也只能「憶

6　丁玲：〈七月的延安〉。載《丁玲文集》第三卷，湖南人民出版社 1983 年版，頁 356。
7　周揚：〈藝術教育的改造問題〉。載《周揚文集》第一卷，人民文學出版社（北京）1984 年版，頁 411。
8　新華社西安 2009 年 8 月 16 日電，載《文匯報》（上海）2009 年 8 月 17 日，第 2 版。
9　劉少奇：〈論黨內鬥爭〉，參見《中共黨史參考資料》（四），人民出版社（北京）1979 年版，頁 278。

往昔崢嶸歲月稠」。那麼，他們的「演出」效果如何？帶走什麼？留下什麼？交出怎樣的「成績單」？一代人走的路終將濃縮為歷史座標，一個智慧的民族應該及時察看前人的腳印。

延安一代越來越受史家垂注。畢竟，共產革命為全球帶來宿命般的赤災，也留下重大人文課題──研析這場「世界波」的革命。全身浸赤的「黃金一代」，也就有了黃金般的代際價值。二十世紀中國三次大規模知青運動：五四、延安、紅衛兵，延安一代承上啟下，來自五四卻走偏方向，領出紅衛兵一代。

二十世紀歷代知識分子的代際貢獻庶可簡括如下：五四一代開啟現代化之航；大革命一代開始偏航；延安一代繼續誤航；解放一代接力續誤；紅衛兵一代先錯後正，重回五四之航，成為糾正延安之誤的主力。

以李慎之、李銳為首的延安一代「兩頭真」（青年晚年求真、中年稀里糊塗跟著售假），晚年夢醒，徹底反思革命，承認「走錯了路」。朝野各方都很清楚，堡壘內部這一「不同聲音」意味著什麼。延安一代的思想分裂，既是赤色思潮敗落的標誌，也是當代大陸社會轉型的前提。

貳、自養坐大的既定方針

延安既是中共進城前的雛型，也是奪取全國政權的準備期；內修守戰之具，外行擴張之策。1936 年 7 月 9 日，周恩來在陝北白家坪對斯諾說：「無疑中國革命現在正接近另一個高潮。它可能通過抗日運動取得政權。」「假如抗日運動發展起來，蔣介石的獨裁權幾乎一定會被剝奪（喪失獨裁式的控制）。」[10]「抗日戰爭展開之日，乃是蔣介石開始覆亡之時。」[11]克里姆林宮指示：一、與國民黨組成統一戰線，以削弱或打敗日本對共產黨祖國蘇聯的威脅；二、利用抗戰擴大部隊，以最終推翻國民黨。[12]1944 年

---

[10] （美）愛德加‧斯諾（Edgar Snow）:〈周恩來談第一次國共合作與蔣介石〉，張苓華譯，載《黨史研究資料》第二集，四川人民出版社 1981 年版，頁 178～179。
[11] （美）愛德加‧斯諾:《我在舊中國十三年》，夏翠薇譯，三聯書店（北京）1973 年版，頁 70。
[12] 吳國楨:《夜來臨：吳國楨見證的國共爭鬥》，吳修垣譯，香港中文大學出版社 2009 年版，頁 138。

12 月 20 日，毛澤東：「這次抗戰，我們一定要把中國拿下來」[13]中共對抗戰的這一「有利觀」，滲透反映在這一時期嶺南大學歷史政治系的學士論文：「抗日持續時間越長，對中國共產黨越有利。」[14]

　　抗戰乃中共得以「龍興」的歷史機遇。夏志清（1921～2013）：「雖然面臨種種困難，蔣介石已建立了比較升平和統一的局面，這是中國自辛亥革命以來所未有的。如果當時沒有日本不斷擴張的侵略來困擾，他的成就還會更大。」[15]司徒雷登（1876～1962）：「蔣介石的國民政府健全了政府組織機構，也改進了稅收和財政管理方法。」「1927 年至 1937 年這十年間，儘管共產黨挑起內戰，日本進行侵略，但是中國仍然逐步取得了統一，在經濟和其他方面也曾照樣取得了顯著的成就，這一切都是眾所周知的。」[16]蔣的成就更大，中共的「成就」自然就不可能大了。

　　史家黃仁宇（1918～2000）：

　　　國民黨的運動可以算是壯觀的失敗，在最終的失敗前，畢竟經過辛勤的努力，打造出許多成就。……蔣介石的政府是第一個給予中國人民方向感和希望的政府。……廢除大多數的不平等條約，結束中國一百多年來的羞辱和奴役。他的政府是第一個現代中國的政府。[17]

　　1932 年 4 月 15 日中共對日宣戰，但中共此時尚在江南，無法與日軍接戰。所謂宣戰，意在樹旗，爭取社會同情，以「一致對外」換取「停止內戰」，減輕圍剿壓力。同時也是應史達林的要求──「武裝保衛蘇聯」，借中國之力阻止日本北攻蘇俄。1934 年 10 月，江西紅軍「反圍剿」失敗，奔突湘川滇黔崇山峻嶺，「北上抗日」只是借名。抗戰天賜良機，使中共

13　〈後方軍事工作的政治方針〉（1939 年 5 月 5 日）；〈毛澤東在董必武十月關於大後方工作報告上的批示〉（1944 年 12 月 20 日）。楊奎松：《毛澤東與莫斯科的恩恩怨怨》，江西人民出版社 2005 年版，頁 221。

14　徐百柯：〈七十年前中國青年的理想與見識〉，載《中國青年報》（北京）2011 年 9 月 28 日。

15　夏志清：《中國現代小說史》，劉紹銘等譯，香港中文大學出版社 2001 年版，頁 97。

16　約翰‧司徒雷登（John Leighton Stuart）：《在華五十年》，程宗家譯，北京出版社 1982 年版，頁 112～113。

17　黃仁宇：《黃河青山：黃仁宇回憶錄》，張逸安譯，九州出版社（北京）2007 年版，頁 168。

握有敦促國府「停止內戰」的政治王牌。1935 年 4 月，還在粵贛邊油山密林裡煎熬的陳毅鼓勵悲觀部屬：

> 我們只要堅持到抗日戰爭爆發，現在幾個人就可以成立幾十個人的隊伍，幾十個人就可以成立幾百個人的隊伍……總有那麼一天，國民黨會派軍樂隊歡迎我們下山的。[18]

1938 年 10 月，國府發現中共秘密文件〈中國共產黨之策略路線〉：

> 現在，革命情緒低落，我們的力量有限而弱小，因此必須同國民黨妥協以便保存和發展我們進攻的力量。
>
> 無疑，統一戰線是一種妥協，在性質上是改良主義的，但它只是暫時離開用革命手段推翻現行制度的政策，是一種逐漸改變現行制度的曲線政策，其目的是給革命力量恢復元氣的時間，節省力量並鍛造新的工具，以期將來的進攻。[19]

中共基層幹部十分明確：「（統戰）就是借政府名義，發展抗日力量。」1938 年進入赤營的何家棟（1923～2006）晚年說：「我明白了，統戰統戰，借窩下蛋；當面一套，背後一套；明統暗戰，這不道德。」[20]

中共「一大」政綱──奪取政權以推行共產制度，消滅資本家私有制。1924 年冬，中共黨員沈澤民（1900～1933）對女生陳學昭說：「現在我們同國民黨一起革命，將來我們還要革國民黨的命！」[21]中共廣東省委書記陳延年（1898～1927，陳獨秀長子）向新黨員交代任務：「目前黨的政策是在國民黨的一切組織中取得實權與工作，亦即是利用國民黨各級黨部以掌握工農運動的領導權，使廣大的工農群眾團結在本黨周圍，以實現本黨的主張。」[22]無論奉持宗旨還是價值追求，國共都只能是打倒軍閥的「同路

---

[18] 陳丕顯：〈贛南三年游擊戰爭〉，載《中共黨史資料》第二輯，中央黨校出版社 1982 年版，頁 40～41。
[19] 吳國楨：《夜來臨：吳國楨見證的國共鬥爭》，吳修垣譯，香港中文大學出版社 2009 年版，頁 145～146。
[20] 杜光：〈何家棟的尊嚴〉，載《炎黃春秋》（北京）2010 年第 5 期，頁 30。
[21] 陳亞男：《我的母親陳學昭》，文匯出版社（上海）2006 年版，頁 164。
[22] 龔楚：《龔楚將軍回憶錄》，明報出版社（香港）1978 年版，上卷，頁 18。

人」，1927 年國共不掰，共產黨也很難與國民黨攜手完成國民革命，兩家對「北伐後」，一開始就存在重大分歧。

　　1937 年 8 月洛川會議，毛澤東強調抗戰時期兩大方針——獨立自主、只打游擊。彭德懷不同意只打游擊，提出應打一些運動戰，1959 年盧山會議成為「與毛不合作」的一大罪證。[23]周恩來也不同意毛的「山地游擊戰」，婉轉提出「還是運動游擊戰好」。[24]整個抗戰時期，除了初期參與平型關伏擊戰、彭德懷組織的百團大戰，中共再無規模性出擊，時人擲評「遊而不擊」。1944 年 5 月中旬，胡宗南的參謀長向中外記者團抱怨：共軍不服從軍令，違反二戰區司令長官閻錫山的命令，非法擴展赤占區，「過去六年，共產黨沒有和日本人打過一次仗。」[25]1939 年，劉亞洲父親與家鄉六位農民一起參加八路軍，1947 年 5 月孟良崮戰役陣亡六人。如果一直與日寇作戰，1939～45 年間怎麼可能無一人傷亡？[26]

　　1937 年 10 月，博古在南京派人找項英（南方中共游擊隊總負責人），要求信使熟誦：一、負責人可下山談判，部隊絕不能下山；二、提高警惕，部隊靠山駐紮，如有來犯，堅決擊退；三、談判過程中努力擴大部隊，籌集給養，不要放鬆；四、談判成功，得到政府給養，停止繼續以紅軍名義籌餉，但仍應繼續擴大部隊。[27]

　　1938 年初，延安致電山東省委：「游擊戰爭上都必須採取積蓄力量保存力量的方針，即是『賺錢就來，失本不幹』。」[28]1938 年 11 月，李先念將赴鄂豫邊區，毛澤東、劉少奇交代：「第一是武裝，第二是武裝，第三

[23] 李銳：《盧山會議實錄》，春秋出版社（北京）、湖南教育出版社 1989 年版，頁 92、124。

[24] 周恩來在中共政治局擴大會議上的發言，1937 年 8 月 22 日。參見高文謙：《晚年周恩來》，明鏡出版社（香港）2003 年初版，頁 81。

[25] （美）哈里森・福爾曼（Harrison Forman）：《北行漫記》（Repot From Red China），陶岱譯，解放軍文藝出版社（北京）2002 年版，頁 9。

[26] 劉亞洲：〈信念與道德〉，2005 年 1 月 2 日對空軍昆明基地營以上幹部講話，網上掛載。

[27] 顧玉良：〈出獄後一次特殊任務〉，載《上海黨史資料通訊》1988 年第 4 期，頁 12～13。

[28] 〈中央關於發動游擊戰爭建立根據地和黨的工作問題給山東省委的指示〉（1938 年 1 月 15 日）。載中央檔案館編：《中共中央文件選集》，中央黨校出版社（北京）1991 年版，第 11 冊，頁 419。

是武裝。」[29]1943 年 3 月 16 日，毛在中共政治局會議交底：「中央的工作方針，是研究與指導，要達到保存骨幹、準備將來之目的。」[30]

1959 年 7 月 31 日盧山，毛澤東：「一些同志認為日本占地越少越好，後來才統一認識，讓日本多占地，才愛國。否則變成愛蔣介石的國了。」[31]同年 8 月 17 日，毛澤東：「提出『和平民主新階段』是為了爭取時間，準備奪取政權。日本投降早了一點，再有一年我們就會準備得更好一些。」[32]1964 年 8 月 18 日，毛：「為了奪取全國政權，我們準備了好多年，整個抗戰就是準備。」[33]

1960 年 6 月 21 日，毛對日本文學代表團說：

> ……日本幫了我們中國的大忙。假如日本不佔領大半個中國，中國人民不會覺醒起來。在這一點上，我們要「感謝」日本「皇軍」。

1961 年 1 月 24 日，毛對日本社會黨議員黑田壽男說：

> 日本軍閥佔領了大半個中國，因此教育了中國人民，不然中國人民不會覺悟，不會團結，那麼我們到現在也還在山上，不能到北京來看京戲。就是因為「皇軍」佔領了大半個中國，中國人民別無出路，才覺悟起來，才武裝起來進行鬥爭，建立了許多抗日根據地，為解放戰爭的勝利創造了條件。所以，日本軍閥、壟斷資本幹了件好事，如果需要「感謝」的話，我寧願「感謝」日本軍閥。[34]

---

[29] 任質斌：〈新四軍第五師的抗戰歷程〉，載中共中央黨史資料徵集委員會、中共中央黨史研究室編：《中共黨史資料》第 19 輯，中共黨史資料出版社（北京）1986 年版，頁 67。

[30] 中共中央文獻研究室編：《毛澤東文集》第三卷，人民出版社（北京）1996 年版，頁 10。

[31] 李銳：《盧山會議實錄》，春秋出版社（北京）、湖南教育出版社 1989 年版，頁 223。

[32] 1959 年 8 月 17 日，毛澤東談話。北大 1968 年編印：《毛澤東文選》。轉引自丁抒：《人禍》，90 年代雜誌社・臻善有限公司（香港）1997 年版，頁 203。

[33] 龔育之：〈聽毛澤東談哲學〉，原載《北京黨史》2003 年第 12 期。參見《龔育之回憶：「閻王殿」舊事》，江西人民出版社 2008 年版，頁 225。

[34] 中華人民共和國外交部、中共中央文獻研究室編：《毛澤東外交文選》，中央文獻出版社 1994 年版，頁 438；460～461。

　　1964 年 7 月 10 日，毛對日本社會黨佐佐木更三：「感謝日本皇軍侵華。……沒有你們皇軍侵略大半個中國，我們就奪取不了政權。」[35]1972 年 9 月下旬，毛再向日本首相田中角榮表示：「皇軍」幫助中國革命提早成功。余英時先生（1930～）認為毛感謝皇軍：「確是一句由衷之言。」余先生評共：「靠民族主義起家，趁民族危機奪權。」[36]

　　中共價值序列上，革命大於抗日高於民主。「統一戰線」乃向國府要錢要糧，底牌是「放手發動群眾，壯大人民武裝，堅決走獨立自主的道路」（毛語）；「抗日戰爭成為真正全國範圍內的大革命。」（胡喬木語）[37]1938 年 9 月中共六屆六中全會，毛：「別人要問：『你們共產黨是利用抗戰來壯大自己的力量。』發問的人若是自己人或是可靠的朋友，你可以向他點點頭，要是別有用心，你可以回答：『沒有人民力量的發展就沒有全民抗戰。』」邱會作：「從 1942 年起，各根據地就逐漸將幹部送到延安『保存培養』去了，這一決策對解放戰爭起了重大作用。」[38]

　　1938 年 4 月，國府賑濟委員曹仲植攜賑款十萬赴延，發現延安報刊刻意強調兩黨磨擦：「《新中華報》每五天才出一張，每一張還要把磨擦的問題寫得這樣多，連個人與個人之間的衝突都寫上了。」[39]1944 年 12 月 5 日，貴州獨山失守，重慶震動，8 日國軍收復獨山，「新華日報拒不登載，引起讀者重大反感。」[40]

　　西安事變後，中共得到國府資助。1937 年 2 月 6 日，范長江與博古、羅瑞卿同車自西安往膚施（延安），車上「最重要的是從紫金山那裡運來的幾十萬法幣」。[41]舒湮《邊區實錄》記載 1937 年初：「自從統一戰線完成後，中央對第八路軍有餉額補助每月五十萬元。」[42]中共也承認：八路軍

[35] 古鶴翔：〈何時打碎水晶棺〉，載《開放》（香港）1993 年 11 月號，頁 74。
[36] 余英時：〈中共政權的歷史起源〉，載金鐘主編：《共產中國五十年》，開放出版社 2006 年版，頁 4。
[37] 胡喬木：《中國共產黨的三十年》，人民出版社（北京）2008 年版，頁 49。
[38] 《邱會作回憶錄》，新世紀出版及傳媒有限公司（香港）2011 年版，上冊，頁 112、119。
[39] 金城：《延安交際處回憶錄》，中國青年出版社（北京）1986 年版，頁 76。
[40] 王健民：《中國共產黨史稿》，中文圖書供應社（香港）1974～75 年，第三編・延安時期（下），頁 673。
[41] 范長江：《塞上行》，新華出版社（北京）1980 年版，頁 189。
[42] 舒湮：《邊區實錄》，國際書店（上海）1941 年 4 月版，頁 12。

每月得到國府 50 萬元軍餉及衣物藥品等軍需補充。[43]1938 年 3 月 24 日，毛對記者說：國府每月撥給八路軍幾（五）十萬元經費。[44]1940 年 6 月初，朱德向陳嘉庚介紹：國民政府承認中共軍隊三萬人編制，每月撥餉 68 萬元，步槍子彈 800 萬粒，中共則實行三民主義。[45]1937 年 12 月 3 日，八路軍蘭州辦事處主任謝覺哉（1884～1971）日記：「中央（按：國府）發給八路軍餉械比其他部隊為優先，所以未能全部解決，大概中央亦很困難之故。」[46]1937 年 10 月 21 日，葉挺首次領取新四軍開辦費五萬元；此後每月至少 6.5 萬。[47]1992 年中共《中共黨史研究》：「由國民政府供給軍餉、武器彈藥和其他軍需物資。按規定每月應發給軍餉 73 萬元（八路軍 60 萬元、新四軍 13 萬元）。軍需物資按紅軍改編時的編制 5.2 萬餘人配發。」[48]

《掃蕩報》記者訪延：「每月在中央取得 60 萬元津貼，又把邊區發行的紙幣在中央銀行換了若干萬法幣，中央為了解救陝北人民的危機，也自動地放了近百萬元的急賑，這樣才把紅軍救活，才把共產黨人救活，才把邊區 50 萬奄奄待斃的人民救活！」[49]

1939 年 6 月，江文漢（1908～1984）率基督教訪問團入延：「中央政府對邊區政府似乎已經給予事實上的承認。我們可以從以下事實中看出這一問題：民族救濟委員會已給他們十萬元的撥款。交通部一個月給他們十萬元用於築路。經濟部在土地開墾的項目中也給他們以幫助。」[50]

1938 年，武漢「八辦」除了向延安運送軍需物資，還運送大批糧食（300 噸大米、40 噸麵粉）、辦公用品、毛巾襪子、文娛用品、鋼材生鐵、硫磺

---

[43] 錢之光：〈我所瞭解的八路軍南京辦事處成立前後國共合作的有關情況〉，載《中共黨史資料》第 16 輯，中共黨史資料出版社（北京）1985 年版，頁 193。

[44] 逄先知主編：《毛澤東年譜（1893～1949）》（中卷），中央文獻出版社（北京）2005 年版，頁 17、59。

[45] 陳嘉庚：《南僑回憶錄》，岳麓書社（長沙）1998 年版，頁 180～181。

[46] 《謝覺哉日記》，人民出版社（北京）1984 年版，上冊，頁 190。

[47] 《中共中央東南局》，中共黨史出版社（北京）2006 年版，下卷，頁 499、512。

[48] 王寶書等：〈八路軍、新四軍駐各地辦事機構在抗日戰爭中的作用〉，載《中共黨史研究》（北京）1992 年第 5 期，頁 31。

[49] 原景信：《陝北剪影》，新中國出版社（武漢）1938 年版，頁 6～7。

[50] 江文漢：〈延安訪問記〉，載《檔案與史學》（上海）1998 年第 4 期，頁 8。

原料等，甚至紡織機床、皮革廠造紙廠毛毯廠所需機械設備，延安成立「工業機械局」。[51]

抗戰前，陝北紅區也跟南方蘇區一樣，紅軍不時燒殺擄掠，「共產黨又乘機暴動，搶糧、殺人，不但舊有積蓄被洗劫一空，甚至因社會秩序混亂，農民離開了耕地，生產機構慘遭粉碎。」延川縣長李騰芳：「延川縣城在陝北向以文風鼎盛出名，自被共產黨攻陷後，殺人放火，不久即成空城一座。西安事變之前，還是只有狼蹤，沒有人影。」[52]

第二次國共合作後，得到國府軍餉，中共也「實踐出真知」，認識到過分激烈的左傾政策行不通，無法得到群眾擁護，政策由激進轉寬緩，「沒收地富一切財產」轉為減租減息，逃跑的地主若歸來，另給土地房屋，或從已沒收的土地中劃出一部分歸還。[53]1938 年 3 月的延安街頭大標語——「歡迎商人投資」、「改善人民生活」、「實行廣泛的民主政治！」[54]

延安時期，革命手段無限制、道義原則工具化的極左傾向有所遏制。十年「鬧紅」殺富濟貧的絕對平均主義，短期內雖能動員一部分農民「入伙」，但這種只破壞不建設的暴烈政策至多見效於一時，難以維持於長久。1929 年 2 月 25 日，湘贛邊界特委書記楊克敏（1905～1930）向中央彙報：

> 紅軍經濟唯一的來源全靠打土豪，又因對土地革命政策的錯誤，連小資產階級、富農、小商也在被打倒之列，又以大破壞之後，沒有注意到建設問題，沒有注意到經濟恐慌的危機，以致造成鄉村全部的破產，日益激烈的崩潰。
>
> 因為供不應求之故，價值的昂貴，等於上海的物價，因為經濟如此的崩潰，經濟恐慌到了如此程度，一般民眾感覺得非常痛苦，而找不到出路，所以富中農多反水，中農動搖，貧農不安，農村中

---

[51] 錢之光：〈抗戰初期的國共合作和八路軍駐南京、武漢辦事處概況〉，載《革命回憶錄》第 18 輯，人民出版社（北京）1985 年 12 月第一版，頁 57。

[52] 原景信：《陝北剪影》，新中國出版社（武漢）1938 年版，頁 5～6。

[53] 舒湮：《邊區實錄》，國際書店（上海）1941 年版，頁 4。

[54] 齊世傑：《延安內幕》，華嚴出版社（重慶）1943 年版，頁 4。

> 革命戰線問題發生了嚴重的危機。……這個經濟恐慌的危機，是邊
> 界割據的致命傷。[55]

延安時期實行減租減息，不再徹底剝奪地富。地主、資本家被包括在
「人民」之內，排位還在農民、工人之前。[56]邊區經濟較之此前蘇區有
了更多推進力──因允許求富而敢於思富。政治方面也立竿見影，得到
知識分子與中間階層的支持。1944 年 6 月，邊區政府秘書長李維漢〈陝
甘寧邊區建設簡述〉，承認「以私有財產為基礎、自願為原則」[57]

此時，中共打出完全擁護蔣委員長的旗幟。毛澤東在大會上高呼「蔣
委員長萬歲！」毛會客室懸掛孫蔣列斯四像，孫蔣居中，列斯在側。[58]各
赤區高懸青天白日旗。[59]延安各校最時興歌曲都強調國共合作：「兩黨合
作，中國就興旺；兩黨分裂，中國就滅亡」；「同志們，請記著，一切服從
統一戰線，一切經過統一戰線。」[60]1940 年，彭德懷報告：

> 華北戰爭不是孤立的，有全國抗戰的配合，特別是有全國二百幾十
> 萬友軍的配合，使敵人不能集中兵力專對華北。[61]

抗大課程開設「三民主義」；毛對來訪賓客強調：抗戰勝利後的任務
是實現三民主義，中共不想把蘇維埃照搬到中國，實現新的社會制度可以
通過議會票決方式，允許宗教自由。[62]1945 年延安歌曲：「看／在自由幸福
的陝甘寧／人人都團結得像兄弟／在邊區政府的施政下／實行了真正的

---

[55] 江西省檔案館、中共江西省委黨校黨史教研室編：《中央革命根據地史料選編》，江西人民出版社 1982
年版，上冊，頁 19～20。
[56] 〈陝甘寧邊區施政綱領〉，載《中共黨史教學參考資料》（三），人民出版社（北京）1959 年版，頁 2。
[57] 李維漢：《回憶與研究》，中共黨史資料出版社（北京）1986 年版，下冊，頁 614。
[58] 舒湮：《邊區實錄》，國際書店（上海）1941 年 4 月合版，頁 77。
[59] 姚依林：〈一年來的冀東游擊戰〉，原載《八路軍軍政雜誌》第 1 卷第 12 期（1939 年 12 月 25 日）。
魏宏遠主編：《抗日戰爭時期晉察冀邊區財政經濟史資料選編》，南開大學出版社 1984 年，頁 191。
[60] 何方：《從延安一路走來的反思》，明報出版社（香港）2007 年版，上冊，頁 37～38。
[61] 彭德懷：〈敵後抗日根據地的財政經濟建設〉（1940 年 9 月），原載《解放》第七集第 123 期。魏宏
遠主編：《抗日戰爭時期晉察冀邊區財政經濟史資料選編》，南開大學出版社 1984 年，頁 327。
[62] 江文漢：〈延安訪問記〉，載《檔案與史學》（上海）1998 年第 4 期，頁 6、10。

三民主義。」[63]中共減緩各種極端化政策，文化上向傳統示歸，得到寰內部分士林認同，這一認同乃中共日後勝利不可或缺的社會基礎。

1941 年皖南事變後，國府停餉，延安財政立陷窘境。鬧翻後，前恩一筆勾銷，中共從此諱言曾領國府薪餉。依傍國府，有損「獨立奮鬥」呵！弄得後人以為第二次國共合作只在政治上，不明白國民黨史家「養虎成患」的真正出處。

其實，若無孫中山 1924 年開門納共，不給中共搭「北伐」的順風車，也就不可能有其後十年的「鬧紅」。再從國際原因，若非英美列強對廣州的孫中山袖手旁觀，孫中山也不會答應聯共。國民黨方面痛曰：列寧派越飛與孫中山會談，只要孫同意與中共合作，「俄國就會給孫博士以軍事和經濟援助。由於孫博士未能從美國和英國得到幫助，他同意了俄國的條件。」[64]蘇聯為黃埔軍校出資 200 萬現款。[65]

國民黨也不傻，當然知道「日本之後」的決戰。1941 年 6 月，蔣介石向記者簡評皖南事變：「日本人實為微恙，共產黨確係心腹之患。」[66]國共兩黨從根子上漢賊不兩立，都不願與對方「和平共處」，都在為「日本之後」磨刀霍霍。「統一戰線」，只是外敵當前被迫的暫時妥協。當時，國民黨當朝，共產黨在野，中共理應主動配合「維穩」。國共存隙，正中日本下懷。史料表明：如何使中國分裂內亂，乃日本侵華國策的一項支持性戰略方針。中國哪兒出現反對中央的政治力量，日本就千方百計支持反對派（如支持孫中山、陸榮廷、兩廣事變），內耗將使中國失去對抗日本的整體國力。日本當然明白「中國的分裂乃是日本的機會」。

1954 年 3 月，曾任國府上海市長、台灣省主席兼保安司令的吳國楨因抨擊蔣介石獨裁被開除國民黨籍，但他對中共漸大攝言精準：

> 如果不是 1929 年至 1931 年間蔣忙於同桂系和閻、馮兩將軍作戰，共產主義就絕不會有機會在中國牢牢扎根，也不會熟諳游擊

---

[63] 錢鋼：《舊聞記者》，上海書店出版社 2008 年版，頁 93。
[64] 吳國楨：《從上海市長到「台灣省主席」》，吳修垣譯，上海人民出版社 1999 年版，頁 60。
[65] 《包惠僧回憶錄》，人民出版社（北京）1983 年版，頁 150～151。
[66] （美）白修德（T‧H‧White）：《中國抗戰秘聞──白修德回憶錄》，崔陣譯，河南人民出版社 1988 年版，頁 87。

戰，更不會在其周圍形成一個為獲得權力而不擇手段的堅強核心。而且，如果沒有 1937 年至 1945 年間終於到來的抗日戰爭，迫使那時的中國和國民黨將所有的資源都用於對抗外國入侵，那麼共產主義就不會飛速發展，大大擴展勢力，乃至到戰爭結束時對中國政府構成致命的威脅。共產主義總是靠戰爭和混亂而興旺。

如果蔣不是窮於應付內戰，他很可能輕易地將毛的努力消滅於萌芽狀態。毛澤東最初逃到井岡山時只有大約四百人，當 1928 年同朱德會合後，他們之間共計也擁有不超過二千支步槍。

在彼此的生死鬥爭中，日本侵略者和政府軍都全神貫注於自己的事情，顧不得關注共產主義的危險。

如果政府像以前一樣繼續保持警惕，共產黨確實很難擴大自己的組織與影響。[67]

中共胃口也一點點在延安擴大。1937 年 6 月，國共議定八路軍三個師 12 個團 4.5 萬人。[68]1942～43 年，林彪只向國府要求四個軍 12 個師的編制；1944 年，林伯渠已在要求六個軍 18 個師。1944 年 3 月，陳毅對美國外交官說新四軍有 30 萬正規軍，能迅速擴至 40 萬。其他中共領導人：「給我們一年時間，我們將能夠佔領滿洲邊境到海南島的整個華東。」[69]

1944 年 11 月，國民黨軍隊 200 萬，中共軍隊 63 萬；[70]1945 年 4 月，中共黨員 121 萬，[71]軍隊 91 萬、民兵 220 萬，[72]19 塊根據地，95 萬平方公里，人口 9550 萬。[73]中共《抗大史》：「1937 年 8 月，紅軍主力改編為八路軍時有 4.6 萬餘人。到 1945 年 8 月，八路軍、新四軍部隊發展到 120 餘萬

67 吳國楨：《夜來臨：吳國楨見證的國共爭鬥》，吳修垣譯，香港中文大學出版社 2009 年版，頁 103、107、141～142、145。
68 錢之光：〈我所瞭解的八路軍南京辦事處成立前後國共合作的有關情況〉，載《中共黨史資料》第 16 輯，中共黨史資料出版社（北京）1985 年版，頁 182。
69 （美）謝偉思（John S. Service）：《在中國失掉的機會》(Lost Chance In China)，羅清、趙仲強譯，國際文化出版公司（北京）1989 年版，頁 204；323；285。
70 《胡喬木回憶毛澤東》，人民出版社（北京）1994 年版，頁 354。
71 胡喬木：《中國共產黨的三十年》，人民出版社（北京）2008 年版，頁 56。
72 中共中央文獻編委會編：《朱德選集》，人民出版社（北京）1983 年版，頁 149。
73 何干之主編：《中國現代革命史》，上海人民出版社 1985 年版，頁 274～275。

人，民兵達 260 餘萬人。」[74]新四軍「由統一改編時 10300 餘人發展到 31 萬餘人。」[75]

　　總之，抗戰結束時，中共已具對抗實力，敢於向國府度長絜大比權量力，參與對中國未來的安排。1946 年內戰爆發，中共立即發動土改，「以便進一步調動廣大農民的革命和生產的積極性，使正在勝利發展的解放戰爭獲得源源不斷的人力物力的支持。」[76]無償剝奪地主、富農的所有財產，既調動窮棒子去「打老將」，也為解決戰爭所需財政。

　　　　鬥了地主老財，接著就給老百姓開倉放糧，分田分地分騾子分馬，老百姓跳著腳喊「共產黨萬歲！」[77]

　　1948 年東北農村流諺：「後方不鬥爭，前方沒有兵」。[78]如今若發動「二次土改、二次工商業改造」，再搞一回劫富濟貧，相信還會再次得到無數窮人的歡呼「萬歲」。

參、最重要的組織基礎

　　毛澤東說中共抗戰期間主要幹了兩件事：在戰區盡可能擴充、在大後方鼓動民主。[79]對國統區地下黨提出十六字方針：「隱蔽精幹、長期埋伏、積蓄力量、以待時機。」[80]1940 年 5 月 5 日，中共書記處電示各省委：「凡服務於國民黨軍政教育機關之秘密共產黨員遇強迫全體公務員入黨時，應即加入國民黨，必要時可不必事先徵求黨組織的同意，以免露出破綻，但事後必須呈報黨組織追認。」1940 年 8 月 3 日，再電南方局：「地方黨部

---

[74] 王茂潤主編：《中國人民抗日軍事政治大學史》，國防大學出版社（北京）2000 年版，頁 3。

[75] 袁偉：〈國民革命軍陸軍新編第四軍沿革概況〉，載《中共黨史資料》第 11 輯，中共黨史資料出版社（北京）1984 年版，頁 346。

[76] 胡繩主編：《中國共產黨的七十年》，中共黨史出版社（北京）1991 年版，頁 240。

[77] 蔣巍、雪揚：《中國女子大學風雲錄》，解放軍出版社（北京）2007 年版，頁 329。

[78] 段克文：《「戰犯」自述》（第一部），世界日報社（台北）1978 年版，頁 12。

[79] 張稼夫：〈庚申憶逝〉（之二），載《中共黨史資料》第 8 輯，中共黨史資料出版社 1983 年版，頁 240。

[80] 南方局黨史資料徵集小組：〈中共南方工作委員會概況〉，載《中共黨史資料》第 12 輯，中共黨史資料出版社（北京）1985 年版，頁 110。

應允許所有共產黨員公務人員一律加入國民黨或三青團；當入黨入團時，不必表示遲疑態度，以免引起懷疑；同時，如入黨入團一般的均須填寫反共表格及作反共宣誓時，可照例舉行儀式。」[81]

美軍觀察組也看出：「共產黨人積極支持戰爭，因為這給他們以機會去動員、組織、教育人民，並創建和訓練一支高效率的軍隊。他們選擇在日軍戰線後方地區作戰，因為在那裡他們相對地免於受到國民黨的干擾。」[82]利用對日作戰合法擴張。因為，國人「多數人都沒有什麼政治主張，但卻有愛國情緒。」[83]正好利用「愛國」掩護「革命」。

坐大延安，固為中共既定方針，亦需相應的客觀條件。繁亂紛雜的諸因中，人的因素第一。大批知青赴延與集體接受馬列主義，實為第一要素。若無延安一代集合在「毛澤東旗幟的皺褶裡」，若無這一支絕對聽命效力疆場的基幹隊伍，中共將不可能根鬚漸肥，不可能獲得山呼海嘯般的集團力量。延安一代是中共崛起最關鍵的人才保證。

1944年5月21日，毛澤東在六屆七中全會上：「我們在抗戰初期只是一個很小的黨（不超過四萬有組織的黨員）和一個很小的軍隊（只有 4.5 萬人）……當 1935 年冬季中央蘇區紅軍長征到陝北時，只剩下 7000 人，成了『皮包骨』。」[84]另有資料：抗戰之初八路軍僅 3.2 萬人，[85]江南新四軍（南方八省游擊隊合編）1.03 萬餘人，[86]東北抗聯一萬人，[87]總共五萬餘人。在國統區，中共力量更是微如星火。

[81] 榮高棠：〈關於南方局的組織機構和南方局組織部的情況〉，載《中共黨史資料》第 12 輯，中共黨史資料出版社（北京）1985 年版，頁 64。

[82] （美）謝偉思（John S. Service）：《在中國失掉的機會》（Lost Chance In China），羅清、趙仲強譯，國際文化出版公司（北京）1989 年版，頁 223。

[83] 張秀山：《我的八十五年》，中共黨史出版社（北京）2007 年版，頁 23。

[84] 中共中央文獻研究室編：《毛澤東文集》第三卷，人民出版社（北京）1996 年版，頁 139。

[85] 一、李銳：《廬山會議實錄》，春秋出版社、湖南教育出版社 1989 年版，頁 223。二、據吳法憲回憶錄：紅一方面軍到達延安 6000 餘人，紅四方面軍在西路軍失敗後僅一萬餘，紅二方面軍約二萬餘，合計四萬餘人。《吳法憲回憶錄》，北星出版社（香港）2007 年版，上卷，頁 102、158。三、王明：《中共 50 年》，東方出版社（北京）2003 年版，頁 25、27。

[86] 袁偉：〈國民革命軍陸軍新編第四軍沿革概況〉，載《中共黨史資料》第 11 輯，中共黨史資料出版社（北京）1984 年版，頁 328。

[87] 逄先知主編：《毛澤東年譜（1893～1949）》（中卷），中央文獻出版社（北京）2005 年版，頁 107。

　　1927 年莫斯科中山大學，伍修權（1908～1997）：「持國民黨觀點的人到處宣傳他們的舊三民主義，有的黨員受他們的影響，轉向了國民黨方面。在我的印象裡，原來是國民黨觀點的，轉到我們這邊來的，好像不多。」[88]1931 年 6 月中共總書記向忠發（1880～1931）被捕，供詞：「共黨現有幹部全國不過二百人，在莫斯科者亦不過二百人，人才極感缺乏。」[89]

　　1932 年「一·二八」後，中共擴求黨員，上海得三千；至 1933 年 5 月，脫離者兩千以上。[90]「1934 年時北平我地下黨的組織已幾乎全遭受破壞。當時北平尚有幾個黨員，但是沒有黨的組織。1935 年初，黨組織才開始恢復起來。……黨員全市共有十來個，連共青團員不過二十個左右。」[91]1935 年「一二·九」運動之初，北平只有九名黨員，加上團員也僅約 20 人。[92]陝北中共事後才得知北平爆發大規模學運，1936 年初急派劉少奇前往主持北方局：「整個北方局能夠聯絡到的黨員不過三十人左右。」[93]1936 年春，經馮雪峰與潘漢年審定的上海黨員約二百餘，中共組織部承認的骨幹只有 47 人。[94]四川地下黨直至 1936 年秋尚未恢復活動。[95]1938 年春，中共重建湖北省委，此前湖北已不存在中共組織，只有極少數倖存黨員有一點個別活動。[96]僅憑這點實力，以陝北區區之地，何以問鼎中原？

　　1934 年 6 月～1935 年 2 月，中共四川省委迭遭破獲：1934 年 7 月 5 日省委宣傳部長殷自強被捕叛變；7 月 7 日，組織部長馮伯謙裏捲 850 元經費潛逃；7 月 10 日，前省委書記史伯康被捕叛變；10 月，省委書記劉道生潛逃；1935 年 2 月，省委秘書長余若萍被捕，供出省委書記劉克諧等。

---

[88] 〈伍修權同志回憶錄〉，載《中共黨史資料》第一輯，中央黨校出版社（北京）1982 年版，頁 131。

[89] 原載《轉變》，中華民國 1933 年 10 月出版，頁 343。王健民：《中國共產黨史稿》第二編，中文圖書供應社（香港）1974～75 年出版，頁 164。

[90] 王健民：《中國共產黨史稿》第二編第十三章。轉引自《黨史研究參考資料》1981 年第 15 期，頁 19。

[91] 清華大學校史組：〈彭濤同志談「一二·九」運動〉，載《中共黨史資料》第 17 輯，中共黨史資料出版社（北京）1986 年版，頁 191。

[92] 馮蘭瑞：〈「一二·九」運動到底是誰發動的〉，載《炎黃春秋》（北京）2009 年第 1 期，頁 10。

[93] 黃崢：《王光美訪談錄》，中央文獻出版社（北京）2006 年版，頁 465～466。

[94] 陳修良：《拒絕奴性》，香港中和出版有限公司 2012 年版，頁 130。

[95] 《青春歲月——胡績偉自述》，河南人民出版社 1999 年版，頁 60。

[96] 馬識途：《風雨人生》，參見《馬識途文集》第九集（上），四川文藝出版社 2005 年版，頁 147。

自此，至 1937 年 12 月，四川無中共省委機構。[97]1937 年 11 月下旬，新任川省工委書記鄒風平、副書記廖志高等六人從延安領命赴川，從羅世文處接手的全省黨員僅百名左右。[98]

1938 年 3 月 2 日，《新華日報》成都推銷處，三天內僅訂出四份，至 4 月中旬才近百份。[99]並不像中共宣傳的那樣，國人對中共如仰天露。

第二次國共合作還使中共從國府監獄得到數千骨幹。著名者有薄一波、楊獻珍、劉瀾濤、安子文、趙林、王其梅、徐子榮、任作民、傅大慶等。南京「八辦」記述：「從南京、蘇州、上海、杭州出獄的大約有一千多人，其中大部分轉送延安，少部分留在南京、上海、西安工作，也有一些讓他們回本地開展群眾工作。對少數自首、叛變的，就發路費讓他回家。」也因國共合作，「有些青年到解放區去，辦事處為他們開介紹信。這時八路軍的通行證，是沿途通行無阻的。」南京出獄著名者：張琴秋、夏之栩、陶鑄、方毅、王鶴壽、錢瑛、彭康、潘梓年、周惠年、劉順元、劉寧一、黃傑、熊天荊（伍雲甫妻）、王根英（陳賡妻）、曹瑛、黃文傑、張月霞、陶萬蓉、吳仲廉（江華妻）。包括判刑十五年以上的重要政治犯，亦於 1937 年 9 月下旬陸續獲釋。[100] 1937 年 5～6 月，太原四所監獄二三百名中共政治犯獲釋，其中一百幾十人組成一個連。王若飛出獄時，閻錫山贈赴延安路費兩千元，王若飛請示劉少奇後拒收。[101]

1937 年 9 月～1938 年 9 月，中共在南方 13 省恢復省委，發展黨員至 6.7 萬餘。[102]截止 1938 年夏，南昌黨員從不足百人擴至四千；福建發展黨員近四千；截止 1939 年 3 月，江西從 1300 餘黨員發展到 1.8 萬餘。[103]1938

[97] 中共四川省委黨史工作委員會、四川省檔案館：〈中共四川省委員會組織史資料〉（1926～1949），載《四川黨史研究資料》（成都）1985 年第 1 期，頁 12。

[98] 廖志高：〈抗日戰爭初期重新建立四川秘密黨的主要情況〉，載《四川黨史研究資料》（成都）1984 年第 2 期，頁 2、5。

[99] 曹孟泉：〈回憶《新華日報》成都推銷處〉（1938 年 2 月～1939 年 7 月），載《四川黨史研究資料》（成都）1985 年第 1 期，頁 13～16。

[100] 錢之光：〈我所瞭解的八路軍南京辦事處成立前後國共合作的有關情況〉，載《中共黨史資料》第 16 輯，中共黨史資料出版社（北京）1985 年版，頁 190、193。

[101] 薄一波：〈若飛同志出獄前後〉，載《紅旗飄飄》第 17 集，中國青年出版社 1979 年版，頁 179～181。

[102] 胡繩主編：《中國共產黨的七十年》，中共黨史出版社（北京）1991 年版，頁 161。

[103] 《中共中央東南局》，中共黨史出版社（北京）2006 年版，上卷，頁 339、331。

年 3 月底，川省黨員 340 餘人；10 月底，3400 餘人。[104] 1938 年 10 月，鄂省發展至 3300 餘人。1939 年，河南發展 8800 餘名。據不完全統計，各地「八辦」抗戰初期發展黨員 20 餘萬。[105]

僅有來自山上的「槍桿子」，缺少來自亭子間的「筆桿子」，只有「力」沒有「理」，無法「從一個勝利走向另一個勝利」。1928 年 7 月 8 日，江西省委〈江西工作近況〉：「幹部分子的缺乏。……得力幹部分子仍然感著極度的恐慌……感著知識幹部分子缺乏之恐慌了，各地秘書之缺乏，蘇維埃政府寫布告都沒有人，這也是江西工作的困難和缺點。」[106]1928 年 10 月，毛澤東在蘇區大會上：「共產黨是要左手拿傳單、右手拿槍彈才可以打倒敵人的。」[107]辦好一個印刷廠，抵得上一個師。[108]毛在延安讀到喬冠華在香港的國際評論：「喬的文章頂得上兩個坦克師。」[109]

1940 年 9 月，中共將茅盾從延安派往重慶，出任國府軍委會文化工作委員會常委，不恢復其黨籍，因為茅盾在重慶的作用比在延安大得多。[110]1941 年初皖南事變後，重慶赤士或赴延或赴港，周恩來指示：「有名望的作家去香港。」茅盾、以群、黃藥眠、宋之的、葛一虹、田漢等去了香港，「可影響更多青年」。[111]

大批知青加盟，毛澤東政治靈敏很高，再三說服工農幹部笑臉迎納。1939 年 12 月 1 日，毛下發〈大量吸收知識分子的決議〉，同年所撰〈中國革命和中國共產黨〉：「革命力量的組織和革命事業的建設，離開革命的知識分子的參加，是不能成功的。」[112]1939 年 12 月 10 日，中組部長陳雲（1905～1995）在邊區黨代會上：「許多革命是靠知識分子來領導的。我們再看農

---

[104] 廖志高：〈抗日戰爭初期重新建立四川秘密黨的主要情況（省工委時期——1937 年 12 月至 1938 年 11 月）〉，載《四川黨史研究資料》（成都）1984 年第 2 期，頁 7。

[105] 王寶書等：〈八路軍、新四軍駐各地辦事機構在抗日戰爭中的作用〉，載《中共黨史研究》（北京）1992 年第 5 期，頁 33。

[106] 〈江西工作近況——綜合性報告〉（1928 年 7 月 8 日），載江西省檔案館、中共江西省委黨校黨史教研室編：《中央革命根據地史料選編》，江西人民出版社 1982 年版，上冊，頁 8。

[107] 《胡喬木回憶毛澤東》，人民出版社（北京）1994 年版，頁 445。

[108] 趙海編：《毛澤東延安紀事》，陝西人民出版社 1993 年版，頁 55。

[109] 喬松都：《喬冠華與龔澎——我的父親母親》，中華書局（北京）2008 年版，頁 262。

[110] 茅盾：〈延安行〉，載《新文學史料》（北京）1985 年第 1 期，頁 24～25。

[111] 程光煒：《艾青傳》，北京十月文藝出版社 1999 年版，頁 321。

[112] 《毛澤東選集》第二卷，人民出版社（北京）1966 年橫排本，第 1～2 卷合印本，頁 604。

村裡的革命，也是知識分子領導的。」陳雲在內部說得更透徹：「我們的革命是在農村裡面，可是農民不識字，需要提高文化水準，必須依靠知識分子，所以我們要吸收知識分子。沒有知識分子，革命就不能勝利。」[113]赤色思想就是隨著延安知青的腳板走向全國，這批有文化有能力的學生娃乃是各地「革命事業」的真正骨幹。

1940 年 10 月，中宣部、中央文委〈關於各抗日根據地文化人與文化團體的指示〉：「應該重視文化人，糾正黨內一部分同志輕視、厭惡、猜疑文化人的落後心理。須知一個在社會上有相當地位、相當聲望、能有一藝之長的文化人，其作品在對內對外上常常有很大的影響。應該用一切方法在精神上、物質上保障文化人寫作的必要條件，使他們的才力能夠充分的使用，使他們寫作和積極性能夠最大的發揮。」[114]延安紙筆十分緊張，每人每月僅供應五張，作家特別優待，領取紙筆不加限制。[115]

高幹挑選秘書絕大多數為北大清華生、燕京生，名校生素質就是高人一籌。此時如贈帽「資產階級知識分子」，京滬大學生還會千里赴延麼？姚依林先後入學清華化學系與天津工商學院經濟系，他既利用化學知識製造土炸藥，又利用經濟學知識管理晉察冀邊區政府，任秘書長、財經辦副主任、工業局長。金陵大學化學系畢業生李蘇，在延安製造出黃色炸藥。輔仁大學化學系教師張珍任晉察冀兵工廠長。中央大學軍工專業生惠永昌，新四軍軍工部長。[116]名校生迅得重用，不是充任領導秘書，便是留在中直機關或執教各校，幾無直接派用前線。

中共當時也只能以知青為主要發展對象。四川工委副書記兼組織部長廖志高（1913～2000）：

> 大量發展黨員，在哪裡發展呢？我們研究確定：著重在大學、高中的青年學生和中小學教員、產業工人以及國民黨的機關職員中發

[113] 劉家棟：《陳雲在延安》，中國方正出版社（北京）2005 年版，頁 87。
[114] 中央檔案館編：《中共中央文件選集》第 12 冊，中共中央黨校出版社（北京）1991 年版，頁 496。
[115] 黃炎培：《八十年來》，文史資料出版社（北京）1982 年版，頁 131。
[116] 馬識途：《風雨人生》，參見《馬識途文集》第九集（上），四川文藝出版社 2005 年版，頁 169。

展，同時要注意盡可能的發展農民入黨。結果，發展的青年學生黨員最多，占一半以上，其次是工人、職員，農民極少。[117]

　　儘管國民黨出台〈限制異黨活動辦法〉，中共還是蓬蓬勃勃發展起來。除了延安，中共開闢敵後根據地，挺進國府無力伸達的遼闊淪陷區，樹抗日大旗，充一黨之力。如山西大批國民黨縣長逃跑後，薄一波利用犧盟會調大批赤幹出任空缺縣長，全省 105 縣，70 個縣長由中共黨員擔任。[118]

　　八路軍 115 師在五台山留兵三千創建晉察冀根據地，不到兩月發展至兩萬餘人；1937 年 9 月，120 師主力 8200 餘人挺進晉西北，1938 年擴充至 2.5 萬餘人；1937 年 11 月～1938 年 10 月，129 師開闢晉冀豫及冀南，九千餘人發展至五萬餘。「據統計，1938 年底八路軍發展到 15.6 萬餘人，1939 年發展到 27 萬人，至 1940 年底，發展到近 40 萬人。」[119]彭德懷：八路軍抗戰第一年從不足三萬擴至 25 萬。[120]第二年，華北成為中共最大根據地——黨員 60 萬、軍隊 20 餘萬。[121]新四軍由最初的 1.02 萬人發展為 1938 年 10 月的 2.5 萬人，[122]至 1939 年秋，新四軍第一、二支隊已由初到蘇南的四千餘人擴至 1.4 萬餘，吸收了大量知青和醫務、技術人員，不少來自滬寧等大城市，提高了全軍的文化素質。[123]

　　胡喬木（1912～1992）《中國共產黨三十年》：「到 1940 年抗日戰爭三周年時，中國共產黨所領導的人民抗日軍隊已由三年前的四萬多人發展到近 50 萬人……解放區和游擊區人口發展到近一萬萬。共產黨員也由三年前的四萬人發展到 80 萬人。」[124]

　　中共擴張超過供餉極限，一度不得不精兵簡政。中央機關 2.4 萬人，要求減至五六千。1942 年 12 月 1 日，毛澤東指令各根據地：「軍隊在抗戰

[117] 廖志高：〈抗日戰爭時期四川地下黨的重建和川東黨組織發展、鞏固的主要情況〉，載《中共黨史資料》第 12 輯，中共黨史資料出版社（北京）1985 年版，頁 80。
[118] 胡繩主編：《中國共產黨的七十年》，中共黨史出版社（北京）1991 年版，頁 157。
[119] 王茂潤主編：《中國人民抗日軍事政治大學史》，國防大學出版社（北京）2000 年版，頁 39～40。
[120] 《彭德懷自述》，人民出版社（北京）1981 年版，頁 227～229。
[121] 逄先知主編：《毛澤東年譜（1893～1949）》（中卷），中央文獻出版社（北京）2005 年版，頁 145。
[122] 胡繩主編：《中國共產黨的七十年》，中共黨史出版社（北京）1991 年版，頁 158。
[123] 《中共中央東南局》，中共黨史出版社（北京）2006 年版，上卷，頁 339。
[124] 胡喬木：《中國共產黨的三十年》，人民出版社（北京）2008 年版，頁 49。

期間原則上不再補兵，全軍準備在明年至後年縮小一半，由 57 萬準備縮至 20 餘萬。」[125]

八路軍十倍於國府額定的三萬人，但因其發展於淪陷區，國民黨難以指責。1940 年，不希望國共內訌的僑領陳嘉庚（1874～1961）：「西安事變時，許他（指中共）軍隊限定三師團，現已增加十倍，據言不如此不足以抗敵，亦不足以自衛，且多在淪陷區組織游擊隊，為中央不能辦到者。」[126]

肆、代際作用

中國赤潮興衰軌跡：五四解纜，北伐熱銷，井岡存種，延安蓄力，1949 年奪國，反右轉逆，文革漲頂，毛死落帆，「南巡」箍散，但意識形態長長拖滯，垂緒至今。中共發展史上，延安蓄力的重要性不言而喻，延安一代推助中共 1949 年立國。

從中共黨內代際序列上，大革命一代、紅軍一代為舉旗打江山的第一代，延安一代為續力的第二代。抗戰時期，各赤區中共首腦均為大革命一代與紅軍一代，年輕的延安一代尚處貫徹執行的中層，還未上升到參與決策的高層。領導層均為第一代紅士，長征紅軍乃中共組織核心。這一政治格局一直延續到文革後。

延安時期，延安一代只有極少數青年學士滲入高層，參贊機樞。絕大多數延安一代散布各根據地，起著基層骨幹作用。李維漢：「從抗戰開始到 1940 年底，是我們軍隊和根據地大發展時期，那時我們派些幹部深入敵後，幾個月、半年、一年，就能拉起一支隊伍，建立根據地。」陝公中後期畢業生 80％分配前線。[127]中共需要大批知青脫下長衫拿起武器，走向農村發動並組織農民「咸與革命」。

歷史證明，哪一集團能夠凝聚時代精英、召集知青，哪一政治集團便能成事。大批知青加盟，使中共迅速扭轉只能提拔工農幹部的局限，基層細胞迅速知識化，整體品質旋得提高，各種意向的落實有了組織保證。

---

[125]《毛澤東選集》第三卷，人民出版社（北京）1966 年橫排本，第 3～4 卷合印本，頁 894。

[126] 陳嘉庚：《南僑回憶錄》，岳麓書社（長沙）1998 年版，頁 237。

[127] 李維漢：《回憶與研究》，中共黨史資料出版社（北京）1986 年版，上冊，頁 401、423。

　　1945 年 7 月黃炎培（1878～1965）訪延：「我認為中共有這些表現，並沒有奇異。集中這一大群有才有能的文人武人，來整理這一片不小也不算大的地方，當然會有良好的貢獻。」[128]蜷縮陝北的中共與紅色理念，隨著延安知青的腳板幅射全國。中共「七大」時 40 萬幹部，高中以上赴延知青已整體處於中高層，據筆者有限搜索，陸續成名於各界的頭面人物：

　　政界：趙紫陽、華國鋒、周惠、吳德、萬里、江青、王任重、方毅、王力、紀登奎、胡喬木、吳冷西、李銳、李慎之、李昌、田家英、胡克實、張春橋、田紀雲、黃敬、楊秀峰、許滌新、楊西光、趙德尊、李錫銘、許家屯、杜潤生、葉群、杜星垣、劉芝明、姚溱、劉祖春、齊燕銘、王闌西、劉導生、劉彬、韓天石、汪海粟、聶元梓、任仲夷、章澤、關山復、項南、梁湘、吳南生、喬石、谷牧、宋振庭、汪道涵、姚依林、鄧力群、廖魯言、安志文、崔月犁、宋平、張勁夫、鄒家華、王丙乾、王漢斌、池必卿、楊易辰、楊靜仁、芮杏文、裴麗生、劉仰嶠、王思華、李哲人、林淡秋、袁庚、王匡、彭敏、姚仲明、吳象、錢其琛、王光美、姚文元……

　　思想界：陳伯達、周揚、艾思奇、楊獻珍、顧準、黎澍、許立群、于光遠、王元化、王若望、胡繩、廖蓋隆、馬洪、熊復、蘇紹智、于浩成、汪澍白、許良英、謝韜……

　　外交界：黃華、喬冠華、吳學謙、龔澎、章文晉、浦壽昌、陳家康、符浩、王殊、章曙、邵天任、何方、陳叔亮、陳楚、柯華、丁雪松……

　　新聞界：范長江、彭子岡、劉賓雁、梅益、胡績偉、曾濤、朱穆之、李普、李莊、戈揚、楊剛、穆青、杜導正、秦川、溫濟澤、丁濟滄、穆廣仁、金堯如、彭迪、司馬璐、張彥、丁一嵐、黃鋼、安崗、吳象、王若水、戴煌、于冠西……

　　教育界：何干之、蔣南翔、何東昌、陸平、常溪萍、江豐、郭影秋、何偉、鍾敬之、王中、張庚、歐陽凡海、呂驥、侯維煜、朱凡、劉達、張承先、宗鳳鳴……

---

[128] 黃炎培：《八十年來》，文史資料出版社（北京）1982 年版，頁 149～150。

　　文化界：王實味、丁玲、馮雪峰、聶紺弩、鄧拓、蕭軍、高長虹、陳企霞、鍾惦棐、周立波、高士其、何其芳、蕭也牧、艾青、陳學昭、陳荒煤、郭小川、馮牧、魯藜、柳青、公木、田間、康濯、孔厥、柯仲平、徐懋庸、舒群、白朗、海默、吳伯簫、林默涵、葉以群、歐陽山、周而復、秦兆陽、杜鵬程、劉白羽、張光年、嚴文井、嚴辰、沙汀、關露、陳湧、楊沫、孫犁、賀敬之、馬加、草明、魏巍、周巍峙、徐光耀……

　　文藝界：賀綠汀、李劫夫、崔巍、塞克、陳強、田方、田華、陳波兒、于藍、顏一煙、王大化、張瑞芳、張平、華君武、陳亞丁、歐陽山尊、王昆、干學偉……

　　出版界：陳翰伯、韋君宜、曾彥修、范用、陳茂儀、董邊、閤明詩、王子野、何家棟……

　　學術界：范文瀾、王朝聞、李新、許覺民……

　　2001 年，李慎之（1923～2003）：「今年 70 歲到 90 歲這個年齡段的知識分子（當時都叫小資產階級知識分子）……這批人實際上是中國共產黨最主要的骨幹。中國共產黨所以能打敗國民黨，建立新中國，贏得相當民心，取得若干成就，這一年齡段的人的功勞是主要的。」[129]沒有延安一代的「輸入」，中共不可能迅速壯大。

　　中組部長陳雲：「幹部決定一切。」山東某地只去了幾個黨員與一位八路軍，號召抗日，一下子就來了幾千人，至 1938 年 9 月已上萬人。[130] 1947 年，東北長白縣委宣傳部長白介夫（1921～2013）：「領導和參加土改的幹部，大部分是從延安派來的。」[131]

　　2008 年，李銳分析中共成員從成立到建政三類構成：

　　第一類──建黨初期本土知識分子與留歐歸來的知識分子，深受俄化馬克思主義與蘇俄革命影響，早已褪去五四獨立人格色彩。這一群體在黨內人數不多，卻一直是黨內權力的實際掌控者。

---

[129] 李慎之：〈革命壓倒民主──《歷史的先聲》序〉，笑蜀編：《歷史的先聲》，博思出版集團有限公司（香港）2002 年版，頁 21。
[130] 陳雲：〈論幹部政策〉（1938 年 9 月抗大講演）。參見《陳雲文選》第一卷，人民出版社（北京）1995 年版，頁 109、114。
[131] 白若莉：〈長白山地區土改運動紀實──白介夫日記摘錄〉，載《炎黃春秋》2008 年第 1 期，頁 62。

　　第二類──1920～40 年代軍事鬥爭中先後加入的大批農民與城鎮貧民，大多對社會不滿卻缺乏獨立政治人格與人文理念。這一群體在黨內居多數，且為武裝力量骨幹，乃黨權的社會基礎。

　　第三類──「一二‧九」及抗戰時期入黨的知青，懷抱民主自由投身共運，具有更多的理想色彩與獨立人格。[132]

　　正因了「一二‧九」一代帶有民主自由色彩，晚年才能形成「兩頭真」，才具備特殊的代際作用。大革命一代、紅軍一代，好像只有陸定一勉強可算「兩頭真」（以正式言論為準），不像延安一代的「兩頭真」形成規模。大革命一代、紅軍一代與延安一代之間這一代際差異，內涵甚豐。

　　截止中共「七大」，紅色死難者至少 75 萬餘，其中黨員 32 萬。[133]較之大革命一代、紅軍一代，延安一代可謂獲利最豐的一代──奮鬥時間最短、支付成本最小，擁享紅利最多。隨著共軍進城，延安一代成為新社會寵兒，三十多歲就已廳處級，少數進入省軍級，個別進入中委。1950 年代，「三八式」不少進入軍級、兵團級。[134]中共給了不少人「價值實現」的機會。1942 年冬，太行山、延安兩地為劉伯承祝壽。劉說：離開黨，我們這些人都搞不出什麼名堂，如果去世後能在墓碑上書寫「中國布爾什維克劉伯承之墓」，乃莫大安慰。[135]很晚入黨的陳學昭也認為中共給了自己發揮作用的機會。[136]若非這場共產革命，中小知識分子的延安一代（有的還是小學生），短短十來年，怎能攀升至掌控一方生靈的省市大員？

　　但也因為資歷淺、入營晚，上面壓著大革命一代、紅軍一代，延安一代在黨內始終有點「長不大」。16 歲赴延的何方（1922～）認為長征老紅軍看待「三八式」始終如父母看子女，怎麼看都有毛病；「三八式」在老紅軍面前難以抬頭：

---

[132] 李銳：〈李昌和「一二‧九」那代人〉，載《炎黃春秋》（北京）2008 年第 4 期，頁 2。

[133] 《溫濟澤自述》，中國青年出版社（北京）1999 年版，頁 383。

[134] 《邱會作回憶錄》，新世紀出版及傳媒有限公司（香港）2011 年版，上冊，頁 294～295。

[135] 《鄧小平文集》（第三卷），人民出版社（北京）1993 年版，頁 189。

[136] 李壽葆、施如璋主編：《斯特朗在中國》，三聯書店（北京）1985 年版，頁 187。

　　整個一代「三八式」在中國歷史上沒有起到應有的作用。應當說，這對我們黨是一大不幸，在一定意義上也是中華民族的一大悲劇。

　　因為延安整風立下的主要信任工農老幹部而不大信任知識分子的規矩和傳統，使從中央到省部一級的所有重要領導職務都只能由老幹部擔任，但他們中的大多數（不是全部）並不懂新的業務，又輕視學習新的知識，還看不起專家學者，所以只能跟著上面的風走，造成「大躍進」時期上下相互影響的惡性循環。例如冶金部長王鶴壽在八大二次會議上的發言題目是「十五年趕上美國」，說「鋼產量完全可以五年超英，十五年超美。」過了一個多月後又向中央報告，把 1962 年的指標從三千萬噸提高到六千萬，說超英用不了五年，有兩年就行。至於九千萬人上山砍樹煉鋼，造成多嚴重的後果，恐怕絕不只是個頭腦發熱的問題，主要原因還是不懂業務，迎合領導。因為生物學家頭腦再熱也不會提倡在除「四害」中消滅麻雀，農學家頭腦再熱也不信畝產數十萬斤糧。[137]

　　1955 年的中國科學院哲學社會科學部，學部委員 61 人，主體即延安士林，尤以延安中央研究院為核心：陳伯達、胡喬木、周揚、艾思奇、胡繩、范文瀾、尹達、張如心等。其他進入「學部」的延安士林或左翼知識分子：何其芳、于光遠、王學文、王亞南、郭大力、楊獻珍、鄧拓、薛暮橋、吳玉章、向達、劉大年、潘梓年、杜國庠、季羨林、馮至、黎錦熙、呂振羽、駱耕漠等，甚至新疆政角包爾漢。較之 1948 年胡適主持評選的 81 名中央研究院士，1955 年版學部委員，實績、層次、人望均相差甚遠。專業分布上，延安士林軋堆人文界，經濟界、科技界極少。

　　延安時期，紅色士林的活躍領域為意識形態。大革命一代身居高層，工作繁忙，無暇顧及思想文化方面的末事；紅軍一代大多為武人，知識層次低下，無力參與「文化事業」。因此，從代際角度，延安一代首先接班

[137] 何方：《黨史筆記》，利文出版社（香港）2005 年版，上冊，頁 259、262～263。

赤色文化，首先從意識形態「接過革命的槍」。這一「接班」也順帶將他們領上歧路，何方晚年歎評延安一代：

> 延安整風形成的這種思想管理體制，很難在哲學社會科學和文學藝術的各領域培養出公認的大師級的專家學者來，即使原有的大師級人物也很難拿出大師級的作品。這曾使一些著名的學者和作家抱憾終生。他們想研究的問題不能研究，想寫的東西不能寫，想出版的書不能出，想演的戲不能演，哪裡有過什麼「雙百方針」，只是口頭上說說而已！[138]

胡喬木喜歡寫詩，生搬硬湊，斧痕極重，詩味全無。70多歲寫的詩，品級仍低，一望可知功力太差。

延安一代，悲壯悽惶——沿著天堂的路標走進地獄。早年走入社會主義甬道，晚年卻拐入資本主義花園；從這條路進去，卻從那條路出來。「悲壯赤誤」成為中共數代士林的徽章。他們出於救國救民的赤誠，「拋頭顱灑熱血」，卻將祖國推入「偉大的毛澤東時代」。在中國走向極左受難地的路途中，延安一代「功不可沒」。文革紅衛兵無論價值理念、文化構成、思維方式、行為版式，都出自延安一代的母體。沒有狂熱的母親，就不可能有極端的兒女；病在孩子，根在家長；沒有延安一代的孕育，便不可能出現紅衛兵這一歷史怪胎。

中共黨內最早開始反思國際共運，對「黨的事業」產生質疑，亦起於延安一代。1981年，胡喬木驚呼：「許多反對四項基本原則的話都出自社會科學院。」[139]此時的中國社科院，各級領導均為「延安人」。1980年代初，中共開始轉彎子，推動力量也來自延安一代。經濟上，趙紫陽、萬里、杜潤生、孫冶方、于光遠等從理論到實踐開始「別求新聲」；外交政策上，李一氓、宦鄉、何方等力促放棄此前對國際形勢的判斷——「帝國主義和無產階級革命時代」、「三個世界理論」，終止愚蠢至極、沒敵設敵的極左

---

[138] 何方：《黨史筆記》，利文出版社（香港）2005年版，上冊，頁266。
[139] 于光遠：〈從「階段風波」到「社會主義初級階段」〉，載《炎黃春秋》（北京）2008年第8期，頁4。

外交路線。[140]而壓制延安一代「解凍」的最大阻力,則來自大革命一代、紅軍一代。此時的「老一代無產階級革命家」歲入暮年,資訊閉塞,早已僵化,無力對赤潮進行整體檢視。第一代中共黨人回憶錄,只能讀到對革命的自豪與對信仰的堅定。除了張國燾、龔楚這樣的「叛徒」,無一人對國際共運進行深度反思,對中共亦缺乏稍有深度的剖析。涉及「悔不當初」,總是強調歷史條件,以「不知後來」輕描淡寫一筆帶過,一切都是歷史必然,自己與偉大的黨毋須躬身自檢。

延安一代就不同了,發出「堡壘內部的不同聲音」,且形成相當規模效應,先後進入反思行列的延安一代名士:

趙紫陽、萬里、田紀雲、項南、任仲夷、杜潤生、李銳、李慎之、胡績偉、劉賓雁、王若水、王若望、王元化、芮杏文、梁湘、吳南生、于光遠、孫冶方、黎澍、許家屯、李普、李昌、戈揚、蘇紹智、曾彥修、安志文、何方、許良英、杜導正、廖蓋隆、韋君宜、司馬璐、宗鳳鳴、于浩成、謝韜、彭迪、穆廣仁、何燕凌、童式一、戴煌、吳象……

大革命一代的陶鑄與延安一代的趙紫陽,代際差異凸顯。2009 年 3 月 22 日,杜導正(1923～)評價這兩位粵省前主要領導:「趙紫陽的獨立思考比陶鑄更多。在處理『逃港』問題上,陶鑄主張壓制,趙紫陽則要求疏導。不少問題處理上,他比陶鑄求實而溫和。」1987 年,趙紫陽起草十三大政治報告,鄧小平再三告誡:無論如何不能有三權分立的意思,一點痕跡也不能有。這一時期,鄧多次對外賓說:三權分立,互相制約,這種體制沒有效率,辦不成事──

　　　　社會主義國家有一個最大的優勢,凡是一件事,只要一下決心,一作出決議,不受牽制,就能夠立即執行,不像議會民主經過那麼多複雜,那麼多反復,議而不決,決而不行。就這方面總的說,我們效率是高的,決定了就馬上執行。我講的是總的效率,這方面是我們的優勢,我們要保持這個優勢。

---

[140] 何方:《從延安一路走來的反思》,明報出版社(香港)2007 年 9 月初版,下冊,頁 830。

鄧小平把不受制衡這一集權劣勢，視為「我們總的優勢」，甚至說「我看美國搞不過蘇聯，蘇聯政治局開個會就能把這件事辦成（按：出兵阿富汗），美國能辦到嗎？」可是，決策錯了咋辦？有什麼糾誤力量？視劣為優，倒置本末，如此低水準理解民主，當然不可能再去推進民主。行政速率上，民主確實比不上獨裁，但在優率上（集智與糾誤）則遠遠高於獨裁。至於「美國搞不過蘇聯」，蘇聯都已不存在了。

1980 年代，延安一代與大革命一代的政治歧見日益豁顯。1986 年、1989 年兩次學潮，鄧小平高舉「反資產階級自由化」，不接受任何批評，並將這種批評視為必須鎮壓的當然理由。在鄧小平的政治理念中，只有專政，不認識也不理解民主。趙紫陽（1919～2005）晚年說：「要真正著手政治體制改革難度非常大，黨內那些老同志幾乎沒有人支持這種改革。所以十三大以後，政治體制改革實際上處於停滯狀態。」[141]

「六・四」槍響，一批延安人徹底驚醒。除極少數高官（如姚依林），延安一代普遍無法接受事實——學運起家的中共居然也會鎮壓學運，理由竟是維護「革命成果」——無產階級專政！「六・四」後，四名中顧委員因贊同「在民主與法治的軌道上處理學運」，挨批數月，「犯有嚴重的資產階級自由化錯誤」，險被開除黨籍——「暫不履行黨員登記」，史稱「四老風波」。非常巧合，四人全是延安一代——李銳、李昌、于光遠、杜潤生。[142]另一自由化分子、《人民日報》總編胡績偉，停職審查三年、挨批二年，禁止出席一切集會、禁止報刊發表其文，每年敏感期（如六四）兩名「國安」樓下監視三天。胡績偉每於港美發表文章，《人民日報》領導必登門「勸告」（2003 年後結束）。[143]受打壓的延安一代還有李慎之、任仲夷、梁湘、王若水、李洪林等。清晰表明延安一代已在政治上思想上與大革命一代、紅軍一代產生原則性分歧，出現整體代溝。

由於對中共知根知底，且多入高層，內訊靈通，加之進入生命倒計時，不怵專政，反思光芒甚勁。李洪林（1925～）評「四項基本原則」：

[141] 趙紫陽：《改革歷程》，新世紀出版社（香港）2009 年版，頁 4、274～275、281。
[142] 李銳：〈李銳對改革開放的個人回顧〉，載《炎黃春秋》（北京）2008 年第 11 期，頁 18。
[143] 胡績偉：〈巨石下奮起的一株老倔松〉，載《爭鳴》（香港）2008 年 10 月號，頁 54。

其實這個講話的聽眾哪裡只是務虛會的幾百人？整個首都的頭面人物都出席了，坐滿了人民大會堂！這分明是一次面向全黨全國的政治動員大會：現在又要「反右」了！中國人民剛剛從「兩個凡是」下面解放出來，立刻又被套上「四個凡是」，直到現在它仍然套在中國人的脖子上！

三十年的一黨專政已經使中共成為壟斷整個國家權力的特權集團。思想解放也好，改革開放也好，都不許影響一黨獨掌政權。這就是他們的底線。鄧小平的轉變其實是這個黨本性的一次發作。鄧小平的「四項基本原則」是這個特權集團根本利益的集中表現。……鄧小平這個〈堅持四項基本原則〉的講話稿，既未經中共中央討論，也未經全國人民代表大會通過，只是胡喬木把稿子弄好了，鄧小平以個人身份拿到理論工作務虛會上一講，各省當權者無不聞風而動，雷厲風行。他們早就不滿三中全會，這一下有了「四項基本原則」，可以「糾正」三中全會的「右傾」了。於是很快就在全國範圍內掀起一場向三中全會路線反攻的高潮……不管是什麼偶然因素促使鄧小平向左轉，他這個左轉完全符合中共統治集團的根本利益，因此才能受到各級領導骨幹那樣熱烈的擁護，使全國形勢急速左轉。[144]

整體走勢上，延安一代走出「否定之否定」螺旋型軌跡，從否定別人開始，至否定自己結束。披荊斬棘的社會改造者，最後發現最需要糾正的竟是自身，最可怕的偏誤竟是革命！延安一代最大的代際作用乃是用自己的人生證實國際共運的失敗，向後人駭然昭示：「千萬不能走這條路！」作為赤色實驗中國版的參與者，他們提供了從迷狂到徹悟的完整標本，為後世革命者留下一針來之不易的免疫劑。

---

[144] 李洪林：〈往事回憶〉（七），載《爭鳴》（香港）2008 年 5 月號，頁 54～55。

第二章

學歷構成

壹、誰搶到了知識分子，誰就搶到了天下

人類學家與思想史家都意識到民族主義始終是不可忽視的巨大力量，越落後越弱勢的國家，民族主義的力量就越大。余英時：「中國近百年來的變化，一個最大的動力就是民族主義。一個政治力量是成功還是失敗，就看它對民族情緒的利用到家不到家。如果能夠得到民族主義的支持，某一種政治力量就會成功，相反就會失敗。」[1]中共的迅速壯大，正是成功利用了民族主義，從而完成一系列政治思想整合與組織準備。

中外史界都認為知識分子的走向（尤其知青走向）預示著未來 10～20 年的社會景色，一個政權拋棄知識分子，則是一場大革命的先兆。[2]反之，誰得到知識分子，也就意味著攥有偷窺神器的資本。1905 年，風雨飄搖的清廷倉促廢除科舉，百萬士子進身之階頓時被堵，不少人轉身革命。從社會轉型角度，停廢科舉勢在必行；從政權「維穩」角度，驟停科舉則為社會動盪助添乾柴，成為清廷「失鹿」的政策性導火索——大大增加社會活躍力量（中青年士子）對政權的離心力。最後一屆秀才謝覺哉：「最末一次的舉人秀才，革命的很少，參加無產階級革命的更少，然而這皆是當時的優秀。」[3]清吏驗別革命黨人的方法很簡單，秀才黃炎培：「因我讀書多，在第二次被控革命黨時，清朝官吏認為讀這些書，絕不是革命黨，獲釋。」[4]出路既明，何必犯上作難？風險到底很大。

1　余英時：《錢穆與中國文化》，上海遠東出版社 1994 年版，頁 203。

2　（美）費正清（John King Fairbank），《費正清對華回憶錄》，陸惠勤等譯，知識出版社（滬版）1991 年版，頁 336。

3　《謝覺哉日記》，人民出版社（北京）1984 年版，上冊，頁 457。

4　黃炎培：《八十年來》，文史資料出版社（北京）1982 年版，頁 22。

　　1935 年華北事變後，大批知青投身軍政，國共兩黨都認識到「誰搶到了知識分子，誰就搶到了天下。」[5]中共組織部長陳雲再三強調：「現在各方面都在搶知識分子，國民黨在搶，我們也要搶，搶得慢就沒有了。日本帝國主義也在收買中國的知識分子為它服務。如果把廣大知識分子都爭取到我們這裡來，充分發揮他們的作用，那末，我們雖不能說天下完全是我們的，但是至少也有三分之一是我們的了。」[6]中共中央迅速改變 1928 年「六大」以來對知識分子的關門政策，高擎抗日民主兩面大旗，以「總理遺囑」相號召──外爭獨立、內求民主，改共青團為「民先」（中華民族解放先鋒隊）以強調抗日。[7]批判「關門主義」的同時，打開大門「廣招天下士，誠納四海人」，電令各地大力輸送青年赴延。平津滬寧港穗漢蓉等地左翼報刊發表許多介紹延安的文章，鼓動青年赴延。[8]

　　1938 年 3 月 15 日，中共發布〈關於大量發展黨員的決議〉：「大批的革命分子要求入黨，這給了我們發展黨以極端有利的條件。」1938 年 4 月 9 日，東南分局給各省委、特委下達〈猛烈發展黨的指示信〉。[9]1938 年 3 月，抗大教育長羅瑞卿向黨務科長李逸民交待：每連黨員要發展至 80%。[10]國統區中共各級組織第一要務就是發展黨員。1938 年春，18 歲的馮蘭瑞入黨，不到一年就發展了 12 名黨員。[11]為降低門檻，入黨誓詞中去掉「階級鬥爭」，「服從紀律」改為「遵守黨的紀律」，「犧牲個人」改為「不怕犧牲」，最關鍵的「永不叛黨」也拿掉了，1982 年才恢復。[12]

　　上海、西安、重慶、成都、廣州、香港、太原、桂林、長沙、洛陽、蘭州、貴陽、新鄉、迪化等地，均設立八路軍辦事處，千方百計將一批知青送往延安，放低身段「來去自由」──來則歡迎，去則歡送，再來再歡迎。對有名望的文化人，更是搖伸橄欖枝。1937 年 10 月，中共歡迎巴金、茅盾、曹禺、老舍、沈從文、蕭乾等十位著名作家前往延安，提供寫

5　劉家棟：《陳雲在延安》，中國方正出版社（北京）2005 年版，頁 28。
6　中共中央文獻編委會：《陳雲文選》（1926～1949），人民出版社（北京）1984 年版，頁 115。
7　王力：《王力反思錄》，北星出版社（香港）2008 年版，下冊，頁 860。
8　祝均宙、蕭斌如編：《薩空了文集》，上海科學技術文獻出版社 2002 年版，頁 67～71。
9　《中共中央東南局》，中共黨史出版社（北京）2006 年版，下卷，頁 539、563。
10　《李逸民回憶錄》，湖南人民出版社 1986 年版，頁 101。
11　馮蘭瑞：《別有人間行路難》，時代國際出版社有限公司（香港）2005 年版，頁 360～361。
12　〈讓我們重溫各時期入黨誓詞〉，載《光明日報》（北京）2011 年 4 月 27 日。

作上一切便利。[13]冼星海於「八‧一三」後才聞知延安之名，1938 年冬因得創作出入雙自由之諾赴延。[14]

1937 年 8～10 月，八路軍南京辦事處，接待並審查了千餘名江南各地出獄的政治犯，其中 700 餘人轉送延安；1938 年 3～5 月，八路軍武漢辦事處介紹 280 人赴延；[15]5～8 月，武漢、西安八路軍辦事處介紹赴延知青 2288 人。[16]動身前，在「八辦」集中，發給軍服、零用錢，再送到車站。[17]由川入陝不易，至 1939 年底，川東黨組織亦至少向延安輸送黨員、學生百餘人，包括萬縣天主教神學院的三名學生。[18]

1937～42 年，延安先後創辦抗大、陝公、魯藝、馬列學院、自然科學院、中國女大、安吳堡戰時青訓班（接收未立即獲准入延者）等 17 所院校，向全國招生。

1938 年 3 月，中共中央電示東南分局多多招收南方學生：

> 南方學生來得很少，因此，改變方法，不必舉行考試，也不必介紹信，立即通知各地黨部、左翼團體、同情者，向外放出空氣，凡純潔能吃苦耐勞者，不拘年齡、性別、職業、學歷均可自動北來入學。……並告以保障入學，來者不拒，一律收容，學習時間三個月至六個月，畢業後工作可自由選擇，願回家工作者，路費酌由學校發給。[19]

延安各校一開始還收點膳費，很快一律免費，統一發放土布軍裝。抗大生每月一元津貼，校方須為每生平均支付 10.5 元／月。[20]倒貼政策對許多貧苦學生的誘惑自在不言。

---

[13] 沈從文：《《湘行散記》序》，參見《沈從文全集》第 16 卷，北嶽文藝出版社（太原）2002 年版，頁 391。

[14] 冼星海：〈我學習音樂的經過〉。馬可：《冼星海傳》，人民文學出版社（北京）1980 年版，頁 264。

[15] 梅劍：《延安秘事》，紅旗出版社（北京）1996 年版，上冊，頁 336。

[16] 李志民：〈抗大抗大‧越抗越大〉（之三），載《中共黨史資料》第 11 輯，中共黨史資料出版社（北京）1984 年版，頁 197。

[17] 錢之光：〈抗戰初期的國共合作和八路軍駐南京、武漢辦事處概況〉，載《革命回憶錄》第 18 輯，人民出版社（北京）1985 年版，頁 58。

[18] 杜之祥：〈下川東的抗日救亡運動〉，載《四川黨史研究資料》1985 年第 8 期，頁 22。

[19] 〈東南分局轉來延安招收南方學生指示〉（1938 年 3 月 29 日），載《中共中央東南局》，中央黨史出版社（北京）2006 年版，下卷，頁 556。

[20] 江文漢：〈延安訪問記〉，載《檔案與史學》（上海）1998 年第 4 期，頁 6。

　　抗大組織科長李志民（1906～1987，上將）：毛澤東一再指示「革命青年，來者不拒。」要求抗大招生廣告從延安一直貼到西安，每根電線杆一張。抗大新生每至百餘名，毛輒接見。毛清晰意識到抗大有可能成為中共的黃埔軍校。當時，抗大教職員紛紛要求上前線，毛要他們認識到自己培養的可是未來的連長、營長、團長、師長！1939 年 2 月，魯藝美術系兩位教師申請入黨，毛特約面談。[21]1939 年 5 月，抗大生劉力功不願下基層，堅持升學馬列學院或回原籍工作，不滿足要求就退黨，劉最後同意去華北，但一定要在八路軍總司令部。開除之前，談話七次，竭盡挽留。[22]1938年暑假，重慶中央大學兩名學生堅決要求退黨，「黨的力量只有這樣一點，要想革命成功，不知要等到哪一年」。川東青委書記楊述、川東特委書記廖志高、長江局書記王明先後找談話，無法勸阻，只得開除。[23]

　　中組部廣開大門，竭望粒珠無遺。何其芳（1912～1977）記述：

> 抗大的名額滿後在從這裡到西安的沿途的電線杆上都貼著「抗大停止招生」，「抗大停止招生」，但還是有許多青年徒步走來，而且來後還是得到了學習或工作的機會，沒有一個人被拒絕回去。他（按：某中共高幹）說到認識人不能單看缺點，而且從缺點也可以看出長處：驕傲的人有自信心，可以把計畫好的工作交他去做；怯懦的人謹慎，可以當會計；吊兒郎當的人會交際；而普通認為背景複雜的人多半經驗豐富，知道許多理論，總會接近真理，承認真理……[24]

　　中共還在南方舉辦各式「抗大」、各種軍政幹訓班。1937 年底鄂中應城湯池訓練班，國府湖北建設廳主辦，但由陶鑄主持，僅辦三期，作用甚

[21] 何其芳：〈毛澤東之歌〉，參見《何其芳文集》第三卷，人民文學出版社（北京）1983 年版，頁 50。
[22] 陳雲：〈為什麼要開除劉力功的黨籍〉（1939 年 5 月 23 日），原載《解放》（延安）第 73 期。參見《陳雲文選》第一卷，人民出版社（北京）1995 年版，頁 123～124。
[23] 廖志高：〈抗日戰爭時期在南方局直接領導下重建、發展、鞏固川東地下黨的主要情況（1939 年 12 月～1943 年 9 月）〉，載《四川黨史研究資料》（成都）1984 年第 3 期，頁 2。
[24] 何其芳：〈我歌唱延安〉（1938 年 11 月 16 日），原載《文藝戰線》（延安）創刊號（1939 年 2 月）。參見《何其芳文集》第二卷，人民文學出版社（北京）1982 年版，頁 176～177。

巨。600 餘學員，多為平津流亡大學生，江北新四軍與鄂豫根據地幹部來源。蔣介石指為「紅軍大學」，1938 年 5 月勒令停辦。[25]

　　鄂豫皖老區黃安七里坪「黨訓班」，主任方毅，副主任彭康。知名學員馬識途（中央大學）、韋君宜（清華大學）、劉西堯（武漢大學）。訓期兩個月，四門課程：黨的建設、游擊戰爭、統一戰線、群眾工作。[26]

　　1938 年 1 月，浙南平陽縣山門舉辦「抗日救亡訓練學校」，校長粟裕。1939 年 2 月，萬縣國華中學開學，全校教職工 19 人，13 人為中共黨員，5人為「進步教師」，不到半年發展黨員三四十人，「這所抗大式的學校為黨培養和造就了一批抗日救亡的人才」。[27]1938～40 年，中共閩西南潮梅特委（書記方方）在龍岩、永定辦了幾期黨訓班，培訓粵閩知青，其中一期學員七八十名（「大多是知識分子」）。「老伙夫」竟是當年的游擊隊司令劉永生（1904～1983，後為福建省軍區司令、少將）。[28]1940 年 12 月 13 日，陝北中央要求中原局開辦兩萬人的大學校，盡量招收上海、蘇北知青：

> 不分男女、信仰、黨派、階級，只要稍微有點抗日積極性的，一概招收，來者不拒。不要怕反動分子混入，讓其混入一些，然後再淘汰。[29]

　　待遇上對知識分子也相當傾斜，學校幹部津貼高於部隊幹部、教員優於行政幹部；前方營連幹部每月津貼 3 元，學校隊長、指導員、參謀 3.5元，教員 4 元，主任教員 4.5 元，校長 5 元。[30]1937 年延安生活極端艱苦，小米熬白菜是抗大全校伙食，但每月補助教員兩斤大米、一斤雞蛋、幾斤

---

[25] 蘇全有：〈湯池訓練班與中國共產黨〉，載《武漢文史資料》2004 年第 2 期，頁 17。
　　雍文濤：《鄂中烽燧──憶陶鑄同志主辦湯池訓練班》，載《紅旗飄飄》第 21 集，中國青年出版社1981 年版，頁 105。
[26] 馬識途：《風雨人生》，參見《馬識途文集》第九集（上），四川文藝出版社 2005 年版，頁 133。
[27] 杜之祥：〈下川東的抗日救亡運動〉，載《四川黨史研究資料》（成都）1985 年第 8 期，頁 22。
[28] 謝畢真：〈戰鬥在閩粵贛邊的劉永生〉，載《革命回憶錄》第 16 輯，人民出版社 1985 年版，頁 116～117。
[29] 〈中央關於開辦學校大量招收青年職工和知識分子給中原局的指示〉，載中央檔案館編：《中共中央文件選集》，中央黨校出版社（北京）1991 年版，第 12 冊，頁 577。
[30] 王茂潤主編：《中國人民抗日軍事政治大學史》，國防大學出版社（北京）2000 年版，頁 375。

麵粉，吸煙教員四包「風車牌」。學員津貼一元，「只有從外面請來的教員十元，高出（校領導）一倍以上。」[31]1938 年，陝公校長成仿吾薪金五元，教員薪金卻有高至 12 元。印刷工人薪金 20～30 元（邊區最高）。[32]

　　1940 年代，中共晉冀魯豫、晉察冀、晉西北等根據地先後公布〈優待專門技術幹部辦法〉，誠聘各項技術人員，每月津貼 15～50 元。[33]

> 　　抗戰初期……每人每月發一元生活補貼，教師比一般幹部多發五角。當時邊區待遇比較好的有教師、醫生、保育員、小孩和各種技術專家。以後由於國民黨的封鎖，邊區財政更困難了，老師和政府工作人員的待遇才一樣了。但在政治待遇方面還是受到尊重。一些農村教師被選為人民代表，開鄉民代表大會時，教師和鄉的領導幹部都坐在主席台上。[34]

　　此時，中共尚無傲視知識分子的資本。1938 年，晉察冀七所醫院的傷兵，真正能夠提供現代醫療服務的只有諾爾曼・白求恩大夫一人。[35]江西蘇區時期，迫於現實，中共頒布《徵求專門技術人才啟事》，對電訊、醫務、軍事教育專家予以優待，津貼從五角直至百元，紅軍技術人員最高不超過十元，士兵更低。[36]

　　投奔新四軍，「凡是有點學歷的人，到了新四軍先享受幹部待遇，再考慮分配工作，擔任文化教員、文工團員或是別的適宜發揮其特長的工作。當醫生的參軍，更受優待。」一位上海醫生，一到就給團級待遇。[37]

31　李志民：〈抗大抗大・越抗越大〉（之三），載《中共黨史資料》第 11 輯，中共黨史資料出版社（北京）1984 年版，頁 216。

32　舒湮：《邊區實錄》，國際書局（上海、香港）1941 年合版，頁 25、68。

33　趙德昌：《知識分子問題研究》，山西人民出版社 1989 年版，頁 154～164。

34　李善英：〈回憶陝甘寧邊區第一次文教大會〉。延安市政協文史資料研究委員會編：《延安文史資料》第一輯，1984 年 9 月印，頁 98。

35　（美）埃文斯・福代斯・卡爾遜（Evans Fordyce Carlson）：《中國的雙星》，祁國明、汪杉譯，新華出版社（北京）1987 年版，頁 205。

36　〈中央革命軍事委員會──適於紅軍供給標準的規定〉（1933 年 7 月 30 日）。余伯流：《中央蘇區經濟史》，江西人民出版社 1995 年版，頁 404、401。

37　張雲龍：〈新四軍成立初期的艱苦歲月〉，載《革命回憶錄》第 11 輯，人民出版社 1984 年版，頁 55。

　　1940 年 11 月，中宣部下文，「動員民眾優待小學教師，政府獎勵優良小學教師並提高良好教師的政治社會地位。」[38]1944 年，邊區中學教師年收入七石小米，比教育廳長柳湜的待遇還高，但願幹的人仍不多，師資甚缺。[39]出於統戰，凡有民主人士到訪，毛澤東必親自接待。從毛澤東那封〈給蕭軍的信〉[40]，可看出毛對士子的懷柔。1946 年 10 月，王光美飛延，供職軍委外事組，中辦主任楊尚昆安排她吃中灶。[41]

　　國共爭搶知識分子的重頭在知青，而非中老年高知。中老年高知，價值定型、思想穩固，身體、家庭等條件也不允許遠赴延安。延安中國女大學員，「大部分是剛出校門、家門的青年學生，平均年齡只有 20 歲。」[42]四川萬縣大戶之女李文放 14 歲赴延入女大，還不是「最低記錄」。

　　1936 年 2 月，范長江在三原客店遇到一位 68 歲投共者，他聽說中共將來「不得了」。「七‧七」事變後，成千上萬的知青懷著憧憬投奔延安，最小只有十二三歲，綏德小學生白紀年（1926～），1939 年春步行赴延，1942 年入黨，1984 年出任陝西省委書記，1985 年進中委。最老則有 75 歲老頭。大學教授、工程師、新聞記者，各黨各派都有，甚至有愛吃大菜愛上舞場的上海小姐、有凸肚少婦，有南洋華僑。[43]甚至還有國民黨前延安縣長。[44]

　　1937 年 3 月抗大一成立，西安至延安 370 公里的路上就出現步行知青，且多為中產及富家子弟。[45]1938 年夏秋，達到高潮，每天百八十人到達延安，姐妹相攜、師生相伴、僚屬相邀、夫婦同行、父子同程、母女同志。每天成群結隊，不絕於道。[46]一支從西安赴延隊伍達 800 人。[47]「陝公每過幾天就編成一個隊，很快就編到第 27 隊。」[48] 1938 年，抗大學員一萬、陝

38　《中共中央文件選集》，中共中央黨校出版社（北京）1991 年版，第 12 冊，頁 567。
39　趙超構：《延安一月》，上海書店 1992 年版，頁 164。
40　《毛澤東文集》第二卷，人民出版社（北京）1993 年版，頁 364。
41　黃崢：《王光美訪談錄》，中央文獻出版社（北京）2006 年版，頁 33。
42　石瀾：《我與舒同四十年》，陝西人民出版社 1997 年版，頁 74。
43　原景信：《陝北剪影》，新中國出版社（武漢）1938 年 5 月初版，頁 20。
44　翟作軍：〈在毛主席身邊一年〉，載《革命回憶錄》第 7 輯，人民出版社 1982 年版，頁 183。
45　（西德）王安娜（Amna Liese）：《中國——我的第二故鄉》，李良健、李希賢校譯，三聯書店（北京）1980 年版，頁 120～124。
46　陳亞男：《我的母親陳學昭》，文匯出版社（上海）2006 年版，頁 100。
47　蔣巍、雪揚：《中國女子大學風雲錄》，解放軍出版社（北京）2007 年版，頁 198。
48　《溫濟澤自述》，中國青年出版社（北京）1999 年版，頁 115。

公三千、青訓班二千,加上魯藝、馬列學院、黨校,共約兩萬人。[49]抗大學員最多時達 13390 人。[50]1937～38 年,國府對赴延知青從無阻攔。[51]

1940 年國府教育部統計,全國專科以上學校(不計淪陷區),尚有 85 所,分布西南及陝甘,學生總數約三萬餘。戰前,全國專科以上院校不過 108 校,在校生 42922 人。[52]品質上,赴延學生多數非「專科以上」,數量上卻占絕對優勢。陳雲秘書劉家棟(1917～2012):「整個抗戰期間,約有 20 萬人次的幹部在延安接受了短期訓練,僅抗大就有十萬人次。」[53]

1938 年 9 月,延安已聚集萬餘學生,陳雲感慨:「天下英雄豪傑雲集延安。我記得 1932 年在上海開辦一個學校,訓練工人幹部,只講了六天,學生也只有六個……一萬個跟六個比一比,相差多少?」[54]國民黨史家:「此一大量新血輸入,實為中共再起之重要憑藉。」[55]

赴延知青絕大多數來自城鎮,幾無工農。此時淪為抗大講師的李德(Otto Braun,1900～1974):「幾萬名年輕知識分子從城市來到這裡,他們中間有教師和大學生,有官員和職員,有藝術家和作家,以及其他所謂的腦力勞動者,但幾乎沒有工人和農民。」[56]所謂工農運動,事實上是知識分子去運動工農,並非工農自發運動。貧困少知的工農衣食尚憂,哪有空閒有能力去理解馬列主義?怎麼可能理解「只有解放全人類才能最後解放自己」?工農從來都是被「運動」的大眾,連自己都「解放」不了。

1938 年秋,抗大已無力擴容,延安到西安的電線杆一路張貼「抗大停止招生」,還是有許多青年徒步走來。[57]江南一些投奔新四軍的學生,因無

---

[49] 逢先知主編:《毛澤東年譜(1893～1949)》(中卷),中央文獻出版社(北京)2005 年版,頁 99。

[50] 葉尚志:〈培養革命軍政幹部的搖籃〉,載《世紀》(上海)2006 年第 4 期,頁 52。

[51] 茅盾:〈延安行──回憶錄(二十六)〉,載《新文學史料》(北京)1985 年第 1 期,頁 9。

[52] 李銳:〈關於大後方的大學教育〉,原載《中國青年》(延安)1940 年第 2 卷第 9 期。參見李銳《窯洞雜述》,湖南人民出版社 1981 年版,頁 131。

[53] 劉家棟:《陳雲在延安》,中國方正出版社(北京)2005 年版,頁 29。

[54] 陳雲:〈論幹部政策〉(1938 年 9 月抗大演講)。參見《陳雲文選》第一卷,人民出版社(北京)1995 年版,頁 112～113。

[55] 王健民:《中國共產黨史稿》,中文圖書供應社(香港)1974～75 年,第三編‧延安時期(上),頁 316。

[56] (德)奧托‧布勞恩:《中國紀事(1929～1939)》,李六達等譯,東方出版社 2004 年版,頁 327。

[57] 何其芳:〈我歌唱延安〉(1938 年 11 月 16 日),原載《文藝戰線》(延安)創刊號,1939 年 2 月。參見《何其芳文集》第二卷,人民文學出版社(北京)1982 年版,頁 176。

介紹信，硬給攛回去。[58]1939 年起，赴延青年急劇減少，來自大後方的生源基本斷絕。一則國共關係開始緊張，赴延學生受到攔阻；二則國統區左青已不多。[59]此時，中共限制學生入黨，「如果我們長期地吸收過多的知識分子入黨，那就真的會存在黨內小資產階級觀點日益佔據統治地位的危險。」（博古語）[60]1939 年，中共強調新黨員質量，反對「拉伕主義」。[61]小小延安吸納能力畢竟有限，已極度飽和。1942 年，延安總人口達四萬，「三萬黨政軍，一萬老百姓。」[62] 1941 年，約 50 名要求赴延知青在洛陽「八辦」耽擱很久，有些等了數月才獲准。[63]

　　國府雖未主動拋棄知青，但知青的天然叛逆使國民黨在這場知青爭奪戰中始終處於下風。許多知青雖不瞭解共產黨，但卻很嫌惡國民黨。韋君宜說她四妹夫婦：「他們夫妻倆對於共產黨實在沒有什麼認識，一本書也沒看過。但是對國民黨卻很有認識。」[64]

　　左翼青年賈植芳：「抗戰以後起來的一代知識分子，都是在五四新文化運動的教育、薰陶下成長起來的……從小就知道獨立人格的寶貴，有一種藐視一切權威、反抗一切壓迫的個人主義衝動。這種衝動在國共兩大政治力量對峙的時候，促使他們本能地同情、偏向共產黨的一邊。」抗戰爆發後，國府在武漢、廣州、西安、南昌等地也辦起名目繁多的各類抗日學校與培訓班，儘量吸引青年學生。南京開辦的「中央政治學校留日學生特別訓練班」，結業後授予上尉以上軍銜（最高中校），待遇相當不錯。[65]

　　南昌有國府的青年服務團訓練班，學生千人，但多為中共利用。1938年 2 月 16 日，項英向中央報告「我們的影響在其中很大」。[66]國共合作有

[58] 陳榮坤等：〈無悔的追求——粟裕夫人楚青訪談錄〉，載《百年潮》（北京）2007 年 8 月號，頁 51。
[59] 何方：《從延安一路走來的反思》，明報出版社（香港）2007 年版，上冊，頁 61。
[60] （美）愛德加・斯諾：《紅色中華散記》（1936～1945），奚博銓譯，江蘇人民出版社 1991 年版，頁 31～32。
[61] 廖志高：〈抗日戰爭時期四川地下黨的重建和川東黨組織發展、鞏固的主要情況〉，載《中共黨史資料》第 12 輯，中共黨史資料出版社（北京）1985 年版，頁 85。
[62] 〈中共中央關於審查幹部的決定〉（1943 年 8 月 15 日）。載《中共黨史參考資料》（五），人民出版社（北京）1979 年版，頁 150。
[63] （美）謝偉思（John S. Service）：《在中國失掉的機會》（Lost Chance In China），羅清、趙仲強譯，國際文化出版公司（北京）1989 年版，頁 6。
[64] 韋君宜：《思痛錄》，人民文學出版社（北京）2013 年版，頁 223。
[65] 賈植芳：《獄裡獄外》，天地圖書有限公司（香港）2001 年版，頁 47、114～115。
[66] 《中共中央東南局》，中共黨史出版社（北京）2006 年版，下卷，頁 531。

一條協議：中共不得在國統區發展組織，包括外圍組織，「民先」在這一背景下不得不解散。但中共明的不行暗的來，等國民黨恍然醒悟，明白這場青年爭奪戰的戰略意義，為時已晚。1938 年 10 月武漢失守後，國府開始攔路截堵。洛川、宜川、慶陽等三個方向設關布卡，堵截赴延青年，交送胡宗南西安戰幹第四團受訓。[67]1940 年 4 月 15 日，抗大六期開學，4900 餘名學員，知青大幅降低，僅 14%，本地工農驟增；文盲、半文盲 43%，高小 24%，中學 31%，大學 2%，近半學員不能做筆記，高小文化也只能簡單筆記，大部分學員自學及理解能力很差。[68]

　　整個抗戰期間，國共兩黨都清晰意識到「抗戰後」的決戰，本黨命運取決於抗戰期間的各項準備。國民黨也不乏「有識之士」。1937 年 11 月初，西北綏靖公署廳長谷正鼎（1903～1974）在西安機關會議上：

> 現在是抗戰時期，大家都跟著喊抗日，其實我們真正的敵人並不是日本人而是共產黨。共產黨有赤色帝國主義俄國做後台老闆，比日本人還要可怕。俗話說家賊難防，共產黨就是我們的家賊、腹心之患。我們不能消滅共產黨，就要被共產黨所消滅。我們與日本人還可以講和，現在雖然抗戰，終究還有和解的一天，我們與共產黨那就完全不同了。我們與共產黨勢不兩立，沒有什麼價錢可講的。[69]

　　中共對知青的「爭搶」意識一直很強。1937 年 3 月「燕大學生參觀團」訪延，毛劉周朱與軍事將領都出來接見，全團十人回校積極宣傳延安見聞，影響極大，抗戰爆發後二三百燕京生進入紅區。燕京在校生僅 800 餘，每屆只招 200 餘名，學雜費約 150 銀圓／年，入學考試嚴格，學生多為精英。[70]清華大學在校生亦不過 1200 餘名，每生至少 120～130 元／年。[71]1934

---

[67] 張漢武：〈延安回憶〉。載延安政協文史委編，《延安文史資料》第三輯，1986 年 11 月，頁 53。
[68] 王茂潤主編：《中國人民抗日軍事政治大學史》，國防大學出版社（北京）2000 年版，頁 116～119。
[69] 張嚴佛（軍統西北區長）：〈抗戰前後軍統特務在西北的活動〉，載全國政協文史委《文史資料選輯》第 64 輯，中華書局（北京）1979 年版，頁 99。
[70] 喬松都：《喬冠華與龔澎──我的父親母親》，中華書局（北京）2008 年版，頁 11。
[71] 姚錦編著：《姚依林百夕談》，中國商業出版社（北京）1998 年版，頁 17、11。

年報考清華大學四千餘人，正取 317 名，備取 60 名，實際報到 287 名。[72]出身名校的「小資學生」，對優化中共隊伍起著重大作用。

中共很留意收攬青年英俊。1938 年，17 歲武漢女生范元甄在街頭演講，王明指著說：「這種人應該是共產黨員。」[73]國統區大學生，尤其名校生，只要有意赴延，各地「八辦」鼎力相助，竭誠安排。成都燕京生彭迪、錢行夫婦便是由八路軍渝辦安排，1944 年赴延。燕京高才生李慎之 1946年赴延。1945 年 11 月中旬，魯藝與延安大學最後一批領導將赴東北，毛澤東面囑：你們去東北的任務是去爭取青年，辦大學。[74]

對一些有特殊影響的高知，只要表達入黨意願，立即批准，毋須候補期。陳學昭 1945 年 7 月初遞交入黨申請，很快批下來，無候補期，宣誓日期定在 7 月 14 日──法蘭西國慶日，紀念她十年留法。十分細緻，很人性化，不放過每一個讓人高興的細節。[75]

抗戰時期，從中央至分局、省委、特委，均設立青年工作委員會，要求國統區黨員須有合法社會身分，盡可能廣交朋友，學生黨員則須「三勤」──勤學、勤業、勤友。南方局青委從未停止向根據地輸送知青。抗戰後期，中共則動員知青扎根農村，在「反動統治基礎薄弱」的農村建立鞏固據點，等待時機發動武裝鬥爭。1945 年 1 月南方局《青年生活》號召：「知識青年的崗位在農村」，不少紅青成為雲南游擊隊骨幹。[76]

1940 年 6 月 3 日，中共書記處下文：「今後在國民黨區學生運動的根本方針，應是長期的潛伏發展，積蓄力量，爭取人心。」「在鬥爭中絕對避免支部及支部負責人的暴露，支部及支部負責人應站在暗中推動、旁邊贊助的地位，他們應深深的埋藏在學生群眾中間。」6 月 7 日，再下發〈中央關於加強戰區青年工作的指示〉：「加強青年工作是全黨的責任」、「不應

---

[72] 何炳棣：《讀史閱世六十年》，廣西師大出版社（桂林）2005 年版，頁 56。
[73] 李南央編著：《我有這樣一個母親》，開放雜誌出版社（香港）2003 年版，頁 1。
[74] 何其芳：〈毛澤東之歌〉，參見《何其芳文集》第三卷，人民文學出版社（北京）1983 年版，頁 122。
[75] 陳亞男：《我的母親陳學昭》，文匯出版社（上海）2006 年版，頁 114。
[76] 南方局黨資料徵集小組青年組：〈南方局領導下的青年工作（1939・1～1947・2）〉，載《中共黨史資料》第 13 輯，中共黨史資料出版社（北京）1985 年版，頁 246、250、260～262。

排斥地主商人的子弟」、「積極團結小學教員」、「吸收鄉間游離知識分子青年參加各種工作」、「注意影響敵佔區及大後方的青年」。[77]

中共高舉「修正一切現弊」的大旗，使國民黨在搶奪知青的政治大戰役中明顯落敗。截至 1943 年，國民黨一百幾十萬黨員，學生黨員僅約三萬（主要 1940 年以後發展），[78]顯然未能搶過共產黨。而大革命期間，國民黨員從 1926 年的 15 萬猛增至 1929 年的 63 萬，1/3 為 25 歲以下青年。[79]青年的流向不僅標誌人心向背，更重要的是決定了社會潛在的價值走向。抗戰結束後，吳國楨向蔣介石彙報：三青團效率很低，僅通過財力誘征學生，不能得到最優秀的人才。三青團名聲很壞，許多中立分子反感。[80]

反對黨＋抗日＋共產主義，乃是中共吸引青年學生的三面大旗。國府對「一二・九」運動的處理又不甚明智。愛德加・斯諾（1905～1972）：「革命的所有起因中，知識青年完全喪失了對一個政權的信心，是促成革命的一個要素。」[81]燕京畢業生李慎之晚年說：

> 當時沒有其他的路可以選擇。我們要抗日，看到的卻是國軍不斷潰退；我們要民主，感受到的是國民黨當局的專制統治。而共產黨則高舉抗日和民主的大旗。我們是帶著自由、民主、解放的理想奔向共產黨的。只要當年內心還有一點熱血、一點良知，就不會選擇另一條路。[82]

文化的局促限制了時代，限制了這代青年的選擇，使他們沒有選擇第三條道路的可能。赤說氾濫的「紅色的三十年代」，一代青年將馬列主義認作民主、自由的化身，義無反顧地投身中共陣營。

---

[77] 中央檔案館編：《中共中央文件選集》，中央黨校出版社（北京）1991 年版，第 12 冊，頁 396～397、400～401。

[78] 資料為周恩來提供。參見《胡喬木回憶毛澤東》，人民出版社（北京）1994 年版，頁 279。

[79] （美）費正清、費維愷主編：《劍橋中華民國史》，中國社會科學出版社（北京）1994 年版，下集，頁 136～137。

[80] 吳國楨：《從上海市長到「台灣省主席」》，吳修垣譯，上海人民出版社 1999 年版，頁 37。

[81] （美）愛德格・斯諾：《我在舊中國十三年》，夏翠薇譯，三聯書店（北京）1973 年版，頁 60。

[82] 謝韜：〈我們從哪裡來，到哪裡去？〉，載燕凌等編著《紅岩兒女》第三部（上），真相出版社（香港）2012 年版，頁 7。

　　蔣介石的《蘇俄在中國》:「我們在宣傳上缺乏主動,在思想上缺少內容。」夏志清認為三民主義屬於西方觀念,「並不是甚麼深思熟慮的學說,不易吸引知識分子。孫中山……畢竟是典型的現代自由派的分子,天真、善意但缺乏智慧。他很難給自己的民生主義同馬克思的社會主義清楚地劃清界線,因為他不能完全擯棄後者。」夏志清指出國民黨「一個更基本的弱點:它沒有一個睿慧的思想綱領去戰勝共產主義,贏得知識分子的支持。許多知識分子和作家,他們自 1927 年國民黨迫害共產黨之後不滿國民黨的,在這十年間仍然不滿國民黨。這批人後來造成有利於共產主義的輿論,間接助長其發展,對共產黨來說,真是功不可沒。」[83]

　　1927 年「四·一二」清共後,國民黨失去一部分知識分子支持。蔣介石敗台後總結:忽視意識形態競爭,輸在思想領域,失去知識分子支持乃敗因之一。北伐前,孫中山在國民黨內講演:〈革命成功全賴宣傳主義〉。[84] 1950 年底國民黨再登記,「把內戰中與黨失去聯繫」的黨員重新召入,作為種子發展新黨員,尤重吸收知識分子。1952 年,台籍國民黨員 40%高中以上學歷,且從 1949 年 5 萬黨員增至 28 萬。國民黨在台根基漸固。[85]

　　延安一代還有「戰鬥在敵人心臟」的地下黨員,人數少能量大,績效高。江西時期,項南之父搞特科,四次反圍剿有他的情報功勞,決定長征也是他送了情報。[86]抗戰初期,一些抗大生被親共的國民黨將領招募入伍,成為天然第五縱隊。1941 年,西康劉文輝的秘書竟由董必武選送,帶著電台一直在劉身邊工作了近十年。[87]中共西安情報處「後三傑」(胡宗南心腹熊向暉、申健、陳忠經)、美國新聞處 Z 記者;[88]雙面特工楊登瀛、安娥;[89]徐蚌會戰時發揮關鍵作用的張克俠(1929 年入黨)、何基灃(1939 年入黨);向中共輸送百餘次重要情報並成功率部反水的國府國防部作戰廳長、第 22 兵團司令郭汝瑰;蔣介石最信任的侍從室高參、第 46 軍長韓練成(1926

[83] 夏志清:《中國現代小說史》,香港中文大學出版社 2001 年版,頁 115、99、98。
[84] 《青春歲月——胡績偉自述》,河南人民出版社 1999 年版,頁 138。
[85] 石岩:〈蔣介石日記解讀〉,載《南方週末》(廣州)2008 年 7 月 24 日,D23 版。
[86] 李銳:〈我的延安經歷〉(三),載《爭鳴》(香港)2011 年 6 月號,頁 66。
[87] 鄭南:〈西康起義經過〉,載《革命回憶錄》第 10 輯,人民出版社 1983 年版,頁 125、131。
[88] 喬松都:《喬冠華與龔澎》,中華書局(北京)2008 年版,頁 51。前三傑為錢壯飛、李克農、胡底。
[89] 盧荻〈楊登瀛:「雙面間諜」?紅色特工?〉,載《同舟共進》(廣州)2013 年第 5 期,頁 40~47。

年入團，1942 年入黨)[90]……1939 年 11 月在延安訓練班結業的閻又文（1914 ～1962），遣入西北軍馬鴻逵部，再入晉軍傅作義部，北平圍城期間，閻代表傅作義與中共談判。張發奎司令部的秘密黨員一直堅持到 1947 年。[91]

中共一再標榜與國民黨「所爭不在權力而在宗旨」，爭的是「主義」，是改造社會的方案，但底牌當然還是「首在政權」，沒有政權就沒有宗旨的推行權呵！

貳、地方師範為中共儲才

戊戌後，清政府興辦新式學堂，各省辦起師範館。1902 年濟南創立省立師範館（省立一師前身）。1901 年，清廷傳令州縣興辦小學；1902 年各省書院一律改辦學堂。一些新學堂還免學費，如魯迅 1898 年考入的南京水師學堂。辛亥後，北洋政府投資興辦各級師範以及一些免學費的附小，以期普及教育。1913 年，蔡和森入湖南省立一師，「不收學膳費」。[92]1917 年，汪壽華入浙江一師，免收學雜費，供給半膳。[93]1918 年，浙江龍泉東鄉地主之子李逸民，上初小每年不過一吊錢，擁地百畝的父親仍有點肉疼。[94]1919 年，16 歲小學畢業的馮雪峰偷偷考入金華省立七師，師範有官費津貼，祖父寬恕了他。[95]1920 年，十歲伍修權入學武昌高等師範附屬免費「單級學校」，1921 年再入武昌高師免費附小。[96]1916 年，浙江諸暨 17 歲貧家子弟俞秀松被浙江一師錄為免費生。[97]1922 年，江蘇宜興 15 歲貧家子弟徐鑄成入無錫省立三師，「師範不收學費，膳宿費也全免。」[98]

---

[90] 陳益南：〈超級臥底郭汝瑰的入黨問題〉，載《南方週末》（廣州）2009 年 10 月 22 日。參見盧荻〈潛伏：「隱形將軍」韓練成〉，載《同舟共進》（廣州）2011 年第 6 期，頁 53～57。

[91] 楊應彬：〈回憶從事秘密工作的日子〉，載《同舟共進》（廣州）2011 年第 7 期，頁 18。

[92] 劉昂：〈浩氣貫天地‧風雨送征船──緬懷蔡和森同志〉，載《紅旗飄飄》第 19 集，中國青年出版社 1980 年版，頁 3。

[93] 鄭慶聲：〈汪壽華傳〉，載《紅旗飄飄》第 31 集，中國青年出版社 1990 年版，頁 29～30。

[94] 《李逸民回憶錄》，湖南人民出版社 1986 年版，頁 1、4。

[95] 馮夏熊：〈馮雪峰──一位堅忍不拔的作家〉，原載《北疆》（哈爾濱）1983 年第 1 期；參見包子衍、袁紹發編《回憶雪峰》，中國文史出版社（北京）1986 年版，頁 3。

[96] 〈伍修權同志回憶錄〉（之一），載《中共黨史資料》第一輯，中央黨校出版社（北京）1982 年版，頁 110。

[97] 任武雄：〈關於俞秀松烈士〉，載《黨史研究資料》第二集，四川人民出版社 1981 年版，頁 75。

[98] 徐鑄成：《徐鑄成回憶錄》，三聯書店（北京）1998 年版，頁 15。

　　1921 年 10 月，惲代英應聘四川瀘州師範學校教務主任，後代理校長，向學生介紹《新青年》、《少年中國》，成立社會主義青年團。1923 年，四川最早三黨員之一童庸生，與羅世文建立重慶 SY（社會主義青年團），陸續在川東師範、巴縣中學建立團支部。[99]

　　「九・一八」後北大學運領袖之一千家駒（1909～2002），1926 年夏畢業於浙江金華師範，「師範學校完全公費，膳費公家也津貼一半，我一年只花三四十元便可以對付。大學一年要二三百元，全家不吃不用，供我一個人上大學也不夠。」千家駒後入學北大，其母組織十多親友「合會」，每人每年資助 5～20 元，約定兒子大學畢業後分期歸還。[100]

　　1921 年初留法女生 18 人，16 人出自川湘粵蘇四省師範：四川省立一師、湖南省立一師、長沙周南女師、廣東香山縣立女師。馳名者有蔡暢、蔣碧薇。[101]搬挪一句赤語，「腐朽階級總是愚蠢地鍛造自己的掘墓人」。大革命時期，各級師範成了赤窩紅源。據有限收集，各校著名左派師生：

　　浙江一師（杭州）：陳望道、茅盾、施存統、梁柏台、俞秀松、宣中華、汪壽華、葉天底、柔石、馮雪峰、潘謨華、應修人。

　　湖南一師（長沙）：毛澤東、何叔衡、蔡和森、蕭楚女、夏曦、郭亮、羅學瓚、肖子升（蕭三）、李維漢、張昆弟、陳昌。

　　湖南二師（常德）：粟裕、滕代遠、丁默村。

　　湖南三師（衡陽）：張秋人、蔣先雲、黃靜源、曾希聖、江華、張際春。

　　周南女師（長沙）：楊開慧、蔡暢、丁玲、王劍虹（瞿秋白妻）。

　　湖南女一師：向警予。

　　湖南女二師（桃源縣）：王一知（張太雷妻）。

　　湖南女三師（衡陽）：曾志、彭家將（四姐妹）、劉深、郭懷振、吳統蓮（吳仲廉，江華妻）、楊佩蘭、李青、廖彩蘭。

　　湖北女師：楊子烈（張國燾妻）、陳碧蘭（彭述之妻）、徐全直（陳潭秋妻）、夏之栩（趙世炎妻）、李哲時（羅亦農妻）、莊有義（陸沉妻）。

---

99 中國革命博物館黨史研究室編：《黨史研究資料》，四川人民出版社（成都）1983 年版，頁 222。
100 千家駒：〈我在北大〉，載全國政協文史資料研究委員會編：《文史資料選輯》第 95 輯，文史資料出版社（北京）1984 年版，頁 39。
101 梁大為輯：《《吳虞日記》》（摘錄），載中國革命博物館黨史研究室編：《黨史研究資料》第二集，四川人民出版社 1981 年版，頁 19～20。

四川省立女二師（重慶）：張聞天、李伯釗、廖劃平、廖竹君。
天津女一師：鄧穎超、郭隆真、劉清揚。
湖北一師：董必武、陳潭秋、劉子通。
山東一師：王盡美。
山西國民師範：徐向前、薄一波、程子華。
江西三師（撫州）：饒漱石、李井泉。

重慶省立女二師，在教員惲代英、蕭楚女、張聞天引導下，一些十三四歲的女生讀了《共產主義 ABC》、《新社會觀》，如李伯釗（1911～1985）1925 年入團，1926 年送俄（嫁楊尚昆），1931 年回國轉黨。鄧季惺（1907～1995，吳敬璉之母）也深受赤色教師影響，著名左翼女報人（1957 年與丈夫陳銘德雙雙劃右）。1923 年，中共黨員吳淵（1898～1939）前往徐州省立女三師執教，1924 年就發展蘇同仁（吳淵妻）、蘇同儔姐妹入團入黨，建立中共徐州黨組織，吳淵後任山東省委秘書長兼宣傳部長。[102]

中共女傑之一胡蘭畦（1901～1994），畢業成都毓秀女師，在惲代英引導下，1922 年加入「馬克思主義研究會」，參加婦運；1926 年赴廣州，入黃埔軍校六期女生隊，結識同鄉陳毅（1937 年與陳訂婚）；1930 年經廖承志、成仿吾介紹在德國入黨，1957 年因看望章伯鈞劃右，勞改 20 年。[103]

陳潭秋乃中共湖北支部首任書記，他以武昌高師附小為中心，培養了一批紅色骨幹，使附小成為武昌紅色中心。17 歲的伍修權就是在這所學校讀到第一本紅書──布哈林的《共產主義 ABC》。[104]湖北省立二師，在教員蕭楚女引導下，16 歲的潘文郁首次接觸赤說，入團轉黨，莫斯科中大首批學員，中共「六大」代表，共產國際中共代表團秘書長，1928 年底回國，長期潛伏張學良身邊，因盜取核心機密被張處決。[105]

中共星火一開始就落在各地師範與中學。1921 年 10 月，出席「一大」回湘的毛澤東，在夏明翰陪同下赴衡陽，「把自己的工作重點放在學界，

[102] 蘇紅：〈延安憶舊〉，載賈芝主編《延河兒女──延安青年的成才之路》，人民出版社（北京）1999 年版，頁 259～260。
[103] 武宜三：《「陳毅是個好同志」嗎？》，五七學社出版公司（香港）2009 年版，頁 199。
[104] 〈伍修權同志回憶錄〉（之一），載《中共黨史資料》第一輯，中共中央黨校出版社（北京）1982 年版，頁 115、119。
[105] 穆玉敏：〈潘文郁──張學良身邊的紅色諜工〉，載《文匯報》（上海）2010 年 3 月 2 日。

決定首先在基礎較好的衡陽三師開展工作，創造條件，建立黨團據點。」[106]
1923 年夏，北師大哲學系學生黨員李子洲（1892～1929）畢業回陝，由蔡元培、李大釗推薦，陝北最高學府榆林中學（初中）聘請李子洲、魏野疇執教，他們將「新思想」帶入該校，榆林中學成為陝北赤潮搖籃。李、魏二人乃中共西北黨組織創建人，李子洲為陝西省委代理書記。[107]1924 年秋，李子洲出長綏德省立四師，公開黨員身分，聘請左傾教師，在校內發展首批黨團員，建立黨團特支，成員有白樂亭、李卓然等，直屬北方區委李大釗領導。這批黨團員再去榆林一中、延安四中發展劉志丹、郭洪濤、武開章、張秀山等。他們再滲入陝軍井嶽秀部，發展閻紅彥等。[108]

　　1926 年，300 餘名學生的綏德四師，240 餘人參加中共黨團，內有安子文、馬明芳、劉瀾濤、賈拓夫、馬文瑞等。[109]渭北各縣中學，1923～24年普遍接受赤說，教員 90%加入「進步」的共進社，《嚮導》、《新青年》、《中國青年》、《民國日報》、《晨報》等左派報刊盡列圖書館、書店。1923年，三原省立甲種工業學校學生張仲實（1903～1987，後為馬恩列斯翻譯局副局長、學部委員）代售《嚮導》（每期五六十份）、《中國青年》（每期百份以上）。上海團中央根據《中國青年》在三原的銷量，判定該地學生接受赤色思想較普遍，1924 年暑假派上海大學三原籍學生李子建（團員）回鄉發展組織，至十月即發展十餘名團員，成立團特支，渭北赤焰由是更燃。[110]

　　贛西紅色火種亦由吉安知青羅石冰等三人帶回，三人 1924 年在滬入黨。1926 年 1 月，羅石冰奉令回贛，3 月成立中共吉安特支。吉安七師學生不少入團，其中骨幹由南昌黨支部次年吸收入黨。1927 年 1 月初，贛西12 縣均建立中共組織。[111]

---

[106] 中共衡陽市委黨史辦公室、湘南學聯紀念館：〈毛澤東早年在衡陽的革命活動〉，載《革命回憶錄》第 15 輯，人民出版社（北京）1985 年版，頁 2。

[107] 張秀山：《我的八十五年》，中共黨史出版社（北京）2007 年版，頁 7。

[108] 崔田民：〈陝北革命根據地的發展和粉碎國民黨的一、二、三次圍剿〉，載《中共黨史資料》第四輯，中共中央黨校出版社（北京）1982 年版，頁 202～203。

[109] 高浦棠、曾鹿平：《延安搶救運動始末》，時代國際出版有限公司（香港）2008 年版，頁 256。

[110] 張仲實：〈陝西省三原縣團、黨組織的建立經過〉。載中國革命博物館黨史研究室編：《黨史研究資料》第二集，四川人民出版社 1981 年版，頁 635～636。

[111] 余伯流、凌步機：《中央蘇區史》，江西人民出版社 2001 年版，頁 20。

河北的保定二師、邢台四師、大名七師、泊鎮九師，以及臨清的武訓中學，「大革命時期，這些學校大都建立了中共地下黨組織，或請了一些進步的教員。尤以第二、第四、第七師範學校，在學生中發展了不少黨員。這些知識分子黨員和進步分子，在冀南區不少地方發展了黨組織和黨的周邊組織，曾發動若干次群眾鬥爭。」[112]

董必武、陳潭秋創辦的武漢中學吸收黃麻青年王樹聲、蔡濟璜、徐子清、胡靜山、徐其虛等，他們將「革命真理」帶回大別山，啟發農民的「階級覺悟」，成為鄂豫皖赤色根據地最初的火種。[113]

除京滬平津穗漢等大城市，各地師範均為當地最高學府、文化中心。1919 年，400 餘師生的浙江一師，訂閱《新青年》100 多份，《星期評論》400 來份，還訂閱《每週評論》等。[114]李伯釗晚年明確表述共產思想的外爍式植入：「我不是一開始就知道共產黨、共產主義，而是慢慢地經過教育才知道的。」[115]赤化者必首先出自知識分子，各地中小學輒成赤窩，各地軍閥倒也簡便易認。1927 年，貴州爐縣小學教員王小林與國民黨有聯繫，省主席周西成派人將他從課堂叫出，「就地槍決」於縣城外。[116]國共分裂後中共鬧紅，「火種」也首先落在各地學校，閩西蘇區創建人張鼎丞回憶錄：「大多數鄉村都有小學校，小學教師絕大多數是共產黨員或共產主義青年團員。大多數鄉村都有黨和團的組織。」[117]

1927 年國民黨執政後，大力推廣地方師範，十年間高教、中教成倍增長，學生翻倍，師範學校幾達 1927 年的三倍。1930 年代初，河南幾乎每縣一所師範，魯隴等省師範占中等教育 1/2。大力發展地方師範成為中共得到一代精英的第一級推進器。[118]出生 1910～20 年代的青年，正好趕上國

---

[112] 閻之青：〈冀南區史料鉤沉〉，載《革命回憶錄》第 15 輯，人民出版社 1985 年版，頁 137。
[113] 許世友：《我在紅軍十年》，解放軍戰士出版社（北京）1983 年版，頁 38。
[114] 施復亮：〈籌建中共上海發起組和社會主義青年團的經過〉。王來棣：《中共創始人訪談錄》，明鏡出版社（香港）2008 年版，頁 52。
[115] 李伯釗：〈我的回憶〉，載《中共黨史資料》第 17 輯，中共黨史資料出版社 1986 年版，頁 169。
[116] 張畢來：〈張畢來自述〉，載高增德、丁東編：《世紀學人自述》第五卷，北京十月文藝出版社 2000 年版，頁 34～35。
[117] 張鼎丞：《中國共產黨創建閩西革命根據地》，人民出版社（北京）1983 年版，頁 7。
[118] 叢小平：〈通向鄉村革命的橋樑：三十年代地方師範學校與中國共產主義的轉型〉，載《二十一世紀》（香港）2006 年 8 月號，頁 40。

民黨發展地方師範，學費低廉或全免，甚至免費膳宿，作為回報，僅畢業後執教兩年小學，相當一部分貧家子弟得以接受初中教育。

中共一向將國府說成一片黑，似乎惟有中共赤炬照亮祖國山川大地。夏志清認為抗戰前十年：「國民政府在發展工商業和改善人民生活方面，做了許多事，尤其是在它直接管轄的省分。但是光靠這方面的成績，既不能贏得尊敬，也不能阻遏不滿。」[119]像發展師範這樣利國利民的基本建設，不僅未得讚頌，反而鍛造了掘墓人。1935 年初，中共河北地下黨「共有 1000 多名黨員，黨的主要幹部大都是由保定師範和濮陽師範出來的學生。」[120] 1936 年初，濟南中共各支部集中於各學校，魯西北特委黨員主要來自各縣鄉村師範及小學教員。[121]1938 年 7 月 6 日冀東大暴動，骨幹為 300 多名小學教師的地下黨員，他們很快當了連長、指導員、團長。[122]1938 年 4 月入黨的許家屯（1916～）：「抗戰時，我開闢敵後根據地，先從中、小學教師做工作，出幹部。他們不滿現狀，為求個人出路參加革命。」[123]

白色恐怖亦非像中共描繪得那樣嚴重。「四‧一二」後，中共黨員劉曉（1908～1988，後任駐蘇大使）被派滬郊奉賢一所中學（設附小），「大多數教師都是共青團員和共產黨員。整個學校很快就革命化了。我們常在學校唱《國際歌》和《紅旗歌》，我們把國民黨發的教科書丟到一邊，只教共產黨的書。大部分學生加入了共產黨或者共青團。建立了許多農民組織。」[124]1933 年 4 月 23 日，中共地下黨將李大釗的落葬搞成大遊行，從北京城南宣武門入城，拐至西直門外萬安公墓，一路散發赤色傳單、高呼口號：「共產黨萬歲！」「打倒刮民黨！」還不時有地下黨員攔路公祭、郊祭。[125]當今「六‧四」難屬想都不敢想的悼念場面。

[119] 夏志清：《中國現代小說史》，香港中文大學出版社 2001 年版，頁 98。
[120] 高文華：〈1935 年前後北方局的情況〉，載《中共黨史資料》第一輯，中共中央黨校出版社（北京）1982 年版，頁 173。
[121] 黎玉：〈山東黨組織的恢復和發展〉，載《中共黨史資料》第二輯，中共中央黨校出版社（北京）1982 年版，頁 282、292。
[122] 姚錦編著：《姚依林百夕談》，中國商業出版社（北京）1998 年版，頁 68、71。
[123] 《許家屯香港回憶錄》，香港聯合報有限公司 2008 年版，上冊，頁 134。
[124] （美）愛德加‧斯諾：《紅色中華散記》（1936～1945），奚博銓譯，江蘇人民出版社 1991 年版，頁 77～78。
[125] 宇斧：〈李大釗烈士殯葬記實〉，載《革命回憶錄》第 13 輯，人民出版社 1984 年版，頁 119～123。

　　地方師範急速擴張，師資緊缺，收留了北伐後流落縣鄉村鎮的中共黨員與左翼人士，許多中小學校長為中共黨員。他們延聘左翼教員，將一大批不滿現狀的憤青引入黨內，培養成活躍於一線的組織細胞。抗戰爆發後，這批知青黨員動員民眾、「拉伕」入黨，乃中共這一時期發展壯大不可或缺的社會基礎。北伐後，中共在城市主要發展大中學生，鄉村則主要發展小學教師，然後依靠教師再去發動農民。師範教育成了中共向鄉村滲透的主管道。沒有知識的火把，便不可能點燃赤色烈火。沒有一點知識，既理解不了革命，也不會靠近組織，更不會為組織所看重。

　　處於社會中下層的城鄉知青天然不滿於現狀，免費或半免費的師範又正好提高他們的文化能力，似懂非懂地接受赤說，從而「昇華」自己的人生不滿。他們處窮困之境，咸不安其位，既有攀援向上的心理，又裝揣「變天」之願，寄望社會變革，以獲得更多上升機會。1931 年初，知青陳白塵（1908～1994）在皖北渦陽教書：「生活在小縣城裡，容易使得知識分子變得狂妄起來，大有眾醉獨醒，革命事業捨我其誰的樣子。」[126]

　　中小知識分子年輕氣旺，因知識而存寄望，因失意而懷悵恨，落拓極而牢騷起，抑鬱發而叱吒生。一有風吹草動，奮翅而起，雲合霧集，熛至風嘯，最具潛在威脅力，最危險的不安定因素。尤其當社會矛盾激化的各朝末期，怨憤不平的下層士人與落第舉子往往成為能量巨大的人物。如劉邦、劉備、王仙芝、黃巢、李自成、洪秀全以及圍繞著他們的那批智囊，便是此類「社會邊緣人」。一個能夠吸納賢士的政府才能降低知識分子的普羅化比例，增加政權穩固度。為使中下層士子沾享政權利益，「牢籠英彥」的科舉制才誕生並持續 1300 年。唐太宗在端門見新進士一個個欣欣然綴行而入，一高興撫掌掉底：「天下英雄盡入吾彀中矣！」

　　1925 年，少年伍修權在武昌街頭進行紅色鼓動，「聽眾中大都是年輕的工人、職員和學生。」願意接受赤色思想者大多為下層青少年。中共十大元帥家庭出身：朱德、彭德懷、賀龍為貧農；劉伯承、徐向前乃秀才、林彪富農、陳毅小地主、羅榮桓教師、聶榮臻小業主、葉劍英小商人。無一出身中上層家庭。

---

[126] 陳白塵：《對人世的告別》，三聯書店（北京）1997 年版，頁 396。

伍修權，1923 年由陳潭秋介紹入團，晚年陳述參加革命原由：

> 我參加革命符合「窮則思變」的道理。因為家庭破落，在社會
> 矛盾中處於下層階級，貧困與苦悶迫使我要求改變現狀，要尋求出
> 路，除了投身革命行列外，別無他法。這是我走上革命道路起首要
> 作用的第一個社會物質生活的因素。還有第二個精神意識的因素，
> 就是有了陳潭秋等同志和幾位進步老師的引導教育。他們的革命真
> 理之火，落在我們這些要求變革的貧困青年的乾柴堆裡，必然會燃
> 燒起來。第三個因素是由於當時的社會環境所給予自己的現實教
> 育，半封建半殖民地的中國的悲慘現實，隨時隨地都在啟發我們初
> 步的革命思想。這也就是存在決定意識。正是這三個因素，促使我
> 走上了革命道路。[127]

伍修權參加革命的三項理由，其實只有兩項——窮則思變與老師啟
發。只有接觸「革命真理之火」，才會發現社會的「悲慘現實」。兩項原因
中，「真理之火」尤為重要，否則怎麼會朝著赤色方向去「圖變」？

1930 年代，中國知識分子稀少。據國府教育部統計，1932～33 年全國
大專院校註冊學生 42170 名，1933～34 年 46785 名。1933 年大學畢業生 7311
名，1934 年 7552 名。1934 年大學程度者 0.88 名／萬人；土耳其 1928 年每
萬人大學生三名。[128]若非國府大力拓展地方師範，從總量上拓展中小知識
分子，中共便不可能獲得迅猛發展所必需的人才基礎。國府地方師範教
育政策，客觀上成為中共幹部的輸血管。1930 年代由地方師範加入中共
者有王任重、谷牧、潘復生等。第一位向少年李慎之輸送赤說的，是其
初一級任教師陳迅易，無錫地下黨員（烈士）。[129]

後任河南省委第一書記、黑龍江革委會主任的潘復生（1905～1986），
1931 年 10 月在濟南省立第一鄉師入團，12 月轉黨，1932 年任山東團省委

---

[127] 〈伍修權同志回憶錄〉（之一），載《中共黨史資料》第一輯，中共中央黨校出版社（北京）1982 年版，頁 118、111。

[128] （美）費正清、費維愷主編：《劍橋中華民國史》，中國社會科學出版社（北京）1994 年版，下卷，頁 448～449。

[129] 李慎之：〈不能忘記的新啟蒙——〈革命壓倒民主〉補充〉，載《炎黃春秋》2003 年第 3 期，頁 12。

組織部長，一月後被捕，蹲獄五年餘，1937 年 11 月出獄，旋任膠東文登中心縣委書記。1935 年，江蘇淮陰師範教師于在春、顧民元乃共產黨員，他們引導少年王力（1921～1996）閱讀新文學，接觸左翼思想。王力 14 歲入團、18 歲入黨。這些師範生到達延安與各根據地後，經過中共「熱炒熱賣」的短訓，很快成為基層幹部。否則，要將眾多文盲培訓成能夠使用的基層幹部，僅靠短期培訓是無論如何辦不到的。

從文化鏈條上，民初開始推行的地方師範教育，形成「紅色的 1930 年代」不可或缺的歷史台階，為赤潮的大滲透大湧起做了人才準備。姚依林（1917～1994）：抗戰時期中共各根據地訓練幹部，第一批受訓者即為當地小學教員，包括中小學生，「中學生在當時農村便是大知識分子了。由於農民群眾對於革命道理一時還接受不了，區黨委一開始就是依靠地方知識分子開展工作的。他們當年都只有二十一二歲，有的來自大城市，有的是冀東暴動後才參加革命的知識分子。他們能夠領導，只因懂得革命道理，對抗日救國、社會革命都能講出一套話來，所以受到了信任。」[130]

這批小知識分子後來成為中共政權的基層細胞，也是「小知識分子管理大知識分子」的社會基礎。靠著這批小知識分子深入農村，才有大批農民的加入。農民文化低弱，絕大多數只能是跟從徒眾，起核心骨幹作用的只能是知識分子。1945 年 5 月中共七大，40 萬人中共幹部，[131]工農黨員雖占多數，但各級起核心骨幹作用的，則是來自寶塔山下的知青。

抗大第四期（1938 年 4～8 月）四大隊 1017 名學員，學生 525 人，占 51%；小學教員 179 人，17%；文化程度，小學 87 人，僅 8%；中學 665 人，65%；留學、大學 265 人，26%。23 歲以下 677 人，66%；24～30 歲 293 人，29%；30 歲以上 47 人，5%。抗大第六期（1940 年 4～12 月），抗戰前培養的各地知青基本就位，抗戰後師範停廢，這一期知青數量大減，多為根據地工農黨員，出身工農 86%，自由職業者、小商人、舊軍官 5%，地富、資本家 9%；大多數為農村及中小城市的初中生、小學生；文盲、半文盲 43%，高小 24%，中學 31%，大學僅 2%；比第四～五期學員的文

---

[130] 姚錦編著：《姚依林百夕談》，中國商業出版社（北京）1998 年版，頁 79。
[131] 劉家棟：《陳雲在延安》，中國方正出版社（北京）2005 年版，頁 86。

化程度大大降低。[132]失去國統區的人才輸血，中共就無法直接得到知青幹部。不過，中共已收割一批青年精英，黨組織細胞已漸粗壯。

參、學歷構成

　　戊戌以後，歷次革命參與者的成分日益下沉，越來越青年化下層化。戊戌變法（1895～1898）清一色士紳，領導人物有傳可考者 48 人，其中進士 28 人、舉人 8 人、貢生 3 人、生員（秀才）2 人，捐官 4 人。稍後的立憲運動（1905～1911），諮議局、資政院 1600 餘名議員，911 人有功名，其中進士 4.7%、舉人 19.1%、貢生 43.1%、生員 24%，留日或受過新式教育者約 20%。較之戊戌變法，立憲運動參與者的層次有所下降，低級功名已占主流。此後崛起的辛亥黨人，1905 年同盟會成立時基本會員 70 人，一年後發展至 6000 餘人，1911 年超過兩萬。同盟會領導層大多為留日生，有功名者甚寡，有傳可考的 328 位知名辛亥黨人中，進士 2 人、舉人 6 人、貢生 2 人、生員 33 人。[133]學歷層次下沉趨勢更為明顯。

　　不過，同盟會、國民黨畢竟以留學生為主，1927 年國民黨上台，高層領導多有留學經歷。蔣介石、汪精衛、胡漢民、吳稚暉、戴季陶、何應欽、閻錫山、程潛、張繼、鄒魯等為留日生；張靜江留歐留日；高級文官中不少出自教授，至少有一定學歷，無有一位大老粗。中共開列的第一、二批 57 名國府「戰犯」學歷及主職：

第一批（除蔣介石、宋美齡）：

　　李宗仁（1891～1969）——畢業於廣西陸軍速成學堂，副總統。
　　陳　誠（1898～1965）——畢業於浙江第十一師範本科、省立體專、保定軍校炮科，國軍參謀總長、台灣省長。

---

[132] 李志民：〈抗大抗大·越抗越大〉（之一），載《中共黨史資料》第七輯，中共黨史資料出版社（北京）1983 年版，頁 53、99。

[133] 張朋園：〈清末民初的知識分子〉，載許紀霖編：《20 世紀中國知識分子史論》，新星出版社（北京）2005 年版，頁 224～225。

白崇禧（1893～1966）──保定軍校三期生，國防部長。

何應欽（1890～1987）──入日本振武學堂，防長、行政院長。

顧祝同（1893～1987）──保定軍校畢業生，參謀總長、陸軍總司令。

陳果夫（1892～1951）──浙江陸軍小學畢業生，中組部長。

陳立夫（1900～2001）──美國匹茲堡大學礦學碩士；立法院副院長。

孔祥熙（1880～1967）──美國耶魯大學經濟學碩士；財長。

宋子文（1894～1971）──哈佛經濟學碩士、哥大經濟學博士；外長。

張　群（1889～1991）──日本振武學堂出身、同濟校長；行政院長。

翁文灝（1889～1971）──比利時魯汶大學地質學博士，清華代校長，中研院士；行政院長。

孫　科（1891～1973）──美國哥大經濟學碩士，行政院長。

吳鐵城（1888～1953）──九江同文書院出身，行政院副院長。

王雲五（1888～1979）──自學成才、四角號碼發明人、商務印書館總經理，北大、中國公學教授；經濟部長、行政院副院長、財長。

戴季陶（1891～1949）──日本大學法科生、中山大學校長；中宣部長、考試院長。

吳鼎昌（1884～1950）──前清商科進士，東京高等商校畢業生，北京法政學堂教師；實業部長、總統府秘書長。

熊式輝（1893～1974）──日本陸軍大學畢業生，東北行轅主任。

張厲生（1900～1971）──巴黎大學畢業生，上海中山學院教授；中組部長、行政院副院長。

朱家驊（1893～1963）──柏林大學地質學博士，北大最年輕教授、中央大學校長；中研院長、教育部長。

王世杰（1891～1981）──巴黎大學法學博士，武漢大學校長，中研院士；中宣部長、外長。

顧維鈞（1888～1985）──美國哥大政治學博士，外長。

吳國楨（1903～1984）──美國普林斯頓大學哲學博士，中宣部長、上海市長。

劉　峙（1892～1971）──保定軍校畢業生，鄭州綏署主任、徐州「剿總」司令。

程　潛（1882～1968）──秀才，日本陸軍士官學校畢業生，長沙綏署主任兼湖南省長。

薛　岳（1896～1998）──保定軍校生，徐州綏署主任、總統府參軍長、廣東省長。

衛立煌（1897～1960）──陸軍大學特別班，東北「剿總」司令。

余漢謀（1896～1981）──保定軍校畢業生，陸軍總司令、廣東綏署主任。

胡宗南（1892～1962）──縣小教員、黃埔一期生，西安綏署主任。

傅作義（1895～1974）──保定軍校畢業生，華北「剿總」司令。

閻錫山（1883～1960）──日本陸軍士官學校畢業生，太原綏署主任兼山西省主席。

周至柔（1899～1986）──保定軍校畢業生，空軍司令。

杜聿明（1900～1954）──黃埔一期生，東北保安司令。

桂永清（1900～1954）──畢業於南昌一師、黃埔一期、德國步校，海軍司令。

王叔銘（1905～1998）──黃埔一期，蘇聯航校畢業生，空軍副司令。

湯恩伯（1898～1954）──入讀日本明治大學漢科、日本陸軍士官學校畢業生；京滬杭警備總司令。

孫立人（1900～1990）──畢業於清華、美國佛吉尼亞軍校，台灣防衛司令。

馬鴻逵（1892～1970）──蘭州陸軍學校畢業生，西北行轅副主任、寧夏省主席。

馬步芳（1903～1975）──結業於甯海軍官訓練團；西北軍政長官、青海省主席。

陶希聖（1899～1988）──北大法科畢業生，北大、中央大學法學教授；中宣副部長、蔣介石秘書、《中央日報》總主筆。

曾　琦（1892～1951）──入學日本中央大學、後留法，青年黨魁、總統府資政。

張君勱（1887～1969）──秀才、日本早稻田大學政治學學士、入柏林大學攻博；北大、燕京教授，中華民國憲法之父，民社黨主席。

第二批

朱紹良（1891～1963）──日本陸軍士官學校畢業生，福建省長兼福州綏靖主任。

郭　懺（1891～1963）──保定軍校畢業生，國防部參謀次長。

李品仙（1902～1999）──保定軍校畢業生，安徽省長兼徐州綏署主任。

董　釗（1901～1977）──黃埔一期生，聯勤總司令。

陳繼承（1893～1971）──保定軍校畢業生，華北「剿總」副司令、南京衛戍司令。

張　鎮（1900～1950）──黃埔一期生，入莫斯科中大，憲兵司令、重慶衛戍司令。

谷正綱（1902～1993）──柏林大學畢業生，入莫斯科中大；中組部副部長、內政部長、社會部長。

俞大維（1897～1993）──哈佛哲學博士，中研院歷史語言研究所研究員；兵工署長、軍政部次長、交通部長。

楊　森（1884～1977）──四川陸軍速成學堂，貴州省長、西南軍政副長官。

王緒瓚（1885～1960）──學歷不詳，四川省長、西南軍政副長官。

陳雪屏（1901～1999）──北大哲學系畢業生、美國哥大心理學碩士；燕京、北大、聯大教授；青年部長、政務次長。

胡　適（1891～1962）──美國哥大哲學博士，北大校長，中研院士；駐美大使。

于　斌（1901～1978）──上海震旦大學畢業生、羅馬傳信大學宗教學博士；制憲國民大會主席。

葉　青（1896～1990）──赴法勤工儉學，入莫斯科中大，中共叛徒，中宣部副部長。

第三批戰犯中有功名及留學者

　　徐　諶（1888～1969）——秀才，入學四川高等警官學校；財長。

　　葉公超（1903～1981）——英國劍橋大學文學碩士，清華教授；外長。

　　洪蘭友（1900～1958）——上海震旦大學畢業生，中國公學、中央政
校教授；內政部長。

　　董顯光（1887～1971）——美國密蘇里大學新聞學士，入哥大新聞學
院攻碩；中宣部副部長、新聞局長。

　　鄧文儀（1905～1998）——黃埔一期生，入莫斯科中大；中常委、國
防部政工局長兼新聞發言人。

　　黃少谷（1901～1996）——倫敦經濟學院畢業生，中宣部長、行政院
秘書長。

　　張道藩（1897～1968）——倫敦大學、巴黎最高美專學院畢業生，中
宣部長、海外部長、中央電影企業公司董事長。

　　鄭彥棻（1902～1990）——巴黎大學統計學院統計師學位，中山大學
法學院長；三青團中央副書記長、立法委員。

　　鄭介民（1898～1959）——黃埔二期生，入莫斯科中大；軍統局長、
國防部次長。

　　葉秀峰（1900～1990）——美國匹茲堡大學碩士，中統局長。

　　左舜生（1893～1969）——上海震旦學院肄業生，執教復旦、大夏大
學，農林部長。

　　陳啟天（1893～1984）——南京高師畢業生，川大教授、上海知行學
院院長；工商部長。

　　吳鑄人（1902～1984）——北大畢業生、牛津大學經濟碩士；北平黨
部主委、外部副部長、中執委、立法委員。

　　賴　璉（1900～1983）——兩度留美，入康奈爾大學研究院，西北工
學院長；中常委、海外部副部長、立法委員。

　　蔣廷黻（1895～1965）——美國哥大哲學博士，南開、清華史學教授；
駐聯合國首席代表。

　　關吉玉（1899～1975）——留學柏林大學，糧食部長、財長。

徐傅霖（1878～1958）──秀才，日本法政大學法學士；民社黨宣傳部長、總統府資政。

非戰犯著名文官、將領：

蔣夢麟（1896～1964）──美國哥大教育學博士，教育部長、北大校長。

邵力子（1882～1967）──舉人，留日生；陝西省主席、中宣部長。

王正廷（1886～1961）──美國耶魯法律系畢業生，外長、駐美大使。

俞鴻鈞（1899～1960）──上海聖約翰大學畢業生，中央銀行總裁。

劉航琛（1896～1975）──北大經濟系畢業生，經濟部長。

陳　儀（1883～1950）──日本陸軍大學畢業生，浙江省長。

廖耀湘（1906～1968）──黃埔六期生，薦送法國聖西爾軍校、機械化騎兵專校，兵團司令。

盛世才（1895～1970）──入日本明治大學、陸軍大學，新疆省主席。

張輝瓚（1885～1931）──日本士官學校畢業生，師長。

中共公布的三批 108 名國民黨「戰犯」學歷概況：大學以上（包括同等學力）54 人（50%），其中博士 14 名、碩士 5 名；留日 21 名、留蘇 9 名、留美 18 名、留法 11 名、留德 8 名、留英 4 名、留比、意各一名。秀才三名、進士兼翰林二人（吳鼎昌、張君勱）。[134]

美國記者白修德（1915～1986）：「中國政府中的美國畢業生名單是開列不完的──多得無法計算。從國家衛生署到鹽業總局再到外貿委員會比比皆是。中國的駐外使節中，哈佛、哥倫比亞大學的學生也占壓倒性的優勢。」[135]

民初，孫中山臨時政府就有考選官吏動議。北洋政府設立高等文官考試（縣長必須有此出身），國府沿襲，早已確立官吏隊伍的「知識化」。[136]

---

[134] 曉沖主編：《毛澤東欽點的 108 名戰犯的歸宿》，夏爾菲出版有限公司（香港）2003 年版，頁 368～369。

[135] （美）白修德：《中國抗戰秘聞──白修德回憶錄》，崔陣譯，河南人民出版社 1988 年版，頁 21。

北洋政府前後 32 屆內閣，歷屆國務總理與閣員，41～93%留學生；南京國民政府 83%為海歸，[137]中下級官吏也多為高學歷。1947 年上海警察局長俞叔平，維也納大學法學博士。1946 年上海議長潘公展，上海聖約翰大學畢業生。1946 年上海黨部主委方治，畢業東京文理大學。民國政府機關一直很重學歷與出身。[138]

　　有資料表明：北洋高官 70%為海歸。1922 年的北洋政府，總理王寵惠，耶魯法學博士，持有英國律師執照；財長羅文幹，牛津法學碩士；教育部長湯爾和，留日醫學博士；外長顧維鈞，留美法學博士。國民黨高幹亦以高知為主，坐下來開會都是留洋博士碩士。共產黨高幹則以中小知識分子為主，坐下來開會沒幾個大學生。各方面都佔優勢的國民黨竟敗於共產黨，可嚼可吮的歷史內涵多多呵！

　　從知識結構角度，留美留英生處於最高層，但他們回國後立即發現自己的學問不合時宜，沒多少聽眾。反之，那些留日留蘇留法的半吊子留學生，鼇頭獨佔，風光無限。卑言易入，俗語易播。英美生的學問太高太複雜，留日留俄留法學生已得先機，激進簡單的赤色學說先入為主，因明快而痛快，任何群眾運動總是越偏激的口號越得擁護。

　　中共嘲笑國府的組織路線「崇洋媚外」，譏笑眾多留學生官員「會說英語不解國情」，一直標榜自己幹部隊伍的「工農化」，革了「高等文官考試」的命。標榜「無知為貴」的中共，整出半文盲副總理陳永貴、紡織女工副總理吳桂賢、營業員副委員長李素文。民國官吏的知識化至少大方向正確。否則，1980 年代以後的中共又何必羞羞答答搞「幹部隊伍知識化」？何以自棄家珍「工農化」？如今，中共雖推行「知識化」，卻仍以任免制為主，仍強調烏紗帽來自「浩蕩皇恩」。

---

[136] 北洋政府 1916～17 年舉行兩屆吏考；國府 1931 年舉行首屆吏考，後兩年一屆，1936 年蔣介石五十大壽加試一屆，1939 年在重慶繼續舉行。因抗戰急需大量文官，改為不定期每年一次；1946、1947 年還都後分別舉行一次，1948 年停止。民國政府大陸期間共舉行 14 屆高等文官考試。

　　經盛鴻、徐俊文：〈南京國民政府高等文官考試制度述論〉，載《南京師大學報》（社科版）1994 年第 2 期，頁 63～64。參見台灣編《中國考試制度史》，台灣正中書局 1955 年版。
[137] 黃朝翰、楊沐：〈知識吸收與東亞文明的興起〉，載《二十一世紀》（香港）2007 年 4 月號，頁 138。
[138] 宋雲彬：《紅塵冷眼》，山西人民出版社 2002 年版，頁 122。

　　1938 年 3 月，陝北甘泉一縣兩長，一國一共，國民黨縣長出身榆林中學校長，共產黨縣長二十出頭，高小文化。中共區長、鄉長因學識淺薄，向民眾演講時常常牛頭不對馬嘴。「邊區各縣的公務員程度一般均甚低下幼稚，甚至有的縣長是打牛腿出身。」[139]

　　還有兩個比較點。一、國府高官離開政壇後多有著書，有的被聘美國大學教授。1954 年 3 月，吳國楨被國民黨開除黨籍，吳在美國先靠撰稿演講為生，1965 年得聘大學教授。1990 年代以前的中共高官，哪一位能走上大陸高校講壇？二、國府成員言論不少思深意遠，中共高幹則幾無箴言傳世。于右任：「思以兵救國，實志士仁人不得已而為之；以學救人，效雖遲而功則遠。」「欲建設新民國，當先建設新教育。」[140]

　　知識結構相對較高的中共建黨初期，領導層亦無一人擁有歐美正規學歷。歐美正規留學生的集體缺席，很有點深刻內涵。陳獨秀、李大釗、張申府、陳望道、李達、沈玄廬、沈雁冰等，當年已算高知。馬列赤說畢竟有點深奧，農業國的知識分子要理解工業國的最新學說並不容易，至少需要中等文化以上的消化力。這批高知不久陸續脫黨，原因固然多多，但最主要的原因還是價值背離，漸漸意識到共產制度「不合國情」。中共創始人之一的沈玄廬甚至成為反共最烈的「西山派」。1920 年夏，戴季陶也一度參加上海共產主義小組籌建。

　　高知的集體離場，乃一種文化摒拒。高知憑藉文化之力感覺到赤說的「不對勁」，以避為拒。此外，慎獨守禮的傳統型高知也不習慣意見紛歧的民主，十分厭倦整天開會爭吵，不願如此耗費生命。同時，高知多有「學路」可退，隨便找個教席，獨守寒窗，清靜研學，日子過得也不錯。中小知識分子因無退路，生計很成問題，可選擇道路不多，革命若一旦成功，命運大變、身價立飆。所謂革命信仰堅定云云，多少含有「搏一記」。

　　高知舉旗，小知成事，乃蘊涵頗深且未被發掘的中共黨史「風景」之一。北伐後的中共完全小知化，失去高知的中共一併失去沉穩理性，制衡片面化的力量徹底消隱，忠實執行共產國際越來越偏的赤色政策。吳國楨：「他們（按：中共）自己炮製的那些口號，卻最有效地把成熟的人士

[139] 原景信：《陝北剪影》，新中國出版社（武漢）1938 年版，頁 11～12、33、46。
[140] 張元隆：〈于右任執掌上海大學〉，載《世紀》（上海）2004 年第 1 期，頁 38。

從共產主義周圍嚇跑了。」[141]中小知識分子學識有限，行動大膽，主張出位，無知者無畏。更深層的原因：「堅定的革命信仰」必出於狹窄的知識基礎。狹窄者必偏，小知者必激。如果知識面寬闊，知道赤俄革命的慘烈真相，有能力意識到革命這枚錢幣的另一面，還偏激得起來麼？

1931 年 11 月 7 日，中共在瑞金成立中華蘇維埃共和國。毛澤東、周恩來、劉少奇、朱德、任弼時、鄧小平、葉劍英、陳雲、胡耀邦、楊尚昆等平均年齡僅 31 歲。[142]中共七大「五大書記」——毛澤東（中師）、劉少奇（留蘇專科），周恩來（留學肄業）、任弼時（留蘇專科）、朱德（留歐肄業），劉、周、任、朱的留蘇留歐，均屬抗大式進修，並無正規學歷。毛澤東六年小學、五年師範。[143]1938 年中共六屆六中全會，四人出身工農兵——朱德、彭德懷、陳雲、鄧發。陳雲知識結構的缺陷，成為 1980 年代中國經濟發展的「認識瓶頸」，至少耽誤上海十年改革。1992 年鄧小平南巡，對延誤上海十年發展感慨不已。知識結構對中共產生宏觀制約。知識層次低下，才會說出類乎夏蟲語冰的反右名言：「外行就是能夠領導內行」。

大知識分子開創的中國共運，最後由中小知識分子接旗。余英時析曰：「社會上永遠有一批政治野心家等在那裡，他們屬於邊緣知識分子，不能自造『聲勢』，但卻最善於利用已成的『聲勢』，這幾乎成了中國近代和現代史上的一個規律。」[144]1945 年 7 月，五四學生領袖傅斯年（1896～1950）在延安窰洞對毛澤東說：「我們不過是陳勝、吳廣，你們才是項羽、劉邦。」[145]

1965 年 12 月 21 日，毛澤東與陳伯達、艾思奇等談及：「我們黨中央裡面的同志，也沒有幾個大學畢業的。」[146]1961 年周揚：就見識與學養來說，自己這一代遠不如梁啟超和胡適。[147]請注意，毛澤東說這番話，可是懷著「無產階級的得意」——這些大知識分子不過爾爾，未能成事。

---

[141] 吳國楨：《夜來臨：吳國楨見證的國共爭鬥》，吳修垣譯，香港中文大學出版社 2009 年版，頁 84。
[142] 余伯流、凌步機：《中央蘇區史》，江西人民出版社 2001 年版，頁 374。
[143] 江文漢：〈延安訪問記〉，載《檔案與史學》（上海）1998 年第 4 期，頁 10。
[144] 余英時《文史傳統與文化重建》，三聯書店（北京）2004 年版，頁 509。
[145] 馮錫剛：〈「劉項原來不讀書」〉，載《同舟共進》（廣州）2009 年第 9 期，頁 67。
[146] 《學習資料》（內部材料），頁 205。該書無編纂者、無編印單位、無出版時間，但明確收錄了毛澤東 1962～1967 年間歷次重要談話與講話。
[147] 《無產階級文化大革命資料選》第二集，香港三聯書店 1966 年版，頁 148。轉引自夏志清：《中國現代小說史》，劉紹銘等譯，香港中文大學出版社 2001 年版，頁 456。

　　高知漸悟革命所牽涉的社會震動，因謹慎而「落伍」。五四運動政治主題本為反帝，很快槍口轉向，成為政治思潮，指責前次革命不徹底，需要「二次革命」。各地學生居然號令教職員，教職員也甘願聽從學生指揮，學生運動一起，老師輒舉臂以援，出現「老師跟著學生跑」的風氣。老一代制定改革方案，都向青年尋求支持者。「這種對年輕同盟者的尋求最終發展成了對青年的名副其實的崇拜。他們認為孩子們始終在所有方面都比他們的前輩佔有優勢……年齡被設想為所有智慧的源泉。」[148]

　　1950 年代，復旦校長陳望道責問：

> 李希凡、藍翎一個是二十三歲，一個是二十六歲，說他們是新生力量，但是在復旦大學偷東西的查出來的都是二十一、二歲的青年，因此不能說：凡是青年都是新生力量。[149]

　　與戊戌後革命陣營學歷逐漸下層化同步，社會思潮日益偏激，歷史虛無主義漸成氣候。五四以後，翻案成風。顧頡剛以疑古成名，郭沫若專做翻案文章，范文瀾撰寫紅色通史──以階級鬥爭為綱。所有公理均須重新論證，一切制度均受質疑。人心日浮，無所依傍，不僅無法繼承前人經驗，亦無法形成社會穩定所必須的基本共識。而人類之所以能進步，就在於繼承先人經驗，毋須事事「從周口店開始」。

　　一個中小知識分子佔主導的社會，風氣必定偏激。因為，社會邊緣的中小知識分子企求出言驚世，提出高遠理想（必為烏托邦），牽引輿論、掀動變革，以此揚名立萬。他們對參與政治有著強烈急迫的內需。魯迅到廣州後發現北伐軍都是學生兵。留學日本早稻田大學的楊蔭杭（1878～1945）：「他國學生出全力以求學問，尚恐不及。中國學生則紛心於政治，幾無一事不勞學生問津。」「終日不讀書，但指天劃地，作政客之生涯，則斯文掃地矣。」[150]葉挺第 24 師教導大隊，「戰士大部分是『馬日事變』

---

[148]（美）舒哲衡（Vera Schwarcz）：〈五四兩代知識分子〉。載許紀霖編《20 世紀中國知識分子史論》，新星出版社（北京）2005 年版，頁 258～259。

[149] 新華社（北京）：《內部參考》1955 年 1 月 30 日，頁 374。

[150] 楊蔭杭：《老圃遺文輯》，頁 163、422。原載《申報》（上海）1920 年 12 月 20 日、1921 年 9 月 29 日。參見許紀霖主編《20 世紀中國知識分子史論》，新星出版社（北京）2005 年版，頁 154。

後從長沙來的知識青年，主要是中學生，青年團員占多數。」[151]第三營指導員李逸民乃上海大學肄業生。

　　從世界變革規律來看，父代出觀念，子輩始實行。從戊戌到五四的20年間，兩代知識分子既出觀念也身體力行，淘汰速率很快，昨天否定前天，今天又否定昨天，明天再否定今天。最先被淘汰的是康有為，接著梁啟超，再就是辛亥猛士章太炎、五四先鋒胡適。1918年，胡適還在指斥滬上撐市面的「沒有一個不是二十年前的舊古董……這十三年造出來的新角色都到哪裡去了呢？」[152]沒幾年，北伐時，35歲的胡適已被斥為落伍者。成仿吾（1897～1984）名言：「現在是兒子的時代了，不是父親的時代！」[153]史家評曰：「民初中國思想界的激進化真是一日千里，從新變舊有時不過是幾年甚至幾個月之事。」[154]

　　從維新改良到民主革命再到共產革命，社會思潮越行越左、越燃越烈。二十年前的社會先驅，二十年後已淪為落伍者。1924年6月，柳亞子（1887～1958）勸誡同盟會老友：「二十年前，我們是罵人家老頑固的，二十年後，我們不要做新頑固才好。」1923年5月，柳亞子撰文完全接受階級論，認為士林面對窮苦勞工應受良心責罰，不承認中國有大資本家的知識分子是「替軍閥、財閥做走狗的學者」。[155]1932年，劉半農慨歎社會步伐太快：「從民國六年到現在，已整整過了十五年。這十五年內中國文藝界已經有了顯著的變動和相當的進步，就我們這班當初努力於文藝革新的人，一擠擠成了三代上的古人」。[156]

　　越年輕越有冒險犯難的衝動，越年長閱歷越深，越容易看到事情的複雜性，也就越趨穩健，甚至退回保守，寧慢勿躁。黃遵憲、嚴復、梁啟超、陳獨秀、胡適均走出青年激進、中年緩和、老年保守的人生曲線。黃遵憲、梁啟超晚年都退而不問政事，這一集體現象很有深意。

[151]《李逸民回憶錄》，湖南人民出版社1986年版，頁47。
[152] 胡適：〈歸國雜感〉。參見《胡適文存》卷四，黃山書社（合肥）1996年版，頁449。
[153] 陳學昭：《延安訪問記》（1938～39），廣東人民出版社2001年版，頁208。
[154] 羅志田：〈近代中國社會權勢的轉移──知識分子的邊緣化與邊緣知識分子的興起〉。參見許紀霖編《20世紀中國知識分子史論》，新星出版社（北京）2005年版，頁151。
[155] 王晶垚等編：《柳亞子選集》，人民出版社（北京）1989年版，上冊，頁229、191。
[156] 劉半農：《〈初期白話詩稿〉序目》，載《初期白話詩稿》，星雲堂書店（北平）1939年影印版。參見鮑晶編：《劉半農研究資料》（乙種），天津人民出版社1985年版，頁242。

　　青年學生史識既淺，胸襟狹陋，暴起一時，小成即墮，猶無源之水，得盛雨為潢潦，嗓嗓然一過，旋成笑料。1939 年 7 月，延安中國女子大學成立，打出橫幅「全世界青年聯合起來」，與「全世界無產者聯合起來」一樣大而無當，不可能也不需要聯合。青年聯合起來，要幹什麼？無產者聯合起來為了去奪有產者財產，青年聯合起來，似意在對付中老年。這種聯合，值價幾何？

　　1943 年 12 月，任弼時（1904～1950）在書記處工作會議上通報：「抗戰後到延安的知識分子總共四萬餘人，就文化程度而言，初中以上 71%（其中高中以上 19%，高中 21%，初中 31%），初中以下約 30%。」推算可知，專科以上程度約為八千人。1944 年春，毛澤東說「延安的六七千知識分子」，指的便是專科以上的知識分子。[157]可見，赴延知青的學歷普遍不高，多為中小知識分子。

　　張景超（1943～）統計 1950～60 年代 24 位紅色文批家的學歷：周揚、林默涵、何其芳、張光年、夏衍、丁玲、陳企霞、陳湧、黃藥眠、巴人、以群、馮牧、孔羅蓀、沙鷗、劉金、舒蕪、郭小川、秦兆陽、邵荃麟、康濯、王若望、于黑丁、姚文元、李希凡。除李希凡、姚文元二人，均為延安一代。24 人中，大學畢業僅四人：黃藥眠、何其芳、李希凡、沙鷗（化學）。其餘或大學一二年級，或高中、師範，甚至中小學，最後學歷均為魯藝、抗大、陝公。張景超發現：

　　　　受過從小學到大學的完整教育的人相對來說，總要溫和一些。比如何其芳要比林默涵講究學術性，李希凡比姚文元稍少攻伐氣。不知是世俗功名心的催促，還是對欠缺的補償心理在作怪，越是學歷淺，越是經過「左」傾文化過濾的人，批判別人的勁頭越狠越凶，姚文元、陳湧不必說，沙鷗、康濯、以群都是五六十年代叱吒風雲的人物。他們的批判往往充溢著濃烈的火藥味。

---

[157]胡喬木：〈延安文藝座談會前後〉。參見《胡喬木回憶毛澤東》，人民出版社 1994 年版，頁 279、251。

凡是讀過研究生、留學過歐美（留日除外）的人往往對政治功
利主義的追求較為淡漠。[158]

器局窄小的中小知識分子，「小知不及大知，小年不及大年」、「朝菌
不知晦朔，惠蛄不知春秋。」（《逍遙遊》）學歷低淺、知識結構殘缺，不
僅沒有使中小知識分子低首下心迎頭趕上，反而在輕視書本的延安獲得傲
視高學歷的資本——受資產階級思想汙染較少。學歷低淺的小知猶如光腳
貧賤者，總惦著一夜暴富，既然學術上先天不足，那就走軍政之途。

大革命一代、紅軍一代、延安一代，三代中共黨人有一共同點：除了
知曉一點馬列教條，思維終身運行於可憐的馬列繩圈，不知道馬列之外還
有什麼精彩。對他們來說，馬列之外，一切都是「封資修」，毋學毋識，
一句「唯心主義」便打發了一切中外學問。

延安一代以初中、小學文化程度為主體，這是其後中共文化政策之所
以能夠越收越窄的客觀基礎。從宏觀上，幹部隊伍的學歷構成制約著一個
政黨可能到達的思想層次，決定著中共的整體理解能力與辨誤糾偏的概
率。以小知為主的中共，也就必然帶著種種小知局限性，如毛澤東一聽就
跳的「小資產階級狂熱性」。

反右前，留德博士喬冠華私下說應借鑑西方民主，輪流坐莊，險些
劃右，喬家被指「裴多菲俱樂部」，黨內警告（1980 年才撤銷）。[159]喬冠
華這番「出格」言論，若非留歐背景，怕是想「出格」都沒可能。

肆、粗淺單一的知識結構

四萬赴延知青 81%為中小學生，且多為肄業，就是大學文科畢業生，
不過接受一點初淺古文與現代常識。留法博士陳學昭，博士論文《中國的
詞》將〈八聲甘州〉譯成〈入聲甘州〉。[160]中共教育部副部長李維漢苦口

[158] 張景超：《文化批判的背反與人格》，黑龍江人民出版社 2001 年版，頁 267～269。
[159] 喬松都：《喬冠華與龔澎——我的父親母親》，中華書局（北京）2008 年版，頁 173。
[160] 陳亞男：《我的母親陳學昭》，文匯出版社（上海）2006 年版，頁 72。

婆心動員幹部:「每天讀五頁書」。[161]「小知笑話」比比皆是。中央黨校一位青年政治教員,僅「革命」兩字就講了三小時,學員越聽越糊塗,他自己也越講越不清楚。另一教員批改試題「民族形式的要素」,學員回答得很完整,但未寫「史達林說」,判零分。[162]

女大陝幹班童養媳折聚英,剖說參加紅軍動機:「『共產』我沒啥產,『共妻』我也認了。」[163]1961 年,《光明日報》總編竟說「1890 年廢科舉」。[164]文革時期,《人民日報》總編魯瑛(1927～2007)將墨西哥念成「黑西哥」。[165]1940 年 3 月,延安馬列學院一群女生激烈爭論──土地革命期間有沒有統一戰線?工人階級領導農民與城市小資產階級,可否稱統一戰線?[166]這種討論有解有意義麼?抗戰結束時,周恩來在黨內提倡學術研究,受到「那些認為地球是方的」人阻撓。[167]

1941 年 9 月,中共軍委要求老幹部:「規定連營幹部在一定期間內(由各級按具體情況決定)識兩千字,讀熟並瞭解《抗日戰士讀本》及《戰鬥條令》;團旅幹部規定在一定期間內識五千字,讀熟並瞭解《新民主主義論》、《戰鬥條令》與《野戰條令》。」[168]團旅級幹部尚未普及中學,連營級則需普及初小,最起碼的《戰鬥條令》都讀不下來。

出身井岡山的上將李聚奎(1904～1995),讀過幾年私塾,紅軍中的小知。他記述鬧紅燒殺現象:「燒掉了房子,群眾往哪裡住?自己的隊伍往哪裡住?因此,對盲動主義很反感。可是,那時我們又講不出多少道理來說服他們。」[169]感覺不對勁,「很反感」,但不知哪兒不對,正是暴烈赤潮得以大面積滲透的社會土壤。

---

[161] 李維漢:〈中央幹部教育部與延安幹部教育〉。載《中共黨史資料》第 13 輯,中共黨史資料出版社(北京)1985 年版,頁 7。

[162] 白棟材:〈五部整風的歷史回顧〉。參見《延安中央黨校的整風學習》第一集,中央黨校出版社 1998 年版。轉引自高浦棠、曾鹿平:《延安搶救運動始末》,時代國際出版有限公司 2008 年版,頁 8。

[163] 蔣巍、雪揚:《中國女子大學風雲錄》,解放軍出版社(北京)2007 年版,頁 155。

[164] 穆欣:〈陳賡同志的青年時代〉,載《紅旗飄飄》第 16 集,中國青年出版社 1961 年版,頁 16。

[165] 穆欣:《辦〈光明日報〉十年自述(1957～1967)》,中共黨史出版社(北京)1994 年版,頁 355。

[166] 李南央編:《父母昨日書》,時代國際出版有限公司(香港)2005 年版,上冊,頁 200。

[167] (英)韓素音:《周恩來與他的世紀》,中央文獻出版社(北京)1992 年版,頁 269。

[168] 〈中央軍委對軍隊老幹部工作的指示〉(1941 年 9 月 16 日),載中央黨校黨史教研室選編:《中共黨史參考資料》(五),人民出版社(北京)1979 年版,頁 5。

[169] 〈李聚奎回憶錄〉,載《中共黨史資料》第 16 輯,中共黨史資料出版社(北京)1985 年版,頁 122。

中央研究院乃延安翰林院、最高研究機構,人員構成如下:68%無任何工作經歷、84%只接受延安學校短訓、79%為 20～30 歲的青年。[170]該院始終未走出像模像樣的研究人員,不少人一生無研究能力,人生軌跡也很糟糕。極左女士草明、石瀾等,不僅做人很失敗,晚年文字仍相當粗糙。

終身以文學為職事的丁玲承認:「我不懂外文,外國文學讀得少,中國古典文學也讀得少,馬列主義的書在延安也沒有好好讀。」[171]何其芳在上海公學求學時,「乖僻到從來不翻閱社會科學書籍」。[172]

入讀廣州大學、留蘇四年的地主子弟朱瑞(1905～1948),1944 年整風寫〈自傳〉,記述少年教育:「除了直觀的客觀知識加強了我的革命意志外,《岳傳》增益了我以熱烈的民族思想,《七俠五義》賦予我對屈辱以崇高同情心,《水滸傳》給我以朦朧的社會思想及應該搗亂的念頭。」1925 年參加學潮,「從此次風潮中,我體驗到廣東教育及上層知識分子中的反動性,一直到今天都堅持的這個認識,即中國大學教育是壞的。做一個國民,初中畢業即可,即有了基本文化科學社會知識以認識社會,即可進入社會活動,不要進大學,大學越學越壞!因中國的大學受階級性的局限,無例外的只是教導一些統治階級所需要的奴才貨色!」[173]如此淺陋的知識結構,這一代知青既缺乏傳統儒學,又缺乏現代知識。朱瑞乃優秀中產子弟,卻從明清小說中豎立起「應該搗亂」的價值邏輯。朱瑞懷疑一切既定法則,一切現實都不合理、一切存在都需要重新安排,甚至整體否定大學教育的必要性,「越學越壞」,如此「否定一代」,大事不妙矣!

赴延知青不少出自減免學費的地方師範,大多中產以下平民家庭,基礎知識原本浮淺,僅讀了一點文學名著。他們以文學想像共產主義,以浪漫代替現實,以幼稚從事政治。17 歲赴延的初中生于藍(1921～),初中時代「貪婪地讀了許多中外名著……凡能借到的都粗粗地讀了一遍,使我

[170] 李維漢:〈中央研究院的研究工作和整風運動〉。溫濟澤等編:《延安中央研究院回憶錄》,中國社會科學出版社(北京)、湖南人民出版社 1984 年版,頁 113。

[171] 丁玲:〈我的命運是跟黨聯在一起的〉(1981 年 7 月 5 日),參見《丁玲文集》,湖南人民出版社 1984 年版,第四卷,頁 340。

[172] 蔣勤國:〈何其芳傳略〉,載《新文學史料》(北京)1987 年第 2 期,頁 166。

[173] 朱瑞:〈我的歷史與思想自傳〉。載《中共黨史資料》第九輯,中共黨史資料出版社(北京)1984 年版,頁 221、228。

十分迷戀……這些作品陶冶了我的思想感情，也初步培養了我的藝術鑒賞力，形成了我對人生的美醜觀念……這些文學的啟蒙，使我日後能夠熱情、執著地追求與接受共產主義這更高境界的思想體系。」[174]

延安各校倉促開辦，資料、師資極度匱乏，「教材教具都極缺乏，基本上沒有教科書，圖書資料也很少……經費困難，故一學期每人只發一支鉛筆，墨水用藍靛泡，每人發兩張油光紙釘筆記本。」[175]「有些書往往要排隊相約，按時交換。」[176]能夠讀到的書除了《共產黨宣言》、《聯共黨史》，便只有列寧的《論「左派幼稚病」》、《帝國主義論》；艾思奇的《大眾哲學》、陳伯達的小冊子《讀「湖南農民運動考察報告」》、《內戰時期的反革命與革命》、《關於十年內戰》、《評「中國之命運」》、《中國四大家族》。「他（陳伯達）的書是當時解釋社會主義、毛澤東思想、馬克思主義最好的書。」1947年12月，范元甄（1921～2008）致信丈夫李銳：「理論書及較系統的書，你到底真正讀過哪一本？你讀不下去，你僅僅只能讀些雜七雜八的東西。」[177]1944年，延安作家的精神食糧仍極匱乏，「看他們的書架，除了一些幾年以前的書籍外，很少新書。」[178]

延安各校多為短訓班，最正規的抗大，第1～4期學制僅5～7個月。課程只有四門：馬列主義、中國軍事問題、軍事課、黨的建設。「不僅課程少而精，每門課的內容也是少而精。如馬列主義就講三個來源和三個組成部分。」[179]陝公普通隊「學習期限一般只有三個月」。陝公最初只開三門課：統一戰線與民眾運動、游擊戰爭與軍事常識、社會科學概論。不分系只分隊（普通隊與高級隊），學員隨到隨編。普通隊學時一般三～四個月，高級隊培養師資，學時一年。[180]

---

[174] 于藍：《苦樂無邊讀人生》，中央文獻出版社（北京）2001年版，頁8。

[175] 李維漢：《回憶與研究》，中共黨史資料出版社（北京）1986年版，上冊，頁411～412。

[176] 何方：《黨史筆記》，利文出版社（香港）2005年版，上冊，頁254。

[177] 李南央編：《父母昨日書》，時代國際出版有限公司（香港）2005年版，下冊，頁181。

[178] 趙超構：《延安一月》，上海書店1992年11月第1版，頁117。

[179] 《李逸民回憶錄》，湖南人民出版社1986年版，頁99。

[180] 李維漢：《回憶與研究》，中共黨史資料出版社（北京）1986年版，上冊，頁408、397、400～401。

　　1939 年，鄧小平帶了兩位馬列學院教員上前方，半途兩教員被扣，打了半年官司，八路軍總部才派人贖出兩名教員。延安給山東送去一二百本《聯共黨史》，山東只收到七本，途中層層截留。[181]

　　《共產黨宣言》不過一篇青年型文章，規劃宏大，激情澎湃，理性貧乏，只有論點沒有論證，且倡導暴力，竟成紅色《聖經》。其時馬克思 30 歲，恩格斯 28 歲，能夠儲備多少知識？掌握多少歷史理性？然浪漫激情的《共產黨宣言》，對左翼青年具有極大蠱惑性。

　　整風期間，劉白羽（1916～2005）：「我反復學習了《共產黨宣言》，從此以後我十分熱愛這本書。但開始我大半還是從文學角度來欣賞這本書的，比如這部書的開端：『一個幽靈，共產主義的幽靈，在歐洲徘徊。』……我對這些詞句一詠三歎，擊節稱賞，這不僅是理論，而且是藝術。」[182]稍有政治常識，讀到「暴力推翻全部現存社會制度」，還不可怕麼？所有現存制度都被推翻，矗立起來的新制度就一定光芒萬丈、優越無比嗎？所有被繼承的制度，本身就是歷史理性的體現、經驗之凝結。祖先留存給後人的經驗，全部推倒，這樣的革命會是人類福音嗎？且不說以暴易暴，其暴仍在，就算無產者得到整個世界，有產者難道就活該被徹底消滅麼？而且，按照永保革命本色的赤說，勝利後的無產者絕不能成為有產者，否則就意味著背叛與變修。可為了保持革命戰鬥性，無產者豈非世世代代永遠無產永遠貧窮？符合人性麼？符合革命的目標麼？《共產黨宣言》這麼低級錯誤的文學性鼓動語，卻讓延安一代如癡如醉，終身難返。

　　粗淺狹窄的知識結構所決定的低矮器局，使他們無法從宏觀上審視革命，可本身就傾側偏斜的馬列學說，最佳受眾恰恰正是這些中小知識分子。他們半懂不懂卻搬弄幾個馬列名詞以傲視他人。[183]何方概括延安文風：「自設邏輯，把話說死，盛氣凌人，強詞奪理等。」[184]他們根本無力辨析這些理論的合理性。青春熱血與革命熱情使他們只知「打倒萬惡

---

[181] 李維漢：〈中央幹部教育部與延安幹部教育〉，載《中共黨史資料》第 13 輯，中共黨史資料出版社（北京）1985 年版，頁 10。

[182] 劉白羽：〈平地風雷——我經歷的整風搶救運動〉。參見朱鴻召編選：《眾說紛紜話延安》，廣東人民出版社 2001 年版，頁 210。

[183] 樂黛雲：《四院・沙灘・未名湖》，北京大學出版社 2008 年版，頁 13～14。

[184] 何方：《黨史筆記》，利文出版社（香港）2005 年版，下冊，頁 670。

的舊社會」、堅決捍衛「革命真理」，幼稚淺薄，閱讀能力有限，但絕不缺乏崇拜「導師」的狂熱。首長報告在延安盛行一時。

1940 年 1 月 9 日，毛澤東給五六百人作報告，題目「新民主主義的政治與新民主主義的文化」，即後來發表的〈新民主主義論〉，聽眾有艾思奇、成仿吾、吳亮平、李初梨、周揚、蕭三、張庚、冼星海、丁玲、柯仲平、何其芳、周立波、溫濟澤……毛從下午一直講到晚上點起煤氣燈，聽眾「聚精會神，屏息靜聽，情緒熱烈，不時響起一陣陣的掌聲。」[185]

延安青年討論共產主義：「到共產主義有饅頭吃也就行了。」抗戰勝利後，延安某單位壁報討論「進城後的第一行動」，有人要先買個洗臉盆，有人先去洗澡，有人「放下行李就下館子」。[186]也就這點想像力。抗大教員一級的「高知」，想像力也有限得很。

美國漢學家費正清（1907～1991）與燕京女生龔澎、楊剛交往甚密：「在談話和通信中，我發現這兩位婦女知識分子所知道的馬克思主義是有限的。她們都畢業於燕京大學，所學到的歷史唯物主義知識充其量不過像所學到的英國文學知識那樣多。……她們之所以是馬列主義者，因為她們信仰黨，接受黨的訓練。但這種信仰實質上是注重實用的，因為她們相信僅靠個人努力，只會一事無成，團結起來才有力量。」[187]

生性叛逆的青年天然傾向於以新為美，亟願相信凡新必美，一切新生事物都是好東西，此為革命對青年甚有蠱惑力的價值根鬚。青年只有以新為貴，才能在中老年面前擁有「年齡優勢」，才使他們以淺平的「新」否斥深厚的「舊」，通過否定現實以顯示自己的超拔。陳望道（1891～1977）：「『五四』前，新文化內容很雜，凡是中國所沒有的，都受到歡迎，認為是『新』的。那時候，只問新舊，不管內容。」「那時候，介紹朋友，只要說他是搞新文化的，便是自己人。」[188]

食洋為新、凡「新」必美，一鋤頭就從根子上刨去傳統的價值基礎。經驗不足憑，歷史不足恃，一併拋棄了傳統對「新文化」校驗的合法性。

---

[185] 《溫濟澤自述》，中國青年出版社（北京）1999 年版，頁 121～122。
[186] 何方：《從延安一路走來的反思》，明報出版社（香港）2007 年版，上冊，頁 74～75。
[187] （美）費正清：《費正清對華回憶錄》，陸惠勤等譯，知識出版社（滬版）1991 年版，頁 327。
[188] 陳望道：〈我所知道的上海馬克思主義研究會〉，載王來棣：《中共創始人訪談錄》，明鏡出版社（香港）2008 年版，頁 40、42。

赤潮所有蒙蔽性全來自那面「改變一切」的大旗，惟其全新，無人識見，無法用已有經驗予以檢驗。實踐識別又需時日，蠱惑迷幻便有了趁虛而入的時差。

延安一代不惟傳統知識貧淺，更無能力消化理解馬列原典，後為紅色理論家的都是入延之前就已接受高等教育的大學生與教授。1940年1月，曾任蔡元培秘書的范文瀾 47 歲入延安。周揚畢業於上海大夏大學、留學日本。陳伯達先後就學集美師範、上海大學、莫斯科中大。胡喬木先後入清華、浙大三年。艾思奇畢業於雲南省立一中、留日生。于光遠畢業於清華物理系。楊獻珍畢業於武昌國立商校。文學上有點「成果」的，陳學昭留法文學博士、丁玲進過上海大學。

1980年，陳雲：「一定要在我們這一代人還在的時候，把毛主席的功過敲定，一錘子敲定。」[189]僅此一言，小知尾巴翹然畢露。毛不是全國人民的領袖麼，高幹評得？人民評不得？按歷史唯物主義，一切都在運動，對毛澤東的認識豈能一錘子敲定？一代人的認識就不能修正麼？後人憑什麼一定要遵循你的「敲定」？歷史如真能被敲定敲死，史學還能發展麼？強一己之願於人，惟一己之標準，確為共產黨人之「黨性」。

李慎之檢點青年時代之所以迷陷赤說：「根本的原因就是文化太低、知識不足，不能把學得的新知識放在整個人類發展的歷史背景中來認識。……六十年後回頭看，我們這些進步青年其實什麼都不懂，既不懂什麼叫民主，也不懂什麼叫共產主義。」[190]李慎之乃燕京經濟系高才生，修過六學分的政治學，啃過王世杰、錢端升的《比較政府》、戴雪的《英憲精義》（均為商務版），尚無禦左之力，遑論他者？無論如何，馬列主義規模恢宏，以延安一代這樣的小知層次，就算聞嗅到陰黴邪氣，又上哪兒去找一柄刨拆這座殿堂的鎬鋤？延安一代絕大多數終身未出國門，長壽者1990年代才有機會出去開眼界。許家屯的思想變化源自六年半任職香港：

---

[189] 《胡喬木傳》編寫組編：《胡喬木談中共黨史》，人民出版社（北京）1999年版，頁75。

[190] 李慎之：〈革命壓倒民主——《歷史的先聲》序〉，笑蜀編：《歷史的先聲》，博思出版集團有限公司（香港）2002年版，頁28、30。

「最主要的變化是對資本主義的看法同過去不一樣，從認識香港到認識整個資本主義世界，觀點上起了比較大的變化。」[191]

　　囿於知識結構，延安一代無力從理論上整體檢驗赤說，無力憑藉歷史經驗辨識赤色悖謬，只能跟大流，絕大多數終身保持延安思維特色——只有情緒化的意識形態反應，缺乏理論修養。1981 年，美籍華裔學者聶華苓（1925～）邀請丁玲訪美，聶很快發現丁玲：「她的講話很政治性，意識形態色彩很重。丁玲喜歡批評，她的講話中只有批評沒有批判——批判是需要理性建構的，批評是情緒化不經過思考沒有原則的，就是本能反應。」[192]聶華苓端的敏感，一下就抓住了丁玲「革命者思維」的本質缺陷。「喜歡批評」是革命者的本能，「只有批評沒有批判」是延安一代的知識庫存只有一鱗半爪的「領袖語錄」、「導師名言」。而掌握成建構的理論體系，需要整體把握體系，考察論點之間是否抵觸，是否吻合人類基本價值，需要「面」的架構，難度高度大大超過僅需一個「點」的批評。換言之，批評只須出示論點，不必出示論據，亦毋須周延性論證。批評所需的價值支撐僅僅來自某一零碎的「語錄」。延安一代常常用極端偏窄的論點支撐宏大結論，一句「毋庸置疑」便回避了一切質疑。而要保持「毋庸置疑」的有效性，只能依賴政治暴力——讓所有質疑者閉口！不讓反對者出聲！否則，歪理又怎能長期行走？

　　偌大中共，各屆中委均未出現學者型人物。中共整體知識結構屬於舊詩詞舊小說＋馬列主義。低窄的學歷結構從宏觀上制約了中共對革命的理解，制約中共制定各種政策的文化含量。中共從上到下只有對馬克思主義的信仰，沒有對馬克思主義的整體理解。絕大多數黨員頭腦中儲存的是簡化後的馬列公式、不甚了了的抽象概念。他們對現實生活反而失去熱情，自以為握有最新最美的馬列主義，以絕對真理自居，以長纓在手之勢俯視一切。中共所有「最初的偏激」均與其成員低窄的知識結構有關。多大的碗盛多少飯，就看了這麼一點書，就這麼一點眼光，這麼一個固定視角，能夠達到博採眾長的境界麼？能夠設計出什麼合理的革命藍圖？依靠這樣一支只有激情缺乏理性的知青隊伍，依靠這麼一群並不認識民主自由

[191]《許家屯香港回憶錄》，香港聯合報有限公司 2008 年版，下冊，頁 596。
[192]夏榆：〈聶華苓專訪〉，載《南方週末》（廣州）2008 年 7 月 24 日，D21 版。

的小知，已從客觀可能性上決定了中共革命的質量。加之馬列圖紙本身就是一本歪經，走偏道路乃是中國共運無法避免的歷史宿命，註定中共只能推翻一個舊社會，不可能建起一座新社會。

延安一代知識結構的低窄，也是中共領導層刻意捏塑的結果。延安時期相對安定，週末舞會翩翩，甚至出現「延安的渥倫斯基」，數萬「黨政軍」本可大力充電。中共白白浪費大好光陰，耗時兩年搞整風，只讓反復學 27 個文件，學到能背出每一小節，不僅將延安一代整體引入赤色意識形態死巷，人文常識也被局限於低矮層次。1944 年，通俗讀物占延安出版總量 30%強，政治類 26%，文藝類 15%，自然科學與軍事類最少，社科理論不過 7%。小說僅翻印《三國演義》、《水滸傳》。[193]提供的知識與資訊總量不過如此，知識結構當可想知。

南方十年鬧紅，中共領導層「路線鬥爭」不斷，中央一級就有李立三、瞿秋白、羅章龍、王明、張國燾，媳婦熬成婆的毛澤東很有經驗了，明白「民主」只能是對外懸掛的旗幟，內部必須「集中」。思想單純、價值單一，才能服從命令聽指揮，戰鬥力才越強。無知乃盲從之基礎也，知識越多越「反動」吶！

閱讀延安一代及其親屬各種回憶錄，發現延安士林普遍缺乏閱讀社科理論的興趣，極端輕視歐美「資產階級學說」。絕大多數甚至沒有閱讀習慣，喜歡呼朋引伴串門閒聊。不耐寂寞，哪有什麼寧靜致遠的大氣。被譽為「學者型革命家」的喬冠華、龔澎夫婦，1949 年後似未啃過大部頭，只讀文件與參考資料。[194]

小知結構決定了延安一代的通病：勝驕敗餒，性格脆弱。逄先知（1929～）評價田家英：「在順利的時候，容易驕傲；在逆境之中，又往往表現消沉、頹喪。性格比較脆弱，經不起挫折。」[195]低窄的知識結構也使延安一代成為黑白判然的一代：凡是敵人擁護的我們就要反對，凡是敵人反對的我們就要擁護；我們都是紅色的正確的，敵人都是黑色的錯誤的；不滿

[193] 趙超構：《延安一月》，上海書店 1992 年版，頁 166～167。
[194] 喬松都：《喬冠華與龔澎——我的父親母親》，中華書局（北京）2008 年版，頁 296。
[195] 逄先知：〈毛澤東和他的秘書田家英〉。載董邊等編：《毛澤東和他的秘書田家英》，中央文獻出版社（北京）1989 年版，頁 83。

國民黨等於滿意共產黨⋯⋯猶如中魔，延安一代堅信那些由少數孤證推導出來的極端化判斷，堅信貧民都是「楊白勞」，地主都是「黃世仁」。1956年，新四軍出身的戴煌（1928～）聽了赫魯雪夫《秘密報告》：「一切的一切，並不像我們過去所想像的那麼簡單：不是白的就是黑的。事實上，許多肯定無疑的東西也許是假的，許多被否定了的事物卻可能是真的。」[196]

受整體知識層次制約，延安一代無法對延安陰影產生理性認識。川大政經系肄業生胡績偉，對整風將「三風」（主觀主義、宗派主義、黨八股）歸為小資思想，有所抵觸，「無論從理論上和實踐上，我都感到與客觀實際不符，在情感上難以接受。」但他無力從感性上升至理性，「當時已經有人從延安這些缺點和陰暗面，看出延安的政治制度和共產黨在理論上的毛病，當時我還沒有那種水準。」[197]

狹窄的知識底座，使延安一代進入中樞後受到巨大制約。文革後中共意識形態主管之一鄧力群，1936年秋入學北大經濟系，半年後赴延。據《鄧力群自述：十二個春秋》（2006年香港出版），他對西方社科盲然無知，除了馬恩列斯毛的著作，自覺絕緣於西方其他學說，並以此自居「真正馬列主義戰士」、「毛澤東思想捍衛者」。他與胡喬木成為改革之初黨內阻力，理由便是改革必然導致「資本主義復辟」。這本2005年定稿的自述，對鄧小平「九二南巡」不著一詞，字裡行間清晰可觸根深蒂固的反對。基本價值理念的錯位，使鄧力群否定個人利益個人價值，認定改革開放開了歷史倒車、走了回頭路。鄧力群一直是毛派精神領袖。

胡適的改良之聲最終得到歷史的回應，得到絕大多數後代士子認同。胡適之所以能夠拒激進而持溫和，還是由於他起點正確、眼界開拓、思考精深。1916年1月31日，年僅25歲的他寫下一段至今仍值引錄的思考：

> 吾並非指責革命，因為吾相信，這也是人類進化之一必經階段。可是，吾不贊成早熟之革命，因為，它通常是徒勞的，因而是一事無成的。中國有句古話，叫做「瓜熟蒂落」。果子還未成熟，

---

[196] 戴煌：《九死一生──我的「右派」歷程》，中央編譯出版社（北京）1998年版，頁6。
[197] 《青春歲月──胡績偉自述》，河南人民出版社1999年版，頁230、222。

即去採摘，只會弄壞果子。基於此理由，吾對當前正在進行的中國之革命，不抱太多的希望。誠然，吾對這些革命者則深表同情。

作為個人來說，吾倒寧願從基礎建設起。吾一貫相信，通向開明而有效之政治，無捷徑可走。持君主論者並不期望開明而有效之政治。革命論者倒是非常渴望，但是，他們卻想走捷徑——即通過革命。吾個人之態度則是，「不管怎樣，總以教育民眾為主。讓我們為下一代，打一個紮實之基礎。」這是一個極其緩慢之過程，十分必須之過程，可是，人卻是最沒耐心的！以愚所見，這個緩慢之過程是唯一必需的：「它既是革命之必需，又是人類進化之必需。」[198]

胡適 25 歲達到的認識高度，乃中共領導人及延安一代終身都無法登上的台階，因為這些革命者一上來就拋棄常識，以自己之是為必是，堅信革命萬能，藐視社會改造的艱難性，認定僅憑「階級覺悟」就可滌蕩濁政，治大國如烹小鮮。對社會複雜性嚴重認識不足，理性準備相當欠缺。但歷史偏偏讓他們握持國柄推行赤說，為他們的認識錯誤支付巨大實踐代價。

十八世紀英國思想家柏克（Edmund Burke，1729～1797）精闢分析法國大革命：

脫離了自己本然的性質去認定並不屬於自己的東西的那些人，絕大部分都對他們所離異的本性和他們所認定的本性茫然無知。

凡是從不向後回顧自己祖先的人，也不會向前瞻望子孫後代。

柏克贊同英美革命反對法國革命，認為英美革命以傳統自由理念為價值基礎，而法國大革命則以抽象觀念為價值基礎，即法國大革命的指導思想並非來自現實生活，而是來自空想的哲學概念；因此英美革命維護發揚了傳統中的美好價值，而法國革命則以破壞傳統為目的。

---

[198]〈胡適致 H.S. 維廉斯教授〉，載曹伯言整理：《胡適日記全編》第二冊，安徽教育出版社 2001 年版，頁 335～336。

　　　　一場革命都將是有思想的和善良的人們的最後不得已的辦
法。……進行革命乃是要維護我們古老的無可爭辯的法律和自由。[199]

　　革命應該捍衛歷史已經明確的正義與信條，不能只為了一則尚待驗證
的新說。能夠看清赤潮的危害性，需要相當知識能力。1919 年，傅斯年撰
文〈社會革命──俄國式的革命〉，推崇蘇俄、仇恨富人。「俄國革命是全
世界發展的模式」、「一切有汽車者應判死刑」。此後，他留歐六年，目睹
英德實況，接觸蘇俄革命負弊，轉為溫和社會主義。1926 年，傅斯年回國，
執教廣州中山大學，支持國民黨清黨，1927 年 6 月加入國民黨。
　　晚年轉為民主鬥士的許良英（1920～2013），青年時代「因為我開始接
觸馬克思主義理論以後，就嚮往共產主義理想，也接受了無產階級專政理
論，認為專政是通向理想天堂的必由之路。共產黨吸引我的，不是臆想的
民主自由，而是共產主義理想、無產階級專政和鐵的紀律。直到 1974 年以
後我才開始醒悟到：馬克思主張專政而否定民主，是他最大的歷史錯誤。」
[200]這種認專政為通往天堂的必由之路，當然也只能出自青年小知。
　　低淺的知識學養大大制約了延安一代運用既有文化過濾赤色學說。
1939 年蘇德協定出爐，歐美大多數左翼知識分子驚醒，走出教條泥淖，看
清蘇俄實用主義底貨，不再相信蘇俄的巧言佞說。而延安一代則幾十年都
無法認清中共的政治實用主義。無論蘇德友好協定、蘇日友好協定、王實
味事件、整風收束言論、搶救運動……都無法使他們警醒。夏志清評析：
「他們跟著共產黨走，直到他們發現自己原來也渴望自由的時候，已經為
時太晚了。……許多中國作家原先自動放棄個人自由，然後又拼命企圖重
獲自由，可惜為時太晚了。」[201]
　　1988 年，余英時一段史評甚合延安一代：

---

[199]（英）柏克（Edmund Burke）：《法國革命論》（1790），何兆武等譯，商務印書館（北京）2009 年
　　版，頁 15、44；譯者序言，頁 vi～vii、40～41。
[200]許良英：〈幻想・挫折・反思・探索〉。載燕凌等編著：《紅岩兒女》第三部（上），真相出版社（香
　　港）2012 年版，頁 222。
[201]夏志清：《中國現代小說史》，劉紹銘等譯，香港中文大學出版社 2001 年版，頁 295。

> 不幸近百年來中國始終在動盪之中，文化上從來沒有形成一個共同接受的典範。由於對現實不滿，越是驚世駭俗的偏激言論便越容易得到一知半解的人的激賞。一旦激盪成為風氣之後，便不是清澈的理性所能挽救的了。……文化要求理性與情感的平衡，而現代中國則恰恰失去了這個平衡。[202]

　　偏激的延安一代當然更認識不到：良好的政策必須盡可能兼顧每一社會群體，而非僅僅滿足其中一部分成員的需求，而且任何社會利益都不可能單獨存在，為了幾個雞蛋不能打碎整個蛋筐。然而，以延安一代低窄單一的知識水準，在對待意識形態、政治體制這些宏觀領域，缺乏基礎學養。眼界狹窄的背後還是文化低弱。

　　延安一代既缺乏前輩士林的傳統教育與留洋經歷，亦無後輩學子對西學的渴求願望。二十世紀中國歷代士林，延安一代的知識結構最為單一偏狹，視野最為器小局促。除了左學左論，直到 1980 年代，他們頭腦中幾無其他不同體系的人文知識，更不知西方現代派諸學。他們因單一而偏狹，因偏狹而絕對，因絕對而排異，因排異而封閉，因封閉而低淺，因低淺而暴力。延安一代只能言必稱馬列，因為他們只識馬列。知識結構中沒有其他參照座標，也就不可能得到不同體系的校驗糾誤。粗淺的知識結構與單一的價值體系，成為延安一代重大代際特徵，也是延安一代之所以形成巨大歷史局限的根源。這一根本性制約派生出延安一代種種人生悲劇。

---

[202] 余英時：《文史傳統與文化重建》，三聯書店（北京）2004 年版，頁 509。

第三章

一時氣象

壹、赤潮入華

社會思潮從來就是一切政治活動的歷史天幕，拉開大幕就會有演出。赤色邏輯在華架設肇始於康有為的「全變論」。康氏〈上清帝第六書〉：「觀萬國之勢，能變則全，不變則亡；全變則強，小變仍亡。」[1]梁啟超引申：「守舊不可，必當變法；緩變不可，必當速變；小變不可，必當全變。」余英時評曰：「這是近代中國知識分子的基本心態。一直到今天都還不失其代表性。」[2]戊戌時期，外敵環伺，亟需變法，但「全變論」撬動所有社會價值基礎，踢開傳統，鼓吹全變。這種攜帶部分合理內核的激進論，實為其後日益走向赤化之肇始。

中國思想界在戊戌時期走上鋪陳危言、噴濺激情的路子，言論日激調門日高。譚嗣同（1865～1898）否定中華傳統，指斥兩千年之政都是秦政，秦政就是強盜；再指兩千年之學都是「荀學」，是鄉愿；[3]秦政與荀學狼狽為奸，不但專制政體要變，文化思想傳統也要全變。[4]梁啟超：「我們當時認為：中國自漢以後的學問全要不得的；外來的學問都是好的。」[5]康有為還倡導暴力開道。1898 年 6 月 16 日，康有為在朝房等候光緒召見，遇榮祿。

---

[1] 康有為：〈上清帝第六書〉。參見姜義華、張榮華選注：《大同夢幻——康有為文選》，百花文藝出版社（天津）2002 年版，頁 55。

[2] 余英時：《文史傳統與文化重建》，三聯書店（北京）2004 年，頁 505。

[3] 鄉愿：鄉中言行不符的偽善欺世者。《論語‧陽貨》「鄉愿，德之賊也。」

[4] 余英時：〈中國近代思想史的激進與保守〉（1988 年 9 月）。載余英時：《錢穆與中國文化》，上海遠東出版社 1994 年版，頁 195～196。

[5] 梁啟超：〈悼念夏穗卿先生〉。鄧九平主編：《中國文化名人談恩師》，大眾文藝出版社（北京）2003 年版，頁 4。

榮祿說：「法是應該變的，但是一二百年的老法，怎能在短期內變掉呢？」
康有為忿答：「殺幾個一品大員，法就可以變了。」[6]

　　成書於二十世紀初的《大同書》，康有為認定私有財產為社會爭亂之
源，脫苦之策在於毀滅家族，佛門出家不如使無家可出，社會進化的目標
首在實現無家族；無私產也首在無家族，無家族而無國家，無國家而行大
同；包括男女亦不得相互所屬，同樓一年必須易換，孩童亦不能專屬父母，
出生即入嬰幼院，由社會公養。《大同書》成為毛澤東大躍進的文化母本。

　　辛亥時期，鄒容（1885～1905）倡言：「革命者，天演之公例也；革命
者，世界之公理也。」[7]秋瑾：「可憐國事如斯急，無奈同胞夢不醒。」一
些傾向革命的父母為孩取名「夢醒」。湘人陳天華、姚宏業見救國無門，
投水自殺。雖然不能過分責備戊戌志士、辛亥黨人的激進，但左傾赤焰確
是如此這般開始點燃。1920 年，梁啟超檢討：「啟超之在思想界，其破壞
力確不小，而建設則未有聞。晚清思想界之粗率淺薄，啟超與有罪焉。」[8]

　　辛亥後，無政府主義大行，思潮再次激烈左拐，深入文化層面。1911
年，江亢虎創三無學社（無政府、無宗教、無家族），後又有「三二學社」
（無政府、無宗教、無家族、各盡所能、各取所需）。20 歲的顧頡剛（1893
～1980）加入中國社會黨：「我們這一輩人在這時候太敢作奢侈的希望了，
恨不能把整個的世界在最短的時間之內徹底的重新造過，種族革命之後既
連著政治革命，政治革命之後當然要連著社會革命，從此直可以到無政府
無家庭無金錢的境界了。」[9]五四青年張國燾：「一般青年的思想是在從一
點一滴的社會革新，走向更急進的政治改革方向去。」[10]

　　犁庭掃穴的大革命風暴從價值形態上已埋下矯枉過正的禍根，營造了
急躁失控的社會情緒。魯迅倡言不看中國書、吳稚暉呼籲將線裝書擲入茅
廁：「中國文字，遲早必廢。」錢玄同：「欲廢孔學、欲剷滅道教，惟有將

6　唐德剛：《晚清七十年》，岳麓書社（長沙）1999 年版，頁 349。
7　鄒容：〈革命軍〉，載《鄒容文集》，重慶出版社 1983 年版，頁 41。
8　梁啟超：《清代學術概論》，東方出版社（北京）1996 年版，頁 81。
9　顧頡剛：《十四年前的印象》。參見顧潮：《歷劫終教志不灰——我的父親顧頡剛》，華東師大出版社
　　（上海）1997 年版，頁 26。
10　張國燾：《我的回憶》，東方出版社（北京）1998 年版，第 1 冊，頁 21。

中國書籍一概束之高閣之一法。」[11]毛澤東:「將唐宋以後之文集詩集焚諸一爐。」[12]《東方雜誌》主編杜亞泉主張溫和漸進、東西文化調和,提倡開明與保守兼備的「接續主義」,遭強烈批判,斥為大大落伍。

1943 年,蔣介石《中國之命運》指責中共導歪風氣:

> 以讀書求學為反革命,以浪漫放蕩為覺悟分子。他們號召青年相率鄙棄我民族的固有道德,甚至以禮義廉恥為頑固,孝悌忠信為腐朽。狂瀾潰溢,幾乎不可挽救。[13]

楚人一炬可憐焦土,「舊建築」被燒成一堆廢墟。新文化運動對傳統二次摧毀,為赤潮鑿開傳統大壩的豁口,提供了最最重要的價值基礎──「革命萬歲!」中共爭取青年的宣傳中,最重要的一條:「三民主義不徹底,要革命還是得加入共產黨。」[14]1923 年,郭沫若放言:「我們受現實的苦痛太深巨了。現實的一切我們不惟不能全盤接受,我們要準依我們最高的理想去毀滅它,再造它,以增進人類的幸福。」[15]

如能守住哪怕部分傳統,歷史理性不被徹底顛覆,偏激赤潮無論如何不可能肆行無阻。1922 年 8 月 28 日胡適日記:「現今的中國學術界真凋敝零落極了。舊式學者只剩王國維、羅振玉、葉德輝、章炳麟四人;其次則半新半舊的過渡學者,也只有梁啟超和我們幾個人。」[16]毛澤東岳丈楊昌濟(1871～1920),執教湖南一師與北大,「三不勸」,第一「不勸人送子弟讀書」[17]。傳統失守,社會價值大幅轉換,社會動盪不遠矣!

[11] 錢玄同:〈中國今後之文字問題〉。參見中國社會科學院近代史研究室編:《五四運動文選》,北京三聯書店 1959 年版,頁 124～126。
[12] 《毛澤東早期文稿》(1912.6-1920.11),湖南出版社 1995 年版,頁 639。
[13] 蔣介石:《中國之命運》,國民黨中央黨史委員會編印,《先總統蔣公思想言論總集》卷四,頁 55。
[14] 陳公博:《苦笑錄》,東方出版社(北京)2004 年版,頁 55。
[15] 郭沫若:〈未來派的詩約及其批評〉,原載《創造週報》(上海)第十七號(1923 年.9 月 6 日)。參見《郭沫若全集》第 15 卷,人民文學出版社(北京)1990 年版,頁 251。
[16] 俞吾金編選:《疑古與開新──胡適文選》,上海遠東出版社 1995 年版,頁 143。
[17] 《謝覺哉日記》,人民出版社(北京)1984 年版,上冊,頁 109。
　　楊昌濟留日留英九年,1913～18 年任教湖南省立一師,1918～20 年北大倫理學教授;臨終前致信好友章士釗(廣州軍政府秘書長),推薦學生毛澤東和蔡和森「吾鄭重語君,二子海內人才,前程遠大,君不言救國則已,救國必先重二子。」楊氏另二「不勸」:不勸寡婦守節;不勸兄弟共財。

客觀上，鴉片戰爭後，列強怒海而至，炮艦叩岸。1894 年甲午敗日，割台賠款，白白被倭寇勒去 23150 萬兩白銀[18]，相當清廷三年歲收、日本四年財政收入。列強肉華，瓜分在即。〈興中會宣言〉（1895）：

> 有心者不禁大聲疾呼，亟拯斯民於水火，切扶大廈之將傾，庶我子子孫孫，或免奴隸於他族。用特集志士以興中，協賢豪而共濟。

思想史家指出：中國現代思想史第一階段──戊戌時期，幾無任何指導性哲學理論，只有個人和社會兩個層次的零散觀察與比較，西方以實力與富足十分現實地啟發康梁一代士林。康有為對儒學的修正及嚴復對赫胥黎《天演論》的譯介，形成儒家化的社會達爾文主義，為改革提供了哲學基礎，從而將改革推向第二階段。這種中國化（即折衷化）的改革哲學，在相當長一個時期內具有強大吸引力，形成胡適、陳獨秀為代表的第二代改革派知識分子。同時一戰暴露了西方近代文明的弱點，巴黎和會不通過中國將山東權益由德轉日，使中國士林對西方失去道德信任，而俄國布爾什維克的勝利與放棄在華特權的宣言，則使中國知識界的情感天秤陡然傾向赤俄，儒家化社會達爾文主義的主宰地位被粉碎，迅速集結起第一批中國馬列主義者，引入「帝國主義」等概念，為其後「階級鬥爭」、「剩餘價值」、「受壓迫者國際大聯合」、「無產階級先鋒隊」等等名詞，鋪設台階，奠定了接受馬克思主義的思想基礎。[19]第一批左士的共同特徵就是否定一切傳統、揚棄所有經驗，「覺從前種種，皆是錯誤，皆是罪惡。」[20]支持中華民族一路走來的傳統就這樣輕易被拋棄，歷史理性閘門就這樣悄然被撬開，思想界頓失檢驗各種新說的經驗之尺。

屈辱的近代史使寰內士林愛國情緒高漲，急於「求新聲於異邦」，不假思索地整體拋棄傳統。戊戌後，推翻滿清、建立民國成為士林共識，加上列強壓迫的國恥，革命成為時代潮流，「破字當頭」擁有一定合理性。

---

[18] 〈馬關條約〉規定賠銀二億兩並割台灣與遼東半島，俄德法干涉還遼，增賠三千萬兩，日本海軍三年不撤威海，監督還款，每年駐費再增 150 萬兩（原 50 萬兩），共計 23150 萬兩賠銀。

[19] （美）費正清、費維愷主編：《劍橋中華民國史》，中國社會科學出版社 1994 年版，上卷，頁 568～572。

[20] 《新民學會會員通信集》第二集。載中共中央馬恩列斯著作編譯局研究室編：《五四時期期刊介紹》第一集，三聯書店（北京）1978 年版，上冊，頁 154。

明知暴力破壞性巨大，仍被接受。也因了革命「第一步」的艱難，阻攔了士林對革命途徑的思考，更無暇考辨尚為遙遠的「革命後」。

辛亥前後，士林「尊西人若帝天，視西籍如神聖」，赤說輕易撬開歷史理性閘門，迅速漫堤溢壩。以否定近代文明合理性為內核的馬克思主義，對二十世紀初的中國思想界形成「致命誘惑」。五四士林希望覓得能使國家迅速脫貧的強盛藥方，欲在西方現代思潮中尋找那「最新最佳」。於是，自稱包治資本主義諸弊的馬克思主義悄然走近。馬克思主義以美麗萬分的「各盡所能按需分配」相號召，用剩餘價值論證資本主義的罪惡與必然被推翻，以工業化大生產論證工人階級的天然先進性，提出暴力推翻「舊世界」。在當時各種改造社會的學說中，馬克思主義以其終極解決一切社會矛盾的徹底性，誘俘了理性層次較低的中國左翼士林。

五四左翼思想界認為：既然有最新最美的「主義」、最靈最佳的藥方，能夠避開資本主義之惡弊，何必重走西方之路？再吃西方吃過之苦？跳過資本主義，直接進入共產主義，豈非更妙？窮則思變，越貧窮越想快點富強起來。此時，國際共運兩大「靈魂」──暴力革命、共產設計，還很難看清其後果，隱蔽性很強。

一戰後，西方對維多利亞時代的制度自信發生動搖，科學萬能與理性至上崩坍，「西方文化對文化本身失望」，湧起一股別找藥方的思潮。「上帝已死」，價值重建。1919 年，美國記者賽蒙氏對遊歐的梁啟超說：「唉！可憐！西洋文明已經破產了……等你們把中國文明輸進來救拔我們。」梁啟超慨曰：「我初初聽見這種話，還當他是有心奚落我。後來到處聽慣了，才知道他們許多先覺之士，著實懷抱無限憂危，總覺得他們那些物質文明，是製造社會險象的種子，倒不如這世外桃源的中國，還有辦法。這就是歐洲多數人心理的一斑了。」梁啟超看到一戰後西方的破敗之景：「社會革命恐怕是二十世紀史唯一的特色，沒有一國能免，不過爭早晚罷了。」「我們可愛的青年啊！立正！開步走！大海對岸那邊有好幾萬萬人，愁著物質文明破產，哀哀欲絕的喊救命，等著你來超拔他哩。」[21]

---

[21] 梁啟超：《梁啟超遊記》，東方出版社（北京）2006 年版，頁 25、15、57。

　　文明是一個民族應付環境的總成績。五四士林（梁啟超、梁漱溟、張君勱等）在西人的「謙虛」面前，竟盲目自大起來，乘著東方小舢板嘲笑西方萬噸輪，自誇東方文明在精神層面領先西人。辛亥黨人、五四精英還不理解民主自由的含義，不明白民主自由何以為西方人文精髓，更不清楚實現民主自由的基礎條件，卻認為中國民主已經在望。1943 年，清華前哲學教授張申府（中共最早三黨員之一）：「在客觀上，中國的民主前途已絕對可以斷言而完全無可懷疑了。」[22]

　　十月革命則使馬克思主義增添「實踐」資本。從根本上，「十月革命一聲炮響」畢竟是外因，中國思想界正在尋覓藥方，才是迎娶馬克思主義的關鍵內因。然而，其時中國連吞咽近代西方文明尚有困難，怎有能力去接受校正近代文明的「現代主義」？底版尚未打好，對封建主義的第一個否定尚未完成，便要別建新廈，謀求第二個否定之否定——對資本主義的否定，所隱伏的巨大危險可想而知，孕育出「四不像」的中國共運，成為二十世紀中國的宿命。

　　五四以後，變革正式從政治向文化延伸，新文化運動居然要求中國傳統文化對積弱落後負責，整個中華文化都要不得了，不單不能產生民主科學，而且還是民主科學的最大障礙。余英時：「由此可見『五四』比變法、革命時代的思想又激進多了。康有為還借用孔子、孟子、大同，譚嗣同還講『仁』，革命派也強調『國粹』，『五四』的領袖則徹底否定中國的傳統，直截了當地要向西方尋找一切真理。」[23]

　　1920 年 11 月 7 日《〈共產黨〉月刊》發刊詞：

　　　　要想把我們的同胞從奴隸境遇中完全救出，非由生產勞動者全體結合起來，用革命的手段打倒本國外國一切資本階級，跟著俄國的共產黨一同試驗新的生產方法不可。什麼民主政治、什麼代議政治，都是些資本家為自己階級設立的，與勞動階級無關。……我們要逃

---

[22] 張申府：〈民主原則〉，原載《新華日報》（重慶）1943 年 10 月 8 日。參見《張申府文集》，河北人民出版社 2005 年版，頁 469～470。

[23] 余英時：〈中國近代思想史上的激進與保守〉（1988 年 9 月）。參見余英時：《錢穆與中國文化》，上海遠東出版社 1994 年版，頁 198。

> 出奴隸的境遇,我們不可聽議會派底欺騙,我們只有用階級戰爭的
> 手段,打倒一切資本階級,從他們手裡搶奪來政權;並且用勞動專
> 政的制度,擁護勞動者底政權,建設勞動者的國家以至於無國家,
> 使資本階級永遠不至於發生。[24]

　　變革方案日益偏激。經濟上否定自由經濟,政治上否定代議制度,早
期中共明確提出〈共產黨在中國的使命〉(1921 年 6 月 7 日):

> 大家不要妄信經濟組織及狀況幼稚的國家仍然應採用資本制度;同
> 一起首創造,不必再走人家已經走過的錯路了,這就是我們共產黨
> 在中國經濟的使命。……所謂國會、省議會、縣議會,無一不演出
> 種種怪狀醜態,簡直到了末路了;所謂「議字型大小」的先生們,
> 在人民頭腦裡比糞坑還臭千百倍。……試問南北各派政黨,哪一派
> 免了鼠竊狗偷,哪一派有改造中國底誠意及能力?[25]

　　這些連今天北京中宣部都只能搖頭的左稚論調,貶人自抬,三言兩語
判定碩大社會問題,漏洞百出。尤其消滅資本階級與代議政治,已為當今
中共悄悄拋棄。但直至 1991 年,中共還拽著國家朝這一方向邁進,並將這
一方向說成惟一正確途徑,不同意即「反革命」,立遭鎮壓。

　　赤色學說為強調徹底革命的必要性,必須將現實描繪成罪惡淵藪,無
視歷史凝成的社會制度裹含一系列無法掙脫的客觀必然。法國十七世紀
法學家讓‧多馬(Jean Domat,1625～1696):慣例乃是自然法的一部分。[26]
長期形成的「慣例」實為博弈之果,必然凝聚一定的平衡。無視客觀制約
因素,單極強調社會的道德缺陷,意在否定社會既有秩序的相對合理性,
為赤色革命做輿論上的準備。理性改革當然應以最小代價為目標,變革

---

[24] 〈《共產黨》月刊短言〉,原載《共產黨》(上海)第一號(1920 年 11 月 7 日)。參見中共中央黨校黨
史教研室選編:《中共黨史參考資料》(一),人民出版社 1979 年版,頁 228～229。

[25] 〈共產黨在中國的使命〉(1921 年 6 月 7 日),原載《共產黨》第五號。參見《中共黨史參考資料》
(一),人民出版社(北京)1979 年版,頁 273。

[26] 讓‧多馬《自然狀態中的民法》(1689)。轉引自(英)柏克(Edmund Burke):《法國革命論》(1790),
何兆武等譯,商務印書館(北京)2009 年版,頁 198。

的必要性也必須為社會效益所證明。但漸進式改良對中共來說「一萬年太久」，毛澤東名言：破字當頭，立在其中。先一鋤頭刨去「舊社會」，破了再說，能否「立」起來，先不管了。可「破」完之後，舊制盡棄、舊器盡毀，拿什麼去「立」？一群「新青年」，一則新學說，憑空能「立」起一個美好社會麼？

1920 年代的左青，否棄實業救國、科學救國，崇尚暴動救國，「我們認為救國救民一定要革命。革命就是城市和農村的工農暴動，才是救國的唯一道路。」瞿秋白指示黨團員發動武裝暴動。「年輕的黨團員，響應黨中央號召，勇往直前，不怕犧牲。」[27]大革命時期，汪精衛都有這樣的名言：「革命的往左來，不革命的滾出去！」[28]

馬克思主義滲入中國，最早譯者並非中共黨員，乃同盟會要員朱執信。1915～16 年，孫中山、胡漢民、朱執信、廖仲愷已在談論馬克思主義與階級鬥爭；朱執信、胡漢民在國民黨系刊物《建設》、《星期評論》發表不少介紹馬克思主義的文章；無政府主義也宣傳社會主義。中共創始人之一邵力子：「陳望道翻譯《共產黨宣言》以前，已有該書的摘譯。」陳望道全义翻譯《共產黨宣言》，也是應《星期評論》總編戴季陶的約稿。

1920 年上海馬克思主義研究會（即上海共產主義小組）由三部分人組成：一、留日生——李達、李漢俊；二、浙江一師師生——陳望道、施存統；三、國民黨員——戴季陶、邵力子、沈玄廬。李大釗也是從國民黨轉為共產黨。[29]所謂「十月革命一聲炮響，給我們送來了馬克思列寧主義」，事實卻是國民黨首先引進自己的「掘墓人」。工運迭起好像亂了北洋政府，實質動搖了整個社會的基本價值秩序。

「四‧一二」後，赤潮原有可能退落，不少中共黨員消極，脫黨者有施存統、茅盾、郭沫若、章伯鈞、千家駒、王芸生……蔡元培更是支持清黨「四皓」之一（另三皓：張靜江、吳稚暉、李石曾）。[30]此時的國民黨雖然反共，其意識形態卻與中共同質，所用辭彙也是：「革命」、「同志」、「階

27　葉進明：〈三種救國論〉，載《上海黨史資料通訊》1988 年第 4 期，頁 7。
28　陳白塵：《對人世的告別》，三聯書店（北京）1997 年版，頁 261。
29　王來棣：《中共創始人訪談錄》，明鏡出版社（香港）2008 年版，頁 86、174。
30　《胡喬木傳》編寫組編：《胡喬木談中共黨史》，人民出版社（北京）1999 年版，頁 338～339。

級」、「救國」、「打倒軍閥」、「驅除列強」等，也搞「紀念五四」。時人指出：中共不過是國民黨的左派耳。國民黨也被稱「前列寧主義政黨」。

史家痛心：「國共合作之初，國民黨自己在摧毀傳統文化結構方面，也做得很積極。」在撬開傳統理性這道閘門時，國民黨幫了共產黨的大忙。夏志清：「國共合作期間（1923～1927），急進派的知識分子和學生影響力和人數都增加不少，清黨後這些人大半還是跟著共產黨走。」[31]1926 年 5 月，蔣介石提出限共「整理黨務案」，黃埔軍校不少國民黨左派學生憤怒退出國民黨。[32]1929 年，不少國民黨員同情中共。[33]

1927 年 5 月，梁啟超驚訝並擔心赤潮的迅速蔓延：

> 思永（按：梁子）來信說很表同情於共產主義，我看了不禁一驚，並非是怕我們家裡有共產黨，實在看見像我們思永這樣潔白的青年，也會中了這種迷藥，即全國青年之類此者何限，真不能不替中國前途擔驚受怕。……我所論斷現代的經濟病態和共產同一的「脈論」，但我確信這個病非共產那劑藥所能醫的。……思永不是經濟學專門家，當然會誤認毒藥為良方，但國內青年像思永這樣的百分中居九十九，所以可怕。[34]

1927 年馬日事變前，北伐軍某些「新軍閥」還參加馬恩紀念會。親歷者王一知（1902～1991）晚年回憶：「當時統治者還沒有意識到共產主義對他們自己的威脅，所以宣傳共產主義比較自由。」[35]「四‧一二」後，陝北榆林中學多次在縣城召開討蔣大會。[36]北伐前後，中共赤刊銷往湘川兩

[31] 夏志清：《中國現代小說史》，香港中文大學出版社 2001 年版，頁 98～99、12。
[32] 《李逸民回憶錄》，湖南人民出版社 1986 年版，頁 27。
[33] （美）費正清、費維愷主編：《劍橋中華民國史》，中國社會科學出版社（北京）1994 年版，下卷，頁 137。
[34] 梁啟超：〈給孩子們的書〉（民國十六年五月五日）。丁文江、趙豐田編：《梁啟超年譜長編》，上海人民出版社 1983 年版，頁 1130～1131。
[35] 王一知：〈17 歲少女投身革命的故事〉，參見王來棣：《中共創始人訪談錄》，明鏡出版社（香港）2008 年版，頁 127。
[36] 張秀山：《我的八十五年》，中共黨史出版社（北京）2007 年版，頁 7。

省最多。[37]思想傳播的效應很快得到體現，北伐時期湘川中共黨員最多，「鬧紅」亦最烈。毛澤東《湖南農民運動考察報告》滿篇鼓噪暴力，成為40 年後紅衛兵的「行動指南」。據中共《中國現代革命史》，「白色恐怖」最嚴重的 1928 年，上海罷工 140 次，參加者 233802 人，鬥爭完全勝利 22%，部分勝利 19%。[38]工人階級所享有的自由，遠高於當今呵！

　　抗戰期間，閻錫山在山西組織鐵血團，以 29 字排字輩——為實現按勞分配物產證券誓願共同奮鬥到底永久給全人類謀真幸福，[39]很「紅」呵！蔣介石的《中國之命運》（1943），亦對歐美列強、市場經濟顯存偏岐。[40]

　　思想如房間，擺入怎樣的傢俱便形成怎樣的風格，輸入怎樣的元素便組裝出怎樣的邏輯。構件決定整體，赤色理念輸入一代學子，自會左右他們的價值選擇，形成「紅色一代」。

　　國民黨未能利用「九‧一八」以後高漲的愛國熱潮凝聚人心，甚為失策。對日政策的軟弱，恰好映襯中共激進光芒，剿共也激起大批憤青逆反心理。國民黨「鐵的紀律」——「批評官吏就是反政府」[41]，推助國人對民主自由的嚮往，而對國民黨的怨恨自然成為嚮往共產黨的推力。連「國母」宋慶齡（1893～1981）都發表反蔣宣言：「中國國民黨早已喪失革命集團之地位，至今日已成為不可掩蔽之事實，亡其黨者，非黨外之敵人，而為其黨內領袖。」「借反共之名，行反動之實，陰狠險毒，貪汙欺騙，無所不用其極。」（1931 年 12 月 19 日）[42]

　　中共利用民族主義，將國家落後歸於列強入侵，以抵消西方近代文明對意識形態的影響，為接受赤俄學說掃清障礙。吳國楨分析：

　　　那時將中國的災難全都歸罪於外國經濟和政治滲透的觀點，確實對年輕人幾乎有普遍的號召力，因此當共產黨創造出帝國主義這個詞

[37] 劉清揚：〈關於天津青年接受馬克思主義和旅歐支部的回憶〉，參見王來棣：《中共創始人訪談錄》，明鏡出版社（香港）2008 年版，頁 212。

[38] 何干之主編：《中國現代革命史》，上海人民出版社 1985 年版，頁 115～116。

[39] 公安部檔案館編注：《在蔣介石身邊八年——侍從室高級幕僚唐縱日記》，群眾出版社（北京）1991 年版，頁 219。

[40] 蔣介石：《中國之命運》。參見國民黨中央黨史委員會編：《先總統蔣公思想言論總集》卷四，頁 129。

[41] 陳嘉庚：《南僑回憶錄》，岳麓書社（長沙）1998 年版，頁 86。

[42] 《溫濟澤自述》，中國青年出版社（北京）1999 年版，頁 45。

時，他們確實掌握了進入年輕人頭腦的鑰匙（中國共產黨人對「帝國主義」這個詞有中國式的說法）。馬克思主義在打動年輕人方面沒有多少影響，但「帝國主義」和「反帝國主義」則有。[43]

中共統戰策略很成功，評家析曰：「共產黨很聰明地利用了這種情緒，使大眾很輕易地相信了它的神話，將自己說成是受殘酷迫害的愛國分子，好像他們唯一的罪狀，就是因為要求全面對日抗戰。」[44]

中國並非沒有右轉的歷史可能。北伐時期，有人認識到社會革命可走德美之路，以德美兩國的現代化過程為中國範本。1926 年 9 月，胡適日記：「德國可學，美國可學，他們的基礎皆靠知識學問。此途雖迂緩，然實惟一之大路也。」[45]可惜胡適的聲音太微弱，胡適此時已被斥為「落伍者」。胡適承認：「我在這十年中，明白承認青年人多數不站在我這一邊，因為我不肯學時髦，不能說假話，又不能供給他們『低級趣味』，當然不能抓住他們。」[46]用傳統經驗提前驗別赤說，需要足夠的文化底蘊。二十世紀的中國，多為中小知識分子，胡適這樣的大知識分子太少了。赤潮利用五四反傳統大浪，迅速掙脫傳統經驗的格擋攔濾，漸行漸興，一飆狂進，最終走到整個社會大顛倒的文化大革命。

1988 年，余英時先生認為赤潮禍華根本致因還是文化思想：

在四十年代末期有什麼客觀的因素（如經濟）決定著中國人非依照蘇聯的方式組織國家不可呢？分析到最後，我們恐怕不能不承認這是文化的力量。共產主義或社會主義的思想從十九世紀末葉便不斷地從西方傳到了中國。由於中國文化的價值取向偏於大群體，近代

---

[43] 吳國楨：《從上海市長到「台灣省主席」》，吳修垣譯，上海人民出版社 1999 年版，頁 274。

[44] 夏志清：《中國現代小說史》，香港中文大學出版社 2001 年版，頁 98。

[45] 《胡適的日記（手稿本）》，遠流出版公司（台灣）1990 年版，第五冊。轉引自許紀霖編《20 世紀中國知識分子史論》，新星出版社（北京）2005 年版，頁 120。

[46] 〈胡適致周作人〉（1936 年 1 月 9 日）。中國社科院近代史研究所民國史研究室編：《胡適來往書信選》（中冊），中華書局香港分局 1983 年版，頁 297。

知識分子比較容易為社會主義的理想所吸引。……中國今天具有這一特殊的國家社會體制，追根溯始，應該說是文化思想的力量。[47]

貳、紅色的 1930 年代

18 世紀西方思潮就開始左傾化，19 世紀持續增溫。法國蒲魯東（1809～1865）名言──「財產是贓物」。其論據：財產不過是一種維持生命、改善生活的工具，凡有維持生命、改善生活需要的人都有使用這一工具的權利，而生命與生活的權利是平等的，財產多寡現象因此不公。20 歲青年瞿秋白順著這一歪斜邏輯，提出「知識是贓物」，論據是精神生命和生活的權利也應平等，財產與知識較多者，都是依靠明搶暗奪、侵犯他人權利得來的，因此須廢除知識私有制。[48]瞿秋白空放激言，實屬稚嫩。「知識公平」，且不說社會條件的限制，就是千差萬別的個體相異也足以阻礙他的「知識公平」。多學多擁有知識竟成貪占「贓物」？知識私有制又如何廢除？荒誕謬言卻偏偏攪起大波大瀾，甚受追捧。

蒲魯東的財產工具說、使用者管理說、私財贓物說，連「片面深刻」都談不上，只有片面謬誤。他只看到不平等現象，卻脫離形成這種不平等的社會背景。在人類社會相當長歷史階段內，財產、知識的擁有與分布不可能達到人人均衡，就是將所有富國富人之產都拿出來「共」了，也無法拯救所有窮國窮人；就算能夠減緩一時之困，之後怎麼辦？如何保持窮國窮人永久免於困厄？難道可以永遠指望富國富人的接濟嗎？更大的麻煩是：富國富人能永遠保持富裕嗎？尤其當他們已被共產、已失去致富的資本，也成了窮人，誰還有能力接濟他人？

在歷史現階段，人類尚無條件完全遵照理想安排生活，只能根據現實可能性實現相對公平。但馬克思主義卻挾「公平」以令諸侯，批判一切傳

[47] 余英時：《文史傳統與文化重建》，三聯書店（北京）2004 年版，頁 497。
[48] 瞿秋白：〈知識是贓物〉，載《新社會》旬刊第六號，1919 年 12 月 21 日。參見《瞿秋白文集‧政治理論編》第一卷，人民出版社（北京）1987 年版，頁 41～42。

統，橫掃一切制度，鼓動青年進行社會革命，以「畢其功於一役」相號召，時髦了一個世紀，得逞一時，最後以實踐證誤收場。

1930 年代是全球整體偏激的時代，各種社會矛盾激化，各種改造社會的學說紛然雜出。馬克思主義並不是孤獨的左傾兒，她有不少時代伴娘──無政府主義、國家主義、民粹主義、納粹主義，以及各式各樣的社會主義，這些「主義」共同匯成偏激大潮，推聳起「紅色的 1930 年代」。

1930 年代的西方，馮・哈耶克（F・A・Hayek，1899～1992）：

> 社會主義已經取代自由主義成為絕大多數進步人士所堅持的信條。……奠定現代社會主義基礎的法國作家們毫不懷疑，他們的種種思想只能通過強有力的獨裁政府才能付諸實行。……自由思想在他們看來是十九世紀社會的罪惡之源。

如此理解自由，自必分泌出種種反自由的思想。西方思想界的混亂，給了馬克思主義可趁之機，社會主義被西方知識界普遍接受，不少激進作家信奉共產赤說，如法國的布列東（1896-1966）、薩特（1905～1980）。此乃赤色學說得以燎原的第一台階。

更可怕的是社會主義用自由引誘更多青年認同赤色價值，「對更多自由的允諾使越來越多的自由主義者受到引誘走上社會主義道路，使他們受到蒙蔽不能看到社會主義與自由主義者基本原則之間存在著的衝突。」[49]

馬克思主義，充其量是一則需要未來證明績效的理想性學說，但卻被絕對神化，置於不容置疑的膜拜之巔，甚至神化一切革命手段，不但紅色恐怖絕對必要，壓抑人性人權也因此擁有充足理由。

法西斯主義與馬克思主義同時流行歐洲，「希特勒在德國上台那年，馬克思主義在牛津大學知識分子中時髦的程度，就像每一個人去莫利體育館那樣平平常常。」[50]法國學者雷蒙・阿隆（Raymond Aron，1905～1983）認為共產黨乃「不滿者之黨」，共產主義之所以在亞非成功，原因在於煽

---

[49] （英）哈耶克：《通往奴役之路》，王明毅等譯，中國社會科學出版社 1997 年版，頁 29、31。
[50] 海倫・斯諾（Helen Foster Snow）：《我在中國的歲月》（My China Years），安危、杜夏譯，中國新聞出版社（陝西）1986 年版，頁 188。

動了佃農、自耕農和地主之間的衝突，誇大了地位最低的弱勢群體的要求，開發利用了經濟蕭條所引起的不滿。[51]

知識分子的整體左偏成為難以阻遏的時代潮流。德國的海涅、美國的羅曼‧羅蘭、中國的魯迅，不少一流知識分子都傾向於共產主義。1934～35 年遊歷歐美的戈公振訪蘇後，寫了不少讚揚蘇聯的通訊。大批知青赴延，身後當然站著支持他們的家長與教師。

共產主義成為第一代赤青的絕對價值。「帶鐐長街行，告別眾鄉親；砍頭不要緊，只要主義真；殺了我一個，自有後來人！」（劉伯堅、夏明翰絕命詞合編）鐐聲鏗鏘，長街壯別，中共烈士帶著為人類最美好事業犧牲的價值自信走向刑場。1928 年在滬被捕、被判無期徒刑的李逸民（1904～1982，黃埔四期生），獄題「願灑滿腔青春血，換得人間遍地紅。」[52]途徑的艱巨性增添神聖性，以個人犧牲求換認同赤說。美國學者法蘭西斯‧福山（Francis Fukuyama，1952～）：「獲得認可的欲望也有它黑暗的一面，致使許多哲學家相信精神是人類邪惡的根源。」[53]美好願望也可能導出邪惡的人文謬誤。盧梭：「人類的災難來自謬誤者多，來自無知者少。」[54]

五四提出「平民文學」，呼籲作家關注社會底層，致力解決底層苦難，本身當屬歷史進步。但左翼文藝運動很快走向極端，從拓寬視域轉入扁平的題材平民化、趣味普羅化、思想赤色化，非此就是「反動文藝」。以批判貴族文化始，以「不得高雅」終，從一個合理的起點很快進入偏激謬誤。文學乃捏塑青年價值觀念的模具，魯迅、茅盾、郭沫若、郁達夫、丁玲、巴金等左翼作家走紅，全國師生深受浸淫，普遍左傾。1920 年代的左翼文藝孕育出「紅色的 30 年代」。

夏志清：

> 文學研究會認真研究文學，翻譯著外國文學作品，還能容忍異己；
> 而創造社不但後期崇尚馬克思主義，即使在初期提倡浪漫主義的時

---

[51] （法）雷蒙‧阿隆：《知識分子的鴉片》，呂一民、顧杭譯，譯林出版社（南京）2005 年版，頁 29。
[52] 《李逸民回憶錄》，湖南人民出版社 1986 年版，張愛萍序，頁 1。
[53] （美）法蘭西斯‧福山：《歷史的終結及最後之人》（1992），黃勝強等譯，中國社會科學出版社（北京）2003 年版，頁 206。
[54] 盧梭：《懺悔錄》，黎星、范希衡譯，人民文學出版社（北京）1982 年版，頁 356。

候，也喜歡賣弄學問，態度獨斷，喜歡筆伐。中國新文學之能樹立
共產主義的正統思想，大部分是創造社造成的。[55]

1932 年，高中生賈植芳（1916～2008），「在我的宿舍牆上，先後掛過
托爾斯泰、陀思妥耶夫斯基、耶穌、尼采、克魯泡特金和馬克思的像片，
真是五花八門。」[56]五卅後，十八歲的王凡西（1907～2002，後為托派）：「胡
適之、梁任公思想已經從我的頭腦中徹底廓清，完全站穩了左派的陳獨秀
立場，雖然在形式上我還不曾加入共產黨。」[57]1925 年初，夏衍在日本經
孫中山批准，戴季陶、李烈鈞介紹加入國民黨，任國民黨駐日總支部常委
兼組織部長。1927 年 4 月下旬，夏衍加入中共。

相對中庸的文學研究會鬥不過偏狹激昂的創造社，現實主義鬥不過浪
漫主義，很能說明社會風氣的膚淺浮躁，偏激的馬列主義遇到浮躁的 1920
年代中國，乾柴烈火，一點即燃。第一次國共合作，中共在廣州政府很快
取得教育與宣傳方面的職席，說明馬列主義已為國民黨接受。

1929 年，國民黨湖北省稅務局長吳國楨也親共：「有一度我竟認為不
管共產黨有什麼毛病，看來他們總願意更多地為國家的福祉而奉獻，因此
我打算暫時放棄在中國的事業，到蘇聯去實地研究共產主義的運作。只是
由於意外的天命，我在最後一分鐘未能成行。」[58]1929 年 5 月，蔣介石任
命李明瑞、俞作柏主持廣西軍政，李、俞同情中共，要求中共派員入桂。
鄧小平、張雲逸、龔楚、葉季壯、陳豪人、何畏、李謙（李立三弟）等四
十餘名共幹進入李明瑞部。[59]這才有是年 12 月的「百色起義」。

1931 年的「左聯五烈士」，夏志清評曰：「事實上，這五個其名不甚見
經傳的作家，不是因為他們宣揚共產主義的寫作而被處決，因為有很多名
氣比他們大得多的共產黨員作家在當時（和以後）都能逍遙法外。這五個
作家和其他十八人之所以被處決，乃是因為他們是共產黨陰謀叛亂分子，

---

[55] 夏志清：《中國現代小說史》，香港中文大學出版社 2001 年版，頁 81。

[56] 賈植芳：《獄裡獄外》，上海遠東出版社 1995 年版，頁 125。

[57] 王凡西：《雙山回憶錄》，現代史料編刊社（北京）1980 年版，頁 13。

[58] 吳國楨：《夜來臨：吳國楨見證的國共爭鬥》，吳修垣譯，香港中文大學出版社 2009 年版，頁 110。
吳因赴美船隻被軍方臨時徵用而作罷。

[59] 袁任遠：〈從百色到湘贛〉，載《中共黨史資料》第 13 輯，中共黨史資料出版社 1985 年版，頁 50。

企圖到江西參加紅軍的活動。」[60]國府鎮壓的是訴諸暴動的中共分子，而非意識形態的馬列主義。馬列主義在當時不僅可以公開傳播，還進了國民黨最高學府的課堂。

　　1930 年，太原成成中學教師向初中生介紹新《吶喊》、《彷徨》、《女神》、《少年漂泊者》、《胡適文存》、《獨秀文存》以及翻譯小說。北伐（中共稱「大革命」）使五四新文化傳播迅速，很快從文學革命到革命文學，一代學生普遍吮吸紅色文學。1932 年，北平師大社科系舉辦數月講座，侯外廬、陶希聖、馬哲民等公開講授馬克思主義，課堂上徵訂王亞南翻譯的《資本論》。[61]1934 年春，黃敬（俞啟威）在中國大學旁聽李達的《資本論》課程。[62]「九‧一八」前後，楊虎城主持下的陝西左翼力量活躍，江隆基等左士出任中學校長（西安無大學），「馬克思、列寧的著作，可以在西安和陝西一些地方公開地閱讀、講解和討論。」[63]1936 年秋，任鴻雋出長川大，政經系教師可以講馬克思的經濟學與唯物史觀哲學。1938 年，國民黨四川省黨部設計委員胡素民（1872～1947）的客廳裡懸掛四像——馬克思、恩格斯、克魯泡特金、托爾斯泰。[64]

　　「一二‧九」後，清華 1200 餘名學生，左翼學生集會能召集 800 人，右翼集會只能召集 200 人，另 200 名不參加任何涉政活動。左右中這一分布很能說明清華生的政治分野。「一二‧九」運動中，楊秀峰、黃松齡、張申府、張友漁、阮慕韓等都是有名的紅色教授。北平大學教授吳承仕（1884～1939）與齊燕銘（中國大學講師）同時入黨。[65]可見，經五四、北伐，第一代中共黨人已將馬列赤說散播寰內，在意識形態形成氣候。

　　1932 年入學燕京的黃華（1913～2010）：「燕大……圖書館裡可以看到馬恩列斯的一些著作的英譯本。」[66]1939 年雙十節，貴陽放映赤俄影片《列寧》。[67]1940 年代的中央大學（蔣介石一度兼任校長），開設馬克思主義課

60　夏志清：《中國現代小說史》，香港中文大學出版社 2001 年版，頁 228。
61　賈植芳：《獄裡獄外》，天地圖書有限公司（香港）2001 年版，頁 131～133。
62　葉永烈：《江青畫傳》，時代國際出版有限公司（香港）2008 年版，頁 21。
63　南新宙：〈南漢宸的故事〉，載《紅旗飄飄》第 25 集，中國青年出版社 1982 年版，頁 73。
64　《青春歲月——胡績偉自述》，河南人民出版社 1999 年版，頁 52～54、102。
65　溫濟澤等編：《延安中央研究院回憶錄》，中國社會科學出版社、湖南人民出版社 1984 年版，頁 73。
66　黃華：《親歷與見聞》，世界知識出版社（北京）2007 年版，頁 2。
67　李南央編：《父母昨日書》，時代國際出版有限公司（香港）2005 年版，上冊，頁 130～132。

程。[68]各地矯正思想的青年勞動營（學制兩年）、中山室（政治思想室）懸掛的領袖像為蔣介石、羅斯福、邱吉爾、史達林；女生營中山室裡掛著宋慶齡、宋美齡、居里夫人、柯侖泰女士（蘇共婦女領袖）。[69]1940年代後期的重慶，紅色書籍、蘇聯書籍、鼓吹民主憲政的書籍，充斥全城書攤。

　　1944年10月，成都兩千餘學生集會，譴責國民黨一黨專政，要求民主自由，不久舉行六千餘人的「雙十一」示威遊行。[70]1945年10月1日，國府宣布取消戰時新聞檢查制度，印行紅書的書店立即在上海開張。1946年，國民黨《中央日報》「把關不嚴」，刊出《資本論》的售書廣告，贊曰「人類思想的光輝結晶」。[71]1948年底，共軍圍城北平，北大校園還能高唱〈延安頌〉。[72]共軍渡江前，上海同濟中學公開唱迎接共軍的〈我們的隊伍來了〉、〈山那邊呀好地方〉。[73]

　　李銳分析「一二‧九」群體加入中共主要基於二因：一、認同中共抗日救亡主張，反對國民黨獨裁與妥協政策；二、馬克思主義關於推翻剝削階級消滅剝削制度、建立勞工政權的社會理想，與五四精神的自由、民主、平等有某種價值重合。「民族主義（抗日救亡）和民主主義（反對國民黨蔣介石的獨裁和專制），是他們投身共產主義運動的基本思想動因。」[74]「我投奔共產黨主要是為了救亡，但也要民主。」[75]

　　地主之子趙紫陽晚年回顧：「在資本主義大危機的三十年代，共產主義是很時髦的，知識分子是很嚮往的，共產主義是很吃香的。」[76]地主、資產階級家庭不僅出現「不肖子孫」，還有全家加入中共的「滿門忠烈」。河南滑縣大地主兼世代名醫聶元梓家，擁田幾百畝，兄妹七人，六位1933～37年入黨，父母捐出土地隨軍行醫，一路跟進北京城；惟二哥從醫，亦

[68] 沈容：《紅色記憶》，北京十月文藝出版社2005年版，頁46。
[69] 趙超構：《延安一月》，上海書店1992年版，頁6～7。
[70] 謝韜：〈我們從哪裡來，到哪裡去？〉載燕凌等編著：《紅岩兒女》第三部（上），真相出版社（香港）2012年版，頁7。
[71] 錢鋼：《舊聞記者》，上海書店出版社2008年版，頁173、183。
[72] 樂黛雲：《四院‧沙灘‧未名湖：60年北大生涯（1948～2008）》，北京大學出版社2008年版，頁2。
[73] 張敏：《穿牆的短波》（記錄紅色中國），溯源書社（香港）2012年版，頁162～163。
[74] 李銳：〈李昌和「一二‧九」那代人〉，載《炎黃春秋》（北京）2008年第4期，頁2。
[75] 笑蜀：〈「總起來看我還是比較樂觀的」──李銳談社會主義與中國〉，載《炎黃春秋》（北京）2007年第2期，頁12。
[76] 宗鳳鳴記述：《趙紫陽軟禁中的談話》，開放出版社（香港）2007年版，頁170。

為烈屬。[77]淮安工商地主家庭的清華生楊述（1913～1980），將母哥嫂弟妹五人帶入中共，母親哥嫂不僅入黨，還變賣全部細軟交了黨費。[78]國會議員、大地主家庭出身的李銳，姐弟三人，他與二姐夫婦加入中共，大姐是同情分子。北洋外交官家庭出身的王光美五兄妹先後加入中共。1925 年秘密入黨的無錫大家子弟嚴樸，其妻將四個女兒（嚴慰冰等）帶入中共，「一家女八路」。張瑞芳之父早年參加孫中山政府，1928 年捐軀疆場，母親廉維乃著名「八路軍老大姐」，帶張瑞芳兄妹五人加入中共。北洋官宦大家姚依林叔伯三兄弟加入中共。1940 年代加入中共的國府高級人士：續范亭中將、范龍章少將、陳瑾昆司長（曾任最高法院院長）、張沖軍長。

　　1944 年 6 月延安大學教育處統計，學員成分中農以上 84.5%，出身學生或教員 77.6%。[79]抗大學生出身中產以上幾占一半，四期第四大隊 1017名學員，工農 561 人，55%；反動家庭 194 人，19%。[80]

　　出身知識世家的錢理群（1939～），父親為國府農業部常務司長。父親、三哥是國民黨，二姐與另一哥哥是共產黨。錢先生：「歷史就是這樣：在二十年代初中期最優秀的知識分子站到國民黨那邊，三四十年代最優秀的到共產黨這邊來。」[81]1930 年代，廖沫沙與岳父為中共黨員，妻舅熊笑三（1905～1987）則為國民黨鐵桿，徐蚌會戰國軍「五大王牌」第五軍軍長。[82]

　　基督將軍馮玉祥一度也改信共產主義。1937 年 10 月，國民黨中執委谷正鼎（1903～1974，其兄谷正倫、谷正綱）在西安防共會議上痛曰：「我們自己的兒女都不保了，都要跟著共產黨跑了。」[83]陳布雷之女陳璉（1919～1967）、傅作義之女傅冬菊（1924～2007）都是中共秘密黨員。陳誠侄女

[77] 聶元梓：《聶元梓回憶錄》，時代國際出版有限公司（香港）2005 年版，頁 18～19。
[78] 韋君宜：《思痛錄》，北京十月文藝出版社 1998 年版，頁 118～119。
[79] 《延安大學概況》（1944 年 6 月），延安大學教育處編印，油印單行本。參見朱鴻召：《延安文人》，廣東人民出版社 2001 年版，頁 39。
[80] 李志民：〈抗大抗大‧越抗越大〉（之一），載《中共黨史資料》第七輯，中共黨史資料出版社（北京）1983 年版，頁 53。
[81] 錢理群：《我的精神自傳》，廣西師大出版社（桂林）2007 年版，頁 17。
[82] 黃仁宇：《黃河青山：黃仁宇回憶錄》，張逸安譯，九州出版社（北京）2007 年版，頁 150。
[83] 張嚴佛（軍統西北區長）：〈抗戰前後軍統特務在西北的活動〉，載全國政協文史資料研究委員會編：《文史資料選輯》第 64 輯，中華書局（北京）1979 年版，頁 96。

陳慕華（1921～2011）、居正女婿祁式潛（1915～1966）、國軍兵團司令羅廣文胞弟羅廣斌（1924～1967），則「旗幟鮮明」地加入中共。四川大軍閥楊森侄女楊漢秀（1913～1949），1941 年在延安入黨，派遣回鄉變賣田產搞暴動，三次被捕，關押渣滓洞，秘密處死渝郊。留法彈道專家沈毅，國民黨少將專員，在周恩來動員下赴延，成為邊區專家。[84]

國民黨綏遠省主席董其武（1899～1989），1980 年加入中共；國民黨新疆警備總司令陶峙岳（1892～1988），1982 年加入中共；除了表明最後的政治選擇，也有認同赤說的價值因素。

共產主義標榜消除一切貧富差異與社會弊端，號召力強大呵！無形的精神遠比有形的物質更有凝聚力。毛澤東早就認識到：「主義譬如一面旗子，旗子立起了，大家才有所指望，才知所趨赴。」[85]中共高舉抗日與革命兩面大旗，對急於改革社會又涉世未深的青年具有強大吸引力。蔣介石特賜「黃埔三期」出身的韓練成（1908～1984），中原大戰救蔣有功，蔣絕對信任的中將軍長，居然是中共「第五縱隊」。張治中問周恩來：「這樣的人為什麼也會跟著共產黨走？」周恩來：「這正是信仰的力量。」[86]美國記者白修德 1944 年 10 月訪毛：「這個人懂得理想可以使人民扛起槍來，權力是從槍口裡噴出來的。」[87]

從思想傾向上，自由知識分子胡風、賈植芳也屬於延安一代。他們雖然沒到過延安，也沒入黨，但完全接受並認同延安模式。胡風與周揚的文藝理論雖存差異，但文藝為政治服務則是共同歸宿。他們共同參與了紅色文學運動，分歧僅在於如何具體為政治服務，對立僅僅源於極不寬容的社會氛圍，並無實質性的價值對抗。「小兵張嘎」徐光耀（1925～）晚年說：「那時候，人們的思想能有幾個不『左』呢？……甚至包括胡風，跟黨也是跟得很緊的。」[88]1955 年下獄後的胡風及其「分子」，只能發出模糊的迷惘之歎，無力進行深入反思，蓋因思想同質，難辨其謬。

---

[84] 何立波、任晶：〈「三反」：建國後反腐第一仗〉，載《檢察風雲》（上海）2009 年第 7 期，頁 68。
[85] 毛澤東給羅璈階（章龍）的信（1920 年 11 月 25 日），載《毛澤東早期文稿》（1912 · 6～1920 · 11），湖南出版社 1995 年版，頁 554。
[86] 盧荻：〈潛伏：「隱形將軍」韓練成〉，載《同舟共進》（廣州）2011 年第 6 期，頁 56。
[87] （美）白修德：《中國抗戰秘聞──白修德回憶錄》，崔陣譯，河南人民出版社 1988 年版，頁 208。
[88] 邢小群：《丁玲與文學研究所的興衰》，山東畫報出版社（濟南）2003 年版，頁 162。

　　章伯鈞（1895～1969）不僅對中共必然走向「專政」缺乏政治判斷，對馬列主義的邏輯發展也缺乏理性警覺，一直是中共的同路人。二號右派羅隆基（1896～1965），1946 年初政協會議期間甚至說：「共產黨有百是而無一非，國民黨有百非而無一是。」據說此言得到馬歇爾、司徒雷登的欣賞。馬歇爾（George Marshall，1880～1959）會晤張瀾、羅隆基後，認為中共有可能繼國民黨後成為實現民主政治的力量。為爭取與中共合作，馬歇爾請國務卿艾奇遜收回新任駐華大使魏德邁的任命，與周恩來協商，另選中共能夠接受的司徒雷登。司徒雷登晚年檢討：「回顧往事，就我們今天對共產黨的意圖和其手法的瞭解來看，很清楚，將軍（按：馬歇爾）當時的使命絕沒有成功的希望。但當時在我看來，達成一項有益的協定的可能性似乎是存在的。」[89]司徒雷登承認被中共忽悠了。

　　1944 年 7 月，文化名流鄒韜奮（1895～1944）辭世於滬，囑骨灰帶往延安，請求追認中共黨員。1945 年 1 月，同盟會元老柳亞子在重慶《新華日報》社發言：「世界的光明在莫斯科，中國的光明在延安。」[90]1946 年 6 月 26 日，國民黨空軍中隊長劉善本（1915～1968）駕駛最新美機 B-24 投共，在延安發表廣播講話，二三十名國民黨空軍陸續投共。[91]不過，劉善本過了「民主革命的關」，卻過不了「社會主義革命的關」。1968 年 3 月 10 日，空軍學院少將副教育長劉善本死於紅色迫害。

　　共產主義高舉公平旗幟，對資本主義展開強烈批判，佔據道德高度，具有相當迷惑性。雷蒙・阿隆說共產主義是知識分子的鴉片煙，「革命的神話為烏托邦思想充當了避難所，並成為現實與理想之間的神秘的、不可預測的說情者。」[92]尤其那一套階級剝削、計劃經濟、一切公有、人人無私，終極消滅一切社會弊端，多好呵！一個多麼靚麗的美好社會，一套全新的思想體系，從術語到概念，因陌生而新鮮，因新鮮而光芒四射，不知迷倒了多少中小知識分子。1923 年 11 月入莫斯科東方大學的劉伯堅（1895～1935），1924 年 1 月家書：

---

[89] （美）約翰・司徒雷登：《在華五十年》，程宗家譯，北京出版社 1982 年版，頁 172。

[90] 陳微主編：《毛澤東與文化界名流》，人民出版社（北京）2003 年版，頁 211～212。

[91] 《溫濟澤自述》，中國青年出版社（北京）1999 年版，頁 196～197。

[92] （法）雷蒙・阿隆：《知識分子的鴉片》，呂一民、顧杭譯，譯林出版社（南京）2005 年版，頁 67。

……到了沒有剝削、沒有壓迫勞工的國度，一切煥然一新……街頭無乞丐、路途無盜賊，真是道不拾遺、夜不閉戶，男為此目的而奮鬥，望堂上無念！[93]

從人性角度，革命與激進也最容易在青年內心得到喝彩，人性也往往普遍偏向激進，畢竟激進鉤掛著燦爛輝煌的理想。青春使生命熱情洋溢，想像力豐富澎湃，改造社會的衝動特別強烈，極易不期然而然地走向烏托邦，以理想的名義將國家帶入紅色災難。後人認識到：青春是可怕的，因無知而無畏，因無畏而犯下無知的錯誤。

章士釗（1881～1973）評說赤潮：

蓋當時論家好以將來之未知數翻作前提，以折服人。此在邏輯，直犯倒果為因之謬。而論者不顧也。辛之此類論點，往往助長少年人之朝氣，於革命里程有益。[94]

用「革命後」的未知數作為革命的價值基礎，以未來支撐今說，以明天為赤說立論，倒果為因，自然腳跟發飄，缺乏論證力度，邏輯難通，最終只能倚仗暴力。同時，「革命後」的各種暗瘡陰弊尚在潛伏期，一時難察。「革命後」的一切只存在於想像，想像又總是大於高於現實，青年涉世未深，識力有限，哪裡具備穿透「革命後」的能力？問題當然在於引導青年的革命黨，可哪一路革命家會承認自己是錯誤方向的引路人？

尤其對喜新逐異的知識分子來說，要他們自覺遏制衝動，本身就是難事。2002 年，美國斯坦福大學蘇源熙教授（Haun.Saussy）：「（美國人文知識分子）大部分人心裡比較親左。」[95]既然以改變社會現狀為職志，人文知識分子天生偏屬左翼。

從根子上，共產革命以理想否定經驗、想像代替現實，要求重新碼放價值序列，提出顛覆性構想。似乎體大思精的共產設計，不過仍以道德淨

[93] 白明高：〈劉伯堅烈士年譜〉，載《黨史研究資料》（北京）1985 年第 12 期，頁 16。
[94] 章士釗：〈疏《黃帝魂》〉，載全國政協文史資料研究委員會編：《辛亥革命回憶錄》（第一集），文史資料出版社（北京）1981 年版，頁 253。
[95] 黃曉斌：〈蘇源熙教授訪談〉，載《社會科學報》（上海）2002 年 10 月 3 日。

化為基石，違背現實可能地反對私有，否定一切個人權利，一場現代烏托邦耳。文革無非走得至偏至遠──「狠鬥私字一閃念」，既違反現代人權，也違反生物本能。沒有自身需求的人不可能存在，也不需要存在了。理想化是共產學說的起點，無私化則是布爾什維克一再揮舞的縛龍長纓──似乎無懈可擊的價值地基。既出好心，動機純正，方式方法即可免疑免檢。孰不知，好心辦壞事乃是一再上演的歷史舊劇。脫離客觀現實，再好意的設計也會燒壞整鍋湯，用暴力推銷主義，當然要闖大禍。更何況，一茬茬「社會邊緣人」等著利用人們的慈心掀動革命，以逞各種私欲。

1933 年，國民黨系的蔣廷黻說了一段樸實卻含至理的話：

> 在政治後進的國家，許多改革的方案免不了抄襲政治先進的國家。在社會狀況和歷史背景相差不多的國家之間，這種抄襲比較容易，且少危險；相差太遠了，則極難而又危險。俄國與歐西相差不如中國與歐西相差之遠，但在俄國，知識階級這種抄襲已引起了許多的政治困難。

歷史證明，蔣廷黻的判斷十分準確，感覺到位，中共抄襲的恰恰是一種本身尚須證明的模式，且與本國社會環境與文化背景相差甚遠，最後弄成不可收拾的「四不像」。針對 1930 年代各項社會改革方案的爭論，蔣廷黻認為過於宏遠：

> 如果我們政治的主張都限於三五年內所能做到的，我們意見的衝突十之八九就沒有了。以往我們不談三五年內所能做、所願做的事，而談四五十年後的理想中國，結果發生了許多的爭執，以致目前大家公認為應做而能做的都無法作了。

蔣廷黻還有一段值得重溫的話：

> 我們應該積極地擁護中央。中央有錯，我們應設法糾正；不能糾正的話，我們還是擁護中央，因為他是中央。我以為中國有一個

　　強有力的中央政府，縱使他不滿人望，比有三四個各自為政的好，
即使這三四個小朝廷好像都是勵精圖治的。我更以為中國要有好政
府必須自有一個政治始。許多人說政府不好不能統一；我說政權不
統一，政府不能好。[96]

　　似乎完全站在國府一邊，實含至理。國家分裂，各政權忙於圖存，各
拉各的帆，各吹各的號，你死我活，形格勢禁，既不可能理解民主，更不
可能推行民主，儘管都高懸民主。一個政權既要「維穩」、發展，還要為
民辦事，一心二用，怎麼可能「全心全意為人民服務」？現代政治就是只
讓總統總理「一心一意」，毋須考慮維穩，憲法替他「維穩」，而他自身的
權力亦受憲法約束。「因為是中央」，所以要擁護，就這麼簡單而深刻。中
共今天是很願意聽到這種聲音了。

　　1930 年，胡適意識到：「狹義的共產主義者……武斷地虛懸一個共產
共有的理想境界，以為可以用階級鬥爭的方法一蹴即到，既到之後又可以
用一階級專政方法把持不變。」[97]此時，胡適聲音已是嗡嗡蚊吟，沒有多
少青年要聽了。李慎之說當時進步青年「是不大看得起胡適的，認為他戰
鬥性太差，我們景仰的是戰鬥性最強的魯迅。」[98]一代青年意識不到自己
的這一「進步」──遠胡適而親魯迅，正是別溫和而親暴力的風向標，離
中庸趨極端的入口，最終走向暴烈文革的歷史性歧點。

　　不過，胡適畢竟對共產主義缺乏真正的實際認識。1934 年，胡適有一
篇未刊文：主張將東北讓給中共去搞共產主義試驗，試驗好了，可予推
廣。[99]國府退台後，胡適意識到中共勝利主要得力於赤色思想的傳播，十
分自責因注重學術忽視思想，未在思想領域與赤潮開展針鋒相對的鬥爭，
而以自由寬容赤說，從而導致國府敗台。[100]1960 年，蔣夢麟（1886～1964）

[96] 蔣廷黻：〈知識階級與政治〉，原載《獨立評論》第 51 號（1933 年 5 月 21 日北平出版）。參見《蔣
　　廷黻選集》，傳記文學雜誌社（台北）1978 年版，第 2 冊，頁 302～304。
[97] 胡適：〈介紹我自己的思想〉。歐陽哲生編《再讀胡適》，大眾文藝出版社（北京）2001 年版，頁 157。
[98] 李慎之：〈革命壓倒民主──《歷史的先聲》序〉，笑蜀編：《歷史的先聲》，香港博思出版集團有限
　　公司 2002 年版，頁 20。
[99] 羅爾綱：《師門五年記・胡適瑣記》，三聯書店（北京）2006 年版，頁 120。
[100] 司徒雷登向美國國務卿的報告。參見（美）Ｊ・Ｂ・格里德（Jerome.B.Grieder）：《胡適與中國的文
　　藝復興》（Hushi and the Chinese Renaissance），魯奇譯，江蘇人民出版社 1996 年版，頁 336。

在台北對費正清說：「假如我們在大陸時就能達到我們現在這樣的認識水準，我們本來是能夠打敗毛澤東的。」[101]

吳國楨：「共產主義通常是在政治和社會不公正並且有傳染性的池塘中產卵，以腐敗和不滿為食，然後發展壯大。」[102]從國家內因上，二十世紀初的中國確實適合赤潮孵卵滋生，不可或缺的外因則是日本侵華。抗戰改變了二十世紀國史的運行軌跡，救亡壓倒啟蒙，給中共搭了歷史的順風車。中共領袖們覷著民族主義與社會主義的共同點——以群體為本位，悄悄將重視個權的文化啟蒙轉變為集體主義的政治救亡，摧毀舊名教而建立新名教，從而凝聚起一股強大的軍政力量。

參、中國的耶路撒冷

西安事變後，第二次國共合作——「停止一切內戰、集中國力，一致對外」。1937 年 2 月 10 日，紅軍改稱「國民革命軍」，蘇維埃政府改稱「中華民國特區政府」，後簡稱「邊區」——陝甘寧三省之邊地，擁有國府承認的自治權。雖不另行國號，奉行正朔（中華民國年號），取消暴動，停止沒收地富土地，停止赤化，不以推翻國府為職志，但中共仍追求「抗日戰爭中無產階級領導權」，再三再四強調保持獨立性，行政、司法、人事均不容國府過問，包括發行貨幣，自行擴軍等，邊區實為「國中之國」。國民黨方面指斥：「盜統一之名行割據之實，以從事再叛亂之準備。」

邊區面積 12.9 萬餘平方公里，地廣人稀，21 個半縣，人口 90 萬（邊區政府主席張國燾說僅 50 餘萬），平均每縣兩萬餘人。[103]「十里不見村，出門行人稀。」城鎮只有少數簡陋作坊店鋪。1936 年延安全城工業年產值僅 2500 元，[104]「買縫衣服的針和生活用品都有很大困難，還得跑外地才能

[101]（美）費正清：《費正清對華回憶錄》，陸惠勤等譯，知識出版社（滬版）1991 年版，頁 466。
[102] 吳國楨：《夜來臨：吳國楨見證的國共爭鬥》，吳修垣譯，香港中文大學出版社 2009 年版，頁 112。
[103] 梁漱溟：〈訪問延安〉，載《我生有涯願無盡——梁漱溟自述文錄》，中國人民大學出版社（北京）2004 年 11 月第 1 版，頁 123。
[104] 陳俊岐：《延安軼事》，人民文學出版社（北京）1991 年 2 月第 1 版，頁 57、263。

買到。沒有什麼工業，只有……大量磨坊和賣燒餅饃的小作坊。」煙槍 500
餘，明妓暗娼幾十人，[105]大煙館五所。[106]

　　陝北窮山惡水、少雨苦旱、地瘠民貧，屢有知縣不勝饑餓棄職潛逃。[107]
高原性乾燥寒冷氣候，年降水量僅 400～600 毫米，水土流失面積 67%，大
多荒山禿嶺，地瘠薄收，畝均產糧約 15 公斤，人畜死亡率很高，人口逐
年下降；文教相當落後，文盲 99%，農村方圓幾十里無一所學校，延安城
也只有中小學各一所，學生約 220 人。[108]1936 年以前，邊區 150 萬人口識
字率僅 1%，有些縣（如華池）則為二百分之一。[109]傳染病不斷，「陝北一
向是地球上僅有的幾個鼠疫仍舊流行的地方。」[110]匪盜猖獗，行旅不寧。
1936 年 2 月初，博古、羅瑞卿迎接第一位國統區記者范長江訪延，車至三
原：「因為等保護的部隊，恐怕路上遇到土匪，費去很多時間。」[111]

　　1936 年 8 月，斯諾記述：「人們就像五千年前他們祖先那樣生活在這
黃土群山裡。男人蓄髮梳辮，婦女全都裹足。他們難得洗澡。據說陝西老
鄉一生只乾淨過兩次：結婚喜日他自己洗一次澡，再就是出殯那天別人幫
他洗。」[112]1938 年 3 月，《掃蕩報》記者訪延，一路上「既少村莊，又乏
人煙，荒涼得不堪入目！……種的是山坡，住的是破窰，吃的是小米。窰
洞就是原始人住的『穴』，又黑又臭。……人民生活表面上雖比原始人好
一些，但個個有菜色，實際上卻還不如原始人！」[113]1938 年春，巡訪陝北
的美使館參贊：「不曾到中國旅行的人不知道中國大多數人的生活是多麼
原始。」[114]1928～33 年大饑荒，陝西餓死數百萬，僅 1928～29 年，據國際

[105] 張漢武：〈延安回憶〉，載《延安文史資料》第三輯，1986 年 11 月印，頁 46～47。
[106] 李加斌：〈抗日戰爭時期延安少年兒童工作〉。載《延安文史資料》第二輯，1985 年 8 月印，頁 121。
[107] 王健民：《中國共產黨史稿》（增訂本），中文圖書供應社（香港）1974～75 年，第三編‧延安時期
　　（上），頁 264、255。
[108] 陳俊岐：《延安軼事》，人民文學出版社（北京）1991 年版，頁 264。
[109] 林伯渠：〈陝甘寧邊區政府對邊區第一屆參議會的工作報告〉（1939 年 1 月）。載中央教育科學研究
　　所：《老解放區教育資料》（二），教育科學出版社（北京）1986 年版，頁 4。
[110] （美）尼姆‧威爾斯（Nym Wales）：《續西行漫記》（《Inside Red China》），陶宜、徐復譯，三聯書
　　店（北京）1991 年版，頁 79。
[111] 范長江：《塞上行》，新華出版社（北京）1980 年版，頁 192。
[112] （美）愛德加‧斯諾：《紅色中華散記》（1936～1945），江蘇人民出版社 1991 年版，頁 127。
[113] 原景信：《陝北剪影》，新中國出版社（武漢）1938 年版，頁 5。
[114] （美）埃文斯‧福代斯‧卡爾遜（Evans Fordyce Carlson）：《中國的雙星》，祁國明、汪杉譯，新
　　華出版社（北京）1987 年版，頁 277。

饑荒救濟委員會估計，餓死 250 萬人，幾占全省人口 1/3，另有 50 萬逃移它省，數不清的人賣掉房子土地，數千婦女兒童賣身為奴。[115]

陝北民謠：「端上飯碗照影影，睡在坑上望星星，身穿羊皮疊補釘。」逢年過節才宰豬殺羊吃幾頓肉，平時連豆腐都難吃到。[116]百姓穿得破破爛爛，不少十幾歲女孩沒褲子穿。[117]隴東男人大多赤裸上身，下體圍一塊破布，女人縮在坑上，腳上纏著厚厚裹腳布，身上幾乎一絲不掛，全家滿身爬虱，一家只有一條褲子，誰出門誰穿，大半年吃糠咽菜。[118]1936 年 7 月 9 日，周恩來向斯諾抱怨：「在江西和福建，大家都帶著鋪蓋卷來參加紅軍，這裡他們連雙筷子都不帶，他們真是一貧如洗。」[119]

陝北百姓的思維還停滯於中世紀，相信劉志丹「刀槍不入」。[120]婦女生育只能在羊圈，很多得產褥熱，婦嬰死亡率很高。[121]整個邊區求神祈藥盛行，1944 年巫神仍有二千人，兒童死亡率 60%，成人死亡率 3%，是年死七萬頭牛、20 萬頭羊。[122]

1936 年 12 月 16 日，紅軍進入延安。1937 年 1 月 13 日，毛朱率中共機關由保安遷延安，全城只有 2000 餘人，[123]「飯鋪只有四五家，使用著木頭挖成的碟子，彎的樹枝做成的筷子；商店沒有招牌，買錯了東西很難找到原家去換，因為它們有著同樣骯髒同樣破舊的面貌。」廁所尤其原始。

抗戰爆發後，大批知青湧入，「這座史前穴居般的小城」頓時成為一座充滿朝氣的青年城市。中共「五老」——徐特立、吳玉章、謝覺哉、董必武、林伯渠，出生 1880 年前後，毛劉周任等則「90 後」。1938 年，「延安的城門成天開著，成天有從各個方向走過來的青年，背著行李，燃燒著

---

[115] （美）馬克・賽爾登（Mark Selden）：《革命中的中國：延安道路》（China In Revolution: The Yanan Way Revisited），魏曉明、馮崇義譯，社會科學文獻出版社（北京）2002 年版，頁 14。
[116] 于光遠：《于光遠自述》，大象出版社（鄭州）2005 年版，頁 95。
[117] 金城：《延安交際處回憶錄》，中國青年出版社（北京）1986 年版，頁 145。
[118] 蔣巍、雪揚：《中國女子大學風雲錄》，解放軍出版社（北京）2007 年版，頁 132~133。
[119] （美）愛德加・斯諾：《紅色中華散記》（1936~1945），江蘇人民出版社 1991 年版，頁 71。
[120] （西德）王安娜（Anna Liese）：《中國——我的第二故鄉》，三聯書店（北京）1980 年版，頁 155。
[121] 阮雪華：〈結婚曾經是可怕的〉，載《當我年輕的時候》，天津人民出版社 1982 年版，頁 120。
[122] 《謝覺哉日記》，人民出版社（北京）1984 年版，上冊，頁 703。
[123] 黃炎培：〈延安五日記〉。參見黃炎培《八十年來》，文史資料出版社（北京）1982 年版，頁 131。

希望，走進這城門。學習、歌唱，過著緊張的快活的日子，然後一群一群地穿著軍服、燃燒著熱情，走散到各個方向去。」[124]

「新的市場看上去真像一所學院城，前前後後擠滿了學生……講著不同的方言。」[125]「走在延安街上，自南至北，一條短短的大街，擠著無數的人，同了無數不同的面貌、不同的口音。延安是這樣的擠滿了人，簡直是水泄不通。」[126]「延安是平津失陷後的一座學生城。在延安，最惹人注目的不是邊區政府，也不是八路軍，卻是陝公和抗大。」[127]

白區黨員如遊子歸鄉，不必再東躲西藏，不必再為衣食奔波。原「負有為之才，處無望之世」，如今天高了地闊了，到處可以「自由呼吸」，對比感強烈，通暢極了。1941 年，陶鑄、曾志在延安生女，取名斯亮──「這裡最明亮」。[128]何其芳抵延兩月：「自由的空氣，寬大的空氣，快活的空氣。我走進這個城後首先就嗅著、呼吸著而且滿意著這種空氣。」[129]

少年何方入延初感：「我終於來到了朝思暮想的延安。那時雖是隻身一人，舉目無親，但是情緒高漲，心情愉快，比回到家裡還要興奮。」[130]25歲的陳荒煤（1913～1996）：「生平第一次可以不愁吃穿，每月還拿回津貼，特別是後來才知道，這是延安最高的津貼，還大吃一驚。」[131]1939 年 12月，胡績偉由川抵延，「呼吸到一陣陣自由的空氣。……不愁失業、不愁失學、不愁吃穿、不愁住宿，能敞懷議論，能放聲歌唱，這不是我們所追求的理想世界嗎？」「我最初印象只是沒有失業、沒有等級制度，沒有乞丐，沒有妓女，沒有對青年、對知識分子的壓制迫害，僅僅如此。延安給我的印象，比我原來的想像還要美滿。」[132]

[124] 何其芳：〈我歌唱延安〉（1938 年 11 月 16 日），原載《文藝戰線》（延安）創刊號（1939 年 2 月）。參見《何其芳文集》第二卷，人民文學出版社（北京）1982 年版，頁 175、174。

[125] 江文漢：〈延安訪問記〉，載《檔案與史學》（上海）1998 年第 4 期，頁 6。

[126] 陳學昭：《延安訪問記》，廣東人民出版社 2001 年版，頁 6。

[127] 馬駿：《抗戰中的陝北》，揚子江出版社（漢口）1937 年 12 月 28 日。轉引自王健民：《中國共產黨史稿》（增訂本），中文圖書供應社（香港）1974～75 年，第三編·延安時期（上），頁 309。

[128] 劉暢：〈陶斯亮回憶母親曾志〉，載《環球人物》（北京）2009 年第 4 期，頁 78。

[129] 何其芳：〈我歌唱延安〉（1938 年 11 月 16 日），原載《文藝戰線》（延安）創刊號（1939 年 2 月）。參見《何其芳文集》第二卷，人民文學出版社（北京）1982 年版，頁 176。

[130] 何方：《從延安一路走來的反思》，明報出版社（香港）2007 年 9 月初版，上冊，頁 50。

[131] 陳荒煤：《冬去春來》，江蘇文藝出版社 1994 年版，頁 186。

[132] 《青春歲月──胡績偉自述》，河南人民出版社 1999 年版，頁 160、162。

柯仲平（1902～1964）：「覺得延安什麼都是聖潔的，每條河水與山谷都可以寫成聖潔的詩。延安比但丁寫的天堂好得多，我要描寫比天堂高萬倍的黨。」[133]1944 年 5 月，老外紅青馬海德（1910～1988）對美國記者說：「這兒絕對沒有職業上的妒忌。這都是由於沒有金錢的刺激，沒有特別光榮恩惠的競爭的緣故。我們所有的人一起工作，就像一個大家庭中的人，滿意與失望彼此都有份兒。」[134]

冼星海抵延安後，「他的感受是延安的窯洞暖小米香，是最理想的施展才能的地方。」[135]徐懋庸（1910～1977）：「對延安的一切非常滿意，思想上受到了很多啟發。我觀察在延安的那些上海的熟人，絕大部分在精神面貌方面也有不同程度的變化，至少都是愉快的。」[136]1938 年 10 月，于藍到達延安：

> 一切都是那麼簡陋，一切又都那麼熱呼呼的……「履歷表格上」一邊是「中華民族優秀兒女」，另一邊是「對革命無限忠誠」。一下子我的眼睛熱了起來，一切不愉快瞬間消失了，一股高尚的感情激盪著我的熱血，我們是中華民族的優秀兒女！我們僅僅是走了一千多里路，僅僅受了一點點苦，可是，我們卻被視為祖國的優秀兒女。我感到自豪，人格受到尊重，我感到自己第一次成為真正的人！我決心迎著一切艱苦，不辱沒這優秀兒女的稱號。……延安是世界上最艱苦的地方，但延安也是世界上最快樂的地方。我愛延安！[137]

一批上海知青歷時 13 個月，行程萬里到達延安，「割掉皮肉還有筋，打斷骨頭還有心，只要還有一口氣，爬也要爬到延安城。」許多青年走到南十里鋪，哨兵告知從這裡開始就算到了延安，有人跪地，捧土緊貼胸口：

[133] 王琳：《狂飆詩人・柯仲平傳》，中國文聯出版公司（北京）1992 年 7 月第 1 版，頁 416。
[134]（美）福爾曼（Harrison Forman）：《北行漫記》（Repot From Red China），陶岱譯，解放軍文藝出版社（北京）2002 年版，頁 50。
[135] 艾克恩：〈毛澤東和延安文藝運動〉，載張素華等編著《說不盡的毛澤東——百位名人學者訪談錄》（下），遼寧人民出版社（瀋陽）、中央文獻出版社（北京）1995 年版，頁 203。
[136] 徐懋庸：《徐懋庸回憶錄》，人民文學出版社（北京）1982 年版，頁 102。
[137] 于藍：《苦樂無邊讀人生》，中央文獻出版社（北京）2001 年版，頁 37～38。

「祖國啊，就剩下這塊乾淨的土地了！」赴延知青王雲風賦詩〈奔向光明〉：「萬重山，難又險，仰望聖地上青天；延安路上人如潮，青年男女浪濤濤。」（1938）[138]一位川籍教師激動伏吻泥土：「啊，自由的土地，我來了，我屬於你了！」[139]1941 年 3 月初，畫家張仃與艾青、羅烽及嚴辰夫婦歷經 47 次盤查，終於跨進「自己的」土地，見到手執紅纓槍的婦童，張仃忍不住在黃土地上打了幾個滾，高唱《國際歌》。[140]詩人侯唯動 1993 年還寫有「流著牛奶與蜂蜜的延河聖水」。[141]

柯仲平《延安與青年》（1939）：

> 我們不怕走爛腳底板／也不怕路遇「九妖十八怪」／只怕吃不
> 上延安的小米／不能到前方抗戰／只怕取不上延安的經典／不能
> 變成最革命的青年！

抗戰初期，一位日本士官學校成績第一的畢業生，國府各軍事機關爭著要他，他卻赴延當了抗大教員，每月僅五元津貼，許多同學勸他回南京當校官，月薪百餘元，他一一拒絕。[142]

去不了延安，便就近尋找中共。1938 年 6 月，楊秀峰夫婦在冀中擬辦軍政訓練班，「課程將在 8 月 1 日開始，已收到上千份申請，大多來自從前的大學生。」[143]

1940 年 2 月 1 日，毛澤東在延安討汪大會上概括邊區「十沒有」：

> 陝甘寧邊區是全國最進步的地方，這裡是民主抗日的根據地。
> 這裡一沒有貪官汙吏，二沒有土豪劣紳，三沒有賭博，四沒有娼妓，

---

[138] 王雲風主編：《延安大學校史》，陝西人民教育出版社 1994 年版，頁 16。

[139] 朱子奇、張沛編：《延安晨歌》，陝西人民出版社 1984 年版，頁 1。

[140] 艾青：〈在汽笛的長鳴聲中〉。參見程光煒：《艾青傳》，北京十月文藝出版社 1999 年版，頁 330～331。

[141] 侯唯動：〈我所認識的高長虹同志〉。參見言行：《一生落寞，一生輝煌──高長虹傳》序言，百花文藝出版社（天津）1996 年版，頁 6。

[142] 沈醉：《我這三十年》，湖南人民出版社 1983 年版，頁 252。

[143] （美）埃文斯·福代斯·卡爾遜（Evans Fordyce Carlson）：《中國的雙星》，祁國明、汪杉譯，新華出版社（北京）1987 年版，頁 217。

　　五沒有小老婆，六沒有叫花子，七沒有結黨營私之徒，八沒有萎靡
不振之氣，九沒有人吃摩擦飯，十沒有人發國難財。

　　乳色理想光芒吸引了無數熱血青年，他們轉身再向親友發出召喚。「願
將一己命，救彼蒼生起」；「兩腳踏翻塵世浪，一肩擔盡古今愁」；「願以我
血濺后土，換得神州永太平」（車耀先入黨誓詞）。[144]解百姓於倒懸，建新
命於舊邦，怎能不使青年熱血沸騰？湖畔詩人馮雪峰（1927 年 6 月入黨）：
「讓我們永遠來做（革命的）灶下婢吧！」[145]
　　青年容易產生改造社會的衝動，革命本身就是青年的盛大節日。蒲魯
東：「讓我們革命！在人們的生活中，只有一件事是好的、有實際意義的，
那就是革命。」列寧名言：「給我們一個革命家組織，我們就能把俄國翻
轉過來。」[146]1920 年 8 月，任弼時、蕭勁光、劉少奇、彭述之等紅色青年
在上海漁陽里六號苦學俄語，住亭子間，睡地鋪，吃最便宜的包飯，「但
一想到將來去俄國學習革命本領，回來改變中國落後的面貌，我們學習的
勁頭就非常足。」[147]
　　二十來歲的青年，莫斯科進修兩三年，回來就是市委書記、省委書記，
雖說是地下黨，終究懸著「有朝一日」。彭澤湘（1899～1970），1922 年底
入莫斯科東大並入黨，1924 年 9 月回國，派任湖北省委書記。[148]皖籍公費
留日生童長榮（1907～1934），1925 年入黨，1930 年河南省委書記。[149]1938
年 3 月入黨的馬識途（1915～　），當年 10 月棗陽縣委書記，1939 年升任
施巴（恩施、巴東）特委書記，1940 年鄂西特委（省級）副書記，25 歲已
經「省部級」。其妻劉惠馨（中央大學女生），也是宜都縣委書記。[150]二十
來歲就執掌一縣一省，還有比這更「高效」的人生投資麼？

[144] 《青春歲月——胡績偉自述》，河南人民出版社 1999 年版，頁 161、60。
[145] 包子衍、袁紹發主編：《回憶雪峰》，中國文史出版社（北京）1986 年版，頁 25。
[146] 列寧：〈怎麼辦？〉。中央馬恩列斯編譯局編：《列寧選集》，人民出版社 1972 年版，第一卷，頁 337。
[147] 蕭勁光：《在上海外國語學社》，載《紅旗飄飄》第 31 集，中國青年出版社 1990 年版，頁 307～308。
[148] 彭澤湘：〈自述〉，載中國革命博物館黨史研究室編：《黨史研究資料》（北京）1983 年第 1 期，頁 2。
[149] 中共黨史人物研究會編：《中共黨史人物傳》第 6 卷，陝西人民出版社 1982 年版，頁 319～326。
[150] 馬識途：《風雨人生》，參見《馬識途文集》第九集（上），四川文藝出版社 2005 年版，頁 188、
　　 239～240、268。

1934 年入黨的聶紺弩（1903～1986），1922 年參加國民黨，黃埔二期生，1928 年國民黨中央通訊社副主任，他的入黨動機：

> 至於入黨，也不是因為真正有了什麼覺悟，而不過是因為大勢所趨的緣故。像我這樣的人，很容易把自己參加革命，想為一種悲憫、義舉、高貴的情操，自以為高人一等。[151]

越是艱苦危險，青年的革命熱情就越高漲，清貧而歡快。1948 年北大女生樂黛雲：「我喜歡念書，但更惦記著革命。」革命任何時候都比讀書更吸引青年。北大中文系 1948 級 27 名學生，1950 年僅剩五人，全都參軍搞革命去了。[152]革命將未來塗抹得一片絢麗，這片絢麗沉澱在青年心中，成為信仰支柱。他們將所有艱苦視為「玉成於汝」，看成對自己的考驗。

正義、英勇、浪漫、新奇、神秘……延安知青最欣賞的詩句：「何時平胡虜，良人罷遠征」（李白）；「願得此身長報國，何須生入玉門關」（戴叔倫）；「封侯非我意，但願海波平」（戚繼光）。美國訪客謝偉思：「他們深信他們正處在獲得勝利的高潮中。」[153]他們自封「勇於逐鹿的人」。

一切因理想而昇華，傳唱蘇聯歌曲：「人們驕傲的稱呼是同志／它比一切尊稱都光榮／有這稱呼各處都是家庭／無分人種黑白棕黃紅。」符合青年性格的親密無間的同志關係，甚異國統區的社會氛圍，來自各大城市的文化青年，體驗斯巴達式生活，感覺新鮮強烈。「可以爭得面紅耳赤，但並不影響同志關係。在相處中，不分年齡大小、文化高低、天南海北，都是互相尊重、平等相待。」[154]「人人互稱同志，官兵一律平等、軍民關係融洽。……一種新型的人際關係，一種生活在革命大家庭的民主氛圍。」[155]有人調走，歡送會上常有人哭鼻子。

---

[151] 寓真：〈聶紺弩刑事檔案〉，載《中國作家》（北京）2009 年第 4 期，頁 41。

[152] 樂黛雲：《四院‧沙灘‧未名湖：60 年北大生涯》，北京大學出版社 2008 年版，頁 14、24。

[153] （美）謝偉思（John S. Service）：《在中國失掉的機會》（Lost Chance In China），羅清、趙仲強譯，國際文化出版公司（北京）1989 年版，頁 198。

[154] 何方：《黨史筆記》，利文出版社（香港）2005 年版，下冊，頁 439。

[155] 吳象：《好人一生不平安》，明報出版社（香港）2007 年 9 月初版，頁 78。

1940 年春，中央黨校學員開荒勞動，晚飯後朱德之子朱琦（1916～1974）上伙房排隊，為了吃一塊小米鍋巴（列寧餅乾），因在隊尾，眼看鍋巴快分完，他擠到前面，炊事員硬是不給。有人說：「看他是朱總司令的兒子面上，就給他一塊吧。」背著大口鍋長征的老伙夫硬是不給：「不行，誰不排隊也不行。」學員們深為讚賞。[156]冒舒湮：「法院工作人員與囚犯吃的飯菜都是一鍋煮的！」[157]

一些青年感覺爽極了：「延安生活真痛快，在延安精神上真痛快！」[158]文學青年何其芳：「錯誤在延安不能長成起來……延安這個名字包括著不斷的進步。所以我們成天工作著，笑著，而且歌唱著。」「我們沒有見過別的國家可以這樣的自由呼吸或者我們生來要把童話變成現實」。[159]

1939 年底抵延的胡績偉正好趕上元旦會餐：「真是想吃多少就給多少，敞開肚皮吃肉。我似乎覺得自己已經嘗到了一點『各取所需』的味道。……到了延安，馬上就有工作，馬上就不愁吃穿住。當時，對這種『鐵飯碗』的供給制，真是『山呼萬歲』！民主聖地的延安就像磁鐵石一樣，緊緊地吸引著我。」[160]

陳學昭：「在邊區，人與人之間的關係是比中國任何地方好多了。那些人類醜惡的感情，嫉妒，彼此擠壓，是比較淡薄多了。」[161]徐懋庸在上海受了周揚等人的氣，特有對比感：「延安的人與人的關係與上海不同，不像上海那樣，很多喊喊嚓嚓，是非難分，不易團結。」[162]

文革後期，周揚出獄，馮牧等魯藝同學去中組部招待所看他，回憶起延安時代，大家非常激動，流了眼淚。馮牧（1919～1995）：「如果再回到那個時代該多好啊！」周揚：「是啊！那個時候想的都是如何革命，為了

[156] 齊速：〈在延安中央黨校一天的勞動、學習生活〉。參見朱鴻召編選：《眾說紛紜話延安》，廣東人民出版社 2001 年版，頁 352～354、318。
[157] 舒湮：《邊區實錄》，國際書局（上海、香港）1941 年 4 月合版，頁 46。
[158] 陳學昭：《延安訪問記》，廣東人民出版社 2001 年版，頁 152。
[159] 何其芳：〈我歌唱延安〉（1938 年 11 月 16 日），原載《文藝戰線》（延安）創刊號（1939 年 2 月）；何其芳：〈論快樂〉。《何其芳文集》第二卷，人民文學出版社 1982 年版，頁 178～179、232。
[160] 《青春歲月——胡績偉自述》，河南人民出版社 1999 年版，頁 159～160。
[161] 陳學昭：《延安訪問記》，廣東人民出版社 2001 年版，頁 26。
[162] 《徐懋庸回憶錄》，人民文學出版社（北京）1982 年版，頁 99。

一個目標，無憂無慮。」[163]還有什麼能比親身參與改朝換代更激動人心？還有什麼能比親手托起「新社會的紅太陽」更富有詩意？更興奮更自豪？

知青聚延的核心價值為抗日救亡與改造社會，兩項剛性價值使寶塔山成為抗日青年的「紅色麥加」、「東方莫斯科」、「青年人的耶路撒冷」。青年中流傳口頭禪「抗日的到延安去！」[164]王實味：「到革命陣營裡來追求『愛和熱』……到延安來追求『美麗和溫暖』。」[165]後為反共旅美作家董鼎山（1922～）：「我們在那時嚮往『延安聖地』，凡有朋友偷偷加入新四軍的，我們都很羨慕。」[166]一些赴延燕京生向司徒雷登彙報，他們忠誠地履行了燕京校訓──為自由真理而服務。[167]

抗日救國，馬革裹屍，何其壯烈！此為現實價值。此外，延安乃「民主中國的模型」──鼓勵學術研究、保證言論自由、革除封建陋習、主張男女平等、高揚革命道德、宣導平等友愛，實現人類最高理想。中共高調豎旗：「我們既不贊成國民黨的一黨專政，我們也絕不主張共產黨的一黨包辦。」[168]還有民主建國的長遠價值。一切都使赴延青年覺得來對了，黨正率領大家走在「民族復興」的大道上。崇高的道義使他們擁有巨大價值自信，堅決護衛革命。中共依靠抗日民主兩面大旗獲得強固凝聚力。

從根本上，中共對自由的允諾才是大批知青赴延的最大驅動力，僅僅為了抗日，完全可以就近選擇國軍。此外，若想反對國民黨，只有投靠共產黨。賈植芳自況：「饑不擇食，慌不擇路。」當他得知王實味事件，「使我對 30 年代被稱為中國耶路雪倫的聖地產生了疑問……但又想，這也許是個偶然性的不幸事件，或許當局也吸取了教訓，下不為例。」[169]正當延安一代慶幸擺脫了國民黨的羈絆，渾不知正鑽進另一張更可怕的赤網。

---

[163] 陸石：〈劫後重逢〉。王蒙、袁鷹主編：《憶周揚》，內蒙古人民出版社 1998 年版，頁 478。

[164] 張國燾：《我的回憶》，東方出版社（北京）1998 年版，第三冊，頁 372。

[165] 王實味：〈野百合花〉，載《解放日報》（延安）1942 年 3 月 13 日、23 日。

[166] 董鼎山：〈至愛兄弟不了情〉，載《開放》（香港）2009 年 1 月號，頁 83。

[167] （美）約翰・司徒雷登：《在華五十年》，程宗家譯，北京出版社 1982 年版，頁 70。

[168] 《解放》週刊社論：〈論抗日根據地和各種政策〉（1941 年 1 月 15 日），原載《解放》週刊（延安）第 124 期。參見《中共黨史參考資料》（四），人民出版社（北京）1979 年版，頁 227。

[169] 賈植芳：《獄裡獄外》，天地圖書有限公司（香港）2001 年版，頁 19。

　　此時延安嚴刑峻法。1937 年春「凡侵佔滿二百元以上或賄賂滿一百元以上者一律處死。」[170]1938 年 8 月公布：貪汙 100 元以下，一年以下徒刑；貪汙 300 元以下，一年以上三年以下徒刑；貪汙 300 元以上、500 元以下，三年以上五年以下徒刑；貪汙 500 元以上，五年以上徒刑或死刑。[171]其他赤區貪汙 500 元以上者，均處死刑。[172]赤區並無長期打算的底氣，最高徒刑為五年，超過五年就是死刑。[173]

　　革命黨新興之時，無不標榜無私克己，突出道義力量，否則無以聚召徒眾。一旦執掌權柄，政怠宦成，顧忌日懈，道德自持力必定鬆弛。任何一個革命黨都不可能僅靠道德約束將初興氣象維持長久，長繃必懈。奪權成功後，入朝成主，投懷送抱，誘惑多多，貪腐方便，很少有人能長期把持得住。對於這一人性弱點，逆取順守，乃任何政治集團難以規避之通則，也是法治必須高於德治之根因。

　　中共之所以在延安進入上升期，還有一個不可或缺的客觀制約因素：此時必須務實，至少得與赤色教條保持一定距離。1937 年，中共明令廢止土地革命政策，不再無償沒收地富土地分配給貧雇農，改為減租減息。1944年 7 月，毛澤東數次對美國記者說：「委員長是公認的中國主席。我們一直堅守諾言，並且還要堅持下去。第一，不推翻國民黨。第二，不沒收土地。第三，我們民主選舉產生的政府，都是國民黨政府下屬的地方政府。第四，我們的軍隊都是國民黨軍事委員會管轄下的國民軍的一部分。」1944年 8 月 27 日，毛甚至對美軍觀察組說：為使中外對中共放心，曾經想到改變黨名。毛非常超前地表示：「中國必須工業化，在中國，這只有通過自由企業和外資援助才能做到。」1945 年 3 月，毛澤東對美國使館人員說：「不管是農民還是全體中國人民，都沒有為實現社會主義而作好準備。在未來的很長時間內，他們不會準備好的。必須經歷漫長的、民主管理的私

---

[170] 舒湮：《邊區實錄》，國際書局（上海、香港）1941 年 4 月合版，頁 46。

[171] 朱鴻召：《延安日常生活中的歷史》，廣西師大出版社（桂林）2007 年版，頁 24。

[172] 鄧小平：〈太行區的經濟建設〉，載《中共黨史參考資料》（五），人民出版社 1979 年版，頁 101。

[173] 陳復生：《九死復生——一位百歲老紅軍的口述史》，中央文獻出版社（北京）2010 年版，頁 175。

人企業時期。侈談立即進入社會主義是『反革命的思想』，因為它不現實，而想實行它總會自招失敗。」[174]

　　紅色理想因遙遠而發光、因尚須追求而神聖。革命尚在進行，效益一時無法檢驗，未來因未知而模糊，革命者又總是將「革命後」描繪得天好地好，人們並不真正清楚前往何處，此為赤說得以藏形一時的時差暗洞。若想及時驗別赤潮，只能用已知測未知，可赤潮一上來便一刀切斷世人對它的辨析權──不接受歷史經驗的檢別，只接受未來檢驗。很高明，也最危險。人類只能根據歷史獲得經驗，根據過去校正現實，再根據現實推導未來。否棄傳統、蔑視現實，等於刨掉能夠校正人文錯誤的基礎座標。所謂傳統，即已由祖先經驗證明的「論據」，赤說要求盡棄已到手的經驗去換取不知能否到手的新經驗，危險係數之大，一望可知。古希臘哲人德謨克利特：「已經實現的好處是比未來的靠不住的好處更可取的。」[175]

肆、延安生活

　　西安事變前，中共僅據陝北三縣，紅軍只能喝小米粥，毛澤東的吃飯都成問題。毛寫信給國府縣長，要求借洋麵十袋，交換條件是命令紅軍對此縣客氣一點，這位縣長沒買賬，一袋沒借。[176]抗戰初期，邊區財政十分困難，中共機關所在地楊家嶺，「二百人左右的伙食單位，吃糧不足，瓜菜也不能保證供應。毛主席和群眾同甘共苦，在一段時間裡，一天三餐只能喝小米稀粥。」[177]1937年抗大，連飯都吃不飽，8月第二期學生移駐甘泉、富縣就糧，吃完糧食後提前畢業。在這樣的條件下，絕對平均主義便是無可選擇的客觀必須。自下而起的山林革命，都必須考慮對徒眾的凝聚力，義軍領袖必須體現人格魅力。1937年4月17日，國軍將領衛立煌一行訪延，毛澤東花50多元設宴招待，幾天後收到匿名信：「有錢請國民黨

---

[174] （美）謝偉思（John S. Service）：《在中國失掉的機會》（Lost Chance In China），羅清、趙仲強譯，國際文化出版公司（北京）1989年版，頁211、260、328。
[175] 北大哲學系外哲史教研室編譯：《古希臘羅馬哲學》，三聯書店（北京）1957年版，頁124。
[176] 原景信：《陝北剪影》，新中國出版社（武漢）1938年版，頁6。
[177] 陳俊岐：《延安軼事》，人民文學出版社（北京）1991年版，頁3。

軍官吃飯，但幾個月不發伙食費……」毛澤東沒有照例（凡搞到他頭上）發脾氣，親自解釋並專門布置伙食費事宜。[178]

造反總是從道德一翼尋找價值起點，以統治者的道德缺失否定社會合理性，從否定既有秩序開始，為變革開道立說。因此，革命集團必須提出高於現政權的道德標準，高舉「替天行道」義旗。中共革命也從道德一翼發軔，以道義質疑制度，以理想否定現實。與此前所有農民造反一樣，將「新社會」的設計建築於道德改變之上，似乎很簡單很容易，其實最原始最初級，只能是新一輪的烏托邦。但高舉理想大旗，以未來許諾民眾，毋須現時實證，一下子站得很高，一副長纓在手的正義姿態。

1940 年前的延安，軍事共產主義，級差甚微，男女無別，官兵大致平等。斯諾夫人描繪：「中國的共產主義是最原始的共產主義，平分了又平分，一直分到原子。……『各盡所能──各取最低需要』。」[179]1938 年 3 月的甘泉縣，縣長與勤雜工一律每天 1.4 斤小米，三分菜錢，一年兩套軍裝，每月一元津貼。縣政府每月經費僅 24 元。[180]

1938 年延安津貼標準：士兵（班長）一元、排長二元、連長三元、營長四元、團長以上一律五元，毛澤東、朱德也是五元，邊區政府主席林伯渠四元。惟著名文化人、學者五～十元。1938～39 年抗大主任教員艾思奇、何思敬、任白戈、徐懋庸每月津貼十元。[181]王實味、陳伯達每月津貼 4.5 元。洗星海 15 元（含女大兼課三元），魯藝音樂系教員一律 12 元，助教六元。[182]發的是延安「邊幣」，一元邊幣可買兩條肥皂或一條半牙膏或兩斤肉包子或十幾個雞蛋。[183]也有記述：「每人每月發一元邊幣，只能夠買一把牙刷一包牙粉，最困難時期，連這點錢也停發了。」[184]

1938 年，八路軍 115 師團長楊得志尚未婚娶，呂梁山東麓汾陽老鄉替他找來一位高小畢業俊姑娘，兩頭都願意，姑娘父親要楊團長出 100 塊錢

[178] 《邱會作回憶錄》，新世紀出版及傳媒有限公司（香港）2011 年版，上冊，頁 103。
[179] （美）尼姆・威爾斯：《續西行漫記》，陶宜、徐復譯，三聯書店（北京）1991 年版，頁 75。
[180] 原景信：《陝北剪影》，新中國出版社（武漢）1938 年版，頁 13。
[181] 《徐懋庸回憶錄》，人民文學出版社（北京）1982 年版，頁 121。
[182] 洗星海：〈我學習音樂的經過〉。參見馬可：《洗星海傳》，人民文學出版社（北京）1980 年版，頁 269。
[183] 黃華：《親歷與見聞──黃華回憶錄》，世界知識出版社（北京）2007 年版，頁 43。
[184] 蘇一平：〈延安西北文工團的閃光足跡〉（節選），載艾克恩編《延安文藝回憶錄》，中國社會科學出版社（北京）1992 年版，頁 244。

彩禮，楊最多只能給幾百斤糧食，人家不幹。後來，楊升任旅長，過汾河前，還想帶走這位姑娘，「可最後還是沒有帶成，主要還是因為拿不出那100 塊錢來。」[185]

1939 年，國軍士兵月餉八元。[186]閻錫山晉軍士兵月餉 11 元法幣、少尉 24 元、中尉 33 元、少校 96 元。[187]胡喬木：「國民黨的縣長月工資為 180元，邊區的縣長津貼僅二元，邊區政府主席的月津貼也不過五元。」[188]1944年，重慶《新華日報》：國民黨上將月薪 1.6 萬元法幣，中將 1.1 萬，少將8 千，一等兵 55 元，二等兵 50 元（僅能購三四包劣等香煙、五六盒火柴），高低極差 320：1。[189]

抗戰初期，延安物價低廉，豬肉每斤二角，一角錢可買十來個雞蛋。[190]1940 年，延安物價上漲 300%以上，雞蛋每枚由一分漲至三分，雞每隻由一角漲至四角。[191]1938 年香煙 0.1 元／盒，1941 年 2～4 元／盒，1941 年底物價為 1937 年初的 44.2 倍。[192]1944 年，陝甘寧邊幣與法幣匯率：8.5：1；[193]晉察冀邊幣與銀圓匯率：18～25：1。[194]

赴延路上，「一路投宿，幾乎沒有一家客棧沒有臭蟲跳蚤蚊子。」[195]于光遠到達延安首夜大戰跳蚤，落荒逃出房間，抱被睡在場院幾根原木上。[196]胡績偉記述了終生難忘的大戰臭蟲：

> 我一個人睡在一個舊窯洞裡，臭蟲多得可怕，一排排一串串地從各種縫隙中爬出來，結隊進攻，真是聞所未聞，見所未見，令人毛骨悚然的怪事。開初我用手指抹殺，以後用手掌抹殺，弄得滿手臭黃

[185] 《吳法憲回憶錄》，北星出版社（香港）2007 年版，頁 198～199。
[186] （美）白修德：《中國抗戰秘聞──白修德回憶錄》，崔陣譯，河南人民出版社 1988 年版，頁 54。
[187] 蕭軍：《從臨汾到延安》，山西人民出版社 1983 年版，頁 215。
[188] 胡喬木：《胡喬木回憶毛澤東》，人民出版社（北京）1994 年版，頁 133。
[189] 王健民：《中國共產黨史稿》（增訂本），中文圖書供應社（香港）1974～75 年，第三編·延安時期（下），頁 672。
[190] 徐懋庸：《徐懋庸回憶錄》，人民文學出版社（北京）1982 年版，頁 121。
[191] 陳嘉庚：《南僑回憶錄》，岳麓書社（長沙）1998 年版，頁 216。
[192] 朱鴻召：《延安日常生活中的歷史》，廣西師大出版社（桂林）2007 年版，頁 46。
[193] 趙超構：《延安一月》，上海書店 1992 年版，頁 74。
[194] 姚錦編著：《姚依林百夕談》，中國商業出版社（北京）1998 年版，頁 91。
[195] 陳亞男：《我的母親陳學昭》，文匯出版社（上海）2006 年版，頁 99。
[196] 于光遠：《于光遠自述》，大象出版社（鄭州）2005 年版，頁 77～78。

水，還是殺不完。好在我隨身帶了針線，趕快把自己帶來的床單縫成一個口袋，把身體裝在裡面，儘管這樣，還是輾轉反側，到天快亮時才迷糊了一小會兒。起床一看，床單上血跡斑斑。[197]

延安知青吃小米土豆、穿土布蹬草鞋，一周才能吃一次麵條或餃子。抗大學生「在延河裡洗臉，在露天吃飯。」陝公四人共用一盆洗臉水，三餐小米，四人合吃一鐵盒土豆或南瓜。黃華：「伙食很簡單：小米飯和七八個人共吃的一小盆水煮蘿蔔，偶然有一兩片土豆。」[198]定額具體：「每人每天一斤糧（高粱粗小米，只能喝稀飯），二錢鹽，三錢油。」[199]南方「資產階級小姐」抱怨：「過去在家時，這（按：小米）都是餵小鳥兒的。……嚼啊嚼啊，唾沫都咽乾了，怎麼也歸不攏。……到延安後半年多還是不適應，吃了小米飯大便不通，憋死了。」[200]粵籍女生：「我們這些由祖國南端而來到北國的女青年，由於氣候、環境、飲食的巨大變化，一月三次月經來潮，舉步維艱。當時月經使用的粗草紙，把皮膚都擦破了。」[201]

李銳與范元甄第一次吵架，「就是因為我對她的嬌氣很生氣。我們到延安第一要過的就是生活關，要習慣延安的衣食住行。確實有些青年人吃不了苦跑掉了，范元甄的一個中學同學朋友就是這樣離開的。」[202]

女生早晨照鏡子也是麻煩事，得排隊，輪到者左顧右盼不願離去，鏡子主人終於摔鏡：「咱們還是『共產』吧！」每人腰間永遠掛著一個罐頭盒做的大茶缸，女生用它吃飯喝水、刷牙洗臉，甚至沖腳、洗屁股。[203]1943年，魯藝秧歌劇〈兄妹開荒〉演遍延安，中央黨校幾位炊事員送給演員兩雙襪子、兩條毛巾、兩塊洗衣皂，「這此東西在當時是非常珍貴的，這是

---

[197] 《青春歲月——胡績偉自述》，河南人民出版社 1999 年版，頁 234。
[198] 黃華：《親歷與見聞——黃華回憶錄》，世界知識出版社（北京）2007 年版，頁 43。
[199] 黃俊耀：〈踏遍陝北山山水水的民眾劇團〉。參見艾克恩編：《延安文藝回憶錄》，中國社會科學出版社（北京）1992 年版，頁 231。
[200] 蔣巍、雪揚：《中國女子大學風雲錄》，解放軍出版社（北京）2007 年版，頁 135。
[201] 延安中國女大北京校友會編：《延水情》，中國婦女出版社（北京）1999 年版，頁 149～150。
[202] 李銳：〈我的延安經歷〉，載《爭鳴》（香港）2010 年 11 月號，頁 69。
[203] 蔣巍、雪揚：《中國女子大學風雲錄》，解放軍出版社（北京）2007 年版，頁 184、135。

由於炊事員工作的特殊需要專門發給他們的，他們捨不得用，送給我們。面對這些東西，我們感動得都哭了。」[204]

入學陝北的第一課是挖窯洞，解決棲身之所，可連根釘子都沒有，整個窯洞沒有一片金屬，玻璃更是奢侈品。上課、吃飯、開會都在室外，所幸陝北少雨。李維漢：「同學們說陝公的室內活動就是睡覺，確是如此。冬天，空中飄著雪花，教員頭頂雪花上課；雨天，泥濘滿地，教員赤腳上課。數九寒天吃飯，飯涼菜凍，若遇上狂風，飯菜裡還要摻雜點沙塵、草芥。課桌課椅是沒有的。學員的被子一物兩用，白天捆起來當坐凳，晚上打開睡覺。以後在露天廣場用石頭、泥塊砌一些坐墩，算是小小的改善了。」[205]魯藝教員沙汀（1904～1992）：「沒有固定的教室，一般都頭上戴頂草帽，在露天裡上課。遇到落雨，就擠在一眼較為寬敞的窯洞裡進行學習。同學們一般只有用三塊木板做成的簡易矮凳，雙腿上則放塊較大的木板，權當書桌。」文學系學員穆青（1921～2003）：「我們每週只上幾次課，一般學習都在露天，冬天找塊太陽地，夏天躲到陰涼地。大家一人一個小板凳，走到哪兒搬到哪兒，膝蓋就是『自備』書桌。」[206]

最艱苦的1940～41年，棉衣發不下來，凡有破棉衣的，發一塊布補一下洞，湊合著穿；1941年夏吃了幾個月的煮黑豆和包穀豆；學習用品，每人每月發半根鉛筆，得用鐵皮夾上寫字，寫盡為止；紙張也緊張得很，只發幾張土麻紙，最好的時候每月發兩張油光紙；三個月發一枚蘸水筆尖，墨水自製調配；三人合用一盞小馬燈，每晚只有二錢蓖麻油。這還是中共中央很重視的學制正規的自然科學院，「對科技人員是很優待的。教師們吃小灶一天有半斤白麵，每年發套新棉衣。我們學生發的鉛筆、紙等，在陝北公學是沒有的；我們住的木板床幾個人鋪一條毯子，沒有被子的人可

---

[204] 李波：〈黃土高坡鬧秧歌〉，原載《新文學史料》（北京）1985年第2期。參見艾克恩編《延安文藝回憶錄》，中國社會科學出版社（北京）1992年版，頁209。

[205] 李維漢：《回憶與研究》，中共黨史資料出版社（北京）1986年版，上冊，頁411。

[206] 沙汀：〈漫憶擔任主任後二三事〉，原載《文藝報》1988年4月16日；穆青：〈魯藝情深〉，原載《人民日報》1988年5月26日。參見艾克恩編：《延安文藝回憶錄》，中國社會科學出版社（北京）1992年版，頁79、139。

發給一床小被子，在陝北公學也是沒有的；一周還能吃兩次肉，一次饅頭，我在陝北公學時，幾個月都吃不上一次饅頭。」[207]

抗大生何方說二兩大的饅頭，北方男生一頓起碼能吃十三四個，女生也有能吃十一二個。一次改善生活，食量頗大的盧振中（後任武漢華中工學院副院長），二兩一個的包子連吃 24 個，然後問：「什麼餡？」春夏吃自己種的青菜，秋冬只能吃曬乾的菜葉，放點鹽撒點生棉仔油。開展大生產後，生活改善較大，十天半月會餐一次，每人一碗紅燒肉，撐得不少人無法爬山回宿舍，東一個西一個仰倒路邊，還有人不停跑步消食，有人則拉了肚子。即使如此，還是惦著盼著會餐。香煙更是稀罕貨，開大會聽報告，總有人搶坐第一排，為的是撿拾中央領導扔棄的煙屁股。[208]

1940 年前後，140 萬人口的邊區要供給八萬中共人員；部隊、機關等只能自給 1/5，4/5 需邊區百姓負擔。[209]1944 年，毛澤東：「三年以前大家的伙食不好，病人也很多，據說魯藝上課有一半人打瞌睡。大概是小米裡頭維他命不夠，所以要打瞌睡。」[210]晉察冀根據地生活艱苦，戰鬥力受損。姚依林：「到 1942 年，就看清楚了敵我在體力上的差異：我們穿草鞋、布鞋、輕裝爬山比不上日本人穿大軍靴、背重物爬山爬得快。山地游擊戰爭的大問題是生活問題，它影響了戰鬥力。」在晉察冀，「那時，吃上一次豬肉一定是過節！」全體歡騰，手舞足蹈，《紅纓槍》唱詞「拿起紅纓槍，去打小東洋」改編為「拿起洋磁缸，去舀豬肉湯！」[211]

情況相當好轉的 1945 年，機關學校伙食標準（無論幹部戰士）：每人每天糧食 1.3 斤、菜一斤；每人每月豬肉一斤、青油一斤。[212]

中國女大生王紫菲：到延安後最深的感受就是饞，又身無分文，走在街上，見了攤上雪花銀似的白麵饅頭，直眼暈，真想偷幾個吃。[213]「有些

---

[207] 林偉：〈憶自然科學院發展中的一些情況〉。參見朱鴻召編選《眾說紛紜話延安》，廣東人民出版社 2001 年版，頁 169。

[208] 何方：《從延安一路走來的反思》，明報出版社（香港）2007 年版，上冊，頁 73～74、93、94～95、120。

[209] 逄先知主編：《毛澤東年譜（1893～1949）》（中卷），中央文獻出版社（北京）2005 年版，頁 319。

[210] 中共中央文獻研究室編：《毛澤東文集》第三卷，人民出版社（北京）1996 年版，頁 107。

[211] 姚錦編著：《姚依林百夕談》，中國商業出版社（北京）1998 年版，頁 89～90。

[212] 陳俊岐：《延安軼事》，人民文學出版社（北京）1991 年版，頁 164。

[213] 蔣巍、雪揚：《中國女子大學風雲錄》，解放軍出版社（北京）2007 年版，頁 135。

同志常常見到老百姓的饃和肉而行注目禮。」[214]三位女大生逛市場，兜裡只有二分錢，只能買一瓶老陳醋，刻下三等份，先是很珍貴地用舌尖舔，味道好極了，酸酸甜甜香香的，再也忍不住了，小狼一般咕嘟嘟喝下自己那一份。不久，一位肚子劇痛，滿床打滾，嘔吐不止，從此不敢再沾醋。[215]華君武（1915～2010）剛到延安，參加晚會回來，肚餓無食，將白天糊窯洞窗紙的漿糊（半碗麵粉所調）當了宵夜，「時隔 43 年，似乎還回憶起那碗漿糊的美味，當然，這並不是說經常有漿糊可做宵夜的。」[216]

　　1939 年 6 月，中國女大「400 多名學生只有一個籃球，書籍和藥品也非常缺乏。」[217]陝公、抗大學員七八人擠睡窯洞土坑，只鋪一層茅草，擠得連翻身都困難。女大生的臥位只有一尺半寬，起夜回來常常發現沒了位置，要拱進去慢慢擠幾下才能「恢復失地」。[218]男生炕位也不過二尺半。蜷身睡習者很快得到糾正──直腿挺睡。

　　早晨六點吹號起床，二十分鐘整理內務、洗漱，全校集合點名，早飯後休息片刻就上課。上課時鴉雀無聲，認真做筆記，課後對筆記，有時分組討論。部隊 6 點半起床、7 點半早操、9 點半早飯、10 點政治訓練、12 點軍事訓練、14 點一般性教育、16 點半午飯，然後遊戲、集會、唱歌，21～22 點睡覺。江文漢記述抗大生活：清晨起床，上午三小時課，午飯後午睡，下午大部分時間為閱讀與預習，晚上經常小組討論，每週一個下午墾荒，週六下午上山揀柴。[219]安娜·路易絲·斯特朗：「每一種教育進行兩個小時，往往第一小時上課，第二小時討論、學習或休息。睡覺的時間相當長，這在某種程度上彌補了口糧的不足。飯是小米飯或饅頭加一些蔬菜，但是一天只有兩頓。」[220]

---

[214] 奈爾：〈吃在延安〉，載《解放日報》（延安）1942 年 3 月 1 日，第 4 版。

[215] 蔣巍、雪揚：《中國女子大學風雲錄》，解放軍出版社（北京）2007 年版，頁 136、

[216] 華君武：〈魯藝美術部生活剪影〉，原載《延安歲月》。參見艾克恩：《延安文藝回憶錄》，中國社會科學出版社（北京）1992 年版，頁 364。

[217] 江文漢：〈延安訪問記〉，載《檔案與史學》（上海）1998 年第 4 期，頁 7。

[218] 蔣巍、雪揚：《中國女子大學風雲錄》，解放軍出版社（北京）2007 年版，頁 131。

[219] 江文漢：〈延安訪問記〉，載《檔案與史學》（上海）1998 年第 4 期，頁 6～7。

[220]（美）安娜·路易絲·斯特朗（Anna Louise Strong）：〈人類的五分之一〉（1938）。參見李壽葆、姚如璋主編：《斯特朗在中國》，三聯書店（北京）1985 年版，頁 138。

延安文化人流傳一句笑語——「客請」。延安人太窮，得由外來客人掏兜作東。1938 年 5 月，美國駐華參贊卡爾遜上校（1896～1947）在延安遇上老外醫生馬海德，邀他上一家八寶飯出名的館子。一路上，許多人向馬海德打招呼，馬海德便邀他們一起去，「他如此大方地利用了我的好客使我發笑，他知道我手頭不緊。我們走到飯館時，後面跟隨了十幾個年輕的男女，他們笑著鬧著，完全沉浸在聚餐的快樂中。」每人點了自己要的菜，有人吃完就走，有的大講個人經歷，誰也不感到拘束，也沒想到要回報點什麼。[221]延安的衛生狀況很嚇人，飯館「醉仙樓」（全城僅兩家飯館），「停留在菜刀上的蒼蠅，多到好像鋪上層黑布。」[222]

1938 年前後的延安，中共畢竟還是伏於草莽的革命黨，必須保持一定的道義，「首長現象」並不明顯，高中級幹部大多尚能自我約束。1941 年春，何方向總書記張聞天彙報工作，中午留飯，「他們吃的小灶和我吃的大灶懸殊並不太大。他們有兩個炒青菜，也沒肉，油水並不多。我們只有一種大鍋菜，都是煮熟的，沒油水。主食，我們完全是小米飯，他們卻每人有四個約老秤半兩的小饅頭，小米飯管飽。」[223]

1938 年國統區記者冒舒湮採訪張聞天，中餐上了很隆重的海帶燉肉湯、火腿、皮蛋與大米飯。張聞天扒完兩碗光飯，桌上的「奇異食品」，一筷子都未陪吃，因為這是招待客人的。[224]中央青委領導馮文彬、胡喬木放棄小灶待遇，和青年們一起吃大灶，表示同甘共苦，女生韋君宜深為感佩。[225]星期天常在街上遇見中央領導，晚會上可以「拉」張聞天、朱德、毛澤東等人的節目，毛澤東的窯洞亦可隨時直闖。[226]

1940 年 5 月中共七大籌委會，任弼時領銜制訂幹部待遇等級，分設大、中、小灶。高幹小灶四菜或二菜一湯、幹部服；中層幹部中灶；一般幹部的大灶為高粱米飯或小米粥、大鍋菜、粗布服。差別仍不大。具體如下：

[221]（美）埃文斯‧福代斯‧卡爾遜（Evans Fordyce Carlson）：《中國的雙星》，祁國明、汪杉譯，新華出版社（北京）1987 年版，頁 154。
[222] 趙超構：《延安一月》，上海書店 1992 年版，頁 135。
[223] 何方：《從延安一路走來的反思》，明報出版社（香港）2007 年版，上冊，頁 104。
[224] 舒湮：《邊區實錄》，國際書店（上海）1941 年 4 月合版，頁 88。
[225] 韋君宜：《思痛錄》，北京十月文藝出版社 1998 年版，頁 5。
[226] 江英：〈姓名惹的禍〉。朱鴻召編選：《眾說紛紜話延安》，廣東人民出版社 2001 年版，頁 173。

大灶：每月八次肉，每次四兩；饅頭每月四次；菜內增油四五錢；碾碎細米，米湯加豆；

中灶：飯以現在水準為準；每天三兩肉；

小灶：菜維持現在水準；每日米麵各一半，飯菜注意調劑變換；[227]

艾青中灶，縣團級待遇，妻子韋熒與孩子大灶，中灶每頓送到窰洞門口，如果不想吃，得原封不動拿回去，家人不能享用。[228]1942 年，中直機關食堂還訂有十條〈飯廳規則〉。

穿衣上，冬天發一套棉衣褲棉鞋帽，夏天只發一套單衣。襯衣襯褲一開始不發（後來每年發襯衣一件、短褲一條），鬧出不少笑話。田家英夏天下延河洗澡，來了一群洗衣女生，他在河裡起不來，因為那條褲衩剛剛洗過曬在河灘上。[229]夏天還能下河洗澡，冬天洗澡就麻煩了。抗大二大隊一批女生幹了一周重活──茅廁起糞，塵土、糞汁、汗水浸透了頭髮衣服，有的身上長蝨子，「『多麼想洗個熱水澡啊！』但在當時，簡直是一種奢想。好不容易到了星期六，大隊部給每人發了一臉盆熱水。於是人們用這熱水先從頭髮洗起，直洗到腳，最後這盆水也就成為肥料了。」[230]1942 年 7 月 16 日，從不幹重活的范元甄在家信中驚呼發現蝨子：「今天洗頭，篦下了一個大的，捉住一個半大的，怎辦呢？真要命。」[231]毛澤東對來延安的外國女性說：「只有長過蝨子的人，才真正算是中國人！」[232]

國難當頭，各地民眾均積極配合政府一致對外，並非延安一地獨得清譽。1944 年 5 月，趙超構赴延途中經閻錫山臨時「省治」克難坡，發現經濟管制下的山西，工廠、供銷社全由政府控制，消滅私商，一切物資由公家掌握；全省禁香煙，不僅不准製造香煙，也不准轉販香煙。趙對「山西新姿」讚譽有加：

[227] 朱鴻召：《延安日常生活中的歷史》，廣西師大出版社（桂林）2007 年版，頁 25〜27。

[228] 黎辛採訪錄（1997 年 4 月 17 日）。參見程光瑋：《艾青傳》，北京十月文藝出版社 1999 年版，頁 332。

[229] 董邊等編：《毛澤東和他的秘書田家英》，中央文獻出版社 1989 年版，頁 141。

[230] 石瀾：《我與舒同四十年》，陝西人民出版社 1997 年版，頁 71。

[231] 李南央：《父母昨日書》，時代國際出版有限公司（香港）2005 年版，上冊，頁 259。

[232] （西德）王安娜（Anna Liese）：《中國──我的第二故鄉》，李良健、李希賢校譯，三聯書店（北京）1980 年版，頁 322。

論物質的享受，這裡的確談不到；但是，在這裡，我初次見到所謂「精神」這一種力量。……這裡的人物，卻沒有一個人給我一個做官的印象。所有的官氣，也經抗戰抗掉了。服裝一律的是草綠布的中山裝，橫腰一條皮帶，根本就和平民一樣，也無所謂「平民化」了。說話談論，沒有那種「然而……不過」的官腔，年紀在三十到四十歲之間，他們每天辦八小時的公事（這叫做「抗戰勞動」）。另外還要幹四小時的種菜、養雞、養豬等工作（這叫做「生活勞動」）。臉孔無例外地都曬成紫色的了，這就是我一向敬而遠之，而在這裡卻變得朝夕親近的委員、局長們的剪影。在閻先生督導之下，山西的政治口號是「幹部第一」。的確，活躍於山西政治舞台的，只是幹部，並沒有「官」。

在克難坡，除了閻錫山的窯洞裡有幾張椅子，其他所有官員的窯洞裡都只有凳子。

革命黨不能一開始就腐敗，必須儘量體現革命性與優越性，否則「義事」就不可能繼續了。1944 年 6 月，趙超構（1910～1992）訪延：「就我們在延安視察，一般工作人員的生活享受，雖說有小小的差異，也只是量上的差，而不是質上的異。沒有極端的苦與樂，這件事對於安定他們的工作精神自有很大的作用。」[233]

但平均主義與供給制（「連婦女衛生紙都由公家供給」）[234]，隱伏「存在決定意識」的重大暗疾——失去個人私密空間、必須與朝夕相處的集體保持高度一致，否則很快就會暴露「異動」，打為「另類」。搶救運動中，「幾乎完全失去人身自由，處處受到監視，班與班之間不能說話，熟人朋友見了面不許打招呼，大小便也得請假，娛樂活動也必須全部參加。總之，任何時候都不容許一個人單獨活動。」[235]連博古都受康生所派秘書監視。[236]群體共振效應使每一成員很難不跟著走，不僅必須「跟著走」才能

[233] 趙超構：《延安一月》，上海書店 1992 年版，頁 29～31、78。
[234] 黃炎培：〈延安五日記〉。黃炎培：《八十年來》，文史資料出版社（北京）1982 年版，頁 130。
[235] 高浦棠、曾鹿平：《延安搶救運動始末》，時代國際出版有限公司（香港）2008 年版，頁 178。
[236] 李銳：〈我的延安經歷〉，載《爭鳴》（香港）2010 年 12 月號，頁 61。

獲得生活資料，而且只有「跟著走」才能得到「社會承認」。這種「萬眾一心」的群體共振，正是中共高層希望得到的凝聚力。

對邊區農民來說，中共所給予的「陽光」很有限。分配土地後，邊區人均擁地三垧（三畝／垧），每畝收糧三四十斤／年，每人每年收糧不過三四百斤，吃喝、種糧、餵牲及其他一切用度全都指著這點收成，維持生活已不容易，還得繳「救國公糧」。[237]1946 年底，榆（林）橫（山）地區還有一輩子沒吃過白麵的農民，一件棉襖父傳子，兒子也已穿了 18 年，孩子沒褲子過冬很普遍，沒有一家不吃糠，甚至連糠都吃不上；見八路軍運去的谷草稈子很粗，很羨慕。[238]此時，中共已「解放」陝北十年矣！

趙超構記述：1943 年邊區農民糧食產量 70%自養，11%交公糧，中農也只有15%餘糧，「這一切可以表明農村的光景僅僅是比從前安定了一點。」1943 年邊區徵收公糧 18 萬石，約占百姓農業收益的 12%，較之古代輕徭薄賦的三十稅一，已經夠重了。公糧徵收標準：五斗起徵，地主繳納收入的 25～35%、富農 20～30%、中農 9～20%、貧農 9～12%、雇農種一點地的，也須繳納 3～5%。[239]

1941 年，邊區政府脫產人員已是 1937 年 9 月成立時的五倍。[240]1942 年邊區脫產人員達到總人口的 5.4%。1937 年徵收公糧 1.4 萬石（一石 150 公斤），為邊區糧產量 1.28%，人均負擔一升；1938 年升至 1.5 萬石，1939 年 6 萬石，1940 年 10 萬石，1941 年 20.167 萬石，占邊區糧產量 13.8%，人均負擔 1 斗 4 升（合 21 公斤），故 1941 年 6 月鄉農有咒：「雷公打死毛澤東」。[241]胡喬木記載：邊區 1939 年總人口 200 餘萬，脫產人員 4 萬多；1941 年總人口縮至 140 餘萬，脫產人口近 8 萬（增加衛戍部隊），國府 1940 年 11 月停發共軍糧餉，「魚大塘小」的矛盾更加突出，不得不逐年增加公

---

[237] 原景信：《陝北剪影》，新中國出版社（武漢）1938 年 5 月初版，頁 35。

[238] 《謝覺哉日記》，人民出版社（北京）1984 年版，下冊，頁 1029。

[239] 趙超構：《延安一月》，上海書店 1992 年版，頁 183、219、220。

[240] 薛鑫良：〈久違了，延安精神〉，載《同舟共進》（廣州）2009 年第 10 期，頁 43。

[241] 1941 年 6 月 3 日，邊區政府召開縣長會議，一聲炸雷劈斷小禮堂一柱，延川縣代縣長被當場劈死。一農民得訊，因對公糧負擔不滿，怒曰：「老天爺不睜眼，咋不打死毛澤東！」此農被捕。毛澤東獲知，旋令放人，並降低公糧徵額。
李維漢：《回憶與研究》，中共黨史資料出版社（北京）1986 年版，下冊，頁 501、540。
《青春歲月——胡績偉自述》，河南人民出版社 1999 年版，頁 235～236。

糧徵數，1939 年 5 萬石，1940 年 9 萬石，1941 年 20 萬石。[242]隊伍擴充建築在一而再、再而三向百姓徵糧的基礎上。1946 年 2 月，邊區脫產人員增至七萬，謝覺哉驚呼：「邊區絕不能養這多人。」[243]

伍、延安婚戀

延安「性」事也很有特色。南方十年鬧紅，提著腦袋鬧革命，犧牲之事經常發生，這方面不可能約束過緊。1933 年 5 月 18 日，陶鑄在上海被捕，下了南京大獄。其妻曾志（1911～1998），此前已失兩夫——夏明震、蔡協民，時任閩東特委組織部長，同時相好於宣傳部長葉飛（上將、福建省委書記）、游擊隊長任鐵峰，被撤銷職務、留黨察看四個月。

> 當時我思想不通，為什麼要我負主要責任?!只因為我是女人嗎？我並沒有去招惹他們，但我承認在這個問題上確實有小資產階級浪漫情調，我認為戀愛是我的權利……我對葉飛是有好感的……我與他們兩人關係較好，工作之餘較常來往……陶鑄來信說，他被判處無期徒刑，恢復自由遙遙無期。而那時我才 23 歲，我是共產黨員、職業革命者，為革命隨時都要做出犧牲；同時也早將『三從四德』、貞節牌坊那種封建的東西，拋到九霄雲外去了。因此，重新找對象是我的自由，我有權利作出選擇。[244]

高崗在西安看到省委領導逛妓院，起初很驚訝，後來理解了——環境險惡，說不定哪天就掉腦袋，過一天算一天！1934 年 1 月，高崗因姦汙婦女受嚴厲處分，但他仍每到一處就找女人。中央紅軍抵陝，他見黨內一些高幹與自己「同好」，自然不收勒自羈，還有所發展。隨著權位日高，部屬投好，女人送懷，高崗從西北一直「玩」到東北再到北京，其妻李力群

---

[242] 胡喬木：《胡喬木回憶毛澤東》，人民出版社（北京）1994 年版，頁 146。
[243] 《謝覺哉日記》，人民出版社（北京）1984 年版，下冊，頁 899。
[244] 曾志：《一個革命的倖存者》，廣東人民出版社 1999 年版，上冊，頁 207～208。

多次向周恩來哭訴丈夫「腐化」。[245]但「生活小節」並未影響高崗政治上走強，若非毛澤東棄高保劉，高崗差點取代劉少奇成為「接班人」。

　　大批知青聚延，愛情很快成為「問題」。此時，無論性別比例還是擁擠的居住條件，都決定中共只能以獻身抗日之名行禁慾之實。1937年9月「黃克功事件」以前，延安執行清教徒式的禁慾政策，抗大規定學習期間不准談戀愛──全心全意撲在黨的事業上。稍後毛澤東專門到抗大作報告〈革命與戀愛問題〉，[246]雖解「不准戀愛」之禁，仍須「一切行動聽指揮」，戀愛可以自由，結婚必須批准，打胎則需要介紹信。高崗在批准范元甄刮宮時說：「讓她刮吧，是個可以做工作的女同志。」范很感激：「刮子宮一次兩次，黨一句話沒說地批准了兩次。」[247]

　　紅小鬼陳丕顯（1916～1995）在皖南新四軍部工作期間，二十來歲，常有人介紹對象，不少青年女性也對這位「紅軍老幹部」有好感，但項英、陳毅不同意，陳丕顯無法「繼續」。項陳首長後替他選了軍部女機要，1940年2月「奉令成婚」。[248]延安婚戀屬於標本式的「革命＋戀愛」，個體性愛與社會改造緊密結合，微觀行為綁縛於宏觀價值，雅稱「一根扁擔挑兩頭」：一頭挑著未來理想，一頭挑著過去觀念，俗稱「同志＋性」。[249]

　　1941年，胡耀邦與李昭在延河邊「約愛三章」：先是革命同志，然後才是生活伴侶；成家以後，不忘為共產主義奮鬥；要經受得住各種考驗，同舟共濟始終不渝。革命使理想近在眼前，紅色情侶們對未來的期待值甚高，既有抗日民族大義，又有民主建國的政治前途，精神幸福指數相當高。但禍兮福所倚，既然享受到革命的熱度，也就不得不一起品嘗政治的苦澀。十分強烈的泛政治化全面滲透延安生活，最個人化的婚戀問題上，他們接受的誡律也是政治訓令：

[245] 趙家梁、張曉霽：《半截墓碑下的往事──高崗在北京》，大風出版社（香港）2008年版，頁66。
[246] 《莫文驊回憶錄》，解放軍出版社（北京）1996年版，頁352。
[247] 李南央編：《父母昨日書》，時代國際出版有限公司（香港）2005年版，上冊，頁219；下冊，頁234。
[248] 陳小津：《我的「文革」歲月》，中央文獻出版社（北京）2009年版，頁233～234。
[249] 楊尚昆：〈中直學委會對大會討論的總結〉（1945年1月31日）。參見李南央編：《父母昨日書》，時代國際出版有限公司（香港）2005年版，上冊，頁377。

在這偉大的時代中，個人是微不足道的一件事！……革命的同
志男女問題，首先要遵從組織決定。我們對一個「愛人」的要求，
也正像對任何同志的要求一樣，脫離不了「階級尺度」。必須有
堅定不移的「立場」，正確的「觀點」和良好的「作風」。男的對
女的，女的對男的，也沒有什麼兩樣。所以正確的戀愛觀，必須
是以一定的思想水準與政治認識為基礎的！他所謂的「立場」是
指「無產階級立場」；「觀點」是指「勞動觀點」（亦即所謂為工農
兵服務的觀點），良好的「作風」是指反對「自由主義作風」的意
思。[250]

1939 年夏，出身中央大學的黨員劉惠馨向情哥哥馬識途表達：

我將永遠等著你。禾哥，我永遠是屬於你的。我的感情，我的
身體，我的一切都永遠屬於你，除非我在戰場上……只有死亡才能
把我們分離。如果我在戰場上倒下了，我只希望勝利後，你來到我
的墳頭，向我獻一束花，並且告訴我：我們終於勝利了。[251]

25 歲的李銳與 21 歲的妻子相約：「兩人關係以政治為主，時刻關心到
政治。」夫婦幸福度取決於「進步速度」——組織信任與提拔速率。1950
年 4 月 5 日，范元甄家書：「我十年來對你感情要求之強烈，從來是伴隨
著政治的……如果雙方不進步，是不可能有美滿的關係的。我有時決心要
離婚就確是這樣想。」[252]

延安男女性別比例嚴重失衡。1938 年前 30：1，1941 年 18：1，[253]1944
年 4 月 8：1。[254]女性資源缺乏，男性之間的爭鬥自然加劇。蕭軍與丁玲談
過戀愛，與青年女演員王德芬（1920～，榆中縣長之女）訂婚後輾轉赴延，

[250] 劉紹唐：《紅色中國的叛徒》，中央文物供應社（台北）1956 年 12 月第 5 版，頁 80。
[251] 馬識途：《風雨人生》，參見《馬識途文集》第九集（上），四川文藝出版社 2005 年版，頁 210。
[252] 李南央編：《父母昨日書》，時代國際出版有限公司（香港）2005 年版，上冊，頁 272；下冊，頁
180、256。
[253] 王實味：〈野百合花〉，原載《解放日報》（延安）1942 年 3 月 13 日、23 日。
[254] 朱鴻召：《延安文人》，廣東人民出版社 2001 年版，頁 88。

大概王德芬又與蕭三「出新聞」。一次會上，蕭軍、蕭三、艾思奇、吳伯簫等十來人到會，蕭軍從靴中抽出匕首，往桌上一插：「蕭三，我要宰了你！」大家面面相覷。老實人艾思奇慢慢說：「蕭軍，你有什麼意見，可以說啊，不能那麼野蠻。」蕭軍才把匕首收起來。[255]

挑大的嫁

女知青大多來自城鎮，形貌氣質較佳，擇偶餘地很大，行情熱俏，自我感覺「多麼的稀有和矜貴」。她們定譜「王明的口才，博古的理論」，[256]非大官、大知識分子不嫁。挑「大」的嫁，乃延安女性的宿命。雖然她們一腦門子婦女解放、獨立平等，一些女生還拉起「不嫁首長」的大旗，如女大生郭霽雲拒絕過劉少奇，[257]一抗大女生拒絕林彪校長的當面求愛。[258]但她們中的絕大多數還是只能以「革命價值」為價值，以職級高低為高低，以嫁給長征老幹部為榮。[259]真正堅持「平等」，終究少數。

城鎮女性的到來，掀起一陣離婚再婚熱。除了毛澤東娶江青，美籍醫生馬海德：「劉少奇曾四次離婚，五次再婚，但是每次都是完全合法。」[260]工農幹部與小知識分子甚吃癟，1942 年 10 月 19 日，毛澤東在大會上批評某婦因愛人當了騾馬隊指導員，就不愛了。[261]男性選擇標準一路放低：「一是女的、二是大腳、三是識字就好。男的身分是一落千丈，女的身價是直線上升。……男找女的，幾乎到了饑不擇食的地步。」[262]

週六下午，延安女大會客室擠滿男人。女大生謔稱：「禮拜六，四郎探母了！」週六是規定的團圓日，亦稱「陣地戰」，其他日子相聚，呼為

---

[255] 黎辛：〈「文藝座談會主要圍繞兩個人」〉，載《社會科學報》（上海）2012 年 3 月 15 日。

[256] 陳企霞：〈丘比特之箭〉，陳恭懷：《悲愴人生——陳企霞傳》，作家出版社（北京）2008 年版，頁 127。

[257] 蔣巍、雪揚：《中國女子大學風雲錄》，解放軍出版社（北京）2007 年版，頁 340。

[258] 具體細節：介紹人帶女生到林彪處即離開，女生並不知情，靜等校長說事，林彪一開口就是「我們結婚吧？」女生楞住了，等明白校長在求愛，推門哭出：「我不幹！我不幹！」
《莫文驊回憶錄》，解放軍出版社（北京）1996 年版，頁 349～350。

[259] 陳學昭：《延安訪問記》，廣東人民出版社 2001 年版，頁 191。

[260] （英）韓素音：《周恩來與他的世紀》，王弄笙等譯，中央文獻出版社（北京）1992 年版，頁 259。

[261] 李南央編：《父母昨日書》，時代國際出版有限公司（香港）2005 年版，上冊，頁 298。

[262] 趙雲升、王紅暉主編：《元帥夫人傳》，中共黨史出版社（北京）2003 年版，頁 140。

「游擊戰」。延安新歌謠：「女大窰洞萬丈高！抗大學生夠不著……延水河邊一對一對真不少，西北旅舍游擊戰爭逞英豪……」一般人對性慾還掖掖藏藏，惟毛澤東敢於直言。一位抗大生寫信問毛為什麼與賀子珍離婚而與藍蘋結婚？是否符合毛自己提出的三原則？毛回信：「同賀子珍同志是為了意見不合，同藍蘋同志是為了解決性慾……」[263]

「資源」嚴重匱乏，女青年拒婚幾乎不可能。丁玲〈「三八節」有感〉：「女同志的結婚永遠使人注意，而不會使人滿意的。」若是嫁了工農幹部，會受到知識分子幹部的嘲諷：「一個科長也嫁了麼？」若嫁了知識分子，工農幹部也有意見：「他媽的，瞧不起我們老幹部，說是土包子，要不是我們土包子，你想來延安吃小米！」[264]還有「組織分配」。1937 年，24 歲長征女性王定國被安排給 54 歲的謝覺哉，組織告訴她這是一項莊嚴神聖的革命任務，王定國爽快應答：「保證完成任務！」打起背包走上夫人崗位。鄧小平與卓琳的婚戀，乃鄧從前線回延安，一眼相中這位北平大學生，留下一句「請幫忙做做工作」，組織一出面，卓琳雖嫌其矮，還是嫁了。[265]1937 年，王震娶了東北籍的北平大學化學系女生。[266]1945 年，26 歲的朱明嫁給 59 歲的林伯渠。

如未經組織批准而戀愛（更不用說結婚），可是大忌。然未婚先孕的「先行交易」終究難免。14 歲赴延的夏沙，17 歲與文工團同事戀愛，18 歲懷孕，找到副政委張際春坦白，請求處分。張際春給了「無限期延長入黨預備期」。整風搶救運動中，「生活問題」與「政治問題」使夏沙成了抗大總校重點批鬥對象，她在大會上誠懇檢討「資產階級生活作風」。[267]新四軍畫家陳亞軍，與鹽城中學女生談戀愛，大會狠批一場。[268]

[263] 齊世傑：《延安內幕》，華嚴出版社（重慶）1943 年 3 月 1 日初版，頁 17、15。
[264] 丁玲：〈「三八節」有感〉，載《解放日報》（延安），1942 年 3 月 9 日。
[265] 蔣巍、雪揚：《中國女子大學風雲錄》，解放軍出版社（北京）2007 年版，頁 188～189。
[266] （美）福爾曼：《北行漫記》，解放軍文藝出版社（北京）2002 年版，頁 47。
[267] 朱鴻召：《延安日常生活中的歷史》，廣西師大出版社（桂林）2007 年版，頁 244。
[268] 黃仁柯：《魯藝人──紅色藝術家們》，中央黨校出版社（北京）2001 年版，頁 68。

窗前選美

組織「亂點鴛鴦譜」，老幹部窗前選美，認識 24 小時之內就結婚等「革命愛情」，一路「演出」不斷。一些新四軍高幹利用工作接觸或集體廣播操等機會，直選城市女生，陳毅、粟裕、彭雪楓……都是這樣抱回佳偶。八路軍的聶鳳智（上將）、向守志（1988 年上將），也是這一時期從女學生中得偶。[269]他們再轉身用同樣方法為部下解決「個人問題」。「紅妃」張寧（林立果未婚妻）之父張富華（1911～1957），1929 年參加紅軍，時任膠東軍區某團政治部主任。女兵連晨操，軍區司令許世友窗前問張：「你看上哪一個？」張富華指著一高個美女：「我要那匹大洋馬！」此女就是張寧母親，膠東文登縣侯家集方圓百里出名的大美人。次日，組織談話，三言兩語，好事就算定下了。第三天晚上，17 歲的「大洋馬」背著行軍背包進了張主任屋子。一桌花生紅棗、一瓶土燒酒，就算禮成。「媽媽為逃避包辦婚姻投奔革命，成了共產黨員後，卻又由『組織包辦』嫁給了比他大 16 歲的我爸爸。這種事在戰爭年代不稀奇，許多當年在戰爭第一線拼命的指戰員，他們的夫人有許多是在與我媽媽大同小異的情況下與丈夫結合的。這叫『革命感情』。」[270]

延安報紙刊出一幅著名漫畫〈新娜拉出走〉，諷刺女青年為爭取獨立自由離家出走，到了延安又淪為大幹部附庸。在社會價值高度一元化（官本位）的延安，延安女性婚戀選擇的價值多元化實為無本之木。1937 年 12 月 3 日謝覺哉日記：「小資產階級的戀愛神聖觀，應該打倒。因為它一妨礙工作，二自找苦吃。」[271]

由於各級首長多娶城市女生，一些紅色女生提出反對「首長路線」，襄樊女生林穎（1920～）乃倡議人之一，一時名噪「小延安」——河南確山竹溝（新四軍四師駐地）。但林穎收到彭雪楓（1907～1944）第一封情書二十天後，自破金身，「下嫁」給這位長征老紅軍。新四軍一旅老紅軍萬海峰（1920～，1988 年上將），1943 年 10 月得娶上海護校女生趙政。[272]

[269] 郭本敏、袁玉峰主編：《回望硝煙》，中央文獻出版社（北京）2007 年版，頁 170～198

[270] 張寧：《紅妃自傳》，內蒙古文化出版社 1998 年版，頁 4～5。

[271] 《謝覺哉日記》，人民出版社（北京）1984 年版，上冊，頁 189。

[272] 郭本敏、袁玉峰主編：《回望硝煙》，中央文獻出版社（北京）2007 年版，頁 192～195、172。

歷經五四好不容易爭取來的婚戀自由權，就那麼「高尚」地交出去了
——組織代替家長掌管婚戀。馮蘭瑞欲與前夫離婚，1943 年春遞交報告，
1944 年才批准。三十二歲的團長高自如申請與二十九歲鮑侃結婚，彭真不
批，理由是八路軍團長不能與非黨員結婚；1947 年 4 月鮑侃入黨，獲得與
愛人結婚的先決條件，可高自如已於 1946 年春在華北前線犧牲。[273]許多戀
人因一方出身不佳受到組織攔阻，甚至批判，鬧出一幕幕自殺悲劇。1948
年冀察熱遼根據地，《群眾日報》電報員韓志新與地主女兒戀愛，被批斥
「包庇地主」、「接受賄賂」，韓志新十分緊張，當晚用步槍自殺。[274]

臨時夫人

江西時期，中共就為李德物色「臨時夫人」。蕭月華（1907～1983），
廣東大埔鄉姑，1924 年由彭湃妻蔡素屏介紹入團，1927 年轉黨，時任少共
中央局秘書長胡耀邦手下幹事，不漂亮但為人厚道，在組織磨泡下，抱著
「為革命犧牲」的精神嫁李德，生有皮膚黝黑一子。丁玲嗤鼻：「她充其
量只不過是個鄉巴佬！」到延安後，李德追求上海影星李麗蓮，蕭月華哭
訴至毛澤東處，堅決要求離婚。[275]

另兩位蘇聯聯絡員與日共領導人岡野進（野阪參三，1892～1993），也
提出「臨時夫人」，聲明回國時不帶走。岡野進 1940 年 4 月抵延，臨時夫
人為 24 歲的莊濤。1946 年 1 月，岡野進回國，莊濤再嫁黃興之子黃乃。
兩位蘇聯人回國，臨時夫人結束任務，臨時丈夫各留給一筆錢。[276]

三八式女幹部沈容（1922～2004）十分不解：

> 我從來認為戀愛、結婚是神聖的、自由的，怎麼可以由組織分
> 配，而且還是臨時的？真是不可思議。這兩位女士都不懂俄文，真

---

[273] 蔣巍、雪揚：《中國女子大學風雲錄》，解放軍出版社（北京）2007 年版，頁 232～233。
[274] 李冰封：〈並非家務事〉，載《書屋》（長沙）2001 年第 6 期，頁 43。
[275] 余伯流、凌步機：《中央蘇區史》，江西人民出版社 2001 年版，頁 1069～1070。
[276] 宗道一：〈日共主席野阪參三的延安戀情〉，載《同舟共進》2010 年第 2 期，頁 69、55～57。
　李南央編：《父母昨日書》，時代國際出版有限公司（香港）2005 年版，下冊，頁 258、517。

> 不知道他們的夫婦生活是怎麼過的。共產黨一直宣傳民主自由，反
> 對封建，怎麼會答應蘇聯人的這種無理要求？[277]

中共一夫二妻現象相當普遍，組織相當寬容。1948 年太岳區薄書年有
妻有子，參加革命後又與閻姓女子結婚，髮妻攜子找來，組織令薄與閻離
婚，薄懷怨，殺閻與同寢室黃氏，閻死黃殘，僅判薄 15 年徒刑。自己也
有「抗戰夫人」的謝覺哉：「一人二妻，革命幹部中頗多有，因戰爭關係，
原妻阻隔不能集合，不能以重婚罪責人。一旦相遇，只要他們自己不發生
齟齬，旁人何必多管閒事。必離其一，必有一方失所。」[278]

其他花絮

女大生在延河邊洗腳，對岸男同胞列隊傻看，女生擠眼嗔笑：「瞧，
咱們的『尾巴』又來了！」時間一長，女生將常來河邊的男人呼為「河防
司令」，內中有後來的「開國元勳」。抗聯出身的留蘇女生黎俠，每天清晨
都在窯洞窗前發現幾封求愛信；哈爾濱姑娘郭霽雲「回頭率」極高，許多
男性以各種方式求愛；南方姑娘鍾路遭南洋華僑及廣東男士「圍追堵截」，
窯洞門縫、衣服口袋塞滿字條，人稱「被圍困的女八路」，她只好公開與
張力克（後任瀋陽市委副書記）的戀情，1941 年早早結婚。[279]老幹部的求
愛信，一般只有幾句，但都有關鍵內容──「我愛你！」[280]

囿於條件，延安婚戀浪漫指數很低，除了「三天一封信，七天一訪問」，
情人們唯一浪漫之事就是週末舞會。打穀場上，油燈底下，一把胡琴伴奏，
穿著草鞋跳舞。婚禮更是革命化。1942 年 9 月 1 日，長征老幹部舒同（1905
～1998）與女知青石瀾結婚，中央黨校校長彭真主婚，莊重婚宴──「粗
麵饅頭，番茄炒洋芋片，並以開水當酒。」[281]這還算好的，有麵有菜，辦
了婚席。大多數只能吃到花生米，俗稱「花生米婚禮」。1938 年 11 月 20

---

[277] 沈容：《紅色記憶》，北京十月文藝出版社 2005 年版，頁 97。
[278] 《謝覺哉日記》，人民出版社（北京）1984 年版，下冊，頁 1264。
[279] 蔣巍、雪揚：《中國女子大學風雲錄》，解放軍出版社（北京）2007 年版，頁 184、186～187。
[280] 《李逸民回憶錄》，湖南人民出版社 1986 年版，頁 97。
[281] 石瀾：《我與舒同四十年》，陝西人民出版社 1997 年版，頁 90。

日，毛澤東與江青結婚，也僅在鳳凰山窯洞裡外擺席四桌，很普通的幾個菜，一盆大米飯，沒有酒也沒有凳子，客人站著吃飯。毛澤東沒出來，江青出來轉了轉，打打招呼。客人自打飯吃，吃完就走，也不辭行。新婚青年沒有房子，十幾孔窯洞專門辟為「青年宿舍」，只有一張床，被褥自帶，不開飯，一天五毛錢。每到週六，小倆口背著被褥來住一晚，第二天各回單位。[282]生活供給制、組織軍事化，延安人都有單位，無所謂家，夫妻在各自機關工作，每週見面一次，同一機關也各按各的待遇吃飯。

　　陳學昭：「愛情！愛情！『前方正酣熱於炮火，後方一切還照舊繼續著，人們戀愛、嫉妒、相擠……』」[283]延安婚戀花絮多多，自由戀愛、組織分配、歷盡坎坷、第三者插足、愛上老外，三姐妹嫁三兄弟的「三劉嫁三王」，各有各的戲，各有各的故事。延安和平醫院王抗博醫生，與張看護生下一孩，王醫生不肯負責，張看護自殺於醫院。「在延安，像這樣的事是很平常的。」[284]也有一些封閉環境中長大的女孩，很少接觸異性，抵延後，一下子就倒在第一個敢於擁抱她的男人懷裡。延安屢鬧愛情風波，整風前結婚率離婚率相當高。革命並未改變男尊女卑的國色。丁玲：「離婚大約多半都是男子提出的，假如是女人，那一定有更不道德的事，那完全該女人受詛咒。」[285]也有伙伕強姦並殺死女人的刑案。[286]

　　禁慾畢竟是紅色意識形態主旋律，「個人問題」終究與革命大目標有衝突——顧家難顧國、顧卿難顧黨，沉溺卿卿我我自然不能「全心全意」，個人問題再大也是小事。也有個別反例，體現了革命時期的「自由」，胡績偉就突破傳統娶了嫡親堂姐，且未婚生女。[287]

[282] 《莫文驊回憶錄》，解放軍出版社（北京）1996 年版，頁 353。
[283] 陳學昭：《延安訪問記》，廣東人民出版社 2001 年版，頁 224。
[284] 齊世傑：《延安內幕》，華嚴出版社（重慶）1943 年版，頁 14。
[285] 丁玲：〈「三八節」有感〉，載《解放日報》（延安）1942 年 3 月 9 日。
[286] 李南央編：《父母昨日書》，時代國際出版有限公司（香港）2005 年版，上冊，頁 239。
[287] 《青春歲月——胡績偉自述》，河南人民出版社 1999 年版，頁 343～354。

麻煩的孩子

　　延安夫婦還有一檔最麻煩的事——孩子。高幹有服務員給帶，或進保育院，一般幹部的孩子則很難進保育院。「女同志懷了孕，理智些的人就打胎。」[288]年輕夫婦李銳、范元甄，一邊是繁忙工作，一邊是麻煩日增的大肚子與哭聲不斷的新生兒，兩人不知吵了多少嘴、傷了多少情。1947年7月29日，范元甄家書：「我什麼也不能做，整日抱著，心似火燒。思前想後，只想把他勒死。我帶他已至毫無樂趣的地步了。」[289]

　　中共一直有「扔孩子」的傳統，嬰孩隨生隨送老鄉，組織一手安排。1932年1月，蔡協民、曾志在福州生下第二胎男嬰，此前井岡山的第一胎送了老鄉。曾母寄來四十大洋，叮囑女兒千萬送回家，她來育養。廈門市委書記王海萍、福州市委書記陶鑄來看蔡曾，千攔萬攔送子回鄉。最後，王書記吐露實情：廈門市委急需經費，聽說她剛生孩子，提前給了一位醫生，收了100大洋，已用得差不多了。蔡曾夫婦只得服從。孩子送走後，因兩個多月斷了母奶，染上麻疹天花，很快死去。[290]1935年秋，河北省委與中央失去聯繫，經費無著。省委書記高文華與負責經費的妻子賣了惟一男孩。「男孩比女孩多賣錢呀，於是就把僅僅四個月的兒子賣了50元大洋。這錢……整整維持了北方局三個月的生活。」[291]

　　1939年7月，抗大與陝公遷往前線，徐懋庸、劉蘊文夫婦隨行，新生一子，送給瓦窯堡居民。「解放後去信探問，經當地政府復信，說已因患天花死了。」[292]1943年春，石瀾（1917~2005）生子，一個月後「上級卻通知我，要我把嬰兒送給別人，而且聯繫好了，送給王家坪附近的一戶農民」，因為石瀾有「特嫌」，要接受審查。[293]賀子珍長征中棄女、張琴秋西

[288] 李銳：〈我的延安經歷〉，載《爭鳴》（香港）2010年11月號，頁69。
[289] 李南央編：《父母昨日書》，時代國際出版有限公司（香港）2005年版，下冊，頁140。
[290] 曾志：《一個革命的倖存者》，廣東人民出版社1999年版，上冊，頁125～126。
[291] 高文華：〈1935年前後北方局的情況〉，載《中共黨史資料》第一輯，中央黨校出版社1982年版，頁174～175。
[292] 《徐懋庸回憶錄》，人民文學出版社1982年版，頁117。
[293] 石瀾：《我與舒同四十年》，陝西人民出版社1997年版，頁93～97。

路軍時期追兵在後棄子。[294]戰爭環境下尚可原諒，延安時期再「繼續」，裹含「革命高於人權」，延安上空一朵不小的烏雲。

鳥槍換炮

　　陝北首富米脂縣，地富女兒絕大多數上學，「該地成為紅軍幹部選妻的重點。在解放軍內部，米脂縣被稱為『丈人縣』。」[295]1949 年進城後，不少共幹頂不住「糖衣炮彈」，蹬掉原配，另娶地富女兒與城裡資產小姐，號稱「婚姻革命」。1953 年，僅法院受理離婚案即達 117 萬件。[296]浩然（1932～2008）詳述共幹的「鳥槍換炮」：

　　　　邪氣是由那些吃上公糧、穿上幹部服和軍裝的農民們給攪和起來的。當初他們在村子裡幹莊稼活的時候，又窮又苦，很害怕打一輩子光棍兒，千方百計地娶上個老婆，就心滿意足地哄著老婆給他生孩子，跟他過日子。後來共產黨在農村掀起革命浪潮，出自各種不同的動機他們靠近革命，最終被捲進革命隊伍裡。隨大流跟大幫地挨到勝利時期，他們竟然撈到一個以前做夢都沒想到過的官職。地位變化，眼界開闊，接觸到年輕美貌又有文化的女人，腦袋裡滋生起喜新厭舊的毛病，就混水摸魚、乘風而上，紛紛起來帶頭「實踐」新婚姻法，生著法子編造諸般理由跟仍留在農村種地、帶孩子、養老人的媳婦打離婚。由於他們的行為，形成一種時興的社會風氣：凡是脫產在外邊搞工作的男人，如若不跟農村裡的媳婦鬧離婚，就被視為落後、保守、封建腦瓜，就沒臉見人，就在同志中間抬不起頭來。

　　　　我們的老縣長，年近半百，很追時髦。他在貫徹新婚姻法的工作中，在縣直機關起帶頭作用，跟鄉下那位與他同甘共苦患難幾十

294 陳學昭：《延安訪問記》，廣東人民出版社 2001 年版，頁 199。

295 （美）周錫瑞（J.W.Esherick）：〈「封建堡壘」中的革命：陝西米脂楊家溝〉，原載馮崇義等主編：《華北抗日根據地與社會生態》，頁 9～10。轉引自岳謙厚、郝東升：〈抗戰時期中共領導下的米脂地主經濟〉，載《中共黨史研究》（北京）2009 的第 6 期，頁 83。

296 黃傳會《天下婚姻——共和國三部婚姻法紀事》，文匯出版社（上海）2004 年版，頁 99、103、211。

年的老伴離婚之後，馬不停蹄地跟一個比他兒子還小若干歲的女青
年幹部配成新夫妻。此事在薊縣傳為新聞，傳為「佳話」，轟動一
時，風光一時。有這麼一位領導做表率，縣直機關的男人們，不論
年歲大小，不論原來的配偶與之感情如何，幾乎都比賽似地搶先
進、追時興，吵吵嚷嚷跟鄉下的媳婦鬧離婚。

　　……縣委書記彭宏同志指責我思想「封建落後」，不捨得跟一
個沒文化、梳著小纂的農民媳婦打離婚的事兒。[297]

政治婚姻的苦澀

　　進入「火紅的 1950 年代」，延安一代的婚戀幸福度達到最高峰值。但
政治第一的婚戀也隨著一場場政治運動顛簸跌宕，最初的幸福度與此後的
痛苦度恰成正比，不少「延安家庭」因政治而崩裂。最著名的有浦安修與
彭德懷的離婚。延安女幹部郭霽雲晚年還鬧離婚。[298]舒同與石瀾結婚 40
年，夫妻關係一直十分緊張。石瀾：「我常常把工作中的緊張氣氛帶到家
庭中來，因此與丈夫不斷發生齟齬和爭吵。」舒同向子女訴苦：「在社會
上緊張工作，回到家庭裡面也是緊張，這樣的家庭，還不如沒有。」1982
年，舒同震怒石瀾對自己的揭發，堅決離婚。石瀾在〈離婚通知書〉上悔
批八字──「獲罪於天，無所禱也」。[299]

　　李南央評母：「她這輩子過得太不愉快，太不快活。」范元甄自評：「我
與李某有過二十年的夫妻生活，那是一個有缺點的共產黨（真心革命而入
黨的）和一個假革命之間的一場階級鬥爭。」[300]1950 年的李銳，對夫妻生
活退守於「只要不吵架，只要有性生活」。范元甄甚至咒罵婆婆：「死，也
沒什麼，只解放了許多人。」陳雲聽說李銳跪母：「這種母親還要她作什
麼？」1959 年廬山會議後，李銳白天在機關挨鬥，晚上回家，老婆的一場
批鬥在等著。為革命而結合、為黨籍而離婚，在延安一代中十分普遍，而

[297] 浩然：《我的人生》，華藝出版社（北京）2000 年版，頁 96、167。
[298] 丹丹：〈「送爛桔子」朋友的信〉。載李南央編著《我有這樣一個母親》，開放雜誌出版社（香港）2003
　　年版，頁 162。蔣巍、雪揚：《中國女子大學風雲錄》，解放軍出版社（北京）2007 年版，頁 340。
[299] 石瀾：《我與舒同四十年》，陝西人民出版社 1997 年版，頁 252。
[300] 李南央：〈她終於解脫！〉，載《開放》（香港）2008 年 3 月號，頁 70、68。

且得到第一代革命家鼓勵。1960 年范元甄離婚不久,去看周恩來夫婦,吃飯時陳毅說:「老夫老妻離什麼婚呵?!」周恩來正色:「嗯,這是大是大非呵!」范因周恩來的理解頓感釋然。[301]

1957 年後,延安夫婦鄭律成、丁雪松為「左」、「右」不斷發生家庭爭論,鄭律成認為「吃飯不要錢」提得太早、「大煉鋼鐵」乃糟蹋木材去煉廢鐵,雖然遭到丁雪松再三「敲打」,鄭律成還是在單位直言其見,並公開同情彭德懷。1959 年,鄭律成被打「嚴重右傾」、「反黨」,勸其退黨。[302]

1994 年,南京電台「今夜不設防」節目收到一封如泣如訴的長信,一位離休女幹部傾吐自己 44 年的辛酸情史:

> 她出生文化家庭,少女時代有一位才貌雙全的戀人——留日清華生。參加革命後,她向組織坦白有一位出身不太好的男友。組織嚴肅告知:「資產階級與無產階級是不能調和的!」她大哭一場,只好將組織的意見信告戀人。不久,文工團的上級領導、某部長為她作媒,一位參加長征的正團幹部,大她 14 歲,已有一孩。她說:「我不找對象。」部長:「不行!」再曰:「那我轉業復員。」「也不行!」組織一次次找她談話,要她服從安排。她只得成為老紅軍的第三任妻子。
>
> 這位老紅軍農民出身,剛開始學文化,她只敬佩他身上的傷疤,忍受不了「戰鬥英雄」的暴躁性格——動輒「老子槍斃你!」一次將她從樓上打到樓下,左腿骨折。她第二年就要求離婚,組織科長批評她:「他對革命有貢獻,對待革命功臣應該熱愛。你的小資世界觀沒有改造好。不准離婚!你和他離了婚,他怎麼辦?誰跟他呢?」
>
> 長期憂鬱,她患了嚴重的神經官能症。她多次提出離婚並向他下跪,他就是不同意。1960 年,她鼓起勇氣向法院遞交離婚訴狀,法院轉給單位,領導找她談話:「不准離婚!要好好照顧老同志。」她只得含淚維持死亡婚姻,一日三餐敲碗通知開飯。每晚等老頭看

---

[301] 李南央編:《父母昨日書》,時代國際出版有限公司 2005 年版,下冊,頁 256、272、270、59。

[302] 丁雪松:〈憶鄭律成同志〉,載《紅旗飄飄》第 26 集,中國青年出版社 1983 年版,頁 117~118。

完《新聞聯播》與天氣預防，踱步回房，她再上客廳看自己喜歡的歌舞戲曲或電視連續劇。年年歲歲，一齣長長的默劇。

改革開放後，55歲那年她第五次上司法機關提出離婚，還是不准。組織上說：「人都老了，不怕人笑話？將就著過吧。照顧好老同志是你的任務！」她哭訴蒼天：「這是為什麼？」

長信播出後，感動了無數聽眾。此時，她還在醫院陪侍78歲的臨終丈夫，餵飯擦身、端屎端尿。老頭臨終前一遍遍問：「我死了以後，你還找不找老頭？」她不忍心傷害臨終者，咬咬牙：「我跟孫女過，你放心走吧。」老紅軍放心走了。當她得到黃宗英與80歲馮亦代的黃昏戀，再三感歎：「我沒有這樣的膽量。」[303]

陸、外客眼中的延安

抗戰時期，延安儼然中國第二政治中心，但一切對外交流均需通過邊區交際處，沒有路條無法出入，自由交流是不可能的。1944年5月31日～7月12日，中外記者團採訪邊區，一入邊區便有記者「自由行動」，遭負責接待的王震大罵，引起親共美國記者白修德抗議。[304]

截止1942年，延安接待中外來賓兩千餘人，筆筆有記錄。中共一向重視統戰，很在意「對外形象」。稍微重要一點的客人，毛澤東都出面接談。國府行政院考察團要求見毛三次，交際處長擋駕，毛打電話批評。[305]毛很清楚，必須讓客人帶著好印象離開。周恩來給延安交際處制定八字方針：言傳出去，爭取過來。統戰乃中共之所以成功奪權的重要一翼。

早期中外記者對延安的採訪報導多傳遞「光明」資訊。最早進入的美國記者斯諾、國統區記者冒舒湮（1914～1999），認定中共正在致力民主政治。1938年初，漢口《抗戰三日刊》連載冒舒湮《邊區實錄》：「總之，邊

---

[303] 越牛：〈誰能告訴我⋯⋯──一位離休女幹部的辛酸情愛史〉，載《家庭》（廣州）1994年第4期。
[304] 文伯：〈陝北之行〉，載《中央日報》（重慶）1944年7月29日～8月7日。轉引自王健民：《中國共產黨史稿》（增訂本），中文圖書供應社1974～75年，第三編·延安時期（上），頁330～331。
[305] 金城：〈延安交際處回憶錄〉，中國青年出版社（北京）1986年版，頁11～12。

區的行政制度是要向著『使早達到憲政時期』這一目標前進！」「他（朱德）認為中共絕無陰謀赤化中國的野心。……共產黨雖然聲明不放棄馬克斯列寧主義，然而這並非說就是主張階級鬥爭。……改善政治機構的主要目的是為了抗日，而非奪取政權。」他相信毛澤東「共求三民主義的實現」，相信張聞天「往日的分裂招致目前的外患……親密的合作，共同建立新的民主共和國。」相信中共贊同民主政治，「放棄蘇維埃而無遺憾」，連士兵都說：「我們非放棄各種形式的蘇維埃權力不可。日本的侵略已強使國民黨恢復了革命的傾向，所以我們能夠和它合作了。」[306]

1939 年 6 月，毛澤東對北美客人宣講中共與三民主義的一致性：

> 中國也將試行過去從未享受過的西方式的民主。當前中國大體上還是一個封建主義國家，因為沒有議會，也沒有普選。公民的權利得不到保護。希望將來人民對政府的事務有發言權，言論、結社和宗教信仰將有完全的自由，通信也不用任何手段干預。這就是孫中山先生第二個主義，所謂的民主。中國取得勝利後，希望資本家重開工廠，普遍的勞動者和農民的生活有所改善，工農業有很大發展。人人有工作，生活過得好，沒有土匪，沒有內戰，這是孫中山先生的第三個主義。

毛向客人聲明：雖然中共認為共產主義是歷史進程的必然結果，一定會實現，但只有在中國完成資本主義民主以後才能實現，而且國共兩黨繼續目前的合作，新的社會制度便可能通過不流血的投票方式實現。任何人都不得把新的社會制度強加給中國人民，但隨著生產力的提高，人們會逐漸認識到一個新社會制度的需要，因此會自然而然實現社會主義。[307]毛澤東這番「新民主主義論」，乃是比任何武力都有力的「政彈」，中外都認為中共真的「脫胎換骨」，很大程度上已拋棄了赤色綱領。

浮光掠影的訪客，尤其不諳國情的老外，很容易得出似是而非的結論。1938 年 4 月，美國駐華使館參贊埃文斯·福代斯·卡爾遜（Evaws·

[306] 舒湮：《邊區實錄》，國際書店（上海）1941 年版，附錄《延安行》頁 7、71~72、82、6~7。
[307] 江文漢：〈延安訪問記〉，載《檔案與史學》（上海）1998 年第 4 期，頁 10。

Fordyce‧Carlson，1896～1947），去了一趟陝北華北紅區，向蔣介石彙報：
「我相信八路軍的領導人對蔣委員長是忠誠的」，並向蔣描繪中共在敵後
實行代議制政府所採取的步驟。他對國人的整體判斷竟是：「中國人基本
上是個人主義者」、「這個國家的民主意識是很強烈的」，他稱延安：「中國
自由主義的源頭」，評價毛澤東「他提供了中國現代的自由思想的基礎」，
「這是一位謙虛的和善的寂寞的天才，在黑沉沉的夜裡在這裡奮鬥著，為
他的人民尋求和平的公正的生活。」認為國共兩黨政綱完全相同：「共產
黨和國民黨都贊成孫中山博士晚年制定的民族目標。概括起來就是三民主
義即民族、民權和民生，只是在達到目標的方法上有些差別。」[308]

1941 年 3～4 月，美國作家海明威（Ernest Hemingway，1899～1961）
攜夫人一路考察韶關、重慶、昆明，與中共方面接觸僅周恩來一人，交談
時間也不長，海明威回國後向華盛頓彙報：戰後共產黨人一定會接管中
國，因為那個國家最優秀的人是共產黨人。[309]其他訪延美國人也說：「在
邊區逗留的全部時間中，沒有聽到經濟貪汙或男女關係方面的醜聞。」一
位美國人與朱德共進午餐，朱德呼添小米飯，炊事員卻端來白菜，告訴總
司令：他當天的糧食定量已吃完。[310]

1938 年 2～4 月，台灣名士丘逢甲之子、中山大學教授丘琮（1894～
1976）訪延，發表觀感：「你們從上到下，各機關各部門辦事效率極高……
上級沒有官僚架子，下級敢於負責辦事，公務從未互相推諉，與國民黨的
腐朽的衙門作風真是迥然不同啊！」「延安諸公，謙恭下士。喜聞摘過，
邦納善言。彬彬有若古賢之理想境，殊出外界意表。」[311]武漢「八辦」送
延的丘琮，後離開延安，1949 年赴台。[312]

1940 年 5 月 31 日～6 月 8 日，僑領陳嘉庚訪延，對邊區風氣、治安極
為滿意，回重慶後發表觀感：「生活比前較好，至公務員如貪汙 50 元者革

---

[308] （美）埃文斯‧福代斯‧卡爾遜（Evans Fordyce Carlson）：《中國的雙星》，祁國明、汪杉譯，新
  華出版社 1987 年版，頁 117、53、120、138、153、271。
[309] 孫聞浪：〈1941 年：海明威肩負使命到中國〉，載《文史春秋》（南寧）2004 年第 11 期，頁 15。
[310] （美）費正清：《五十年回憶錄》，趙復三譯。載《中華民國史資料叢稿‧譯稿‧中國之行》「五十年
  回憶錄」第四部分，中華書局（北京）1983 年 7 月印刷，頁 79。
[311] 金城：〈延安交際處回憶錄〉，中國青年出版社（北京）1986 年版，頁 20、24。
[312] 錢之光：〈抗戰初期的國共合作和八路軍駐南京、武漢辦事處概況〉，載《革命回憶錄》第 18 輯，人
  民出版社（北京）1985 年版，頁 59。

職，500 元者槍斃。縣長則為民選，公務員等每日工作七小時，加二小時學黨義。」[313]「中國的希望在延安。」[314] 斷言：「國民黨蔣政府必敗，延安共產黨必勝。」[315] 抗戰時期，延安得到華僑捐贈及各種資助 8899340 元，僅 1938 年 10 月～1939 年 2 月，香港轉來的僑捐就有 50 萬元，宋慶齡從菲律賓匯來六千元；1938 年得僑捐近 200 萬元；1940 年 550 萬元。[316]

延安初期，禁止纏足、發展基礎教育，贏得一些原本就親共的老外讚賞。1937 年初，早期黨員王炳南德籍妻子王安娜（1909～1990）訪延：「我注意一下，在延安地區有些地方，纏足的女孩子已不多見了。」[317] 抗戰後期，延安通過「改造二流子運動」及努力消滅乞丐，美國《巴爾的摩太陽報》記者撰〈我從陝北回來〉：「老百姓生活進步」。[318]

中共為表明先進性與改造社會的能力，對邊區確實作了一番努力。延安只有四名警察，[319] 依靠嚴密的基層組織與路條制，「小股土匪不易存在，社會秩序已趨安定。」[320]1944 年 7 月，延安開展「十一運動」：

> 一、每戶有一年餘糧；二、每村一架織布機；三、每區一個鐵匠鋪，每鄉一個鐵匠爐；四、每鄉一所民辦學校或夜校、一個識字組和讀報組、一塊黑板報、一個秧歌隊；五、每人識一千字；六、每區一個衛生合作社，每鄉一個醫生，每村一個接生員；七、每鄉一個義倉；八、每鄉一副貨郎擔；九、每戶一牛一豬；十、每戶種一百棵樹；十一、每村一眼水井，每戶一個廁所。[321]

[313] 陳嘉庚：《南僑回憶錄》，岳麓書社（長沙）1998 年版，頁 216。
[314] 金城：《延安交際處回憶錄》，中國青年出版社（北京）1986 年版，頁 148。
[315] 胡愈之：〈南洋雜憶〉。楊里昂主編；《學術名人自述》，花城出版社（廣州）1998 年版，頁 243。
[316] 延安王家坪大型「延安革命紀念館」提供的展覽資料，攝於 2011 年 5 月 27 日。
[317] （西德）王安娜（Anna Liese）：《中國——我的第二故鄉》，李良健、李希賢校譯，三聯書店（北京）1980 年版，頁 157。
[318] 原載《大美晚報》（重慶），《解放日報》（延安）1944 年 11 月 13 日轉譯。參見中國社科院新聞研究所、中國報刊史研究室編：《延安文萃》，北京出版社 1984 年版，下冊，頁 821。
[319] J.L：〈延安市的特點〉，載《新華日報》（重慶）1945 年 4 月 1 日。參見中國社科院新聞研究所、中國報刊史研究室編：《延安文萃》，北京出版社 1984 年版，下冊，頁 849。
[320] 原景信：《陝北剪影》，新中國出版社（武漢）1938 年版，頁 33。
[321] 《謝覺哉日記》，人民出版社（北京）1984 年版，上冊，頁 693。

　　靠宣傳起家的中共擅長面子工程，牌子先打出來，外人也不可能一戶戶走訪查對。「十一」當然只是形象工程，不可能實現，尤其每戶一年餘糧、每人識字一千、每鄉一個醫生、每村一個接生員、每戶一處廁所，70年後都「同志仍須努力」。但這種形象工程效果極佳。1945 年 7 月黃炎培訪延觀感：「政府好像對每一個老百姓的生命和他的生活是負責的」；「中共今天的局面，是從艱苦中得來的。他們是從被壓迫裡奮鬥出來的。他們是進步的，他們在轉變。他們現在望著『不擾民』的目標上盡力做去。」回渝後，黃炎培撰寫「一看就感覺到共產黨完全為人民服務」的小冊子──《延安歸來》，並違反書報檢查制度徑直印刷，表示：我不是替誰宣傳，乃受「良心的使命」。《延安歸來》初版兩萬冊，幾天之內搶購一光，添印十幾萬冊，暢銷一時。[322]《延安歸來》薄薄 74 頁，國共決戰前夕出版，作用實難估量。黃炎培後為中共政務院副總理、人大副委員長。

　　赤區國府代表也會被「一時氣象」所蒙蔽。1943 年 1 月，45 歲的劉奠基（1898～1984），山西省黨部委員、黃河水利委員、綏靖公署參事，時任晉察冀邊區政府委員兼實業處長，對《晉察冀日報》記者說：

> 　　我從沒有想到我二十年來所追求的願望──民主政治，會在今天敵後殘酷的戰爭環境中實現。我對於孫總理的民權主義是完全相信的。可是我曾經為他奮鬥二十年，始終沒有得到什麼成績，因此我也曾有過失望的情緒，以為民主自由是可望而不可及，至少是不會在短期內實現的。誰知道在抗戰以後，在敵人的後方，在和敵人炮火鬥爭當中，竟會實行起來呢！[323]

　　1944 年 7 月、1945 年 3 月，美國中印緬戰區司令政治顧問、美軍觀察組成員約翰‧謝偉思在延安與毛周數次長談。1944 年 9 月 3 日，他給美國政府的報告中：

---

[322] 黃炎培：〈延安歸來〉、〈延安五日記〉（1945 年 7 月）；黃大能：〈憶念吾父黃炎培〉（1981 年 3 月）。參見黃炎培《八十年來》，文史資料出版社（北京）1982 年版，頁 128、139、100、163。

[323] 〈記晉察冀邊區第一屆參議會〉，原載《解放日報》（延安）1943 年 3 月 10 日。參見魏宏遠主編：《抗日戰爭時期晉察冀邊區財政經濟史資料選編》，南開大學出版社（天津）1984 年版，頁 98～99。

如果承認存在國民黨崩潰——主要由於它自己的不妥協態度——的可能性，我們必須考慮中國什麼力量會起而代之。現在看來，最強大的力量肯定是共產黨，而且在不要很長時間之後，它就會統一全中國。即使共產黨沒有機會上升到控制地位，我們必須預期，由於它顯示的活力和它贏得的人民支持，它將是中國有影響的黨，並且是在必將代之而產生的民主體制中的一個重要因素。

他竭力建議美國政府與中共合作，認為向中共提供援助有助於早日打敗日本，因為中共有一種生氣勃勃的氣象與力量、一種和敵人交戰的願望，這在國民黨中難以見到。他判斷：「中國正在迅速走向內戰，而共產黨人肯定是勝利者。」（1945 年 2 月）[324]

美軍觀察組長包瑞德對延安的軍民關係讚不絕口：「共產黨軍隊則幾乎總是能得到當地居民的合作和支持，當地居民總是找到好機會獲得關於敵軍的重要情報，並且很願意把情報報告給共產黨軍隊。」[325]

1944 年 10 月，雷伊・盧登等美軍人員前往華北執行觀察任務：

在華北，老百姓支持共產黨的證據比比皆是，而且顯而易見，使人不能再相信這是為欺騙外國來訪者而設置的舞台。一個統轄著這樣廣泛的地區，而且全是由中國人掌管的政府，能得到民眾的積極支援，使民眾參與發展工作，這在中國現代史上還是第一次。

1944 年 11 月，另一觀察組員大衛斯報告：

蔣介石的封建的中國是不能同中國北部的充滿生氣的現代的人民政府長期共存的，共產黨一定會在中國扎根。中國的命運不決定於蔣介石，而決定於他們。[326]

---

[324]（美）謝偉思（John S. Service）：《在中國失掉的機會》（Lost Chance In China），羅清、趙仲強譯，國際文化出版公司（北京）1989 年版，頁 273、6。

[325]（美）D・包瑞德：《美軍觀察組在延安》（The United States Army Observer Group In Yanan，1944），萬高潮等譯，解放軍出版社（北京）1984 年版，頁 53。

1944 年，費正清錄下美國人對延安的感覺：「陝甘寧邊區首府延安變成了一個政治上的世外桃源，僅有幾位從那兒回來的訪問者，講起那裡的景象時，都帶著極為興奮的神情，就像剛嘗過天降甘露一般。」[327]1980 年代，費正清：「當時，延安中國共產黨的蓬勃朝氣和並非做作的平均主義，並非由於愛德加・斯諾所著《西行漫記》一書而出名。所有到過延安的人──林邁可、美國領事雷・盧登，醫護人員等都證實這幅圖畫的真實性。於是，延安那遙遠的地方就日益令人嚮往。」[328]

在野小黨割據偏隅，在國府擠壓下，必須小心謹慎，團結對外，必須把各方面工作搞上去。同時，物質的貧困也使中共官員的人性弱點──貪欲，客觀上被遏止──原本就沒什麼可貪可占。如此這般，受制於弱黨發展期的各種主客觀條件，中共在文化思想方面雖然日漸收縮束窄，價值觀念整體左傾，但各種左傾還控制在意識形態領域，尚未鋪展於軍政經濟，其弊其謬尚蹲縮暗處未彰未顯。正面的道德性、改革性佔據主導地位，尤其各級共幹絕大多數還能道德自律，保持新興革命黨的蓬勃朝氣，故而「延安氣象一時新」，處於「其興也勃」的上升期。

中共高層很清楚首在奪權，革命的實質不過舉著馬列旗號的一場現代農民造反。毛澤東精煉概括：「中國共產黨的武裝鬥爭，就是無產階級領導之下的農民戰爭。」[329]要推翻國民黨，就必須廣泛動員農民參軍，必須給予「看得見的利益」，絕不能搞什麼「兩個決裂」──與私有制與私有關係徹底決裂，步伐不能邁得太快太大，還得一路撿拾歷史經驗，研究陳勝、項羽、黃巢、李自成、洪秀全何以失敗，劉邦、李淵、朱元璋何以成功。無論從形格勢禁的現實制約還是南方蘇區失敗的歷史教訓，都使中共在實踐中相對成熟，形成效率較高的組織系統與一系列實用性政策。

[326] 金城：《延安交際處回憶錄》，中國青年出版社（北京）1986 年版，頁 196。
[327] （美）費正清：《費正清對華回憶錄》，陸惠勤等譯，知識出版社（滬版）1991 年版，頁 313。
[328] （美）費正清（John King Fairbank）：《五十年回憶錄》，趙復三譯，載《中華民國史資料叢稿・譯稿・中國之行》，中華書局（北京）1983 年 7 月印刷，頁 80。
[329] 毛澤東：《〈共產黨人〉發刊詞》（1939 年 10 月 4 日）。參見《毛澤東選集》第二卷，人民出版社（北京）1966 年 7 月橫排本，第 1～2 卷合印本，頁 572。

　　延安時期，經濟政策上「二五減租」、[330]大力墾荒、鼓勵私有經濟、改善勞資關係、注意調節稅收；政治上「三三制」、統一戰線、優待敵俘、民族平等、簡政廉政；司法制度上，嚴刑竣法，槍斃黃克功、優化獄政、保護外僑、保護私生子；文化教育上，興辦學校、降低文盲、劇團下鄉；生活上，官兵平等、優撫抗屬、村村挖井、興辦福利；社會面目上，改造二流子、鼓勵勞動、男女平等、保護婦幼；凡此等等，掩蓋了整風搶救運動已經豁露的殘酷暴烈，巧妙摒蔽了悄悄爬升的烏雲。

　　中外訪客的一片讚譽，中共收益極大，一篇頌文抵得上一個「武裝到牙齒」的滿員師，深刻影響國統區的人心向背，尤其是知識分子對中共的向心力，親共自然一轉身便是反「國」。

　　也有一些訪客透過現象看到實質。1937年初，國民黨行政院考察團訪延半月，團長王德圃返寧後說：延安黨政軍民關係很團結，行政效能高，但經濟文化落後，人民生活十分貧苦，機關幹部游擊習氣很深。[331]1938年3月，《掃蕩報》記者批評甘泉縣長選舉：「共產黨提出候選名單，名單上是兩個人……民眾要普遍參加競選，競選的限度卻是兩個人中間選出一個……朋友，這就是共產黨誇耀的民主嗎？這就是共產黨所說的普選嗎？這和指定、包辦，又有多少差別呢？」記者還錄述邊區的「自由」：

　　　　在邊區行動須有身分證明、通行證、護照，似乎算不得自由。居住須經邊區政府許可，指定房屋或窯洞，當然也說不上是自由。結社須受共產黨領導，不得與共產主義的宗旨相違背（國民黨的黨部除外），否則也許要被認作托匪組織或漢奸組織……可見結社也不自由。思想自由當然更談不到，不僅與共產主義相違反的主義（三民主義現在除外）和理論，說出來要被打擊得體無完膚不能立足，

[330]「二五減租」：1926年10月北伐軍進入湘鄂，國民黨將「二五減租」列入《最近政綱》，即不論何種租佃，均減25%租額，簡稱「二五減租」。減租後，各類地租一般不得超過收穫量的30%，最大不得超過45%。南京政府成立後繼續執行「二五減租」，頒佈《佃農保護法》，規定佃農繳租不得超過收穫的40%，所有苛例一律取消，佃農對所耕地有永佃權。1939年冬，中共各根據地相繼實行「二五減租」，意在取得貧雇農及地富對中共的支持。
　　楊天石：〈國民黨在大陸「二五減租」的失敗〉，載《炎黃春秋》（北京）2009年第5期，頁39。
[331]金城：《延安交際處回憶錄》，中國青年出版社（北京）1986年版，頁12。

甚至和共產黨共產主義不相融洽的書籍報章都不允許看。他們並不
是公開的禁止，而是嚴密的統制。在邊區政治中心文化中心的延
安，我費了很大力氣，沒有找到一份全國銷量最多的《掃蕩報》。……
新華日報近來常發表文章，說武漢、開封等地查禁刊物，妨礙思想
自由，其實若和邊區比較起來，似乎還是武漢開封自由得多。因為
至少《新華日報》、《解放》在武漢開封還可以買到。那麼言論自由
怎麼樣呢？我感覺連自我批判都受壓制。[332]

1939年9月，西山會議派核心人物張繼（1882～1947）訪延日記：「我
對延安甚為嫌惡。」[333]1938年1月5～25日，梁漱溟（1893～1988）訪延，
想實地考察「多年對內鬥爭的共產黨，一旦放棄對內鬥爭，可謂轉變甚大；
但此轉變是否靠得住呢？」三周後，梁漱溟雖稱讚延安的學習風氣，地主、
富農多已回來，整體上表示欣賞，但仍有一些精細觀察：

學校……內容組織，課程科目，教學方法，生活上各種安排，
值得欣賞之點甚多。自然其中鹵莽滅裂，膚淺可笑者亦正不少。這
是大膽創造時，所不能免，不足深怪。
……還有一面，即其轉變雖不假，卻亦不深。因為他們的頭腦
思想沒有變。他們仍以階級眼光來看中國社會，以階級鬥爭來解決
中國問題。換句話說，根本上沒有變。似乎只有環境事實要他變，
他自己情緒亦在變，而根本認識上所變甚少。[334]

趙超構也有敏銳記錄：

在邊區時從無機會使我們解放開來大笑一場。我們看到的延安
人大都是正正經經的臉孔，鄭重的表情，要人之中，除了毛澤東先

---

[332] 原景信：《陝北剪影》，新中國出版社（武漢）1938年版，頁12、37～39。
[333] 轉引自金城：《延安交際處回憶錄》，中國青年出版社（北京）1986年版，頁127。
[334] 梁漱溟：〈訪問延安〉（1941年9月）。朱鴻召編選：《眾說紛紜話延安》，廣東人民出版社2001年版，頁352～354、357。

生時有幽默的語調，周恩來先生頗善談天之外，其餘的人就很少能說一兩個笑話來調換空氣的。

　　人總是人，在長期的緊張生活中，總免不了感到枯寂單調。就這點說，我覺得這樣的延安生活是不能給人以滿足的。

　　共產黨的這種「新民主」辦法，一言蔽之是「放棄權力的外貌控住權力的本質」，雖說三三制容許三分之二的黨外人士參加，然而「黨外人士」並不就等於「反對黨」。這是很明白的：「各黨各派」在邊區還是有名無實的。……共產黨倘要加強三三制的民主性，還必須進一步，在事實上容許各黨各派有組織、宣傳、公開競爭的自由，由各黨派的組織來選舉他們的代表，而不必出於共產黨的恩賜。[335]

　　1946 年底，中間人士對中共有兩大懷疑：一、紅區是否有言論自由？二、是否有法治？謝覺哉承認：「兩點懷疑不是全沒根據。」1948 年 6 月 1 日謝日記：「十年實行的結果，沒有那一解放區真是三三制的，證明政策不適合。雖好也不能行。」[336]

　　趙超構還感受到延安對魯迅的內外有別：

延安文藝界並非不尊崇魯迅。我見到他們的作家，談起魯迅都是很尊敬的；然而在目前的延安卻用不到魯迅的武器。魯迅的雜文，好像利刃、好像炸彈，用作對付「敵人」的武器，自然非常有效；可是，如果對自己人玩起這個武器來，卻是非常危險的。這一種觀點，毛澤東先生在文藝談話中似乎也曾提到過。這就決定了延安文壇對魯迅的態度，不免有點「敬而遠之」。……我們實在看不到魯迅精神在延安有多大的權威。他的辛辣的諷刺，他的博識的雜文，並沒有在延安留下種子來。惟一的理由，就是目前的邊區只需要積極的

---

[335] 趙超構：《延安一月》，上海書店 1992 年版，頁 84、85、230。
[336] 謝覺哉：《謝覺哉日記》，人民出版社（北京）1984 年版，下冊，頁 1031、1208。

善意的文藝，不需要魯迅式的諷刺與暴露。要是需要的話，那也只有在對『敵人』鬥爭的時候。[337]

歷史證明：延安只是從特定角度尊敬魯迅，僅僅尊敬批評敵人的魯迅，絕不尊敬秉持魯迅精神批評陰暗面的王實味。

1969 年，美軍觀察組長包瑞德上校的後見之明：「在 1944 年的夏天，要想清楚地看出毛澤東和他的追隨者們最終將轉而反對我們，則不是輕而易舉的。我承認，確實有些人，他們主要是持極端保守觀點的人，甚至當時就認識到：共產黨人就是共產黨人，共產主義和資本主義不可能輕易和平共處。」[338]「我在 1944 年犯下的錯誤是沒有把中共看作是美國的敵人，……我把他們主要當作與我們共同抗日的盟友。」[339]

最厲害的訪評出於青年黨魁左舜生（1893～1969）。1945 年 7 月初，他與傅斯年等六位國民參政員訪延五日，回渝後，左舜生告訴各方：毛澤東蠻橫且無知，包括其他中共頭目，皆為一個「陋」字，他們絕不肯開誠布公、共謀國是，與中共的任何協商談判均屬多餘。為此，他拒絕參加政治協商會議，認為調停國共軍事衝突多此一舉。[340]7 月 4 日，毛澤東特邀左舜生、章伯鈞「竟日之談」，毛曰：「蔣先生總以為天無二日、民無二主，我就不信邪，偏要出兩個太陽給他看看！」[341]「我這幾條破槍，既可同日本人打，也就可以同美國人打，第一步我要把赫爾利趕走了再說。」左舜生頓感騰騰殺氣，缺乏團結意向與妥協精神，不可能搞民主。對延安秧歌劇，他擲評「低級趣味」。[342]

親共的謝偉思：「有時過度熱心的狂熱和以高壓推動的生產運動，加上缺乏經驗，會造成某些混亂和一些產品的品質低劣。……產品由於品質

---

[337] 趙超構：《延安一月》，上海書店 1992 年 11 月第 1 版，頁 115。

[338] （美）D·包瑞德：《美軍觀察組在延安》，萬高潮等譯，解放軍出版社（北京）1984 年版，頁 109。

[339] （英）韓素音：《周恩來與他的世紀》，王弄笙等譯，中央文獻出版社（北京）1992 年版，頁 242。

[340] 曉沖主編：《毛澤東欽點的 108 名戰犯的歸宿》，夏菲爾出版有限公司（香港）2003 年版，頁 268。

[341] 左舜生：〈見聞雜記〉，轉引自王健民：《中國共產黨史稿》（增訂本），中文圖書供應社（香港）1974～75 年，第三編·延安時期（上），頁 120。

[342] 錢鋼：《舊聞記者》，上海書店出版社 2008 年版，頁 100～101。

過於低劣而毫無用處。」1944 年 7 月 28 日，謝偉思給美國政府的報告中：
「沒有對黨的領導人的批評，沒有政治閒談。」[343]

各根據地民眾對基層幹部的意見已經很大了：「對上級比對下級強，
對縣級比對區級強，對區級比對村級強。最不滿意的，是對村幹部。」[344]
民眾接觸不到上層幹部，尚存幻想。

但是，對延安負面資訊的放射幅度遠不如正面資訊，上述火眼金晴的
智察慧識幾乎沒有引起國統區知識界的關注。弱勢的反對黨，天然被同
情，一句「反共誣衊」便使這些「反面意見」光芒頓暗。費正清：「在我
們中間，誰也不想支持共產主義。我們所希望的僅僅是容許反對黨在正常
情況下存在，來替代目前的一黨專政。」[345]

美國羅斯福私人代表、駐華大使赫爾利（Patrick．Jay．Hurley，1883
～1963），1944 年 8 月～1945 年 11 月調停國共，居然認為國共並不存在原
則分歧。1945 年 2 月，調停已徹底陷入困境，他仍向華盛頓彙報：

> 兩個基本事實正在出現：1、共產黨人事實上不是共產黨人，
> 他們正在為民主原則而奮鬥；2、國民黨的一黨、一人的個人政府
> 實際上並不是法西斯，它正在為民主原則而奮鬥。

謝偉思甚至認為中共是中國最理性最優美的政黨：

> 他們能夠增進國家財富、提高生活水準，但同時通過民主管理
> 辦法避開強大的私人壟斷組織弊端，而這類弊端在純資本主義國家
> 裡卻不斷引起問題。……中國共產黨的目標在於最終實現社會主
> 義，但它希望不通過暴力革命，而是通過長期的、有秩序的民主過
> 程和受控制的經濟發展來達到目的。……共產黨成了一個追求有秩
> 序地民主成長的、走向社會主義的政黨──舉例說，如像在英國正

---

[343]（美）謝偉思（John S. Service）：《在中國失掉的機會》（Lost Chance In China），羅清、趙仲強譯，
國際文化出版公司（北京）1989 年版，頁 190、183。

[344] 王林：《腹地》，解放軍出版社 2006 年版，頁 114。

[345]（美）費正清：《費正清對華回憶錄》，陸惠勤等譯，知識出版社（滬版）1991 年版，頁 329。

在實現的那樣──而不是一個煽動立即的、暴力革命的政黨。它變成了這樣一個政黨,不是尋求及早壟斷政權,而是追求它認為是中國的長遠利益的政黨。[346]

中共最終達到了最大的政治目的──美國政界(許多政治家,如副總統華萊士)普遍流行下列意見:

> 中共只是一群土地改革者,有原則性、紀律性,熱衷於民主,並樂意打日本人,組織得比蔣介石的腐敗政府和軍隊好得多。當對日戰爭進行時,美國應該為未能充分武裝並利用中共軍隊去打擊共同敵人而感到羞愧。戰爭結束後,也許對中國來說,最好是由共產黨來取代國民黨政府。無論如何,同進步的中共聯合起來迫使國民黨政府自由化,對中國和蔣介石是一件有利的事情。

1945 年底,赫爾利目睹毛澤東不願妥協(不同意立即按比例整編軍隊),但已無力挽回大多數美國政要已然形成的親共立場。[347]

1948 年 6 月 4 日,柳亞子、茅盾、章乃器、朱蘊山、胡愈之、鄧初民、侯外廬等 125 位名流在香港聯名響應中共,號召迅速召開新政協,內有「中共並不如反對者之所惡意中傷,企圖再來一個一黨專政。……新的政協召開之後,中國歷史將翻開燦爛的一頁,進一步建立一個統一的真正屬於人民的新國家。」[348]

這些外電外評,對國府是摧毀性的,對中共則起著「槍桿子」不可能起到的巨力。李慎之:

> 上海租界上英文的《密勒氏評論報》、中文的《大美晚報》都起了不小的為共產黨宣傳的作用。一直到抗戰時期中外記者團訪問延

---

[346] (美)謝偉思(John S. Service):《在中國失掉的機會》(Lost Chance In China),羅清、趙仲強譯,國際文化出版公司 1989 年版,頁 286、222~223。
[347] 吳國楨:《夜來臨:吳國楨見證的國共爭鬥》,吳修垣譯,香港中文大學出版社 2009 年版,頁 186~187。
[348] 王晶垚:《〈柳亞子選集〉序言》。王晶垚等編:《柳亞子選集》,人民出版社 1989 年版,上冊,頁 5。

安，美國記者如福爾曼，中國記者如趙超構都對延安備致讚美，也都是我們這樣的左派學生向其他同學進行啟蒙的材料。[349]

1949 年春，三大戰役結束，共軍渡江，中間派知識分子基本政治態度是送舊迎新──棄國親共。1949 年 5 月 25 日，閒臥滬上的北洋及國府官吏吳瀛（1891～1959）上街歡迎共軍進城，賦詩七律：

> 天降王師壺漿迎，江東父老望旗旌；渡江五月驚奇略，橫海千軍掃逆鯨；
> 三載鏖兵除暴政，萬民額手頌新生；秦皇漢武都陳跡，從此趨風毛澤東。

吳老先生萬萬沒想到，對新政權無限信任，無償捐出 241 件一級文物（迄今仍為紅色中國第一捐贈記錄），其子吳祖光竟淪為「人民的敵人」──右派。吳祖光晚年恨極毛澤東。「六‧四」後，全國政協委員吳祖光（1917～2003）每年在兩會呼籲平反，中共頭疼不已。1955 年，吳祖光竭力動員父親捐出文物：「今天的政府是中國歷史上最好的政府。」[350]

儲安平（1909～1966？）未到過延安，但根據政治常識，1947 年寫下兩段「真言」，成為 1957 年劃右的「舊賬」：

> 坦白言之，今日共產黨大唱其「民主」，要知共產黨在基本精神上，實在是一個反民主的政黨。就統治精神上說，共產黨和法西斯黨本無任何區別，兩者都企圖透過嚴厲的組織以強制人民的意志。在今日中國的政爭中，共產黨高喊「民主」，無非是鼓勵大家起來反對國民黨的「黨主」，但就共產黨的真精神言，共產黨所主張的也是「黨主」而決非「民主」。
> 我們從來沒有聽見共產黨批評史達林或蘇聯，從來沒有看到左派的報紙批評毛澤東或延安，難道史達林和毛澤東都是聖中之聖，

---

[349] 李慎之：〈不能忘記的新啟蒙〉，原載《炎黃春秋》（北京）2003 年第 3 期，頁 13。
[350]《吳祖光自述》，大象出版社（鄭州）2004 年版，頁 2、12、168。

　　竟無可以批評之處？難道莫斯科和延安都是天堂上的天堂，一切都
圓滿得一無可以評論的地方？[351]

柒、陽光下的陰影

　　調門甚高的中共，將自己描繪得猶如天兵天將，可文化層次在那兒擺
著，能有什麼人文境界？且不說「殘酷鬥爭」的權鬥，就是生活細節上，
也能小處見大。長征途中，紅四方面軍負責軍需的吳永康（1900～1937，
留日生），在毛兒蓋抱怨：「一方面軍太不惜物力了，你們丟的東西，我們
沿途拾取。」七七八八撿了一大堆可用的棄物。[352]

　　延安「一時氣象」之下早早蹲伏著簇簇陰影。革命終究不是天然絕緣
體，革命者也不可能蹦自石頭縫，延安當然不可能是刀槍不入的聖地，外
面有的陰暗面，延安也會有，各種俗風俗事照樣運行。各級幹部哪會一律
清廉奉公，人性本能遠遠大於「階級覺悟」。江南鬧紅時期，江西省蘇維
埃政府 1932 年披露，「各級政府浪費的情形實可驚人，一鄉每月可用至數
百元，一區一用數千，一縣甚至用萬元以上，貪汙腐化更是普遍，各級政
府的工作人員隨便可以亂用隱報存款、吞沒公款，對所沒收來的東西（如
金器物品等）隨便據為己有，實等於分贓形式。」閩西永定縣成了客棧飯
店，無論什麼人都可在政府吃飯。甯化縣主席居然不知手下人數，「只見人
吃飯，不見人工作」。中央檢察部〈關於中央一級反貪汙浪費總結〉：「查
出包括總務廳長、局長、所長在內的 43 個貪汙分子，貪汙款計有大洋
2053.66 元、棉花 270 斤、金戒子 4 個。」中央總務廳長趙寶成數月浪費三四
千元；瑞金縣財政部長唐仁達貪汙 2000 餘大洋；區委軍事部長范大柱貪汙
174 元；區委組織部長鍾志龍貪汙 52 元；區副主席吞沒犯人伙食費 2700

---

[351] 儲安平：〈中國的政局〉，原載《觀察》週刊（上海）1947 年 3 月 8 日。參見蔡尚思主編：《中國現代思想史資料簡編》第五卷，浙江人民出版社 1983 年版，頁 34～35。
[352] 《謝覺哉日記》，人民出版社（北京）1984 年版，下冊，頁 732。

多毫、燈油費 100 多元；筠門嶺洞頭區軍事部長「金手錶金戒子樣樣都有」，有病不吃藥要吃洋參燉雞，一次就花去十幾元。[353]

1933 年 5～8 月，廣昌縣被洗刷出黨 16 人，其中七人反水或企圖反水（含縣府主席）、貪汙腐化六人；1932 年 11 月～1933 年 8 月，樂安縣清洗出黨 17 人；石城縣清洗 41 人，其中貪汙腐化者五人。[354]

1932 年《紅色中華》披露，會昌縣西崗區政府捉來一土豪婆（靖衛團總兒媳），判罰 40 大洋，但一委員自納為妻，不罰款了。區政府每月開支 300 元以上，會昌縣小密政府將打土豪沒收之物留給委員們享用。至於浪費，江西省政治保衛分局，做一面旗子花了九塊多大洋；兩根手槍絲帶花去 1.24 元；日曆一買十本，三塊多大洋；洋蠟一月點了 30 多包。[355]

1944 年 6 月，中外記者團在洛川見到七位逃兵，「他們都伸出有繭有泡的手掌來，解釋他們逃走的理由是『太苦』。」毛澤東批評：「一部分幹部之間發生了貪汙賭博等極端惡劣的現象。有個別的幹部是被物質所誘惑，因而不願忠實於共產主義的神聖事業，完全腐化了。所有這些弊端，在一部分軍隊與一部分機關學校的幹部中，都是或多或少地發生的。」120 師幾名被追回的逃兵訴說逃跑原因：「我們當兵已多年，還沒有老婆。」另一原因是他們病了，未得到照料。[356]

一些高幹的生活相當特殊，特權已然存在，只是較隱性。如按延安物價，哈德門牌香煙 3～4 角／盒，毛澤東每月抽煙就得百多塊錢，毛當然付不起，公家發。一位知青私下抱怨：「毛主席不納黨費，洛甫吃大前門香煙的錢是那裡來的？」[357]1938 年 1 月，梁漱溟與毛澤東在延安窯洞長談

[353] 余伯流：《中央蘇區經濟史》，江西人民出版社 1995 年版，頁 406～407。
[354] 中共江西省委：〈黨的組織狀況──全省代表大會參考材料之四〉（1933 年 9 月 22 日）。載《中央革命根據地史料選編》，江西人民出版社 1982 年版，上冊，頁 695～696。
[355] 余伯流、凌步機：《中央蘇區史》，江西人民出版社（南昌）2001 年版，頁 904。
[356] 文伯：〈陝北之行〉，原載《中央日報》（重慶）1944 年 7 月 29 日～8 月 7 日。轉引自王健民：《中國共產黨史稿》（增訂本），中文圖書供應社（香港）1974～75 年，第三編·延安時期（上），頁 334、339～340。
[357] 原景信：《陝北剪影》，新中國出版社（武漢）1938 年 5 月初版，頁 15、42。

六夜（晚飯後自黎明），毛澤東給梁漱溟斟茶，「而自酌酒，酒是白酒，亦用不著菜肴。煙亦恆不離手。」[358]

1938 年 3 月，張國燾天天喝得醉醺醺，帶著四個衛士招搖過市，找何思敬下圍棋。[359]1936 年 2 月，范長江報導：「紅軍士兵的生活，仍然比官長要苦些，不過和旁的軍隊，程度有差別。」[360]1938 年 2 月 1 日，八路軍總部發出〈整軍訓令〉，要求遏制貪汙腐化及幹部逃亡現象；怕影響不佳，「此項訓令文字發到團級為止。」[361]

1939 年 2 月 22 日謝覺哉日記：「『賜保命』、『鹿茸精』因不花錢得到，打了近百針而進步很慢，氣體日衰奈何。」延安商店主任因貪汙被撤職。至於挪用公款、胡亂罰款、白吃白喝，就更普遍了。[362]1944 年 10 月，美國記者白修德訪延：「……奢侈品中並不體現完全的平均主義。以牛奶為例：只供給醫院裡的病號和傷患，此外牛奶還供應高級官員的家庭和孩子。我提出了這個問題：誰家的孩子可得到牛奶供給？這一下子把他們窘住了。」[363]1941 年中央青委壁報「輕騎隊」，雜文〈龍生龍、鳳生鳳〉批評延安高幹的特殊化，托兒所只有首長孩子有牛奶喝。此文被國民黨刊物《良心話》轉載。

抗戰勝利後，東北野戰軍八縱 23 師，「不少幹部思想腐爛了。貪汙現象一般幹部都有，高級幹部也有，甚至首長的警衛員都有。貪汙的手段主要是做生產賺錢，做生意可謂是『群眾』性的了。有的高級幹部的老婆也經營大煙，這是犯法行為。……買鋼筆一個人買兩三枝。有的人買兩三件大衣……打罵戰士的現象尤其嚴重，竟還有連長（王××）割士兵耳朵的犯罪行為。」[364]1947 年，東北望三奎地區一區長欺壓百姓、強姦婦女，民憤極大，予以槍決。[365]

---

[358] 梁漱溟：〈訪問延安〉，載《我生有涯願無盡──梁漱溟自述文錄》，中國人民大學出版社（北京）2004 年 11 月第 1 版，頁 127。

[359] 《徐懋庸回憶錄》，人民文學出版社（北京）1982 年版，頁 102。

[360] 范長江：《塞上行》，新華出版社（北京）1980 年版，頁 193。

[361] 〈總司令部與野戰政治部關於整軍訓令〉（1938 年 2 月 1 日）。中央檔案館編：《中共中央文件選集》第 11 冊，中央黨校出版社（北京）1991 年版，頁 419。

[362] 《謝覺哉日記》，人民出版社（北京）1984 年版，上冊，頁 285；下冊，頁 987。

[363] （美）白修德：《中國抗戰秘聞──白修德回憶錄》，崔陣譯，河南人民出版社 1988 年版，頁 188。

[364] 《邱會作回憶錄》，新世紀出版及傳媒有限公司（香港）2011 年 1 月初版，上冊，頁 160。

[365] 李逸民：《李逸民回憶錄》，湖南人民出版社 1986 年版，頁 149。

師哲（1905～1998）揭發康生夫婦：

> 他們工作和生活的一切方面都由秘書來承擔，包括給他們洗腳、洗澡在內。他除了伙食標準同中央負責同志看齊外，還有自己的特殊要求。諸如：襪子非狗頭牌的不穿；地毯是從中亞帶回來的；衣服（特別是大衣和外衣）要穿莫斯科工廠生產的；辦公桌上少不了各種乾果──花生米、核桃仁、扁桃仁、柿餅等。儘管如此，他仍不斷向他所領導的社會部訴苦，以求得格外「照顧」。

> 延安是革命聖地，是艱苦奮鬥的同義語，竟存在著康生這樣的角落，能相信嗎？但這是千真萬確的事實！他有時享受咖啡，有時飲酒，雖不常飲，但酒量很可觀……他由於不得志而以酒澆愁，他把米大夫請到他的住處，搬出珍藏多年的法國、英國名酒，折騰了整整一個下午，二人醉成爛泥。[366]

青年俱樂部等各單位許多人日夜打麻將、推牌九、玩撲克。李銳對無法克制牌欲多次自責，延安也有「麻將熱」。[367]

「很多青年在這裡染上了偷竊習慣。在學校裡、公家的機關商店裡、私人的鋪子裡，常常發生著『被竊』的新聞。」延安市政府主席劉振明甚至吞沒抗屬米糧。[368]邊區政府教育廳長稍有閒暇就打麻將，將孩子甩給妻子，革命意志明顯鬆懈。[369]1946 年 8 月 6 日，謝覺哉出席西北局宣傳座談會，批評上面鋪張浪費，下面貪汙腐化，絕大多數都是老幹部。[370]

陳學昭敏感嗅到：

> 延安有一種極奇怪的空氣，不止抗大如此。在外邊，我從前也這樣想，延安總是充滿了拋聲名、棄地位，純粹為著抗戰，無條件地來到邊區學習或工作的人；哪知道延安的空氣並不如此，有些

---

[366] 師哲：《峰與谷──師哲回憶錄》，紅旗出版社（北京）1992 年版，頁 226。
[367] 李南央編：《父母昨日書》，時代國際出版有限公司（香港）2005 年版，上冊，頁 264、339。
[368] 齊世傑：《延安內幕》，華嚴出版社（重慶）1943 年版，頁 13、22。
[369] 蔣巍、雪揚：《中國女子大學風雲錄》，解放軍出版社（北京）2007 年版，頁 283。
[370]《謝覺哉日記》，人民出版社（北京）1984 年版，下冊，頁 956。

人，他們對於真正拋棄一切而來的青年或別種人，常常表示極大的驚奇，有時也會天真地問：「你既然本來有飯吃的，何必到延安來呢？」我也推究不出為什麼有這個空氣。[371]

1942 年 3 月 12 日，羅烽發表於延安《解放日報》的雜文中：

> 在荒涼的山坑裡住久了的人，應該知道那樣雲霧不單盛產於重慶，這裡也時常出現。[372]

1942 年 4 月 4 日，蕭軍（1907～1988）寫於延安窯洞：

> 年來，和一些革命的同志接觸得更多一些，我卻感到這同志之愛的酒也越來越稀薄了！雖然我明白這原因，但這卻阻止不了我心情上的悲愴。
>
> 近來竟常常接到一些不相識的同志們底信，信裡面大致是述說自己的痛苦和牢騷。不滿意環境，不滿意人，不滿意工作……甚至對革命也感到倦怠了……[373]

另一篇闖禍雜文〈論離婚〉，批評延安某些高幹喜新厭舊頻繁換偶。《輕騎隊》壁報被定性「小資產階級言論」而停刊。

最大的陰影還是革命邏輯下的禁慾主義。海倫‧斯諾是最早訪問延安的老外之一，撰有《延安四個月》（1937）：「清教主義、禁慾主義以及斯巴達主義的哲學，主宰著延安的一切。」[374]低欲無私的清教徒式氛圍是延安的基本色調，革命黨初期都會提出高於普遍標準的道德尺度，以標榜自己的無私犧牲。如對人類最原始的性慾，延安制定出「二八五七團」的允婚門檻──二十八歲、五年黨齡或七年工齡、縣團級幹部。達不到這三項條

---

[371] 陳學昭：《延安訪問記》，廣東人民出版社 2001 年版，頁 65。

[372] 羅烽：〈還是雜文的時代〉，載《解放日報》（延安）1942 年 3 月 11 日。

[373] 蕭軍：〈還同志之『愛』與『耐』〉，載《解放日報》（延安）1942 年 4 月 8 日。

[374] 朱鴻召編選：《眾說紛紜話延安》，廣東人民出版社 2001 年版，頁 481。

件，識相點，往後退退。1946 年，張家口華北聯大文學系女生田賜，未婚先孕，無法掩蓋日漸隆起的肚子，投井自殺。[375]1947～48 年冀中根據地，若發現不正當男女關係，輒拉出遊街。「農村政治鬥爭也開始有了戰爭的火藥味兒。特別是大村，拉人遊街的事兒，強迫人坦白的事兒，以及對犯了錯誤和有毛病的人開展大會鬥爭的事兒，動不動就折騰一回。」[376]

　　在清教徒式的氛圍下，很容易形成壯烈情懷，並陶醉於這種「道德美感」，這固然有利於強化革命者的意志，但壯烈者輒認為有權要求別人也壯烈，犧牲者要求別人也得犧牲。程映虹（1959～）：「在主義面前蔑視自己生命的人，常常容易發展到為了主義而踐踏別人的生命。在這些人身上，人性中對於抽象概念的崇拜發展到狂熱，便掩蓋了人性中本來應有的對於自然生命——不論自己的還是他人的敬畏。因此，自己越是不怕砍頭的人，一旦砍起別人的頭來越是毫無顧忌，這是為了主義。」[377]延安一代在自我犧牲的同時，「理所當然」地要求別人也犧牲。正如西方史學家所指出：「革命者像清教徒或雅各賓派一樣偏愛美德。這種偏愛構成了樂觀主義的革命者用自己的純潔性去要求他人的革命者的特性。」[378]1953 年，七千餘志願軍戰俘回國，發給他們的讀物觸目驚心：「共產黨員是不能被俘的！」為他們放映影片《狼牙山五壯士》、《八女投江》。[379]

　　「延安陽光」中最隱蔽最兇險的陰影就是「無私」。由於「無私」具有巨大道德光環，且為吸引一代精英奔赴延安最耀眼的光柱，恰恰這道強勁燦爛的光芒攜帶著最不易覺察的致命暗弊，成為最初的價值偏誤：

　　　一、中共據此理直氣壯地要求投奔者「思想改造」，因為你們來自洶洶私欲的「舊社會」，延安則是「無私」聖地，從有私到無私必須經過一番改造。

　　　二、中共成員失去捍衛自身權利的邏輯依據，一提就俗，一路走至文革「狠鬥私字一閃念」。舉著似乎高尚無比的道德旗幟，褫奪一

[375] 陳恭懷：《悲愴人生——陳企霞傳》，作家出版社（北京）2008 年版，頁 178。
[376] 《我的人生——浩然口述自傳》，華藝出版社（北京）2000 年版，頁 136。
[377] 程映虹：〈砍頭與主義〉，轉引自丁東：《精神的流浪》，秀威資訊公司（台北）2008 年版，頁 230。
[378] （法）雷隆·阿隆（Raymond Aron）：《知識分子的鴉片》（1955），呂一民、顧杭譯，譯林出版社（南京）2005 年版，頁 46。
[379] 趙飛鵬：〈在歲月中慢慢消磨被俘的傷痕〉，載《中國青年報》（北京）2011 年 11 月 11 日。

切人權，私念一閃，就得「自覺革命」。滅欲如此，還有什麼權利？還需要什麼權利？1974 年 9 月 24 日，江青陪菲律賓總統馬科斯夫人去小靳莊，車隊在路上撞死一人，總統夫人要求趕快停車，江青拒絕停車，疾馳而去。[380]人道主義意識，偉大的無產階級革命領袖夫人還不如渺小的資本主義國家總統夫人。

三、悄然移換基本價值理念。既然一切自我感受均不可靠，自我就是萬惡淵藪，黨員也就無法依靠感性辨別是非，無條件接受「革命觀念」。既然一切新說建立在人們不熟悉的全新地基上，新舊制度源自完全不同的價值體系，那麼一切既有經驗也就自動失去檢驗新制度的資格。

1957 年大躍進，溫濟澤（1914～1999）心態：「大躍進宣傳得那麼厲害，我不是那麼太相信，但也沒有什麼根據不相信。」[381]老一代知識分子張奚若（1889～1973）卻一眼洞穿大躍進謬根：「鄙視既往，迷信將來。」[382]將來還沒有來到，就先把過去拱翻了，使你失去驗別其貨的量尺。

從核心價值上，共產實踐就是致力營建無私社會，這一制度設計之所以在全球遭到慘敗，帶來巨大人文災禍，就是這一價值指向完全有違人類天性──不可能也不必消除自私本性。從歷史理性角度，承認自私天性並不妨礙同時兼愛他人，努力營造公私雙贏的社會制度才是現代社會難度所在與理性高度之體現。理想的社會制度只能適度恰分地抑私揚公，無必要也不可能完全鬥私滅欲。因為，從最根本的價值邏輯上，無私即無公，公只是私的集合體，否定了私也就一併否定了公的合理性。很簡單，沒有了私的公，還有什麼實質性的價值內涵？按無私原則，當你「無私」地去幫助另一人，等於助長那人的自私。既然你的這份奉獻僅滿足那人一己需要，而那人的需求又本無價值，那麼你的這份奉獻還有什麼價值？再說了，那人也應「無私」地拒絕別人奉獻，既然大家都應無私，誰還好意思索要並接受別人的幫助？個人私權實為一切集體價值之基石，基石一抽，大廈晃搖，一切皆歪矣！

---

[380] 《胡喬木傳》編寫組編：《胡喬木談中共黨史》，人民出版社（北京）1999 年版，頁 218。
[381] 《溫濟澤自述》，中國青年出版社（北京）1999 年版，頁 286。
[382] 座談會發言載《人民日報》（北京）1957 年 7 月 15 日。

　　個人權益不僅是人類一切制度的價值起點，也是社會成員努力奮鬥的動力源泉。人人都忙著奉獻、忙著「為別人」，「自己」誰來照看？如一下雨都忙著為別人撐傘而自己需要別人來撐傘，豈非又麻煩又彆扭？首先照顧好自己，再去兼愛送傘，難道不是最佳最簡便的價值順序麼？救援者首先自己不能成為求援對象，這不是最淺顯的道理嗎？

　　挑戰人類私心本性，強行要求必須時刻掂著集體與別人，類同愚蠢地向風車作戰，當然只能得到歷史嘲笑。延安燈塔上熠熠閃光的「無私」，隱伏著重大價值偏移，乃是日後烏托邦實驗的歪斜起點。1957 年公社化以後，出售農副產品、養雞養鴨、努力掙錢都成了萬惡的「走資本主義道路」，原本似乎絕對偏袒工農的階級論，竟也成了綁縛工農的繩索，令「最高貴」的工農驚恐莫名，不知所以。

　　古希臘普羅泰戈拉名言：「人是萬物的尺度」，而人的一切行為皆源於欲望。個人需求乃人類發展第一動力，滿足每一社會成員的欲望，乃人類社會的最高理想。否定了欲望的初始價值，等於否定了人本身，否定了人存在的一切意義，滅欲等於滅掉社會發展的初始動力，抽走「萬物尺度」的價值基座。這種以抽象集體價值否定具體個人價值的「紅色價值論」，完全顛覆了社會理性價值序列，使數代國人生活在歪斜的價值邏輯中──活著就是為了壓抑欲望。這當然是真正「反動之極」。

　　延安一代終其一生，包括李慎之、李銳這樣最高級別的反思者，無一人認識到「無私」的反動性，認識不到「無私」所包涵的重大價值偏差，認識不到「無私」對人類一切經驗的徹底背叛，更認識不到對「無私」的瘋狂追求，實為哲學能力之貧弱與文化水準之低下。

　　數代中共黨人（大革命一代、延安一代、解放一代）之所以不易認識赤說之謬，許多「兩頭真」之所以至今仍認為馬克思主義是一部好經、共產主義不失燦爛理想，關鍵在於共產赤說的迷惑性──利用人性反人性，利用人類要求平等的這部分天性，否定人類天性最大最主要的部分──自私。馬克思利用人類對自私本性中醜陋部分的嫌惡，否定自私的正面效應──私權乃一切人類權利之來源，並且是人類社會一切制度的價值基礎。紅色信徒們認為「平等」、「無剝削」符合絕大多數人的內心呼喚，看不到否定私權使一切公權失去依憑。無私無欲，旗幟豔亮，然調門過高，其實

難副，勢必孳生虛偽。中共的虛偽氛圍，正是在這種主客觀差距中逐漸形成。延安一代很快學會用響亮口號包裝自私目的，被訓練培養成「對善惡都無動於衷」。投奔「自由延安」的知青漸漸習慣於「黨紀約束」，自覺訓練表裡不一的能力。時日一長，陰影裡待得久了，也成為陰影的一部分，說真話反而不自然了。

得到「培訓」的延安一代在此後歷次政治運動中，大多運作自如，較難「跌倒」。後人指出：「說到底，批判者的批判大都包藏著一種個人的動機、個人的目的。從表面上看他們是在捍衛一種社會價值，而實際上是對自己個人利益、社會地位、未來命運的維護。這一點，在那些來自解放區的作家、掛著各種政治牌牌的作家身上，看得特別清楚。」[383]

日常生活中，陳學昭一到延安就感受到「陰影」：

> 因為人人有工作，雖然多或少、重或輕是有分別的，但飯是吃得一樣的，何必多花費自己的氣力呢？我想也有人這樣想的。生活如果太有保障，人們是容易變成懶惰的。

> 今日邊區在工作上所存在的最大的缺點，就是一切辦事機構太不科學化。我這句話說得太老實，太不客氣了。……這裡缺乏行政人員，就是說缺少官，這怕是一個事實。……說到事務與管理這部分工作的缺陷，實在碰到了這個基本的缺點：太不科學化。為什麼我說這是一個基本的缺點呢？譬如一個人要領兩斤炭，照理這個事情他可同總務科講，或同事務科講，或同管理科（可講的人太多了，反而沒有一個人負專責）講，結果他統統都講過了，兩斤炭總是不來，總沒有地方可去領。最後，他大膽地去信請求部長。這兩斤炭也要鬧到部長的辦公桌上，那麼這些總務科、事務科可是做什麼的呢？……我可以說，好些機關裡的收發都是不大負責的，信件的遲到與失落是常事。

---

[383] 張景超：《文化批判的背反與人格》，黑龍江人民出版社 2001 年版，頁 154。

還有可怕的毫無時間觀念的農民習氣。1943 年 11 月，陳學昭：

> 一般同志對於時間的概念還是很淡薄，不重視時間，不遵守時間，不抓緊時間，也就是浪費時間。開一次會，要是有幾十個人的話，等待開會的時間往往可以和開會本身的時間占得差不多，就是說：兩小時的會，要等待兩小時。聽一個報告也是如此。[384]

1939 年 5 月 10 日，「魯藝」成立周年慶祝大會，通知下午一點半開會，蕭三二點去，沒幾個人，三點後陸續來人，四點才正式開始。[385]

1940 年 3 月，初到延安的范元甄在私信中頻頻泄怨：「想想看，這一向的生活夠多沒意思呵！」「我們的孩子是優秀的，他們比那些烏龜王八蛋的種子總值得寶貴一些吧。」「孤寂之感時常襲我！的確，這兒的生活以及人與人之間的關係是絕不比青年之間的。」「今天早晨剛吃一碗飯，就沒有飯了。我當時真想發脾氣！……不禁對這種生活深深感慨。反正誰也不關心誰，以後咱們就實行搶。」

1941～42 年，范元甄再三向李銳訴怨：

> 坐在這個山溝裡，慢條斯理，搞不出東西的。……應該記得結婚以前的許多「幻想」，不要讓延安生活的「庸俗」麻木了我們。
>
> 我對於在這環境裡能培養出專家，已經沒有信心。
>
> 我是絕不能在此地待下去了的。三次高潮（按：反共高潮）過去以後也許可以出去了吧？[386]

1941 年 7 月下旬，蕭軍向毛澤東辭行，準備赴渝。蕭軍向毛談了延安的陰暗面，建議中共制定文藝政策。毛挽留蕭軍，托蕭軍收集文藝界各方意見。[387]這次會談成為召開「延安文藝座談會」的起因。蕭軍萬萬想

---

[384] 陳學昭：《延安訪問記》，廣東人民出版社 2001 年版，頁 17、87、82～83、88～89、249。

[385] 蕭三：〈「窰洞城」〉，載《紅旗飄飄》第 19 集，中國青年出版社（北京）1980 年版，頁 308。

[386] 李南央編：《父母昨日書》，時代國際出版有限公司（香港）2005 年版，上冊，頁 202～203、212、235～237、241、251。

[387] 逄先知主編：《毛澤東年譜（1893～1949）》（中卷），中央文獻出版社（北京）2005 年版，頁 315。

不到，自己的建議會成為新版「作法自斃」，催生出〈延安文藝座談會上的講話〉，日後對他形成一系列迫害。

士紳對中共的態度也是一條大陰影。延安交際處長金城（1906～1991）：

> （綏德、米脂的）開明士紳、地主、商人、高級知識分子的中間和右翼，抗戰以來在國共兩黨之間，多數採取的是兩面搖擺態度，但是屁股還是坐在蔣介石一邊。他們對我們的減租政策有抵觸，對交公糧的態度也不積極。表面上擁護統一戰線，實際上若即若離。那裡他們最典型的做法是將女兒、孫女送到延安抗大、陝公學習，而把兒子、孫子送到西安去讀書。[388]

送女兒、孫女上免費的延安，送兒子、孫子上繳費的西安，騎牆兩跨，政治傾向一目了然。這一深有意味的「兩邊送」，說明這一「先進生產力」階層對共產制度的背離，體現了有產者對中共的政治向背，意味著共產制度不可能得到「先進生產力」的支持。但中共並不承認鄉村士紳是「先進生產力」，而是從「奪其財激其恨」的邏輯看待鄉村士紳的政治態度，斥其頑固，責其懷私。階級論之悖謬，纖毫畢現。難道奪人私財，人家還會遞笑臉？李鼎銘（1881～1947）這樣的「開明紳士」，對紅軍時期「從肉體上消滅地主的做法，仍持有疑慮。」[389]

文藝界派系矛盾也在延安形成。周揚的「魯藝」與丁玲的「文抗」，矛盾漸深，成為日後中共文藝界的最大派系。李一氓（1903～1990）晚年不止一次對何方說：「中國文藝界的不團結，周揚、夏衍一幫人有重大責任。他們把派性從三十年代的上海帶到抗戰時的延安（分為以周揚為首的魯藝派和以丁玲、艾青、蕭軍等代表的文抗派）、重慶。建國後他們又處於全國文藝和文化界的領導地位，就使這種派系鬥爭一直延續下來。例如馮雪峰被打右派，就只是因為夏衍提出上海灘三十年代的老賬。」[390]

---

[388] 金城：《延安交際處回憶錄》，中國青年出版社（北京）1986 年版，頁 155。
[389] 張秀山：《我的八十五年》，中共黨史出版社（北京）2007 年版，頁 124。
[390] 何方：《黨史筆記》，利文出版社（香港）2005 年版，下冊，頁 581。

邊區政府主席張國燾指出更宏觀的陰影：

> 他（指毛澤東）並不瞭解政府機能的範圍和內容，實際上只想
> 使邊區政府能在某些方面裝點門面（這也許是毛氏不能很好統治一
> 個國家的基本原因之一）。毛澤東等中共要人在這個問題上有許多
> 錯誤觀點，大別之為下例各點：
>
> 一、他們忽略了許多歷史教訓乃至列寧的遺訓，不將政府機構看作
> 最重要的和最有效能的工具，或者換句話說，只有奪取政權的
> 抱負，沒有好好運用政府機能的知識。
>
> 二、他們太重視黨的權力，而又不瞭解黨與政府的正確關係，因而
> 黨部對政府工作干涉太多。
>
> 三、由於革命實行中養成了許多粗糙的革命觀念、游擊思想、不合
> 理的平等觀念等，無法深刻認識法律和制度等的重要性。[391]

中共進城後，以黨代政、只重權力不重效率、觀念粗糙、無視法治等，確實為這位「叛逃者」不幸而言中。「偉大的毛澤東時代」只有兩部法——憲法、婚姻法，憲法裝裝樣子並未執行，真正「無法無天」。

1940 年初，邊區已出現不少只要百姓納糧不管百姓死活的鄉縣官吏。[392]1941 年夏，清澗縣農婦伍蘭花之夫耕地時被雷劈死，伍大罵：「世道不好，共產黨黑暗，毛澤東領導官僚橫行……」社會部將該婦押至延安，報請邊區高院公審槍斃。毛澤東顧忌民意，請來伍蘭花，伍哭訴：1935 年南方紅軍來後，分到五畝地，頭幾年還好……這幾年變了，不行了，幹部只管多收公糧，誰不交就罵誰，有的話罵得實在難聽呵！咱溝畔二十戶人家，至少五家交不起公糧，數咱最苦最難；現在丈夫死了，家裡頂樑柱沒了，咱可怎麼活呀！[393]

延安上空的陰影還從一些細小處飄出。1940 年代初，胡繩（1918～2000）、李普（1918～2010）兩位小青年主持重慶《新華日報》專欄「解放

---

[391] 張國燾：《我的回憶》，東方出版社（北京）1998 年版，第三冊，頁 396～397。
[392] 梅劍主編：《延安秘事》，紅旗出版社（北京）1996 年版，下冊，頁 678。
[393] 薛鑫良：〈久違了，延安精神〉，載《同舟共進》（廣州）2009 年第 10 期，頁 42。

區漫談」，專門論證中共如何在民主實踐中學習民主，延安正在逐步清除封建專制流毒。但這兩位「解放區介紹人」從未去過延安或任何一處赤區，僅僅憑著《解放日報》及少量書刊，就在深入論證「解放區的民主」，並編了一本小冊子《光榮歸於民主》。[394]

趙超構也嗅出：

> 在延安談檢查制度是無意義之事，因為你們只有一家報紙，出版機關也只有一家解放社，你們的稿子只能向一個地方送，那麼，解放社和《解放日報》的主編就可以全權處理你們的稿子了。
>
> 在延安，形式上的檢查制度是沒有，替代它的是作者自動的慎重和同伴的批評。我知道延安人所說的批評的意義，就是用多數人的意見來控制少數人……延安有一種批評的空氣，時在干涉作家的寫作。[395]

一些違背現代科學理念的歪歪理公然踱出。1947 年 6 月 21 日，鄧小平（1904～1997）在晉冀魯豫野戰軍直屬隊營級以上幹部會：

> 在思想上，我們要提倡兩個「主觀主義」──這是形容詞、加重語。第一，凡是自己思想與黨中央、毛主席相抵觸的時候，要無條件承認自己錯了。毛主席思想是全黨的準繩，歷史上已經證明了毛主席沒有一點不對的……二十多年的歷史證明了毛主席是絕對正確的……因此，遇到自己思想與黨中央、毛主席思想相抵觸的時候，首先承認自己錯了，這是改造自己，提高自己覺悟及學習毛主席思想的起點。這樣做，也是完全符合黨章規定的。第二、凡是地主與農民發生糾紛，不用調查研究，應當首先承認農民是對的，地主是錯的。這都是立場問題，要無條件提倡。[396]

---

[394] 李普：〈悼胡繩〉，載《炎黃春秋》（北京）2000 年第 12 期，頁 6。
[395] 趙超構：《延安一月》，上海書店 1992 年版，頁 84～86。
[396] 中國人民大學中共黨史系資料室編：《中共黨史教學參考資料》第 10 冊，中國人民大學（北京）1981 年 3 月校內自印，頁 394～395。

　　思想認識問題一律上升為政治問題，思想問題政治解決，乃中共一貫邏輯。從鄧小平的「兩個凡是」放射出去，中共能不走偏路嗎？

　　另一不易被覺察的陰影：軍事共產主義所攜帶的多方位作用。一、促使心理趨同，吃睡都一樣，行為還能不一樣嗎？只能跟著走；二、保證了鐵的紀律，必須服從組織，一旦離開組織，不僅失去政治生命，一併失去飯碗；三、有效維護首長權威。我的待遇都與你一樣了，你還不應該聽我的嗎？四、有效防堵異思異見。大家什麼都一樣，你怎麼可以出格？

　　政治取向上，延安陰影就更明顯了，三權分立受到否定。東吳大學法科生諶厚慈（1900～1977），「四・一二」後奔波反蔣，1938 年進入赤區，歷任冀西游擊司令部總參議、太行太岳冀南司法處長。金城：「1941 年，他因司法與行政、立法關係問題與我黨發生意見分歧，他所堅持的『三權分立』思想受到批駁。」[397]這位中共甚缺的法學人才，被迫脫離司法界，1945 年後歷任冀東紙業公司經理、冀東行署交際處長、教育廳副廳長。這當然是中共至今仍稱「中國不搞多黨制」的延安注腳。

　　正因為形成領袖「合法」的極權制，毛澤東才能「弄潮兒向潮頭立」，駕雲乘風，隻手禍國。文革後，中共一直強調林彪、四人幫是極少數，其實各級各層都有大小林彪、康生、江青，極權制土壤氣候相同，「產品」也就不可能相差太遠，只能分娩弄權者陰謀家。

　　最早的覺醒自然是對陰影的疑惑。胡績偉赴延前就質疑：既然蔣介石、希特勒的一黨專政與民主政治背道而馳，「為什麼資產階級的多黨專政是專制制度，而無產階級的一黨專政制度卻是民主制度？我那時很不理解。」胡績偉萬萬沒料道這一最初的不理解，恰恰裏帶著最大的政治危險。既然別家的一黨專政是專制，為什麼你家的一黨專政就成了民主？整風後，胡績偉的疑惑更深入具體：

　　　把延安看得不好是小資產階級，看得太好，也是小資產階級，那麼把延安看成什麼樣才是無產階級呢？整風運動就是要弄清楚「無產階級和小資產階級的區別」。當時，我沒有弄清楚究竟區別在哪裡。

---

[397] 金城：《延安交際處回憶錄》，中國青年出版社（北京）1986 年版，頁 170～171。

> 在七大前後的文件中，對這點講得更多，但右了、左了都是小資產
> 階級、資產階級，只有不左不右才是無產階級，我還是弄不清楚這
> 是為什麼。[398]

對階級論的這一疑惑，正是馬列主義最致命的軟肋，即實踐中無法進行操作──如何才能做到無產階級的「不左不右」呢？事實證明：惟列寧、史達林、毛澤東才能做到，並非他們仨人才是「真正的無產階級」，而是因為只有他們「免檢」，不受任何質疑。

更實質的陰影，1944年2月24日謝覺哉日記：「延安報告有人民搬家（按：離開邊區），原因之一為負擔重：一種是丈量土地時將土地等級和產量定得高了，使負擔重；一種是交公糧後沒得吃，所交公糧之數幾乎和全年收入粗糧相等。如白玉賓全家四口人，收入粗糧五大石，須出公糧四石六斗六升。」同年10月9日謝日記：「延安市一年來死224人，生183人，損失人口41人，多危險！」10月11日謝日記：志丹縣三區四鄉最不講衛生，人畜同住，1943年出生率5.8%，死亡率8.1%；1944年上半年出生率3%，死亡率14%。[399]

美化窮人道德，波及遠在重慶的文化人。美國大兵在渝跳河救人，衣服被偷，上岸後聳聳肩苦笑離去。吳祖光評曰：「不要責難任何一個這樣的偷竊者吧！只為了貧窮，在這個國度裡，他們捨去這種鋌而走險的偷竊則別無生存之道也。」[400]因為貧窮，偷竊也可原諒，似乎還該鼓勵。

因紅色政效均需未來證實，延安一代也就將人生押上革命的賭台。很清楚，正是延安建立的一系列紅色邏輯，才有後面的反右、文革，才有紅衛兵「合理合法」地去剪女人長髮、男人褲管，才有1980年代對蛤蟆鏡、披肩髮、迷你裙猶破天條的集體尖叫，才有「一夜退回五〇年」的驚呼，中國才需要「否定之否定」，才有延安一代晚年的深重歎息。

---

[398] 《青春歲月──胡績偉自述》，河南人民出版社1999年版，頁137、248。

[399] 《謝覺哉日記》，人民出版社（北京）1984年版，上冊，頁579～580；694～695。

[400] 吳祖光：〈偷竊者〉（1946年7月），載吳祖光《風雪夜歸人》，新世紀出版社（廣州）1998年版，頁74。

　1942 年整風後，自由從延安悄然遁去；1949 年後，民主也開始隱退；1955 年軍銜制出臺，平等也不見了；1957 年反右，話都不能說了，中共正式露出專政獠牙。「前度劉郎今又來」，大變之中無實變，而且大大倒退。因為有「馬克思」為「秦始皇」撐腰，詩人為劊子手提供「必須殘酷」的理由，毛澤東的能量大大超過秦始皇，確實繪出一幅前無古人的「最新最美圖畫」——至少六千萬國人為他的紅色政治殉難。

　最隱蔽的延安陰影當然是侵犯人權。除了藐視人權侵犯私權、無有法度，還公然侮辱人格。如犯人得穿左紅右黑的對襟囚衣，頭髮中間「開馬路」。前保安處副處長陳復生（1929 年參加紅軍），僅僅因為與康生吵翻（動手要打），不審不判關押 6 年 11 個月。[401]

　高爾基早就看出封建幽靈借披紅色外衣還魂。1918 年 8 月 30 日列寧被刺，俄共隨即宣布紅色恐怖。為報復彼得格勒契卡主席被害，500 名「資產階級代表」立即槍決，400 名舊軍官推到三個大坑前槍斃。高爾基怒斥：

> 這種極不理智的怯懦的算術……你們摧毀了君主制度的外部形式，
> 但是它的靈魂你們卻不能消滅，看吧，這靈魂活在你們的心中，迫
> 使你們失去了人的形象。[402]

---

[401] 陳復生：《九死復生——一位百歲老紅軍的口述史》，中央文獻出版社 2010 年版，頁 176～177。
[402] （俄）高爾基：《不合時宜的思想——關於革命與文化的思考》，朱希渝譯，江蘇人民出版社 1998 年版，頁 110。

第四章

思想框架

壹、隔著紗窗看曉霧

　　辛亥後，王綱解紐，神器搖撼，天下騷然，主義爭流。赤俄以偏激撐張豔幟，以放棄一切在華利益為香餌，輕獲中國士林好感。1920 年春，第三國際東方局派維涇斯基來華，新文化界人士到處請他介紹蘇聯情況。[1] 1923 年 1 月，越飛（蘇聯副外長）在滬會見孫中山，發表孫越宣言，確認蘇聯此前放棄帝俄在華特權聲明有效，且對外蒙無領土野心。[2]接著，越飛與外長顧維鈞正式談判，表示廢除帝俄時代條約有一先決條件：中國必須單方面宣布廢除與西方列強締結的條約，與蘇聯在國際事務方面合作，必須接受「中蘇合作」，否則廢除帝俄舊約失去前提。越飛訪華意在中蘇結盟，要求中國「一邊倒」。[3]中國政府沒同意，越飛來了，只能又走了，所謂「放棄一切在華特權」並未兌現。這一有損蘇聯形象的重要史實，中共史書一直刻意回避。

　　越飛來華受到蔡元培、胡適、李大釗及馮玉祥歡迎，但對照莫斯科交代的「底牌」，他密函列寧、托洛茨基，說他每當面對中國人的友好與期待，輒感「愧對」，因為蘇聯在外蒙和中東鐵路沒有踐行承諾。[4]

---

[1]　〈李達自傳〉，載《黨史研究資料》（2），四川人民出版社 1981 年版，頁 1。

[2]　沈慶林：〈第一次國共合作的建立〉。載中國革命博物館黨史研究室編：《黨史研究資料》第二集，四川人民出版社 1981 年版，頁 271。

　　　越飛，1917 年加入俄共，1918 年駐德大使，1922 年 8 月～1923 年 1 月蘇聯駐華全權代表，1927 年因蘇共內鬥而自殺。

[3]　朱正：〈解讀一篇宣言〉，原載《辮子、小腳及其它》，花城出版社（廣州）1999 年版。參見劉鶴守編《呼喚：1998 年～2007 年言論選本》第一冊，2009 年自印本，頁 196。

[4]　李玉貞：〈九十年前蔣介石訪蘇內幕〉，載《世紀》（上海）2012 年第 6 期。

可一紙空文「放棄一切不平等條約」，贏得左翼士林極大好感，對赤俄發生極大興趣，希望找到赤俄何以如此仁慈的原因，中國是不是也能走赤俄之路？他們很快找到「答案」：十月革命適用中國；因為：一、革命的價值——建立沒有階級沒有剝削的人間天堂，這不是孔孟大同的實現版？二、革命的道路——發動群眾、武裝奪權，中國不是早就有劉邦、朱元璋？左翼士林認定十月革命可模仿。以前一直感覺無從著手的中國革命，這回有了明確目標與具體入徑。

此時，蘇聯因遙遠而神秘，馬克思主義又自稱終極解決一切社會弊端，最新最美的人文新說，左翼士林躬身迎請，以為引入一帖救世良方。郭沫若還未讀幾本馬列，1924年便急急宣布「我現在成了個徹底的馬克思主義的信徒了！馬克思主義在我們所處的這個時代是唯一的寶筏。」「在社會主義實現後的那時……一切階級都沒有了……一切生活的煩苦除去自然的生理的以外都沒有了。」[5]郭沫若對馬克思主義的這種信徒式皈依，大致代表了此後兩三代赤士的思想基調。

1920年，瞿秋白有一段後被廣為援引的話：

> 社會主義的討論，常常引起我們無限的興味。然而究竟如俄國十九世紀四十年代的青年思想似的，模糊影響，隔著紗窗看曉霧，社會主義流派、社會主義意義都是紛亂，不十分清晰的。正如久壅的水閘，一旦開放，旁流雜出，雖是噴沫鳴濺，究不曾自定出流的方向。其時一般的社會思想大半都是如此。[6]

參與中共上海小組籌建的陳公培（1901～1968）：「當時我們對十月革命的認識是很模糊的。」[7]瞿秋白對社會主義都是「隔著紗窗看曉霧」，延

---

[5]　郭沫若：〈致仿吾書〉（1924年8月9日）。周作人編：《中國新文學大系》第六集，上海良友圖書公司1935年版，頁219、227。

[6]　瞿秋白：〈餓鄉紀程——新俄國遊記〉。參見《瞿秋白文集·文學編》第一卷，人民文學出版社（北京）1985年版，頁26。

[7]　李銳：〈追溯中共初創時期的歷史——《中共創始人訪談錄》序〉，載《炎黃春秋》（北京）2008年第8期，頁42。

安知青不僅對馬列主義不甚瞭解，就是對中共也朦朧模糊，只看到「影子的影子」。

有關十月革命的真相，中共所知甚少，大批留蘇生也得不到真實資訊，甚至聽不到不合俄共政治需要的列寧講話。1920 年 12 月 10 日，西班牙工黨代表團問列寧：「您認為稱作無產階級專政和過渡時期的現階段將在何時以何種方式過渡到那個工會、出版和個人都享有完全自由的制度？」列寧對曰：「我們從來沒有談過自由，我們只說過無產階級專政。我們把無產階級專政當成遵循無產階級利益的政權來實施，因為本來意義上的工人階級即產業工人階級在我國占少數，於是專政的實施就是為了這部分少數人的利益，這一專政將一直繼續到其他的社會成分全部都服從共產主義所要求的經濟條件為止。」[8]五四士林如聽到列寧這番「不談自由只說專政」，還會視莫斯科為民主天堂嗎？如果抗戰青年聽到了，會視延安為「民主燈塔」嗎？

「革命海燕」高爾基（Gorky‧Maksim，1868～1936）當時就大聲譴責十月革命的血腥與紅色邏輯的荒謬：

> 在社會主義政府管理時期，當政權在你們手裡的時候，你們同我們革命前一模一樣，也大規模殺害人民。
>
> 布爾什維克主義政策的民族主義正表現為「向貧窮與卑微看齊」──我就應當悲傷地承認：敵人是對的，布爾什維克主義是民族的不幸，因為它可能在它激起的粗俗本能的混亂中危險地消滅俄國文化的柔弱的幼芽。
>
> 無產階級並不寬宏大量，而且也不公正，但是革命本應當在國內建立起可能的公正。無產階級並沒有取得勝利，全國到處都是內訌和屠殺，成百上千的人互相殘殺。那些喪失了理智的人在《真理報》上瘋狂地教唆著：打擊資產者……互相毆鬥的並不是那些老爺，而是奴才們，沒有跡象表明，這種毆鬥會很快結束。當你目睹國家的健康力量怎樣在互相殘殺中滅亡時，你是高興不起來的。

8　列寧：〈同西班牙社會主義工人黨代表團的談話（1920 年 12 月 10 日）〉。載中共中央馬恩列斯著作編譯局編譯：《列寧全集補遺》，人民出版社（北京）2001 年版，頁 464。

　　蘇維埃政權就是這樣把自己的精力耗費在煽動惡意、仇恨和幸
災樂禍的感情上，這種做法無論是對政權自身，還是對整個國家都
是毫無意義的和極為有害的。

　　只要我還有可能，我就會反復對俄國的無產者說：「人家在把
你引向死亡，在把你當作無人性的試驗材料使用，在你的領袖們的
眼中你仍然不是人！」「正如我不止一次說過的那樣，無產階級的
領袖在把無產階級當作點燃全歐洲革命的燃料使用。」[9]

　　從十二月黨人至 1905 年的 80 年間，沙俄共處決 894 名政治犯，十月革
命首月就處決數十萬「政治犯」。據《米高揚回憶錄》，1930 年代大清洗槍決
700 萬人。1998 年 7 月 17 日，俄國政府為沙皇舉行隆重葬禮，葉利欽致詞：

　　葉卡捷林堡的屠殺，已成為我們歷史上恥辱的一頁……安葬葉卡捷
林堡犧牲者的遺骸，是人類正義的審判，是民族團結的象徵，也是
為很多人共同參與暴行的贖罪……我們必須終結這個世紀，對俄羅
斯來說，這是一個血腥的世紀，俄國失去和諧的世紀。[10]

　　1920 年 12 月中旬，瞿秋白抵達西伯利亞赤塔，一位俄國知識分子向
他抱怨：「唉，什麼共產主義！布林塞維克只會殺人。還有什麼……他們
自己吃好的穿好的，還說是共產黨……呢？」瞿則懷疑其「智識階級式的
武斷的頭腦。」但瞿秋白旅俄通訊《餓鄉紀程》、《赤都心史》，還是記錄
下大量赤俄實況。一位火車司機向瞿討要香煙：「可怕可怕……生活真難
呵！我一個月薪水七百元蘇維埃盧布，買一盒洋火要到二百元。」在沃木
斯克，一盒煙要 1750 盧布，「薪水最多的不過八千盧布，依那時盧布的行
市只抵到中國的八角錢。」「布爾什維克來了之後，商業一概禁止。」鄉
下人賣些雞魚，得偷偷摸摸。[11]

9　（俄）高爾基：《不合時宜的思想》，余一中、董曉譯，作家出版社（北京）1998 年版，頁 165、230、
　　44、175～176、214～215。
10　參見《開放》（香港）1998 年 8 月號，頁 28。
11　瞿秋白：〈餓鄉紀程——新俄國遊記〉。參見《瞿秋白文集・文學編》第一卷，人民文學出版社（北
　　京）1985 年版，頁 74、86、92、90、97。

　　1921 年初春，「危苦窘迫，饑寒戰疫的赤都，文化明星的光輝慘澹」，「莫斯科城市生活，經革命兵燹之後卻很淒清，商鋪都封閉著。」1921 年 3 月 2 日，盧那察爾斯基會見瞿秋白，這位俄共意識形態官員承認：「實在戰爭與革命的破壞力非常之大，創造新文化也不是輕易的事。」瞿秋白請克里姆林宮一位女職員喝茶，她吃了一個白麵包，又拿了一個，很不好意思：「我們兩三年沒有吃著這樣的麵包了，我想帶一個回去給我母親，她一定高興得不得了。」[12]

　　一些留蘇生（如師哲）就是得到負面資訊，也多從善意角度理解，認為是革命必須支付的代價，過程中的陰暗面。1921 年初，首批留蘇生從黑河到莫斯科，火車走了三個月，目擊沿途悲慘，但他們都將賬記在白匪暴亂、外國武裝干涉，獨獨遺漏「始作俑者」的布爾什維克。蕭勁光：

> 　　蘇聯人民付出了極大的代價和犧牲，粉碎了外國武裝干涉和白匪暴亂……戰爭的嚴重創傷和敵人破壞的嚴重惡果卻仍歷歷在目。工廠、礦山被破壞停產，農村被洗劫一空，糧食歉收，物資極度缺乏。一路上到處彈痕累累，道路橋樑被破壞得不像樣子，全俄處於普遍的饑荒之中，每天都有人餓死在路旁。火車沒有煤，要燒木柴；走一段就要停下來修鐵路，邊走邊修……[13]

　　1926 年在蘇聯第二航校學習的中共青年，看到蘇聯仍有窮人、小偷，商店物品匱乏，不免失望，但他們的解釋是：社會主義革命的勝利並不等於社會主義理想的實現，社會主義道路充滿激流險灘，只有經過英勇搏鬥和艱苦勞動，才能到達光明境地；蘇聯消滅了剝削制度，人人平等，充滿同志朋友的情誼，這就很了不起了。[14]王明（1904～1974）終身以「列寧信徒」自傲，臨終仍認定十月革命的光芒必將照亮全人類，社會主義道路的偉大性毋庸置疑。國民黨方面，1920～22 年，賀衷寒（1899～1972）赴俄

---

[12] 瞿秋白：〈赤都心史〉。參見《瞿秋白文集・文學編》第一卷，人民文學出版社（北京）1985 年版，頁 119、128、125、132。

[13] 蕭勁光：〈憶早期赴蘇學習時的少奇同志〉，載《紅旗飄飄》第 20 集，中國青年出版社 1980 年版，頁 5。

[14] 唐鐸：〈憶劉雲同志〉，載《黨史研究資料》第四集，四川人民出版社 1983 年版，頁 299。

參加遠東工人代表大會，回國後盡述革命後的窮困凋敝，痛斥共產理論。這些「不同聲音」一直遭中共遮罩。賀衷寒後劃「戰犯」。[15]

1920 年前後，胡適與陳獨秀過從其密。胡適：「那時的陳獨秀對『科學』和『民主』的定義卻不甚了了。所以一般人對這兩個名詞也很容易加以曲解。」不久，蘇聯「秘密代表」以階級論曲解兩詞，陳獨秀完全接受了，認同只有布爾什維克黨人推行的民主才是真民主。[16]

延安一代不假思索從大革命一代手中接過赤旗，將蘇聯神聖化，堅信只要消滅私有制與資產階級，一揮共產主義大筆就能改天換地，汙濁盡去，一切社會問題迎刃而解，鶯歌燕舞——各盡所能，各取所需。1948 年 1 月，李銳認為：「蘇聯力量現已超過美國（政治、經濟等綜合）。」[17]

眾所周知，中國共運是蘇俄十月革命的直接輸出物。1919 年 3 月，俄共政權稍一穩定便成立第三國際，謀求輸出革命，以免孤立無援而覆亡於「搖籃之中」。1920 年 4 月，共產國際遠東局派吳廷康（即維涇斯基，1893～1956）來華，以新聞記者身分尋求同志，組建中共。[18]但他找到的是「脫離中國傳統的社會邊緣人」（余英時語）。

1920 年 9 月，莫斯科成立東方勞動者共產主義大學，為亞洲各國培養革命幹部。1921 年初，中共上海支部選送劉少奇、任弼時、羅亦農、蕭勁光、柯慶施、彭述之、汪壽華、蔣光慈等赴俄入學。中共「一大」乃共產國際代表馬林與尼柯爾斯基（赤色職工國際代表）手筆，他們向六個外地支部寄去通知，邀請每一支部選派兩名代表赴滬與會，每位代表寄送路費 100 元，據說回程時再領 50 元川資。1921 年 8 月，陳獨秀夫婦、包惠僧、柯慶施、楊明齋等五人被捕，也是馬林積極活動，交了五千罰款才獲釋。「一大」代表不過讀了幾本共產主義小冊子——《共產黨宣言》、《資本論淺說》，最多加上馬克思的《經濟學說》、考茨基的《唯物史觀》，讀得更多的還是當時十分強勢的無政府主義讀物，理論準備十分薄弱。[19]

---

[15] 曉沖主編：《毛澤東欽點的 108 名戰犯的歸宿》，夏爾菲出版有限公司（香港）2003 年版，頁 251。

[16] 唐德剛譯注：《胡適口述自傳》，遠流出版事業公司（台北）2010 年版，頁 253～254。

[17] 李南央編：《父母昨日書》，時代國際出版有限公司（香港）2005 年版，下冊，頁 188。

[18] 〈李達自傳〉（節錄），載《黨史研究資料》第二集，四川人民出版社 1981 年版，頁 1。

[19] 《包惠僧回憶錄》，人民出版社（北京）1983 年版，頁 368、427～428、372、431、62。

中共初擬黨綱僅八字──「勞工專政，生產合作。」[20]無論政治上還是經濟上，中共都是俄共名副其實的下屬支部。國民黨也因俄援而容共。1921 年 12 月底，馬林在桂林數晤孫中山，提議創辦軍官學校以培養革命骨幹。[21]孫中山為國民革命尋找外援，西方列強故作聾啞、目光短窄──不願見到中國強大，因有日本崛起後強狠之先例。惟赤俄願給予「帶著主義的資助」，孫中山明知馬列主義與三民主義相違，也只能接過這隻「蘇式酒杯」，因為沒有第二隻酒杯。1924~27 年，莫斯科給了國民黨至少三千萬元、12 萬支槍、500~600 名軍事顧問；蘇援槍械六次在廣州、汕頭港口卸貨，陸路運送的槍械經烏蘭巴托至五原，裝備了馮玉祥部。[22]

1923 年 9~11 月，蔣介石奉孫中山之命率代表團赴俄考察，回國後呈交《遊俄報告書》：

> （共產國際）其對中國社會，強分階級、講求鬥爭，他對付革命友人的策略，反而比他對付革命敵人的策略為更多。……蘇維埃政治制度乃是專制和恐怖的組織，與我們中國國民黨的三民主義的政治制度是根本不能相容。關於此點，如我不親自訪俄，決不是在國內時想像所能及的。……俄共政權如一旦臻於強固時，其帝俄沙皇時代的政治野心之復活，並非不可能，則其對於我們中華民國和國民革命的後患，將不堪設想。

1950 年代，蔣介石敗台後撰《蘇俄在中國》：

> 在我未往蘇俄之前，乃是十分相信俄共對我們國民革命的援助，是出於平等待我的至誠，而絕無私心惡意的。但是我一到蘇俄考察的結果，使我的理想和信心完全消失。我斷定了本黨聯俄容共的政策，雖可對抗西方殖民地主義於一時，決不能達到國家獨立自

[20] 〈李達自傳〉（節錄），載《黨史研究資料》第二集，四川人民出版社 1981 年版，頁 1~2。
[21] 孫武霞：〈共產國際與中國革命關係大事記（1919~1943），載《黨史研究資料》第二集，四川人民出版社 1981 年版，頁 743、745。
[22] 徐澤榮：〈中國在朝鮮戰爭中的角色〉，載《當代中國研究》（美）2000 年夏季號，注釋 4。

由的目的；更感覺蘇俄所謂「世界革命」的策略與目的。比西方殖
民地主義，對於東方民族獨立運動，更是危險。

　　蔣介石斷定蘇俄為「赤色帝國主義」，但孫中山認為蔣氏看法「未免
顧慮過甚。」1923 年，蔣介石看出蘇聯對外蒙的真實意圖──使之脫離中
國，認為張太雷等中共黨人在反對美奴英奴日奴之時，渾然不知自己淪為
俄奴。蔣還認定蘇聯：

　　　　彼之所謂國際主義與世界革命者，皆不外凱撒之帝國主義，不
　　過改易名稱，使人迷惑於其間而已。[23]

　　馬克思主義是「破壞一個舊世界」的學說，攜帶危險基因，提出裏著
所謂科學外衣的「剩餘價值」學說，發動無產者「合理」地去奪取富人財
產，謂之「階級覺悟」。《共產黨宣言》結語：「總之，共產黨人到處都支
持一切反對現存的社會制度和政治制度的革命運動。」[24]
　　中共「一大」四條核心黨綱：（1）推翻資本家階級政權，必須援助工
人階級，直到社會階級區分消除的時候；（2）直到階級鬥爭結束為止，即
直到社會的階級區分消滅為止，承認無產階級專政；（3）消滅資本家私有
制，沒收機器、土地、廠房和半成品等生產資料；（4）聯合第三國際。[25]
　　張國燾「一大」發言：

　　　　怎樣使工人和農民階級對政治感興趣，怎樣用暴動精神教育他
　　們、組織他們，並使群眾從事革命工作。……只要無產階級努力，
　　這種政權就很容易被推翻。

[23] 蔣中正：《蘇俄在中國》，黎明文化事業股份有限公司（台北）1988 年 5 月版，頁 16～20。
[24] 馬克思、恩格斯：《共產黨宣言》，人民出版社（北京）1964 年版，頁 58。
[25]〈中國共產黨第一次全國代表大會通過的黨綱〉，載中共中央黨校黨史教研室選編：《中共黨史參考資料》（一），人民出版社 1979 年版，頁 279。

　　……使階級鬥爭激化……我們必須利用每一個機會，推動群眾舉行遊行示威和罷工。[26]

　　這不是破壞社會穩定與和諧的鼓動暴力麼？真正的「顛覆政府罪」？不是赤裸裸地驅使工農去實現中共的赤色主張麼？不是無視工農生命要他們撲向「反動派的屠刀」麼？

　　這些都是今日中共無法面對的尷尬，也是已被他們1992年後正式捲起來的「紅旗」。階級鬥爭、無產專政、消滅私有、消滅階級、計劃經濟，中共按照這張赤色圖紙改造社會，直至被自己「偉光正」悄悄糾正，紅旗到底打不久。只是這塊傷疤終究長在自己臉上，揭翻起來到底難看，事關政權意識形態合法性，只能「淡化」。中共雖然鄭重聲明不再搞階級鬥爭，但卻不准批駁階級學說，對赤說的批判仍是當今大陸思想界深深禁區。

　　然而，大革命一代可是舉著階級鬥爭大旗力掀赤潮，將「階級學說」作為西方最新型的社會手術刀引進。中共「一大」宣言首句：「人類的歷史是階級鬥爭的歷史」。[27]1921年6月，惲代英（1895～1931）撰文《少年中國》：「我們在舊社會的努力，無非是破壞——有效力的破壞……我們的責任，唯一的是企求社會全部的改造。」[28]只有「破壞」、「全部改造」，口氣大而責任無，視泰山般的社會變革如「烹小鮮」，清晰凸顯青年革命的幼稚，亦可見階級學說乃是煮壞二十世紀中國整鍋湯的那粒鼠屎。中共文件中「不只一次看到這樣一句話：『我們要破壞一個舊世界』。」[29]江西紅軍總政治部設有「破壞部」。[30]以為只要破壞掉舊世界，新世界就會自動降臨，不知「破壞一個舊世界」必須通過「建設一個新世界」以體現價值，否則便是真正的反動——純粹破壞。文革後，中共不得不暗棄此說。西方思想家早已預見暴力革命的破壞性：「暴怒和瘋狂的半小時之內可以毀掉

[26] 張國燾：〈北京共產主義組織的報告〉，載《「一大」前後——中國共產黨第一次代表大會前後資料選編》（三），人民出版社（北京）1984年版，頁3～4、6。
[27] 〈李達自傳〉（節錄），載《黨史研究資料》第二集，四川人民出版社1981年版，頁6。
[28] 惲代英：〈為少年中國學會同人進一解〉，原載《少年中國》第二卷第11期。轉引自林谷良：〈惲代英早期思想評價的一個問題〉，載《黨史研究資料》第二集，四川人民出版社1981年版，頁89。
[29] 《溫濟澤自述》，中國青年出版社（北京）1999年版，頁13。
[30] 李維漢：〈初到陝北〉，載《中共黨史資料》第14輯，中共黨史資料出版社（北京）1985年版，頁3。

的東西，要比審慎、深思熟慮和遠見在一百年之中才能建立起來的東西還多得多。」[31]暴力革命所引發的問題往往比它解決的問題還要多。

從效果角度，「隔著紗窗看曉霧」恰恰歪打正著，最合適進行政治動員。赤色革命需要意識形態開道，一切只能借重「新說」，必須營建意識形態神話，否則無以解釋破壞行為的必要性，無以吸引徒眾。但若看得太清楚太真切了，就神聖不起來了，也不可能召來信徒。二十世紀前半葉的國人，絕大多數為文盲半文盲，普遍不具備人文常識，只能被領導並願意被領導，赤說的最佳聽眾，「隔著紗窗看曉霧」正好符合他們的審美能力。總之，「推開紗窗」、「曉霧散去」需要時間，認清中共政綱與民主自由之間的差異，有一定的「時間差」，等你認清了，人家已坐大矣！

1926 年 8 月，胡適考察莫斯科三日，致信友人：

> 他們在此做一個空前的偉大政治新試驗；他們有理想、有計劃、有絕對的信心，只此三項已足使我們愧死。我們這個醉生夢死的民族怎麼配批評蘇俄！……我是一個實驗主義者，對於蘇俄之大規模的政治試驗，不能不表示佩服。……在世界政治史上，從不曾有過這樣大規模的「烏托邦」計畫居然有實地試驗的機會。……研究政治思想與制度的朋友們，至少應該承認蘇俄有作這種政治試驗的權利。我們應該承認這種政治試驗正與我們試作白話詩，或美國試驗委員會制與經理制的城市政府有同樣的正當。這是最低限度的實驗主義的態度。[32]

胡適這樣的精英都對共產制度抱有幻想，將完全沒有可比性的制度實驗與白話新詩混攪，一點都未看到共產制度給俄國帶來的災難。胡適的這些信一封封發表於《晨報》，大大降低了國人對共產赤說的警惕性，反增

---

[31] （英）柏克（Edmund Burke）：《法國革命論》（1790），何兆武等譯，商務印書館（北京）2009 年版，頁 218。
[32] 胡適致張慰慈的信。歐陽哲生編：《胡適文集》第四冊，北京大學出版社 1998 年版，頁 41～43。

嚮往力。哈爾濱青年塞克（陳凝秋，1906～1988）因極度嚮往蘇聯，徒步走到中蘇邊界，企圖越境進入「天堂」。[33]

　　文革結束後，紗窗終開，曉霧散盡，國人驚訝得知：二戰中再三標榜國際主義的蘇聯暗打算盤，史達林支持中國抗戰乃是為了牽制日本，防其北進；倘若重慶守不住，蘇軍將迅速由疆蒙入華，盡占中國西北、西南，與日本妥協，共同瓜分中國，使中國成為第二個波蘭。[34]西安事變的「放蔣促統」，也是蘇聯為了利用中國拖住日本。中共原想在延安公審蔣介石，立場突變乃是出自史達林的強令。史達林致電中共：「如果中共不利用他們的影響使蔣獲釋，莫斯科將斥責他們為『土匪』，並將在全世界面前予以譴責。」「立即釋蔣，否則我們將斷絕與你們的一切關係。」周恩來整整一週沒睡覺，「這是我們一生中最難決定的事。」[35]原來如此呵！

　　曉霧散去，一個真實的蘇聯終於浮現：

　　　　──1928～31 年，農業集體化運動中至少 500 萬富農被鎮壓。史達林後來對邱吉爾說：進行反抗的富農及其子女常被槍決，富農作為一個階級被全部消滅了。由於農業集體化和隨後的饑荒，1450 萬人死亡，僅僅烏克蘭就有 500 萬人死亡，北高加索 100 萬人死亡。

　　　　──1917～39 年間，蘇聯發生四次清黨。1917～22 年清洗出 22 萬人；1925～33 年 80 萬人；1934～35 年 36 萬人；1935～39 年 122 萬人；前後總共 260 多萬人被清洗，是 1939 年正式黨員 159 萬人的 1.6 倍。

　　　　──據《米高揚回憶錄》，蘇共 20 大後查明：1935 年 1 月～1941 年 6 月 22 日，蘇聯大約 2000 萬人遭到迫害，其中 700 萬被槍決（不包括死於集中營及押解途中者）。被殺害者中有二萬多人是當局為滅口而殺的特工。

---

[33] 陳白塵：《對人世的告別》，三聯書店（北京）1997 年版，頁 273。

[34] 曉沖主編：《毛澤東欽點的 108 名戰犯的歸宿》，夏爾菲出版有限公司（香港）2003 年版，自序，頁 23。據顧維鈞講述抗戰初期某國際會議酒宴，蘇聯駐東歐使節酒後吐真。

[35] （美）愛德格‧斯諾《紅色中國雜記》，黨英凡譯，群眾出版社（北京）1983 年版，頁 10～12。

——據 1988 年 2 月《莫斯科共青團真理報》，1953 年史達林去世前，全蘇共有 7400 萬人受到不同形式的處罰，其中 1200 萬進了勞改營，2000 萬人反對農業集體化的農民被判刑或流放；4200 萬農民被吊銷國內護照，失去更換工作和旅行的權利；赫魯雪夫時期，蘇共為近 2000 萬名受迫害者恢復名譽。再據 1988 年 4 月 17 日蘇聯《文學報》，史達林時期有 5000 萬人被殺害或勞改，約占蘇聯人口的 1/4。

——1990 年，1900 萬蘇共黨員，退黨者 270 萬，130 萬「消極」。（不繳納黨費、不參加黨的會議）。據民意調查，認為蘇共代表工人的占 4%，認為代表全體人民的占 7%，認為代表機關工作人員的達 85%。1991 年 8 月 29 日，蘇共黨員占絕大多數的蘇聯最高蘇維埃召開緊急會議，以 283 票贊成、29 票反對、52 票棄權通過決定：停止蘇共在蘇聯全境的活動。[36]

——莫洛托夫知道史達林活著自己將遭清洗，但他至死都是鐵桿史達林分子。他堅持認為大清洗大肅反是必要的，「唯一救治之道，就是提前把他們先殺掉！」「既然知道他們犯了罪，他們是敵人，還需要什麼罪證?!」「我認為我們當時就應該經過一個恐怖時期。」「我認為，不管怎樣，我們都應堅持無產階級專政。國家不能既代表工人階級又代表集體農民和知識分子的利益。……馬克思和列寧都說過，要實現社會主義，就得讓工人階級獨攬大權。」[37]

——蘇聯是這樣一個恐怖之國，史達林曾對米高揚、赫魯雪夫說：「我什麼都不相信，甚至也不信任我自己。」[38]

莫洛托夫至死堅持社會主義就應該「無限恐怖」，這樣的邏輯、這樣的人權觀、這樣的國際共運領導人，能夠將人類引向幸福天堂麼？

最具諷刺意味的是：1950 年代中共還在大力宣傳「蘇聯的今天就是我們的明天」，赫魯雪夫已在蘇共黨內說：

[36] 思源：〈俄羅斯走向憲政的大彎路〉，載《炎黃春秋》（北京）2009 年第 11 期，頁 82～84。
[37] 李冰封：〈訣別「史達林模式」〉，原載《同舟共進》（廣州）2000 年第 5 期。
[38] 《赫魯雪夫回憶錄》，張岱雲等譯，東方出版社（北京）1988 年版，頁 510。

> 我們好像是布道的神甫，許諾說天上有個天國，可眼下卻沒有
> 土豆吃。只有我們極能忍耐的俄國人民能夠忍受，可是靠這種忍耐
> 成不了大事。我們又不是神甫，我們是共產黨人，我們應當在地面
> 上給予這種幸福。我當過工人，那時沒有社會主義，可有土豆；如
> 今社會主義建成了，土豆卻沒有了。[39]

1956 年初，赫魯雪夫《秘密報告》一出，全球震驚，「東風」陣營頓
時風雨飄搖，西方各國共產黨竭力與俄共劃清界限，或乾脆倒旗解散。中
國則因中共高層封堵消息，規定認識，延安一代仍對蘇聯保持崇敬，對十
月革命的故鄉仍懷信徒般神往。只有極少數有機會實地訪蘇者，才可能感
受別樣。1950 年代，溫濟澤十餘次訪問或路過莫斯科：

> 我第一次去蘇聯前，總以為蘇聯人民的生活水準很高，但去的
> 次數多了，發現並非如此。高級賓館的服務員往往只能以土豆為主
> 食，連吃肉都比較困難。我坐在紅場的長椅上，問過一個約莫 60
> 歲左右的女清潔工生活怎樣，她搖搖頭，歎氣說：苦啊！工資低，
> 只夠糊口的。我看她身上的衣服打了補丁，鞋子也很破舊。我還聽
> 說在公園裡和商店裡還會遇到扒手。我到烏克蘭的首都基輔訪問，
> 烏克蘭廣播委員會主席就毫無顧忌地和我談過，對俄羅斯的大國沙
> 文主義不滿。當時我聽到、看到這些事，但還是受把蘇聯神聖化的
> 思想的束縛，將這些看作小事一樁，微不足道。那時還將社會主義
> 陣營看作是牢不可破的。[40]

溫濟澤的訪蘇心態甚具典型性，「眼見為實」都無法戰勝先入為主的
神聖「主義」，仍以抽象的「社會主義優越性」抹拭實地觀察到的「斑點」，
寧願相信文件或蘇聯故事片。

理想是凝聚延安一代的核心價值，也是延安陽光下最大的隱性陰影。
一切需要未來檢驗證實的東西，本身就變數巨大。國際共運類乎二十世紀

---

[39] 述弢：〈赫魯雪夫一語道破天機〉，原載《隨筆》（廣州）2010 年第 1 期，頁 134。
[40] 《溫濟澤自述》，中國青年出版社（北京）1999 年版，頁 267。

一場特大型「等待戈多」，一切美好都懸繫於尚未到來的「戈多」。最後，這位「戈多先生」千呼萬喚不出來，不僅沒有上路，根本就沒出門。因為，這位烏托邦先生原本就無法邁步。正如柏克 1790 年對法國大革命的判認：「那些原則在於蔑視人類古老永久的觀念，並把對社會的規劃建立在新原則之上」；「你們的立法家在一切事情上都是嶄新的，他們是第一個把共和國建在賭博之上的。」[41]「新原則」還未得到檢驗，提前用於構築新社會，成為支撐「新建築」的地基。「建設一個新社會」成了一場「赤色賭博」。

　　國民黨敗台後，吳國楨總結原因：一、國民黨的糟糕領導與管理腐敗，特別是漠視民眾的改革要求；二、群眾與知識分子對共產主義的性質缺乏真正瞭解；三、美國採取的政策有誤；四、俄共給中共的援助。[42]吳國楨的剖析大致準確，前兩點是主要的內因，尤其國人對共產制度缺乏深入預判，「隔著紗窗看曉霧」，確實是赤潮禍華最主要之肇因。

　　歸根結底，五四時期中國文化界掌握的西方人文資源太少，對整個西方近代思想都是「隔著紗窗看曉霧」。延安一代更「只是讀讀通俗讀物，接觸的都是二手的。」[43]對馬列主義至少隔著兩重紗窗。直至二十世紀結束，除了馬列全集，其他西方思想家的全集均無中譯本。尚未完全瞭解人家的全部庫藏，便想做出「最新最好」的選擇，其可得乎？剛剛接近西方現代化，就忙著批判西方現代社會；還沒看到人家的優長，就先指責人家的缺陷；以東亞病夫之軀嘲笑歐美精壯之身，無知乎？狂妄乎？還有一些小知盲目搬運某些西方思想家的偏激觀點，如斯賓格勒認為西方文明沒落了……這個不行，那個不好，怎麼學習西方的先進？如何得到人家的精髓？整個中國思想界對西方均處於「隔著紗窗看曉霧」呵！

　　只有一團星雲般朦朧的泛泛理想，無論對目標的正確性、途徑的合理性，絕大多數延安一代終身均無深入性思考。那些自以為完美的觀念，其實隱伏巨大危險。當這些激進的赤色觀念輕易俘獲多數中青年士子，危險係數也就越大，左翼士林很難折返，他們自認為正在對人類作出重大創造

41　（英）柏克（Edmund Burke）：《法國革命論》（1790），何兆武等譯，商務印書館（北京）2009 年版，頁 214、250。

42　吳國楨：《從上海市長到「台灣省主席」》，吳修垣譯，上海人民出版社 1999 年版，頁 260。

43　笑蜀：〈李銳談社會主義與中國〉，載《炎黃春秋》（北京）2007 年第 2 期，頁 12。

性貢獻，豈願輕易自我否定？他們成為赤說的俘虜，只有當他們「自我覺醒」，意識到赤說之弊，才會踩剎車。

鄧小平晚年有句大實話：「社會主義是什麼？馬克思主義是什麼？過去我們並沒有完全搞清楚。」這裡的「我們」包括毛劉周「第一代無產階級革命家」，連主管意識形態的陳伯達、胡喬木都未讀過《資本論》，只看了馬恩前期的幾本小冊子（如《共產黨宣言》）。[44]老延安曾彥修：「多年來，講『中國特色的社會主義』，它的主要內容是什麼，我問過很多人，同我一樣，都回答不出來，說沒有聽傳達或解釋過。」[45]連什麼是馬克思主義、社會主義都沒搞清楚，就急匆匆擎舉「馬克思主義」、大搞「社會主義」，將自己都不清楚的「主義」濃彩重筆描繪成人間天堂，硬推硬銷，將全國推入「紅色實驗」，還不讓批評修正，整一個盲人瞎馬呵！

其實，不僅中共隔著紗窗看曉霧，寰內右翼反共士林也沒看清馬列主義，未能從人性角度揭示赤謬，未能戳擊馬列赤說的致命軟肋：既然您宣倡無產階級專政，還如何實現民主自由？整個大方向豈非完全悖反？理論上的這一疏忽使中共得以一直掛著民主自由的旗幟誘惑青年。

國際形勢也從客觀上為赤潮滲華提供了時間差。二戰期間，美國必須首先對付不共戴天的納粹德國、軍國日本，共產極權的國際威脅尚伏隱蔽，歐美朝野對俄中赤共尚抱幻想，認識未清，未能於國際範圍內將紅魔扼殺於搖籃中。費正清：

> 西方的納粹德國和東方的軍國主義日本已成為美國不共戴天的大敵，而東西方的共產極權主義國家尚未繼德日之後成為美國的死敵，因此《西行漫記》一書得以在美國廣泛流傳。[46]

---

[44] 何方：《從延安一路走來的反思》，明報出版社（香港）2007 年版，下冊，頁 750～751。

[45] 曾彥修：〈我對「和諧」的一點看法〉，載《炎黃春秋》（北京）2009 年第 4 期，頁 20。

[46] 約翰·費正清：〈《紅色中國雜記》序〉（1957），載愛德格·斯諾《紅色中國雜記》（1936～1945），黨英凡譯，群眾出版社（北京）1983 年版，頁 1。

貳、呼喊跟從的一代

延安一代多的是聶元梓這樣的初中生，抵延後才「知道革命理論的高深和廣博」（聶元梓語）。李銳：「這個群體開始接受共產黨意識形態，並沒有系統閱讀馬克思主義和列寧主義典籍，更多地是閱讀左翼文學作品和進步政治書刊。」[47]赴延知青多為中產以上子弟，出於「階級本能」，不少知青最初對某些赤說有所抵觸。

胡績偉：

> 老實說，當時我對「共產黨是無產階級（工人階級）的先鋒隊」的理論是很不理解的。我以為共產黨是知識分子的先鋒隊，而知識分子又是工人和農民的先鋒隊；共產黨的領袖人物主要是知識分子，五四運動是知識分子領導起來的。新民主主義革命是知識分子領導起來的。我當時對工人的偉大作用是很不理解的。……我以為知識分子才是真正的「民族解放先鋒隊」。[48]

小知出身的赴延知青，多為三門青年——校門、家門、單位門，毫無社會經驗者，激情有餘深沉不足，一心一意要革命，但並不知革命為何物，有的只是對官衙的痛恨，無法深入思考制度建設。他們過於純潔過於理想，將殘酷的革命看成浪漫旅行，漸離理性，回避現實。延安知青與絕大多數國人一樣，可謂「政盲」，以「盲」從政，只能盲從，跟著衝鋒，只能是跟從呼喊的一代。延安各種集會上，「每次講話都要高呼很長時間的口號。」[49]

延安一代進入中共陣營前，思想框架乃雜貨鋪：傳統文化＋馬克思主義＋進化論＋自由民主理論，龐亂雜陳，對西說略知之無，毫無體系性認知。儘管嚮往左傾，但馬列主義只是一團模糊星雲，一二名詞耳，既無力

---

[47] 李銳：〈李昌和「一二‧九」那代人〉，載《炎黃春秋》（北京）2008 年第 4 期，頁 2。
[48] 《青春歲月——胡績偉自述》，河南人民出版社 1999 年版，頁 161。
[49] 江文漢：〈延安訪問記〉，載《檔案與史學》（上海）1998 年第 4 期，頁 8。

從原理上懂得何以必須奉持馬列，也不知道馬列主義會把自己帶往何處。
1939 年 4 月，重慶中共黨員訓練班，周恩來、董必武、吳玉章、凱豐、鄧
穎超等人講課。新黨員胡績偉的受訓感受：「老實說，我對當時講的抗日
戰爭的形勢和抗日救國統一戰線政策，是很感興趣的；而對於中共黨史、
蘇共黨史以及馬克思主義的階級鬥爭學說，聽得似懂非懂，興趣不大。」
胡績偉就讀川大政經系，黨內「高知」，對馬列主義的接受不過爾爾。此
前，他啃讀《共產黨宣言》三遍，似懂非懂；再讀《資本論》三月，「硬
著頭皮讀到尾，實際還是沒有讀懂……懂得很少很少。」[50]

此時，延安等待他們的，或曰即將與他們對接的，還不是馬列主義，
而是西方赤說與民族文化相雜糅的中國化馬列主義——毛澤東思想。第三
國際早先向中共猛灌列寧主義：帝國主義是資本主義的最高階段，二十世
紀是世界資本主義的垂死時期；憑藉階級鬥爭即可實現社會革命，世界革
命高潮已經來臨；極不發達的農業國也可進行社會主義革命；云云。以中
共當時的文化能力，僅僅消化這些理論都很吃力了。

對絕大多數延安知青來說，馬克思主義不過是一篇《共產黨宣言》與
一本《聯共黨史》。他們不明白僅占全國人口 0.5%的 200 萬產業工人，何
以就那麼理所當然地成為「領導階級」？知識分子何以就沒有自己的階
級？何以就是必須尋求依附之皮的毛？

三八式宗鳳鳴（1920～2010）：「我當時的政治思想基礎還是脆弱的，
對共產黨、對共產主義的理解是概念性的、口號式的，是出於青年人對舊
社會的厭惡與對新社會的嚮往而迸發出的一種激情和渴望，並非是對共產
主義有什麼更深的理解。」[51]于藍：「我有位堂叔悄悄講過：『蘇聯人人有
書讀，人人有工作，人人有飯吃。』通過韜奮先生的著作證實了堂叔講的
蘇聯是令人嚮往的國家。」[52]距離產生美，延安一代就這樣將蘇聯遙想成
「地上天國」，將並不認識的共產主義判定為「人類最壯麗的事業」。克里
姆林宮尖頂的紅星成為延安青年的聖物，遙遠的蘇聯熠熠發光。留日生李
生萱，改名艾思奇——熱愛馬克思與伊里奇（列寧）。

[50] 胡績偉：《青春歲月——胡績偉自述》，河南人民出版社 1999 年版，頁 108、135。
[51] 宗鳳鳴：《理想‧信念‧追求》，環球實業公司（香港）2005 年版，頁 31。
[52] 于藍：《苦樂無邊讀人生》，中央文獻出版社（北京）2001 年版，頁 8。

1947 年入黨的穆廣仁（1925～，新華社副總編）晚年反思：

> 在上個世紀四十年代投身中國革命的我們這一代人……他們
> 追隨共產黨，只是因為共產黨當時的綱領（被稱作「最低綱領」）
> 適應了他們所追求的東西。一般說來，他們並不曾讀過真正的馬克
> 思主義理論著作（讀的多是通俗性的進步書刊），也不知道中共的
> 最高綱領（共產主義社會）是個什麼樣子，既不知道史達林的暴政，
> 也從未料到中共解放後一段時間實施的「左禍」。[53]

1934 年同時考取清華、北大、燕京的才女韋君宜（1917～2002）：

> 在決心入黨之後，我把讀書所得的一切都放棄了。我情願做一
> 個學識膚淺的戰鬥者，堅信列寧、史達林、毛澤東說的一切，因為
> 那是我所宣布崇拜的主義。我並沒有放棄一向信仰的民主思想，仍
> 想走自由的道路。但是共產主義信仰使我認為，世界一切美好的東
> 西都包含在共產主義裡面了，包括自由與民主。我由此成了共產主
> 義真理的信徒。[54]

　　先後就讀上海聖瑪利亞女中、燕京歷史系的龔澎（1914～1970），八路
軍渝辦發言人：「我還非常膚淺，我沒有進行深刻的思索。我喜歡接觸各
種事物，但一種事物也不精通。我沒有讀過多少書，但頗有成為一名宣傳
家的危險，所談除應時的口號外，全然空洞無物。」[55]自建黨以來，中共
黨內會議多為談思想、比發言，以此體現水準能力，發言不佳者很難得到
任用。

　　共產國際聯絡員兼塔斯社記者弗拉基米洛夫（1905～1958），1942～45
年常駐延安，很快發現延安知青的毛病：

---

[53] 穆廣仁：〈奧斯特洛夫斯基：「我們所建成的，與我們為之奮鬥的完全兩樣！」〉，《炎黃春秋》（北京）
　　2008 年第 2 期，頁 29。原話載 2007 年《莫斯科共青團員報》，由奧斯特洛夫斯基侄女轉述。
[54] 韋君宜：《思痛錄》，北京十月文藝出版社 1998 年版，頁 3。
[55] （美）費正清：《費正清對華回憶錄》，陸惠勤等譯，知識出版社（滬版）1991 年版，頁 324。

他們知識淺薄，尤其在政治和經濟學科方面知識淺薄，卻喜歡談論一切問題，並希望有朝一日擔任重要職務。……年輕人在延安待了多年以後，並沒學到什麼專長。說得輕點，特區培養出來的黨的幹部，基本知識的水準很低。甚至學生也不都會看鐘點，他們的算術很差。未來的黨的工作者大都沒有實踐經驗，沒有專業，而且各方面都很落後，他們有資產階級思想，一心只想支配別人。……中共幹部的文化水準離要求還很遠。談不上受過什麼基礎紮實的教育。馬克思列寧主義的原則只是在形式上被接受。這不叫教育，而是一種非常膚淺的速成的理論訓練。大部分工作人員滿足於簡單的學童式的訓練。[56]

趙超構在延安也看出：「共產黨員並非了不起的人物，倘就知識水準來說，一般共產黨員的文化教育頗使我們失望。就是共產黨本身，也並不絕對要求黨員精通黨義和政綱，他們所要求的是忠實服從；至於頭腦，則最好在進黨之後，由黨來負責教育。」[57]陳學昭記述：「青年人都忙於把時間應付一個號召又一個號召，沒有把時間用在一個有體系的有計劃的學習和工作上，而且他們經常被調來調去，很少有固定的工作，結果人人都有變成一般化的危險。」[58]工作調動頻繁，說明工作安排混亂，只能不斷調整。延安流行語：「我是革命一塊磚，哪裡需要往哪裡搬。」

中共對赴延知青的第一要求是服從。1938 年 10 月，毛澤東在六中全會上提出「四大服從」──個人服從組織、少數服從多數、下級服從上級、全黨服從中央。[59]整風即圍繞「四大服從」展開。資訊分級制，「不該問的堅決不問」。一位延安知青參加整風全過程，「對上層整風一無所知。什麼兩條路線鬥爭，中央的什麼事，直到我離開延安也沒聽說過。」胡喬木轄下的曾彥修（1919～），住在中央大禮堂邊上，「可根本不知道在那兒開了

[56] （蘇）彼得・弗拉基米洛夫：《延安日記》，呂文鏡等譯，東方出版社（北京）2004 年版，頁 53～54、550。

[57] 趙超構：《延安一月》，上海書店 1992 年 11 月第 1 版，頁 86。

[58] 陳學昭：《延安訪問記》，廣東人民出版社 2001 年版，頁 293。

[59] 毛澤東：〈論新階段〉，載中央檔案館編：《中共中央文件選集》第 11 冊，中共中央黨校出版社（北京）1991 年版，頁 651。

將近一年的六屆七中全會。」[60]毛澤東之所以選擇周揚執掌文藝界帥旗，棄用私交甚厚的長征幹部馮雪峰與最早進入陝北的丁玲，乃是他認為「周揚這個人，長處是聽黨的話。」周揚深諳毛心，編選一本馬恩列斯論文藝的書，收入毛的文章。[61]

文化層次很低的下級官兵，更談不上對馬列理論的理解。1930 年 9 月，紅七軍一位宣傳隊員談及革命目的：「擴大紅軍，搞大革命，搞大蘇維埃，全國都搞起蘇維埃，為實行耕者有其田等等。」仍是舊時農民造反用語。對群眾的宣傳動員也很尷尬。紅七軍宣傳隊在桂西北南丹縣三房圩召集群眾大會，來了百餘人，隊長上去講話，群眾不懂，一名隊員上去說些簡單的，「紅軍是工農的軍隊，大家起來打土豪劣紳，人人有飯吃，有衣穿等等」，一個多鐘頭散會，大家點點頭就走了。[62]

以延安一代知青低弱的文化水準，只能是狂熱偏激的「主義崇拜者」，只能是「喊叫跟從的一代」，簡單信仰要比理解論證容易得多。信仰可以不問緣由，略知之無，跪下磕頭就成；理解則須掌握整串論據鏈，需要複雜的推導演繹。「緊跟」則使一切都變得十分簡單，盲從使信徒省心省力，使黨魁（教主）得到「效果」。

受文化知識局限，絕大多數延安一代終身膚淺激情，缺乏理性。1991年，年近八旬的陳荒煤重回延安，站上寶塔山，心情激盪，認為毛澤東故窰的「一盞小小的煤油燈，卻燃燒起一簇聖火！」認定延安邏輯必將行遍全球。[63]1994 年，耄耋劉白羽出版三卷本回憶錄，仍像青年一樣通篇激情，只有文學無有歷史，更無反思。最後一節「紅色的大海」，除了喊叫還是喊叫，只有信仰只有論點，沒有論據沒有論證。七十多歲的老人還在用詩歌進行思考。另一位抗大上海校友會副會長，2006 年仍對延安歲月無限嚮往，還在「我們高唱『沒有共產黨就沒有新中國』是至理名言。」[64]

---

[60] 何方：《從延安一路走來的反思》，明報出版社（香港）2007 年版，上冊，頁 96。

[61] 李輝：《往事蒼老》，花城出版社（廣州）1998 年版，頁 263。

[62] 紀秋暉編：〈從廣西到江西──紅七軍宣傳隊員謝扶民的日記摘抄〉，載《黨史研究資料》第二集，四川人民出版社 1981 年版，頁 563、565。

[63] 陳荒煤：《冬去春來》，江蘇文藝出版社 1994 年版，頁 265。

[64] 葉尚志：〈培養革命軍政幹部的搖籃〉，載《世紀》（上海）2006 年第 4 期，頁 53。

　　赤色意識形態使延安一時氣象，姿態昂揚。馬列大旗上的「公正、平等」，很有征服人心的號召力。中共又稱完全代表人民，政治對手是「人民的敵人」，反共成了反人民的同義語。所有歷史常識在中共面前都得讓路。常識靠邊，這是中共後來越走越偏仍少有覺悟者之根因所在。

　　1938 年入黨的初中生宗鳳鳴：「我是把共產黨作為理想正義的化身的。認為共產黨代表未來、代表進步、代表真理，是我所追求的理想新社會的組織者、實現者。因此，參加共產黨對我來說有一種自豪感。還認為參加共產黨的都是些不平凡的人，共產黨的領導人都是些傳奇式的人物。」土改後，宗鳳鳴仍認為「至於階級鬥爭的最終目的究竟是什麼，我是不清楚的。」[65]但對「目標」的熱愛使延安一代有了忽視感受的理由──既然革命如此神聖，要奮鬥就會有犧牲，出現一些問題完全正常！

　　在延安那種意識形態氣場下，一旦進入，常識理性都會後退，只能燃燒激情、沸騰信仰，抵禦一切不同論點與相異論據。理性止處信仰生，信仰越強烈只能說明理性越匱乏。1980 年代後期，托派運動早已消亡，可幾位托派老人蝸居斗室卻思想仍狂，認定世界必將走向他們托派之路，人類社會仍會遵循他們的邏輯運行，現存一切都不作數，明天一定會為托派「真理」作證。根據托派邏輯，托派如上台，事情做得可能更絕。

　　延安一代普遍政治幼稚，直到老年都猶如純情少女。「四人幫」打倒後，進駐釣魚台宣傳口（行中宣部職權）的延安女幹部沈容竟認為一切OK：「那時我們或多或少以為粉碎了『四人幫』就萬事大吉了。因此，對中央下達的精神深信不疑。」[66]絕大多數延安一代其誠可嘉，其盲不可及，恰恰為領袖最需要：懷疑現存一切，獨獨不懷疑自己立論的根據。（王國維語）[67]在共產革命這場「豪賭」中，參加者眾，理解者寡，「大多數人必定成為控制這類投機機器的少數人的矇騙對象。」[68]

　　1980 年代，王震（1908～1993）訪英，專門「訪貧問苦」，但他發現英國失業工人的生活比自己（五級高幹）還要好，當即表示：「英國搞得不

[65] 宗鳳鳴：《理想·信念·追求》，環球實業公司（香港）2005 年版，頁 217～218、213。
[66] 沈容：《紅色記憶》，北京十月文藝出版社 2005 年版，頁 190。
[67] 余英時：《文史傳統與文化重建》，三聯書店（北京）2004 年版，頁 505。
[68] （英）柏克：《法國革命論》（1790），何兆武等譯，商務印書館（北京）2009 年版，頁 251。

錯，物質極大豐富，三大差別基本消滅，社會公正，社會福利也受重視，如果加上共產黨執政，英國就是我們理想中的共產主義。」港人司徒華（1932～2011）感歎：「怎麼一個副總理對中國大陸以外的世界，竟這樣愚昧無知！……怎麼一個老革命對要為其實現而奮鬥的理論，竟這樣的模糊不清、一知半解？」[69]中國的命運偏偏就捏在這些小知（甚至老粗）手裡。

革命發動之初，似難避激，「只有片面的才是深刻的」，偏激帶著強大衝擊力。然偏激一旦上路，必定脫韁失控——要求暴力合法化，以逞一時之「短平快」。如此這般，革命從糾正一個極端滑入另一極端，致使其後得走大段回頭路，代價太大。還是持守中庸，保持適度進展又不斷糾偏，既容易掌控又得經驗之撐，穩健碎步，反而可保持相對較快速率。延安士林身在廬山不識霧，指偏激為真理，認極端為美好。1960 年代初，80 餘歲的黃炎培都被徹底改造：「我願和全國人民一道，死心塌地的聽毛主席話，跟共產黨走，走社會主義道路，進一步走共產主義道路。」[70]

參、政治第一

「政治第一」的價值取向，成為延安最強烈的氣場。趙超構描述：「……剝奪了精神的餘裕和生活的趣味……在什麼東西都帶著新民主主義氣息的情形之下，這種娛樂也無時不給人以緊張之感。」[71]

1937 年赴延的東北學生高原，1938 年夏在武漢批評蕭紅離開蕭軍，全是政治語彙，蕭紅十分反感：「你從延安回來了，學會了政治術語就開始訓人了，我不聽！」[72]學會政治術語，蕭紅一口就叼住「延安特色」。

1944 年 10 月，美國《時代》雜誌記者白修德採訪延安：「在延安，政治是至高無上的。延安，置於其他一切事情之上的，是一座生產思想的工廠。」「他（指毛澤東）不是在同蔣介石競選，他是在同孔夫子競選。他

[69] 司徒華：〈我的感慨和震驚〉，載《明報》（香港）2008 年 4 月 19 日。
[70] 黃炎培：〈八十年來〉，載《文史資料選輯》第 73 輯，文史出版社（北京）1981 年版，頁 73。
[71] 趙超構：《延安一月》，上海書店 1992 年版，頁 92、84。
[72] 秋石：《兩個倔強的靈魂》，作家出版社（北京）2000 年版，頁 325。

要把兩千年來的觀念連根拔掉，再換上他自己的那一套。」[73]這位美國記者完全沒意識到他這段記述所包含的恐怖──「連根拔起」傳統觀念，等於完全否定前人經驗與一切積累，即一切認識都將再次從周口店開始，常識與既有價值秩序被顛倒將不可避免。如此這般，大亂必至矣！

　　政治第一的特徵表現為延安「三多」──主義多、唱歌多、開會多。抗大、陝公有起床歌、早餐歌、演講前的歌、演講後的歌、鋪路挖坑都歌，上廁所也有歌。[74]「為開會而開會」（謝覺哉語）。工作商討會、學習討論會、生活檢討會、同志交心會……大型集會也很多，各種慶祝紀念、表民意、聽報告、大遊行等。尤其五月，從五一勞動節、五三濟南慘案紀念日、五四青年節、五五馬克思生日……直到五卅紀念日。1938 年 5 月，山西苛嵐二三千人在滂沱大雨中傾聽美國使館參贊卡爾遜上校演講，「我已知道中國人是根據它的長短評價一席演講的。我講了一小時。……雨繼續下著。儘管如此，群眾還是又逗留了一個半小時，觀看臨時搭起的舞台上演出的愛國話劇。」[75]延安知青大部分時間用於各種會議。中共高層更是一開數月，如西北局高幹會議，1942 年 10 月 19 日～1943 年 1 月 14 日，邊區縣團級以上黨員幹部 300 多人參加，中央黨校一、二部學員旁聽。[76]1944年 5 月 21 日召開的六屆七中會全，竟開了 11 個月。

　　1937 年初一度加入國民黨的石瀾：「我認為國民黨是鬆散的組織，我當了幾個月的國民黨員，卻沒有開過一次會議，沒有人向我提出什麼做黨員的要求。」[77]國民黨不開會，說明管理鬆懈，也說明國民黨內的相對自由。1949 年敗台後，一國府高官總結：「說組織，國民黨的組織鬆懈極了；說鬥爭，國民黨的鬥爭溫和極了。這是國民黨的弱點，也是國民黨的優點。」[78]國民黨鬥不過共產黨，蔣介石鬥不過毛澤東，在相當程度上，乃渙散的民主鬥不過集權的專制。

73　（美）白修德：《中國抗戰秘聞──白修德回憶錄》，河南人民出版社 1988 年版，頁 198、208。
74　黃仁宇：《黃河青山：黃仁宇回憶錄》，張逸安譯，九州出版社（北京）2007 年版，頁 3。
75　（美）埃文斯‧福代斯‧卡爾遜：《中國的雙星》，祁國明、汪杉譯，新華出版社 1987 年版，頁 188。
76　張秀山：《我的八十五年──從西北到東北》，中共黨史出版社（北京）2007 年版，頁 135。
77　石瀾：《我與舒同四十年》，陝西人民出版社 1997 年版，頁 61。
78　陳方正〈《史家高華》序〉，熊景明、徐曉主編《史家高華》，香港中文大學出版社 2012 年版，頁 xxii。

　　1938 年 4 月，抗大五大隊文藝晚會節目「王先生上抗大」（化用葉淺予漫畫人物），內有一段台詞「主義多」：

> 抗大的正牌主義叫做馬列主義；衣服不整、動作隨便的叫自由主
> 義；一個月發一塊錢津貼，抽八角錢煙、喝兩角錢酒的叫享樂主
> 義；看書上課感覺悶了，找個異性同學到外面逛逛，這叫揩油主義；
> 有時小米飯不夠吃，趁機去把區隊長的飯偷來兩盅，這叫機會主
> 義；八路軍來募捐，明明有錢，卻拿五分郵票來擋塞，這叫關門
> 主義。[79]

　　沒到延安的南開生黃仁宇也知道延安「主義多」：

> 　　他們還有一大堆的「主義」。在延安，人人每個月領兩元的零
> 用錢，如果把錢花在買煙草上，就是享樂主義。如果說了個不該說
> 的笑話，就是犬儒主義。和女生在外頭散個步，就是浪漫主義。一
> 馬當先是機會主義。看不相干的小說是逃避主義。拒絕討論私事或
> 敏感的事，當然就是個人主義或孤立主義，這是最糟的。毛主席又
> 增加了「形式主義、主觀主義及門戶主義」，全都不是好事。[80]

　　赴延知青的專業選擇也很能說明他們的價值排序。抗大級別最高，其次是陝北公學，再次才是魯迅藝術學院。知青擇校流諺：「不進抗大，就進陝公；不進陝公，就進魯藝；不學軍事，就學政治，不學政治，就學文學。」知青們熱衷軍政、藝術，急於直接作用於社會，對隔著一層的學術技術興趣不大。陳學昭：「在這裡，政治高於一切，許多男女青年都歡喜學政治。」[81]1942 年整風前，抗大總校、分校走出十萬畢業生，90%上了前線，「沒有多少人願意留在後方搞學院式研究或讀書。」[82]

---

[79] 原景信：《陝北剪影》，新中國出版社（武漢）1938 年版，頁 40。
[80] 黃仁宇：《黃河青山：黃仁宇回憶錄》，張逸安譯，九州出版社（北京）2007 年版，頁 3。
[81] 陳學昭：《延安訪問記》，廣東人民出版社 2001 年版，頁 77、95。
[82] 何方：《黨史筆記》，利文出版社（香港）2005 年版，上冊，頁 279。

陳學昭《延安訪問記》:

> 有些政治工作者,好似不十分看得起技術人員,再則自己以為
> 自己是政治工作人員,政治問題再沒有人能比得上他那樣認識清
> 楚。在他看起來,科學的技術人員不過像一個木匠,或手工業者
> ──木匠或手工業者是一個群眾,而科學的技術人員好像不是一個
> 群眾,是一種很奇怪的東西。
>
> 外面來的醫生,就是技術好也沒有用處,因為他們不認清政
> 治,不懂得政治,要動搖。
>
> 有些工作特別能迅速地得到人們的認識,哪幾種呢?會說話、
> 會唱、會演戲,末了,恐怕要算就是會寫。

延安知青搞學問不行,一窩蜂去搞文學,延安一時出了 200 多個詩
人。[83]只要在報紙上發表幾首詩,便是詩人一個。最吃香的還是首長。毛
澤東:「在延安,首長才吃得開,許多科學家、文學家都被人看不起。」[84]
一窩蜂湧向軍政,價值單一、整體失衡。「政治第一」貶低了學術與文化,
貶低了知識分子的獨立價值,社會失去必要的制衡力。延安一代幾無一人
從仕途折返學界。就是有一點學術成果,亦經受不住歲月檢驗。更無一
人達到本專業高層,無一人成為引領風騷的宗師。

這一急求事功的價值傾向,可溯源戊戌。戊戌前後朝野上下都認為「事
急需才,恐難久待」,數萬東渡留日生大多寄望速成,淺學輒止。1907 年
清廷學部統計:「查在日本遊學人數雖已逾萬,而習速成者居百分之六十,
習普通者居百分之三十,中途退學輾轉無成者居百分之五六,入高等及高
等專門者居百分之三四,入大學者僅百分之一而已。」[85]

---

[83] 陳學昭:《延安訪問記》,廣東人民出版社 2001 年版,頁 96、98、86、77。

[84] 中共中央文獻研究室編:《毛澤東文集》第二卷,人民出版社(北京)1993 年版,頁 374。

[85] 〈奏定日本五校事項章程折〉。參見學部總務司編《學部奏諮輯要》,載沈雲龍主編:《近代中國史料叢刊》第三編,第 96 冊,文海出版社(台北)1986 年版。再參見丁守和編:《辛亥革命時期期刊介紹》第一集,人民出版社(北京)1982 年版,頁 121。

　　時至五四，1920 年浙江一師畢業生俞秀松（1899～1939），「我此後不想做一個學問家（這是我本來的志願），惟願做個舉世唾棄的『革命家』。」[86] 1920 年代留蘇生——「旅莫支部中當時造成一種氣氛，仿佛說：我們來莫斯科是要學習革命，不是要學習學問的。我們要做革命家，不要做學院派。支部領導並不明白地反對文學，卻鄙視文學青年，以為這些人不能成為好同志。」留蘇生鄭超麟（1901～1998）：「我們並不希望中國歷史出現一個文學家瞿秋白，哪怕他能寫出像《子夜》那樣的小說，也是一種損失。」[87] 紅色士林座右銘：首先是革命家，然後才是××家。政治成了解決一切社會弊端的通靈寶玉，政治生命高於一切。延安一代最看重組織承認度。

　　1926 年秋清華園，週六晚同時開設學術講壇，梁啟超講歷史研究方法、講中國書法之美，內涵甚豐，聽眾寥寥；青年教授錢端升講國內外政治形勢，聯繫正在進行的北伐，座無虛席，掌聲熱爆。[88]

　　抗戰一起，一切靠後，軍政優先。赴延青年當然視從政為最要緊的「愛國」，躁躁然「起而行之」有了一件無比神聖的外衣。所有延安人都以「職業革命家」自居，所有延安士子必須是政治家、半政治家或業餘政治家，都想成為政治人物，都想成為決定社會命運的權力型人物。

　　中國女大校長王明慷慨激昂地對女生演講：「你們要好好聽課，將來革命成功了，你們都是中國的女縣長！」一群文化程度很低的女孩立刻有一種「天降大任於斯人」的感覺。[89]延安青年普遍擁有接管全中國的政治衝動。十六歲的何方已在抗大與教師討論共產主義社會的主要矛盾。[90]

　　延安女性的婚戀也是政治標準第一。男性黨員可以娶非黨女性，女黨員則一定要嫁黨員丈夫。趙超構驚呼：「女黨員嫁給非共產黨的男人，可以說絕對沒有。」延安女性的革命性還體現在努力男性化。趙超構一次說 C 女士：「你們簡直不像女人！」C 女士竟如此反問：「我們為什麼一定要像女人？」

---

[86] 俞秀松給友人的信。任武雄：〈關於俞秀松〉，載《黨史研究資料》1980 年第 11 期，頁 10。
[87] 《鄭超麟回憶錄》（下卷），東方出版社（北京）2004 年版，頁 339、343。
[88] 徐鑄成：《舊聞雜憶》，四川人民出版社 1981 年版，頁 42～43。
[89] 蔣巍、雪揚：《中國女子大學風雲錄》，解放軍出版社（北京）2007 年版，頁 147。
[90] 何方：《從延安一路走來的反思》，明報出版社（香港）2007 年版，上冊，頁 65。

趙超構對延安女性有幾段深刻描述：

> 共產黨員中，最可以作為代表的類型的，不是那些出了名的模
> 範黨員，而是「女同志」們，從那些「女同志」身上，我們最可以
> 看出一種政治環境，怎樣改換了一個人的氣質品性。所有這些「女
> 同志」都在極力克服自己的女兒態。聽她們討論黨國大事，侃侃而
> 談，旁若無人，比我們男人還要認真。
>
> 政治生活粉碎了她們愛美的本能，作為女性特徵的羞澀嬌柔之
> 態，也被工作上的交際來往沖淡了。因此，原始母性中心時代女性
> 所有的粗糙面目，便逐漸在她們身上復活了。而我們也可以從她們
> 身上直感到思想宣傳對於一個人的氣質具有何等深刻的意義！[91]

「政治第一」不僅僅是一種意識形態，也是中共的日常生活。1933 年
5 月鄧小平遭黨內批判，結婚不到兩年的金維映離他而去，不久嫁李維漢。
1942 年 12 月結婚的田家英（20 歲）、董邊（26 歲），每天五點起床，「天
麻麻亮，就拿著報紙，帶上地圖，上山讀報，把蘇軍佔領的地方用紅筆劃
上圈，一周分析一次形勢。我們每天都要閱讀國民黨統治區的大量報刊，
研究形勢動態。」這種政治興趣是終身的。1959 年盧山會議，李銳從副部
級直墜地獄，開除黨籍，下放勞動，差點餓死北大荒。1963 年 11 月，李
銳發配安徽大別山磨子潭水電站文化教員，臨行前與田家英在後海小酒店
話別，回家後夜不成寐，吟詩「關懷莫過朝中事，袖手難為壁上觀」。[92]李
銳承認已完全政治化，與子女聊天「簡直就是上政治課，沒有什麼家常
話。」1966 年初秋，李銳自大別山回京，對其女說：「這次文化大革命來
勢兇猛，矛頭絕不止是簡單地對著『三家村』、北京市委。毛澤東還有更
大的目的。」[93]政治嗅覺端得靈敏！久陷政治漩渦，一舉一動一思一想已

[91] 趙超構：《延安一月》，上海書店 1992 年版，頁 90～91。

[92] 董邊等編：《毛澤東和他的秘書田家英》，中央文獻出版社（北京）1989 年版，頁 269、146。

[93] 李南央：〈長長短短說父親〉，載李南央編著：《我有這樣一個母親》，開放雜誌出版社（香港）2003
年版，頁 60、47。

跳不出圈圈，何況個人命運與之相休戚。文革期間那麼難看的報紙，馮雪峰每天必讀，很需要有人去看他，生怕被遺忘。[94]

不直接從事政工的延安人也嚮往政治，血液充滿紅色細胞，既為自己的獻身精神所感動，也為崇高理想所驕傲。延安一代大多終身保持政治熱情。晚年王若水對當代青年轉向物質追求，不再像他們當年那樣激情澎湃關注國家命運，深表憂慮，認定精神墮落。[95]

有了「政治第一」，架設起「革命優先」的邏輯，接下來，事實與政治發生衝突，也得為政治讓路。1944 年 11 月，美軍駐延安觀察組長包瑞德問周恩來：美蘇誰更民主？周恩來回答：「我們認為，蘇聯在世界上是最民主的。」[96]當理想與政治功利發生衝突，理想得為實利隱退、道義得為需要彎腰，崇高得為鄙俗讓路，不期然而然地滑向「功利性」，如放大國民黨的缺點，無視國民黨的成績。1942 年河南大饑，國府允許災民免費乘火車從洛陽逃往西安、寶雞。這條路線每天約三千人入陝，其他路線逃荒者，政府發給每人 5～10 元旅費。[97]雖然杯水車薪，總不能說國府對人民的苦難完全漠視。較之 1959～62 年中共派民兵封堵村口不讓逃荒，國府已算大仁大慈了。哈耶克說得很對：「哪裡存在著一個凌駕一切的共同目標，哪裡就沒有任何一般的道德或規則的容身之地。」[98]

1965 年 12 月 22 日，聶紺弩私議：

> 近年來神經病的人很多……多數神經病人都是政治原因。問題確實很多，現在是靠人的覺悟來生存，物質條件這樣差，生產搞了十幾年搞不好，你就靠一個覺悟活下去？這叫做自欺欺人。[99]

---

[94] 揚塵：〈病床前的回憶〉，原載《收穫》1980 年第 2 期。參見包子衍、袁紹發編《回憶雪峰》，中國文史出版社（北京）1986 年版，頁 231。

[95] 李南央：〈我們仍生活在毛澤東時代〉，載《開放》（香港）2003 年 12 月號，頁 47。

[96] （美）D・包瑞德：《美軍觀察組在延安》（1944），萬高潮等譯，解放軍出版社 1984 年版，頁 83。

[97] （美）謝偉思（John S. Service）：《在中國失掉的機會》，羅清、趙仲強譯，國際文化出版公司（北京）1989 年版，頁 16。

[98] （英）哈耶克：《通往奴役之路》，王明毅等譯，中國社會科學出版社（北京）1997 年版，頁 143。

[99] 寓真：〈聶紺弩刑事檔案〉，載《中國作家》（北京）2009 年第 4 期，頁 34。

　　「政治第一」使只會搬弄口號概念的極左派奪占意識形態主導權。1974 年 5 月 24 日晚，周恩來主持對李政道夫婦的大型會見，出席者鄧小平、江青、王洪文、張春橋、姚文元、周榮鑫、遲群、謝靜宜、王海容、唐聞生，另有學者、科學家郭沫若、吳有訓、周培源、錢學森、朱光亞、王淦昌、周光召、張文裕等。李政道（1926～）認為對基礎科技人才需要從小抓起。江青蠻纏：「50 歲就不行了？」「我就不相信科學比意識形態更難！」江青不允許任何其他項目妨礙政治掛帥，必須意識形態第一，別的都不能「上桌面」。周恩來點名請科學家發言，點到中科院副院長吳有訓，吳不吭氣。李政道困惑不解，老科學家應該深知培養基礎科學人才的重要性急迫性，為什麼不表態呢？李政道後來才明白，如果這些科學家與江青對陣，完全有可能被揪出鬥臭，弄不好還得下獄。[100]這則頂級科學家不敢與江青交手的「史話」，一方面裸露江青燄焰，另一方面也說明赤色意識形態佔據絕對主導權，「政治第一」已很難正面駁斥。

　　1974 年廣交會，為「堅持正確的政治方向」，硬是撤下關公、觀音，換上劉胡蘭、阿慶嫂。前去執行此事的姚依林很明白：「誰去供劉胡蘭？誰會買呢？」姚憋了一肚子氣，但沒法發作。[101]

　　文革期間，許多革幹家庭有一道特殊風景線：家庭政治會。楊述、韋君宜家中，「晚上回家才是過真正的政治生活。每天吃過晚飯，父母子女坐在一起，討論時局和一些帶根本性的思想觀點。這個『家庭政治小組會』總要開到十點鐘才散。」全民議政，「關心國家大事」，天天討論，悠悠萬事惟此為大。八億人民全都關心政治，關注台上人物的一言一行，有這個必要嗎？難道不是最大的「資源浪費」？經濟崩潰還不必然麼？一個嚮往從政多於從學的社會，自然傾軋多於寬容，鬥爭多於安寧。

　　「政治第一」使延安幹部終身生活在鬥爭思維之中，生活在仇恨之中。鬥爭的價值前提是需要鬥爭，存在需要仇恨的對象。延安一代，仇恨遠遠大於溫情，他們很少給予溫情，溫情連著「資產階級」呵，仇恨則體現「無產階級感情」與「階級覺悟」。1950～70 年代的中國，夫妻因政治

---

[100] 施寶華：〈李政道同江青一次辯論〉，載《炎黃春秋》（北京）2008 年第 5 期，頁 16～17。
[101] 姚錦編著：《姚依林百夕談》，中國商業出版社（北京）1998 年版，頁 184、186。

離異、子女與父母因政治反目，天經地義，受到鼓勵。1961 年底，范元甄與李銳離婚，李銳一時無房，范竟將李的枕被從三樓窗口扔出。李南央感歎：「人怎麼會活得只有恨，而且這麼刻骨地恨？」[102]

「政治第一」使一系列極左行為水到渠成，通行無阻。1976 年 7 月 28 日唐山大地震，三年後才召開全國首次地震會議，第一次公布死亡 24 萬餘人。震災之初，姚文元下令：全國媒體關於地震報導總量不得超過 15 條，提出口號「抗震不忘批鄧」，廢墟上還得搞批鄧現場會。[103]

政治第一身後的價值支撐是革命萬能──「共產黨來了苦變甜」，在共產黨的領導下，什麼人間奇跡都可以創造出來。1936 年 7 月 23 日陝北保安，毛澤東對斯諾放言：

> 說到文盲問題，對於一個真正想要提高人民群眾經濟和文化水準的人民政府來說，並不是一件困難任務。……我們相信，早晚有一天我們不得不廢除所有的漢字，如果我們決心創造出一種群眾能充分參加的新型社會文化的話，我們現在正在廣泛使用拼音文字。要是我們能在這裡待上三四年，文盲問題將會得到基本解決。[104]

艱巨的掃盲工程，經濟如此落後的陝北，毛澤東竟認為消滅龐大文盲群只是一個政治問題！依靠漢字拉丁化就可在三四年內基本解決邊區文盲問題！！1988 年，中共用國 39 年了，全國尚有近 1/4 人口為文盲與半文盲（陝北是文盲高比例地區之一），連上海勞模也有不少文盲或半文盲！中青年勞模未達初中文化者越來越多。1980 年代初，上海 773 名勞模，初中以下 247 人；1990 年代上海勞模文化班，小學四五年級的題目，80% 不及格，40% 不到 30 分，數學零分者 26 名。[105]

---

[102] 李南央編著：《我有這樣一個母親》，開放雜誌出版社（香港）2003 年版，頁 22、18。
[103] 張廣友：〈比較唐山地震與汶川地震的報導〉，載《炎黃春秋》（北京）2008 年第 7 期，頁 25。
[104] （美）愛德加·斯諾：《紅色中華散記》，奚博銓譯，江蘇人民出版社 1991 年版，頁 257~258。
[105] 強熒：《上海勞模文化班的內幕新聞》，載《新聞記者》（上海）1991 年第 4 期，頁 3~4。

2001 年，最高人民法院院長蕭揚感歎：「誰可以進法院當法官，連我這個最高法院的院長都鞭長莫及，束手無策，管不了！在一個縣的法院，有 90 多人，40%是工人，竟然連一個大學生都沒有，案件怎麼判！」[106]

中共以為依靠群眾運動，一切「一抓就靈」，山河瞬變一夜盡綠。可政治變革畢竟十分表面，短期的亢奮與幻覺很快退去，經濟基礎不可能短時間內脫胎換骨，尤其權力運作模式沒變，社會利益結構仍然圍繞官本位，暴力硬變的東西仍會頑強「長」出來——「胡漢三」還是回來了。[107]

社會越發展，社會分工越細，日益形成整體性，各領域相互依存。單極強調政治，不顧及其他社會價值的平衡性，揚此抑彼，必然形成文化暴力。高爾基名言：「哪裡政治太多，哪裡就沒有文化的位置。」[108]延安確立的「政治第一」成為 1950～70 年代大開歷史倒車的「紅色瘟疫」。

政治第一使延安一代大多成為政治動物，只關心政治目標的實現，不關心實際效率與目標本身的正確性。從共產國際到中共基層領導，對下屬只要求「態度」不要求「思想」，只要求「服從」無所謂「認識」，服從就是一切，就是黨性就是最高政治。陳企霞（1913～1988）晚年歎曰：「如果不是愛抗上，我五個部長也當上了。」[109]

1990 年代後期，胡繩與後輩陳四益有一段談話。陳四益問：「當年你們都是反對鉗制輿論的先鋒。那時你們確信思想不能查禁，真理不能封殺，它必會贏得群眾。所以儘管政權在國民黨手中，報刊也大都在他們手中，你們除去思想與自信，兩手空空，但無所畏懼。為什麼現在政權在共產黨手中，報刊在共產黨手中，反而好像缺乏了當年的自信？對那些不一致的言論，難道不能用說理的方法，而一定要用查禁的方法？」胡繩沉吟片刻：「現在不同了。」「什麼不同？」「現在掌權了。」「是因為掌了權，所以覺得運用權力禁止比運用思想說服更為簡單方便嗎？」胡又沉吟片刻：「掌權了，就怕亂。」「那麼當初呢？」「當初亂，是亂了國民黨。」[110]同一「思想自由」原則，陰陽二用，深刻說明政治第一的內核。

---

[106] 蕭揚：〈全社會應該構築起對憲法和法律的忠誠與信仰〉，載《中國青年報》（北京）2001 年 1 月 22 日。
[107] 文革影片《閃閃的紅星》還鄉地主台詞：「我胡漢三又回來了！」一時流行寰內。
[108] （俄）高爾基：《不合時宜的思想》，余一中、董曉譯，作家出版社（北京）1998 年版，頁 275。
[109] 秦曉晴：〈最後的日子——懷念公公陳企霞〉，載《文匯月刊》（上海）1988 年 10 月號，頁 65。
[110] 陳四益：〈想起了胡繩先生〉，載《同舟共進》（廣州）2010 年第 1 期，頁 5。

遵義會議前，毛澤東通過擴大會議，用民主方式奪下「最高三人團」的軍權，等到自己握有指揮權，便反對用民主方式決策：打仗哪能舉手表決？何方析曰：「在個人權威還不足以保證自己主張得以實現的情況下，一般都會強調集體領導，主張多開會；一旦成為權威，才往往容易感到會多了麻煩。」[111]台下要民主，上台要集權，至今仍是中共官場通病。毛共根本意識不到：「權力的分散是自由的條件。」[112]

肆、真理執行者

中共以真理掌握者自居，自我感覺一直良好。1924 年 3 月，李大釗率近十名北大師生直闖外交部，質問代總理兼外交部長顧維鈞（1888～1985）為何不批准「中國外交史上最好的《中俄協定》」？顧維鈞解釋：中國對外蒙擁有領土與主權，《中俄協定》要求默認外蒙不再是中國領土，當然不能批准。李大釗激動爭辯：「即使把外蒙置於蘇俄支配的統治之下，那裡的人民也有可能生活得更好。」李大釗的論據為「階級論」下的國際主義。顧維鈞認為李大釗「已失去了辨別是非的理智」。[113]真理執行者的自信，使李大釗出賣大片領土還以為真理在手。中共一向認為：「老子天下第一、打倒一切、一切不合作、一切鬥爭到底。」[114]

1929 年 7 月 13 日，紅四軍三縱政治部編印的《黨員訓練大綱》有「怎樣介紹同志」：

> 從他的家庭經濟背景，考察是否有革命之需要？從他平時做事待人，看他是否忠實可靠？從鬥爭中看他是否勇敢不怕得罪人？從他的交友中或反對者，各方面看他是否好人？在他談話中，看他是

---

[111] 何方：《黨史筆記》，利文出版社（香港）2005 年版，上冊，頁 5。
[112] （法）雷蒙·阿隆（Raymond Aron）：《知識分子的鴉片》（1955），呂一民、顧杭譯，譯林出版社（南京）2005 年版，頁 93。
[113] 顧維鈞：《顧維鈞回憶錄》第一分冊，中華書局（北京）1983 年版，頁 339～340。
[114] 薄一波：〈劉少奇的一個歷史功績〉，載《人民日報》1980 年 5 月 5 日。

否能守秘密？從他的脾氣上，看他是否會服從？從他平常看書上，
看他的思想是否革命？[115]

　　既全面又具體，既有原則性又有操作性，真正來自實踐的「結晶」。
惟一矛盾悖反的是既要「勇敢不怕得罪人」，又要「從脾氣上會服從」，怎
麼統一？想來兩者的「對立統一」只能是服從之下的勇於鬥爭、上級駕馭
下的不怕得罪人。綜而述之，中共對黨員的要求可概括為：思想認同、忠
誠可靠、服從上級、敢於鬥爭。最核心的一條還是：服從。

　　在延安，除了毛澤東與極個別高幹，所有人都不是也不允許是真理探
索者，只能是執行者，延安一代只能是毛思想的實踐者。因為，一切探索
已無必要，所有真理已由導師揭示，僅須宣示推廣，注釋引申。

　　延安思想界惟一需要探索的只是馬列原則與中國現實的結合，而這又
是領袖的「專利」，他人不得染指。毛澤東與王明的權爭，既爭最高領導
權，也爭馬列注釋權。但毛澤東只是馬列主義中國教區的「主教」，政治
上仍須聽命史達林。廣大黨員好好學習深刻領會就行了。積極探索，既容易
犯自由主義錯誤，還有可能陷入個人主義泥坑，危險的資產階級自由化。

　　馬克思主義宣稱是解放全人類的最高學說，共產黨是有史以來最大公
無私的政黨，共產制度將建立最美好的社會，資本主義消亡乃歷史必然，
全世界必將進入社會主義並最終實現共產主義，鏟盡萬惡之源的私有制，
建立視勞動為獎賞的地上天國。投身如此壯麗的偉大事業，自豪呵！驕傲
呵！抗大校歌「人類解放、救國的責任全靠我們自己來擔承」，一輪新陽
將從自己腳下升起，最燦爛的黃金世界將由自己發放入場券。延安一代感
覺勝利在望，不像大革命一代因「反革命力量還強大」，態度上尚有相當
保留。1925 年入黨的謝覺哉，接到家鄉胞弟來信，托兄長在外面找事，謝
回函：「革命前途未可知，我已以身許黨，你不要來，免受牽累。」[116]

　　對延安一代來說，入黨等於進入真理掌握者的行列。雖然馬列水準還
很低，但轉過身去，面對芸芸百姓，已然身高萬丈，高明不止一點點，每
一句話都是響噹噹的革命真理。長纓絕對在握，蒼龍很快可縛。就是面對

---

[115] 余伯流、凌步機：《中央蘇區史》，江西人民出版社 2001 年版，頁 60。
[116] 《謝覺哉日記》，人民出版社（北京）1984 年版，上冊，頁 455。

文化界，黨員身分也不得了。1944年，何其芳、劉白羽到重慶傳達延安整風，召集「進步作家」開會，1938年入黨的何其芳極其自信地說經過整風，自己已改造成真正的無產階級，現在來渝改造尚未「轉變」的國統區文化人。1927年入黨的馮雪峰憤然擲言：「他媽的！我們革命的時候他在哪裡？」[117]胡風也看不慣何其芳以「延安來的」那副傲然自得。

1943年，費正清在重慶與喬冠華有一節對話。

費正清：「你似乎學了極權主義。」
喬冠華答曰：「我是一個極權主義者。」[118]

1948年底共軍進入北平在即，有人提議陳寅恪體弱，眼睛看不清，可否由親友代為報到？成仿吾斷然拒絕：「資產階級知識分子到無產階級領導的革命機關來報到，來辦理登記，一定要親自來，本人來，不得由別人代替。因為……這是個態度問題！」[119]1950年代，徐懋庸執掌武漢大學，程千帆教授（1913～2000）：「校長徐懋庸，滿腦子征服者的特權味道。」[120]

信仰高於一切，藐視歷史，看不起一切歷史人物，否決一切不同聲音，視多元容納為小資動搖性。革命原是社會改革的手段，這會兒成了一切，一切為了革命，手段翻成目的。在革命面前，一切人性人權都微不足道，必須毫不猶豫放棄，甚至包括生命。否則，就是對革命不誠、對黨不忠。1930年代地下黨就有「不但以入獄為榮，甚至以就義為樂」。[121]似乎誰不願上斷頭台，誰就是狗熊或叛徒。可一切都奉獻完了，還有什麼人權還有什麼自由需要捍衛？民主還有什麼理由成為必要？既然個體生命本身就無價值！韋君宜晚年悔悟：「我原以為自己參加革命多年便是功，那麼別人未參加革命便是罪。如此看歷史，如此看世界，究竟功歟罪歟？」[122]

117 萬同林：《殉道者──胡風及其同仁們》，山東畫報出版社（濟南）1998年版，頁282。
118 （美）費正清：《五十年回憶錄》，趙復三譯。載《中華民國史資料叢稿・譯稿・中國之行》，「五十年回憶錄」第四部分，中華書局（北京）1983年7月印刷，頁84。
119 趙儷生：《籬槿堂自敘》，上海古籍出版社1999年版，頁137。
120 程千帆：《桑榆憶往》，上海古籍出版社2000年版，頁35。
121 王凡西：《雙山回憶錄》，東方出版社（北京）2004年版，頁41。
122 韋君宜：《思痛錄》，北京十月文藝出版社1998年版，頁107。

　　既以真理執掌者自居，延安作家亦以社會改造者自封，接過蘇式稱號
──「人類靈魂工程師」，意氣自雄挾持自重，作品多為「教訓文學」。評
家曰：「文學幾乎完全成了教訓的手段，趣味的成分極少，讀小說像是容
易犯錯誤的孩子在接受關於人生戒條的訓話。……不少作家對自己那種不
知從何而來的『人類靈魂工程師』的身份看得很像一回事，自個的靈魂尚
弄不明白，卻喜歡對讀者的靈魂動手動腳。」[123]1994 年，年近八旬的劉白
羽仍有這種動手動腳的強烈願望：「我的書桌就是我的戰場，我用信仰之
火燃燒自己，燃燒別人，我將為我的信仰流盡最後一滴血液。……決定人
類命運的人，首先是共產黨人。」[124]田家英在中南海是出了名的「勤於誨
人」，喜歡一杯在手，縱論天下。[125]

　　延安一代認為改良只能改變事物的某些方面，惟有革命才能發生質
變，改良過於庸常乏味，革命才詩意盎然。「共產主義者是從不猶豫的。」[126]
價值自信使延安一代「革命立場堅定」、「革命意志高昂」、「革命精神沸
騰」。越豪情滿懷，越難以看清周圍，很難在紅色軌道上煞車，不可避免
地滑入為革命而革命，希望革命成為一種永久狀態。因此，輕視經濟、甚
或不屑於從事經濟，也就成為延安一代的必然選擇。「真理執行者」最終
都無可避免地成為「真理推銷商」，強迫社會接受紅色方案。

　　1944 年夏，趙超構訪問延安，與陳學昭交談後發現：「我知道，相互
的說服是不可能的。」[127]邏輯起點差異太大，價值標準各殊。與一群認非
為是且自以為是者，相看兩非，很難深入交流。一個社會出現兩大價值體
系，各自又握有軍力，發生你死我活的戰爭，已難避免。

　　搶救運動之所以迅速掀起狂潮，乃是赤色思潮已一統延安思想界，整
個延安成了火藥桶。1943 年 7 月，延安召開批鬥大會，邊區政府秘書長李

[123] 駱玉明：《近二十年文化熱點人物述評》，復旦大學出版社（上海）2000 年版，頁 321。
[124] 劉白羽：《心靈的歷程》（下），中國青年出版社（北京）1994 年版，頁 1289。
[125] 李夢橋主編：《中國世紀名人遺囑‧遺書‧遺言‧遺作》，湖北人民出版社 2000 年版，頁 110。
[126] （法）雷蒙‧阿隆（Raymond Aron）：《知識分子的鴉片》（1955），呂一民、顧杭譯，譯林出版社
（南京）2005 年版，頁 277。
[127] 趙超構：《延安一月》，上海書店 1992 年版，頁 100。

維漢主持：「場內群情激憤，如果有人提議處以死刑，也是一定會得到擁護通過的。」[128]

後來的土改、鎮反，多少人在公審大會上由「一嗓子」領了死刑。還有血淋淋套牲口拖死地主、「望蔣台」摔死地主、燒紅鐵環套地主的頭……[129]黃世仁式惡霸地主乃極少數。地主、資本家不僅不是歷史的腫瘤，實為歷史發展的進步產物，他們的財產是對他們（及祖先）勤勞致富、才智創富的回報。地主、資本家也是社會生產的管理者，寶貴的人才資源。縱有極少數「黃世仁」，也不應以偏概全，一棍子全打死這一「先進生產力的代表」，不應以「革命的名義」剝奪人家財產，更不應剝奪人家生命。

1950～70 年代的大陸文壇之所以成為「作家死在批評家筆下」的時代，乃是批評家手裡握著「真理」。激烈的「窩裡鬥」既是集權制無法規避的體制病，也是延安一代的代際特色。聞「鬥」起舞，可概括為延安紅士的基本面。他們反復爭奪革命的正宗，互咬互鬥互斥互罵，永遠充滿激情地咒罵對立方，卻從不停下來考慮革命本身的正誤，很少考慮自己「革命行為」的必要性與實際價值。文革中被鬥死的陶鑄、被打倒的王任重，未倒之前曾狠狠出手打倒中共一大代表李達、開除其黨籍。[130]

相比延安一代的堅定性，卡夫卡去世前決定銷毀全部手稿、海明威晚年擔心能否流芳百世……謹慎質疑總比堅信不疑更有修正性，更容易接受來自實踐的糾誤。海涅（Heinrich Heine，1797～1856）：「肉體有時候似乎比精神看問題更深刻。人們用脊樑和肚皮思考往往比用腦袋思考更加正確。」[131]延安一代恰恰不是實踐檢驗理論，而是理論「檢驗」實踐，學說代替感知，死背教條，拒絕經驗。否認了肉體既是精神的載體，也是精神的服務對象；思維方式上，用演繹法否定了歸納法，將一則未經實踐檢驗的理論放置神位，根本沒去想一想理論本身是否存在問題。

延安一代當然不會承認自己的片面性與極端性，出了問題，又以各種理由推諉躲避。由於認定執掌真理，自己也奉獻了一切，也就看不得那些

[128] 李維漢：《回憶與研究》，中共黨史資料出版社（北京）1986 年版，下冊，頁 512。
[129] 魏紫丹：《還原 1957》，五七學社出版公司（香港）2013 年版，頁 574。
[130] 王炯華：〈李達在武大的最後歲月〉，載《同舟共進》（廣州）2009 年第 2 期，頁 56～58。
[131] 轉引自錢理群：《我的精神自傳》，廣西師大出版社（桂林）2007 年版，頁 257。

還不願徹底奉獻的「落後分子」，看到誰活得稍微自由一點就渾身不自在，看到誰還保留一點自我就痛不欲生，認定自己未盡到責任，革命將因此失敗。他們只要求別人尊重自己的選擇權，卻無視別人的選擇權。

針對原先的暴力反對者何以成為暴力支持者，法國學者剖析：

> 崇高的目標可以為恐怖的手段開脫。這些革命者在審視現實時，往往擺出一副道德主義的架勢……在他們眼中，沒有一件事情是合乎人性的。因此，任何事物都無法滿足他們對正義的渴望。但是，一旦他們決定加入一個跟他們一樣毫不留情地反對現存混亂狀態的黨的時候，他們就會以革命的名義去寬恕一切他們先前曾不知疲憊地進行譴責的事情。革命的神話在道德上的不妥協和恐怖主義之間架起了一座橋樑。[132]

一手執劍，一手拿「經」，以「經」殺人，了無罪感。各個時代的「經」儘管大不相同，但「經劍合」殺人的政治悲劇卻一幕幕循環上演。

除卻少數「兩頭真」，閱讀延安一代回憶錄，可知兩大通弊：一、情緒激動，惟我獨革，排斥性甚強；二、思想偏平，容納度低。他們自認為擁有絕對真理，帶著鄙夷的眼光掃視所有意見相左者。

---

[132] （法）雷蒙・阿隆（Raymond Aron）：《知識分子的鴉片》（1955），呂一民、顧杭譯，譯林出版社（南京）2005 年版，頁 161～162。

| 第五章 |

拐點整風

壹、短暫自由

大批知青湧入，如何將他們塑造成「中國革命的有用之才」，如何將擁有五四自由精神的知青捏塑成有組織有紀律的「特殊材料」，中共高層從一開始就十分重視赴延知青的思想塑造。1938 年 10 月成立中央幹部教育部，[1]「總負責」兼中宣部長張聞天兼部長。1937 年 1～8 月抗大二期，第四大隊都是各地學生（550 人），董必武任大隊政委。七七事變前，毛澤東每週二、四上午到抗大講課，每次四小時，下午還參加學員討論。[2]

赴延青年多認為在延安可以得到「民主、自由、平等」。中共也很清楚赴延青年與全國民眾的普遍心理，高擎高舉抗戰民主兩面大旗。1936 年 2 月上旬，范長江採訪陝北，毛澤東在窰洞對范說：共產黨的要求是希望中國走上憲政民主之路，以民主求統一求和平；和平統一之後始可言抗日，為實現民主政治，共產黨當可放棄土地革命、蘇維埃和紅軍的名義；中國將來當然會成為資產階級的民主政治。[3]

江西蘇區，1930 年 10 月 7 日於吉安成立「江西省蘇維埃政府」，政綱第 12 條：一切革命群眾有集會結社言論出版的絕對自由。[4]1936 年 4 月 25 日，中共要求國府「言論、集會、結社、出版、信仰的完全自由，釋放一切政治犯！」1939 年 1 月，邊區第一屆參議會通過〈陝甘寧邊區抗戰時期

---

[1]　1940 年 6 月，中央幹部教育部與中宣部合併，改稱中央宣傳教育部；10 月再改回。

[2]　李志民：〈抗大抗大・越抗越大〉（之一），載《中共黨史資料》第七輯，中共黨史資料出版社（北京）1983 年版，頁 33～38。

[3]　范長江：《塞上行》，新華出版社（北京）1980 年版，頁 199。

[4]　〈江西省工農兵蘇維埃政府佈告——宣佈本府成立及政綱〉（1930 年 10 月 7 日），載《江西黨史資料》第七集，1988 年內部出版，頁 199～201。

施政綱領〉，第八條「保障人民言論、出版、集會、結社、信仰、居住、
遷徙與通信之自由。」1941 年 5 月 1 日，《陝甘寧邊區施政綱領》第六條：

> 保證一切抗日人民（地主、資本家、農民、工人等）的人權、政權、
> 財權及言論、出版、集會、結社、信仰、居住、遷徙之自由權。除
> 司法系統及公安機關依法執行其職務外，任何機關部隊團體不得對
> 任何人加以逮捕審問或處罰，而人民則有用無論何種方式控告任何
> 公務人員非法行為之權利。[5]

　　許多紅色歌曲都有「自由」一詞。江西蘇區《直到最後一個人》首句
「神聖的自由土地誰人敢侵？」[6]抗戰名歌〈太行山上〉，特意加上「自由
之神在縱情歌唱」。救亡歌曲中也有著名的〈自由神〉。[7]還有歌詞「我們是
民主青年！」抗戰後，左翼青年甚至自稱「民主少爺」、「民主小姐」[8]紅
色作家周立波（1908～1979）這一筆名亦取自英語 Liberty（自由）。[9]
　　1937 年 5 月，毛澤東在會議上多次倡說民主：「爭取民主是目前發展
階段中革命任務的中心一環。看不清民主任務的重要性，降低對於爭取民
主的努力，我們將不能達到真正的堅實的抗日民族統一戰線的建立。」「爭
取政治上的民主自由，則為保證抗戰勝利的中心一環。」「對於抗日任務，
民主也是新階段中最本質的東西，為民主即是為抗日。抗日與民主互為條
件……民主是抗日的保證，抗日能給予民主運動發展以有利條件。」[10]1939
年 6 月，毛接見基督教青年會訪問團：「共產黨一貫堅持宗教自由的原則，
強迫人不要信仰宗教猶如強迫人信仰宗教一樣錯誤。」[11]1942 年 5 月，毛
在高層會議上：「和我們合作的知識分子不但是抗日的，而且是有民主思
想的、傾向於民主的。沒有民主思想，他們根本就不會來。」[12]

---

[5]　〈陝甘寧邊區施政綱領〉，載《中共黨史教學參考資料》（三），人民出版社 1959 年版，頁 2。
[6]　人民出版社編：《中國工農紅軍第一方面軍長征記》，人民出版社（北京）1955 年版，頁 55。
[7]　馮蘭瑞：《別有人間行路難》，時代國際出版社有限公司（香港）2005 年版，頁 351。
[8]　韋君宜：《思痛錄・露莎的路》，文化藝術出版社（北京）2003 年版，頁 350。
[9]　李南央：《李銳日記》，溪流出版社（美國）2008 年版，第一冊（1946～1955），頁 25，注釋 56。
[10]　《毛澤東選集》第一卷，人民出版社 1966 年橫排本，第 1～2 合印本，頁 235～236、252。
[11]　江文漢：〈延安訪問記〉，載《檔案與史學》（上海）1998 年第 4 期，頁 11。
[12]　中共中央文獻研究室編：《毛澤東文集》第二卷，人民出版社（北京）1993 年版，頁 425。

此時是向國民黨要自由爭權利,「民主」旗幟在延安高高飄揚。1944年 6 月 12 日,毛澤東答中外記者團:

> 中國是有缺點,而且是很大的缺點,這種缺點,一言以蔽之,就是缺乏民主。中國人民非常需要民主,因為只有民主,抗戰才有力量。[13]

既然強烈反對國民黨的言禁,自己這裡就不便也同樣設禁,這是最起碼的邏輯,否則知青們就不會跑過來、呆得住。1937 年 5 月 7 日,毛澤東在中共全國代表會議上:「用民主制的實行,發揮全黨的積極性。」

整風前在延安辦刊,只須徵得單位同意,再向中宣部或張聞天、毛澤東報告一聲,幾無不允,經費通常為募集或從單位經費中劃撥。[14]

何方:「他們(按:延安知青)當年離開國統區、走向解放區,就是因為雖然國共都抗日,但國民黨卻專制腐敗,共產黨講求自由民主。」「整風前的延安,到處洋溢著一種自由、活潑、生動、歡樂的氣氛,真是生龍活虎,勁頭十足。自由空氣和平等精神,也許是我們這些青年學子到延安後最重要的感受。」1939 年何方抗大畢業,原調他去軍委三局通訊學校,何不同意,也沒勉強,「那時還比較民主,注意徵求個人意見。」[15]

國軍的政治就差遠了。涇陽縣保安隊士兵 1938 年還搞不清國共區別。出操歌:「三國戰將勇,首推趙子龍,長阪坡前顯威風」;「當兵好,當兵好,睡得遲,起得早。」[16]政治前景的構勒上,國民黨還是軍政、訓政、憲政,延安則似乎一步踏入憲政——直接實施民主。1937 年春末,中央大學等新生軍訓,生硬要求絕對服從蔣委員長,教官竟指著黑板:「蔣委員

---

[13] 毛澤東:〈沒有民主,一切只是粉飾——中國應在所有領域貫徹民主〉,載《解放日報》(延安)1944年 6 月 13 日。

[14] 朱鴻召:〈唯讀《解放日報》〉,載《上海文學》(上海)2004 年第 2 期,頁 80。

[15] 何方:《從延安一路走來的反思》,明報出版社(香港)2007 年版,下冊,頁 746;上冊,頁 75、121。

[16] 何方:《從延安一路走來的反思》,明報出版社(香港)2007 年版,上冊,頁 X、40、43。

長說這黑板是白的,這黑板就是白板。」[17]國民黨退台後,吳國楨檢討:「對國民政府來說,當時的麻煩是,沒有給人民的未來以承諾。」[18]

1942 年整風之初,王實味確曾「掛帥」一時,其言論在中央研究院獲得多數支持。有人認為:「雖然過火,但也不無道理,於是就給《矢與的》(按:該院大型壁報)寫了一篇〈雜感二則〉,表示同情和支持王實味等人的意見。」1942 年 4 月 7 日,中宣部召集中央研究院部分人員至楊家嶺開座談會,「從上午九時一直到開到夜裡十二時。會上的發言雖然甚為踴躍,但旗幟鮮明地反對王實味的,卻只有李宇超同志一人。」[19]抗大下發王實味〈野百合花〉,要求討論,學員「幾乎眾口一詞地同意王實味的觀點……大家說,對呀!寫的挺好的呀!寫的都是真的呀!而且普遍認為,革命隊伍裡確實有缺點,提出來是有好處的。要是提出來就批評,以後誰有了意見還敢提?革命隊伍不就成了死水一潭嗎?大家講得興高采烈,振振有詞。」沒幾天圖窮匕見——不是真要大家討論而是動員批判!「大家一時轉不過彎來,開會沒人討論,經過領導再三動員和積極分子帶頭,形勢才扭轉過來,大家才批判王實味和檢討自己的思想了。」[20]

內部已在收束,對外則繼續保持民主攻勢。1943 年 7 月 2 日《解放日報》吳玉章文章:「必須給各黨各派合法的存在和言論與集會結社的自由,才能算民主政治。否則就為一黨專政或一人專政,就只有『民國』之名,而無『民國』之實了。」[21]1944 年 6 月 12 日,毛澤東宴請中外記者團,毛演講 90 分鐘,「90 分鐘的話,如並作一句話,就是『希望國民政府、國民黨及一切黨派,從各方面實行民主。』他認為惟有在民主的基礎上才有真正的統一,也惟有民主的政治,才能發揮最大的力量。」[22]中共報刊天天呼民主喚自由,堅稱「共產黨反對國民黨的一黨專政,並不要建立共產黨的一黨專政。」此時入黨的大學生謝韜:「共產黨在報刊上公開發表的政

---

[17] 馬識途:《風雨人生》,參見《馬識途文集》第九集(下),四川文藝出版社 2005 年版,頁 102。

[18] 吳國楨:《從上海市長到「台灣省主席」》,吳修垣譯,上海人民出版社 1999 年版,頁 49。

[19] 溫濟澤等編:《延安中央研究院回憶錄》,中國社會科學出版社、湖南人民出版社 1984 年版,頁 124、137。

[20] 何方:《從延安一路走來的反思》,明報出版社(香港)2007 年版,上冊,頁 106~107。

[21] 吳玉章:〈共產黨改造了我的思想〉,載《解放日報》(延安)1943 年 7 月 2 日。

[22] 趙超構:《延安一月》,上海書店 1992 年版,頁 63。

治主張，使我們感受到強大的親和力和吸引力，促使我們下定決心成為共產黨人。」[23]

　　1945 年 7 月 1～5 日，黃炎培、傅斯年、左舜生、章伯鈞、褚輔成、冷遹六位國民參政員為促成和談飛訪延安。黃炎培與毛澤東談及中共如何跳出政黨週期律──其興也勃，其亡也忽。毛說已找到避免「人亡政息」、「政怠宦成」週期律的新路：「我們已經找到新路，我們能跳出這週期率。這條新路，就是民主。只有讓人民來監督政府，政府才不敢鬆懈；只有人人起來負責，才不會人亡政息。」[24]這就是忽悠了整整一代民主人士的「窯洞對」。1944 年 10 月下旬，毛澤東回答美國記者「進城後」的政策：在共產黨的新中國，會有言論自由、人身自由、新聞自由，人人都能在報紙上發表見解，在什麼樣的報紙上都行──除了「人民的敵人」。這位美國記者十分後悔當時沒有追問一句：誰來給「人民敵人」下定義？[25]

　　延安時期的中共，不僅旗幟上必須高高飄揚民主自由，自身利益也需要向國民黨索要民主。1945 年延安歌曲：「法西斯／像蒼蠅／害得中國生了病／這個大病叫『不民主』呀／害苦了中國的老百姓。」美國外交官謝偉思一眼洞穿：「他們擁護民主對絕大多數中國人有號召力，而且是一根很好的打擊國民黨的大棒。」[26]1943 年 3 月，蔣介石《中國之命運》出版，劉少奇在延安布置陳伯達、艾思奇、范文瀾、王學文、何思敬、齊燕銘、呂振羽等人撰文批駁，批判重點就是《中國之命運》鼓吹的「一個主義、一個領袖、一個政黨」。[27]

　　1945 年 9 月，英國路透社駐渝記者甘貝爾書面提問毛澤東，參加重慶談判的毛澤東書面作答：

23　謝韜：〈我們從哪裡來，到哪裡去？〉載燕凌等編著：《紅岩兒女》第三部（上），真相出版社（香港）2012 年版，頁 7、9。

24　黃炎培：〈延安五日記〉（1945 年 7 月）。黃炎培：《八十年來》，文史資料出版社 1982 年版，頁 149。

25　（美）白修德：《中國抗戰秘聞──白修德回憶錄》，崔陣譯，河南人民出版社 1988 年版，頁 207。

26　（美）謝偉思：《在中國失掉的機會》，羅清、趙仲強譯，國際文化出版公司 1989 年版，頁 224。

27　潘國華、林代昭整理：〈呂振羽同志回憶批判《中國之命運》的一些情況〉：載《黨史研究資料》第二集，四川人民出版社 1981 年版，頁 692～694。

　　「自由民主的中國」將是這樣一個國家，它的各級政府直到中央政府都是由普遍、平等、無記名的選舉所產生，並向選舉它們的人民負責。這將實現孫中山先生的三民主義，林肯的民有、民治、民享的原則與羅斯福的四大自由。[28]這將保證國家的獨立、團結、統一以及與各民主強國的合作。……減輕人民負擔、改善人民生活、實行土地改革與工業化、獎勵私人企業（除了那些帶有壟斷性質的部門應由民主政府經營外），在平等互利的原則下，歡迎外人投資與發展國際貿易。……我們完全贊成軍隊國家化與廢止私人擁有軍隊，這兩件事的共同前提就是國家民主化。[29]

　　1955 年，中共還頒發「獨立自由」勳章。1957 年後，「自由」才與「資產階級」聯繫在一起，淪為忌諱，最後整出 1980 年代的「資產階級自由化」。言論自由、司法獨立、人身自由、控告官員，中共至今都未兌現的政治支票。西安事變後國共談判，蔣介石：人家都說共產黨說話不算話，希望中共這次能改變。[30]

　　1942 年沒收言論自由的「王實味事件」，1943～44 年任意逮捕刑罰的搶救運動、公然失信天下的反右、堅不認錯的反右傾、大饑荒、文革、六四。當年「宣言」猶在耳，今日蕭瑟易水寒。聞延安之諾，觀北京之政，悖反凸露。反右後，士人擲評：「輕諾延安，寡信北京。」[31]

　　對中共來說，民主實在是一把雙刃劍。對付國民黨，民主是必須擎舉的一面大旗，否則無以號召全國、吸引憤青；但在黨內，民主易引爭裂，操作麻煩。如何從理論上對民主進行「階級區別」，如何變內部民主籲求為「一致對外」，中共高層早就意識到這一現實需要。1937 年 9 月，毛澤

---

[28] 1941 年 1 月 6 日，佛蘭克林・羅斯福總統在國情咨文中宣佈了四項「人類基本自由」——言論和表達的自由、信仰上帝的自由、免於匱乏的自由、免於恐懼的自由。

[29] 〈毛澤東答路透社記者・中國需要和平建國〉，載《新華日報》（重慶）1945 年 9 月 27 日；《解放日報》（延安）1945 年 10 月 8 日轉載。

[30] 〈中央關於同蔣介石談判經過和我黨對各方面策略方針向共產國際的報告〉（1937 年 4 月 5 日）。載中央檔案館編：《中共中央文件選集》第 11 冊，中央黨校出版社（北京）1991 年版，頁 180。

[31] 李銳：《毛澤東執政春秋》序言。參見《李銳近作——世紀之交留言》，中華國際出版集團有限公司（香港）2003 年版，頁 164。

東撰寫〈反對自由主義〉，清晰表明不允許存在不同意見，黨內必須開展思想鬥爭，統一認識，強調一元化，從根子上就不接納民主。

　　整風乃背景複雜的中共高層政鬥，源於毛澤東整肅王明的「國際派」，兼帶打壓周恩來的「經驗派」，以確立絕對權威。當時，留蘇派陣容強大：王明、張聞天、博古、王稼祥、凱豐、鄧發、陳雲、康生、楊尚昆，甚至包括周恩來。毛澤東依靠的「本土派」井岡山將領（彭德懷、林彪、葉劍英、聶榮臻、羅榮恒等），並不占主導優勢。王明依靠「遠方」（共產國際），對毛的第一領袖具有相當挑戰力。毛發動整風的初衷，意在通過對第五次反圍剿的失敗追責，逼迫「國際派」檢討，從而穩掌帥印。不料，途中王實味、丁玲等人「跳出來」搶台，這才風向朝下──將整風順勢推向基層。不過，按中共政治邏輯與當時延安嘰嘰喳喳的「自由化」，早晚會有一場整風，以整肅「極端民主思想」。1942 年 6 月 13 日，毛澤東致信周恩來：「二十二個文件的學習在延安大見功效，大批青年幹部（老幹部亦然）及文化人如無此種學習，極龐雜的思想不能統一。」[32]

　　毛澤東經過大革命與蘇區鬧紅的歷練，非常清晰成就勳業必須集中意志，民主只是對外的招牌，只能用於向國民黨爭權，絕不可劍鋒對內，黨內不能出現派別。否則，中央權威受質疑，如何發號施令？大革命以後，歷屆中共領袖都明白：高層必先明確權屬，才能號令基層，黨內權爭的重要性甚至超過黨際之爭。慈禧的「寧贈友邦，不與家奴」，蔣介石的「攘外必先安內」，同理矣。無論誰上台，都會要求「四大服從」，都會輕民主而重集中。中共領導層十分清楚：必須將懵懵懂懂的青年們培養成「目標明確」的信徒，方可指哪打哪，成為「真正的共產主義戰士」。1941 年 7 月 1 日，中共政治局頒布〈增加黨性的決定〉，狠批個人主義、英雄主義、獨立主義，重申四大服從，「不允許任何黨員與任何地方黨部，有標新立異，自成系統，及對全國性問題任意對外發表主張的現象。」[33]不僅「全黨服從中央」，中央也得服從「有最後決定權」的毛澤東。否則，便是黨性不純，毛澤東就這樣將教徒服從論證成崇高黨性。

---

[32] 逢先知主編：《毛澤東年譜（1893～1949）》（中卷），中央文獻出版社（北京）2005 年版，頁 387。

[33] 〈中共中央關於增加黨性的決定──1941 年 7 月 1 日中共中央政治局通過〉。載《中共黨史教學參考資料》（三），人民出版社（北京）1959 年版，頁 5～7。

陳伯達再將黨性注釋成：

> 黨性是黨的一切優美個性的統一……作為一個共產黨員的個
> 性，只能以黨性為基礎……離開黨性來孤立地談所謂個性，就會喪
> 失自己共產主義的德性。……必須要在革命的磨煉中，廢棄自己與
> 黨性不合的、反動的舊個性，創造與黨性相合的、革命的個性。一
> 個共產黨員的個性，必須與黨性一致，必須在黨性基礎上，才能發
> 揮自己的多才多能。[34]

十月革命前，列寧向高爾基保證「革命後」將給予言論自由。當高爾
基看到革命暴行嚴重違背列寧承諾，按捺不住呼喚：「一切包含有殘酷性
或冒失性的東西總是能找到影響無知者和野蠻人的感情的途徑。」「殺人
要比說服人簡單得多。」[35]列寧「只能」毀諾封閉高爾基的《新生活報》。
只能「歌德」（表揚）不能「缺德」（批評），國際共運，中外咸然。

康生說了一句大實話：「民主集中制，集中是主要的，民主不過是一
個形容詞而已。」[36]控制言論乃是集權的前提。控制言論最高明的辦法便
是關口前移──控制思想。清朝臥碑：「生員上書言時政者照違詔論罪」。
也是不讓多說。不讓說，自然也就想得少了，甚或不想了。

1995 年 7 月 8 日，趙紫陽感慨孫中山的民主三段論──軍政、訓政、
憲政，「我們連這個分階段的目標也沒有，只是一味地強化無產階級專
政，實行一黨專制政體。如果中國共產黨從一開始就標榜要實行專制政
體，恐怕知識分子一般不會回應，不會參加到我們這方面來。」[37]趙紫陽
也是被「民主」、「公平」的大旗吸引進入赤營。2000 年 10 月，趙紫陽再
反思：

---

[34] 陳伯達：《人性‧黨性‧個性》，載《解放日報》（延安）1943 年 3 月 27 日。
[35] （俄）高爾基：《不合時宜的思想》，余一中、董曉譯，作家出版社 1998 年版，頁 153、165。
[36] 李慎之：〈革命壓倒民主──《歷史的先聲》序〉。笑蜀編：《歷史的先聲》，博思出版集團有限公司（香港）2002 年版，頁 17。
[37] 宗鳳鳴記述：《趙紫陽軟禁中的談話》，開放出版社（香港）2007 年 1 月初版，頁 170。

　　過去講無產階級專政，我過去以為這不是我們的目標，而是為達到民主才專政。以後提出專政是長期的，目的就是專政，那麼我們革命幹甚麼？蘇聯搞了七十年還是專制！中國所有參加革命的人，解放前，沒有一個是為建立一個一黨專政的國家奮鬥的。[38]

貳、事情在悄悄起變化

　　烏雲總是在不知不覺間爬出，一些變化的「深遠意義」一時很難覺察。1937 年 9 月，毛澤東〈反對自由主義〉歸納出 11 種不合乎黨性的行為，統稱「自由主義」。毛認為「從實際出發」應對各種自由予以約束。約束自由乃是對民主的釜底抽薪。個人自由乃民主的價值基礎，沒有「個人」與「自由」，也就不需要「民主」了。毛澤東先否定「自由」，整風再否定「個人」，民主還能剩下什麼實質性內涵？

　　何方：「1941 年後，這一切（按：開放自由的氣氛）即逐漸褪色，批判和檢討日益佔據主導地位，很快又開始整風和搶救，知識分子也更倒楣了。」[39]《劍橋中華民國史》：「在整風運動中，五四文學的兩個特徵——個人主義與主觀主義，由肯定的價值變成了否定的價值。」[40]

　　延安思想界無人稍稍推導：既然易資產階級專政為無產階級專政，專政仍在，民主何存？更重要的是：在無產階級專政下，社會成員還能求富嗎——既然資產階級是無產階級的天然敵人，誰又願意成為「社會公敵」？誰還敢富起來去跳「資產階級」這口火坑？

　　還是陳獨秀對「無產階級民主」認識得較早較透徹：

　　　　民主主義是自從人類發生政治組織，以至政治消滅之間，各時代（希臘、羅馬、近代以至將來）多數階級的人民，反抗少數特權之旗幟。「無產階級民主」不是一個空洞名詞，其具體內容也和資

---

[38] 杜導正：《趙紫陽還說過甚麼？》，天地圖書有限公司（香港）2010 年版，頁 168。

[39] 何方：《黨史筆記》，利文出版社（香港）2005 年版，上冊，頁 130。

[40] （美）費正清、費維愷主編：《劍橋中華民國史》，中國社會科學出版社 1994 年版，下卷，頁 546。

產階級民主同樣要求一切公民都有集會、結社、言論、出版、罷工之自由。特別重要的是反對黨派之自由。沒有這些，議會和蘇維埃同樣一文不值。

所謂「無產階級獨裁」，根本沒有這樣東西，即黨的獨裁，結果也只能是領袖獨裁。任何獨裁都和殘暴、蒙蔽、欺騙、貪汙、腐化的官僚政治是不能分離的。

陳獨秀更有先知般預言：

獨裁制猶如一把利刃，今天用之殺別人，明天便會用之殺自己。[41]

獨裁當然只能是個人的，所謂「無產階級獨裁」根本沒有操作性。數億無產階級，意見駁雜，如何獨裁？紅色領袖之所以熱衷「無產階級獨裁」，要的只是「獨裁」二字，借階級集體之名，行個人獨裁之實。他們只要將自己的政黨論證成「代表無產階級根本利益的最先進集團」，便可用「階級代表」的名義將個人獨裁披上「集體外衣」，將自己的個人意志「合乎邏輯」地論證成「階級利益」，然後再論證成代表「國家利益」。陳獨秀既執享過「無產階級獨裁」，又遭「無產階級獨裁」制裁，體會深刻，故能指曰：沒有無產階級獨裁，只有領袖獨裁。

整風伊始，毛澤東運用迂迴戰術，第一棒先打掉延安知青的價值自信。1939 年 9 月 25 日，毛澤東在大會上公開亮出反智旗幟：「世界上最有學問的人第一是工人農民，『萬般皆下品，惟有讀書高』的觀點是不對的，應當改為『萬般皆下品，唯有勞動高』。」[42]按此邏輯，這世上還需要知識分子嗎？不是只要工人農民就行了？價值序列如此錯置，如此有違常識，還奉為「延安真理」，烏雲確乎已爬出矣。

集體生活也在悄悄擠壓私人空間，幾乎每一分鐘大家都在一起，毫無個人空間，看待與判別各種事物的標準易趨統一，很容易形成「集體意

---

[41] 任建樹等編：《陳獨秀著作選》，上海人民出版社 1993 年版，第三卷，頁 560、555。
[42] 逄先知主編：《毛澤東年譜（1893～1949）》〈中卷〉，中央文獻出版社（北京）2005 年版，頁 139。

志」。這也是所有邪教與傳銷組織之所以強調「必須入伙」、必須過集體生活的致因。整風之前，頻繁集會已使延安青年的思想不斷趨同。陳學昭：

> 這裡最大的優點是大家集中與團結在一個集團的領導之下。……譬如在一個民眾大會上，儘管發言的人很多，但絕不會意見紛雜，或者完全不同，甚至相反，使聽者莫明其妙。[43]

　　1941 年，〈關於增加黨性的決定〉發布，延安變化甚大，此前盛行的許多活動，如遍地歌聲、集會遊行、大小報告、紀念會、聯歡會、一起逛街等，減少甚至消失了。等級制、保密制、警衛制，明顯加強。[44]

　　通過灌輸馬列與「洗腦」，強迫「虛心」，打掉你的價值自信；通過反對「極端民主化」抽走民主的價值地基……烏雲就這樣一點點爬出天空！誰分得清「民主」與「極端民主」的界限？還不是誰官大，誰就是「界限」的劃別者。所謂「既有統一意志又有個人心情舒暢的生動活潑局面」，根本無法實現。統一意志與自由活潑本身就是衝突的，既求統一，如何自由？此間之度，如何掌控？最後只能剩下「統一」。

　　很多延安青年在整風搶救中受到很大委屈，也以「馴服工具」、「螺絲釘」嚴格自律，接受考驗。[45]李銳：「黨員要做『馴服工具』，人人以當螺絲釘為榮。」[46]延安一代晚年才意識到：「聽黨的話，做黨的馴服工具和螺絲釘，是延安整風運動和一路來對知識分子進行思想改造最根本的也是最直接的目的。」[47]整風表明中共知識分子政策從「團結」悄悄轉向「教育」、「改造」。所謂整風，就是人人檢討個個低頭。

　　「一二・九」學運領袖、全國「民先」總隊長李昌（1914～2010）時任中央青委組織部長，撰文延安《中國青年》：「違反民主、採取強迫命令、

[43] 陳學昭：《延安訪問記》，廣東人民出版社 2001 年版，頁 242。
[44] 何方：《從延安一路走來的反思》，明報出版社（香港）2007 年版，上冊，頁 102～103。
[45] 何方：《黨史筆記》，利文出版社（香港）2005 年版，上冊，頁 233～234。何方：《從延安一路走來的反思》，明報出版社（香港）2007 年版，下冊，頁 535。
[46] 李銳：〈世紀之交的感言：還是要防「左」〉。載《李銳近作——世紀之交留言》，中華國際出版集團有限公司（香港）2003 年版，頁 117。
[47] 李普：〈兩個相反的典型——談李銳並范元甄〉。參見李南央：《我有這樣一個母親》，開放雜誌出版社（香港）2003 年版，頁 282。

壓迫統治等辦法，結果只有使團體愈弄愈糟，終於走到有名無實的地步……模仿黨的一套光禿禿的政治化的工作方法與方式和缺乏民主與青年化的工作作風，要拋棄了。」這種訴求與毛澤東所要的統一紀律相悖，李昌受到嚴厲指責──「過分強調青年工作的獨立性」、「不尊重黨的領導」。李昌「無論如何也沒有想到」會挨這樣的批評。李銳指出：「透過這類青年工作方針之爭的表像，可以看出，它實質上是『一二‧九』知識分子在理念上同『黨文化』產生的抵牾。這也就不難理解，為什麼『搶救運動』的主要對象是這個群體。」[48]

1942 年 4 月 26 日《解放日報》陶鑄文章：「要儘量減少目前黨內不必要的民主，與克服黨政軍不協調的現象，把工作領導更集中的建立起來。」6 月 1 日《解放日報》范文瀾文章：「集中是無條件的，民主（指選舉的民主主義）卻依據於每一時期的具體條件、時間與地點，有極大的伸縮。」[49]民主固有的「麻煩」使紅色士林漸不耐煩，不知不覺朝著簡便易行的「集中」傾斜。現實功利使紅色士林在民主這一重大關隘退卻失守，埋下隱患。

中共雖然高舉民主自由大旗，囿於自身文化結構與現實條件，偏重集中統一也是一種歷史必然，七嘴八舌的民主到底耗時麻煩，事事開會亦不可能。理論上叫喊民主，實際操作中還是不期而然的首長決定。井岡山時期，紅四軍中就普遍抱怨：「有些同志認為黨代表是『家長制』，民主了半天，最後還是黨代表說了算，主張實行『自下而上的民主』。」[50]

值得記述的細節：

──1938 年，要求集中、限制自由的「政治第一」已佔上風。3 月，蕭軍抵延，毛澤東、張聞天、張國燾、康生等宴請蕭軍、丁玲、徐懋庸、何思敬等文化人。席間，蕭軍直言不同意延安「為政治服務」的文藝政策，

---

[48] 李銳：〈李昌和「一二‧九」那代人〉，載《炎黃春秋》（北京）2008 年第 4 期，頁 3。

[49] 中國社科院新聞研究所、中國報刊史研究室編：《延安文萃》，北京出版社 1984 年版，上冊，頁 35～36。

[50] 余伯流、凌步機：《中央蘇區史》，江西人民出版社 2001 年版，頁 112。

認為這一政策會降低文藝水準。康生在長篇發言中對紅色文藝政策作了詳細闡述，不指名地批評了蕭軍，蕭軍聽不下去，中途退席。[51]

——1940年，中共高層討論文化方向，張聞天提出「民族的、民主的、科學的、大眾的」，毛澤東隨後發言，刪去「民主的」。[52]毛澤東後明確表示：「民主這個東西，有時看來似乎是目的，實際上，只是一種手段。」[53]

——整風後，自由討論也變味了，黨代會發言都要事先審查。整風所開先例還有：開始喊領袖萬歲、以健在者命名思想體系、完全以對領袖的態度劃線、不按黨章辦事，違犯定期會議制度。[54]

——1945年中共七大，陸定一莊重告誡各地代表：過多的黨內民主是有害的。[55]胡喬木經常教誨剛來延安的李慎之：「共產黨員不要好爭論。你的意見那樣多，毛主席怎麼能從心所欲地進行指揮？」[56]

——1947年8月，陝北某村一戶中農的成分剛「升」富農，小學就不收他家小孩了。[57]

——1941年，晉察冀邊區四年來農村各階層升降：雇農50%以上升至貧農、中農、富農；貧農近30%上升中農、富農；中農2.33%上升為富農，9.67%下降為貧農；富農34.92%降為中農、8.1%降為貧農、2.53%升地主；地主近40%降為富農、中農、貧農。農村殖富勢頭明顯受挫。[58]

1943年6月6日，毛澤東致信彭德懷，不同意彭在北方局的一次講演：

> 你在兩月前發表的關於民主教育談話，我們覺得不妥……其實現在各根據地的民主、自由對於某部分人是太大、太多、太無限制，而不是太小、太少與過於限制……又如說法律上絕不應有不平等規定，亦未將革命與反革命加以區別。又如在政治上提出「己所不欲，

[51] 徐懋庸：《徐懋庸回憶錄》，人民文學出版社（北京）1982年版，頁99。
[52] 何方：《黨史筆記》，利文出版社（香港）2005年版，上冊，頁89。
[53] 《毛澤東選集》第五卷，人民出版社（北京）1977年版，頁368。
[54] 何方：《黨史筆記》，利文出版社（香港）2005年版，上冊，頁294、103。
[55] （蘇）彼得・弗拉基米洛夫：《延安日記》，呂文鏡等譯，東方出版社（北京）2004年版，頁477。
[56] 李慎之：〈回歸五四・學習民主〉，載《書屋》（長沙）2001年第5期，頁17。
[57] 《謝覺哉日記》，人民出版社（北京）1984年版，下冊，頁1139。
[58] 張蘇：〈邊區經濟發展現狀與我們的經濟政策〉（1941年8月6日）。魏宏遠主編：《抗日戰爭時期晉察冀邊區財政經濟史資料選編》（總論編），南開大學出版社（天津）1984年7月第一版，頁414～415。

勿施於人」的口號是不適當的，現在的任務是用戰爭及其它政治手段打倒敵人，現在的社會基礎是商品經濟，這二者都是所謂己所不欲，要施於人。只有在階級消滅後，才能實現己所不欲，勿施於人的原則。[59]

　　毛已完全背離五四精神，打著抗日旗號理直氣壯地否定自由民主平等博愛等現代基礎理念，以具體的政治任務否定民主自由的基礎價值。從價值序列上，民主是最高價值，是目標是旨歸，當然抗日為了民主，而非民主僅僅為了抗日。難道抗日成功了，民主就可以收起來麼？居然對「己所不欲，勿施於人」都進行階級分析，公然提出「己所不欲，要施於人」，認為各根據地的民主已經太大太多太無限制，法律平等也得區別革命與反革命。這一通似是而非的「毛論」，不僅說明毛頭腦中只有政治二字，也說明他對現代民主自由的必要性缺乏基本理解。當時各赤區軍政一統，只出現一些稍稍不同的建議，就判定「民主自由已經太大太多太無限制」，以這樣的認識，能夠帶領全國人民建設「民主共和國」嗎？

　　這封短信可視為毛澤東提前發布的施政綱領。1949 年後，他完全遵循信中原則——實施，以自己的政治需要「合乎邏輯」地剝奪國人的民主自由——「己所不欲，要施於人」。這封短信比〈沁園春・雪〉更能說明毛的封建素質與帝王心理。此信當時未公開發表，國人不得與聞，黃炎培才會深信「窯洞對」，以為毛會兌現「民主建國」。

　　整風後期，毛澤東「順手牽羊」將《解放日報》改造為「完全黨報」。《解放日報》在整風高潮時，報導了中央黨校與延安大學各有一對學員自殺。1942 年 9 月 5 日，新華社、《解放日報》編委會上，陸定一（1906～1996）傳達了毛澤東的批評：「有些消息如黨校學生自殺是不應該登的。報紙仍未和中央息息相關，雖然總的路線是對的。報紙不能有獨立性，自由主義在報社內不能存在。以後凡有重要問題，小至消息大至社論，均須與中央商量。」[60]先沒收言論自由，再收繳新聞自由，依靠宣傳起家的中共

---

[59] 《毛澤東文集》第三卷，人民出版社（北京）1996 年版，頁 26～27。
[60] 新聞研究所中國報刊史研究室：〈延安《解放日報史》大綱〉，載中國社院新聞研究所《新聞研究資料》編輯部編：《新聞研究資料》第 17 輯，中國社會科學出版社（北京）1983 年版，頁 18。

很清楚資訊是判斷的基礎，統一資訊等於統一判斷。從源頭上控制資訊，手法巧妙隱蔽，效果佳勝。因此，當王實味、丁玲、蕭軍等稍稍發出不同聲音，毛澤東、博古、張聞天、康生、李維漢等集體行動，將「不穩定因素」扼殺在搖籃裡，規定所有人數年只學習 27 個文件。

整風期間，延安各機關學校少則一兩年、多則兩三年，翻來覆去學習這 27 篇文件，都能精確背出每一標點，其他一律停學，甚至包括馬列理論，只是高幹還選學一點思想方法論。[61]

整風後，延安一代對歷史對人物的品評明顯偏差。此前正面人物的曾國藩，「現才知道是這樣一個壞人，是大漢奸。……尤其替滿清效力，打革命的洪楊，做了不下於吳三桂、洪承疇的漢奸事業。」甚至用「無產階級」要求古代聖賢：「非無產階級的學問，從顏曾思孟直到晚近康梁，他們的特點，一切從個人出發，不是把自己當作大眾的一員，一切從主觀出發，不是用客觀來決定主觀。」[62]

整風後，個人與自由在中共語彙中墜為黑色罪詞，最後竟至不能提及。1956 年中共八大選舉前，胡耀邦名列中委候選名單，十分不安，覺得自己太年輕、資歷尚淺，不能位列許多老資格候委之前，鼓足勇氣提出「退居候委」，遭到「不要談個人問題」的制止。[63]個人主義、資產階級自由化，今天仍未翻身正名。「個人」、「自由」在中共價值體系中至今仍無合法性。

延安風向鮮明轉捩點的整風，中共高層認為統一了全黨思想，形成強大戰鬥力，乃是通往一個勝利接著另一個勝利的重要起點；「兩頭真」則認為整風使民主從此失去話語權，乃是黨走向專制的歷史拐點。

毛澤東用辯證法將民主一分為二：對外向國府力爭「無產階級的民主權利」，堅決反對國民黨的「黨主」；對內則壓制「資產階級民主」，歸為萬惡的個人主義，反對「分散」（民主）要「集中」（黨主）。整風使民主這一五四理念完全政治化功利化。民主理念的這一通「階級分析」，為政治利益而放棄重大原則，正是中共理論上從革命黨開始退化的第一步。1957

---

[61] 何方：《黨史筆記》，利文出版社（香港）2005 年版，上冊，頁 256。

[62] 《謝覺哉日記》，人民出版社（北京）1984 年版，上冊，頁 531～532、551。

[63] 陳小津：《我的「文革」歲月》，中央文獻出版社（北京）2009 年版，頁 478。

年，李慎之喊了一嗓子：「毛主席除了制定國民經濟五年計劃，還要制定還政於民的五年計劃」，便從「黨的寵兒」淪為「右派」。[64]

以民主的名義沒收民主，以信仰的名義篡改信仰，開始走樣的革命大抵總是這樣開始「最初的修正」。希特勒《我的奮鬥》也用集體與種族的名義「名正言順」地沒收個人自由。墨索里尼也有同類厥詞：「義大利必須先於其他歐洲民族廢除個人自由，因為義大利的文明比其他民族先進得多！」[65]歪歪理行走得如此氣沖斗牛，乃是它歪斜的邏輯得到擁戴。法西斯的第一步就是「合法」摘除公民自由。

「王實味事件」殺雞儆猴。延安一代既然是「中華民族的優秀兒女」，智商不低，他們很快就對延安形勢作出「正確判斷」。胡績偉：「我聽了毛的文藝座談會講話以後，在開展批判問題上是存在懷疑的。認為毛的講話，時而這樣，時而又那樣，給我的印象是：最好不要批評，好意的批評很容易變成惡意的攻擊，甚至會招來大禍。」[66]可失去自我批評，等於失去自我修正的可能，也違背了恩格斯的「工人運動本身怎麼能避免批評，想要禁止爭論呢？難道我們要求別人給自己以言論自由，僅僅是為了在我們自己隊伍中又消滅言論自由嗎？」[67]

整風開始後，必須批評別人以表現自己，人際關係迅速惡化。1942年9月23日，范元甄日記：「人真是醜惡的東西，彼此要譏諷、仇視……同志間的無限的熱愛，在咱們這群人裡還差得遠哩。」[68]聽聽，這才是延安整風最真實的聲音。

參、初露崢嶸的紅色恐怖

1943年5～6月，搶救運動使延安一代首次領教紅色恐怖。延安紅青不惟不瞭解遙遠的蘇聯，也不瞭解近在眼前的中共黨史──南方蘇區的紅色恐怖就相當慘烈了。

---

[64] 邢小群：《往事回聲》，時代國際出版有限公司（香港）2005年版，頁61～62。

[65] （英）哈耶克：《通往奴役之路》，王明毅等譯，中國社會科學出版社（北京）1997年版，頁51。

[66] 《青春歲月──胡績偉自述》，河南人民出版社1999年版，頁248。

[67] 《馬恩選集》（第四卷），人民出版社（北京）1972年版，頁471。

[68] 李南央編：《父母昨日書》，時代國際出版有限公司（香港）2005年版，上冊，頁284。

　　張發奎（1896～1980）：1927 年 12 月中共廣州暴動，國軍迅即回師，見大勢已去，中共竟準備焚城，集合五六百人力車夫，人手一小桶五加侖油、一盒火柴、報紙一捆，準備各處放火，所幸粵軍及時趕到，才制止暴行。猶太人莫里斯·何恩乃孫中山保鑣，1970 年代周恩來統戰對象，親歷廣州暴動，其傳記中：共黨攻佔反共的總工會館，燒死一百多名工人；500多名農運分子進城參戰，分散小股到處燒房、搶物、殺人；中央銀行起火，共黨佔領消防隊，不准救火；暴動者火燒日本醫院，15 歲女孩持槍把守碼頭，難民上下船要搜查行李。中共出版物也披露：廣暴前中共擬有捕殺名單，持國民黨立場的文化人俱在其中。中山大學學生張資江、《民國日報》主編袁某等不是當街打死，就是拖到暴動總部槍決。傅斯年也在名單中，幸得通風報信才躲過此劫。[69]

　　毛澤東也承認井岡山的燒殺，親令殺死地主全家，包括孩童。[70]《邱會作回憶錄》：「對地主不分田，殺了不算還殺親屬。」[71]1928 年 3 月，湘南特委代表周魯對毛說：「我們的政策是燒，燒，燒！燒盡一切土豪劣紳的屋！殺，殺，殺！殺盡一切土豪劣紳的人！」「我們燒房子的目標就是要讓小資產者變成無產者，然後強迫他們革命。」[72]與太平天國逼民入伙一樣，「房屋俱要放火燒之，家寒無食之故，而隨他也。鄉下之人，不知遠路，行百十里外，不悉回頭。加後又有追兵，而何不畏。」[73]

　　1928 年 1 月，朱德率南昌暴動殘部發動湘南暴動，3 月國軍進剿，中共湘南特委決定焦土政策，擬燒盡宜章至耒陽公路（二百多公里）兩側各五里之內房屋，鄉農暴力頂抗，追殺千餘赤色分子，郴州城幾十具共幹屍體倒街，婦聯主任赤身裸體，兩乳被割，開膛剖肚，外陰被挖……[74]

　　1930 年 10 月 7 日贛西南特委書記劉士奇（1902～1933）的報告：

[69] 周啟博：〈傅斯年為何去台灣〉，載《開放》（香港）2009 年 11 月號，頁 84～85。
[70] 張國燾：《我的回憶》，東方出版社（北京）1998 年版，第三冊，頁 362。
[71] 《邱會作回憶錄》，新世紀出版及傳媒有限公司（香港）2011 年版，上冊，頁 64。
[72] 饒道良、李春祥：《血泊羅霄——井岡山重大歷史事件揭秘》，江蘇人民出版社 1998 年版，頁 33。
[73] 羅爾綱：《李秀成自述原稿注》，中華書局（北京）1982 年版，頁 95。
[74] 曾志：《百戰歸來認此身——曾志回憶錄》，人民文學出版社（北京）2011 年版，頁 40～47。

地主商業資產階級的經濟日益破產，城市的商店，沒有農民上街，閉門的閉門，搬走的搬走，吉安、贛州突然增加了幾十萬土劣（金漢鼎報告，吉安有十九萬，贛州亦相差不遠），土劣的妻女，以前威風凜凜的現在大半在吉安贛州當娼妓，土劣則挑水做工，現在又跑回來向蘇維埃自首，願意將所有家產拿出來，請蘇維埃不殺就是。

江西全省的反動政府，在經濟上亦大減少，過去每月收入八十萬，現在只收得七八萬元。景德鎮的磁業過去每月有百六十萬，現在只有十六萬，統治階級的財政經濟到了困難的極點。[75]

江西蘇區「黃陂肅反」，四萬餘紅一方面軍打出 4400 多名「AB 團」，「殺了約兩千」，全軍 1/10 被冤、1/20 被殺。地方上，據不完全統計，永新錯殺「AB 團」1890 人，于都殺掉 2200 人；十萬人的萬泰縣，殺了 900 多人；吉安西區雩北區拘捕不下千人；尋烏縣殺了 3500 多人。[76]

1931 年秋，鄂豫皖蘇區大肅反，初中以上定為肅殺重點，親歷者徐向前（1901～1990）：「將近三個月的『肅反』，肅掉了 2500 名以上的紅軍指戰員，十之六七的團以上幹部被逮捕、殺害。」「知識分子和青年學生，凡是讀過幾年書的，也要審查。重則殺頭，輕則清洗。」徐向前時任軍長，其妻程訓宣（王樹聲之妹）仍被當成「改組派」殺掉。

除總部保留了屈指可數的知識分子幹部外，軍以下幾乎是清一色的工農幹部。有些師團幹部，斗大的字識不了幾個，連作戰命令、書信也不會寫。受領任務，傳達指示，全憑記憶力。……把知識分子視為異己力量，機械執行共產國際的指示，把中間勢力當作「最危險的敵人」。選拔幹部，不強調重在表現，而首先看是不是工人成份，搞「唯成份論」。……所謂知識分子犯錯誤「罪加三分」，工

---

[75] 〈贛西南（特委）劉士奇（給中央的綜合一）報告〉（1930 年 10 月 7 日）。載《中央革命根據地史料選編》，江西人民出版社 1982 年版，上冊，頁 361。

[76] 余伯流、凌步機：《中央蘇區史》，江西人民出版社 2001 年版，頁 962、1015～1016。

農分子犯錯誤「罪減三分」。……當時又存在普遍輕視文化知識的傾向，給部隊發展建設造成的障礙，是相當嚴重的。[77]

張國燾記述：鄂豫皖大肅反肅掉兩個師長（許繼慎、周維炯）、一個師政委（龐永俊）、八個團長、五個團政委、兩個師政治部主任、十二個團政治部主任；共計肅叛千餘人，富農及壞分子計 1500 人，「2500 多排以上幹部先後被逮捕和被殺害了。」「部隊中的文化程度也一落千丈，使部隊中造成極端反知識分子，反對戴眼鏡的惡劣傾向，幾使紅軍成為一支愚蠢的軍隊了。」1931 年 11 月 24 日，鄂豫皖中央分局指示鄂豫邊特委：「從不正確的思想意識中」、「從日常生活的表現中」去發現反革命。[78]紅四方面軍在鄂豫皖邊區、川陝邊區的肅反邏輯：「知識分子必然是地主富農，地主富農必然是國民黨，國民黨必然是反革命，反革命必然要殺。」[79]

1931 年春，閩西蘇區「肅社黨運動」（肅清社會民主黨），閩西蘇維埃 35 名執委，半數以上被殺；紅 12 軍連以上幹部半數被肅。閩西蘇區被錯殺的「社會民主黨」達 6352 人。連閩西蘇維埃主席張鼎丞、閩粵贛特委組織部長羅明等都險遭殺害。1932 年 5 月，江西省委的肅反總結報告：「肅反的結果，……90%以上的都被處決或被監禁或停止工作了。」[80]

1929 年 11 月 6 日，閩西特委報告：「一般過去鬥爭失敗的同志腦子裡多充滿了殺人觀念，他們殺人太隨便了，以為反動派可以殺得盡的。」[81]贛西南，據 1930 年 6 月《紅旗》，「農村的豪紳地主，簡直沒有生存地步，捉的捉，殺的殺，逃跑的逃跑的，贛西南有廿餘縣的鄉村，農民協會即變成了臨時政權機關。」[82]

[77] 徐向前：《歷史的回顧》，解放軍出版社（北京）1988 年版，頁 236、117、122、125、236。
[78] 成仿吾：〈張國燾在鄂豫皖根據地的罪行〉，載《中共黨史資料》第四輯，中共黨史資料出版社（北京）1982 年版，頁 161～164。
[79] 〈關於川陝革命根據地肅反的情況〉（1945 年 5 月 1 日整理），載四川省社會科學院、陝西省社會科學院編：《川陝革命根據地史料選輯》，人民出版社（北京）1986 年版，頁 246。
[80] 余伯流、凌步機：《中央蘇區史》，江西人民出版社 2001 年版，頁 999、1016。
[81] 〈中共閩西特委報告——閩西暴動及政權、武裝、群眾組織的情況〉（1929 年 11 月 6 日），載《中央革命根據地史料選編》，江西人民出版社 1982 年版，上冊，頁 165。
[82] 江虞：〈贛西南工農群眾的鬥爭〉，原載《紅旗》1930 年 6 月 28 日、7 月 2 日。參見《中央革命根據地史料選編》，江西人民出版社 1982 年版，上冊，頁 217。

　　1932 年 5 月～1934 年 7 月，湘鄂西蘇區及紅三軍先後四次大肅反，夏曦連續殺了幾個月，有的連隊連殺十幾個連長，一次肅反就殺了萬餘人，洪湖縣區級幹部都殺光了。紅三軍從兩萬人削弱至三千餘人，蘇區各獨立團、赤衛隊亦損失殆盡。逮捕幹部時，夏曦下條子給關向應，賀龍都沒有資格看。白天捉人，夜裡殺人。甚至兩度企圖對賀龍下手，全軍最後只剩下夏曦、關向應、賀龍、盧冬生四名黨員。直到 1950 年代，洪湖仍挖出一坑坑的白骨。紅六軍團的肅反也很邪乎，王震、張平化都上黑名單。王震因九渡沖一仗打得好，才從黑名單上解除。[83]

　　1930～35 年間，各蘇區所殺「自己人」總數近十萬。「短短幾年間，處決了七萬多『AB 團』、二萬多『改組派』、6200 多『社會民主黨』，這還只是有名有姓的受害者。」[84]李銳：「從 1985 年開始，十多年中我主編《中國共產黨組織史資料》時，曾統計過十年內戰期間各蘇區的肅反，從打 AB 團起，共殺了十萬人。這是一個多麼可怕的數字。（按：紅軍最多時才 30 萬人）」[85]中共一直攻擊國民黨清共「寧肯錯殺三千，不可放過一個」，但蘇區「肅反」喊出「寧肯殺錯一百，不肯放過一個」。[86]

　　1933 年初，劉志丹的紅 26 軍二團開進陝西照金筆架山香山寺，該寺建於唐代，僧尼千餘，紅軍強開寺倉分糧、奪廟產分地，陝西省委書記兼紅 26 軍政委杜衡下令燒寺。[87]

　　長征途中，雲南某縣長誤將紅軍當國軍，大開城門迎納。紅軍進城後，問前來迎接的官紳：「你們給本軍辦好了糧食軍餉沒有？」回答已辦妥。紅軍吩咐要十個嚮導，也一一派定。等縣府官員前來拜訪，毛澤東下令將百餘名前來歡迎的官紳處以死刑。毛說：「如果一切敵人都像雲南這個縣

---

[83] 賀龍：《回憶紅二方面軍》，載《近代史研究》（北京）1981 年第 1 期，頁 23～25、30。

[84] 景玉川：〈富田事變及其平反〉，原載《百年潮》（北京）2000 年第 1 期。參見楊天石主編：《史事探幽》上冊，上海辭書出版社 2005 年版，頁 169。

[85] 李銳：〈關於唐縱日記的回憶〉，載《炎黃春秋》（北京）2007 年第 9 期，頁 26。

[86] 江西省檔案館，中共江西省委黨校黨史教研室編：《中央革命根據地史料選編》上冊，江西人民出版社 1982 年版，頁 480。

[87] 張秀山：《我的八十五年》，中共黨史出版社（北京）2007 年版，頁 45。

長這樣蠢，中國革命早已成功了。」[88]這些「革命事蹟」如寫進《西行漫記》，延安一代如知道這些紅色陰暗面，革命熱情還會那麼高麼？

1945 年春中共「七大」，一位代表：「內戰時期，老根據地的人口減少了近 20%。人哪裡去了，戰爭犧牲是主要的，但我們自己也殺了不少好同志。共產黨殺的甚至比國民黨殺的還要多。許多好幹部都是自己殺的呀。我們對鄧發（按：國家政治保衛局長）的肅反政策很憤怒！」[89]

這些陰暗面，中共當然不會自抖示人，「七大」代表對肅反政策的「憤怒」也不允許透露給外界。延安一代渾然不知。李銳：「延安整風和『搶救運動』時，這個群體才第一次面臨『黨文化』的嚴厲改造。」[90]1943 年7 月 23 日，塔斯社記者日記：

> 這個城市看起來像個集中營。不讓人們離開辦公室和學校，現在已經是第四個月了。這裡紀律，簡直就像是監獄的紀律，把人束縛得沒有活動自由。[91]

整風、搶救運動乃中共紅色邏輯的延續。李銳晚年：「對中國舊社會的各個階層、各階層的人到底如何看待？共產黨從蘇區到延安都存在著根本性的錯誤，這個錯誤是延安整風、搶救運動很重要的思想基礎。」[92]

搶救運動第一項：遞交個人自傳與赴延經過，延安一代不知道每一句「真心交代」都有可能成為送上門去的「自射子彈」。赴延知青居然 80%被認定國民黨特務。[93]《解放日報》與新華社一百幾十號人，挖出 70%的「特務」。[94]僅僅十餘天，延安一地就揪出 1400 餘名特務，[95]包括「見過列

---

88 陳雲：〈英勇的西征〉，原載《共產國際》（中文版）1936 年第 1、2 期合刊，頁 50。參見王明：《中共 50 年》，東方出版社（北京）2003 年版，頁 20～21。
　　陳文發表前，陳雲在莫斯科給王明看，王明從「政治影響」出發，建議陳雲改動兩處事實：一、將該縣歡迎官紳百餘人改為「幾個人」；二、將原文「毛澤東同志自然知道怎樣對付他們，下令將他們都殺掉了」，改為「我們自然知道怎樣對付他們了。」
89 《邱會作回憶錄》，新世紀出版及傳媒有限公司（香港）2011 年版，上冊，頁 139。
90 李銳：〈李昌和「一二·九」那些人〉，載《炎黃春秋》（北京）2008 年第 4 期，頁 3。
91 （蘇）彼得·弗拉基米洛夫：《延安日記》，呂文鏡等譯，東方出版社（北京）2004 年版，頁 146。
92 李銳：〈我的延安經歷〉（三），載《爭鳴》（香港）2011 年第 6 期，頁 67。
93 李銳：《毛澤東的早年與晚年》，貴州人民出版社 1992 年版，頁 125。
94 《溫濟澤自述》，中國青年出版社（北京）1999 年版，頁 161。
95 高文謙：《晚年周恩來》，明鏡出版社（香港）2003 年初版，頁 81。

寧」的柯慶施。柯時任中央統戰部副部長、王明副手，關押批鬥，刷出大標語「柯慶施是大特務」，柯妻李蜀君跳井。[96]批鬥柯慶施就在毛澤東窯洞不遠處。師哲：「毛澤東一定聽見了，他怎麼想？不知道。」[97]就是這位柯慶施，後成為「毛主席的好學生」、封疆大吏、毛崇拜第一吹鼓手。

葉劍英之妻危拱之，大革命時期留蘇生、一方面軍長征 30 女傑之一，時任河南省委組織部長。但河南整個黨組織被打成「紅旗黨」，她的黨員身分都遭到懷疑，徹底絕望，「坦白動員會」後勒脖自殺，被救後精神失常，亂罵領導、亂談戀愛，嚷嚷要脫黨，經常跑到男宿舍與男友睡在一起：「我命不要了，黨籍不要了，還怕什麼？我願怎樣就怎樣！」[98]

甘肅、四川等省中共黨組織也被打成「紅旗黨」。培養情報幹部的西北公學，副校長李逸民：「我們學校五百多人，只剩下二十來人沒有被『搶救』。」[99]延安一地自殺身亡者五六十人，[100]胡績偉主編的《邊區群眾報》，「在報社四五十個外來知識分子幹部中，沒有被當做特務來鬥爭的，只有我和譚吐兩個人。」[101]

曾志，1926 年 15 歲入黨，湘南暴動老紅軍，參加黃洋界保衛戰，賀子珍好友，與毛澤東相當熟悉。只因一段白區工作經歷，小組裡交代了五六天，不時敲頭揪髮踢腿，逼她承認是特務。

> 他們則對我的報告進行研究分析，提出疑點和問題。一星期後，轉入小組內的面對面責問，人問我答，許多事情都要反覆詢問……大約又是一個星期，他們沒有從我身上「突破」什麼，於是認定我屬於頑固不化分子。小組便集中火力對我實行逼供，仍無進展，又擴大為全支部都來逼供，還是車輪戰，白天黑夜不讓休息，每天都要搞到下半夜兩三點，有時則要通宵……全支部對我的車輪戰沒有取

96 朱鴻召：《延安日常生活中的歷史（1937～1947）》，廣西師大出版社（桂林）2007 年版，頁 155。
97 師哲：《我的一生──師哲自述》，人民出版社（北京）2001 年版，頁 167。
98 曾志：《一個革命的倖存者》，廣東人民出版社 1999 年版，頁 333～334。
99 《李逸民回憶錄》，湖南人民出版社 1986 年版，頁 116～117。
100 劉少奇 1949 年天津講話。朱鴻召：《延安文人》，廣東人民出版社 2001 年版，頁 176、182。
101 《青春歲月──胡績偉自述》，河南人民出版社 1999 年版，頁 227。

> 得他們希望的東西，又請了其他支部的精兵強將來助戰，結果仍是
> 一無所獲。對我的車輪戰整整進行了兩個星期。[102]

其夫陶鑄在南京國民黨獄中表現堅強，也遭搶救，打成叛徒，氣得暴跳如雷直罵娘。[103]曾志、陶鑄尚且如此待遇。陶鑄在文革中被整死，曾志也吃盡苦頭，但她至死忠毛。

大革命時期女黨員宋維靜（1910～2002），參加廣州暴動，亦遭搶救，「有人拉著她的頭髮在地上拖來拖去，把她一個人關在崗樓那樣沒有窗子的四面木頭房，只能容一張小床，時間長達四個月之久。」[104]昨天還是戰友，今天已成敵特。推推搡搡是輕的，一周不讓睡覺的車輪大戰也還算文明，吐痰於臉、繩拴兩指吊起來那才叫懷羞終身、留憶深刻。1943 年 8 月 8 日，「搶救」進入高潮，毛澤東在中央黨校說特務如麻：行政學院除一人以外，教職員全是特務，學生過半數也是特務；軍委三局通訊學校一共 200多人，挖出 170 個「特務」；中央黨校已經挖出 250 個特務，但估計不止此數，恐怕得有 350 人。除了康生、彭真、李克農這些搶救運動積極分子，劉少奇分管的民委（尤其中央婦委），大部分幹部被打特務，包括凱豐、鄧潔之妻。1943 年 10 月，毛澤東在高層會議上說邊區已抓特務七千，但恐怕有一萬，各根據地合計有十萬特務大兵。[105]

1943 年底，「特務」實在太多，各機構無法正常運轉。王諍領導的電訊部門，挖出千餘特務，延安與各根據地、各省的聯繫不通了。[106]邊區四萬餘幹部學生肅出「特務」1.5 萬餘人。[107]綏德師範開了九天控訴大會，挖出 230 名「特務」，占全校人數 73%，都是十幾歲的孩子。[108]後來還擴大到

---

[102] 曾志：《一個革命的倖存者》，廣東人民出版社 1999 年版，下冊，頁 335～336。
[103] 高浦棠、曾鹿平：《延安搶救運動始末》，時代國際出版有限公司（香港）2008 年版，頁 87。
[104] 曾志：《一個革命的倖存者》，廣東人民出版社 1999 年版，下冊，頁 512。
[105] 何方：《從延安一路走來的反思》，明報出版社 2007 年版，上冊，頁 115～116、121、124、126。
[106] 《李逸民回憶錄》，湖南人民出版社 1986 年版，頁 118。
[107] 胡喬木：〈整風運動：1943 年「九月會議」前後〉。參見《胡喬木回憶毛澤東》，人民出版社（北京）1994 年版，頁 280。
[108] 王素園：〈陝甘寧邊區「搶救運動」始末〉，載《解放日報》（延安）1943 年 9 月 22 日。

小學生，最小的據說只有六歲。[109]1944 年初，綏德縣向延安推薦「坦白運動先進典型報告團」，團內一位十二三歲小女生，坦白受國民黨特務機關派遣，專搞引誘腐蝕幹部的「美人計」。[110]

邊區行政學院成為令人生畏的準監獄，入住「學員」最多時達三千餘人。「學員的食宿都非常差，生病不能參加勞動就開會鬥爭，直鬥到生命垂危，送到醫院才算了事。有孩子的母親被審查後，孩子餓得直哭，也不讓給孩子餵奶，病了不讓送孩子去醫院，有些就這樣活活地餓死、病死⋯⋯」該院滇籍教師左啟先，因經常收到國統區匯款，成了「特嫌」，整得死去活來，最後神經出軌，一絲不掛跑出屋。邊區建設廳工程師趙一峰，整瘋後常常跑進廁所掏吃大糞。1944 年甄別平反，仍有百餘「犯人」羈押保安處。中共黨史專家：「這些人絕大多數是被冤枉的。」[111]1947 年 3 月胡宗南進攻延安，這批「犯人」轉押至黃河邊，成為累贅，經康生批准，秘密處死，王實味就在此時遇難。一同處決的還有四位投奔中共的白俄。湖南岳陽老地下黨員楊樂如，不但送學生赴延，自己也來了，當特務抓起來，亦於此時被康生處死。[112]這批冤案 1980 年代才陸續平反。

延安肅反邏輯與文革完全一樣：一、沾包式。向外國教師學過外語即「義大利特務」；二、懷疑式。女青年愛打扮，「長得那麼漂亮，她不當特務誰當特務？」（康生語）三、推導式。戀人們用方言交流，「你說自己沒問題，但為什麼總用廣東話同你愛人說悄悄話？」四、捕風式。知青散步聊天，談談雲彩月亮，便是成立反革命組織「月亮社」、「烏雲社」、「太陽社」。[113]嫁了高幹的女青年，更是重點懷疑對象，國民黨的「美人計」，利用姿色表現進步，嫁給高幹是為了竊取情報。[114]1940 年 3 月赴延的老同盟會員之子彭爾寧，壁報上畫了一朵彩色向日葵，康生咬定是「心向日本帝國主義」。彭爾寧來自淪陷區與閻錫山二戰區，指為雙料特務──日特兼

---

[109] 師哲：〈我所知道的康生〉，載《炎黃春秋》1992 年第 5 期。參見杜導正、廖蓋隆《政壇高層動態》，南海出版公司（海口）1998 年版，頁 176。

[110] 金城：《延安交際處回憶錄》，中國青年出版社（北京）1986 年版，頁 178。

[111] 高浦棠、曾鹿平：《延安搶救運動始末》，時代國際出版有限公司（香港）2008 年版，頁 171、178～179、392。

[112] 李銳：《我的延安經歷‧整風和搶救運動》，載《爭鳴》（香港）2011 年 5 月號，頁 58～59。

[113] 馮建輝：《命運與使命：中國知識分子問題世紀回眸》，華文出版社（北京）2006 年版，頁 112。

[114] 石瀾：《我與舒同四十年》，陝西人民出版社 1997 年版，頁 94。

國特。[115]思維狹窄、難容異見、疑神疑鬼、群起哄鬧、褫奪辯護權⋯⋯「文革」青萍之末都能從延安整風處找到最初的對應。

一位陝北老粗幹部，沒上過學也沒出過延安，更沒見過火車，硬指一位關內女知青是特務：「這個女的說自己是窮苦農民家孩子，怎麼還有錢坐火車到西安？」抗聯出身的留蘇女生黎俠一聽火了：「這算什麼狗屁根據？我家窮，我還是坐飛機從蘇聯回來的呢。」兩人互拍桌子對罵，老粗氣急敗壞：「告訴你黎俠，你要不是從蘇聯回來的，我早把你整成特務了。我跟你打賭，那個女青年要不是特務，你把我卵子割下來！」這位女知青被繩拴腳趾倒吊房樑，打得皮開肉綻鮮血淋淋，餓了只給鹹菜，渴了不給水。那位老粗說：「餓了好忍，渴了不好忍。」女青年挺不住，只得承認「特務」，接著被逼檢舉「同黨」，終至發瘋。後該案平反，接到通知，黎俠跑到食堂抄起大菜刀，闖進老粗窯洞：「媽拉個巴子，當初你打賭說那女的要不是特務，你就讓我割你的卵子嘛！」老粗連聲告饒，竄出門滿山豕突狂逃，黎俠追不上，一屁股跌坐山坡放聲痛哭。[116]

各根據地來的「七大」代表也半數「有問題」，二十多位受審查。老地下黨員易季光遭皮帶抽打，血跡遍體，胳膊被咬去一塊肉。一次吊起四肢各一趾，「高高懸在窯洞的梁上再用皮帶抽，真是慘不忍睹。」[117]1944年初，任弼時問毛澤東：「七大」還開不開？難道和特務一起開黨代會？這才將黨代表中的「搶救」停下來。[118]中共 11～12 屆政治局候委、副總理陳慕華（1921～2011），1938 年赴延，因陳誠侄女遭「搶救」，周恩來干預後才作罷。[119]

1943 年春接任抗大校長的徐向前：「更可笑的是所謂『照相』。開大會時，他們把人一批一批地叫到台上站立，讓大家給他們『照相』。如果面不改色，便證明沒有問題；否則即是嫌疑分子、審查對象。他們大搞『逼供信』、『車輪戰』，搞出特務分子、嫌疑分子 602 人，占全校排以上幹部

[115] 金城：《延安交際處回憶錄》，中國青年出版社（北京）1986 年版，頁 180。

[116] 蔣巍、雪揚：《中國女子大學風雲錄》，解放軍出版社（北京）2007 年版，頁 173～174。

[117] 曾志：《一個革命的倖存者》，廣東人民出版社 1999 年版，下冊，頁 340。

[118] 師哲：〈我所經歷的延安「搶救運動」〉，參見師哲《峰與谷——師哲回憶錄》，紅旗出版社（北京）1992 年版，頁 3～4。

[119] （英）韓素音：《周恩來與他的世紀》，王弄笙等譯，中央文獻出版社（北京）1992 年版，頁 239。

總數的 57.2%。幹部隊伍共有 496 人，特務和嫌疑分子竟有 373 人，占 75%
以上。真是駭人聽聞！」[120]

韋君宜：

> 我們多年相知的一些朋友都被打進去了。四川省委書記鄒鳳
> 平被迫自殺。魯藝有一位藝術家全家自焚。除了「四川偽黨」還
> 有個「河南偽黨」。除到處開會鬥爭和關押人外，還公然辦了一個
> 報紙，叫《實話報》，上面專門登載這一些謊話。有一個和我同路
> 來延安的河南女孩子叫李諾，被公布在這張報上，簡直把她說成
> 了特務兼妓女。……好幾對夫妻，都因為這次運動而離異。他們
> 都是青年時代在革命隊伍裡相戀的好伴侶，可是到了這個時候，
> 一方「聽黨的話」，相信對方是特務，而且一口咬定對方是特務，
> 自然就把對方的心給傷害了。由此造成的傷痕，比對方移情他人
> 還難彌合。[121]

一對新婚夫婦，丈夫彙報工作半夜回來，妻子燈下等他，丈夫不但不
理會濃濃愛意，反而懷疑妻子有問題，硬揪住她到李克農處交代，弄得李
克農啼笑皆非。[122]

邊區師範生呼延忠說了一句「賣瓜的不說瓜不甜，共產黨還能說共產
黨不好？」罪證鐵板釘釘，想拔也拔不出來，批鬥時要求如廁，被指搗亂，
硬是不准，「直讓那股熱流從肚子裡順著大腿流到地下。」[123]南開中學女
生吳英在延安行政學院關禁閉，上廁所也要排隊去，她對韋君宜說：「我
那時想起來就埋怨你，你不該帶我到這裡來，早知這樣，我也絕不會來。」
國民黨專員之女丁汾，被「搶救」成特務，平反大會上台哭泣：「我真後
悔當時為什麼要背叛我的家庭出來革命！我真應該跟著我的父親跑的。當

---

[120] 徐向前：〈抗大整風與白雀園肅反〉。朱鴻召編選：《眾說紛紜話延安》，廣東人民出版社 2001 年版，
頁 152。

[121] 韋君宜：《思痛錄》，北京十月文藝出版社 1998 年版，頁 15。

[122] 《李逸民回憶錄》，湖南人民出版社 1986 年版，頁 117。

[123] 高浦棠、曾鹿平：《延安搶救運動始末》，時代國際出版有限公司（香港）2008 年版，頁 114。

時我就想過，如果能再見到我的父親，我就要對他說：把這些冤枉我的人都殺掉吧。」[124]

搶救運動一起，「人們不得自由出入，不得會見親友和熟人，連處在不同機關的夫妻也不能團聚。單位之間的來往和聚會（如過去經常舉行的討論會、聯歡會，各種學習和文體活動）完全停止，路上行人也大為減少。……集中了『三萬黨政軍』的延安，被弄得空氣緊張，人人自危。」「整風前可稱作『延安時期』的那種生動活潑局面在搶救運動開始後就完全結束了，此後再也沒有恢復起來。」[125]

最惡劣的紅色恐怖是必須通過揭發別人才能證明自己「紅色」，憑藉這一「紅色邏輯」，人性惡的一面得以正大光明出行。「搶救」親歷者胡績偉：「抓不到這個數額，單位負責人就是『右傾』，就是包庇敵人，甚至本人也成了特務。有些人為了保全自己，也就不顧一切地大搞逼供信，形成處處有特務的局面。各單位負責人紛紛向上報『成績』，以誣陷同志來向上邀功受賞。」[126]有時，屋裡正在「搶救」審訊，窗外走過一位專案組成員，被整肅者努努嘴，那人立即停職交代，淪為「專政對象」。[127]1950～70年代，一句「他在延安坐過牢的」，會成為政敵的一發槍彈。

一切紅色暴力都有一個金光閃閃的理由——為了革命！史達林為血腥大清洗辯護：「為了勞動人民的利益，為了保衛革命果實，必須這樣做。」[128]一個似乎崇高的名頭——「以革命的名義」，成為掩蓋一切暴力的大紅袍。

紅色恐怖使各地赤區空氣肅殺，但自私本性又不可能完全泯滅。李南央評母：「我媽對自己的鍾愛是絕對的。大概最愛自己的人，在共產黨內才最自我標榜為最革命的。這倒是為什麼她會喜歡江青的可理解之處。」[129]紅色恐怖逼迫自私本性轉化為強烈標榜革命，以此擺脫遭整肅。更可怕的是：由於政治陷害十分方便，卑劣者施展「才華」的空間大大增擴。這些

[124] 韋君宜：《思痛錄》，北京十月文藝出版社 1998 年版，頁 16。
[125] 何方：《黨史筆記》，利文出版社（香港）2005 年版，下冊，頁 441、443。
[126] 《青春歲月——胡績偉自述》，河南人民出版社 1999 年版，頁 226。
[127] 何方：《從延安一路走來的反思》，明報出版社（香港）2007 年版，下冊，頁 502～503。
[128] （美）安娜·路易士·斯特朗：《史達林時代》，石人譯，世界知識出版社（北京）1979 年版，頁 77。
[129] 李南央編著：《我有這樣一個母親》，開放雜誌出版社（香港）2003 年版，頁 29。

卑劣者根本不信奉馬列，但並不妨礙他們運用馬列主義達到個人種種目的。1950年，李銳已認識到：「搞『左』的人，往往動機不純。」

一位「解放牌」晚年說：

> 我從自己的受難，也從別人的痛苦遭遇中，對左傾的表現進行了一些觀察。據我多年觀察，凡在政治運動中表現得特別「左」的人，幾乎沒有一個是為了革命的。講要革命什麼的，大半都是打著這幌子，弄一些把戲而已。且左傾的表現，純屬於思想方法的成份有一些，但也不多，絕大部分是為了「謀私」，……在左傾思想占領導地位時，有些人想利用這個機會，儘量使自己表現得「左」一些，表現得「革命」一些，把別人踩下去，好讓自己爬上去，攫取官位、攫取權力。……以此作為晉升的捷徑。[130]

抗戰初期，國民黨確實派了一些特務打入延安，人家當然也會搞對手的情報，但很快被挖出。[131]時至1942年，延安氛圍「一片紅」，國民黨特務很難開展工作。國民黨軍統西北區長張嚴佛（1901～1971）：

> 1937年我到西安後，也千方百計圖謀派遣特務打入邊區，建立潛伏組織。……我在西安三年之中，從來沒有放鬆過這麼一個妄想：無論如何必須在陝甘寧邊區範圍內，建立潛伏特務組織。我覺得從正面派特務打進邊區的可能性極少，汪克毅失敗回來後，我又想到可以利用行商小販做工具，試圖打入邊區的辦法……試搞了幾次，都因為根本無法進到邊區去，而邊區的商人更是堅定地跟著共產黨走，不肯上特務的圈套，累試都失敗了。[132]

[130] 李冰封：〈並非家務事〉，原載《書屋》（長沙）2001年第6期。參見李南央編著：《我有這樣一個母親》，開放雜誌出版社（香港）2003年版，頁176、182～183。
[131] 陳復生：《九死復生──一位百歲老紅軍的口述史》，中央文獻出版社2010（北京）年版，頁162～164。
[132] 張嚴佛：〈抗戰前後軍統特務在西北的活動〉，載《文史資料選輯》第64輯，中華書局（北京）1979年版，頁101～104。

　　當時未引起注意的深層次紅色恐怖是思想恐怖。27 個整風文件要求學兩三個月，每個文件翻來覆去要讀無數遍，如同和尚念經，知青們深感厭煩。[133]但他們未意識到這種高強度學習的背後是強行統一思想，更未意識到強行統一思想即是對自由的實質性收繳。

　　搶救運動是延安一代首次經歷「革命的大風大浪」，也是第一次接受「革命的錯誤」。事實面前，他們多少有點清醒，不得不複雜起來。韋君宜的認識發生很大轉變：「從這時起，我雖然仍相信共產主義，相信只有共產黨能救中國，但是我痛苦地覺得，我那一片純真被摧毀了！」[134]

　　延安的恐怖邏輯是「從思想上發現敵人」。後寫出影片劇本《八女投江》、《趙一曼》的顏一煙（1912～1997），其父偽滿駐日大使，當然被「搶救」，她交出金鐲等金銀，何其芳仍說「交出金子不如交出心」。[135]

　　歷經文革，延安一代有人領悟：「整個說來，文化大革命運動是延安整風審幹運動的翻版。」[136]無事生非、自找煩惱的疑敵症，伴隨中共一路走至文革，成為「繼續革命」的重大理由——瞧，敵人就坐在我們身邊呢！搶救運動創立的「工作方法」也得到全套繼承。大會轟、個別逼、車輪戰、逼供信、軟硬兼施、威脅利誘，文革全搬全抄。吳國楨一針見血：「共產黨卻相信並公開提倡：只要目的正確，可以不擇手段。……通過有計劃的恐怖主義，共產黨使人民害怕他們勝過害怕其他一切。」[137]

　　中共至今維護胡喬木的定調：「延安整風運動是一次全黨範圍內的馬克思主義教育運動。」[138]李普認為自己之所以能夠保持知識分子的原汁原味，全靠沒去延安，而是重慶幹部。只有歷經延安整風「洗禮」與搶救運動「磨練」，才知道黨內整肅的厲害，才會夾起尾巴做人。[139]

---

[133] 何方：《從延安一路走來的反思》，明報出版社（香港）2007 年版，上冊，頁 105。
[134] 韋君宜：《思痛錄》，北京十月文藝出版社 1998 年版，頁 19。
[135] 高浦棠、曾鹿平：《延安搶救運動始末》，時代國際出版有限公司（香港）2008 年版，頁 117～118。
[136] 李普：〈哀李炳泉之死〉，載《炎黃春秋》（北京）2009 年第 7 期，頁 50。
[137] 吳國楨：《夜來臨：吳國楨見證的國共爭鬥》，吳修垣譯，香港中文大學出版社 2009 年版，頁 108。
[138] 胡喬木：《胡喬木回憶毛澤東》，人民出版社（北京）1994 年版，頁 188。
[139] 楊繼繩：〈李普今年八十八〉，載《炎黃春秋》（北京）2006 年第 9 期，頁 52。

半個世紀後，國人才意識到：不講人性、沒有人情的政治必定是短命的。延安邏輯要求剗私滅欲，嚴重扭擰正常人性，成為 1950 年代以後諸多社會惡弊源頭之一。延安邏輯，當然來自國際共運基礎理論的悖謬。

肆、標準化與功利主義

整風以後，延安生活進入「標準化」。1944 年 6～7 月，趙超構訪延 43天，撰有《延安一月》，內有一節「標準化生活」，撮精選錄：

> 除了生活標準化，延安人的思想也是標準化的。我在延安就有這麼一個確定的經驗，以同一的問題，問過二三十個人，從知識分子到工人，他們的答語，幾乎是一致的。不管你所問的是關於希特勒和東條，還是生活問題、政治問題，他們所答復的內容，總是「差不多」。在有些問題上，他們的思想，不僅標準化，而且定型了。說主義，一定是新民主主義第一，這不算奇。可怪的是，他們對於國內外人物的評判，也幾乎一模一樣，有如化學公式那麼準確。也不僅限於公眾問題，就是他們的私生活態度，也免不了定型的觀念，甚至如戀愛問題，也似乎有一種開會議決過的戀愛觀，作為青年男女的指導標準。……這種標準化的精神生活，依我們想像，是乏味的。但在另一方面，也給予他們的工作人員以精神上的安定，而發生了意志集中行動統一的力量。和延安人士接觸多了，天天傾聽他們的理論，慢慢地使人感覺某種氣氛缺乏。什麼氣氛呢？現在才想起來，缺乏「學院氣」。……因為摒棄了學院派的學說，延安青年幹部所賴以求知的途徑，只有向經驗探索。雖然他們還保留著「馬恩列史」的學習，但也可以說他們的理論水準，將以馬恩列史的理論為最高的界線。這結果，免不了要形成褊狹的思想，並且大大地限制了知識的發展。
>
> 戀愛與結婚差不多是標準化。……標準的戀愛觀，自有標準的戀愛方式，絕不像我們這裡有「柏拉圖式」、「至上主義」、「唯物主義」、「靈肉一致」等等的千變萬化。另外一點標準化，依我個人的

私見，覺得在「增強黨性」「削弱個性」的政策之下，延安人的思想、態度、品性、趣味、生活似乎都定型了。個性的差別是愈來愈狹小。甲同志與乙同志之間，A 女士與 B 女士之間，實在看不出有多大的分歧，再加上擇偶的標準又是一致的，除了考慮一下年齡身貌之外，還有什麼條件值得推敲呢？嫁給甲先生，或者嫁給乙先生，似乎不會有什麼不同的結果，這在擇偶上的確省了許多麻煩，不像我們的擇偶，要從無數不同型的個性中選出自己所喜歡的對象來。

據我看來，共產黨黨員，除了他的黨員身份以外，就很少有他個人的身份。假如世界上有所謂純粹的政治的動物，那大概就是共產黨員了。再詳細地說，共產黨的最大本領，在乎組織。黨員的最大義務，也就是服從組織。……一般政治組織所要求的只不過是個人的一部分自由之讓與；共產黨所要求於黨員的，則是貢獻百分之九十以上的自由。……增加黨性的意義，即是減弱個性，要求黨員拋棄更多更多的個人自由。……在如此嚴格要求之下，共產黨員還能保留多少的個人自由，是可以想見的。由於黨性，同志愛必然超過對於黨外人的友誼；由於黨性，個人的行為必須服從黨的支配；由於黨性，個人的認識與思想必須以黨策為依歸；由於黨性，絕不容許黨員的「個人主義」、「英雄主義」、「獨立主義」、「分散主義」、「宗派主義」。[140]

趙超構還記述了延安人一致否定中共管制他們的思想，但又一致承認大家的思想的確差不多，原因是對事實的認識一致、對中共政策的理解一致。趙超構挖掘形成這種「一致」的原因：「由於邊區和大後方的隔膜，思想文化的交換陷於中斷，就延安看來，簡直是在閉關狀態之中，許多延安人都向我們申訴過書籍雜誌進口之困難，這使得他們的認識不得不局限於邊區以內所能供給的資料之中。」[141]資訊來源單一，「一致」之因，報人趙超構一語中的。1942 年初，《解放日報》改版，「由不完全的黨報變成

[140] 趙超構：《延安一月》，上海書店 1992 年版，頁 78～81、170、85～86、88。
[141] 趙超構：《延安一月》，上海書店 1992 年版，頁 79。

完全的黨報」,「凡有轉載,須經毛主席親筆批示。」[142]毛澤東就這樣關上
延安輸入外界資訊的惟一孔道。

共產國際駐延安聯絡員的記錄:

> 我經常聽到一套套標準的答話,而聽不到一句生活的語言。
> 不同的人,在表情上都是一個模樣,這給人一種不愉快的感覺。……
> 對毛的讚揚帶有神秘主義色彩,是一種不健康的吹捧。這種危險做
> 法,使黨員沒有主見,思想超不出毛澤東指示的範圍,使黨喪失能
> 動性,這在大會上(按:中共七大)已有表現。結果,毛主席一個
> 人的「一貫正確的創造奇跡的頭腦」,代替了千百萬人的頭腦。
>
> 很難指望黨的幹部和一般黨員會有首創精神了。當局實行的是
> 死記硬背和教條主義的一套。
>
> 一篇講話中間,引馬克思主義學說創始人的著作引得越多,提
> 他們的名字提得越多,那麼這樣的講話儘管內容空洞,也都越被
> 看重。[143]

不過,趙超構與弗拉基米洛夫有所不知,為應付外人訪問,延安中共
下發估計記者可能提出的二三十個問題,配上標準答案,要求必須默記背
熟,以免答錯。這種弄虛作假還被當成「優良傳統」保持下來,專門用以
應付上級檢查和外來參觀。[144]1949 年後經常使用,並輸送出口,現已被北
韓學得出於藍而勝於藍。

延安的人際稱呼也因革命化而標準化,夫妻改「愛人」、同事改「同
志」、官長改「首長」。老鄉不能認了。陳學昭《延安訪問記》一處寫到同
鄉,馬上加一括弧(封建的口吻!)。這種淺表化形式化的改動,徒新鮮
一時耳,這些革命稱謂今天已悉遭「二次革命」,舊稱復辟。夫妻再稱「愛
人」,自己都叫不出口呢。畢竟,「革命稱謂」有欠精確,易引混淆,遠不
如「丈夫」、「太太」、「妻子」甚至「老公」「老婆」上口順耳。

---

[142] 舒群:〈棗園約稿宴〉,載朱鴻召編選:《眾說紛紜話延安》,廣東人民出版社 2001 年版,頁 299。
[143] (蘇)彼得・弗拉基米洛夫:《延安日記》,呂文鏡等譯,東方出版社 2004 年版,頁 541、111、489。
[144] 何方:《黨史筆記》,利文出版社(香港)2005 年版,上冊,頁 284。

　　伴隨標準化自然是同一化、狹窄化。「規格整一」，容異度勢必走低，「四大怪人」在延安已不可能得到存身空間。寫出《黃河大合唱》的冼星海，只要問他一下「為什麼非要吃雞才能作曲？」「思想根源何在？」就夠他喝一壺了。標準化的身後矗立著思想方式與運用邏輯的同一性，惟馬列是瞻的思維方式。1967 年 1 月 4 日，江青主持批判陶鑄大會，要陳伯達發表倒陶講話，即「一個常委打倒另一個常委」。毛澤東後翻臉，陳伯達對周恩來說江青逼得他活不下去，他已查書，共產主義者可以自殺，馬克思女婿拉法格自殺後列寧參加悼念，因此自己可以自殺。[145]

　　1950 年代初，上海市委宣傳部長、「胡風分子」彭柏山之女，十分驚訝父輩思維的統一化：「他們的言語裡有一種模式，有一種不由自主的口氣。大家說出來的都是一樣的感覺，甚至連措詞和細節都會在這種感覺下變成統一的。」[146]

　　局促狹隘的功利主義也在這一時期抬頭，從「悄悄做」到「正式說」，並修正一系列重大原則。中共通過「理論聯繫實踐」，價值序列上建立起「奪權大於原則」的邏輯。1943 年 4 月 13 日，毛澤東在政治局說：黨內與黨外的自由主義是有區別的，在國民黨統治區域資產階級的自由主義是進步的；思想自由與自由主義應有區別，黨內有思想自由，但不能有自由主義。[147]就這麼黨內黨外一倒騰，偷換概念，將自由戴上「自由主義」的帽子，名正言順沒收了自由。誰分得清什麼是「思想自由」什麼是「自由主義」？你一不清楚，自然只能「聽司令的」，毛的意圖達到了。

　　王實味敏感地嗅到延安空氣中的功利主義。1942 年 6 月 2 日，王實味正式提出退黨：「個人與黨的功利主義之間的矛盾是幾乎無法解決的……走自己所要走的路。」[148]他意識到自己對黨的批評、對中共長遠利益的考慮，已被完全誤解；功利立場使黨不可能理解自己的好心，短視使黨只抓住「抹了延安的黑」，看不到也不願看到承認黑點才是真正的強大，才是各項工作改進的起點。

---

[145] 《王力反思錄》，北星出版社（香港）2008 年版，上冊，頁 144。
[146] 彭小蓮：《他們的歲月》，天地圖書有限公司（香港）2001 年版，頁 72。
[147] 逄先知主編：《毛澤東年譜（1893～1949）》（中卷），中央文獻出版社（北京）2005 年版，頁 433。
[148] 溫濟澤：〈鬥爭日記〉（1942 年 5～6 月），載《解放日報》（延安）1942 年 6 月 28～29 日。

趙超構訪延,發現在打倒「洋教條」的口號下,竟走向「土教條」。延安思想界認為「一個大學生學習英美式的經濟學,不若精通邊區的合作社和騾馬大店。」當他向延安幹部提出這一判認的局限,對方答:「看情形,我們現在不需要洋教條,所以要打倒它,等我們需要的時候,不妨把它請回來。」趙評曰:「這句話是最簡明地表露了共產黨的所有政策,是依著客觀的需要而定的。」

趙超構還看到延安社會的深層次病弊:

> 延安文藝政策的特色,是多數主義、功利主義、通俗第一,一切被認為「小資產階級性的作品」,儘管寫得好,這裡是不需要。
>
> 延安是最缺乏學院氣的,這個,在延安大學又得到了證明。延大的整個方針,或者也是邊區的整個教育方針,是排斥人文主義,著重經驗主義,貶低理論水準,偏重實用技術;他們絕不諱言功利,一切陶冶性情、發展個性的學科,在他們看來不過是「資產階級」的閒情逸致,……邊區的農業需要不到歐美高度工業化的理論學科……凡是依我們的標準認為是缺點的地方,在他們自己看來都是優點。我們認為這種教育限制了個性,他們倒覺得唯有如此,才能為群眾服務。我們認為它太功利化,他們卻以為這是「學用一致」。我們認為理論水準太低,他們的答復則是「實事求是」。
>
> 從小處看,他們頗有計劃,從大處看,他們是抓住一樣算一樣,並沒有標準的形式。[149]

歷史證明趙超構提拎出延安顛倒社會價值序列這一關鍵性錯碼,「凡是依我們的標準認為是缺點的地方,在他們自己看來都是優點」,與外面世界的價值逆向,恰恰是延安圖紙最終衍化出反右、文革的赤色根鬚。

功利主義已上升到理論高度。延安哲學的狹窄化功利化致使一系列價值觀念發生傾斜。陸定一等提出著名的紅色新聞學口號:「把尊重事實與革命立場結合起來。」[150]赤裸裸從學理上否定了客觀真實的惟一性,從理

---

[149] 趙超構:《延安一月》,上海書店 1992 年版,頁 81、138、150〜151、157。

[150] 陸定一:《我們對於新聞學的基本觀點》,載《解放日報》(延安)1943 年 9 月 1 日。

論上打開真實二元論的通道——當新聞事實與革命立場發生衝突,「事實」
要為「立場」讓路,新聞要為政治服務。1944 年 12 月 2 日,重慶南大門
獨山失守,中共報紙大登特登,8 日國軍收復獨山,重慶《新華日報》不
予刊載,重慶市民大為反感,報販拒送,銷路大跌;國民黨中宣部長王世
杰召見《新華日報》負責人潘漢年,特予曉諭。[151]

功利主義大大攔低了延安士林的價值空間與人文視野,政治功效檢驗
所有文化價值,一切知識必須產生政治效應,否則便是不切實際的虛妄之
論。降低價值空間、屈從政治功利,乃是延安一代士林背離五四方向極為
關鍵的一步。而且這一屈從還是延安士林的自覺自願。延安文藝座談會
前,1942 年 3 月 11 日,艾青在《解放日報》撰文:

> 作家並不是百靈鳥,也不是專門唱歌娛樂人的歌妓……他們用生命
> 去擁護民主政治的理由之一,就是因為民主政治能保障他們的藝術
> 創作的獨立的精神。因為只有給藝術創作以自由獨立的精神,藝術
> 才能對社會改革的事業起推動的作用。[152]

延安文藝座談會後,1942 年 6 月 16 日,艾青在鬥爭王實味會上發言:

> 王實味不僅是我們思想上的敵人,同時也是我們政治上的敵人。……
> 在這神聖的革命時代,藝術家必須追隨在偉大的政治家一起,好完
> 成共同的事業,並肩作戰。今天,藝術家必須從屬於政治。[153]

延安時期,中共偏居窮隅,勢力尚弱,馬列調子理論上可以唱得很高,
現實中卻不得不向功利低頭,不得不說一套做一套,不得不奉持功利主
義。若完全按照馬列主義,戲就唱不下去了,至少無法維持這麼多人的生
存。因此,當「現實」與「原則」發生矛盾,就不得不再架設這樣那樣的

---

[151] 王健民:《中國共產黨史稿》(增訂本),中文圖書供應社(香港)1974~75 年,第三編‧延安時期
(下),頁 432。
[152] 艾青:〈瞭解作家,尊重作家〉,載《解放日報》(延安)1942 年 3 月 11 日。
[153] 艾青:〈現實不容許歪曲〉,載《解放日報》(延安)1942 年 6 月 24 日。

「臨時性原則」，為違反既定原則找出一大堆「不得不」的理由。涉世不深的延安知青，踏上馬列理論殿堂已經頭暈目眩，如墜五里雲中，再這麼被領著七拐八彎，哪裡還分得東南西北，只能低著頭跟著走。

為解決吃不上飯的財政困難，中共顧不上高調禁煙的原則，1941 年開始植賣鴉片：

> 在民國三十年毛頭澤東又下令做起煙土生意來了。呵！煙土，那麻醉品，殺人不見血的毒藥呵！國民政府在嚴禁，「邊區」的公家商店卻在毫無顧忌的賣著哩！這生意是一百六七十元的「邊幣」一兩，而在「邊區」附近的地方，卻是二百元一兩。在鄜縣的交通鎮那地方，這買賣可算是生意興隆「通四海」，所以有大煙癮的人都逃到這「邊區」來了！……從太原、包頭日本鬼子那裡買來不過二三十塊錢一兩的煙土，一轉手間，就是「一本萬利」。[154]

1942 年 7 月 9～10 日《西安晚報》，連載〈中共栽種鴉片真相〉，內容甚詳，包括公開售煙 250 餘元／兩，並運售國統區。[155]1947 年 4 月 30 日，范元甄家書：「這裡家屬隊有不少太太，成百兩的煙土，我覺得調查一下她們的經濟來源倒可瞭解一批男幹部的情況。真富的不像話。」煙土隱稱「代金」，李銳亦曾擁有，以備急需。[156]

現實需要面前，中共被迫理論聯繫實際，自我修正──悄悄擦掉旗幟上的內容。中共開啟價值標準二元化，悄悄轉向「政治第一」──對敵一套，對己一套。所謂馬列主義與中國現實相結合，實質就是獲得對馬列的合法修正權，大明大方將一些馬列原則歸為「教條主義」，而將合乎功利需要的東西稱為「與國情相結合」，最後歸稱「毛澤東思想」。1980 年 9 月，胡喬木承認：「毛主席特別在後半期，有把馬克思主義愈來愈簡單化的一

---

[154] 齊世傑：《延安內幕》，華嚴出版社（重慶）1943 年 3 月 1 日初版，頁 6～7。
[155] 王健民：《中國共產黨史稿》（增訂本），中文圖書供應社（香港）1974～75 年，第三編・延安時期（上），頁 305～308。
[156] 李南央編：《父母昨日書》，時代國際出版有限公司（香港）2005 年版，下冊，頁 80～81、120。

種傾向，把一些複雜的問題搞得極端簡單，他覺得很得意。這種影響，一直到現在，在我們黨裡面還是相當嚴重的，喜歡把複雜的問題簡單化。」[157]

時人擲評：「共產黨是只講目的，不問手段的，行不通的時候可以檢討一下，再回頭來另尋一條路走。」[158]1941 年秋，德軍進攻莫斯科，赤俄危在旦夕，力倡無神論的蘇共為動員民眾「同患難」，重新開放所有被關閉的教堂，利用一切可利用的資源，動員俄人抵禦德軍。一位因言獲刑三年的勞改犯，只因寫了體現「史達林精神」的長篇小說《遠離莫斯科的地方》，獲 1948 年史達林文學獎，當上作協書記。

毛澤東的政治牌技很高，爐火純青地運用「內外有別」。整風本身亦「內外有別」，毛同意周恩來的「國統區不搞整風」。國統區人家拎著腦袋入黨已屬不易，求著人家入伙，再搞「脫褲子」、「割尾巴」、「鑽自己」，還不都嚇跑？

劣勢階段必須依賴統一戰線，不得不團結「一切可團結的力量」，擎舉的政綱必須兼顧各方。今人恐難想像，1931 年 11 月 7 日江西蘇區制訂的《中華蘇維埃共和國憲法大綱》第 14 條：

> 中國蘇維埃政權承認中國境內少數民族的自決權、一直承認到各弱小民族有同中國脫離，自己成立獨立的國家的權利。蒙、回、藏、疆、苗、黎、高麗人等，凡是居住中國地域內的，他們有完全自決權：加入或脫離中國蘇維埃聯邦，或建立自己的自治區域。[159]

這不是鼓動各族獨立麼？藏獨、疆獨……直至台獨。中共如今能同意麼？中共政策的功利性俯拾皆是。1935 年〈八一宣言〉指張學良為賣國賊，與蔣、閻並列，[160]西安事變一起，立即改稱張學良為民族英雄。

---

[157] 《胡喬木傳》編寫組編：《胡喬木談中共黨史》，人民出版社（北京）1999 年版，頁 123。

[158] 齊世傑：《延安內幕》，華嚴出版社（重慶）1943 年版，頁 22。

[159] 中華蘇維埃共和國中央執行委員會：《蘇維埃中國》，1933 年印行；中國現代史資料編輯委員會 1957 年翻印刷，頁 20。

[160] 王健民：《中國共產黨史稿》（增訂本），中文圖書供應社（香港）1974～75 年，第三編·延安時期（上），頁 42。

　　大生產運動之前，延安物用緊缺，按說無產階級政黨理應首先保護自己的階級基礎，但這一時期的照顧重點則是理論上最看不起的「小資產階級知識分子」。陝公分校在邊區西南旬邑縣，相對富裕，教員每天可吃一頓白麵，幾位青年教員思想覺悟很高，請求不要對教員特殊待遇。教務長說服他們：這是黨對知識分子的政策，地方能供應的白麵只有這麼一點，只好給少數人吃。意思是只能向最重要最有用的人傾斜。中央研究院特級研究員與毛朱博洛一樣吃小灶，燈油也不加限制。[161]王實味住兩孔窯洞，穿細布衣服；中央研究院所有學員都吃細糧，不吃玉米土豆，兩人一孔窯洞，一人一床一桌一椅。[162]

　　1944 年 7 月，毛澤東為得到美國軍火，對來訪的美軍觀察組成員、史迪威政治顧問謝偉思說：

> 美國已經干涉了有它的軍隊和物資運入的每一個國家。……假如美國堅持把那些武器給予包括共產黨在內的所有抗日軍隊，那就不是干涉。如果美國只把武器給國民黨，實際上就是干涉。因為它使國民黨有可能繼續反對中國人民的意志。[163]

　　公然標舉雙重標準，給中共武器便不是干涉，只給國府就是「反對中國人民的意志」，如此不遮不掩的功利主義，如此豁顯的政客立場，竟未引起美國的重視，還以為延安是在「要民主」。直至 1949 年，「民主」一直是中共報刊主旋律，隔三岔五就是一篇「民主」文章。

　　列寧也是一個標準的功利主義者，同一篇文章前後兩段就邏輯相悖。「舊學校是死讀書的學校，他強迫人們學一大堆無用的、累贅的、死的知識，這種知識塞滿了青年的頭腦，把他們變成一個模子倒出來的官吏。……馬克思主義就是共產主義從全部人類知識中產生出來的典範……馬克思依靠了人類在資本主義制度下所獲得的那些知識的堅固基礎。」[164]剛剛否

[161] 《溫濟澤自述》，中國青年出版社（北京）1999 年版，頁 117～118、124。

[162] 石瀾：《我與舒同四十年》，陝西人民出版社 1997 年版，頁 82。

[163] 中共中央黨史研究室編：《黨史通訊》（北京）1983 年第 20、21 期。參見笑蜀編：《歷史的先聲》，香港博思出版集團有限公司 2002 年版，頁 153。

[164] 列寧：〈青年團的任務〉，載《列寧選集》第四卷，人民出版社（北京）1972 年版，頁 347。

定了學校所授知識的價值，都是無用的廢知識，緊接著又說共產主義產生於人類全部知識，那麼學校所授知識到底是否有價值？如果沒有學校所授的那些「垃圾知識」，馬克思與您列寧又如何獲得「全部人類知識」？又怎麼得到「知識的堅固基礎」？可見，列寧與所有革命教主一樣，排斥此前一切學說。否定其他學說一切合理性，無非向世人推銷自己的主義。但轉過身來，當需要為自己的主義尋找合理性，又不得不借重「全部人類知識」。他們對人類既有經驗無一不持悖論——抽象肯定具體否定，原則上抽象肯定，現實中具體否定，只有自己推銷的貨色惟一正確。否定它說，當然在於為己說開路，避免它說成為質疑己說的起點。

史達林對中國思想界的破壞更具實質性，其被艾思奇輩奉為不移名言的「一切以條件、地點和時間為轉移」、「要在政治上不犯錯誤，就要向前看，而不要向後看」，實為最大唯心主義與徹頭徹尾的形而上學。既然一切認識以時空轉移為轉移，今昔兩非毫無關係，歷史的繼承性豈非失去價值基座？「向後看」等於「犯政治錯誤」，更是堵上了借鑒史訓的可能性。史達林這兩句「語錄」為政治實用主義提供了哲學支撐，還披著辯證唯物主義與歷史唯物主義的金色外衣。1949 年後，向為顯學的史學之所以漸冷漸僻，根子就在於史達林的「歷史無用論」。「一切以條件、地點和時間為轉移」，也使寰內士林失去「以子之矛攻子之盾」的邏輯武器，中共可任意且「合法」地解釋一切 1949 年前後的矛盾。如對 1957 年「輕諾延安，寡信北京」的反右，一句史達林名言便輕鬆解決。[165]

1939 年 8 月 24 日，蘇德簽訂互不侵犯條約，共同瓜分波蘭的一筆骯髒交易，美英法波等國震驚，重慶《新華日報》卻發社論〈德蘇關係的重要發展〉，歌頌蘇聯為世界和平堡壘。9 月 1 日，德軍從西面入侵波蘭；9 月 17 日，蘇軍從東面入侵波蘭，18 日蘇德聯合公報：「兩軍的使命在於重建波蘭和平與秩序，援助波蘭民眾，再造其國家生存的條件。」[166]9 月 19 日，《新華日報》：「蘇聯援助被壓迫民族。」1941 年 6 月，共產國

---

[165] 史達林：〈論辯證唯物主義與歷史唯物主義〉，載中共中央馬恩列斯編譯局《史達林文選》（1934～1952），人民出版社 1962 年版，頁 183～184。

[166] 王健民：《中國共產黨史稿》（增訂本），中文圖書供應社（香港）1974～75 年，第三編・延安時期（下），頁 640。

際將最新決議電傳中共，內有「保證蘇聯取得勝利是各國人民爭得自由的前提」，將保衛蘇聯列為各國人民的當然任務、各國人民爭取自由的前提。

1939 年 9 月 23 日，毛澤東在延安對斯諾說：歐洲戰爭「純粹是帝國主義的戰爭」，而在英國參戰之前，「這場戰爭或許還是『進步的』。」[167] 1939 年 11 月 3 日，《新華日報》社論鸚鵡學舌於蘇聯，指斥英法與德交戰為非正義。1941 年 4 月 13 日蘇日簽訂「中立條約」，兩條核心內容──「締約國一方與一個或多個第三方勢力發生敵對行為，另一方遵守中立」、「蘇日雙方政府為保證兩國和平與友好發展的利益，茲特鄭重聲明，蘇聯保證尊重滿洲國之領土完整與不可侵犯，日本誓當尊重蒙古人民共和國之領土完整與不可侵犯性。」蘇日用中國的兩塊領土互為籌碼，交換承認各自扶持的傀儡政權。條約簽訂後，史達林親送日本外相至車站，破例陪坐一程。國府外交部立即表示不承認條約，知識界一片譁然，強烈抗議蘇聯對東北抗日運動的拋棄。救國會七君子公開向史達林致抗議信。但中共為維護蘇聯形象與得到蘇共援助，竟將蘇聯這一公開背叛說成對中國長遠利益的保護。周恩來在渝遍找民主人士說項，勸阻不要「在狹隘民族情緒之下一時的衝動」。[168]1941 年 4 月 16 日〈中國共產黨對蘇日中立條約發表意見〉：「這是蘇聯外交政策的又一次偉大勝利……對於一切愛好和平的人民與被壓迫民族則都是有利的。……至於蘇日聲明互不侵犯滿洲與外蒙，這也是題中應有之義。」[169]1941 年 6 月 22 日德軍侵蘇，中共這才開始跟著蘇聯轉身咒罵德國，不再斥責「英美帝國主義」。

二戰末期，蘇軍進入東北，司徒雷登：「他們在那裡對中國人進行了殘酷的屠殺，公開強姦婦女，搶劫中國人的私人財物，並掠奪了這個盟國價值 20 億美元的工業機械。」[170]對於蘇聯損害中國利益的暴行，中共十分「慷慨」，這當然不是崇高的「國際主義精神」，也不僅僅報答蘇共「同志

---

[167] （美）愛德格·斯諾：《紅色中華雜記（1936～1945）》，黨英凡譯，群眾出版社 1983 年版，頁 84。
[168] 李慎之：〈革命壓倒民主──《歷史的先聲》序〉，笑蜀編：《歷史的先聲》，博思出版集團有限公司（香港）2002 年版，頁 24。再參見《毛澤東文集》第二卷，頁 333，注二。
[169] 原載《新中華報》（延安）1941 年 4 月 20 日，參見《中共黨史參考資料》（四），人民出版社（北京）1979 年版，頁 244～245。
[170] （美）約翰·司徒雷登：《在華五十年》，程宗家譯，北京出版社 1982 年版，頁 171。

式」支持，而在於維護蘇聯即維護自己、維護馬列大旗、維護社會主義形象。如果承認蘇聯也是赤裸裸的利益至上，承認史達林同希特勒一樣霸權嘴臉，克里姆林宮上的紅星還能閃閃發光麼？社會主義形象還能保持聖潔麼？既然「蘇聯的今天就是我們的明天」，維護蘇聯的「今天」等於維護自己的「明天」，等於維護赤色學說。權衡之下，中共只能「理解蘇聯與史達林」，以不得不然的「策略性」為蘇聯種種公然背叛與暴行開脫。功利一直使中共輕易突破原則與道義底線。

功利主義也是中共難以離身的婢女。1959 年廬山會議，先反左後反右，急劇轉向。回京後，劉少奇在數千幹部大會上強辯：「左右搖擺的政策是唯一正確的政策。」毛澤東在該會上解釋為什麼彭德懷反對自己就是反黨，「因為黨的領袖就是黨的首腦，一個人把他的頭割了，他還能活嗎？這個道理，打了一輩子仗的彭德懷同志，恐怕比誰都清楚。」[171]完全顧頭不顧腳了，亂套亂用，八竿子打不上的邏輯都強扯硬拽上了。

功利主義勢必因事而變因時而遷，無有原則無有恆守，自相悖背。1954年制憲，毛澤東明確指示儘量寬泛模糊一點、不要搞得太具體太細化，他不希望憲法成為捆綁自己「敢叫日月換新天」的手腳，留下可隨心所欲的「功利」空間。條文太具體，規定一精確，忽東忽西的實用主義便不好操作了，自己打自己的嘴巴，終究不太好意思。

毛的功利主義與黨的利益摻和在一起，借浪漫之車載功利之貨，斑駁紛雜，延安信徒很難識別，偶感不適，組織上用「愛國的功利主義」一忽悠，事情也就沒什麼不好解釋的。時日一長，習慣成自然，忍受變接受，延安一代不但自覺繼承，而且運用自如。1983 年，胡喬木為貶林彪對美國記者說：「林彪在解放以前仗打得不算最多。毛澤東所以起用林彪，是因為林反對彭德懷。」[172]林彪在中共將領中都不算打仗最多？

高層功利主義對基層具有強大導向，毛氏「反對領袖就是反黨」，各級書記名正言順推出「反對我就是反對黨」，冠冕堂皇打擊報復「不聽話者」。1957 年，延安黨員曲藝作家何遲（1920～1991）寫了相聲〈統一病〉：「穿一樣的衣裳吃一樣的飯，一樣的思想說一樣的話。」腳本送審中宣部，

---

[171] 何方：《從延安一路走來的反思》，明報出版社（香港）2007 年版，上冊，頁 316～317。
[172] 《胡喬木談中共黨史》，人民出版社（北京）1999 年版，頁 216。

主管文藝的領導在扉頁上揮舞大筆:「此人對社會主義制度為何如此仇視……這是對我們社會主義改造和城市工作的嚴重誹謗。」何遲劃右,合作演出的馬三立也牽連成「右」。[173]

夏志清評曰:「在共產黨的觀念中,一個作家,無論他過去的貢獻如何,最終的評價標準是他當前的利用價值。如果一個作家沒有目前的實用價值,那麼所有其他的標準都是相對的。……因此一部共黨文學史,非但得繼續不斷地修正,以便能適應官方反復無常的策略,而且它還得是一本陳年舊賬的記錄……它已拋棄了文學傳統這個觀念,否定了文學史的應有意義。」[174]反右時,北京人藝領導層討論是否將焦菊隱劃右,某領導說:看看此人是否還有用,還有用就別動他,沒用就劃上。[175]

奪權大於原則乃古今中外各政治集團之痼疾,功利主義也是難以割棄的政黨內質。李慎之認為孫中山在政治民主方面沒有開好頭,蔣介石、毛澤東都是孫中山搞獨裁的好學生。

> 研究孫中山在辛亥以後的歷次重大行動,便可以發現他很少是從原則出發,而往往是從奪權出發,好像只要他勝利了就是革命勝利了。然而即使他勝利了也並不一定是原則的勝利,更說不上使民主與法治的原則確立成為民國不可更易的規範。他還相信只要目的正確,就可以不擇手段,甚至不惜使用收賣、暗殺等等陰謀權術,從而使政治上的正氣始終無由建立,使中國離民主與法治越來越遠。[176]

真正的革命勝利,應該是原則的勝利,即通過革命實現新型政治原則的推行,而非僅僅你方唱罷我登場的黨派勝利。

---

[173] 彭蘇、任明遠:〈笑聲的窒息〉,載《南方人物週刊》(廣州) 2009 年第 30 期,頁 61。

[174] 夏志清:《中國現代小説史》,香港中文大學出版社 2001 年版,頁 426～427。

[175] 2008 年 8 月 15 日,筆者出席上海魯迅紀念館某學術會議,餐間與聞。

[176] 李慎之(李中):〈和平奮鬥興中國──辛亥革命九十周年祭〉,載《隨筆》(廣州) 2001 年第 6 期,頁 106～107。

新興政黨上台前竭力標榜原則性道義性，竭力將自己與原則與道義捆成一體，一旦奪權成功上得台來，變臉換舌，托借種種國情推棄原則，屢演現代版的「此一時彼一時」。雷蒙・阿隆描述這一先後有別：

> 多少知識分子起初是出於道德憤慨而傾向革命政黨，最後卻認同了恐怖統治和以國家利益為名的理由！[177]

動員入伙時用的是炫目的平等口號──「革命不分地位高低、職務大小」，伙伕馬伕似乎與軍長師長一樣重要，掩蓋實際差距；等你入伙後，則換用另一套語彙與邏輯。前示理想，後行實利，還讓你前後聽了咂咂舌頭都「有點道理」。整風便是中共從理想公開走向功利的鮮明拐點。

伍、意味深長的拐點

一位整風親歷者：

> 我們黨從延安整風後就只有集中沒有民主。[178]
> 延安整風……加深了黨對知識分子的不信任和偏見，並進而造成對一切知識的輕視。在普遍整風中知識分子作為改造的主要對象，受到無情批判和衝擊，使他們減弱以至喪失了敢想敢說、獨立思考和勇於創新的精神，基本上被改造成領導的馴服工具。整風造成的不信任知識分子和輕視知識的傳統與機制，長期影響中國科學文化的發展。延安整風貶低了理論學習的重要，妨礙了理論上的發展創新，束縛了人們的思想，使黨（後來影響到全國）的理論水準得不到提高。[179]

---

[177] （法）雷蒙・阿隆（Raymond Aron）：《知識分子的鴉片》（1955），呂一民、顧杭譯，譯林出版社（南京）2005 年版，頁 220。
[178] 何方：《從延安一路走來的反思》，明報出版社（香港）2007 年版，下冊，頁 507。
[179] 何方：《黨史筆記》，利文出版社（香港）2005 年版，上冊，頁 235。

李銳揭示延安整風的政治功效：

> 一大批知識分子，包括高層的思想改造好了，這是毛澤東從整
> 風和搶救運動中獲得的大收穫。這以後在文藝界、思想理論界就有
> 了一批無條件地忠實於他的人。這些人從延安一路出來，成為毛澤
> 東 1949 年之後推行左的那一套的中堅力量。他們對整風、搶救時整
> 人的那一套很熟悉，從心裡接受了個人的行動、思想都要絕對服從
> 毛澤東。沒有這批人，毛的意願不會那樣暢通無阻的。這些人到死
> 都服從於毛澤東所說的話、所作的事，一切都是從「保護毛」出發，
> 是真正的凡是派。而一直待在白區，沒有經歷過延安整風的黨的幹
> 部，1949 年後受到了很大的冷落，多半不被重用。[180]

毛澤東掌國後，一面承認紅色專制超過秦始皇，一面又將「無產階級
專政」說成世界上最民主的制度。李慎之：「這個等號是他發明的。」[181]毛
澤東之所以掛著羊頭又承認賣了狗肉，當然是羊頭狗肉各有其需。

1941 年夏起，很受歡迎的《共產黨人》（張聞天主編）、《解放》、《中
國青年》、《中國婦女》、《中國工人》、《八路軍軍政雜誌》及所有文學刊物
陸續停刊，[182]毛開始收束言論、封鎖資訊。1943 年 3 月，毛擁有「最後決
定權」，最後一點民主也消失了。1934 年 10 月長征前贛閩中央蘇區，前後
出現 67 種報刊；[183]1941 年延安能看到滬湘報紙，[184]延安報刊也有 60 餘種；
1943 年延安只剩下三張報紙──中共中央機關報《解放日報》、西北局機關
報《邊區群眾報》（常用字僅四百）[185]、僅供中高級幹部的《參考消息》。[186]
級別化《參考消息》的出現，標誌性地說明公開實行資訊控制，直到 1956

[180] 李銳：〈我的延安經歷〉（三），載《爭鳴》（香港）2011 年 8 月號，頁 63。
[181] 邢小群：《往事回聲》，時代國際出版有限公司（香港）2005 年版，頁 62。
[182] 曾彥修口述、李晉西整理：〈我認識的胡喬木〉，載《炎黃春秋》（北京）2010 年第 8 期，頁 38。
[183] 余伯流、凌步機：《中央蘇區史》，江西人民出版社 2001 年版，頁 812～824。
[184] 李南央編：《父母昨日書》，時代國際出版有限公司（香港）2005 年版，上冊，頁 229、236。
[185] 《青春歲月──胡績偉自述》，河南人民出版社 1999 年版，頁 181、175。
[186] 朱鴻召：〈唯讀《解放日報》〉，載《上海文學》2004 年第 2 期，頁 78、83、84。

年《參考消息》發行量仍僅兩千份。[187]1943 年後,《解放日報》不僅是絕大多數延安人的惟一資訊來源,還是「標準思想」的惟一出處。

至於封鎖國府方面的「利好消息」,則為當然的「革命行動」。1928～30 年,宋子文通過談判收回關稅自主權。1942 年,中美簽訂抵抗侵略互助協定,次年再收回各國在華治外法權。1943 年冬,國民參政會通過重大決議——提前實施憲政,國防最高委員會亦予接納。[188]這一有利於國府的好消息,延安青年概未與聞,聽到的也是歪曲加工的「新聞」。1949 年後中共撰寫的當代史,均無國民參政會的細節,尤其沒有這一節。紅衛兵一代至今仍以為 1949 年後才由「新中國」結束治外法權。

整風以革命利益與抗戰需要的名義,讓集權、暴力等明顯有違旗幟徽號的東西公然蹚出,收繳自由、鏟滅個性,革命高於主義,功利大於原則,通俗壓倒高雅、普及凌駕提高……已露出種種「大事不好」的苗頭。整風雖然使中共獲得武裝鬥爭所需要的集權,贏得戰爭,成功奪權,但也是中共更換初幟、違背初始原則的起點。整風開始後,連理想主義、民主平等都與自由主義、個人英雄主義、資產階級思想、封建主義捆綁在一起,成了批判對象,只要求青年們換上集體主義的服從精神。[189]

整風是成功捏塑黨文化的典範,故而成為經典「黨故」,長期高擎高舉。僅從中共對延安整風的長期激賞,也可證明這場「偉大的馬克思主義教育運動」正是中共從標榜民主走向公開集權的歷史拐點。整風不僅「正式確立毛澤東思想的領導地位」,還有統一思想、全黨服從中央等如此這般重大績效。否則,有什麼值得再三再四高舉?

整風達到毛澤東的兩大目標:一、上層打掉兩個宗派——有奪位覬覦的「教條主義」(王明、張聞天等人)、黨內實幹派的「經驗主義」(周恩來為首),使他們處於隨時可批判的留用地位;二、下層(胡喬木說主要針對知識分子)則「打掉他們的自由主義、平均主義、極端民主化思想,把他們改造成黨的馴服工具或『螺絲釘』。」整風後期上層政治鬥爭結束,運動主要針對下層,「普遍整風主要整自由主義」[190]

[187]《毛澤東選集》第五卷,人民出版社(北京)1977 年版,頁 349。
[188] 王雲五:《談往事》,傳記文學雜誌社(台北)1970 年版,頁 64。
[189] 金城:《延安交際處回憶錄》,中國青年出版社(北京)1986 年版,頁 158。
[190] 何方:《黨史筆記》,利文出版社(香港)2005 年版,上冊,頁 214、247。

整風的實質不過以教條主義反對教條主義，以毛澤東的土教條反對「國際派」的洋教條。胡風、喬冠華、陳家康等在 1940 年代思想論爭中批評過這一傾向，希望掀起一場新式思想啟蒙運動，但夭折流產。教條主義乃是依靠意識形態起家的政黨必然攜帶的先天之疾，不以教條開路，革命黨人如何出門？如何邁出第一步？拿什麼引導自己的行動？

今天的青年中共黨員也許不信，整風時期，金光閃閃的馬列主義都不香了，原先搶都搶不到的馬列書籍竟被拋出窯洞，論斤賣了廢紙。何方：

> 整風一開始，馬克思主義就不香了。整風期間不只是不學馬克思主義理論，過去學過的，特別是搞理論工作的還紛紛檢討，似乎沒學過理論的人倒還乾淨些，起碼不用檢討……甚至有些老幹部，如時任中辦副主任的王首道，為了表示和教條主義決絕，竟將一些馬列著作仍到了窯洞門外……原來人們感到很缺的馬列著作，有些人又感到無用而多餘，於是就拿到南門外新市場當廢紙論斤賣了。
>
> 馬列主義被說成「教條」，課程被取消，有關書籍（那時翻譯出版的還真不少）也是人們避之惟恐不及，自然不會去讀了。一切書本知識被挖苦得狗糞不如，似乎知道得越少越好，當然沒有人再去「言必稱希臘」了。至於什麼是實際知識，怎樣去學，恐怕提倡者自己也說不清楚。因此兩三年搶救運動期間學習的，就只是那二十多篇有關文件，還有某些中央決定、臨時指定的什麼文章和陳伯達的〈評《中國之命運》〉、康生的〈搶救失足者〉、《解放日報》某篇社論等，聯繫實際就是思想鬥爭和反特搶救。[191]

1945 年 5 月謝覺哉日記：「自從反教條，有人不敢講書本子了。」[192] 馬列經典讀得最多的留蘇生，集體吃癟。張聞天、王明、博古、王稼祥等人成了必須好好反思的「教條主義」，失去權威與尊重。毛劉周朱讀的馬列經典本來就不多，但劉少奇十分用功，何方說劉：「篤信史達林的理論和

---

[191] 何方：《黨史筆記》，利文出版社 2005 年版，上冊，頁 283；下冊，頁 442。
[192] 《謝覺哉日記》，人民出版社（北京）1984 年版，下冊，頁 791。

政策，讀馬恩著作不多。」[193]「延安整風使不少人覺得讀書無用。」[194]早先苦苦追求來的文化知識，此時成了恨不得踢盡甩光的爛貨。文化不僅不再可資驕傲，而是罪孽之源，既反動又無用。

　　整風也是中共知識分子政策發生重大轉折的起始，毛澤東一改最初對赴延知青的寬容：「我黨接收了約七十萬新黨員，而這些新黨員不論來自哪一階層，都未受過馬列主義的鍛煉，他們帶來了濃厚的資產階級與小資產階級的自由思想，其中尤以許多知識分子黨員表現得最為嚴重。」1942年 11 月下旬，毛在高幹會議上說：建立鐵的紀律是區別於社會民主黨的條件之一，建立鐵的紀律的基礎是思想的統一。[195]整風中，任何人都要寫反省筆記，都得作自我批評，這也是「鐵的紀律」，毛澤東強調「可三番五次地寫，以寫好為度」「我們大家都要寫，我也要寫一點」，實際是別人必須寫，惟獨毛沒寫。毛一生未作自我批評，還明確放言：「我是不作自我批評的」、「任何時候我都不下罪己詔的。」[196]所有黨員上繳的「自我」都歸到毛澤東那裡，成為紅太陽升起的托座。黨員的奉獻精神越無私越徹底，毛澤東的專制也就越強大越暴烈。

　　獨立自主這些與國民黨鬥爭必須具備的品質，此時成為檻上芝蘭，必須鋤掉——長得不是地方。淮南為桔，淮北為枳矣！從支持知青對國民黨的質疑造反、鼓勵他們籲求自由民主，轉為要求他們移換價值立場，轉獨立為服從、廢質疑為馴服、變叛逆為忠誠、抑民主為集中。1943 年 8 月，康生：「王實味的〈野百合花〉出來以後，中央研究院有 95%的人贊成。」[197]但多數人的意見已無法主導局面，領導瞬間就能扭轉乾坤。

　　通過整風，毛實現了蔣介石沒有做到的「一個領袖一個思想」，全黨空前統一。他舉起「馬克思主義中國化」大旗，先用「中國化」打掉王明、博古「留蘇派」的話語權，再用「馬克思主義」打掉了延安士林的個體價值，完成內部統一。1943 年 3 月獲得「最後決定之權」後，毛即提出四個

[193] 何方：《黨史筆記》，利文出版社（香港）2005 年版，下冊，頁 534。
[194] 何方：《從延安一路走來的反思》，明報出版社（香港）2007 年版，上冊，頁 219。
[195] 逄先知主編：《毛澤東年譜（1893～1949）》（中卷），中央文獻出版社（北京）2005 年版，頁 414。
[196] 何方：《黨史筆記》，利文出版社（香港）2005 年版，上冊，頁 93。
[197] 宋金壽：〈為王實味平反的前前後後〉，載《中共黨史資料》第 50 輯，中共黨史出版社（北京）1994 年版，頁 137。

統一：統一思想、統一意志、統一步調、統一行動，確定了一切統一於中央（即毛）的組織原則。[198]

領袖與群眾的關係上，整風以後消失了此前的「親密無間」。任弼時出任中央秘書長，從蘇聯搬來一套等級、警衛制度。從此，街上已碰不到領導人，更不用說隨便談話、簽名拉唱之類以前常見的事。[199]

追求理想總是以確認某種價值為邏輯起點，整風借馬列之名沒收人權，採用歸謬法將民主掃入「小資產階級極端民主化」、將平等定為「絕對平均主義」、將自由劃為「資產階級自由主義」，對革命出發時的初始宗旨動了大手術，悄悄擰歪價值方向，當然也就一併「規定」了今後的運作方向。既然「初始宗旨」都可以離開，還有什麼不可「離開」呢？

「拐點事件」──延安文壇第一公案。1941 年 6 月 17～19 日，創刊不久的《解放日報》連載周揚長文〈文學與生活漫談〉，五位「文抗」作家（蕭軍、艾青、舒群、白朗、羅烽）寫了篇幅相等的商榷文章（八千餘字），遭《解放日報》退稿。個性強烈的蕭軍隨即向毛澤東辭行，抱怨黨報不許反批評，太不公平不民主！他擬再返重慶，這已是他二度來延。蕭軍有一定知名度，為「民主」離去，有損邊區形象，毛澤東數函約晤，竭力挽留。「蕭軍請行」不僅說明其個人的民主敏感，也說明延安出現價值拐點。五位「文抗」作家此後陸續遭到批判與長期勞改。話語權是生存權的組成部分，話語空間是生存空間的文化體現。蕭軍等五作家沒有話語空間，長期受壓，說明民主自由在延安失去席位。

延安整風還將周恩來從重慶召回，連續挨批六周。那份指控周恩來的黨內文件「和文化大革命時一樣糟」，周恩來此前工作都被指控為對毛懷有惡意，「而這種指控不需要提出任何證據。」[200]

延安整風中共不僅公開背離初始教旨，也明顯違反人性，但延安一代紅色士林卻以高尚的「自我批判」虔誠接受了，認可了一系列整風之說。1942 年 6 月，丁玲在整風大會上發言，堪稱這一價值轉向的「經典」：

---

[198] 李銳：《我的延安經歷》（三），載《爭鳴》（香港）2011 年 9 月號，頁 67。
[199] 何方：《黨史筆記》，利文出版社（香港）2005 年版，上冊，頁 290。
[200] （英）韓素音：《周恩來與他的世紀》，中央文獻出版社（北京）1992 年版，頁 238、236。

……自己開始有點恍然大悟，我把過去很多想不通的問題，漸漸都想明白了，大有回頭是岸的感覺。回溯過去的所有的煩悶、所有的努力、所有的顧慮和錯誤，就像唐三藏站在到達天界的河邊看到自己的軀殼隨水流去的感覺，一種翻然而悟、懍然而懼的感覺。我知道，這最多也不過是正確認識的開端，我應該牢牢拿住這鑰匙一步一步腳踏實地的走下去。前邊還有九九八十一難在等著呢。[201]

　　否定了個性，接下來就是否定欲望了。1953 年人民出版社的《資本論》第三卷第 212 頁，將 1949 年讀書出版社（東北）初版的「欲望」改譯為「需要」，大幅降低主觀色彩，意在否定個人欲望的正當性。馬克思從社會角度考察商品時提到：「則欲望之量如何，便是一個不能不問的問題。在此，我們必須考察社會欲望的程度，即其分量。」[202]否定個人權益的必要性等於否定欲望的合法性與自由的需要性。忠實《資本論》原著，欲望有了合法身分，個性豈非一併翻身了？只有否定個人欲望的合法性，站立其上的「個性」才能「名正言順」一併褫奪。對馬列原著這一微小更動，裸露政治功利的尾巴，惟其比較幽深，不易為中小知識分子覺察。

　　哈耶克：「個人主義的基本特徵就是把個人當作人來尊重，就是在他自己的範圍內承認他的看法和趣味是至高無上的。」西方現代思想界更深刻地認識到：個人對種屬的不斷反抗正是構建現代文明最基礎的力量。[203]毛共借整風奪去個人自由的哲學基礎，抽掉個權的價值支撐，個人只能歸屬集體才有價值，意在黨員必須無條件服從領袖，與現代文明整個「價值悖反」。延安一代在自由的旗幟下，集體通過了反自由的決議。

　　領袖的權威必須墊襯著徒眾的跪拜。整風之後，延安知青的革命熱情劃然有別，勞動時情緒普遍不高了，再也沒有此前滿山歌聲的熱乎勁，幾乎聽不到說話聲，休息時一些人看小說，一些人倒頭睡覺，再也沒有集體唱歌，領導號召也無人響應。偶而聽到唱歌，那也是站在山頭唱自己喜歡

---

[201] 佟冬：〈漫憶中央研究院的整風運動〉，載溫濟澤等編《延安中央研究院回憶錄》，中國社會科學出版社、湖南人民出版社 1984 年版，頁 140。

[202] 馬克思：《資本論》第三卷，讀書出版社（上海）1949 年初版，頁 132。參見胡寄窗：《中國經濟思想史》，上海人民出版社 1962 年版，頁 449。

[203]（英）哈耶克：《通往奴役之路》，王明毅等譯，中國社會科學出版社 1997 年版，頁 21、23。

的歌或借歌洩憤。「搶救運動」後，延安知青「深受教育」，大大覺悟，紛紛不再寫日記。20 歲的何方從此告別日記。[204]他們沒想到自己此時的回避真實，竟是此後全國害怕真實、回避真理的起點。他們意識不到自己為之戰鬥的價值，已被悄悄塞換成相反內容。1990 年，一位老教師警告筆者：「你還在寫日記？趕快別寫了，誰寫誰傻呵，到時候說都說不清的！」

對國統區知識分子來說，「王實味事件」為標誌性拐點。以前他們只是通過中共出版物認識延安，整風～搶救後則有知青從延安出走，如司馬璐、何滿子，他們傳出一些延安實況。賈植芳就是通過「延安脫逃者」警覺起來。賈植芳讀過王實味的小說與譯作，「說他是托派，我還相信，說他是『國民黨特務』，我絕不敢相信。那裡並不是個理想的福地。」[205]

整風～搶救運動對延安一代心理影響甚巨，有的伴隨終身。蔣南翔時任青委主任，他的〈關於搶救運動的意見書〉（1945 年 3 月）：

> 搶救運動後，我在延安和隴東曾接觸了不少抗戰前平津知識分子和抗戰後的大後方知識分子同志，有很多人都明顯或不明顯地流露出一種灰暗的心情，革命的銳氣、青年的進取心，大大降落了。甚至有少數同志消沉失望，到了喪失信心的程度。[206]

胡喬木：「從整風以後，實際上很少有什麼創造性的研究，要研究就要是毛主席說過的，沒有說過的，沒有人敢研究。……實際上以後黨的理論水準越來越低，對馬克思主義的知識越來越低。」[207]

何方痛言：

> 其他就更可想而知了。這都勢必導致全民族的思想貧乏和文化落後，嚴重影響國家和現代化和國民素質的提高。

---

[204] 何方：《從延安一路走來的反思》，明報出版社（香港）2007 年版，上冊，頁 95、117。
[205] 賈植芳：《獄裡獄外》，天地圖書有限公司（香港）2001 年版，頁 182。
[206] 何方：《黨史筆記》，利文出版社（香港）2005 年版，下冊，頁 429。
[207] 《胡喬木談中共黨史》，人民出版社（北京）1999 年版，頁 131。

　　對知識分子的這些看法和態度，根源都在延安整風。延安整風對知識分子的思想改造還有一個副作用，就是抑制了知識分子的長處而助長了他們的短處……一些堅持實事求是不說違心話的人，往往被視為態度不好，即使最後作平反結論也要給留點尾巴。那種在思想批判和肅反搶救中能夠衝鋒陷陣、按照領導意圖辦事的人，就成為運動中的骨幹，即使搞得過火甚至違法亂紀，也不予追究，還會得到重用。[208]

　　偽君子、告密者嘗到甜頭看到「商機」，不斷突破道德底線，這批「弄潮兒」成為此後歷次政治運動的主力。1927 年脫黨的秦柳方（1910～2002），1950 年代重新入黨，農村經濟學會末流人物，抗戰時期寫過一些短文，1949 年後沒什麼理論文章，但以打小報告見長。秦柳方揭發批判過許滌新。文革前，滇浙有人投稿《經濟研究》，主張商品經濟，《經濟研究》編輯部主任秦柳方致函兩省宣傳部，致使兩位投稿人挨整。孫冶方任經濟所長後，秦經常向中宣部報告孫冶方言論（以致中宣部越來越不信任孫），還打張聞天的小報告，社教時經濟所打出「張（聞天）孫（冶方）反黨聯盟」，秦成了經濟所惟一大左派，陸定一提議秦出任經濟所長，因于光遠等指責秦「市儈作風太嚴重」才罷議。六‧四後，秦揭發趙紫陽——〈趙紫陽早就支持縱容資產階級自由化〉。秦死後，被擲評「思想警察」。[209]

　　從政治角度，整風對中共功莫大焉，肅清異議，統一思想；打掉延安士林的價值自信，捲收個人自由；標豎「順昌逆亡」警牌，築就日後軍政勝利最重要的思想基礎，連遭收束的延安士林都從內心認同這一重大功效。1949 年 4 月，艾青在北平對老友宋雲彬「述整風經過甚詳，謂倘不整風，則此次勝利實為不可想像云。」[210]文革後，周揚：「現在很多老同志認為，如果沒有這個運動就不能在三年裡頭把蔣介石打敗。因為整風，思想一致了。」[211]整風後，中共內部再也沒有不同聲音了，永遠「偉光正」

[208] 何方：《黨史筆記》，利文出版社（香港）2005 年版，上冊，頁 256、258～259。
[209] 張曙光：〈反精神污染中經濟理論界的兩大事件〉，載《領導者》（香港）2012 年 10 月號，頁 161～167。
[210] 宋雲彬：《紅塵冷眼》，山西人民出版社 2002 年版，頁 118。
[211] 趙浩生：〈周揚笑談歷史功過〉，載《七十年代》（香港）1978 年 9 月號，頁 32。

──前面犯錯是正確，後面糾錯更正確。失去「自由」的中共，一併失去糾錯機能。因此，中共軍政勝利之日，即是走向衰敗之時。畢竟，依靠暴力推進的歪歪理走不遠，一時的軍政勝利無法阻止文化思想的失敗。

中共扛槍推炮進城，毛澤東終於坐上金鑾殿，執政效率遠遠超過秦皇漢武唐宗宋祖。但毛共背囊裡那張改造社會的圖紙卻十分糟糕，更糟的是毛共對這張圖紙的糟糕渾然不知，倚仗火與劍硬性推行。1949 年後經濟、文化的失敗致使軍政勝利失去價值支撐，「萬水千山」立刻漂起來，「壯烈犧牲」失去意義。1980 年代經濟上一走回頭路，等於承認赤說失敗。

延安整風之所以「成功」，中共之所以「順利」完成價值方向大轉彎，有三大構成要素──抗戰形勢、封建傳統、馬列主義。前兩因素為不可選擇的客觀因素，尤其封建傳統乃根鬚深長的歷史沉澱型內因；惟馬列主義為迎請來的外神，嫁接性外因，權威的「指導思想」。如果馬列主義指對了路，當然國之大幸，然而不幸是一條錯路，中國失去一次理性發展的大好契機，數代國人為「走向文革」承擔巨額證謬學費，上演一幕至今仍未結束的赤色悲劇。中國，你走錯了路！

1983 年，周揚等老幹部要求結社自由，要求制定《結社法》、《新聞出版法》。陳雲竭力阻抑，堅決不同意制定這兩部法律：「無論如何不能立法讓他們（要求合法成立的社團）登記，我們過去就是鑽國民黨《出版法》的空子，今天不能讓他們鑽；必須讓他們處於非法地位予以禁止。」[212]中共絕不再犯國民黨的「錯誤」，不讓「資產階級自由化分子」來鑽自己鑽過的空子，恰恰證明法國學者雷蒙・阿隆對國際共運的總結：「今日的革命者所帶來的恰恰是昨日的革命者所消除的觀念或制度」。[213]中共執政後擺上櫃檯的，恰恰是當年自己反對的貨色。因此，中共建政後的一系列反自由的政治動作，均可從馬列理論與中共政制本身找到出處。

---

[212] 阮銘：〈鄧小平帝國三十年〉，載《爭鳴》（香港）2008 年 6 月號，頁 69～70。
[213]（法）雷蒙・阿隆（Raymond Aron）：《知識分子的鴉片》（1955），呂一民、顧杭譯，譯林出版社（南京）2005 年版，頁 38。

2007 年，何方：

> 延安整風歷史地看，積極作用是短暫的，消極影響卻是長遠
> 的，處在主要地位……不學馬克思主義，但有些政策和做法卻又要
> 打著馬克思主義的旗號，這就勢必出現一些歪曲的誤解。……馬克
> 思主義本來就存在有一定的局限性，有些設想帶有明顯的烏托邦性
> 質。列寧就更不用說了。
>
> 延安整風立下的以毛劃線已發展成鐵的紀律，個人完全凌駕於
> 一切黨規國法之上。[214]
>
> 延安整風對中國社會歷史發展起的作用會達百年之久。如一元
> 化領導的人治、管制思想言論的「輿論一律」等，現在仍在嚴格地
> 執行著。[215]

1957 年反右乃是 1942 年整風的邏輯延伸；無論工農化價值方向、功
利主義，還是不容批評的視異為仇、懷疑一切的神經過敏等等，青萍之末
都來自延安整風。

整風也是延安一代反思者的起點。李銳晚年說延安整風奠定他一生反
「左」的基礎。[216]「從對人對黨員的思想控制（做馴服工具），到樹立毛
的個人絕對權威，是通過整風運動完成的。……1949 年以後的歷次政治運
動直到『文革』，可以說是延安整風的繼續和發展。」[217]高層也被毛澤東
馴服了。何方：「像周恩來、張聞天這些人，當時就明白搶救運動是胡鬧，
但既不敢在中央會議上提出，更不敢直接找毛澤東、劉少奇談，事後一輩
子也不敢再揭發和像毛澤東對別人那樣算老賬。」[218]1947 年 4 月 27 日，

[214] 何方：《黨史筆記》，利文出版社（香港）2005 年版，上冊，頁 286～287、78。
[215] 何方：《從延安一路走來的反思》，明報出版社（香港）2007 年版，下冊，頁 733～735。
[216] 李普：〈兩個相反的典型──談李銳並范元甄〉。載李南央：《我有這樣一個母親》，開放雜誌出版社
（香港）2003 年版，頁 262。
[217] 李銳：〈訪談錄：「我的建議，老中青三代普遍贊成」〉，載《二十一世紀環球報導》（廣州）2003 年 3
月 3 日。參見《李銳文集》第 10 卷，中國社會教育出版社（香港）2009 年版，頁 30。
《二十一世紀環球報導》（週刊）2003 年 3 月 10 日最後一期，因刊登李銳採訪錄，勒令停刊。
[218] 何方：《黨史筆記》，利文出版社（香港）2005 年版，下冊，頁 422。

范元甄給丈夫的信中無意間露出「整風效果」:「我想告訴你,我對你的感情(幾乎整風前後以來)是很理性的。」[219]

　　無論如何,延安還是出現了「右派」:王實味、蕭軍、丁玲、吳奚如、潘芳、宗錚、王里、成全⋯⋯似乎鐵板一塊的新興政治集團出現了意味深長的裂縫。這條裂縫不是爭權奪利的人事權爭,而是思想認識的價值裂縫。這條裂縫不像人事裂縫隨著時間有可能縮小,只會越裂越大,時間越久,豁裂越大,開口越深。這批延安右派成為中共第一批「警覺者」,發現正在走的路並非自己要去的方向。

　　2011 年,李銳認同朱正的觀點──延安整風乃「一場精神污染運動」:

> 人長著腦袋不能自己想問題,只能跟著毛澤東一個人的想法去思維,只要是黨叫你幹的事,怎樣胡來都可以,把人的頭腦,思想品德完全搞昏了。這是最關鍵的問題,必須認識清楚。[220]

史家評析得更透徹:

> 中共企圖在反中國文化傳統的基礎上重建中國人的新的文化認同,其方法則系通過政治文化的工程,把馬克思列寧主義作為國家意識,以取代中國的傳統文化。[221]

---

[219] 李南央編:《父母昨日書》,時代國際出版有限公司(香港)2005 年版,下冊,頁 77。
[220] 李銳:〈我的延安經歷〉(三),載《爭鳴》(香港)2011 年 8 月號,頁 64。
[221] 金耀基:《中國政治與文化》(增訂版),牛津大學出版社(香港)2013 年版,頁 287。

第六章

撤守五四

壹、無遠弗屆的階級論

馴服持有五四自由思想的延安一代並不容易，他們吸著個性解放的奶汁長大，中產家庭背景又形成兩大天性──崇尚個人奮鬥、藐視任何權威。打掉赴延知青「獨行則貞」（章太炎語）的價值理念，讓他們思想繳槍並不容易。赴延之前，這批知青將紅軍想像成天兵天將，走近一看，「二萬五千里」不過爾爾，貌不驚人，土裡土氣，漸漸有點看不順眼，腰杆也一點點硬起來，自由主義起來。[1]

對於這麼一大批既要用又要管的小資知青，毛澤東運用階級論「兵不血刃」就大功告成。階級論下，延安一代幾乎個個都有原罪──不是非無產階級家庭出身便是接受了資產階級教育，「階級烙痕」成為臉上金印。「書香門第」不再榮耀翻成恥辱，必須接受工農再教育，身上缺點最低也可歸入「小資」，一棒子先從氣勢上打掉赴延青年的價值自信，使他們低下高昂的頭顱，讓他們知道要革別人的命，先得革自己的命。入團入黨，必先背叛原屬階級。毛澤東〈在延安文藝座談會上的講話〉直指靶心：「這些同志的立足點還是在小資產階級知識分子方面，或者換句文雅的話說，他們的靈魂深處還是一個小資產階級知識分子的王國。……要徹底地解決這個問題，非有十年八年的長時間不可。」短期畢不了業呵！周揚就一輩子沒畢業，他晚年認為自己的所有缺點都是未能「與群眾相結合」。[2]

---

[1]　《徐懋庸回憶錄》，人民文學出版社（北京）1982 年版，頁 122。
[2]　趙浩生：〈周揚笑談歷史功過〉，載《七十年代》（香港）1978 年 9 月號，頁 32。

1957 年，毛澤東還給中高級幹部念咒：

> 我們的部長、副部長、司局長和省一級的幹部中，相當一部分
> 人，出身於地主、富農和富裕中農家庭，有些人的老太爺是地主，
> 現在還沒有選舉權。這些幹部回到家裡去，家裡人就講那麼一些壞
> 話，無非是合作社不行，長不了。富裕中農是一個動搖的階層，他
> 們的單幹思想現在又在抬頭，有些人想退社。我們幹部中的這股
> 風，反映了這些階級和階層的思想。[3]

凡是知識分子，都有原罪，都有毛病。一位國統區訪問者：「在這兒，
一個青年很容易地帶上『自由主義』、『浪漫主義』、『尾巴主義』……的名
號，而遭受到嚴厲的指責。」[4]

李慎之晚年意識到：

> 用延安時代的觀念看，不管你是大地主大官僚出身或者貧下中
> 農出身，只要你是上過學，就叫小資產階級。在〈正確處理人民內
> 部矛盾〉的原講話中，毛主席說過：不是無產階級就是資產階級，
> 你們不願當資產階級知識分子，我一個人當，我就是資產階級知識
> 分子。這話裡隱藏很深，這才能證明改造的必要性。以後小資產階
> 級知識分子這個詞就消失了，都變成了資產階級知識分子，再後來
> 就成為資產階級右派分子。[5]

雖然「覺悟」晚了一點，李慎之還是看出了將知識分子劃歸小資產階
級的深藏用心──證明改造的必要性。否則怎麼將這麼一大批具有五四民
主思想的知識分子改造成「無產階級戰士」？怎麼將他們身上的「自由」
轉變為「服從」？

---

[3]　《毛澤東選集》第五卷，人民出版社（北京）1977 年版，頁 331～332。
[4]　齊世傑：《延安內幕》，華嚴出版社（重慶）1943 年 3 月 1 日初版，頁 15。
[5]　邢小群：《往事回聲》，時代國際出版有限公司（香港）2005 年版，頁 54～55。

　　延安時期，毛澤東還需要調動知青的積極性，還需要他們為中共馳驅，不能過分打擊他們的自尊自信，還只能將知識分子歸為「小資產階級」，還讓知識分子待在革命陣營裡。1949 年後，鳥盡弓藏，毛悄悄抹去前面那個「小」字，知識分子從「小資產階級」轉為「資產階級」。階級屬性這一轉變，知識分子也就從「團結、利用」一變為「打擊、改造」。

　　延安一代終身認可「必須改造世界觀」。1945 年，何其芳：「『對於工農，大家真是應該努力為他們做事情，將功折罪呵。』……對於我這個從地主家庭出身的人，這幾句話也有些使我毛骨悚然。將功折罪，這是一句聽來不大舒服的話，然而這是真理。」[6]原罪感使延安一代從此低頭。胡績偉：「20 年後，在『文革』中批判我是『小資產階級民主派』，是『共產主義的同路人』，我是『認罪』的。」[7]馬可（1918～1976）：「當時投奔延安的知識分子，都面臨著一個思想改造的問題，特別是一向習慣於自由散漫生活的文化人，幾乎可以說沒有不多少帶著些資產階級的世界觀來參加革命的。……冼星海是屬於改造得較快和較徹底的一類人。這一點對於我們今天來說，還是有非常現實的教育意義的。」[8]

　　世界觀改造永無盡頭，提高認識世界的能力得終身進行，永無畢業之期，等於得終身匍匐領袖腳下。儘管延安一代十分痛苦，但他們還是從黨性高度虔誠捧接下「世界觀改造」。

　　塔斯社記者描述：「黨的原則為個人鑽營、毫不掩飾的獻媚和自我貶損所取代。自我貶損正在成為延安一般生活的特點。」[9]

　　接受改造的前提是需要改造，需要改造的前提是存在罪錯，得承認自己屬於「資產階級」或「小資產階級」。這恰恰體現了毛澤東的政治敏感。當年知青絕大多數出身中產以上家庭，無產階級家庭鮮出讀書郎。尤其女青年，不是豪門千金就是中產閨秀。中央婦委有延安中國女大畢業生 25人，24 人出身地主、資本家，一人出身富農。[10]1930～40 年代月收入幾十元的家庭，至多只能供一名子女上大學。1930 年代的燕京，800 餘名學生

6　何其芳：〈記王震將軍〉（1945）。《何其芳文集》第二卷，人民文學出版社（北京）1982 年版，頁 288。
7　《青春歲月——胡績偉自述》，河南人民出版社 1999 年版，頁 245。
8　馬可：《冼星海傳》，人民文學出版社（北京）1980 年版，頁 272。
9　（蘇）彼得·弗拉基米洛夫：《延安日記》，呂文鏡等譯，東方出版社（北京）2004 年版，頁 175。
10　蔣巍、雪揚：《中國女子大學風雲錄》，解放軍出版社（北京）2007 年版，頁 134。

大部分出身富裕家庭，貧寒子弟一般通不過入學英語考試；若拿不到獎學金，也承受不起每年約 150 銀圓的學雜費（比清華高得多）。[11]

　　奔赴延安，沒有錢也是萬萬不行的。西安臨潼距離延安不足千里，仍需籌集路費。一位赴延知青：「那個時候參加革命是要花錢的，一路上吃的、用的、住的，一切都是自己拿錢。路費和行李要自理。……所以那個時候去延安參加革命的窮人不多。一是大多不知道延安是怎麼回事；二是即使聽說過，一時也不容易籌到路費和準備好行李。從國民黨地區去延安，太窮的人還真參加不起這個革命呢！」成都的田家英、曾彥修因路遠，赴延路費 60 塊，好不容易才湊上。八路軍西安辦事處只管開赴延介紹信，不管路費，搭乘辦事處的卡車去延安，每位車資 14 塊大洋。[12]劉瀾波也要掏錢，但劉是東北救亡總會領導人，組織上出車費。[13]陳企霞五弟陳適五靠朋友資助 40 元，得赴延安。[14]

　　1937 年 9 月，朝鮮青年鄭律成（1914～1976）想去延安，苦無路費。李公樸捐助 30 銀圓，再由宣俠父向八路軍西安辦事處主任林伯渠寫了介紹信。上海文藝界朋友為鄭律成餞行，送了日記本、毛巾牙膏。[15]

　　1937 年 11 月 15 日謝覺哉日記：「青年欲往延安求學……（自甘肅）到延安需往返旅費百元，那裡仍要膳費、書籍費，非富豪子弟莫辦。」1938 年 9 月 1 日謝日記：「要往抗大的青年多數系瞞過家庭，籌不到旅費，雖然學校方面能於西安接收，但蘭州到西安仍需二十元以上。」[16]1938 年夏，陳荒煤上武漢八路軍辦事處，除了拿到吳奚如開給董必武的介紹信，還得到陽翰笙的 20 元資助，這才乘火車赴西安轉延安。[17]川東黨組織為資助窮苦學生赴延，說服《萬州日報》總編，空出兩個編輯的名額，工作由其他編輯頂替，騰出兩份薪水專門資助缺少路費的赴延學生，20～50 元不等。[18]

[11] 喬松都：《喬冠華與龔澎──我的父親母親》，中華書局（北京）2008 年版，頁 11。
[12] 何方：《從延安一路走來的反思》，明報出版社（香港）2007 年版，上冊，頁 41、45。
[13] 2008 年 11 月 17 日，何方先生函答筆者：「西安辦事處的車，除他們自己的人員，其他去延安的都得交錢。同我一起去的劉瀾波也得照拿。不過他是東北救亡總會領導人，自有幫他辦手續的人。」
[14] 陳恭懷：《悲愴人生──陳企霞傳》，作家出版社（北京）2008 年版，頁 112。
[15] 丁雪松：〈憶鄭律成同志〉，載《紅旗飄飄》第 26 集，中國青年出版社（北京）1983 年版，頁 97。
[16] 《謝覺哉日記》，人民出版社（北京）1984 年版，上冊，頁 181、269。
[17] 陳荒煤：《冬去春來》，江蘇文藝出版社 1994 年版，頁 177。
[18] 杜之祥：〈下川東的抗日救亡運動〉，載《四川黨史研究資料》1985 年第 8 期，頁 22。

皖南事變後自渝赴延的作家：歐陽山、艾青、草明、羅烽、白朗等，路費
均由重慶「八辦」特別費支出，沿途還有交通站接洽。[19]

1938 年 3 月，中共中央電示東南分局：

> 步行每日路費至多五角，四川學生多由成都步行，走卅天，路費 15
> 元，坐車則費六十元，淮北由漢口步行，恐亦不過此數。[20]

貧苦子弟赴延一般只能步行，山西夏縣工人之女侯波拿走全家僅有的
四塊銀圓，再靠一路乞討走到延安。[21]就是有錢，西安至延安不通客車，
一般都得自背行李步行近千里。[22]就是有車，土石公路坑坑窪窪，路況甚
差，要走三天。[23]1939 年 11 月下旬，胡績偉搭乘軍車，走了一個多星期，
才從成都到達寶雞。這位 23 歲的川大生，第一次見到鐵路。[24]有的青年因
赴延不易，改變投奔方向。[25]

延安雖有供給，不少「資產」子女仍須家裡接濟。1941 年 10 月，范
元甄收到匯款 400 元，「可以改善明（按：李銳）的生活。」[26]

延安知青不僅出身不佳，有的甚至與漢奸惡霸、大官僚大軍閥沾親帶
故。1936 年天津市委婦女部長張秀岩，其兄張璧乃霸縣大地主大流氓、鐵
杆漢奸，1945 年被國民黨槍斃，張秀岩侄女張潔清即彭真妻。[27]1922 年，
15 歲的周揚赴長沙求學，一妻二傭長住旅館，非富家子能為乎？[28]階級論

19 張穎：〈回憶南方局文委～文化組〉，載《中共黨史資料》第 13 輯，中共黨史資料出版社（北京）1985
年版，頁 201。
20 〈東南分局轉來延安招收南方學生指示〉（1938 年 3 月 29 日），載《中共中央東南局》，中共黨史出
版社（北京）2006 年版，下卷，頁 556。
21 蔣巍、雪揚：《中國女子大學風雲錄》，解放軍出版社（北京）2007 年版，頁 124。
22 據江文漢提供資料，西安至延安約 290 英里，即 481.18 公里，926.36 華里。江文漢：〈延安訪問記〉，
載《檔案與史學》（上海）1998 年第 4 期，頁 5。
23 陳荒煤：《冬去春來》，江蘇文藝出版社 1994 年版，頁 185。
24 《青春歲月——胡績偉自述》，河南人民出版社 1999 年版，頁 155～156。
25 石瀾：《我與舒同四十年》，陝西人民出版社 1997 年版，頁 49。
26 李南央編：《父母昨日書》，時代國際出版有限公司（香港）2005 年版，上冊，頁 231。
27 姚錦編著：《姚依林百夕談》，中國商業出版社（北京）1998 年版，頁 56、61。
28 李輝：《往事蒼老》，花城出版社（廣州）1998 年版，頁 412～413。

大旗一揚，延安一代大多原罪感強烈，終身卑謙自牧，不忘自我改造，如出身大官僚的章文晉。[29]

然而，毛澤東這支馬列主義手電筒只能對外不能對內，毛自己出身亦甚不佳。1961 年 4 月 9 日，劉少奇參觀韶山毛家（距劉家炭子沖僅幾十里），看到毛家有二個舂臼，對王光美說：「這東西看起來很簡單，但在這一帶農村，卻是窮富的一個標誌。很窮的人家是沒有的。有的人家有一個，有的有兩個三個。毛主席的家裡有兩個，說明主席家當年還比較好。」劉再看了毛家大鍋，斷定「毛主席家當年可是個人丁興旺的大家庭啊！」[30]毛父至少富農，還放高利貸，[31]也有原罪，但毛從未向組織交過自傳，也未檢討自己的階級出身。毛家最後定中農，當然是「政治考慮」。

階級原罪論來自蘇聯。1928 年蘇共大規模反托清黨，中國留學生停課搞運動，「也是搞人人過關那一套，出身成份不好的同志，都要作嚴格的檢查和受到無情的批判，其內容大都是不切實際和無限上綱的。」[32]受赤潮氛圍，不少青年入延之前就深受階級論薰陶，已經自慚形穢。

階級論乃中共一開始就揣上的原始左貨。中共「一大」，其他無爭，惟一略有爭論的是吸收知識分子入黨。13 名「一大」代表，「不幸」都是知識分子，有人依據階級論，「認為知識分子動搖、不可靠，在吸收他們入黨時，應特別慎重，一般不容許他們入黨。」[33]仇智拒士，反理性之始。階級論一直是中共左傾政策的價值源頭。絕大多數出身中小資產階級的延安知青，要求他們皈依無產階級，以貧為貴以富為仇，價值歪斜常識歪撐，明顯偏離歷史理性。延安一代一出發就被領錯了路。

1938 年，尚未入黨的范長江已被階級論弄得迷迷糊糊：

> ……這才逐步體會到階級鬥爭的實質。人們的社會關係是隨著階級立場的變化而變化的，超階級的個人關係（或私人關係）只能在暫

---

[29] 李慎之：〈紀念文晉公逝世一周年〉，載《李慎之文集》，2003 年自印本，下冊，頁 527。

[30] 黃崢：《王光美訪談錄》，中央文獻出版社（北京）2006 年版，頁 231～232。

[31] 李銳：〈我的延安經歷〉（三），載《爭鳴》（香港）2011 年 6 月號，頁 67。

[32] 〈伍修權同志回憶錄〉，載《中共黨史資料》第一輯，中共中央黨校出版社 1982 年版，頁 135。

[33] 劉仁靜：〈關於北京建黨和中共「一大」等情況的回憶〉。載王來棣：《中共創始人訪談錄》，明鏡出版社（香港）2008 年版，頁 177。

時條件下起一定作用，從長遠看是不存在的。離開階級鬥爭，個人的作用是很渺小的。[34]

整風中，老黨員張如心（1908～1976）退回劉白羽的思想自傳：「你根本就沒有用階級觀點來對待自己。滿紙廢話，空洞無物。」[35]原國軍新一軍中將總參議續范亭（1893～1947）參加整風，寫有：「出身小資產，遍體多油膩；湖水滌難盡，延河洗不去；二十二文件，是我新武器。」[36]

1942 年 6 月 4 日，王實味接受階級論，在中央研究院批鬥大會上檢討：「我今天認為超階級的『愛』和『恨』是不存在的了。」[37]1921 年由毛澤東、何叔衡介紹入黨的李六如（1887～1973，被誣叛徒屈死），1943 年 4 月在延安說：「我以前自以為不錯，自以為立場穩，整風後才知自己的政治水準低，『組織上入了黨，思想上未入黨。』」謝覺哉也認為自己 1940 年才「思想入黨」。[38]從此，「思想入黨」成為中共整人的一柄法器，可以無限要求黨員「狠鬥私字一閃念」。

1944 年 7 月 1 日，周恩來對「七大」華中代表團做長篇報告，解釋「思想入黨」內涵：入黨為公、實事求是、遵守紀律、服從領導。[39]

當延安知青集體接受階級論，並按階級論的邏輯開始思考，認同組織入黨並不等於思想入黨，思想入黨須真誠「自我改造」，走向「誅心」也就成了紅色宿命。《解放日報》副刊編輯溫濟澤：原來以為入黨就是無產階級了，整風學習後才弄清小資產階級思想同無產階級思想的區別，才認識共產黨員思想入黨的必要性以及從根本上改造自己世界觀的迫切性。毛澤東及中共中央得到了他們想要的東西——延安一代的服從性。

「階級分析」使五四理念因肢裂而黯淡，失去整體力量，五四啟動的現代車輪就這樣被悄然逆轉。隨著延安一代全盤接受階級論，也就同時建

---

[34] 范長江：〈我的青年時代〉（1967 年 6 月 3 日〈受審交代〉），載楊里昂主編：《學術名人自述》，花城出版社（廣州）1998 年版，頁 322。

[35] 劉白羽：〈我經歷的整風搶救運動〉，載《眾說紛紜話延安》，廣東人民出版社 2001 年版，頁 211。

[36] 金城：《延安交際處回憶錄》，中國青年出版社（北京）1986 年版，頁 89～90。

[37] 溫濟澤：〈鬥爭日記〉，載《解放日報》（延安）1942 年 6 月 28～29 日，第 4 版。

[38] 《謝覺哉日記》，人民出版社（北京）1984 年版，上冊，頁 454。

[39] 《邱會作回憶錄》，新世紀出版及傳媒有限公司（香港）2011 年版，上冊，頁 137～138。

立了「階級鬥爭為綱」的思維模式。1947 年底的「三查三整」（查階級、查思想、查作風；整頓組織、整頓思想、整頓作風），出現「將凡是出身地富的幹部都集中坐在一邊，在牆上貼了個用大字寫的條子叫『王八席』。」[40]階級論不僅破壞國家秩序，也破壞中共自身的「安定團結」。

　　日常生活，亦須時時體現階級意識。逃港北大生劉紹唐（1921～2000），1949 年參加「南下工作團」，一度進入中共新聞界：「在這被認為『人民翻身大時代』中，執筆寫文章哪怕是無關緊要的一二個字的形容詞，也必須考慮到所謂『階級意識』，不如此便失去了『立場』。」[41]

　　階級論使中共成功替換下延安一代知識分子普遍持守的人性論。1939 年 2 月 19 日謝覺哉日記：「曾三同志說；『除同志關係外，不許有私人感情，這話不盡對。只能說私人朋友感情是次要的，不允許超過或並重於黨的利益，而不能說私人感情須一筆抹殺，這是違反人情的。這一傾向的發展，可能走到人間的冷酷。』」[42]果然，1950 年代初暴烈土改很快體現了階級性高於人性的的邏輯之果。不少革命知青認為血腥土改過於殘酷，發生思想危機，全賴階級論「自我教育」撐過來。北大學生黨員程賢策（1927？～1966）誠勸「思想迷茫」的小女生樂黛雲：

> 由於我們的小資產階級出身，我們應該對自己的任何第一反應都經過嚴格的自省，因為那是受了多年封建家庭教育和資產階級思想侵蝕的結果。尤其是人道主義、人性論，這也許是我們參加革命的動機之一，但現在已成為馬克思主義階級學說的對立面，這正是我們和黨一條心的最大障礙。因此，擺在我們眼前最重要的任務就是徹底批判人道主義、人性論。他的一席話說得我心服口服，不知道是出於我對他從來就有的信任和崇拜，還是真的從理論上、感情上都「想通了」。總之，我覺得丟掉了多日壓迫我的、沉重的精神包袱。[43]

40　《溫濟澤自述》，中國青年出版社（北京）1999 年版，頁 130、229。

41　劉紹唐：《紅色中國的叛徒》，中央文物供應社（台北）1956 年 12 月第 5 版，頁 55。

42　《謝覺哉日記》，人民出版社（北京）1984 年版，上冊，頁 284～285。

43　樂黛雲：《四院‧沙灘‧未名湖：60 年北大生涯》，北京大學出版社 2008 年版，頁 207。

後人總結：「中共的文化洗腦有三大法寶，其一曰『原罪感』；其二曰『效忠』；其三曰『理想主義』。」先須承認「原罪」，自信心虧下去一大截，再讓你「效忠」就容易了。最後灌輸「理想」，讓你明白「效忠」的意義，三大步最後合併為「飛躍」——從資產階級個人主義的民主主義者昇華為具有崇高革命理想的共產主義戰士。既然深信自己有罪，又深信有解救你的領袖，陶醉於服膺的馬列主義，還有什麼做不出來？六親不認，不辨是非，只有「毛主席揮手我前進」的衝動了。

1949 年後，中共意識形態已被「階級論」領走得相當歪斜了。1956年 4 月 18 日《光明日報》載文〈真理有沒有階級性？〉到了文革，〈五·一六通知〉中竟有：「『在真理面前人人平等』，這個口號是資產階級的口號。」否定了真理對全體人類的適用性，等於否定了人類社會所有原則的價值基礎。真理都有階級性，當然是只有他們認定的真理才是「無產階級真理」，不承認他們認定以外的其他公理。如此歪歪理斜斜說，還叫得那麼響，寫入正式文件，當然旁邊得有端著刺刀的「衛兵」。

文革前夕，毛澤東批判胡喬木、周揚三條錯誤：一、對資產階級鬥爭不堅決；二、同資產階級有千絲萬縷的聯繫；三、畢竟是大地主家庭出身。[44]1983 年，胡喬木在與周揚那場著名學案爭論中當面逼問：「承認不承認階級鬥爭、無產階級專政？如果不承認，我們不能同意。」[45]無所不在的階級論、無所不可拆解的階級分析，隨時可用以「分析」內外政敵。階級論不僅異化了胡喬木，也異化了周揚。文革後，周揚、夏衍等人仍揪住丁玲軟禁期間與馮達（指為叛徒）育子一事，不同意恢復丁玲黨籍。[46]

時日一長，階級論荒謬四綻，無法遮掩。1960 年代初，北京女十中高幹子弟班一位元帥女兒，竟連掛麵、煤球都不認識；其父秘書要學校接納該女生搭伙教師食堂（因經費緊張不接受學生搭伙），元帥女兒吃了一個月清湯光水窩窩頭的中餐，告饒退伙。無產階級革命家的後代，血血紅的「自來赤」，僅僅才一代，就「修」成標標準準的資產階級大小姐。[47]

---

[44] 李輝：《往事蒼老》，花城出版社（廣州）1998 年版，頁 401。

[45] 王若水：〈周揚對馬克思主義的最後探索〉（1997）。載王蒙、袁鷹主編：《憶周揚》，內蒙古人民出版社 1998 年版，頁 430～431。

[46] 李輝：《往事蒼老》，花城出版社（廣州）1998 年版，頁 255。

[47] 李南央編著：《我有這樣一個母親》，開放雜誌出版社（香港）2003 年版，頁 106～107。

1950〜70 年代，階級論生生製造了遍及全國城鄉的「血統災難」。1958
年秋，浙江黃岩一中（省重點高中），某女生宿舍五位新生，三位因家人
劃「右」，取消學籍勒令退學，其中有葉文玲（後為浙江省作協主席）。[48]
幼稚園小朋友也因父親劃「右」被逐，取消入園資格。[49]

階級論之所以被國際共運奉為圭臬，精髓在於為赤色革命披上合法性
──「造反有理」。按馬克思的剩餘價值說，富人財產來自對窮人的剝削，
窮人理應奪回自己的財產。富人的錢哪來的？還不是絞著窮人的汗，添了
富人的油?!挖著窮人的瘡，長了富人的肉！！1920 年，毛澤東最初接觸馬
克思主義，就說「我只取了它四個字『階級鬥爭』」。[50]1939 年 12 月，毛在
延安萬人大會：「馬克思主義的道理千條萬緒，歸根結底，就是一句話：『造
反有理』。」[51]毛澤東一生多次炫稱這兩點。深得精髓呵！要的就是這點「精
華」。其實，毛澤東對馬克思主義並不真正尊崇。1957 年 1 月，毛公開說：
「馬克思主義就是個扯皮的主義，就是講矛盾講鬥爭的。」[52]

至於這一「革命合法性」本身是否合理，紅徒們從未考慮──「這難
道還用懷疑嗎?!」其實，階級至多是經濟領域的一種分野，對不同經濟條
件社會成員的一種劃分，但將社會成員的政治態度直接等同於經濟上的階
級歸屬，進而延伸至家庭出身必然決定價值取向、審美趣味、人生觀念、
政治立場……其謬其誤，還須一駁嗎？如果社會那麼簡單劃一，馬恩列斯
及毛劉周朱，他們的家庭出身何以都是「萬惡的資產階級」與「兇惡的地
富官僚」？1948 年，河北西柏坡南莊地主 80%為抗屬幹屬，[53]又如何解釋？
為什麼無產階級革命的骨幹均由資產階級子弟組成？如果階級對立真那
麼不可調和，這個社會還能消停嗎？世界和平還能維持嗎？當今中共又為
什麼轉「鬥」為「和」，生生製造出「先富起來」的新一代資產階級？

只要稍加分析，階級論立馬邏輯難通、破綻四裂。階級論使中共跟隨
蘇共呼出「工人階級無祖國」，愛黨高於愛國，愛蘇聯高於愛中國，因為

[48] 葉文玲：〈馬不停蹄〉，載《傳記文學》（北京）2004 年第 4 期，頁 6。
[49] 張紫葛：《心香淚酒祭吳宓》，廣州出版社 1997 年版，頁 331〜332。
[50] 毛澤東：〈關於農村調查〉。載《毛澤東文集》第二卷，人民出版社 1993 年版，頁 378〜379。
[51] 逄先知主編：《毛澤東年譜（1893〜1949）》（中卷），中央文獻出版社（北京）2005 年版，頁 150
[52] 《毛澤東選集》第五卷，人民出版社（北京）1977 年版，頁 344。
[53] 《于光遠自述》，大象出版社（鄭州）2005 年版，頁 99。

蘇聯是無產階級的「社會主義祖國」，而中國是資產階級國家，因此中國工人的祖國是蘇聯！再如階級革命的首要目標是「無產階級上升為領導階級」，沿著這一邏輯，無產階級上升為領導階級後，資產階級將被逐步消滅，大家都成為無產階級，誰也不能私占財富，均享均用，進入「大同」。但是，且慢，以下問題如何解決？──

一、無產階級專政的對象是資產階級，這不還是換湯不換藥的階級專政？還不是一個階級壓迫另一個階級？只不過顛倒一下位置。同時，剝奪資產階級全部財產，豈非徹底否定其祖上的奮鬥？否定其家族數代辛勞的合理性？絕大多數資產階級可是勞動致富，全判「剝削」不當得利，還有必要繼續致富麼？富有罪，窮光榮，可誰願意長期守貧捨富？「永葆無產階級本色」？

二、剝奪資產階級財產均分給無產階級，使原本就無能力創造財富或不願勞動的二流子合法佔有他人財富，豈非形成另一種剝削？

三、社會成員如何公平得到生存所必需的生活資料？若全靠國家分撥，如何保證執掌分撥權的官員胳膊肘不往裡拐？如何保證公平？如何有效防止腐敗？

四、社會財富並不會自動從工廠田頭冒出來，失去產權後，先前那些管理者如何有效參與生產？憑什麼去管理？憑什麼要對與己無關的生產負責？失去產權的工農，又憑什麼保持勞動積極性？難道僅憑階級覺悟麼？

五、按照共產理論，公有制生產關係將迅速創造出大大超過資本主義的生產效率，社會財富迅速增加，人人富裕。如此這般，無產階級又如何保持「無產」？人人都富裕了，還上哪兒去找「無產階級接班人」？革命還有後來人麼？

六、還有一個最根本的問號：既然無產階級是最偉大最先進的階級，天生的領導階級，為什麼這一階級的思想家、領導這一階級進行偉大革命的領袖人物都是資產階級？偉大的領導階級為什麼需要由對立階級的人物來領導？來代表？難道偉大的階級就不能產生自己的領袖人物麼？

一個世紀的國際共運「悲壯」證明：階級論是赤色各國罹難的理論總根源。將社會成員劃出三六九等，孩嬰尚未出生，紅黑已經判然──你是紅色接班人，他是反動黑崽子。這樣的價值鋪軌，能通往社會和諧麼？

「黃世仁」式惡霸地主終究極少，窗外站著凍餓窮人，富人絕大多數還是很難笑啖美食。賀龍說家鄉湘西桑植，一富翁每年冬天即向窮人發放米糧、棉衣，還出資修橋。[54]黃炎培記載：滬郊川沙縣孟姓地主，門首常備一串錢，來一丐給一文，乞丐絡繹，帶孩女丐還供飯；孟家廚房專設一桌，佃農來家上桌吃飯，佃農有病則贈藥；秋收時，佃農可與東家商量如何分糧。佃農稱：「種到孟家田，勝如自家田。」就是資本家，也是請都請不到的財神。晚清某紳在川沙興辦毛巾業，「川沙毛巾工業大大發展，貧農都變富有了。」[55]跟今天招商引資一樣，投資興辦企業，等於來了財神。若還握持「財富罪惡論」，誰會來投資當「罪惡者」？

二十世紀初的中國，孫中山認為整體貧困，大貧小貧之別耳，並無懸殊過大的貧富差別與對抗尖銳的階級矛盾。[56]絕大多數百姓的日子還能過下去。來自湖北三峽建始縣山區的吳國楨：「既沒有地主，也沒有農奴，每個人必須種地，或在自家的田裡幹其他的活。事實上，在我出生的時候（按：1903），那裡是如此的和平、安全，乃至有夜不閉戶的習慣。沒有人富得流油，但每個人都足以維持生活，這是一個田園詩般的群體社會。」[57]1938年安徽涇縣水東村的地主富農，平均擁地不過五～七畝／戶；整個皖南，地主、富農不到人口15%。[58]

1931年，上海社會局調查滬郊農村，5.4萬農戶中收支可抵2.6萬戶，占50%；生計艱難且負債者2.1萬戶，占39%；寬裕者0.6萬戶，11%。[59]地主亦大多生活拮据，寒酸得很。江蘇鹽城建湖東喬莊喬冠華家，擁地二三百畝，「蘇北的一個地主在生活上不如上海的一個小販。」[60]喬冠華五六歲

---

[54] 沙汀：〈記賀龍〉，載《紅旗飄飄》第6集，中國青年出版社（北京）1958年版，頁130。

[55] 黃炎培：《八十年來》，文史資料出版社（北京）1982年版，頁20～21、26。

[56] 孫中山：《三民主義・民生主義》，載《孫中山全集》第9卷，中華書局（北京）1986年版，頁381～382。

[57] 吳國楨：《夜來臨：吳國楨見證的國共爭鬥》，吳修垣譯，香港中文大學出版社2009年版，頁2。

[58] 《中共中央東南局》編輯組編著：《中共中央東南局》，中共黨史出版社2006年版，下卷，頁909。

[59] 沈伯經：《上海市指南》，中華書局（上海）1934年9月版，頁341～343。

[60] 喬冠華、章含之：《那隨風飄去的歲月》，學林出版社（上海）1997年版，頁124。

第一次吃蘋果。章含之（1935～2008）記述喬家：「他家雖是中等地主，但蘇北地貧，要湊那麼多錢供他一直上到清華畢業，又送他去日本留學，也是極不容易的。」「父親還需教些私塾以維持生活並供三個兒子上學。」[61]

李銳出身官僚地主——國會議員之子，也一直吃不上蘋果，饞到偷母親的錢去買。李銳家一周只買二兩半肉，兩個蘋果要一斤肉的錢。辛亥以前，烏鎮茅盾這樣的富戶，初一、初八、十六、二十三這四天才許吃肉，薄薄幾片耳。曹聚仁（1900～1972）記述家鄉浙西金華蘭溪一帶，「百里周圍，最大的富戶，不會擁有兩百畝以上的田地；說是要靠收租過日子，做一個不稼不穡的地主，我就沒見過。大體說來，都是自耕農。」[62]1930 年代初，出身四川威遠殷實鄉紳之家的胡績偉：「能在星期天逛公園、看電影、吃豆花飯，算是比較富裕的生活了。」[63]所謂富裕，不過爾爾。

河南杞縣宗店鄉湯莊，四五戶地主，最大的地主擁地 360 畝，全村只有這一家全年吃白饃，但全家七八口人，全年吃白饃的也就兩人——老娘與地主本人，妻兒們只有在農忙與節日才能吃白饃、喝小米粥。[64]擁地百畝的湖南甯鄉地主謝覺哉之父，「無故殺雞吃的事很少。」[65]陝北地主不過「冷窯暖坑一盆火，稀飯鹹菜泡蒸饃」；1940 年代還有地主拾糞——「圓睜兩眼尋尤物，緊縮雙肩禦朔風。」[66]

四川忠縣鄉紳之子馬識途，家裡閣樓上有「塵封的帶著狗尾巴的官帽和『肅靜』『回避』的牌子」，1931 年上萬縣參加川東中學畢業會考，第一次逛大馬路，非常想買一雙「包起來」的黑皮鞋，一問五塊多，兩個月學校包伙費，「大哥穿著草鞋四鄉趕場賣酒的景象在我面前出現……我不顧那店員奚落的神色，毅然走出商店。」[67]

陝西臨潼富農之子何方，「我從家鄉到延安也從來沒有見過桔子和蘋果。」「平時只吃粗糧，小麥捨不得吃，要用來賣錢……吃飯沒有菜，只

[61] 章含之：《跨過厚厚的大紅門》，文匯出版社（上海）2002 年版，頁 193、202。
[62] 曹聚仁：《我與我的世界》，北嶽文藝出版社（太原）2001 年版，上卷，頁 43
[63] 《青春歲月——胡績偉自述》，河南人民出版社 1999 年版，頁 31。
[64] 曹錦清：《黃河邊的中國》，上海文藝出版社 2000 年 9 月第 1 版，頁 202。
[65] 《謝覺哉日記》，人民出版社（北京）1984 年版，下冊，頁 1189。
[66] 張天行：〈拾糞的地主……〉，載《社會科學報》（上海）2009 年 1 月 1 日。
[67] 馬識途：《風雨人生》，參見《馬識途文集》（九），四川文藝出版社 2005 年版，頁 4、21。

有辣椒麵和鹽，頂多在小碟子的邊邊上再放一丁點兒死鹹死鹹的醃香椿……我在家裡沒有見過醬油，更不用說香油了……孩子們各人過生日時才能吃上一個炒雞蛋。」其父每次吃飯，第一件事就是先找剩飯吃。何方童年「很少穿新衣服新鞋，多數是哥哥穿過的。因為老是穿不合腳的鞋，我的腳趾頭從小就擠得互相摞著。」「據我瞭解，在中國，起碼長江以北許多地方，富農大多是靠勤勞和節儉起家的。一些西方國家關於富農的概念，套在他們頭上不一定合適。現在看來，民主革命時期，特別是解放後，對他們進行殘酷鬥爭，列入地富反壞，實行長期專政，還影響到他們的子女，這對團結全體農民和發展農業生產，都是不利的。」[68]

中共陝籍高幹張秀山，其父少年替富戶攬工放羊，民初依靠省政府放種鴉片（每畝抽稅 20～30 元），逐漸致富，十餘年置地幾百畝（西北地價便宜，好地一銀圓／畝，差地僅幾角／畝），雇上長工，農忙時再雇短工。這位地主上城賣糧（背送到戶）自帶窩窩頭，連一個銅板的燒餅都捨不得吃。張秀山在縣城讀高小，寄宿於校，自帶糧食鹹菜做飯，寒暑假和大人一起下地幹活。[69]怎能將稍有家財的人都劃為萬惡不赦的天然敵人呢？

中共刻意強調階級差異，實為階級革命尋找必要性，煽動窮人膚淺的仇富心態，完全不考慮必須奔富的歷史大方向，不考慮窮人也希望富有的願望，弄得以貧為貴，似乎所有道德與真理都在窮人這一邊，似乎一窮便什麼都有了合理性。最後，大家都不敢求富，豈非大事大大不妙？

1944 年中外記者團訪問延安，趙超構從某鄉公所牆上的統計表得知：150 戶農家絕大多數為中農，富農、貧農只有十幾家，十分典型地體現了「社會主義新農民」甘居中游的集體心態。「因為實行『左』的經濟政策，使得分到土地的農民只敢種一點足夠他生活的糧食；有一個時期因為仇視富農心理尚未消滅，害得有田地的人情願荒廢而不敢出租；有一個時期，農民期待『政府』會給他們一塊不花錢的土地，因而不願意向有地的人佃地，安伙子；有一個時期，貧農的地位抬得太高了，害得需要勞動力的人不敢雇長工。……從『土地革命』到 28 年（1939）止，邊區的農業一直是

---

[68] 何方：《從延安一路走來的反思》，明報出版社（香港）2007 年版，上冊，頁 11、14～15、24、13。
[69] 張秀山：《我的八十五年》，中共黨史出版社（北京）2007 年版，頁 2～4、6。

下降的。」鬧紅時期「沒收地主土地」政策，陝北農業一直走下坡路，1939年「停止沒收」，「凋敝了十年的陝北農業，這才開始復甦。」[70]

　　階級論是滿世界找敵人的學說。土改中，階級成分有可能立即使人喪命。如今，階級論仍然根鬚深長，餘響未絕。2009 年 5 月，前中國外交學院院長吳建民（1939～）：「『以階級鬥爭為綱』仍影響著很多人的思維……有人認為當前世界是一個需要繼續鬥爭、繼續革命的世界……在全世界去找敵人，樹敵……」[71]

　　延安一代忽略了一個最根本的問題，也是中共延安時期承認的：「在中國仍然差不多還沒有資本主義。」既然連無產階級的母親都沒有出生，又哪來這一「領導階級」？又從哪裡獲得必須專政的合法性？面對這一理論尷尬，國際共運強行狡辯，避開無產階級尚未形成這一關鍵，另覓論據：經濟落後的國家為政治上先進的共產黨提供了難得的存身機會，反而較之工業發達的歐美資本主義國家更容易引發暴力革命，還可避免資本主義重大弊端。[72]這一「落後反而先進」論，從根本上違反了階級論本身，無產階級尚未存在，這個階級的專政又從哪裡獲得自己的階級基礎？

　　階級論也使中共第一代黨員不寒而慄，後腳發虛。第一代著名中共黨人中，出身「非無」家庭至少 80%以上：

　　陳獨秀、瞿秋白、李立三、王明、博古、張聞天、彭湃、吳玉章、何叔衡、毛澤東、楊開慧、劉少奇、周恩來、董必武、林伯渠、李六如、林彪、鄧小平、陳毅、彭真、康生、楊尚昆、徐向前、葉劍英、賀龍、陳伯達、羅瑞卿、陳賡、蔡和森、蔡暢、劉志丹、薄一波、陸定一、李富春、蕭勁光、朱瑞、賀子珍、鄧穎超、何長工、聶鶴亭、夏征農、夏衍、章漢夫、劉曉、趙毅敏、黃火青、孟用潛、王鶴壽、曾希聖、徐冰、王炳南、吳亮平、嚴朴、李伯釗、張秀山、李逸民……

[70] 趙超構：《延安一月》，上海書店 1992 年版，頁 187、190、193。
[71] 吳建民：〈中國不怕大災大難，怕的是頭腦發昏〉，載《經濟觀察報》（北京）2009 年 5 月 11 日。
[72] （美）謝偉思：《在中國失掉的機會》，國際文化出版公司（北京）1989 年版，頁 221～222。

　　五四運動後的五年間，改信馬克思主義者當中，僅 12 人（已知）出身無產階級：陳郁、蘇兆征、向忠發、項英、鄧發、柳甯、鄧培、朱寶庭、許白昊、劉文松、劉華、馬超凡。[73]

　　1936 年 7 月 9 日，周恩來對斯諾說：「無產階級的組織程度和經驗水準不足，黨內小資產階級成分一直居於優勢。」[74]一批資產子弟高舉階級大旗，以打倒所屬階級為道德標榜，本身就很荒誕滑稽。李銳晚年：「中國根本沒有什麼工人階級，共產黨不過是藉著這個招牌辦事而已。」[75]

　　「階級出身」那麼重要，甚至具有決定性，許多富家子弟將家庭成分填為「破落地主」、「破落資本家」、「破落封建家庭」，以示雖富實貧。後任山東分局書記、四野炮兵司令的朱瑞，審幹自傳：「我出生在一個書香門第三代的地主家庭。由於家支繁衍，親疏析離，至我已家道下降，只有田百餘畝。」[76]朱瑞乃江蘇宿遷人，按後來江蘇土改標準，擁地 20 畝即鐵定地主一個，百餘畝還喊破落，可窺朱家當年富盛，可嗅傳主避富心理。

　　階級論雖然征服了稀里糊塗的延安一代，但也不是沒有一點阻力。胡績偉就有一點心底波瀾：

　　　　我沒有接觸過如馬克思所說的現代化大機器生產所造就出來的無產階級。當時，陝甘寧邊區的工業十分落後，我所見到的都是手工業和半機械化工業的工人。真正無產階級的高貴品質和思想作風是什麼，我弄不清楚。我所知道的是，當時中國共產黨的黨員，號稱無產階級的先鋒隊，絕大多數都是農民和知識分子，工人很少，真正大生產工業的工人更少。我們黨中央那些領袖人物，包括毛澤東在內，也大都出身於小資產階級的知識分子，原來也不屬於無產階級，他們是怎麼成為「無產階級先鋒隊」的「先鋒」了呢？

[73]（美）費正清、費維愷主編：《劍橋中華民國史》，中國社會科學出版社 1994 年版，上卷，頁 569。
[74]（美）愛德格·斯諾：《紅色中華散記》，奚博銓譯，江蘇人民出版社 1991 年版，頁 67。
[75] 李銳：〈我的延安經歷〉（三），載《爭鳴》（香港）2011 年 6 月號，頁 67。
[76] 朱瑞：〈我的歷史與思想自傳〉，載《中共黨史資料》第 9 輯，中共黨史資料出版社 1984 年版，頁 217。

當時我曾悄悄自問：毛澤東就沒有小資產階級的思想作風嗎？關於他婚姻戀愛等方面的種種傳言，幾乎是盡人皆知的。[77]

馬克思發明階級論，將富人財產論證為「竊來之物」，號召「全世界無產者聯合起來」，去「共」富人財產。十月革命後，列寧〈對派往外省的宣傳員們的講話〉：「如果我們不把他們多年來喪盡天良地罪惡地剝削來的錢財從他們隱藏的錢罐中全部掏出來，我們就會淹死在這一片汪洋大海之中。」[78]高爾基一眼就看出十月革命內核：「俄國只實現了物質力量的轉移，但這種轉移並沒有加速精神力量的增長。」「人們受到來自上面的極為英明的政權的鼓勵，去搶掠、去盜竊，而那政權向城市、向全世界提出了社會完美建設的最新口號：『全到船頭上去！』（按：海盜常用語）──這句話按現在的說法就是：『去搶那些搶來的東西！』」[79]

根據剩餘價值論，窮人合法劫富。可在「解放」窮人的同時又製造出另一批窮人（被奪產的富人），「解放」了一批被壓迫者，卻製造出另一批被壓迫者。在以富為仇的社會環境下，誰都不願成為「富有」的剝削者，誰也不敢求富。按階級論的邏輯，地主的子孫永遠惦著變天，資本家的後代總在「夢想奪回失去的天堂」，階級意識代代相傳。如此這般，還有可能消滅階級麼？如何達到「解放全人類」？

傅斯年看得很清晰：「階級鬥爭」不過是挑動八種仇恨以實現奪權的工具：一、中國人恨西方人；二、窮人恨富人；三、尋常人恨地位超過自己者；四、低能者恨高能力同事；五、無知者恨知名者；六、農村人恨城市人；七、子女恨父母；八、年輕人恨長輩。傅斯年研究過心理學，發現許多人在潛意識中很容易接受將上述仇恨合法化的理論。「階級鬥爭」學說就提供了發洩嫉恨的合法性。[80]

土改時，江蘇某赤幹為示與地主家庭劃清界限，上台打死父親，從此一路升官。[81]最高紅色境界乃「思想先進」，然思想無形，只能靠有形言行

---

77 《青春歲月──胡績偉自述》，河南人民出版社 1999 年版，頁 247。
78 《列寧全集》第 33 卷，人民出版社（北京）1985 年版，頁 330～331。
79 （俄）高爾基：《不合時宜的思想》，余一中、董曉譯，作家出版社（北京）1998 年版，頁 45、60。
80 周啟博：〈傅斯年為何去台灣〉，載《開放》（香港）2009 年 11 月號，頁 85。
81 據本人博導陳鳴樹教授回憶，但未提供姓名。這位打死父親者後任江蘇省政協副秘書長。

體現，且「先進」並無具體繩範，不易識別，甯左勿右，保險係數最大。尤其那些出身不硬的小資知青，必須靠「掙表現」贏得組織信任，他們普遍要比出身赤紅者更左更革命。

王若水晚年分析：

> 我知道在土改時期，有些表現很左的幹部恰恰是家庭出身不好的。他們知道，讓他們參加土改是對他們的考驗。他們最害怕的就是被批評為「立場不穩」，於是他們採取「甯左勿右」的立場，以表自己的革命堅定性。實際上，在內心深處，他們未必覺得那種做法是合適的，但對他們來說，「表現」得革命才是最重要的，而要做到這一點，最簡單的辦法就是要「鬥爭性」強，要顯得左一些。這樣，即使挨批評，上級也還是會覺得這個同志的革命性沒有問題的，說不定還覺得自己「左得可愛」哩。[82]

整風後，各赤區普遍「甯左勿右」。土改中，南方相對溫和，受到批判，斥為「和平土改」，不見點血腥不來點暴力，怎麼體現「急風暴雨」的階級鬥爭？怎麼體現「天翻地覆」的偉大革命？毛澤東明確表述：「有一部分人有教條主義錯誤思想，這些人大都是忠心耿耿，為黨為國的，就是看問題的方法有『左』的片面性……又有一部分人有修正主義或右傾機會主義錯誤思潮。這些人比較危險，因為他們的思想是資產階級思想在黨內的反映，他們嚮往資產階級自由主義，否定一切，他們與社會上資產階級知識分子有千絲萬縷的聯繫。」[83]這段最高指示清晰表明──左是思想認識問題，右是階級立場問題。有的人挨了整，轉身再去整別人，似乎不整別人便無以體現自己的革命性。

1959年廬山會議，陶鑄：「我就是只左不右的」。下山後，凡是地主家庭出身的司局級以上幹部，都要重新審查立場問題。李銳：「這個階級成

---

82 王若水：〈左傾心理病──范元甄社會性格機制的探索〉，載《書屋》（長沙）2001年第6期，頁40。
83 毛澤東：〈事情正在起變化〉，《毛澤東選集》（第五卷），人民出版社（北京）1977年版，頁423。

分的問題一直是我們黨裡面一個根深蒂固的問題。」[84]1953 年，蔣南翔憤曰：「與其甯『左』勿右，還不如甯右勿左。」[85]

1960 年 5 月 5 日，安徽亳縣城父公社城父大隊小劉莊分支書記，面對三月以來全莊已餓死 34%（52 人），公開聲稱：「就是死 200 人又有什麼了不起？死一個少一個，你們死完也照樣搞社會主義。」[86]

西人說，上帝之所以比馬克思可愛，乃是上帝的理念已為人類經驗疊加證善，馬克思主義不僅缺乏經驗支撐，且只為「無產階級」一家著想，將統治認同權從全民縮小至一個階級。階級學說不僅擰歪了中共的價值邏輯，也擰歪了梁漱溟這樣的「一代直聲」。文革初期，他致信毛澤東：「主席此番發動的無產階級文化大革命運動，使廣大群眾振起向上精神，鄙視資產階級，恥笑修正主義，實為吾人渡入無階級的共產社會之所必要……當紅衛兵來臨，我以維護此一大運動之心情迎之……」[87]

階級論強調出身，人為製造不平等，血統論的老套套。文革後，中共不得不悄悄捲旗收帆。履歷表格中那欄赫然驚目的「成分」，終於不見了。但階級論陰魂不散，六四後，左派仍在說「啟蒙是有階級內涵的」。[88]這些「革命者」到處一分為二，凡不符合自己的觀點，統統扔給對立階級，理直氣壯地要求無產階級專政，堅決取締「階級敵人」與「資產階級思想」。

延安一代因持守階級論，終身容異度甚低。延安詩人田間之妻葛文（1921～），2001 年仍篤守〈延安文藝座談會講話〉：「如果沒有毛澤東的文藝思想，就寫不出反映我們鬥爭生活的好作品，這是統一的。……冰心寫的是人間之愛，與咱們說的是兩碼事。咱們講愛，是要注入具體內容的。否則，你愛誰啊。」很清楚，她的愛是有階級性的，還自我感覺良好。何其芳甚至說《西廂記》崔鶯鶯表現的是地主階級庸俗的男女關係。[89]

1970～80 年代因長年運動不搞建設，全國城市住房普遍局促逼仄。滬上情侶只能到稍微空曠一點的外灘，形成「情人牆」（老外記者取名）。但

84　李銳：〈我的延安經歷〉（三），載《爭鳴》（香港）2011 年 6 月號，頁 66～67。
85　韋君宜：〈他走給我看了做人的道路──憶蔣南翔〉，載邢小群、孫瑉編：《回應韋君宜》，大眾文藝出版社（北京）2001 年版，頁 160。
86　梁志遠：〈大躍進中亳縣幹部作風問題記述〉，載《炎黃春秋》（北京）2009 年第 10 期，頁 31。
87　林賢治：〈五四之魂〉（下），原載《書屋》（長沙）1999 年第 6 期，頁 34。
88　董學文：〈評「西體中用」〉，載《中流百期文萃》，金城出版社（北京）1998 年版，頁 125。
89　邢小群：《丁玲與文學研究所的興衰》，山東畫報出版社（濟南）2003 年版，頁 186～188、210。

有「革命群眾」要求取締這塊被資產階級佔領的陣地。夜晚,「紅袖章」巡邏,高音喇叭叫喊:「革命群眾請注意,革命群眾請注意,千萬不要忘記階級鬥爭!外灘是革命的外灘,絕不允許資產階級的歪風邪氣橫行!」外灘情人牆成了「階級鬥爭」晴雨錶。甚至離婚率都被視為「階級鬥爭」氣壓計,壓抑自由的低離婚率被視為社會主義優越性。[90]

貳、撤守個性

五四運動以新文化運動為先導,肇始於思想界,實為歷史之必然。因為需要通過思想啟蒙培養「新人」。日本文學革命亦與明治維新同步。

五四精神看似含混,理論界多有紛爭,然其精髓可簡括為「三民主義」──外爭國權、反抗列強(民族);思想啟蒙、平等自由(民權);富國濟民、人道主義(民生)。這一歷史任務至今「革命尚未成功,同志仍須努力」。五四之所以成為中國現代思想的起點,便是提出現代價值理念,明確奮鬥目標。「三民主義」就是三項最基本的現代化籲求,「三民主義」互為表裡,但以「民權」、「民生」為基礎。無論外爭國權的「民族」,還是內爭自由的「民權」,其效其用最終得落實於「民生」,「民生」是檢驗任何政治學說的惟一標準。

五四精神最基本的內核實為個人自由,承認個人權益的正當性,以此作為反封建的價值起點。辛亥前,章太炎就擲言:「個體為真,團體為幻,一切皆然。」[91]茅盾:「人的發見,即發展個性,即個人主義,成為『五四』時期新文學運動的主要目標;當時的文學批評和創作都是有意識或下意識的向著這個目標。個人主義(它的較悅耳的代名詞就是人的發見或發展個性)……個人主義成為文藝創作的主要態度和過程,正是理所必然。而『五四』新文學運動的歷史的意義亦即在此。」[92]

---

[90] 1955 年 11 月,《中國婦女》發起「羅抱一、劉樂群離婚案大討論」。轉引自黃傳會:《天下婚姻》,文匯出版社(上海)2004 年版,頁 108~117、213。

[91] 章太炎:〈國家論〉,載《章太炎全集》第四冊,上海人民出版社 1985 年版,頁 458。

[92] 茅盾:〈關於創作〉,載《茅盾文藝雜論集》,上海文藝出版社 1981 年版,上集,頁 298。

進入 1930 年代，赤霧左氛漸濃。夏志清：「1930 年代中期，左翼的氣焰籠罩了文壇，新起的小說家幾乎一致地敵視舊秩序，不滿國民政府，同時對於共產主義或多或少帶著點依附的心情。……他們除了共黨批評家所勾畫的中國社會遠景以外，沒有個人的視景。」文批家韓侍桁（1908～1987）發現左翼青年作家沙汀的問題：「作者是追隨新寫實主義的理論而寫作。他企圖在他的筆下強調起集團生活的描寫，於是在他的作品裡，不但沒有個人生活的幹骼，就連個性的人物都沒有。」[93]五四好不容易爭取來的「個人」，左翼文學率先交出。否定舊秩序、又不滿於新政府，剩下的就只有「展望未來」了。左翼文學「意在沛公」——為革命論證必要性。

「懷疑一切、否定一切」，人類好不容易積累起來的經驗公理一夜之間淪為不值一顧的穢物，蔑為「舊傳統」。批判一切、鄙棄既有，包括批判自己。自己都可以打倒，還有什麼不能去打倒去批判呢？「懷疑一切否定一切」乃紅色 1930 年代的社會土壤，延安整風不過承緒其後。

針對強調服從的封建文化，個性解放具有強大衝擊力。尊重個人、認定個體發展是社會發展的前提，將國人從習慣服從的捆綁中解脫出來，走向自信，當然是真正意義上的社會發展。整風後，深受五四薰陶的延安一代集體低頭認罪，從五四的自信滿滿一退而至懷疚負罪，從堅定的社會改造者一轉為自我改造者，從全力改造客觀一變為全力改造主觀，五四精神最緊要的內核——獨立自由——悄然隱褪，整個價值取向完全逆轉。

整風將「個人解放」一變為「個人主義」，接著指謬為「利己主義」，誣為醜陋不堪的自私自利，打掉「個人」的價值基礎，一腳將「個人」踢進骯髒的廢紙簍，使之失去話語權。個性、個人、民主、自由、平等、博愛等最基礎的現代理念被判為自私骯髒的罪物，原本竭力追求的個性，成了「萬惡之源」。個人與革命的關係，被規定為徹底奉獻。何方：「經過整風和搶救，幾乎全體幹部的人性、人權以至人格俱已被『整』掉，提高了缺少獨立思考、只知服從的黨性……這種『無法無天』竟成為長期以來占統治地位意識形態的一部分。」[94]五四好不容易建立起來的現代理念就這

---

[93] 夏志清：《中國現代小說史》，香港中文大學出版社 2001 年版，頁 243、230。
[94] 何方：《黨史筆記》，利文出版社（香港）2005 年版，下冊，頁 627。

樣「光榮失守」，就這樣在「抗戰需要」下連根拔起，從追求形而上的精神自由到聚焦形而下的政治服從，從高揚個性解放到批判個人主義。

其實，中共早有「最高原則三條件」──黨管理一切、一切工作歸支部，黨內絕對無自由。[95]延安初期打出的旗號是「民主集中制」。1938 年10 月，毛正式提出「四大服從」，規定必須具體服從支部書記。陳雲對青年說：「說要服從黨中央，服從毛主席，這也還比較容易；但是說要服從支部，服從直接的上級，這就發生了困難。為什麼？因為這種人只能抽象的遵守紀律，不能具體的遵守紀律。具體的遵守紀律，就一定要服從支部，服從直接的上級，即使上級的人比你弱，你也一定要服從。」[96]

以統一取消個體、以服從替代思考，以集中沒收自由。所謂民主集中制，民主缺乏程式保障，集中卻有組織強制；實際操作中，民主自然不見了，只剩下集中。1957 年「反對支書就是反對黨」、1960 年代毛號召「全國學習解放軍」，要害便在於四個字──絕對服從。

從哲學上，整風就是要求忽略「局部真實」的陰暗面，「看到」抽象的「整體真實」。否定個人主義，即在於否定個人感知的意義。個人感知不再成為可靠的判斷依據，要從原則從理論從抽象層面看待一切，因為個人感知只是「局部」，感知不到的「整體」才是最高價值。褫奪「個人」首先得改造你的判斷力。

後人看得很清楚：「黨的利益一旦被高度抽象化，那就可以隨心所欲地解釋，最終也使黨的利益異化，這種價值的悖論，經常報以黨性強、識大體、顧大局的表彰，消解有可能發生的疑問，最終連懷疑也無從產生。」[97]目的抽象化在於徹底否定個人對具體感知的自信，否定個人權益的正當性，自覺放棄自我，一切聽命中央、聽命毛澤東。

整風親歷者余宗彥（1914～）晚年才覺悟：

> 整風運動後期，延安開始的反「小廣播」的鬥爭，主要就是針對知識分子的好議論、好評論的風氣的，要求統一思想，輿論一

[95] 王國忠：〈記紅四軍中的一場爭論〉，載《世紀》（上海）2006 年第 6 期，頁 42。
[96] 陳雲：〈關於黨的文藝工作者的兩個傾向問題〉，載《解放日報》（延安）1943 年 3 月 29 日。
[97] 劉志琴：〈請理解老一代──懷念李慎之〉，載《炎黃春秋》（北京）2008 年第 6 期，頁 27。

律。……這個運動的結果並不夠實事求是，好像就是為了打掉知識
分子的自尊和清高。[98]

　　整風還再三強調歷史發展的必然性，否定偶然性，意在以集體的「必
然」否定個體的「偶然」，否定個體的存在價值，「個體只有附著於集體才
有價值」。延安一代被再三告知，個人只是歷史進程中無數微不足道的一
分子，個體的存在只是為了證實「必然」的強大與不可違抗；個體必須加
入集體，才能由偶然進至必然，才能從集體價值中領取個體意義。如此這
般，從根子上挖掉了個體獨立存在的價值。而個體利益、個人權利，卻是
之所以需要革命的價值起點。馬列赤說徹底否定個人利益的正當性，連封
建社會都承認的價值基礎都給刨去了。對此，寰內士林全無警覺。

　　1939 年春，抗大某大隊訓練部主任劉鼎（1903～1986）開導入黨申請
者：「一個知識分子要為理想而獻身，就要自覺地在頭上戴上『緊箍帽』，
把個性約束於黨性，把個人價值投入到共產主義偉大事業中去，為偉大的
事業而犧牲！」[99]先群後己，先集體後個人，看似崇高貌似聖潔，實質真
正反動，壞就壞在這一碟上。改善大眾永無止盡永無竟期，俟河之清，人
壽幾何？一己改善尚且不易，捨微就巨，捨易就難，不從具體個人做起，
不從點點滴滴的源頭做起，拋下組成集體的個體，跳過個體追求集體，豈
非虛妄？有實現可能麼？

　　從社會價值排序上，個權述求的喪失等於民主基礎的喪失，沒了個人
權利，還需要建築其上的自由民主平等博愛麼？個人既然不值一提，一切
個人利益不能爭取，那麼「人民大眾的利益」還剩下什麼？人民不是由個
體組成的麼？既然都沒了價值，「人民大眾」不是完全被抽空了？撤守五
四，最關鍵的一點就是撤守自我撤守個人，從此失去捍衛自我權益與個人
獨立的理論依據。1959 年廬山會議後，大陸報刊連篇累牘批判「自由平等
博愛」，理直氣壯公然違悖五四理念。若無來自延安的邏輯鋪墊，會有這
樣執悖謬而豪邁的價值自信麼？

---

[98] 余宗彥：〈帶頭上書反對毛、江婚姻的「黨內海瑞」——憶王世英同志〉，載《炎黃春秋》（北京）2006
年第 5 期，頁 53～54。
[99] 石瀾：《我與舒同四十年》，陝西人民出版社 1997 年版，頁 61。

延安士林都沒意識到整風是對五四精神的逆反，原則上方向上的徹底悖轉。延安一代在整風中無人意識到被摘走「五四價值」。毛澤東十分順利地借用「民族」壓制了「民權」，擱置了「民生」，利用救亡換走了啟蒙，利用抗戰摘去自由，利用集中偷換民主，將知識分子從先生貶為學生。

延安士林接受思想改造，從五四的社會改造者自甘淪為需要改造的對象，從改造他人轉為首先改造自己──原來自己一錢不值呵！1942 年 5 月 2 日，延安文藝座談會首日，何其芳的發言甚具代表性：「聽了主席剛才的教誨，我很受啟發。小資產階級的靈魂是不乾淨的，他們自私自利，怯懦、脆弱、動搖。我感覺到自己迫切地需要改造。」毛澤東會心一笑。[100]毛澤東是笑了，但延安士林以這樣卑微的態勢，還能完成五四任務麼？連最有文化的士林精英都匍匐跪拜下去了，個性的脊樑還能由誰隆頂而起？

撤守個性等於撤守個人價值，個人從「一切之目的」淪為「集團之工具」。個體權益的讓步，看似崇高聖潔，但這一價值關隘失守，一系列後果接踵而至：革命高於一切，組織決定一切，感情如渣滓，權益為包袱，抽象原則理直氣壯壓倒具體感受，「集體利益」可以公開褫奪個體生命。

個體利益乃民主與理性最堅實的地基。1944 年，哈耶克斷語：「一項維護個人自由的政策是惟一真正進步的政策，在今天，這一指導原則依然是正確的，就像在十九世紀時那樣。」[101]延安整風片面強調服從犧牲，看似崇高正義，實為對現代文明的釜底抽薪──失去個體價值這一原始元素，不僅無論如何燒不開民主科學這鍋水，還燒製出一場場偌大人禍。

1949 年後，抽掉「個權」的大陸，不僅無法支挺「民權」，也無力強壯「民族」，最後災難性地吞噬「民生」。1959～61 年的大饑荒，海內力耕不足自飽，紡織不足自衣，古未之有也。至少餓死 4127 萬「階級兄弟」，[102]上演了人類有史以來最慘烈的大饑災。殘酷的第二次世界大戰，全球死亡五千萬；毛共執政 27 年，無災無戰承平歲月，居然為了「主義」至少死亡六千萬（大饑荒四千餘萬＋文革兩千萬，還不算土改、鎮反、肅反等運

[100] 蕭雲儒、高傑：〈延安文藝座談會寫真〉，載《陝西日報》（西安）1992 年 7 月 2 日。
[101] （英）哈耶克：《通往奴役之路》，王明毅等譯，中國社會科學出版社（北京）1997 年版，頁 227。
[102] 裴毅然：〈四千萬餓殍──從大躍進到大饑餓〉，載《二十一世紀》（香港）2008 年 4 月號，頁 44～56。

動的幾百萬）。革命革出這樣的「偉大勝利」，民權喪失如斯，難道還不應該問責一下？「革命邏輯」不需要打掃清理麼？

　　將整風歸為毛澤東耍弄政治手腕，固為事實，更深層次的問號是中共何以集體接受整風？這支其興也勃的革命隊伍，何以繞了一大圈，自覺走回封建邏輯？如此虔誠交出「民主」？這裡，除了外部敵情等客觀因素，自身局限才是內在致因，才是集體跪受整風的內因，才是最終托起毛澤東這尊紅色大神的地基。設若延安思想界能有保護少數的價值警惕，中共組織結構有制衡機制，不僅王實味不會被冤，搶救運動也搞不起來，就是搞起來，也會很快被制止。文化不僅僅體現於整合創新，更體現於及時止謬糾誤。延安思想界被徹底「拔刺」，解除獨立佩劍，看似效應立竿──思想統一、一致對外、中原得鹿，得逞一時，但因失去內部糾錯制衡，內疾難察，視膿瘡為乳酪，認罌粟為桃花，入迷途而難返。

　　從終極意義上，一切質疑與批評，只能出自個人，只能始發於「個人主義」。個人的一切思考與努力皆為多餘，一切囿限上級規定，還能有創新與突破麼？還需要創新與突破麼？知識分子越挨整，就越不敢進行宏觀思考與整體分析，越不敢作出獨立判斷。再三再四的自我批評很快使延安一代「快樂並愚蠢著」，黨性特強──要求別人也像自己一樣「聽黨的話」。連王實味都很快繳械投降，幾天後收回退黨申請，自覺地一輪輪檢討。1944年5～6月，監禁中的王實味在精心安排下與中外記者團見面，「他幾乎毫無表情的臉上惟一察覺到的情緒是恐懼。他重複說，『我是托派，我攻擊毛主席應該被處死。我應當槍斃一千次，但毛主席寬宏大量……我對他的仁慈感激不盡。』」[103]1982年，丁玲談到〈三八節有感〉：「我的確缺少考慮，思想太解放……40年之後，現在我重讀它，也還是認為有錯誤的。」[104]1983年，周揚向胡喬木低頭，以「軟骨頭」退場。迷失自我、無法堅持自我，成為延安一代普遍的代際特徵。他們真誠地認為革命者就不能保留個人選擇，晚年都未意識到這一價值錯位的嚴重性。

---

[103] 魏景蒙：〈憶延安之旅〉，江惠美譯，載《傳記文學》（台灣）第54卷，第4期。

[104] 丁玲：〈延安文藝座談會的前前後後〉，載《新文學史料》（北京）1982年第2期。參見《我親歷的文壇往事‧憶大事》，人民文學出版社（北京）2004年版，頁261～262。

　　延安一代絕對沒有想到他們是二十世紀失去自由最多的一代。他們從追求自由出發，最後得到的竟是失去自由。1937 年入黨的周克（1983 年上海市委組織部長），1959 年補課劃「右」，罪狀之一「要獨立思考」。[105]說到底，粗糙的中共無力在文化上解決「組織統一」與「成員個性」的矛盾。

　　陳學昭劃「右」後養成燒信的「好習慣」，「好像不燒掉就沒有完成一件工作似的。」[106]反右後，大陸文化人都養成不寫日記、燒毀信件的「好習慣」。[107]文革中，何方在江西外交部上高幹校勞改，不准上街趕集、不准享受探親年假、不准參加一切黨內外會議、不能聽任何傳達報告、來往家信得由支書或其指定者先行拆檢（長達六七年）。[108]前有延安的理論撤守，後有反右～文革的實際剝奪。

　　撤守個性，才能認同共性。1949 年後，與計劃經濟保持一體的是意識形態的極端集體主義。1983 年，影星劉曉慶（1951～）自傳《我的路》，回顧個人奮鬥歷程，當記者問她誰是全國最優秀女演員，她很小聲地說：「是我。」全國報紙一致抨擊劉曉慶狂傲悖謬。劉曉慶父母乃川東地下黨，全家批判劉曉慶：「這是一條什麼道路？沒有黨和群眾，就有你了？怎麼可以宣揚個人奮鬥？」[109]個人奮鬥成了過街老鼠。只有共性沒有個性，還能有多元創造力麼？還能有突破性創新的可能性麼？

　　失去個體價值，連帶反省罪誤的必要性都一併隨風飄去。1978 年，周揚對香港記者說：「我在『文化大革命』當中所受的種種迫害，我經常這樣想，比起一些對革命的貢獻更大的同志來，所受的迫害並不是怎麼了不得的。」[110]似乎有了烈士，有了劉少奇、賀龍的大冤大屈，其他任何人的冤屈都微不足道，不必提了。1983 年，筆者在浙江省政協就遭一位「冒號」搶白：「好了好了！你上山下鄉這點苦頭算什麼？唂，人家劉少奇、賀龍，那才叫冤！」我只能咽回不滿，覺得「冒號」多少也在理。如今意識到：自己那一刻的沉默，帶著多少「時代局限」！

---

[105] 周克：《風雨七十年》，文匯出版社（上海）2006 年版，頁 214、219。

[106] 陳學昭：《浮沉雜憶》，花城出版社（廣州）1981 年版，頁 79～80、82～83、97。

[107] 陳亞男：《我的母親陳學昭》，文匯出版社（上海）2006 年版，頁 78、161。

[108] 何方：《從延安一路走來的反思》，明報出版社（香港）2007 年版，下冊，頁 490～491。

[109] 解璽璋：〈《我的路》見證中國人價值觀的變遷〉，載《中國青年報》（北京）2008 年 7 月 15 日。

[110] 趙浩生：〈周揚笑談歷史功過〉，載《七十年代》（香港）1978 年 9 月號，頁 33。

「犧牲我一個，為了千千萬；犧牲一代人，為了下一代」，如今還有多少人擁護這種口號？現代普世價值立場：犧牲哪一個都是天大之事，遑論一代人！杜維明（1940～）：「這是西方很深沉的反思。」[111]2008 年，老延安反省：「過去那種把黨說得很神秘，連個人的一切都是黨給的，也屬於封建傳統，是顛倒了黨員和黨的關係。殊不知黨是由黨員組成的，沒有黨員哪來的黨？黨的一切都來之於黨員的貢獻。」[112]

延安放棄個體權益，今天就需補課五四。2008 年 6 月 25 日，央視法治頻道「大家看法」：甘肅平涼村女玲玲被強姦關押五年，產下一雙兒女，孤立無助。中國政法大學教授馬鐿（1962～）析因：「這與我們多年只強調義務不講權利有關。」2011 年 10 月 13 日，廣東佛山兩歲女童小悅悅連遭兩車碾壓、七分鐘內 18 人冷漠走過，女童死去，引嘩中外。唐相張九齡：「正其本者萬事理」。公私倒置，本末錯位，萬事豈可理乎？

參、思想改造

當然，民主自由、個性解放等五四精神並不那麼容易一揮手就打發了。既然知青將延安看成聖地，一塊放聲歌唱與自由民主的地方，當他們看到赤區的陰暗斑點，心理震動可想而知，挽袖撸臂剜瘡擠膿的心願特別強烈。丁玲小說〈在醫院中〉、雜文〈三八節有感〉；王實味的〈野百合花〉、蕭軍的〈論同志的「愛」與「耐」〉等，便是這股情緒的代表作。尤其當他們的好心未得好報，漸受打壓，「反彈」自然也很強烈。為了打掉知青們心中的五四理據，中共高層除了刻意打壓文化工作的重要性，還拉出一條永遠無法做到的革命標準，獻了青春獻終身都無法「真正完成」的任務──與工農兵相結合。

1943 年 3 月 10 日，陳雲在延安文藝工作者會議上說：

> 做文藝工作是一個人的分工，那末，他這門工作做得好，是他盡了份內應盡的責任，做得不好，那是失職，就是不及格。文藝工

---

[111] 李怡編：《知識分子與中國》，遠流出版事業股份有限公司（台灣）1990 年版，頁 339。
[112] 何方：〈走在艱難平反路上的一年〉，載《炎黃春秋》（北京）2008 年第 6 期，頁 35。

作的內容，無非是群眾的生活和鬥爭，這些事情本身都是旁人做的，作家不過是將它們用文藝的形式表現出來，要是旁人不做，作家也就沒有什麼可表現。……我們還要計算一下，現在我們多數做文藝工作的同志究竟有多少群眾？應該承認，我們的讀者還只是群眾裡的一個很小的部分。[113]

做得好，應該；做得不好，失職；無論如何都不落好，都「不夠」。而且，這項任務既不光榮也不重要，更無難度，無非是「複寫」工農兵的生活，工農兵不做，你就沒得寫，有什麼了不起？最麻煩的是：你的作品必須得有大面積受眾。不用說在傳媒手段十分落後的 1940 年代，就是網絡普及的今天，又有幾位作家幾部作品能擁享「大面積受眾」？架設無法逾邁的標杆，並不是真地鼓勵你去跨越，而是要你自慚形穢快快低頭，多聽少說，多記少想，遵守黨紀，做一顆「永不生銹的螺絲釘」。

趙超構觸鬚靈敏：

我覺得延安又有一種氣氛是過於濃厚了，濃厚到幾乎使人窒息。這便是過度緊張的空氣。生產運動差不多把每一家人都捲進過度的忙碌的生活裡面去了。這雖不是強迫的，卻也帶有精神上之強制性。[114]

思想改造的績效在搶救運動中得到驗證──延安士林幾無一人質疑運動本身。被審查者只是一個勁要求到最危險的地方去，以證明對革命的忠誠。親歷者黃鋼：「恨不得有時把自己拆散，然後再根據文件把自己重新建造起來。」[115]價值標準一元化使延安士林失去質疑的理論支點。

2005 年，李南央整理出版《父母昨日書》，發現整風是其母范元甄從資產階級小姐轉變為「革命母豹」的拐點：「母親從小嬌生慣養的大小姐脾氣……但是延安整風那場反『精神污染』運動，實在是徹底地將她改造

[113] 陳雲：〈關於黨的文藝工作者的兩個傾向問題〉，載《解放日報》（延安）1943 年 3 月 29 日。
[114] 趙超構：《延安一月》，上海書店 1992 年版，頁 82。
[115] 黃鋼：〈平靜早已過去了！──魯藝論辯特寫〉，載《解放日報》（延安）1942 年 8 月 4 日。

成了個『新人』的致命的、強大的客觀外力。」[116]大小姐脾氣其實也改造不掉，1950 年代初范元甄在協和醫院切除甲狀腺，對醫生護士極為蠻橫，甚至將護士送來的飯菜掀掉。

李普晚年明白了：

> 思想改造的要求是叫這些人成為「黨的馴服工具」，成為「革命的螺絲釘」。總而言之必須聽從黨的話。我親耳聽胡喬木說的是大家必須做「棋子」，他說如果棋子不聽話，這盤棋怎麼下呢。
>
> 總起來說，填這張表（指小廣播表）以及整風運動的主要目的是兩條：一是消滅「自我」，不得有自己的思想、意志、尊嚴。正如前引李銳文章中所說的，知識分子必須「把自己貶得一文不值」，一切交給黨，交給黨的領袖毛澤東，這才是徹底革命；二是為了黨和保衛黨的領袖，一個革命者沒有什麼事不可以做。[117]

思想改造的價值核心是收繳延安士林的是非判斷權，以中央（教主）是非為是非，因為思想改造好的標誌就是服從組織、聽上級的話，與黨保持高度一致，即後來概括為全國咸知的對聯──聽毛主席話，跟共產黨走。

基礎價值方面，整風以後「個人要求」成了難以啟齒的低級趣味，一說就俗，組織至高無上，「個人」完全失去話語權。整風中有三個名詞：「脫褲子」、「割尾巴」、「鑽自己」──不要怕醜（脫褲子）、自我改造（割尾巴）、不要怕疼（鑽自己）。對知識分子有一整套定性：「知識分子都是小布爾喬亞、有劣根性的動搖分子。高潮來，低潮去。到這裡來，不是為了生活就是為了女人，見不得流血。這種不徹底的分子，是會破壞革命的。」[118]這幾句話成為長期箍收知識分子的咒語，令士林瑟瑟發抖。

[116] 李南央：〈她終於解脫了〉，載《開放》（香港）2008 年 3 月號，頁 68。
[117] 李南央：《我有這樣一個母親》，開放雜誌出版社（香港）2003 年版，頁 225、262、284～285。
[118] 齊世傑：《延安內幕》，華嚴出版社（重慶）1943 年 3 月 1 日初版，頁 21。

　　思想改造類乎「誅心」，無法客觀檢測，無法具體驗別，窮一生而無盡時，成為「終身需求」。1969 年 11 月，葉挺獨立團出身的老紅軍蕭克上將（1908～2008），被遣江西永修五七幹校，接受再教育。[119]

　　歷史證明，整風向延安一代灌輸了一大堆似是而非、雜亂無章的名詞概念──階級覺悟、黨性至上、終身改造⋯⋯成為他們一生難棄的思想包袱。趙超構看得很清楚，指出整風是上下結合的產物：

　　　　整風運動是共產黨內部的思想態度改造運動；要把一個穿西裝革履的知識幹部改造到高高興興坐到簡陋的紡車上去，這絕不是黨首領的幾場訓話或組織裡幾張文書命令所能辦到的。必須在上者能夠切實領導，同時下面的人能夠自覺的改變，才可以形成風氣。[120]

　　2004 年，錢理群提出包括自己在內的「受害者的理性合作」乃革命地獄的最大特點。[121]錢先生深剖：「現代中國知識分子的『奴化』竟然是在知識分子『自我崇高化』的心理過程中完成。這裡的悲劇性與荒謬性是遠遠超過了孔乙己們的，而我們卻比孔乙己更加執迷於自欺欺人的『自我神化』的幻夢。」[122]惟其執迷，傷重不知。連非黨知識分子馮亦代（1913～2005）都在日記中稱頌思想改造：「怎樣贖罪？除了改造自己，那就是把自己徹底交獻出來，做一個螺絲釘，甚至是鋪馬路的石子。」[123]

　　「一代直聲」舊式文士梁漱溟也深迷此道。1955 年 4 月 16 日宋雲彬日記，「梁漱溟來，談甚久。渠自謂方努力鑽研巴甫洛夫學說，且謂思想改造必從自覺起，甚言殊誠懇也。」[124]

　　延安一代通過「自覺革命」完成自我設限，以「脫俗成名，減欲入聖」（《菜根譚》）解釋思想改造，自我崇高。稍有突破，便有一種囚徒式的罪惡感，下意識地收腿縮手，自覺蹲回思想監獄，渾然不覺已入囚室。

---

[119] 唐筱菊主編：《在「五七幹校」的日子》，中共黨史出版社（北京）2007 年版，頁 1。
[120] 趙超構：《延安一月》，上海書店 1992 年版，頁 243。
[121] 錢理群：〈和鳳鳴與她的《經歷──我的 1957 年》〉，載《隨筆》（廣州）2004 年第 4 期，頁 36。
[122] 錢理群：《壓在心上的墳》，四川人民出版社 1997 年版，頁 186～187。
[123] 馮亦代：《悔餘日錄》，李輝整理，河南人民出版社 2000 年版，頁 103。
[124] 宋雲彬：《紅塵冷眼》，山西人民出版社 2002 年版，頁 373。

　　整風捏塑的不僅僅是延安一代，李維漢晚年說延安整風「教育兩代人、兩層幹部」，[125]即紅軍一代與延安一代。那麼，具體績效是否真如李維漢所說——真地打造出「特殊材料製造的人」？僅舉一例：

　　姬鵬飛（1910～2000），1931 年寧都暴動從西北軍轉入紅軍，1933 年入黨，1970 年代後外交部長、副總理、國務委員兼港澳辦主任、人大副委員長、中顧委常委。1999 年 8 月，其子姬勝德——總參情報部少將常務副部長，收受賴昌星等人賄賂 2130 多萬元、挪用侵吞軍用資金 975 萬、洩露軍方機密等罪（生活腐化、姦汙女青年已屬區區），軍事法庭擬判死刑。江澤民在政治局說：「軍中敗類、民族敗類，不殺不足以平民憤！」網傳姬鵬飛四次致信江澤民、張萬年、遲浩田，為其子求情免死。姬鵬飛還向薄一波、宋任窮、萬里、宋平、谷牧、張愛萍及政治局求情，「要求以自己的功勞減少兒子的罪責，被拒絕後自殺。」如此重罪，受黨教育近七十年的老紅軍都私心護犢，還有一點點「特殊材料」的質地麼？[126]

　　思想改造當然不可能拔去天然私心。胡績偉：「我享受吃中灶的待遇，但在第一批發細布幹部服時，卻沒有我，我心裡很不滿意，背後發過牢騷，特別是在公開場合，遇見熟悉的朋友，人家穿的是細布制服，自己還穿著粗布衣裳，就覺得很不好意思。」[127]1950 年代初定級，一位老幹部嫌定得太低，幾天臥床不起。[128]「特殊材料製成的人」一個個還是天性大於黨性，最堅定的女黨員龔澎病危，最想見的還是女兒。[129]

　　延安一代用紅色理念教育子女，「大公無私」、「不要脫離群眾」，可往往自己就做不到。1975 年底，工人子弟巴悌忠初登女友李南央家門。吃飯時，范元甄獨享炒海參，獨飲紅葡萄酒，巴悌忠立起心瀾：

　　　　我來自一個普通百姓家庭，平時家有什麼好吃的，從來都是緊著給孩子吃。我到不少朋友同學家吃過飯，從沒見過大人吃獨份兒

[125] 李維漢：《回憶與研究》，中共黨史資料出版社（北京）1986 年版，下冊，頁 495。
[126] 劉志琴：〈請理解老一代——懷念李慎之〉，載《炎黃春秋》（北京）2008 年第 6 期，頁 28。
[127] 《青春歲月——胡績偉自述》，河南人民出版社 1999 年版，頁 237～238。
[128] 王士菁：〈一個無私的忘我的人〉，原載《新文學史料》（北京）1981 年第 2 期。參見包子衍、袁紹發編：《回憶雪峰》，中國文史出版社（北京）1986 年版，頁 250。
[129] 喬松都：《喬冠華與龔澎——我的父親母親》，中華書局（北京）2008 年版，頁 236。

的。三年困難時期吃不飽，我和弟妹又在長身體時期，我媽媽常把
自己碗裡的飯撥出一點兒給我們……看著老太太一個人就著紅葡
萄酒獨享著海參，腦海浮現著我媽媽……與自己的孩子同桌吃飯，
還要分清哪些是孩子們不能吃的，孩子們會怎麼想？教育孩子們不
要脫離群眾，自己卻在飯桌上脫離了孩子們，這種教育的邏輯何
在？效果何在？[130]

李普評價范元甄：

　　她已經沒有自己了，她已經把自己完全交給了黨、交給毛主席
了。直到 1994 年她還在真心誠意稱頌「毛主席是中國人民的大救
星」，這些話一出口，這位老太太的眼淚就落了下來。她對毛主席
和黨的那份感情和忠誠，真如俗話所說的，深入到她的血液裡去
了，溶化到她骨髓裡去了。所以，她把李銳往死裡整，既是拯救自
己的政治生命，也是拯救自己的靈魂。[131]

　　思想改造使許多延安老幹部終身擁享極大幸福，認為沒有這一經歷的
下一代，存在重大缺失。他們多麼希望下一代也能親身感受一回「延安整
風」。他們對整風的這份懷念，轉化為對後代的紅色教育，紅色思維勢必
滲透為社會存在，無可避免地成為社會發展的「紅色阻力」。
　　「革命母豹」范元甄十分敏感地發現叛女李南央的關鍵問題：「聽過
你所說：『我不能照你的框框改造自己』，我就瞭解問題的關鍵了。」她明
白女兒之所以叛逆不馴，乃是一開始就不願接受赤色邏輯的第一步，不接
受神聖的「自我改造」。范元甄終身自豪持守階級論，1976 年 4 月 29 日致
信準女婿：

---

[130] 巴悌忠：〈難以忘卻的兩天〉，載李南央編著：《我有這樣一個母親》，開放雜誌出版社（香港）2003
年版，頁 86。
[131] 李普：〈兩個相反的典型──談李銳並范元甄〉，李南央編著：《我有這樣一個母親》，開放雜誌出版
社（香港）2003 年版，頁 286。

從延安整風直到今天，我親身體驗，要能嚴於解剖自己，必須有勇氣站在革命立場，用階級觀點重新認識自己的出身環境、家庭，而且要反復不斷加深認識。……我畢竟是一個幾十年的共產黨員，不承認有任何一種離開階級內容的「感情」。[132]

赴美後的李南央更清晰地認識到母親何以被異化：「這個人是完完全全地與現實世界隔絕了，生活在共產黨和毛澤東建立起的精神牢籠裡……沒有朋友，親戚們是斷不敢沾她，她就像埋在地窖裡的陳年老酒，年代越久，『革命』的味道越『醇厚』。」[133]距離革命歲月越遠，她身上的紅色氣息便越濃郁。

1990 年代，有人給女作家梅娘（1920～2013）找老伴，對方是某學院退休黨委書記，「一談，他說，你這思想……反革命啊！給我氣得，都什麼時候了還這樣看問題！」[134]

對延安一代來說，他們已無法告別進入血液的赤色學說，甚至晚年反出朝歌的叛逆者，亦無力徹底告別馬列主義。許家屯長期居港，六四後脫共逃美，與中共徹底「拜拜」，但仍認定共產學說有益人類，因行世僅百餘年而有欠完善，「付出代價不可避免……列寧、史達林模式的失敗，但不是，也不可能是整個社會主義理想和實踐的終結、死亡。」許家屯要求寬容赤說，認為社會主義、資本主義兩大社會思想與制度通過競爭相互吸納，達到融合。這位中共「高級叛徒」不承認共產主義已失敗，只承認被資本主義有機吸納。從許家屯政論代表作〈試論和平演進〉與《許家屯香港回憶錄》，可知他對赤禍缺乏整體瞭解，連大饑荒死去四千餘萬、全球赤災殉難者過億都不知道，將「代價」說得如此輕飄飄，還要求世人給予赤說「實踐時間」，暴露出他頭腦中深深的赤色勒痕。[135]

宗鳳鳴雖大徹大悟，仍無法擺脫階級論窠臼：「在階級社會中也自然形成階級性……過去在革命年代強調階級性，當然是對的、應該的。」最

---

[132] 李南央：〈她終於解脫！〉，載《開放》（香港）2008 年 3 月號，頁 68～69。
[133] 李南央編著：《我有這樣一個母親》，開放雜誌出版社（香港）2003 年版，頁 21。
[134] 邢小群：《往事回聲》，時代國際出版有限公司（香港）2005 年版，頁 217。
[135] 《許家屯香港回憶錄》，香港聯合報有限公司 2008 年版，下冊，頁 518～537、588。

後還認為馬克思主義與十月革命在人類歷史上具有劃時代意義。[136]延安一代未意識到接受「階級論」正是他們走歪的第一步，認識起點上的這一偏差乃是他們進入極左軌道的第一站。不從根子上挖掉「階級論」，便不能為赤色意識形態送終。

1990年2月，1930年代「火柴大王」、「毛紡大王」劉鴻生之子劉公誠（1914～1991）鄭重寫道：「我堅信在中國共產黨的領導下，在中國的大地上，社會主義制度一定會不斷完善；我也相信有史以來人類更偉大的、實現共產主義、解放全人類的理想社會終究會得到實現。」[137]非紅色血統者都走不出來呢。

如何看待「知識分子改造」、如何評價「與工農結合」、如何理解「自由」，乃是決定延安老人反思高度的一條刻度。陷入「改造」、「結合」的泥淖越深越久，爬上反思之岸的可能性就越小。

儘管延安一代動機純正，然因路線錯誤，圖紙荒謬，不少延安一代像范元甄一樣：「從一個熱情、活潑，人見人愛的小姑娘，變成日後那麼個讓人根本無法理喻的『馬列主義老太太』。她後來的路怎麼會走成那樣，一事無成！」[138]其婿評曰：「她竟然可以做到那樣高的官，可以什麼都不做而讓老百姓養活一輩子，還禍害人，這才是最可怕的。」[139]

肆、遺禍子孫

漢初，劉氏皇朝就認識到為政之要在於寬簡清靜，自然順民，故倡黃老之學。中共治國則逆歷史理性，強扭人性硬要塑造「新人」，什麼都管──從財產管到住房，從志向管到道德，從擇業管到私生活。政府管得越多越細，國人自由當然就越窄越扁。紅衛兵一代成為喝斥中長大的一代，延安一代認為「溫室裡長大的青年」渾身都需要修理。

---

[136] 宗鳳鳴：《理想・信念・追求》，環球實業公司（香港）2005年版，頁409、272～275。
[137] 賈芝主編：《延河兒女──延安青年的成才之路》，人民出版社（北京）1999年版，頁384。
[138] 李南央〈她終於解脫！〉，載《開放》（香港）2008年3月號，頁68。
[139] 李南央編：《父母昨日書》，時代國際出版有限公司（香港）2005年版，下冊，頁141。

　　進城後，延安一代將他們的價值理念、思維邏輯「理所當然」地傳銷子女，視為萬萬不可丟棄的「革命傳統」，形成紅色家庭的獨特景觀。楊沫之女徐然（1937～）穿一雙高跟鞋，楊沫（1914～1995）大吵大鬧斥為資產階級。徐然漂亮，不少追慕者，高中便有男友，楊沫堅決反對，「不像新中國青年」，「思想空虛與墮落的表現」，寫信到女兒學校揭發；徐然新疆大學畢業前，楊沫致信新疆老戰友，囑其將女兒分到最苦最遠的地方鍛煉改造。楊沫之子老鬼（1947～）寫了一本以插隊內蒙為題材的長篇小說《血色黃昏》，楊沫認為是「大毒草」、「控訴無產階級專政」，唆使丈夫偷走兒子手稿，兒子反抗，楊沫聲明斷絕關係，四處播說其子品質惡劣、忘恩負義，白眼狼。[140]這樣的革命家庭，雖有一點紅色特權，但「革命氣氛」遠遠大於血緣親情，不宜生存。

　　延安一代深受「黨文化」浸淫，以尊奉「黨文化」為榮，以「培養」子女為接班人己任，引「階級鬥爭」入家庭教育。1976 年 4 月 29 日，范元甄致信女兒李南央：「我對孩子的『鬥爭』是嚴重的爭奪下一代的問題。」[141]當看到下一代不願「徹底奉獻」，痛心疾首，自責未盡教育責任。范元甄甚至見不得女兒在日記中寫母愛：「你小小年紀，還母愛、母愛的，滿腦子令人作嘔的資產階級思想。」文革初期，李南央在學校因「黑崽子」挨批鬥，回家向母親哭訴，范元甄冷笑：「啊哈！你不是一向標榜自己不要母愛，自己最堅強嗎？哭什麼！跟我說什麼？你在學校挨不挨鬥，跟我沒有關係，不要往我身上扯，那是你自己在學校一定有問題……」[142]2008 年初范元甄去世，李南央：「（她）一輩子成就了一件事：『按毛主席教導認真解剖自己』，這是什麼樣的人生悲劇！但這差點也是我的人生之路。我得承認，在母親的教育下，在共產黨的誘導下，我曾經是堅定地站在母親一方，和父親李銳劃清界限的。我認同母親的理念：『人與人之間的關係首先是階級的關係。』」[143]

---

[140] 老鬼：《母親楊沫》，長江文藝出版社（武漢）2005 年版，頁 360、386。

[141] 李南央：〈她終於解脫！〉，載《開放》（香港）2008 年 3 月號，頁 68。

[142] 李南央編著：《我有這樣一個母親》，開放雜誌出版社（香港）2003 年版，頁 9、11。

[143] 李南央：〈她終於解脫！〉，載《開放》（香港）2008 年 3 月號，頁 69。

　　1966 年 7 月 20 日，陳伯達致信其子：「個人主義是資產階級的東西，是最最害人的東西。永遠永遠不要讓個人主義盤踞你的腦子，這樣，才能看得寬，看得遠，才能前進，才有前途……」[144]陳伯達未意識到自己邏輯已亂，既然否定了個人利益，還要什麼前途？還需要什麼前途？如果需要「前途」才能使兒子放棄個人主義，那麼這個人主義還能真正放棄嗎？

　　依照延安邏輯矗立起來的以「無私」為終極目標的新社會能是什麼呢？綜觀全球，赤色各國弊病同源──公有製造成的浪費鋪張、計劃經濟導致的低效混亂、社會上下失去騰踴活力、國民身心萎靡不振、自由度低於封建時代、政治恐怖籠罩各個角落。最可怕的是：「習慣虛偽」成為社會主義公民必備素質，否則便無法在「無產階級真民主」的國度呼吸。

　　1954 年六一兒童節，南京衛崗華東軍區幹部子弟小學，校長陳毅批評學校不重視教學，八九歲的小學生都喜歡談論政治，要他們長大後再談！[145]1965 年，聶紺弩預感大事不妙：「許多普通中學的學生，解放初期頂多幾歲，都是戴著紅領巾長大的，現在要劃起階級來，這還得了，現在社會上都人心惶惶……」[146]文革時期，幼稚園一位五歲幼女因不肯借人掃帚，被指「資產階級小姐作風」，全園檢討。幼女不懂什麼叫檢討，站在台上嚇得直哭，班主任一句句領著讀檢討，才算完活。另一幼兒不小心撕壞毛像，打為「小反革命」，家長陪鬥，做檢討時也是家長領讀。[147]

　　2010 年，一位當年 14 歲的「文革少女」撰文〈我們為什麼會助紂為虐〉，詳述了當年「武鬥」老師的內心活動，每當內心動搖，都有一段「最高指示」浮出支持，對敵人的仁慈就是對人民的殘忍──

　　　　革命的理性戰勝了小資產階級的感情。革命勝利了！……我們怎麼一下子從溫順的「小綿羊」變成了閻王殿的小魔鬼？……多年以後，我找出的答案是：那時所有的人都在害怕，所有的人都懷抱著徹骨的恐懼，都擔心厄運會降到自己頭上……一個未成年的靈魂在

---

[144] 陳曉農編纂：《陳伯達：最後口述回憶》，陽光環球出版香港有限公司 2005 年版，頁 286。
[145] 馮抗勝：〈在衛崗小學的特殊生活〉，載《世紀》（上海）2012 年第 4 期，頁 21。
[146] 寓真：〈聶紺弩刑事檔案〉，載《中國作家》（北京）2009 年第 4 期，頁 25～26。
[147] 沙葉新：〈檢討文化〉，原載《隨筆》（廣州）2001 年第 6 期，頁 7。

顫慄，面臨巨大恐怖和孤苦無依時的靈魂顫慄！⋯⋯潛意識裡根植了這種恐懼，那麼避險就成為人的一種本能⋯⋯革命需要野蠻殘忍，不野蠻不殘忍，革命進行不下去⋯⋯「憑良心做人」這一民間的做人的道理在最高領袖的膽魄和無所畏懼者的行為前潰塌，這個世界只有一個道理「造反有理」。當惡行與神聖的「革命」結盟，惡行就能施遍全中國⋯⋯整個社會變態了，960 多萬平方公里的土地就是一座專演荒誕戲的大劇院。人人都在荒誕戲中跑龍套。[148]

除了赤色思想的「深遠影響」，還有實質性的「殃及」。1954 年高崗被收，中直機關育英小學開除其女高延延學籍。小學低年級的高崗幼子，則被同學用釘子扎傷手心。[149]大右派陳學昭之女學習優良，被攔高中門外。[150]陳企霞之子述其少年歲月：「我的學生時代，要進步，想入團，就不得不年年在入團申請書中痛罵自己，剖析靈魂，站穩立場，和父母劃清界限。整天像龜孫子似的，謹小慎微，縮頭縮腦。」[151]陳企霞幼女去了內蒙兵團，一位頭頭以入黨提幹為條件，要她嫁給他，陳幼京所有美好理想破碎，逃離兵團，輾轉至寧夏二哥處插隊。為下一代開闢出這樣的「燦爛新社會」，是陳企霞希望的麼？但陳企霞終身不許子女批評中共。[152]

北京女十中 1963 級高幹子女班，班長第一個被班主任提名團員，偏偏這位班長出身不佳，發給她入團申請表後，「她就開始了向團組織的無休無止的思想彙報，她得不斷地提高對地主爺爺的認識，其實她從來就沒見過他。她還得不斷地批判自己的父親，因為他討了兩個老婆。」二十年後，這位班長不僅不感謝班主任，而是記恨一輩子：「她幹嘛選中我做第一個發展對象⁉她幾乎毀了我的青春。從入團預備期開始的第一天起，我就失去了思想的自由，失去了歡樂。入團這座沉重的大山，壓得我喘不過氣來。

---

[148] 王煉利：〈我們為什麼會助紂為虐〉，載《炎黃春秋》（北京）2010 年第 10 期，頁 80～82。
[149] 陳亞男：《我的母親陳學昭》，文匯出版社（上海）2006 年版，頁 28。
[150] 陳學昭：《浮沉雜憶》，花城出版社（廣州）1980 年版，頁 65。
[151] 陳恭懷：〈有時候，回憶是一種揪心的痛〉，載《黃河文學》（銀川）2008 年第 8 期，頁 4。
[152] 陳恭懷：《悲愴人生——陳企霞傳》，作家出版社（北京）2008 年版，頁 333、371。

我不知道怎樣與父親相處，怎樣與兩個母親相處。我不知道怎樣做才能既不傷他們，也不害自己。」[153]

還有最直接的「殃及」。延安一代子女大多有家難歸，全在托兒所長大。陳學昭之女陳亞男（1941～）：「我們這些娃娃都是供給制長大，父母長年在外參加革命，名副其實是國家的財產。」1950 年，九歲的她一看到長年不見的母親來校，「一個念頭迅速閃過：頂好到哪裡躲一躲。我一頭躲進了廁所間。」晚上與母親同臥一床，「覺得不自在，一夜沒睡穩。」「感覺比起母親，老師們要親切多了。」陳學昭的後半生幾無笑容，「母親的談話永遠是嚴肅的，甚至是沉悶的。我幾乎無法回憶起那時她曾留在我腦海中的笑容。……我從不敢與母親說玩笑話，一來沒那份閒情，二來害怕看見本已沉悶的面容上再添幾分嚴厲。」[154]

李南央評母：「在家吃過我媽那種永無休止的『共產黨人』的鬥爭之苦，天底下就再也沒有什麼事情讓我覺得苦了。」[155]

文革前的大陸青少年普遍崇拜赤色革命，具體表現為：一、強烈的政治參與意識；二、鄙視人權、人性與個性自由；三、頌揚暴力，鄙視溫和妥協；四、毛澤東思想是絕對真理；五、毫無民主法制觀念，因為根本不知何為民主法制。他們被教育：「同偉大的無產階級的愛比較起來，母愛只是渺小的，而絕不是什麼偉大的。」[156]1949 年後，中國人文學子若不想浪費生命，希望自己的研究有價值，就必須掙脫「主旋律」，從非馬列著作中尋找思想資源，只能走「非法」之路。

文革中，韋君宜被揪回人民文學出版社批鬥、遊樓，一下車就兩腿發軟，癱倒於地，由兩名空軍女戰士連拉帶拽遊完樓。受此刺激，韋君宜精神失常，將廁所裡用過的衛生紙撿起疊好，說是交代材料；語無倫次，不認識家人也不認識自己；自扣鋁鍋，說是去遊街；成天對著領袖像傻笑，有時拿著領袖像邊哭邊說：「毛主席不要我了，不要我了！」其夫楊述被

[153] 李南央編著：《我有這樣一個母親》，開放雜誌出版社（香港）2003 年版，頁 110～111。
[154] 陳亞男：《我的母親陳學昭》，文匯出版社（上海）2006 年版，頁 3、5、8、53～54。
[155] 李南央編：《父母昨日書》，時代國際出版有限公司（香港）2005 年版，上冊，頁 309。
[156] 馬昌海：〈「文革」前的中學生思想教育〉，載《炎黃春秋》（北京）2009 年第 6 期，頁 52。

造反派用一寸粗的鐵棍打斷肋骨，滿地亂爬。其子當然是「狗崽子」，流浪一夜後也精神失常。[157]

1949 年後，黨國一體，中共掌握所有社會資源，將辛亥以後的國史編織成符合其政治需要的樣式——萬惡的舊社會、燦爛的新社會，只讓下一代在虛幻的紅色文藝中感知這段歷史，用小說、電影教育紅衛兵一代。因此，在紅色虛幻教育下成長的紅衛兵一代，根本無法適應社會，首先就過不了「真實」這一關。1969 年夏，喬冠華、龔澎之女上山下鄉內蒙生產建設兵團，寫信問母：「都說解放軍是一個大熔爐（兵團連級以上幹部為現役軍人），為什麼還會發生這麼多意想不到的事情？這裡和我們想像的太不一樣了！」如何向初涉「真實」的女兒回信，成了龔澎的一大難事。[158]延安理論無法解釋社會現實，老革命真正遇到新問題，而且是無法解決的大矛盾：向女兒全力灌輸推銷的那些思想，女兒如今握著「現實」前來質疑，理論無法聯繫實踐呵！

文革將 1800 萬知青送入農村「廣闊天地」，完全開了歷史倒車，倒退至俄國 1870～80 年代的民粹派——主張無工業的農村公社化，走農業化道路。青年精英種田澆地，國家還能進入工業化電子化麼？這樣倒退的生產方式還能是最先進最科學的社會革命麼？只要愚民只要忠心，不要知識不要文化，毛澤東確實是瘋了，支持上山下鄉的延安一代也瘋了。將紅衛兵一代推向歷史反向的那隻手，居然是他們的父母！

紅衛兵一代的青春幸福指數極低：知青與農民結合所釀苦果多多，痛苦度甚高。各邊疆生產兵團，「半軍事化」使禁慾主義囂張彌漫。黑龍江兵團八團，掌燈後青年男女接觸，須有領導陪同；六團某連幹部專門尾盯知青幽會，甚至私拆女知青情書，大會宣讀，說是「階級鬥爭的反映」；27 團哈爾濱小伙江某塞紙條給女知青小黃，小黃正爭取入團，認為來兵團「屯墾戍邊，反修防修」，談情說愛豈非資產階級思想？她將紙條交給指導員，小江走了絕路，一梭子兩死兩傷，再拉手榴彈自殺；23 團一杭州知青因戀愛受辱，過烏蘇里江當了「叛國犯」。[159]

---

[157] 王培元：《在朝內 166 號與前輩魂靈相遇》，人民文學出版社（北京）2007 年版，頁 128～129。
[158] 喬松都：《喬冠華與龔澎——我的父親母親》，中華書局（北京）2008 年版，頁 227、234。
[159] 石肖岩主編：《北大荒風雲錄》，中國青年出版社 1990 年版，頁 133、193、11～12、180～181。

　　紅衛兵一代至今仍在為毛時代支付歷史欠賬。紅衛兵一代只會背「老三篇」，不懂數理化、不會外語電腦，終身被迫走「五七道路」，只能工農化，淪於社會底層。2000 年前後，大陸失業主力便是這支「四○五○部隊」[160]。1981 年以來，赴新疆滬青持續請願，上訪三十年，成為赴邊知青「上訪人次最多、持續時間最長、平均年齡最大」的三最維權群體。他們晚年淒涼，退休工資與上海同齡退休者相差一大截，醫保每年限報三萬（上海為 28 萬）。2011 年 11 月 23 日，千餘上海赴疆老知青聚集人民廣場抗議，抗議牌：「少小離家暮年歸，一生受騙終身悔。」

　　黨干涉了延安一代女性的婚戀自由，剝奪了她們的思想自由，她們轉身又干涉剝奪子女的自由，形成延安女性特有的冷血。李南央評母：「她的冷血的個性，不是她獨有的，我在很多幹部子弟朋友的母親身上都可感到。」[161]當延安一代無私奉獻出自由，他們的子女便對自由失去感知（更失去理性認識），既然父母沒有提供感知自由的環境。文革後，一位女滬青首次高考差五分，返滬進了紡織廠，想繼續報考，多次央求不准，單位不開介紹信（報考必須單位同意），只能自費讀電大。[162]受教育權就這樣被單位合法剝奪了。至於不准調動工作、不准蓄髮留鬍、不准戴耳環塗口紅、不准走路蹦躂、不准聽輕音樂、不准個人有想法、不准……下一代只熟悉「不准」，不知何為可「准」。1992 年，「中國打假第一人」王海（1973～）說他之所以專事打假，就在於驚訝國人毫無權益意識，買到假貨都自認倒楣，吞下了事，必須喚醒國人的「自我保護意識」。那麼，國人是在哪兒丟下這種幾近天然的「自我保護意識」？

　　1970 年代中期，山西省委調研室「所有的成員心裡想的都是怎麼跟上毛澤東的步子，能當上御用工具是最大的榮幸，哪裡談得上獨立思考。」[163]延安士林的政治熱情，使數代士子重新熱衷「終南捷徑」，不少人忙著遞奏摺、上條陳，傾心接近權力。1979 年夏，李澤厚與西北大學師生座談。學生反映：「目前高校教育同李先生讀書時的情況沒有多大差別，大家普

---

[160] 二十一世紀初對下崗者的統稱，當年上山下鄉知青四、五十歲，有年齡無文化，幾無競爭力。

[161] 李南央編著：《我有這樣一個母親》，開放雜誌出版社（香港）2003 年版，頁 36。

[162] 〈知識和人才的力量──回看 1977 高考〉，載《文匯報》（上海）2009 年 3 月 25 日。

[163] 丁東：《精神的流浪》，秀威資訊公司（台北）2008 年版，頁 56。

遍感到不大適宜有創造性的人才的培養。」1950～70 年代，受思想鉗制，中國學生的創造力受到制度性壓抑，本應專力培養青年創造力的高校，成了專門壓抑創造性人才的場所。李澤厚說，1950 年代的中國知識分子普遍不注重資料（全去搞思想），1970 年代的讀書人則流行做沙發與木器。[164]

「偉大的毛澤東時代」到底「鶯歌燕舞」還是「水深火熱」，僅須幾條資料就清楚了：1949～83 年，全國高校畢業生僅 411 萬（其中研究生 4 萬），八億人口的 0.5%，文盲半文盲 25%。1980 年代，「由於科學技術不發達，我國農業勞動生產率非常低，每個勞動力年平均提供的糧食約有 0.22 萬斤，而蘇聯為 1.2 萬斤，美國為 17.4 萬斤，相差幾倍至幾十倍。」1980 年代，全美著名大學系主任 1/3 為華人，阿波羅登月工程高工 1/3 華人，90%IBM 公司高級工程師 1/3 是華人。世界科技人才 93.9%在西方，1977 年歐美 GDP 人均 6980 美元。[165]1977 年，中國人均 GDP 不足 200 美元，翻兩翻 800 美元還是需要奮鬥二十年的宏偉目標。社會主義不是具有無比強大的優越性麼？那麼，您的人才呢？您的效率呢？您的 GDP 呢？

1980 年代初，江蘇經濟在大陸諸省區遙遙領先，許家屯長期擔任江蘇經濟工作領導，他向鄧小平彙報：江蘇經濟發展的秘密是大力發展違反「社會主義原則」的集體經濟，因為全民所有制一切利潤上交，沒有利益驅動；而集體所有制只上交利潤的 51%，可留 49%，有 49%的主動權，因此積極性大得多。許家屯非常感慨：「『內地一個蟲，到香港成一條龍』，很形象地說明內地這套制度，限制了人的發展，限制了經濟的發展。」[166]

1980 年代初，中共高層認識到腦體倒掛的嚴重性，然積重難返。1980 年代大學本科畢業生月薪比同齡小學學歷職工低得多，教授、研究員的月薪還不如普通工人。學歷與收入成反比：研究生不如大學生、大學生不如高中生、高中生不如初中生；不上學比上學合算。太原鋼鐵公司二十餘年工齡的老工程師，收入還不如參加工作沒幾年的鍋爐工兒子；中小學教師的收入之低，令人嘖舌。中年科技人員住房面積人均不到五平米者 38.3%。

---

[164] 李澤厚：《走我自己的路》，三聯書店（北京）1986 年版，頁 12～13、3～4。
[165] 趙德昌：《知識分子問題研究》，山西人民出版社 1989 年版，頁 542、134、138。
[166] 《許家屯香港回憶錄》，香港聯合報有限公司 2008 年版，下冊，頁 593；上冊，頁 269。

據 1982 年 3 月北京一些單位的抽樣調查，腦力勞動者月平均收入為 79.47 元，而體力勞動者月平均為 86.36 元，每月相差 6.89 元。在 1982 年腦力勞動者比較集中的國家機關、事業單位調資之後，據全國統計資料表明，這些單位的人均收入低於大多數體力勞動者的企業部門。1983 年企業單位調資之後，據估算，事業單位、國家機關的年人均收入要比企業單位少 70 元。我們如果計算勞動者一生的總收入，腦力勞動者的收入就顯得更低了。

1980 年代，日本中年以上大學畢業生較之初中學歷同齡人，工資高出約一倍；美國大學畢業生一生總收入約高出初中學歷者 0.5 倍；蘇聯腦力勞動者的標準工資是體力勞動者的 2～7 倍。中國之所以出現如此嚴重的腦體倒掛，源於中共治國思想還停留在農業水準，認為只有直接從事工農業生產才是創造財富，腦力勞動並非社會財富創造者。1980 年代初期，有人提出科研設計人員不算生產人員，不應分享工廠利潤所產生的獎金。[167]

領著國人走進這樣的歪歪胡同，還硬說這是需要如何如何叩謝的「新社會」，自己如何如何「偉光正」，不許任何批評質疑，這難道是延安一代所希望的「彼岸」麼？1980 年代初，延安一代還在用力拉拽青年繼續走「紅色之路」。溫濟澤在上海團市委紀念五四運動大型報告會上演講：

> 有些青年對社會主義發生懷疑，甚至失去信仰，要「探索」什麼我國發展的道路，其實，我國革命前輩早已把我國應走的道路探索到了……唯一的光明大道就是走社會主義道路……如果有誰反對社會主義道路，那他就是違背歷史潮流。[168]

還在規定信仰、規定道路，還在理直氣壯剝奪下一代的選擇。按溫濟澤的邏輯，青年一代不僅不需要選擇、不能夠選擇，而且誰「探索」誰「自由」，誰就違背歷史潮流，革命前輩都已「規定」了潮流，還用得著你去探索嗎？再去探索不是對「革命老前輩」的懷疑麼？至此，延安一代已流

---

[167] 趙德昌：《知識分子問題研究》，山西人民出版社 1989 年版，頁 352、542、47～48。
[168] 《溫濟澤自述》，中國青年出版社（北京）1999 年版，頁 391。

露出無法掩蓋的反動性。雖然溫濟澤還算延安一代的鴿派，不屬極左鷹派，仍發出如此的「規定」之聲。剝奪下一代對未來的探索權、對歷史的選擇權，真正的「反動」呵！

　　進入 1980 年代，胡喬木、鄧力群、林默涵、魏巍、劉白羽、黃鋼、程代熙等人形成頑固的「老左派」，辦起反對改革開放的極左刊物《中流》、《真理的追求》，全力拉拽改革之車，要求重回毛澤東時代。

　　最大最深的遺禍則是向後人移植的思想觀念與價值體系。紅軍一代、延安一代拋頭顱灑熱血拼來的革命，並非為中國帶來觀念大飛躍，而是基本價值的大顛倒。「新社會」竟一切都要「而今邁步從頭越」，毫無意義地自我折騰，白白放棄先聖前賢積累的歷史經驗。北大七七級文科生宿舍討論：「私營經濟是否應該存在」、「什麼是民主政治」，[169]ABC 級的話題，爭論激烈，這就是紅衛兵一代文革後認識的起點，

　　1980～81 年，《中國青年》雜誌開展「潘曉討論」，從人生意義、生活價值，討論到如何看待「講實惠」。這場討論也是紅衛兵一代需要從最低台階起步的歷史腳印。「潘曉討論」期間，《中國青年》收到六萬餘來信來稿，不少幾十上百青年聯名。但《中國青年》受到多方壓力。1983 年「清汙」，某大學黨委上書中央，要求清算「潘曉討論」，指責「這場討論散布了大量的錯誤觀點與違背四項基本原則的言論」、「對青年是嚴重精神污染」；幸得胡耀邦批註「這件事用不著再大肆翻騰，注意一下就可以了」，才未「認真進行清理」。[170]「潘曉事件」的實質是社會基本價值的迷失與重拾，極左派的反對，意在「奪回失去的天堂」。「清汙」運動一起，人民出版社人事科長望風而動，如同執行聖旨，發動婦女剪頭髮、剪褲腳。全國頓時緊張起來，周揚挨批、胡績偉、王若水被撤職。[171]

　　赤色意識形態的遺禍更是流播深遠。1990 年，北大中年學者董學文（1945～）用馬列能動說抨擊李澤厚的「主體性」，「回到初級的『人本主義』，回到了老舊的『民本』思想。」[172]董學文認為李澤厚將人的主體性

[169] 鄭曉玨：〈從「北大荒」到「北大」〉，載《新京報》（北京）2008 年 11 月 3 日。

[170] 郭楠檸：〈我親歷的「潘曉討論」〉，載《炎黃春秋》（北京）2008 年第 12 期，頁 30～31。

[171] 曾彥修：〈我認識的胡喬木〉，載《炎黃春秋》（北京）2010 年第 8 期，頁 40。

[172] 董學文：〈評「西體中用」——李澤厚先生近年理論觀點分析〉，原載《中流》（北京）1990 年第 7 期。參見《中流百期文萃》，金城出版社（北京）1998 年版，頁 132。

引向自身人格、尊嚴、價值、個性、權利、欲求、生命感受、生存感受，
乃是初級的自覺認識，不值一提。但問題是當這些初級的「自覺認識」仍
被漠視，當「民本」、「人本」尚未實現，用那些不切實際的馬列「高標準」
否定尚未實現的「低級」，有意義麼？就算走向您的「高級」，難道不需要
從「初級」一步步登上去麼？董學文批駁李澤厚的實質，意在沛公——奪
回意識形態的價值制高點，挽回赤色意識形態搖搖欲墜的頹勢。

　　似是而非的延安一代留下似是而非的意識形態，分娩出似是而非的社
會，許多歪理公然出行。1958 年 8 月 21 日，毛澤東在北戴河會議：「不靠
刑法、民法維持秩序」、「要人治，不要法治」、「《人民日報》社論，全國
執行，何必要法？」劉少奇在另一會議呼應：「到底是人治還是法治？看
來，實際上靠人。」山東省委主辦的《新論語》發表文章《提倡人治，反
對法治》，「堅持人治還是堅持法治，是堅持無產階級專政還是堅持資產階
級專政的分界點，是兩條路線鬥爭的大是大非問題。」[173]毛澤東這種要人
治不要法治的歪說，明顯有利於他的「無法無天」，居然提高到「兩條路
線鬥爭」予以強調，好像全世界都應該回到人治社會。

　　1965 年，人民文學出版社一本正經討論「人民內部矛盾中是否包含階
級鬥爭的內容」？[174]全社會做了多少無用功！「解放牌」右派作家王蒙（1934
～）：「要知道對我來說，今天中國的一切都是 better than worst。（比最差稍
好）」[175]居然是這樣的訴求起點。2009 年 4 月 20 日《江蘇法制報》載文〈學
會看輕自己〉，以自甘平庸為高人境界，以甘於埋沒為價值號召，以不懷
希望去避免失望。[176]可問題是：既然每一個體都無價值，埋沒了也嘸啥，
還有必要奮鬥與努力麼？鼓勵青年奮進還是慫恿懈怠？

　　2006 年，解放牌學者閻崇年（1934～）在央視「百家講壇」講了後來
當眾挨摑的幾個觀點：一、「清朝文字獄雖然制約了一定的思想靈性，但
起碼維持了社會穩定。」二、「對吳三桂要客觀評價，畢竟他的開關行動
減少了戰爭曠日持久帶來的無辜平民的傷亡。」三、清初「剃髮令」及改

[173] 蕭磊：〈山東的法制「大躍進」〉，載《炎黃春秋》（北京）2010 年第 5 期，頁 19。
[174] 包子衍、袁紹發編《回憶雪峰》，中國文史出版社（北京）1986 年版，頁 285。
[175] 周素子：《右派情蹤》，田園書屋（香港）2008 年版，序二，頁 VI。
[176] 黃建如：〈學會看輕自己〉，載《江蘇法制報》（南京）2009 年 4 月 20 日。

穿滿服是「文化交流」。[177]閻崇年的歷史觀文化觀裸露喝過狼奶的底色：缺少基本人文價值、持守「統治者本位」的暴力思維、價值倒置。閻無視文字獄、吳三桂開關、剃髮易服對漢人及中華民族根本利益的傷害，站在滿清立場，大是大非嚴重出偏。文字獄鉗制思想乃上位價值，影響了中華民族的整體發展並引來「落後挨打」，所謂「社會穩定」只是滿清一姓的江山安固。退一步，就算滿清皇朝的穩固聯繫著中華民族的利益（清朝實為標準的民族壓迫型政權），為求一時穩定的下位價值，支付上位價值為代價，以喪失國家發展動力為代價，孰大孰小孰重孰輕，這樣最基本的人文價值序列，治史學者能任意碼放麼？如果「文字獄維穩論」能夠成立，那麼反右文革的文字獄，不也同樣合理麼？不也同樣有利「穩定」麼？不也應肯定其歷史合理性麼？閻崇年的錯誤，源頭只能追溯到他青少年時代的紅色教育，沒有建立基本人文觀念，七旬之齡犯青春級錯誤。

2007 年，北大中文系副教授孔慶東（1964～）竟也有強烈的階級意識：「章詒和家庭所屬的階級是政權的敵人」、「他那個階級是我們政權的敵人，那個階級過得那麼好，共產黨對他們的政策是極其寬大的，他們繼續過著很奢侈的生活。共產黨對他們這麼好的情況下，他們仍然夢想變天，他們時刻夢想著騎在人民頭上……」[178]小孔先生這通言論發布於課堂。

2009 年，紅色後代、文革少女陸曉婭（1953～）痛訴：

> 從小我們只接受過「階級鬥爭」的教育，人權和法律的概念基本為零。我們以為人類文明的走向就是共產主義，而共產主義必須經過「血與火」的鬥爭才能到來。我們不知道，在這個一部分人將另一部分人以「革命」的名義非人化的過程中，我們自己也同時失去了人之為人的東西──當我們不能對他人的苦難感同身受時，我們已經連動物都不如。我們正大踏步地與人類文明發展的趨勢背道而馳。[179]

---

[177] 于吳雪：〈「掌摑閻崇年」就是挑戰專制話語霸權〉，載《前哨》（香港）2009 年 1 月號，頁 41。
[178] 何三畏：〈看孔慶東教授的「敵情觀念」〉，載《同舟共進》（廣州）2009 年第 7 期，頁 68。
[179] 尹曙生：〈安徽特殊案件的原始記錄〉，載《炎黃春秋》（北京）2009 年第 10 期，頁 66。

由延安一代哺育的紅衛兵一代，打老師、鬥父母、反傳統、破四舊，沒有一樣不是「前無古人」，估計也「後無來者」。他們從小缺乏最基本的親慈教育，階級教育使他們只認識「鬥爭」、只認識「敵人」，不認識「和平」與「友人」。

李南央：

> 我接觸到的更多的革命的母親是沒有柔情的，因為那會被認為是資產階級的、令人作嘔的病態情調……在「革命隊伍」中，我的母親絕不是個案……崇尚革命放棄對自己骨肉之親的愛，崇尚不惜以自己和親人的鮮血去換取事業成功的共產黨人，在暴力的革命，鐵血的革命中已鑄成了一副鐵石心腸……其實連自己的孩子都無法愛的人，對普天下孩子的愛只能是一種虛假的教義。[180]

1978 年，吳思（1957～）入學人大中文系，他從紅小兵排長到紅衛兵排長再到團支書、大隊副書記、先進知青，但農村「大包乾」的成功，「造成我原有的世界觀的崩潰，我被迫研究歷史，回過頭來重建世界觀。」終於認識到將「私」歸為資產階級，認定資本主義社會必定爾虞我詐唯利是圖，實為大大謬誤，「實際情況是，農民多打糧食，整個社會的氛圍卻變好、變寬鬆了，不是更暴戾了。」[181]馬列主義使這位「知青先進」走了大彎路，用了半生時間才明白一些最簡單的事理。王小波去世前一天發給朋友的電郵：「自從我輩成人以來，所見到的一切全是顛倒著的。」[182]

基礎價值理念的缺失，延安一代以降普遍缺乏重大價值判斷能力。1991年 10 月，謝晉（1923～2008）在日本接受採訪：「『六四』這個問題要讓歷史去作結論，現在我說不清楚。」當被問到人權問題，謝晉竟答：

> 我跑到美國、日本，你們都問我「人權」問題。我覺得這是一個沒有水準的問題，無聊得很。其實各個國家對「人權」概念的理

---

[180] 李南央：《我有這樣一個母親》，開放雜誌出版社（香港）2003 年版，頁 221～222。
[181] 吳思：〈我重建世界觀的心路歷程〉，載《南方都市報》（廣州）2008 年 10 月 6 日。
[182] 丁東：《精神的流浪》，秀威資訊科技股分有限公司（台北）2008 年版，頁 153。

解不同，認識也不同。我走遍了世界各國，我就認為我們中國是一個最講「人權」的國家。總之，你們沒有資格談「人權」。……美國和日本就一定民主、自由、平等嗎？中國就一定不民主、不自由、不平等嗎？我看就不見得。[183]

68 歲的謝大導演，政治判斷如此弱智，思維邏輯如此混亂，坦克上街碾學生的中國居然是「最講『人權』的國家」，美國、日本反倒沒有資格談人權，這就是一代中共名導的水準！

解放一代、紅衛兵一代是被紅軍一代、延安一代玩傻的一代，知識無根、學術無柢，只學過「老三篇」，不知道《十三經》，只熟悉紅色名教，不知古今文化，胡錦濤、習近平不是時不時鬧出文化笑話麼？紅衛兵一代因知識狹窄而純潔粗簡，眼裡「容不得一粒沙子」，革命堅定性甚篤，就是不通人性人情。囿於文化水準，現已漸入老境的絕大多數紅衛兵仍不明白自己怎麼會被時代拋得如此之遠？不明白怎麼從時代弄潮兒淪為「四〇五〇部隊」？他們不明白自己的命運由什麼決定、不明白為什麼沒能上大學？子女何以對中華傳統那麼陌生？一位法國漢學家看得很清楚：紅衛兵一代「被他們的『父親』將他們當作祭品供奉在他的權力意願及與現代化世界格格不入的意識形態祭壇上了。」[184]

植下左種，必收左果。1994 年 12 月 8 日，克拉瑪依友誼館大火奪去325 條生命，其中 288 名中小學生，37 名教師。慘劇最令人驚心的還不是大火，而是市教委官員關鍵時刻那句「讓領導先走！」最寶貴的逃命時間就這樣讓給了領導。無論官本位意識，還是奴性心理，這句瞬間迸發出來的驚天「雷語」，難道不是赤色文化之果麼？

2008 年 11 月，上海華東政法大學歷史系教授楊師群，課堂上借古諷今批評中共，兩名女生向公安局舉報楊教授「反革命」，被立案偵查，上演了一幕現代荒誕劇。評家認為這一事件根於中小學標準化教育（任何習題都有標準答案），塑造出一元化思維的學子，普遍缺乏容異心理，

[183] 陳柯：〈謝晉在日本談人權〉，載《開放》（香港）1991 年 11 月號，頁 31。
[184] （法）潘鳴嘯（Michel Bonnin）：《失落的一代：中國的上山下鄉運動，1968～1980》，歐陽因譯，香港中文大學出版社 2009 年版，頁 439。

更沒有民主自由意識,以至於無法接受教授的不同聲音。[185]青年一代不知道什麼叫自由,也不會享受自由,自然就成了「反自由戰士」。

顧準之子高梁(1948～)至今仍是最堅決的擁毛者:「這個國家是他締造的,締造容易嗎?沒有毛澤東的恩德,有中國的今天嗎?」[186]中共第一反思者之後、吳敬璉的碩士,看來已終身難出「左漩」了。

延安創立的嚴格檔案制更是遺禍連連。復旦學人葛劍雄(1945～),1968～78 年為上海某中學「材料組」成員,專事學生檔案政審,「中學畢業前,就必須進行家庭情況與社會關係的政審,填寫一張政審表,放進學生檔案」,這張政審表將終身陪伴主人,尤其「檢舉揭發他人的信件,特別是針對領導的,往往留在本人檔案中,還加上領導要求對該人調查的批語,甚至已作了『惡毒攻擊』、『階級報復』等結論,可憐本人還一無所知。」社會關係稍有不潔,而且還是本人主動交待填寫的,如親戚熟人同學同事中有「留美未歸」、「隨蔣匪逃台」、「三青團骨幹」什麼的,「於是,明明本人屬『苦大仇深』的工人階級,或黨員幹部,卻已列入『內部控制』。……在這十年間,經我們之手產生的『政審材料』更多的是使一些學生從畢業之日就戴上了無形的枷鎖,受到種種限制和不公正的待遇,被打入另冊。要不是撥亂反正、改革開放,或許我會一輩子做這樣一件名為『堅持政治方向,貫徹階級路線』,實質傷天害理的事。」[187]

1940 年代即為浙大法律系的一位教授,肅反瘐死獄中,妻子接著去世,長女得精神病,其子浙大電機系畢業,先分配石油部,後下放安徽某廠;次女入學浙省頭牌中學──杭二中,成績極其優異,檔案上卻有九字「黑腳印」──世仇分子,不宜入大學。[188]筆者成分「偽軍官」,也是未出校門就已遭「限制」,初中畢業那張帶有「階級恥辱」的政審表,相信至今還在本人檔案袋裡。

[185] 黃陳鋒:〈大學生舉報教授讓人悲哀〉,載《北京青年報》2008 年 11 月 29 日。
[186] 彭淑等:〈顧準之子高梁言行錄〉,載《各界》(西安)2011 年第 11 期,頁 28。
[187] 葛劍雄:〈我經歷過的「學生政審」〉,載《歷史學家茶座》(濟南)2008 年第 4 輯。
[188] 周素子:《右派情蹤》,田園書屋(香港)2008 年版,頁 193～194。

　　社會環境全面壓抑，單位頭目捏著下屬生死簿。1955 年肅反，南京將逮捕證發給各單位，一晚上就逮捕兩千多人，禮堂都住滿了，後又都放出。[189]車間主任玩弄女工、黨支書以權謀私，花樣比「舊社會」多得多。

　　1990 年代以前，點滴生活細節都會遭「修理」，如青年人上下樓一步兩三階、抽「大前門」香煙等。[190]至於參加領袖號召的造反，也有可能遭終身禁錮。一位老延安記述：「我就看到不少有為的青年，只因參加了幾個月造反派的活動，一直被控制使用到退休，不得提職不得出國。」[191]

　　延安烘焙成的清教徒式氛圍，下一代的婚戀也空前絕後。上海作協副主席趙長天（1947～2013）與女友乃初中同學，他赴川當兵，女友去了黑龍江生產兵團，通信多年，「不敢放任自己的情感的。戀愛是一個恥於出口的字眼，甚至要壓制閃出這方面的念頭……我們在戀愛中的信件，都可以公開在壁報上貼出來，說的都是革命的語言。」1973 年趙長天探家，攜女友同遊莫干山，滿山翠竹滿谷林濤，鳥鳴泉咽，靜得只有他們兩個人，可以做任何想做的事，然而，「除了在下山的陡坡援手攙扶，我們沒有更親密的接觸。沒有接吻，沒有擁抱，更不會住在一個房間。」而且，「什麼是性行為，我們根本就不知道。我們對於性的常識，幾乎為零。……我們在新婚之夜，還不知上床是怎麼回事，真正是在黑暗中摸索。……這樣的情況，絕不在少數。我們總算自學成才了。聽說有結婚多年始終不孕，去醫院就診，才明白根本就沒有同房。」[192]革命革到下一代對性要「自學成才」，可立為一個時代的「標誌性建築」。

　　父母生病，子孫吃藥。1980 年代初一項調查表明：中國婦女 60% 無性高潮，視性僅為傳種接代的例行公事，10% 有性恐懼，只有 30% 的女性享受到性高潮。[193]1981 年北京文明禮貌月活動，北大語言學家王力（1900～1986）怒曰：「我收到的信有的就寫『王力收』！現在文化大革命已經結束了，我不再是牛鬼蛇神了，加個『同志』還不行嗎？要知道直呼其名在中國是最沒有禮貌的，因為只有對奴僕和囚犯才可以直呼其名！」近年，一

[189] 王書瑤：《燕園風雨鑄人生》，勞改基金會黑色文庫編輯部（華盛頓）2007 年版，頁 47。
[190] 丁東：《精神的流浪》，秀威資訊科技股分有限公司（台北）2008 年版，頁 51。
[191] 何方：《從延安一路走來的反思》，明報出版社有限公司 2007 年版，下冊，頁 549。
[192] 趙長天：《曾經》，文匯出版社（上海）2007 年版，頁 184～188。
[193] 申淵：《臥榻之側—毛澤東宮闈軼聞》，五七學社出版公司（香港）2011 年版，頁 513。

位報考語言專業的碩士生連信封也不會寫,「教授」加括弧並降半格。青年結婚要由婚慶司儀一個個領稱親戚。[194]

　　2005 年,溫家寶探望錢學森(1911～2009)。錢問:「為什麼我們的學校總是培養不出傑出人才?」「這麼多年培養的學生,還沒有哪一個的學術成就,能跟民國時期培養的大師相比!」[195]新不如舊,革命的效果呢?最最重要的人才,「新中國」60 年不如舊中國的 30 年,不能不追問一下吧?

　　長夜總會結束,後人總會覺醒。一位知青作家對比今昔:「就算今天我們是真的很失望,也比文革中不懂得什麼叫失望強上一千倍一萬倍。」[196]這樣沉痛的千倍萬倍之差,能夠「淡化」麼?

　　鄙視知識、鄙視知識分子,「知識越多越反動」,前無古人的反知化,延安一代推立的紅色社會,一片扭曲的「紅色違章建築」,不僅折騰自己,還在折騰後人。我們紅衛兵一代得先清障再建屋,尤其意識形態,不僅不可直接享用「前代蔭涼」,而且每走一步得先斬卸腳下赤色絆索。1979 年第 5 期《大眾電影》刊登英國影片《水晶鞋與玫瑰花》接吻劇照,一封新疆來信憤怒抗議:「社會主義中國,當前最重要的是擁抱和接吻嗎?」這封信引發全國大討論。[197]如此設問,將擁吻與「最重要的事」連在一起,本身就有問題。難道《大眾電影》需要承擔「最重要的事」嗎?在擁吻照片尚甚敏感那會兒,這位新疆讀者不但認識不到這張照片的「解凍」意義,卻跑來撻伐,成為社會走向開放的阻力,說明什麼呢?

　　如今大陸意識形態,中共雖退守至「馬克思主義中國化」(列寧主義已不得不棄守),但仍不肯撤除馬克思主義繩圈,因為事關政權合法性。有需求就會有「供應」,新左派應運而生。新左派不僅肯定國際共運,而且肯定毛澤東、金日成、波爾布特。曠新年甚至認為誰向美國叫板,誰就是好樣的。[198]新左派也舉著同情弱勢群體的旗幟,但意在用馬列那套剝削論反對帝國主義,利用全球反美勢力與民族主義為反美張目,其政治底牌雖然繞了一個圈,但仍十分清晰:支挺赤色意識形態。

[194] 胡明揚:〈從「敬啟」說起〉,載《咬文嚼字》(上海)2008 年第 2 期,頁 6～7。
[195] 張緒山:〈「錢學森之問」:一個不成問題的問題〉,載《炎黃春秋》(北京)2010 年第 6 期,頁 70。
[196] 葉兆言:〈過去好,過去壞〉,載《解放日報》(上海)2009 年 1 月 15 日,第 12 版。
[197] 牛萌:《大眾電影》:不堪回首「當年勇」〉,原載《新京報》(北京)2011 年 5 月 27 日,
[198] 邢小群:《往事回聲》,時代國際出版有限公司(香港)2005 版,頁 250。

第七章

組織崇拜

壹、革命宗教化

國際共運有一普遍特徵：紅色信徒必須與傳統以及一切非赤說一刀兩斷，此為必備準入證，典型的一神教。革命宗教化乃是領袖教主化的前提。組織崇拜是領袖崇拜的基礎，個人崇拜緊拴著黨迷信。

1918 年元旦，高爾基：「革命仍然在深入，為那些用工人階級的人體做試驗的人們增添著榮耀。」[1]《真理報》很快指責高爾基背叛革命。文革後，黃克誠（1902～1986）不止一次當眾批評「自由化」的白樺：「如果毛主席不能算救世主，那麼共產黨可不可以算是救世主呢？」白樺後評：「這顯然也是錯誤的，從他這個錯誤認識裡可以看到，許多『老革命』就是這樣把領袖和黨潛移默化地尊奉為神和宗教的。」[2]

1949 年以前的中共黨員大多有一種獻身的崇高感。一段十分典型的對話，背景為搶救運動。

> 「你是黨員，難道你不信任黨嗎？」
>
> 「我怎麼不信任黨呢？我入了黨，把自己的一切都交給了黨，黨即使叫我今晚去死，我也絕不會活到明天。」
>
> 「那黨說你有問題，你怎麼不承認呢？」
>
> 「⋯⋯⋯⋯⋯⋯」
>
> 「你是黨員，要起模範帶頭作用，積極向黨靠近，黨號召坦白，你怎麼不坦白呢？」

---

[1] （俄）高爾基：《不合時宜的思想》，余一中、董曉譯，作家出版社（北京）1998 年版，頁 42。

[2] 白樺：〈暴風中的蘆葦〉，載金薔薇編：《作家人生檔案》，中國工商聯合出版社（北京）2001 年版，上冊，頁 129。

這位黨員終於為了組織「坦白」了,自誣「特務」。另一人正式表態:「我是依靠組織的,如果組織上說某個人有問題,我就認為有問題。」被冤的「特務」也這麼說服自己:

> 我以外的這些人很可能就是特務。不然黨怎麼會把他們抓進來?黨是實事求是的,一時冤枉個別人固然難免,但冤枉這麼多人是不可能的。所以,我作為真正的共產黨員,在眾多的特務面前,只有聽黨的號令,勇往直前鬥爭他們。在這些特務面前,我也不可暴露我的非特務身分,以免被他們鑽空子,助長他們抗拒交代的氣焰,給黨的事業造成損失。[3]

1943 年 4 月 1 日,李銳遭「搶救」被捕,范元甄堅信丈夫無任何問題,核對一下事實,幾天就能回來。范日記:「只要他自己真沒事,在黨領導的力量下,還會冤枉黨員嗎?」二十天後,范元甄的思想「深化」了:「他的一切都是為麻痹我,為了他的政治目的……擺脫了他正是一個解放……在所謂感情上,我真是對他毫無留戀了。除了因為認識到他是敵人,一切都是欺騙之外,整風是有莫大關係的。」半年後,范日記越來越紅:「愛人(我真不願再把李銳當作它的同意語)也不要了。要逐漸做到,任何一部分組織就是家,工作、學習就是愛人。」她甚至認為黨無所不能:「黨——中國的、外國的,是這樣一個有前途的力量,他要什麼有什麼,他做什麼成什麼。」[4]1957 年 7 月 1 日《人民日報》頭版大標題:「共產黨人沒有學不會的本領」。

中共創建之初就自我神化,要求黨員視組織為「真理化身」。延安時期,陳伯達論證:「共產黨是特別的黨,它的力量就在於:它的主義、它的鬥爭,是貫串著全民族全人類的普遍利益,能掌握歷史發展的規律。」[5]既然黨具有終極性的偉大,一句「組織決定」,泰山壓頂,毫無還價餘地。

---

[3] 高浦棠、曾鹿平:《延安搶救運動始末》,時代國際出版有限公司(香港)2008 年版,頁 174~176、194~195。
[4] 李南央編:《父母昨日書》,時代國際出版有限公司 2005 年版,上冊,頁 345~348、367、371。
[5] 陳伯達:〈人性?黨性?個性〉,載《解放日報》(延安)1943 年 3 月 27 日。

宗鳳鳴：「我們已形成這樣的思維習慣，組織上說什麼，我們就聽什麼，組織叫幹什麼，我們就幹什麼；組織上不讓知道的事，一概不多問，避嫌涉密。對組織上的任何決定，是從不加以懷疑的，反正一心幹革命就是了。」[6]強烈的組織紀律性，成為延安一代的「天性」。可一個任由組織剝奪自身權利的人，還能為大眾爭取自由與人權麼？

1940 年代後期，「五四鬥士」郭沫若提出「尾巴主義」，號召民主人士要心甘情願做中共尾巴——跟著走。[7]1953 年 6 月，蘇聯出了貝利亞事件，中國留蘇生提出一些質疑，中共駐蘇使館教導他們：「我們用不著去刨根問底，我們只能相信黨。」[8]索爾仁尼琴（1918～2008）：「以整體的名義要求個體無條件服從，這正是前蘇聯時期各種黑暗帝國的成因；任意剝奪個體權利的衝動形成了人類機體之癌。」[9]

搶救運動中，魯藝女學員李納（1920～）被傳訊，劈頭第一句：「你相不相信組織？」「相信。」「你既然相信組織，那麼組織說你有問題，你就有問題。」四十多年後，李納仍矸然心悸：「我真如五雷轟頂，接受不了，真想跳崖算了。」魯藝教員石泊夫（1907～1982）無故被捕，其妻精神崩潰，夜堵窯洞門窗，點火自焚，一併帶走兩個孩子。次日，周揚大會宣布：「她自絕於黨自絕於人民，把孩子都拉去和自己一同去死，可見她對黨的仇恨有多大。」李納另一女同學，丈夫「搶救」被捕並抄家，該女精神錯亂。其夫乃揚州鹽商子弟，平反後攜妻回了老家。[10]

1943 年，蕭志秀被「搶救」成女特務，關黑窯兩年，土窯軟禁兩年，1946 年撤離延安途中掉隊，被國軍逮捕。她神經錯亂，1949 年後備遭坎坷。1986 年，意外迎來宜昌公安局徹底平反，問她有什麼要求：「你不要客氣，遭受了一輩子的委屈，提出一些要求也是不過分的。」老人認真想了想：

6　宗鳳鳴：《心靈之旅》，開放出版社（香港）2008 年版，頁 23。
7　柳亞子：〈從中國國民黨民主派談起〉（1949 年 12 月 9 日），參見王晶垚等編：《柳亞子選集》，人民出版社（北京）1989 年版，上冊，頁 584。
8　張軼東：《從列寧格勒大學生到新肇監獄》，勞改基金會黑色文庫編輯部（華盛頓）2007 年版，頁 29。
9　曹長青：〈斯拉夫主義害死索爾仁尼琴〉，載《觀察》（華盛頓）第 41 期，2008 年 9 月 5 日，頁 30。
10　李輝：《往事蒼老》，花城出版社（廣州）1998 年版，頁 326～327。

「如果可能的話，我希望能恢復我的組織生活。」[11]盧森堡：大街上如果只剩下一位革命者，必定是女人。

1974 年 8 月 25 日，曾任魯藝劇團藝術指導科長、影片《英雄兒女》飾軍政委的田方（1911～1974），肝癌病危，是否告知本人病情，妻子于藍首先想到請示組織：「我該怎麼辦？只想等到丁嶠和謝鐵驪來時，問問何時對田方說。因為他們是代表組織的。」[12]

整風時期，延安各機關學校天天細讀黨報，嚴格按黨報口徑運行思想、措詞說話。時日一長，漸成自我保護機制，惟此才放心，才不會思想出圈言論出軌。一句「組織決定」，絕對執行，組織乃最高神聖最高裁判，一切是非只要組織裁定，便是絕對正確絕對真理。

1992 年，張光年（1913～2002）：

> 個人迷信幾乎成了老一代革命幹部的通病，是當代和今後的年輕人難以理解的……為什麼對毛主席還那麼迷信呢？……除了馬克思主義理論修養不深不透而外，還因為我們是從苦難深重的地獄般的舊中國舊社會奮鬥出來的……又經歷了大革命失敗後黨的歷次錯誤路線下那麼多革命志士的流血犧牲，真是血流成河！……自己也在白色恐怖下顛沛流離，九死一生。我們沒有想到革命勝利來得這麼快，自己也能夠享受到新中國成立的歡樂……封建遺毒浸染了革命肌體，長時間不自覺。[13]

許良英：

> 1948 年 11 月以前，我一直以為自己這一生是見不到解放的，以為自己在這個日子來到以前就已經死在敵人的監獄裡或刑場上。[14]

---

[11] 高潔、路平：〈康生與延安審幹運動〉，載《黃河》（銀川）1989 年第 4 期，頁 182。
[12] 于藍：《苦樂無邊讀人生》，中央文獻出版社（北京）2001 年版，頁 101、119。
[13] 張光年：〈回憶周揚──與李輝對話錄〉（1992 年 12 月 4 日），載王蒙、袁鷹主編：《憶周揚》，內蒙古人民出版社 1998 年版，頁 20～21。
[14] 許良英：〈幻想‧挫折‧反思‧探索〉，載燕凌等編著：《紅岩兒女》第三部（上），真相出版社（香港）2012 年版，頁 221。

　　關鍵還是「勝利來得這麼快，自己也能夠享受到……」可是，對「封建遺毒浸染革命肌體」，對毛澤東的鐵血獨裁，怎麼沒有一點反思？尤其這場革命與毛獨裁之間的關係，大詩人張光年何以「不著一字」？

　　1950 年代初，周揚訓子：「有兩個東西你要崇拜迷信，一個是蘇聯，一個是毛主席。」[15]周揚在中央文學研究所講課，淚述「毛主席水準很高，而我們太低了。生活在毛澤東時代，我們很幸福。」[16]

　　五四建立起來的一系列現代意識形態陣地，均在這一時期失守。季羨林（1911～2009）勾勒了這一曲線：

> 　　對領袖的崇拜，我從前是堅決反對的。我在國內時，看到國民黨人對他們的「領袖」的崇拜，我總是嗤之以鼻。……後來到了德國，正是法西斯猖獗之日。我看到德國人，至少是一部分人，見面時竟對喊：「希特勒萬歲！」覺得異常可笑，難以理解。我認識的一位不到二十歲的德國姑娘，美貌非凡。有一次她竟對我說：「如果我能同希特勒生一個孩子，那將是我畢生最大的光榮！」我聽了真是大吃一驚，覺得實在是匪夷所思。我有一個潛台詞：我們中國人聰明，絕不會幹這樣的蠢事。……最初，不管我多麼興奮，但是「萬歲」卻是喊不慣，喊不出來的。但是，大概因為我在這方面智商特高，過了沒有多久，我就喊得高昂熱情，仿佛是發自靈魂深處的最強音。我完完全全拜倒在領袖腳下了。[17]

　　吳晗自傳：「初到解放區，聽到專政，擁護共產黨，毛主席萬歲，很不習慣……但是這種錯覺很快就糾正了。」[18]西南聯大畢業生馬識途：「起初，我們聽到喊毛主席萬歲，覺得彆扭，皇帝才叫『萬歲』呀。喊『共產黨萬歲』還可以，怎麼能喊某個人『萬歲』呢？孫中山就任臨時大總統的

[15] 李輝：《往事蒼老》，花城出版社（廣州）1998 年版，頁 393。
[16] 邢小群《丁玲與文學研究所的興衰》，山東畫報出版社（濟南）2003 年版，頁 164。
[17] 季羨林：《牛棚雜憶》，中央黨校出版社（北京）1998 年版，頁 215。
[18] 蘇雙碧主編：《吳晗自傳書信文集》，中國人事出版社（北京）1993 年版，頁 16。

時候，有人喊『孫大總統萬歲』，他堅決反對。」[19]1949 年，北京高校師生對「萬歲」口號心存疑慮，很不習慣，進行辯論，「後來經過學習和潛移默化，才慢慢習慣起來。」[20]更醒醐的是：「毛主席萬歲」是毛澤東 1950 年悄悄塞入五一遊行口號。[21]

遭毛澤東點名批判「唯心論」的馮友蘭，毛死後寫悼詩：「紀念碑前眾如林，無聲哀於動地音；城樓華表依然在，不見當年帶路人。」[22]1994 年，冰心（1900～1999）：「中國太亂，好不容易有了人出來治理，我們很高興。要不是崇拜，我們還不從外國回來呢！」[23]

1958 年，香港報人曹聚仁致信友人：「我認為，我們在建設大業中，應放棄個人的自由主義觀點。……我決定收起『自由主義』的旗幟（並不是別人要我收起，而是我自覺的，衷心明白自己的淺薄無知，覺得應該收起的）。對於邦國大計，還是聽從先覺者的領導不錯。」[24]一代士林竟相信有先知、相信天才相信救星！那一代士林不僅對自由的實質十分隔膜，不理解自由對個人權利的意義，也不知道民主的社會必要性。他們的思想品質缺乏真正意義上的現代性。正因為延安一代、解放一代集體匍匐毛腳下，才托起這尊「馬克思＋秦始皇」的紅色大帝。

毛死後，鄧小平理直氣壯接著獨裁。「六‧四」後鄧小平向江澤民交班：「毛在，毛說了算。我在，我說了算。你什麼時候說了算，我就放心了。」[25]言簡意賅，真正中國特色。這樣的政治邏輯能為中國開啟民主閘門麼？各路野心家當然看到終南捷徑。文革前，張春橋之妻勸夫與江青疏遠一些，張瞪眼大聲：「不通過她，我接近不了主席！」[26]

19 〈馬識途 1998 年 7 月 2 日談話記錄〉，載燕凌等編著：《紅岩兒女‧一生都在波濤中》第三部（下），真相出版社（香港）2012 年版，頁 702。
20 郭道暉：〈「萬歲」口號之我見〉，載《炎黃春秋》（北京）2010 年第 8 期，頁 65。
21 李銳：〈關於「毛主席萬歲」這個口號〉，載《炎黃春秋》（北京）2010 年第 8 期，頁 64。
22 陳微主編：《毛澤東與文化界名流》，人民出版社（北京）2003 年版，頁 41、51。
23 李輝：《人生掃描》，上海遠東出版社 1995 年版，頁 96。
24 曹聚仁《我與我的世界》，北嶽文藝出版社（太原）2001 年版，頁 937～938。
25 李銳：〈訪談錄：「我的建議，老中青三代普遍贊成」〉，載《二十一世紀環球報導》（廣州）2003 年 3 月 3 日。參見《李銳文集》第 10 卷，中國社會教育出版社（香港）2009 年版，頁 26。
26 陳小津：《我的「文革」歲月》，中央文獻出版社（北京）2009 年版，頁 80。

　　組織崇拜還表現在一旦開除黨籍，猶喪家之犬惶惶不可終日。心被摘掉了，靈魂無依了，怎麼過日子？1958年4月，馮雪峰被開除黨籍。馮多次表示只要留在黨內，願受任何處分，甚至違心修改了「答徐懋庸信」的注釋。[27]馮1927年6月入黨，近30年黨齡（其中兩年脫黨），實在不願離黨。支部表決，馮也舉手同意開除。會後追著支書：「決議上說的不符合事實。我從來不反黨反社會主義。但我服從決議。」馮不斷要求重新入黨，甚至表示死後能恢復黨籍將無憾！1976年1月，馮一息在榻，惟一願望重回黨內。[28]他致信毛澤東要求恢復黨籍，未得回音。[29]

　　極右李慎之與「胡風骨幹分子」謝韜，「有一段時間，我們都還常常感到自己對不起黨，對不起毛主席。還自作多情，向黨向毛主席表忠心，說要認真改造自己。」[30]

　　1958年10月溫濟澤正式劃「右」、開除黨籍。夫婦倆為「黨費無處繳」犯愁，便按原額每月儲存，等待重回黨內一次性交出，以明心跡。1978年5月，這位「春風第一燕」終回黨懷，明確告知不補發工資，溫還是十分激動地一次性交出二十年黨費。[31]文革中，被打倒的浙江省委宣傳部副部長林淡秋（1906～1982），每月仍繳納黨費100元（1/2工資）。[32]于藍一度不能過組織生活，「當我看到某些得到信任的人去過組織生活，我心中感到極大的失落。我覺得自己無所事事，是在浪費人民的糧食。」[33]

　　王光美（1921～2006）認為對劉少奇最大的殘酷是：「對於一個終身致力於建設一個好的黨的共產黨員，讓他活著知道自己被永遠開除出黨，太殘忍了！這種精神上的折磨是最難以忍受的。」[34]被開除出黨的王力晚年自慰：「組織可以開除我，思想上卻永遠開除不了我。」[35]

27　王培元：《在朝內166號與前輩魂靈相遇》，人民文學出版社（北京）2007年版，頁26～27。
28　包子衍、袁紹發編：《回憶雪峰》，中國文史出版社1986年版，頁251、277～283、259、303、262。
29　張鳳珠：〈我看丁玲和舒群〉，載金薔薇編：《作家人生檔案》，中國工商聯合出版社（北京）2001年版，上冊，頁204。
30　謝韜：〈我們從哪裡來，到哪裡去？〉，載燕凌等編著：《紅岩兒女》第三部（上），真相出版社（香港）2012年版，頁19。
31　《溫濟澤自述》，中國青年出版社（北京）1999年版，頁305、339～340。
32　張頌南：《拾怡集》，大眾文藝出版社（北京）2008年版，頁178。
33　于藍：《苦樂無邊讀人生》，中央文獻出版社（北京）2001年版，頁298～299。
34　黃崢：《王光美訪談錄》，中央文獻出版社（北京）2006年版，頁434。
35　《王力反思錄》，北星出版社（香港）2008年版，上冊，頁229。

　　組織崇拜也是所有冤屈者違心檢查的價值支柱。1959 年廬山會議後期，彭德懷、黃克誠、張聞天、周小舟等迫於高壓，不得不檢查。服從集體服從上級，組織崇拜使這些梗直之臣低下不該低下的頭顱。李銳記述：

> 　　他們做這種違心之事，當然是萬分痛苦的。那又有什麼法子呢？這是歷史鑄成的共產黨員的天職！黃克誠後來對他的兒女說過，廬山會議後期，他還是違心地認了賬。雖說很大程度上是出於長期以來服從集體決定，服從上級的習慣，因而最後像彭總一樣，採取了「要什麼就給什麼」的態度，但總覺得自己講了不實事求是的話，心中一直耿耿。[36]

　　紅色士林有著強烈的屈原式人文傳統，懷王棄用群小圍妒，仍一片丹心至忠赤誠。被組織拋棄的延安幹部都有活不下去的憋屈感。1957 年中秋，浙江省文聯支部大會開除陳學昭黨籍、撤銷職務、行政降級（從 10 級擼至 15 級）、生活自給（不發工資，「生活靠寫作自給」）、取消公費醫療、糧食供應減至每月十公斤。散會後，陳學昭精神恍惚，走錯回家方向，整夜思想鬥爭，「我翻來覆去地想：現在已成了廢物，活著只是白白地消耗國家和人民的糧食，已經成了黨的渣滓。……我並不是有意犯錯誤，即使開除了黨籍，我還是要跟黨走到底！……我還應該從勞動中來考驗自己，從勞動中來改造自己！」[37]1962 年除夕，剛摘右帽的陳學昭致書周揚：

> 　　周副部長：非常感激黨的恩情，已在昨天（舊曆除夕）摘掉了右派的帽子。我想這是教育我、鞭策我更好地改造自己！我一定不辜負黨的山樣高海樣深的恩情！……從去年六月起黨給了我每月一百十七元五角的工資，我很不好意思拿，因為一則我工作得很少，二則過去的稿費還剩有一點，沒有用完，但又想到這是黨對我的關懷和恩情！後來我問了黨，究竟該不該拿，黨叫我拿，我拿了，可是心裡總還是不好意思的！去年秋季開學時，蒙黨的特別照顧，

---

[36] 李銳：《廬山會議實錄》，春秋出版社（北京）、湖南教育出版社 1989 年版，頁 334。
[37] 陳學昭：《浮沉雜憶》，花城出版社（廣州）1981 年版，頁 60～61、71。

讓我女孩繼續求學，她在杭州大學附中高中部，功課還能跟上。黨的恩情，我和孩子永世也報答不完！[38]

文革中，楊述最錐心刺骨的痛苦是：

> 他最感到痛苦的還是人家拿他的信仰──對黨、對馬列主義、對領袖的信仰，當做耍猴兒的戲具，一再耍弄。他曾經以信仰來代替自己的思想，大家現在叫這個為「現代迷信」，他就是這麼一個典型的老一代的信徒。但是，人家那種殘酷的遊戲終於使他對於自己這宗教式的信仰發生疑問。這點疑問是不容易發生的啊！是付了心靈中最苦痛的代價的！[39]

1987年開除黨籍的劉賓雁（1925～2005），六四後流亡海外，長期滯美，仍無力走出馬列迷宮，堅持對中共的「第二種忠誠」──不忠誠領袖不忠誠組織但忠誠主義忠誠理想，停留於對毛個人品格的褒貶，堅信專權的紅色國家一定優於西方民主國家，認識不到馬列主義本身的價值錯位。

在延安一代心目中，組織遠比親人還親。後人絕難相信：中共夫婦之間，信任組織絕對超過信任配偶。1960年何方下放安徽大別山老區，給妻子的家信中透露了一點農村饑情，「她不但不信，還來信糾正說，最近才聽了姬部長的傳達報告，說去年獲得大豐收，糧食產量達到九千億斤。連她都不信，當然更不敢對別人說了。」[40]

楊沫之子老鬼歎母：

> 可悲呀，母親由一個追求婚姻自由、追求真理的進步青年，變成了一個馬列主義老太太。尤其在政治上，她絕對聽上級的話，絕

---

[38] 徐慶全：〈新發現的陳學昭致周揚信〉，載《中華讀書報》（北京）2003年10月15日。
[39] 韋君宜：《思痛錄》，北京十月文藝出版社1998年版，頁117。
[40] 何方：《從延安一路走來的反思》，明報出版社（香港）2007年版，上冊，頁362。

　　對不會給領導提意見。對任何領導，包括自己親屬的領導、孩子的
領導，她都畢恭畢敬，奉若神明，這幾乎成了她的處世習慣。[41]

　　有了領袖崇拜與組織崇拜，中共便有一項集體錯誤──「緊跟錯」。
1968 年 10 月，八屆十二中全會永遠開除劉少奇出黨，舉手表決時，除了
1928 年入黨的陳少敏女士，所有中委、候委都舉了手。

　　晚年能夠走出「黨崇拜」的紅色文士極少，絕大多數延安一代深陷左
巷，難以返身。1975 年 7 月，剛出秦城監獄兩個月的丁玲，致信子女：「我
也反復讀了毛主席選集。從這裡越感到毛主席發展了馬列主義，把馬克思
主義與中國實際相結合，深感自己能理解到這作用的幸福。」[42]丁玲晚年
擲評：《班主任》是小學級的反共，《人到中年》是中學級，《幹校六記》
是大學級。[43]像這般完全異化的赤色作家，後人怕是連同情都很難給予了。

　　金光閃閃的黨性，內核不過兩字──服從。正因為有了黨員對組織的
絕對崇拜絕對服從，「組織」才會一步越來越威嚴，越來越不講人情。
1959 年廬山會議後，李銳作為惟一開除黨籍者，還領有嚴厲的紀律約束
──「不准談廬山」。開除了人家，流放大別山，還不許告訴親友獲罪原
因！都以敵我矛盾處理還要求敵人為你保密！還硬是做到了，李銳這個
「敵人」硬是為黨保密，其甥李力康（1939～，1980 年代福州副市長）：「他
總是出言謹慎，不肯深談，往往顧左右而言他。」[44]如稍稍「自我」一點，
獨立思考稍稍活躍一點，「組織」怎能做到既鉗其心再閉其口？「組織」
的專制取決於成員的服從度，而成員的盲從又決定了「組織」能夠達到的
荒謬度。

　　領袖崇拜是組織崇拜的孿生胎，上面有一個毛澤東，下面就有無數小
毛澤東，各級共幹發現自己完全「應該」成為黨的化身，並且可以做到這
一點。文革中，貴州群眾大會敬祝「萬壽無疆」、「永遠健康」後，拖出：
「敬祝貴州的小月亮李再含主任身體比較健康！比較健康！！比較健

[41] 老鬼：《母親楊沫》，長江文藝出版社（武漢）2005 年版，頁 360。
[42] 丁玲：〈給兒子蔣祖林兒媳李靈源的一封信〉，載《文藝報》（北京）1993 年 4 月 24 日。
[43] 〈聽楊絳談往事〉，載《文摘報》（北京）2012 年 11 月 16 日，第六版。
[44] 李力康：〈湘濱往事〉摘錄〉。載李南央編著：《我有這樣一個母親》，開放雜誌出版社（香港）2003
　　 年版，頁 195。

康！！！」另有某縣為與中央及省裡保持一致，又加一句：「祝縣革委會張三主任身體勉強健康！勉強健康！！勉強健康！！！」山東也喊：「敬祝王效禹主任身體基本健康！基本健康！！基本健康！！！」山西對陳永貴喊過「還算健康！還算健康！」[45]文革後，山西出現省版「兩個凡是」：凡是大寨已有的先進記錄不得超過，凡是大寨已有的經驗都要照著去做。[46]

文革時期，中央專案組成員不無得意透露：最好的辦法就是利用被審查者的「對黨忠誠」。審查中遇到阻抗，只要一說黨還要他們、想挽救他們，被審對象就什麼都認了。再大的官、再聰明的人，此時都變得蠢了，跟著辦案者的意思走了，忘記這是專案審查，一心想把一切都交給黨。[47]

文革後，中共權威鬆弛，大陸青年敢於公開藐視「偉光正」。韋君宜哭述：「我要哭著說：年輕人啊，請你們瞭解一下老年人的悲痛，老年人所付出的犧牲吧！這些老人，而且是老黨員，實際是以他們的生命作為代價，換來了今天思想解放的局面的。實際上我們是在踩著他們的血跡向前走啊！你能不承認嗎？」[48]這種要求後人「承認」的哭訴，只能出現在中共黨人身上。尊重自由選擇的西方，不會這樣哭著討要後人「承認」。西人會覺得很無趣，即便非常希望後代承認，也得後代主動表示，不能哭著討要。再說「思想解放」雖然是你們以生命代價換來，但形成需要解放的局面不也是你們搞來的麼？出爾入爾，改正自己的罪誤，有什麼了不得？這還不算被你們白白浪費了至少五十年的國家時間！

在人類所有控制中，最高級別的控制是思想控制，讓信徒的思想完全旋轉在教主或領袖設定的轍道之中。延安整風的威力，後人當然比延安一代看得清楚。毛共與延安一代是從「解放戰爭」的軍政功效角度盛評整風，而後人則從「沒收自由民主」這一更高的國家利益層面，看到整風乃是毛澤東完成對全黨的思想控制，形成全黨無條件服從毛澤東的歷史源頭。

組織崇拜也使信徒們失去對組織的質疑權。肅反後出現「娘打孩子論」與「打槍走火論」。1956 年，三位延安老幹部如出一轍地開導挨肅青年杜

45 姚監復：〈文革中的「健康」笑話〉，載《前哨》（香港）2008 年 7 月號，頁 87。
46 余煥椿：〈實踐標準討論中新聞理論的人和事〉，載《炎黃春秋》（北京）2008 年第 7 期，頁 65。
47 程光：《心靈的對話》，北星出版社（香港）2011 年版，下冊，頁 772～773。
48 韋君宜：《思痛錄》，北京十月文藝出版社 1998 年版，頁 134。

高。中國劇協副秘書長孫福田:「黨是你的母親,肅反運動鬥爭,就像母親打了孩子,打完就完了。」劇協書記處書記李之華:「在戰場上,一顆子彈打中了你,那顆子彈不是敵人射過來的,是自己同志的槍走了火,你受傷了。你是掉過頭來打自己的同志呢,還是繼續同敵人戰鬥?」《文藝報》主編、劇協老領導張光年:「對不起囉,黑夜打槍傷了自己人。」[49]

各次運動被整錯者,平反後稍評時弊,稍議民主法治,立遭斥罵:「個人主義」、「挨整未升官對黨不滿」。中國社科院領導批評一位要求民主的老幹部:吃著黨的飯還對黨不滿,簡直忘本!執掌國柄的黨,拒絕批評等於拒絕修正,符合唯物主義與辯證法麼?如此這般,黨內健康力量很難抬頭,只能碰鼻子轉彎,物極方返,以民生國務為代價「繳學費」。

延安一代暮年才意識到組織崇拜的危害性:

> 過去那種把黨說得很神秘,不但正確而且萬能,黨員對黨只能服從,連個人的一切都是黨給的。這也屬於封建傳統,是顛倒了黨員和黨的關係。殊不知黨是由黨員組成的,沒有黨員哪來的黨?黨的一切都來之於黨員的貢獻。[50]

絕對服從造就延安一代毫無責任意識。十年文革,死了兩千萬、整了一億人。[51]王力居然毫無愧色:「『文化大革命』是我黨的一個歷史悲劇,在當時歷史條件下所做的事,雖然是錯誤的,但不應著重追究個人責任。」似乎「歷史形成的」,黨與個人就可免責,由「歷史」負責了。王力甚至認為文革乃「中國的社會基礎決定,中共不犯這樣錯誤也會犯那樣錯誤。」[52]信心滿滿的狂熱革命者一下子淪為宿命論者,成了「歷史的奴隸」,主觀戰鬥精神怎麼全沒了?按王力的邏輯,「錯誤難免」,只要是自己人的錯誤,都可原諒?!語從心出,王力境界低下,當個縣令都夠嗆。

[49] 周素子:《右派情蹤》,田園書屋(香港)2008年3月初版,頁30。
[50] 何方:《從延安一路走來的反思》,明報出版社(香港)2007年版,下冊,頁558~559。
[51] 《李銳文集》第五卷,中國社會教育出版社(香港)2009年版,頁279。
[52] 《王力反思錄》,北星出版社(香港)2008年版,下冊,頁182、467。

　　組織崇拜還有繼承性。2009 年，本人一位女碩士生說：她外公（82 歲解放牌老幹部）至今不相信六四開槍、不相信坦克碾人，他既不願兒孫說中共的「壞話」，也不願聽對毛澤東的「誹謗」。

　　「組織」獨攬大權，決定一切，社會成員不能參與任何公務。1957 年 5 月，吳祖光鳴放：「組織力量把個人的主觀能動性排擠完了」、「組織制度是愚蠢的」。[53]這當然是「組織」最最不願聽的「反動言論」，吳祖光成為中共最頭疼的人物，「六四」後喊出「毛像下牆、毛屍出堂」。

　　2003 年 12 月，美國哈佛大學「毛澤東學術討論會」，李銳書面發言：「我信服西方這相同意義的詞語：個人崇拜即邪教也。」[54]1999 年，戈揚：「生在這樣的時代，我無法擺脫自己的命運，但我應該把我的經驗告訴後人。這經驗歸結一點，就是：共產黨已同一個邪教差不多，是不可以信賴的、不可以和它靠近的。否則，多好的人也會變壞。」[55]2001 年夏，李南央去看李普、沈容夫婦，告訴他們戈揚在美國很痛苦，覺得自己這輩子走錯了，浪費了一生。沈容答曰：「白活了，我一輩子都白活了，白白當了共產黨的宣傳工具，沒有做過一件有意義的事情。」李普則大吼一聲：「共產黨不亡，天理不容！」[56]真是徹底醒了、反了！三李（李慎之、李銳、李普）的反戈一擊，延安一代最掂手的代際遺產。以三李為代表的延安一代「兩頭真」，交上一生最有品質的答卷。他們的反出朝歌具有里程碑意義——堡壘已從內部瓦解，國際共運真正走到盡頭。

貳、自身局限

　　人們總是帶著舊神遷往每一處新居，歷史必然通過慣性控制現實。以農立國的中國，五四時期整體經濟仍處於「寡而均」的農業文明水準，貧窮而安寧，文化也粗糙空疏，看不慣「富而殊」的工業社會，無法理解相對精細的西方近代文化。梁啟超、梁漱溟、張君勱等思想精英，還在高聲

---

[53] 吳祖光：〈在 1957 年 5 月 13 日文聯第二次座談會上的發言〉。載牛漢、鄧九平主編《荊棘路》，經濟日報出版社（北京）1998 年版，頁 76。
[54] 李銳：〈如果看待毛澤東〉。《李銳文集》第 5 卷，中國社會教育出版社（香港）2009 年版，頁 280。
[55] 金鐘：〈紅塵不堪回首看——專訪戈揚女士〉，載《開放》（香港）1999 年 9 月號，頁 57。
[56] 李南央：〈李普：共產黨不亡，天理不容！〉，載《爭鳴》（香港）2010 年 12 月號，頁 65～66。

禮贊「不重謀利」的傳統文明，還不明白追求物質文明乃是精神文明價值
體現的重要一翼。在這樣的文化天幕下，即從歷史可能性上，知識粗淺的
延安一代，從一開始就不具備真正理解西方近代文明的主觀條件，略知馬
列又使他們自以為掌握了最新最美的現代人文武器，面對文盲半文盲的芸
芸人生，他們信心百倍地認為有資格成為國家的「解放者」。

　　1932年初，25歲的費正清博士來華，端得敏感：「中國的中世紀思想
給穿上了現代的衣裳，內骨子裡沒有發生多大改變」。[57]一語拈出中國社會
實質——穿上西方現代外套卻還是封建肉身。知識界的一陣陣鼓噪，僅泛
起一點名詞泡沫，社會整體還是按照原先的封建體系在運轉。

　　從歷史局限角度，延安一代確實不具備檢剔赤說的能力，歷史也未向
他們提供這一客觀條件。赤學紅說靚麗閃光，崇高的濟世理想、嚴密的科
學論證、無私的道德境界，通體發光呵！尤其文化氛圍上，整風後失去寬
鬆環境，一元化的延安使自由本身就成為異端。任何異聲都只能是個人腹
誹，不會有任何媒體為你擴聲，不會有任何集體為你撐腰。

　　王若水（1926～2002）晚年剖析延安知青：

　　　　他們不能反抗共產黨，那會否定自己以往的信念和追求，結果
　　只能竭力證明自己對共產黨的忠誠；共產黨可以批評他們和黨不是
　　一條心，他們卻不能指摘共產黨不相信知識分子。要他們從整體上
　　批評審幹運動，認為這是大規模侵犯人權的行為，不應該把清理思
　　想和清理敵人這兩件事混在一起、不應用群眾運動的方式來肅反，
　　對這些青年知識分子來說都是過高的要求。[58]

　　延安一代另一集體共性是驚人單純。丁玲讀到《論共產黨員的修養》
「共產黨員要受得起冤枉」，大惑：「在共產黨內，一個共產黨員會有冤枉
可挨嗎？我以為黨絕不會冤枉一個黨員。」[59]1956年，聽了《秘密報告》

---

[57]（美）費正清：《費正清對華回憶錄》，陸惠勤等譯，知識出版社（滬版）1991年版，頁38。

[58] 王若水：〈整風壓倒啟蒙：「五四精神」和「黨文化」的碰撞〉，原載《當代中國研究》（美）2001年
第4期。何清漣主編：《二十世紀後半葉歷史解密》，博大出版社（美國）2004年版，頁27。

[59] 丁玲：《風雪人間》，人民文學出版社（北京）1989年版，頁203。

的韋君宜承受不了，不顧不准議論的紀律，哭問黃秋耘：「秋耘，你認為今天聽到的，是事實嗎？是真的還是假的？我過去從來沒有想到過，在共產黨內部會出現這類事情！」那一晚，韋君宜哭得很厲害。[60]1990 年代，一位耄耋老延安對民主的理解僅僅只是：「民主就是反獨裁。」李慎之析曰：「他們反獨裁的時候根本沒有考慮到老的獨裁者打倒了以後極可能會有新的獨裁者取而代之，正如中國傳統的王朝輪回一樣。」[61]

紅軍一代、延安一代還有自覺單純自我封閉的代際特徵。1980 年代初的胡耀邦，那麼高的職位，竟對域外資訊採取駝鳥政策——「香港的東西，過去根本不看，免得受干擾。」[62]鄧力群也說他只看馬恩列斯毛的著作。許家屯晚年認識到毛澤東、陳雲存在重大思想局限：

> 他們政治觀念上的保守，局限了他們的行動。毛澤東不到西方世界看看，陳雲深圳特區、廣東都不肯到。真是大悲劇！[63]

這些掌握國家命運的人，連坐坐火車飛機就能完成的「行萬里路」都不肯，以自己之是為必是，現實面前不認輸，堅決握持馬列教條治國，鑄悲劇於無知，犯錯誤於低級，持暴力設深禁，億萬國人只能乾瞪眼，無助又無奈，只能依賴「自然規律」送客，嗚呼！

歷史的悲劇就在於這些革命者並不清楚自身的重大局限，受知識底盤制約，延安一代比毛本人更信奉毛主義，比毛澤東更擁護毛澤東思想。他們習慣於（或只能）接受單純簡樸的觀念，如「凡是敵人擁護的，我們就要反對」，不知不覺地滑向越走越窄的政治功利。

馬列赤說之所以出產西方而肇禍東方，乃二十世紀初中國文化整體老舊，士林知識結構嚴重缺陷，現代哲學與文明的貧困致使判斷力低下，未能從最初的文化陣地上抗禦赤說，反而鼓噪擁迎。五四士林批判傳統文

60　《新文學史料》編輯部編：《我親歷的文壇往事‧憶大事》，人民文學出版社 2004 年版，頁 530。
61　李慎之：〈革命壓倒民主——《歷史的先聲》序〉，笑蜀編：《歷史的先聲》香港博思出版集團有限公司 2002 年版，頁 20。
62　李銳：〈胡耀邦去世前的談話〉，載《李銳近作——世紀之交留言》，中華國際出版集團有限公司（香港）2003 年版，頁 35。
63　《許家屯香港回憶錄》，香港聯合報有限公司 2008 年版，上冊，頁 251。

化，有正確與必要的一面，但全盤否定傳統，踢盡四書五經，使當時士林
失去惟一可禦赤說的文化閘門，為偏激赤說洞開門戶。

延安一代集體放棄個人意見、放棄獨立思想，致因之一為延安一代多
為文化程度不高的小知識分子，本來就沒有多少「個人意見」，更沒有「個
人思想」，只能是後面跟跟的嘍囉。

從民主轉向集權，雖是毛共高層的刻意引導，但完成這一價值大逆轉
畢竟需要上下配合，錯誤畢竟只能植入能夠接受錯誤的頭腦。也可以說，
脫胎於封建母體的延安一代，還無力消受「民主」。民主科學「僅僅是一
種抽象的思想飄浮在腦裡，而舊社會的幽靈，卻深深地盤踞在我們心中」
（喬冠華語），[64]浮光掠影的外爍終究比不得根鬚深長的內植。他們根本不
認識民主，也不知道如何操作民主；他們只習慣服從，不認識平等；只認
得官長，也需要權威；家尊長，國尊君，黨尊酋，順理成章呵！捨此還能
怎麼辦呢？每個人都發言，爭論分歧一大堆，怎麼行動？「太民主了，給
人民慣下了病，給自己找下麻煩。」「有啥說啥，問題提得多了，解決不
了咋辦？」[65]延安一代根本認識不到：權力必須有所約束，真實才可能自
由歌唱，革命只有走在民主自由的大道上，才可能大方向正確。

許良英晚年談啟蒙：「所謂啟蒙，首先應啟知識分子自己的蒙。說來
慚愧，我自己雖然青年時代也投身於民主革命鬥爭，向國民黨政權要民
主、要人權，但由於迷信馬克思教條，實際上根本不懂民主和人權的真正
意義，以為只要『代表多數人民利益的共產黨』掌了權，就民主了。經歷
了三次民族大災難後，直到七十年代中期才猛然醒悟，然後通過不斷的認
真學習，才算搞清楚民主概念的內涵。」[66]延安一代中年才開始痛苦地自
我啟蒙，才真正撩窺民主。

延安一代最隱秘的自身局限是一元化思維，無力辯證地看待中共缺
陷。尤其那些出身不硬的「小資分子」，屁股不乾淨，惟左不及，哪還敢
挺直身板考察整個黨？整風前，何其芳就對「暴露黑暗論」義憤填膺：

---

[64] 于潮（喬冠華）:〈方生未死之間〉（1944 年 3 月載重慶某刊）。轉引自《何其芳文集》第三卷，人民
文學出版社（北京）1983 年版，頁 112。

[65] 《謝覺哉日記》，人民出版社（北京）1984 年版，下冊，頁 981。

[66] 許良英:〈首要任務：民主思想啟蒙——八九民運十年教訓〉，載金鐘主編《共產中國五十年》，開放
出版社（香港）2006 年版，頁 301。

作為一個還沒有經過思想改造的小資產階級知識分子，由於愛護黨、愛護黨領導的延安的人民和事物的政治直感、政治熱情，我那時對那些提倡「暴露黑暗」的謬論感到很大的憤慨和憎惡，好像它們給我心目中最崇高最珍貴的事物抹上了不可容忍的汙穢的東西。[67]

　　這種「歌德式」的偏狹，當然得到「組織」推崇。中國女大生張昕（張瑞芳妹、陳荒煤妻），三九冬夜獨至延河邊，雙手插入冰窟，長時間挺熬，以檢驗對黨的忠誠度與是否合乎黨員標準，以致手背終身留下兩塊大凍瘡，每年冬天都犯。[68]

　　絕大多數延安一代自以為很懂政治，其實都不懂中共政治，連本黨高層運作動態都一無所知，外界資訊更是閉塞。1943 年 3 月 20 日，毛澤東完成中央書記處改組，將王明、博古、張聞天、周恩來、王稼祥等「留蘇派」排除出局，由自己與劉少奇、任弼時三人組成，自任政治局主席和書記處主席，明確劉少奇、任弼時只是助手；3 月 22 日新一屆書記處再議決：「會議中所討論的問題，主席有最後決定之權」。[69]三人開會，毛主持，實際自授「最後決定之權」。延安一代並不知道王明在整風中已被指為「大地主大資產階級在黨內的應聲蟲」，連續兩個多月在政治局遭嚴厲批判；周恩來從 1943 年 11 月 15 日起，在政治局整整作了五天自我批判，「系統清算了自己在歷史上所犯的錯誤」，自潑污水自戴帽子，成為中共高幹檢討時間最長的一個，也是其政治生涯十分難捱的一段日子，寫下近三萬字的學習筆記與檢討提綱。[70]廣大黨員不知道若非共產國際主席季米特洛夫的電報（1943 年 12 月 22 日），周恩來、王明甚至有可能開除出黨。

　　季米特洛夫電文：

---

[67] 《何其芳文集》第三卷，人民文學出版社（北京）1983 年版，頁 57。
[68] 蔣巍、雪揚：《中國女子大學風雲錄》，解放軍出版社（北京）2007 年版，頁 153。
[69] 何方：《黨史筆記》，利文出版社（香港）2005 年版，上冊，頁 236。參見李東朗：〈毛澤東「最後決定權」的來龍去脈〉：載《北京日報》2007 年 5 月 28 日。
[70] 高文謙：《晚年周恩來》，明鏡出版社（香港）2003 年版，頁 73～74、77～78。

　　　　我又不能不告訴您我對中國共產黨黨內狀況的擔心……我認
　　為，發動反對周恩來和王明的運動，指控他們執行了共產國際推
　　薦的民族統一戰線，說他們把黨引向分裂，這在政治上是錯誤的。
　　不應該把周恩來和王明這樣的人排除在黨外，而應該把他們保留
　　在黨內。[71]

　　搶救運動，如此大規模整人，一手操縱的毛澤東大會上幾個敬禮，一
句「跟同志們賠個不是」，就過去了，沒事兒了。[72]一位被「搶救」的延安
女大生記述：「（毛）把帽子摘下來，向大家鞠了一個躬。毛主席的聲音如
宏鐘似春雷，瞬間把黨和這群青年人中的無形高牆摧平了，我們終於回到
黨的懷抱了。毛主席的話音未落，頓時哭聲、笑聲，帶著哽咽高喊著毛主
席萬歲！共產黨萬歲！和《東方紅》的歌聲交織在一起，迴旋於禮堂許久
許久。」[73]所有人就這麼諒解了釋然了，停止了對錯誤的追責追源，停止
防範性反思，沒有考慮可能的「第二次」。

　　胡喬木至死都未走出「毛崇拜」，1985年還說：「『文革』中很多事情
是江青他們搞的，毛主席並不知道。」[74]哪些事毛不知情？胡未說。可毛
至少知道劉少奇、彭德懷的「下場」，知道一月風暴的「全面奪權」，親自
安排「批周公」……1983年，胡喬木甚至將廬山會議的責任推給彭德懷：

　　　　如果他採取其他方式的話，可能不至於導致後來那種不幸的結
　　局。因為毛澤東同志的自尊心過於強烈，很不容易接受哪怕現在看
　　起來是比較委婉的批評、含蓄的批評，他覺得這是對他領導地位的
　　挑戰，也是對他整個思想路線的挑戰。……如果彭德懷注意提意見
　　的方式，這次會議可以得到很好的結果。這種可能性完全存在。……
　　彭德懷同志是一個正直的人，但與人相處比較粗魯，對他不滿意的

71　原載《共產國際與中國革命（檔案資料集）》（莫斯科：1986），頁295～296。引自《國外中國近代
　　史研究》第13輯，鄭厚安譯，中國社會科學院出版社（北京）1989年版，頁2～3。
72　馮蘭瑞：〈「真話」中的謊言〉，載《開放》（香港）2006年11月號，頁81。聞敏：〈羅烽、白朗在
　　延安〉（下），載《百年潮》（北京）2005年第2期，頁63。
73　延安中國女大北京校友會編：《延水情》，中國婦女出版社（北京）1999年版，頁446。
74　胡喬木：《胡喬木回憶毛澤東》，人民出版社（北京）1994年版，頁66。

人是不少的。另方面，大多數黨的幹部不願意在這樣困難的時候造成黨內分歧，不願意在這樣的時候損害毛主席的威信，造成一大批人對毛主席的攻擊。[75]

　　胡喬木挑剔彭德懷的性格瑕疵，用偶然性為毛的暴戾解脫，贊同「集體護主」，這樣的思想起點，這樣的毛第一國家第二，國人能與他「保持一致」嗎？胡喬木讀到李銳的批毛文章，整夜未眠，一直做噩夢，頸椎麻木，與人一談起就聲淚俱下。胡喬木甚至用革命慣性來解釋文革。[76]胡感到毛廈將傾，從根部倒塌，他無力撐柱，明白自己的一生毀譽相隨。

　　丁玲被毛澤東在最高國務會議上點名批判，遭罪 23 年，清晰認識到毛有濃厚帝王思想，但對毛仍忠心無貳，不允許批毛。[77]丁玲甚至認為糾正文革錯誤，也證明中共偉大，國人應該感恩戴德：「我以我們正確、英明、偉大的黨而自豪。世界上有過這樣敢於承擔責任、敢於糾正錯誤的黨嗎？」[78]港刊立予回應：如果糾正文革錯誤都是「偉光正」，那麼是否再來一次文革，再次糾錯，以便再次證明「偉光正」？

　　毛澤東死的那天，廣播一放，大多數為毛澤東御筆批捕的秦城囚犯，哭聲盈獄。被毛欽旨「不准提審」的王力痛哭不止，要求戴黑紗遭拒絕，賦詩「唯有淚花當白花」。1990 年代，出獄賦閒的王力說：

　　　　毛澤東雖然晚年犯了大錯誤，但是他在我心目中仍然是一個偉大的馬克思主義者，仍然是我最敬仰的人物。毛澤東思想是指引中國人民走自己革命道路的指南。他在文化大革命的嘗試中失敗了，但是，這失敗的教訓中包含重要的光輝思想：中國人必須走自己的道路。……我不迷信毛澤東，但是我愛戴毛澤東。

[75] 《胡喬木傳》編寫組編：《胡喬木談中共黨史》，人民出版社 1999 年版，頁 213～214、212。
[76] 何方：《黨史筆記》，利文出版社（香港）2005 年版，下冊，頁 661。
[77] 杜導正、廖蓋隆主編：《名流寫真》，南海出版公司（海口）1998 年版，頁 215。
[78] 《丁玲文集》第 6 卷，湖南人民出版社 1984 年版，頁 604。

這位毛迷看來，毛怎麼做都是對的，文革也有「光輝思想」。王力的封建之辯終身難剪，隨時都會露出來。1995 年，王力上書中央，要求繼續搞個人崇拜──〈突出宣傳領導核心是歷史的必要〉：

> 我過去一直是擁護劉少奇突出宣傳毛澤東的。我認為這是團結全黨全軍全國人民取得革命與建設勝利的一個重要保證。十一屆三中全會以後，我積極主張突出宣傳鄧小平……沒有核心，黨心人心就會散了。天有二日，天有數日，是不利於穩定和發展的。第一小提琴手只能有一個。十四屆代表大會以後，我認為突出宣傳江澤民，對於保證中國穩定過渡，避免發生社會動盪是十分重要的。[79]

視國民為群氓，天有二日就會散了人心、不能保持穩定，符合共產黨的初始政綱嗎？能指望這樣的共產黨員走向共和麼？依靠「天無二日」構築的權力體制，還可能是「無產階級專政」麼？且不說民主自由。整個領導階級都圍繞「一日」跪下去了，被專政了，還如何參與專政？

1957 年李慎之劃右，開除黨籍，連降六級，他依靠封建教義說服自己：

> 大約有一兩年多的時間自己給自己做工作，總是從內心說服自己：就假設你錯了。因為一想起來就會掉眼淚。什麼君讓臣死，臣不得不死；父讓子亡不得不亡，其父不以為孝，其君不以為忠。這樣來解釋。[80]

個人得惠也是延安幹部的局限要因。延安女大生、吉林衛生廳副廳長李奇，出身陝西貧窮農村，「從我參加革命隊伍後，與我以前的處境相比較，是天地之差！……沒有共產黨給我的教育、培養、愛護，我絕不會有今天的一切……我非常非常感激黨給予我的光明前途和幸福！永生不忘！」[81]1950 年代以後，延安女大生均得一官半職，八十多歲寫回憶錄，

---

79 《王力反思錄》，北星出版社（香港）2008 年版，上冊，頁 20；下冊，頁 849。
80 邢小群：《往事回聲》，時代國際出版有限公司（北京）2005 年版，頁 63～64。
81 延安中國女大北京校友會編：《延水情》，中國婦女出版社（北京）1999 年版，頁 348。

身分一欄，六名處長或職銜不顯者都沒忘了帶一括弧（副局級、正局級、正廳級），很看重職級，露出封建尾巴。她們當然不會忘了這一人生驕傲的來歷。她們「很有理由」感謝黨和毛主席。1970 年夏，陳伯達在廬山當了毛澤東進攻林彪的祭刀羊，但陳伯達最後對兒子說：「毛主席老了，思維不正常了，才會這樣。他過去不是這樣的。你們不要記恨他。他以前對人是很寬厚的。他給過我很大的幫助，還是要念及他的過去。」[82]

老紅軍對毛共的感恩當然也出自肺腑。15 歲參加鬧紅、18 歲參加紅軍的陳復生（1911～2013），23 歲師級幹部，但三次開除黨籍、兩次下「自己人的大牢」（共九年），最後當了 14 年居委會主任，1980 年平反，1983 年離休，2008 年 97 歲才享受省部級醫療待遇，其百歲總結：

> 我參加了紅軍、參加共產黨，才真正找到了生路，才能夠揚眉吐氣、挺胸做人。在紅軍這所大學校裡，是黨把我培養成一個手握相當權力的領導幹部。如果我當初不參加革命，我能有今天的本領、覺悟、家庭、好生活嗎？絕對沒有，我的命運絕不會比我的父親好多少。……出現我所遇到的這樣的挫折又在所難免。這與父母親錯誤責罵自己的孩子是有相似之處的……為社會主義建設事業而奮鬥，這是我個人根本利益的需要，是我情感之寄託、理想之所在。[83]

1990 年代，毛時代吃過大苦頭的師哲：

> 主席一心為人民……似這等獻身的精神和事實，從高級幹部到全體黨員能找出幾個？僅憑這幾點：一、人民利益高於一切；二、絕不愛錢，不謀私利；三、不讓親屬子女沾公家的光；四、犧牲自己及親屬。我們還能說什麼？對主席還能有什麼苛求的？
>
> 毛主席，他來自人民，熱愛人民，心繫群眾，全心全意為人民服務。他那敏銳的感知、刻苦的求索、準確的判斷、高超的領導藝

---

[82] 《陳伯達：最後口述回憶》，陽光環球出版香港有限公司（香港）2005 年版，頁 403。

[83] 陳復生：《九死復生——一位百歲老紅軍的口述史》，中央文獻出版社（北京）2010 年版，頁 225。

　　術和知人善任，給我留下了極為深刻的印象。我常想，要是沒有毛
澤東的領導，中國不知還要在黑暗中徘徊摸索多久？[84]

　　如此評毛，連看一眼毛罪惡的勇氣都沒有、平視毛的自信都沒有，還
談得上對毛的批評麼？只願正面看毛，成為延安一代高度自覺的「黨性」。
拋開暴烈土改、鎮反肅反、反右反右傾、大饑荒、文革一系列執政劣跡，
回避打倒彭德懷、劉少奇、賀龍等大批功臣的政治品質，僅根據幾點「個人
小節」就要求國人繼續崇毛，可乎？能乎？其實，就那幾點「個人小節」，
亦須大大商榷。從師哲的擁毛理由中可以看出：師哲不過站在中共及個人
利益立場上，感謝毛帶領他們「走出黑暗」──為他們奪取了政權。但中
國人民有必要跟您一起去感謝一個給他們帶來大苦大難的「大災星」麼？
他們為什麼不能根據自己的感受作出判斷與評論？若非老毛，三流演員的
江青何能何力攪動政局？周揚晚年感歎：「那時候怎麼也想不到後來『四
人幫』當權的時候，她會蠻橫到這種地步。我自己當時沒想到，誰也沒想
到。」[85]周揚的「沒想到」與全黨的「誰也沒想到」，很真實，但也正是中
共整體局限所在：看不到獨裁專制的必然後果。

　　進入文革，當革命的荒謬觸及肌膚深入靈魂，延安一代也只能發生局
部疑惑，無力從宏觀上對革命理論與共產設計提出質疑。于光遠晚年常稱
「我是一個死不改悔的馬克思主義者」。徐友漁評曰：「我們不能因為他堅
信馬克思主義就說他不怎麼高明，真正的問題在於他因為信仰馬克思主義
就覺得自己很高明。……就對言論自由的態度而言，于記馬克思主義和專
制主義並無什麼區別，共同的思維邏輯是：因為你的言論不正確，所以你
沒有言論自由！」[86]這一段評論戳到了于光遠們思想缺陷的根子上。1982
～84年，筆者供職浙江省政協，天天接觸三八式、解放牌，他們張口「正
確」、「錯誤」，當然只有我正確，你們都錯誤。

---

[84] 師哲：《峰與谷──師哲回憶錄》，紅旗出版社（北京）1992年版，頁163～164、174。

[85] 趙浩生：〈周揚笑談歷史功過〉，載《七十年代》（香港）1978年9月號，頁30～31。

[86] 徐友漁：〈簡論李慎之自由主義思想的形成〉，載《當代中國研究》（美）2004年春季號，頁109～
110。

2002 年中共「十六大」，江澤民交班胡錦濤，96 歲的黃源歡呼不已：「還是中國共產黨偉大，老的領導人主動讓位。這是最大的政治文明，你看世界上有幾個國家能做到？」[87]一張口就露出那根晃動著的前清辮子。胡接班是鄧小平隔代指定，明顯違反民主程序；歐美國家早就通過民選交班，老讓青是自然規律，全球民主國家已 70% 以上，何談「有幾個國家做到」、「最大的政治文明」？其實，黃源要的只是一句──「還是中共偉大」。如此低級的歡呼，露出他臀部的封建紋章。按黃氏邏輯，中共內定繼位模式，應該一世、二世……乃至萬世，「最大的政治文明」呵！

中共各種局限，外人看得很清楚。英籍華裔女作家韓素音（1917～2012），絕對親共。1991 年，她建議：「中國所有的學校都應該講授周恩來以及他的戰友和同事們的生平，是他們譜寫了中國革命和中國解放這篇光輝燦爛的史詩。」但 1956 年韓素音與周恩來長時間討論民主，發現周根本不理解自由民主的意義：

> 周至多只是人們所說的開明儒家，允許辯論，但絕不會交出統治權。……自由討論可以，但必須為了一個目的。
>
> 我認為「雙百」方針不會產生任何結果，為此我十分難過。我轉告周恩來說：「需要花二十年時間你們才能懂得民主的含義。」我所說的「你們」，並非指周本人，而是整個共產黨。當然，就周而言，他談論的民主顯然不是西方意義上的民主。[88]

事實證明，不僅第一代中共領導人二十年後不懂民主含義，六十年後的第三代領導人仍未懂得。

參、信仰代替思考

革命成為一場狂熱政治宗教。1943 年，費正清在重慶評點留德哲學博士喬冠華，「革命不僅是他的哲學，甚至是他的宗教。」「這一小批人包括

---

[87] 上海魯迅紀念館編：《黃源紀念集》，中國福利會出版社（上海）2006 年版，頁 395。
[88] （英）韓素音：《周恩來與他的世紀》，中央文獻出版社（北京）1992 年版，頁 4、336、338。

燕京、清華的學生，英語很好，懂得西方人的思想，他們經常進行小組學習，討論和自我批評；生活上同甘共苦，就像一百多年前的宗教社團一樣，這是我所能想到的最恰當的比擬。」[89]

延安一代整體失去思考。1941 年 6 月，面對出賣中國領土為相互條件的〈蘇日中立條約〉，無論中共怎麼說項，李慎之都絕對相信。他當時的思想狀態：「蘇聯還能有錯？中央還能有錯？毛主席還能有錯？」[90]何方承認：「像大躍進、反右傾、餓死人、以至文化大革命這些瞎胡鬧，內心實在不相信這是馬克思主義，但是沒有也不敢有個人的獨立思考。」「九·一三」事件才最後捧醒他們，才使他們開始「一代人的思考」。

何方曾被狠狠「搶救」，有一段不合常理但卻符合延安邏輯的話：

> 延安整風做到了對幹部的思想改造，使所有幹部確實都變成了黨的馴服工具，成為毛澤東的崇拜者和毛澤東思想的服膺者。以我個人來說，我在整風和搶救中是倒了楣的，情緒上的不滿一直存在。但說也奇怪，經過延安整風，我反而對黨中央特別是毛主席更加尊重和信仰了，成為毛澤東個人崇拜的忠實信徒。雖然我長期以來實際上並不懂得什麼是毛澤東思想，但卻一直做著宣傳毛澤東思想的工作。我看，不僅我等小幹部，就是大幹部和大知識分子也一樣，整風後都更加忠於毛澤東，還積極參與製造毛澤東個人崇拜的工作了。我對整風的反思和對毛澤東個人崇拜的認識雖然有個漸變過程，但真正的變化還是文化大革命以後。[91]

共產國際駐延安聯絡員：「在中國共產黨內，由於對任何與『毛主席』持不同意見的人進行鎮壓，民主集中制已蛻化成為馬克思所譏諷的由信仰而產生的奴隸制了。」[92]沒有整風，毛澤東怎麼會對劉少奇、楊尚昆發出

---

[89] （美）費正清：《五十年回憶錄》，趙復三譯。參見《中華民國史資料叢稿·譯稿·中國之行》「五十年回憶錄」第四部分，中華書局（北京）1983 年 7 月印刷，頁 84～85。

[90] 李慎之：〈革命壓倒民主──《歷史的先聲》序〉，笑蜀編：《歷史的先聲》，香港博思出版集團有限公司 2002 年版，頁 25。

[91] 何方：《從延安一路走來的反思》，明報出版社（香港）2007 年版，下冊，頁 750；上冊，頁 138。

[92] （蘇）彼得·弗拉基米洛夫：《延安日記》，呂文鏡等譯，東方出版社（北京）2004 年版，頁 111。

這樣的指令：「嗣後，凡用中央名義發出的文件、電報，均須經我看過方能發出，否則無效。」「過去數次中央會議決議不經我看，擅自發出，是錯誤的，是破壞紀律的。」（1953 年 5 月 19 日）[93]

正因為毛崇拜，1953 年全國財經會議，毛澤東在周恩來的報告上批了 88 個字，輕易推翻了〈中國人民政治協商會議共同綱領〉與過渡時期總路線，轉為立即進行三大改造（農業、手工業、資本主義工商業的公有制改造），三年之內消滅私有經濟，確立高度集中的計劃經濟。[94]聖心一瞬，隻手改變歷史走向，好像中國是他毛澤東個人的，要怎麼捏就怎麼捏，想怎麼搞就怎麼搞，毋須通過任何審批。

先有延安，後有盧山呵！1959 年 7 月 27 日盧山，中常委擴大會議討論對彭德懷的處理。周恩來提出對彭三七開，功七過三，劉少奇、朱德贊成。毛澤東威脅：「我看來只好再上井岡山了。」周、劉一看毛決意除彭，立即退縮，齊聲附毛，同意定彭「反黨份子」。[95]盧山最後築就毛崇拜祭壇，維護毛個人威信成了「維護大局」，無論毛如何荒謬殘暴，無人敢違敢逆。江蘇省長惠浴宇（1909～1989）：「1959 年盧山會議後，稍有點政治閱歷和身分的人都惴惴不安，或噤若寒蟬，或謹慎言行。」[96]而這，正是毛想要的「己所不欲，要施於人」的政治局面。

1960 年 1 月政治局上海會議，沒有半點不同聲音了。此時，大饑荒蔓延全國，「非正常死亡」上千萬，與會者卻一致認為「反右傾」帶來大好形勢，1960 年應當繼續「大躍進」！「資產階級都能夠實現大躍進，無產階級為什麼不能！現在有些人不相信我們，到 1972 年我們鋼達到 1.5 億萬噸，把世界各國都拋在後面，他們才會相信我們。」1960 年初，鋼產量指標從 1840 萬噸「躍進」至 2200 萬噸，[97]當然遠遠完不成。

一黨利益代替歷史理性乃延安一代撤守理性的第一步。1955 年 5 月 11 日，《文藝報》常務編委康濯（1920～1991）接到毛改定的胡風「第一批材料」按語清樣，毛將原標題「胡風小集團」改成「胡風反黨集團」，面對

93　《毛澤東選集》第五卷，人民出版社（北京）1977 年版，頁 80。
94　楊繼繩：〈李普今年八十八〉，載《炎黃春秋》（北京）2006 年第 9 期，頁 51。
95　丁抒：《人禍》，90 年代雜誌社‧臻善有限公司（香港）1997 年 7 月修訂本，頁 196。
96　惠浴宇：〈滔滔不絕陳同生〉，載《鐘山》（南京）1989 年第 6 期，頁 140。
97　賀文貞：〈對「三面紅旗」的再認識〉，載《黨史研究》（北京）1986 年第 2 期，頁 17～18。

干係重大的性質轉變，康濯接受不了，打電話找周揚核實。周揚回答：「不
應該接受不了，而應該努力接受主席的指示。」康濯再問：「主席提得太
高了。」周揚：「不是主席提得高，而是我們的思想同主席的思想距離太
遠太大，我們應該努力提高自己，儘量縮短同主席的距離。」[98]刨除周揚
因宿怨落井下石的心理，僅從邏輯層面，以政治服從代替理性判斷，邁出
至關重要的「第一步」，才有後面的「第二步」、「第三步」。

　　1961 年 6 月 12 日，大饑荒無法再捂再蓋，毛不得不檢討，但下邊多
未傳達。1962 年 1 月 30 日，毛在七千人大會上：「我說，請同志們傳達到
各省、各地方去。事後知道，許多地方沒有傳達。似乎我的錯誤就可以隱
瞞，而且應當隱瞞。」[99]毛這幾句膚淺的自我批評，七千赤幹紛紛流淚：「聽
了主席的講話，只有一條意見，就是他老人家不該做檢討，我們把工作做
壞了，為什麼叫他老人家檢討呢？」一些地委縣委書記很激動：「主席都
檢討了，我們還有什麼說的？」[100]安徽幾位地委書記都哭了。毛澤東硬推
大躍進，極度破壞農業生態，餓殍盈道，哀鴻遍野，四千餘萬「階級兄弟」
餓死，肇禍者難道不應該低頭認罪麼？不應該引咎檢討麼？父母官的縣委
地委書記不哭子民哭領袖，不哭生靈哭檢討，說明什麼？

　　將毛奉為再清黃河的聖人，認同毛階級鬥爭、繼續革命等一整套邪
說，文革初期中共領導層雖有微弱反抗，但很快繳械投降，因為他們沒有
任何可以對抗毛的思想武器與政治手段。1947 年 3 月儲安平：「共產黨最
可怕的一點是統制思想。」[101]1966 年 8 月 4 日，八十元老董必武在清華大
會上：「為什麼要搞文化大革命？這個問題我們也想不清楚。但主席說要
搞，那我們就搞。歷史的經驗證明，主席比我們站得高、看得遠。遇到新
事物，我們猛然想到的、脫口而出的，常常是錯誤的。按照主席說的去做，
後來都被證明是正確的。當時雖然不理解，後來就理解了。」[102]

98　萬同林：《殉道者─胡風及其同仁們》，山東畫報出版社（濟南）1998 年版，頁 227。
99　1962 年 1 月 30 日，毛澤東在「七千人大會」上的講話。載《學習資料》（內部材料），頁 11。該書
　　無編纂者、無編印單位、無出版時間，收錄了毛澤東 1962～1967 年間的歷次重要談話與講話。
100　蕭冬連等：《求索中國──「文革」前十年史》（下冊），紅旗出版社（北京）1999 年版，頁 822。
101　儲安平：〈中國的政局〉，載《觀察》（上海）第二卷第二期，1947 年 3 月 8 日。參見蔡尚思主編《中
　　國現代思想史資料簡編》第五卷，浙江人民出版社 1983 年版，頁 31。
102　萬潤南：〈文革清華園裡的大人物〉，載《開放》（香港）2006 年 7 月號，頁 75。

中央黨校《理論動態》主編沈寶祥（1932～）回憶文革：「當時政治空氣相當壓抑，我們大家都是這樣，只是覺得這個社會不該這樣，但一些問題究竟出在哪裡，那個年頭誰敢質疑毛主席，那是現行反革命啊，可以說想都不敢想。」胡耀邦聽毛澤東說「我是不做自我批評的」、「我是不讓權的」，雖然感覺與心目中的無產階級領袖形象相矛盾，但仍對毛「無限忠於」。胡耀邦挨整後給毛寫信，石沉大海，才對毛產生懷疑，覺得毛已不再是延安那個領袖了。[103]

1979 年初中央理論務虛會，陳雲說：毛澤東同志的一個不可比擬的功績是培養了一代人，包括我們在內的以及『三八式』的一大批幹部。[104]陳雲沒指出（也許故意忽略）「凡是派」中堅也是「三八式」——華國鋒、紀登奎、吳德、胡繩、熊復、吳冷西、張平化、李鑫、王殊。[105]「六·四」前後全力抵制改革開放的「中流派」也是三八式——胡喬木、鄧力群、林默涵、魏巍、馬文瑞、劉白羽、馬烽、李爾重、李子奇、呂驥。[106]鄧力群終身保持毛式思維，認定毛是大救星。毛左派還有王匡（新華社香港分社社長）、歐陽山（廣東省文聯主席）。[107]

既然要搞個人崇拜，勢必弱化民眾，推行愚民政策，輕視文化知識，禁止言論自由，壓制一切異議，按一己之需捏塑意識形態。因為，知識乃自信之本，民眾一旦知識化，尤其得知國家領導人的工作生活實況，與聞「偉大領袖」如此這般在領導，個人崇拜還搞得起來嗎？史達林去世時，莫斯科哭聲震天，告別遺體時踩死不少人。《秘密報告》一出，史達林暴虐真相一公布，赫魯雪夫移史達林之屍出列寧墓，未有任何波動。愚民才會崇拜，弱民才需要崇拜他人。馬克思的座右銘可是「懷疑一切」。[108]

徐友漁認為中共 1981 年搞的第二個「歷史決議」，將毛發動文革歸咎於認識問題——「錯誤估計形勢」，完全無視毛的道德缺陷與法律責任，

[103] 郭宇寬：〈胡耀邦，生前辦過《理論動態》〉，載《炎黃春秋》（北京）2007 年第 9 期，頁 15。
[104] 許永躍：〈晚年陳雲與鄧小平：心心相通〉，載《百年潮》（北京）2006 年第 3 期，頁 14。
[105] 蘇紹智：〈超越黨文化的思想樊籬——我如何在八十年代由馬克思主義信仰者轉變為研究者〉，載《當代中國研究》（美）2007 年第 2 期，頁 16。張顯揚：〈文革後一場重大政治鬥爭〉，載《開放》（香港）2008 年第 11 期，頁 70。
[106] 參見《中流》（北京）雜誌每期目錄首頁，除鄧力群，均為該刊顧問、主編。
[107] 杜導正：《趙紫陽還說過甚麼？》，天地圖書有限公司（香港）2010 年版，頁 141。
[108] （俄）瓦連京·奇金：《馬克思的自白》，彭卓吾譯，華齡出版社（北京）1990 年版，頁 211。

十年重災巨難，毛怎能不負責任？[109]林彪、四人幫有這個能耐麼？他們的權力出於何處？但硬有被賣了還替人數錢的角兒，許多受害人及其家屬在被整死前或平反後，依然向迫害自己的赤色意識形態與集權政制示忠。

　　1979 年 11 月，蹲獄十二年的王光美剛出獄，對受了反右～文革大苦的新鳳霞說：「鳳霞，我們都是毛主席的好學生！」勞動人民出身的新鳳霞（1927～1998），扭頭就走，對人說：「她男人都被毛主席整死了，她還說這樣的話，這個女人壞不壞？」[110]王光美畢業於輔仁大學，理學碩士，判斷力還不如 1950 年代掃盲的戲曲演員。王光美家中客廳一直掛著 1962 年毛登門劉家的照片，她竭望國人都能像她那樣對毛「三七開」。2004 年，83 歲的王光美組織毛劉後裔大聚會，主題「一笑泯恩仇」。[111]王光美一個勁訴說毛劉「戰鬥友情」，大寫特寫劉少奇最後歲月對毛的竭誠擁戴，隱去毛當眾對劉的輕蔑侮辱──「我動一根手指頭就能打倒你」，一句都未批毛。筆者讀完 33.5 萬字的王光美回憶錄，寒意陣陣──怎麼只有對黨負責的黨性，沒有對人民負責的人性？稍微探討一下文革原因的努力都沒有，只虛虛重複劉少奇那句「好在歷史是人民寫的」，史識深度還不如一介武夫的《吳法憲回憶錄》。王光美晚年常念叨文革：「不好說」、「太複雜」、「說不清」、「不想說」，實際是「無力說」。王光美對毛的不貳忠心，說明相當一部分延安幹部價值標準整體錯移，缺乏最基本的是非判斷能力。

　　李維漢晚年疾呼反封建，一再抨擊毛澤東搞「家長制」、「一言堂」，但又說「黨沒有一個有權威的領袖行嗎？」連寫反封建文章，都得請鄧小平，「（自己）沒有這樣的權威，只有鄧小平最合適。」[112]反了一輩子封建的李維漢，到了仍陷封建窠臼。李維漢看到「家長制」、「一言堂」的嚴重後果，但認識不到剷除「家長制」、「一言堂」，就必須防止絕對權威的形成，只要存在「權威」，身後就必然跟著「一言堂」。將反封建懸寄權威，以封建反封建，封建仍矣！正確思想為什麼只能出自權威與領袖？自縛手

[109] 徐友漁：〈重評毛澤東愈早愈好〉，載《明報》（香港）2006 年 9 月 8 日。
[110] 蔡詠梅：〈吳祖光一生的遺憾〉，載《開放》（香港）2003 年 5 月號，頁 81。
[111] 邵燕祥：〈誰能對自己「三七開」──夜讀抄〉，載《同舟共進》（廣州）2009 年 11 期，頁 74。參見舒純：〈王光美傳奇人生優雅謝幕〉，載《人物》（北京）2007 年第 1 期，頁 16。
[112] 余煥椿：〈李維漢痛定思痛疾呼反封建〉；汪子嵩、寧培芬記錄整理：〈李維漢同志談話〉（前文附錄），載《炎黃春秋》（北京）2003 年第 3 期，頁 4、2。

腳自我矮化，才是最最標準的「封建土壤」。正是在這樣的地基上，晚年鄧小平才有那兩句名言——「我說了算」、「不爭論」。

延安一代回憶錄中，涉及違心之處多有程式性用語——「顧全大局」。所謂「顧全大局」，即照顧毛臉面、維護「黨」形象。一句「顧全大局」擄走了多少真實判斷，放走多少罪惡。1977 年，鄧穎超對韓素音說：「開除劉少奇出黨的文件是由恩來簽署的……這件事對恩來是非常令人痛苦的，但是他不得不這樣做……這樣做是顧全大局。」[113]

延安一代另一集體局限：自甘平庸自認凡俗，放棄成為理論精英的欲念，因為這不僅僅是可笑的癡人說夢，更是萬萬要不得的向領袖挑戰。延安理論活動的特點：翻譯多而著述少。很少的著述中，也是「述」多「著」少。新式教條盛行，僅注釋馬恩列斯就已高山仰止，你還能說出高於革命導師的話麼？還能有什麼超越其上的思想麼？理論權威只能由革命領袖兼任，政權教權合一。這是什麼性質的集體「特徵」？還需要點破嗎？

1940 年代以後，紅色文化精英整體星光黯淡，長達 60 年的時間裡只能「我注馬列」、「我注澤東」，只能在注釋中打轉轉，消耗一生。文化拓展的初始動力喪失了。集體被一種思潮裹挾，且無一人意識到集體喪失思考。當延安一代依偎領袖懷中，感到舒適幸福之日，正是植下苦種之時——失去自我失去獨立。套用一句張愛玲語：這是個誇張的地方，即便摔個跟斗，也比別的地方疼。

延安士林的集體局限還包括習慣眼睛向上，只關注上級精神。1950 年代初，浙江省委宣傳部門領導多次公開在報告中說：「做工作只要摸上級的氣候就成了。」[114]反右時的楊述，「他任部長既久，已經變成以上級的思想為思想了，自己的一切思想只能在這個圈子裡轉，不能越雷池一步。」[115] 2008 年 8 月，華國鋒去世，杜導正評曰：「華國鋒的一生一直沒有太多的獨立思考，所以要他擺脫『緊跟』思想模式簡直是不可能的。」[116]

[113]（英）韓素音：《周恩來與他的世紀》，中央文獻出版社（北京）1992 年版，頁 470～471。
[114] 陳學昭：《浮沉雜憶》，花城出版社（廣州）1980 年版，頁 54。
[115] 韋君宜：《思痛錄》，北京十月文藝出版社 1998 年版，頁 49。
[116] 杜導正：〈華國鋒〉，載《財經》（北京）2008 年第 18 期，頁 159。

　　馬克思信徒們沒想過：既然馬克思的座右銘是「懷疑一切」，那麼他本人能豁免「被懷疑」麼？五四時期，馬克思主義初入中國，受到一些抵制排斥，二十年後媳婦熬成婆、三十年後升為祖宗，轉身禁壓其他一切學說，罷黜百家，獨尊赤術，還不是換湯不換藥，煮的還是封建這鍋粥？無非孔教換赤說耳。社會寬容度與自由度不僅並未增大，反而越來越窄。巨變之下無質變，懷疑一切卻不讓懷疑自身，這樣的邏輯能夠被接受麼？

　　信仰代替思考，言必稱馬列，非馬列勿視勿聽、勿言勿動，馬列一言一語至高無上，必須遵循，這樣的革命能導向哪兒呢？1980年代私營經濟初復，鄧力群同意少量雇工，因赤書上說七個雇工不算剝削。捏著百餘年前馬克思的書，不能越雷池一步，能指導好日新月異的當今經濟活動麼？到了這一步，這樣的馬列主義者，還可能有什麼先進性？

第八章

延安共性

　　每一時代知識分子因同一時代底色，從價值觀念到思維方式，從關懷重點到行為選擇，會凝聳相當共性。延安一代的集體性格：正直天真、嫉私如仇、浪漫激越、憎恨自由、害怕個性、思維偏狹。1950年代，「胡風分子」杜高（1930～）概括延安幹部：「他們身上充滿著那個時代最富有代表性的極端的狂熱，憎恨一切帶有自由色彩的思想和行為。」[1]紅色恐怖也使延安一代普遍形成「內疑外懼」的心理，內心深深自疑，時時擔憂「被評論」，常常體現出「畏縮型人格」——習慣逆來順受。1949年後，「延安共性」放射全國，寰內均以「延安幹部」為範。

壹、不識馬列

　　奉持馬列主義的延安一代，其實不識馬列。1936年秋，毛澤東在保安紅軍大學講課：「你們是過著石器時代的生活，學習當代最先進的科學——馬克思列寧主義。」[2]根據馬列的存在決定意識，過著石器時代的生活，怎麼理解得了工業時代的馬列主義？存在與意識缺乏對接基礎呵！延安一代頭腦中的馬列主義，除了模糊的信仰與一堆似懂非懂的名詞，還能是什麼？中共黨人對共產主義的最大想像：「樓上樓下，電燈電話。」[3]

　　從能力上，延安小知正面接受馬列主義都有難度，一大堆抽象名詞、一厚摞馬列赤著，早將他們嚇趴下了，哪裡還有可能檢視馬列主義的合理性？筆者也是年近六旬，困惑、思考二三十年，才寫下這本反思馬列為旨歸的拙作。放在當年，我完全有可能也是「延安小知」一個。

---

[1] 杜高：《我不再是「我」——一個右派分子的精神死亡檔案》，明報出版社（香港）2004年版，頁102。

[2] 李志民：〈抗大抗大‧越抗越大〉（之一），載《中共黨史資料》第七輯，中共黨史資料出版社（北京）1983年版，頁31。

[3] 謝韜：〈關於民主社會主義模式與中國前途〉，載《開放》（香港）2007年6月號，頁23。

　　中共「第一理論權威」陳伯達（1904～1989），1949 年後才讀《資本論》。他承認：「沒有對《資本論》進行認真的研讀，因為《資本論》卷帙很厚……認真讀《資本論》還是在解放以後。」[4]王力揭發陳伯達讀《資本論》第一章就讀不下去。[5]周揚文革蹲秦城八年半，獄中精讀《馬恩全集》、《列寧選集》。[6]陳雲文革下放江西三年，通讀《列寧選集》。[7]毛澤東：「理論書太硬，《政治經濟學》我就沒讀過，陳伯達也沒有讀過。」[8]胡喬木：「『文化大革命』期間讀得多一些，讀得最多的是《馬恩選集》四卷本。」[9]胡喬木對馬恩的研讀不過爾爾，且未讀《資本論》，遭到也未讀過《資本論》的毛澤東批評。王力：「我同毛主席接觸將近十年，我認為毛主席的最大弱點是沒有系統地讀《資本論》。少奇同志也沒有讀過《資本論》，他還說不要讀《資本論》，讀些小冊子就行了……毛主席臨死時床頭上還放著《資本論》第一卷。」[10]李銳：「他（指毛）對中國典籍熟悉的程度遠超過他對馬克思主義的熟悉程度。」[11]1937 年 11 月王明回國，對延安女大生說：我們黨的理論水準很低，中央委員會的馬列主義水準，還不如你們高呢！[12]

　　毛晚年一心追求「國際共運第三塊里程碑」，而史達林評毛：「麥琪淋式的馬克思主義者」。[13]麥琪淋，黃油代用品。基層小知更是對馬列半生不熟。黃源（1906～2003）晚年承認：「我們過去太不知道學習了。如我們在四明山（按：浙東根據地），實際上有時間，但從來沒有認真弄通一本馬列書、毛主席著作，即使讀一點，也是浮光掠影，沒有深入下去。」[14]1993 年 5 月，趙紫陽：「自己過去對馬克思的理論學習瞭解很不夠。」[15]

4　陳伯達：《最後口述回憶》，陽光環球出版香港有限公司 2005 年版，頁 88。
5　《王力反思錄》，北星出版社（香港）2008 年版，下冊，頁 465。
6　周密：〈懷念爸爸〉。王蒙、袁鷹主編：《憶周揚》，內蒙古人民出版社 1998 年版，頁 581。
7　〈訪國家安全部部長、原陳雲同志秘書許永躍〉，載《百年潮》（北京）2006 年第 3 期，頁 15。
8　李銳：《廬山會議實錄》，春秋出版社（北京）、湖南教育出版社 1989 年版，頁 228。
9　《胡喬木傳》編寫組：《胡喬木談中共黨史》，人民出版社（北京）1999 年版，頁 240。
10　《王力反思錄》，北星出版社（香港）2008 年版，下冊，頁 465。
11　李銳：《李銳近作──世紀之交留言》，中華國際出版集團有限公司（香港）2003 年版，頁 125。
12　金城：《延安交際處回憶錄》，中國青年出版社（北京）1986 年版，頁 93。
13　《赫魯雪夫回憶錄》，張岱雲等譯，東方出版社（北京）1988 年版，頁 659～660。
14　上海魯迅紀念館編：《黃源文集》第七卷，上海文藝出版社 2009 年版，頁 5。
15　宗鳳鳴記述：《趙紫陽軟禁中的談話》，開放出版社（香港）2007 年版，頁 99。

中共要角對馬克思主義都如此不甚了了，卻握持馬克思主義要去改天換地，當然只能以其昏昏使人昭昭，盲人騎瞎馬，夜半臨深池。延安一代終身保持低水準知識層次，源頭也當然來自中共高層。中共領導層由中小知識分子組成，對幹部的文化層次自然只能限於「初中足矣」。

馬克思主義就像它的起篇〈共產黨宣言〉，很文學很浪漫的一種社會制度設計。馬克思創說「剩餘價值」，認為社會不公導致貧富不均、列強瓜分市場不均必然導致戰爭、階級矛盾不可調和等，因此得實行適合社會化大生產的計劃經濟，與最先進生產關係相聯繫的工人階級必將登上歷史舞台，人類必將進入共產勝境。而資產階級不願失去自己的天堂，「暴力奪權」（暴力是革命的孕母）、「無產階級專政」（惟此才能進入共產主義），乃必經之途。這就是毛澤東相中馬克思主義的關鍵所在：造反有理！

像所有歪學邪說一樣，馬克思主義也「理所當然」地否定此前一切人文學說，以一切真理從我這裡開始的姿態為自己撐台張目，以新自炫，躲避檢驗。事實上，一切新學新說（包括歪學邪說）都只能是歷史的產兒，只能來自「舊說」。很簡單，一則不能以舊說自證的新說，還能憑什麼證明自己正確？難道可以自論自證麼？

馬克思主義據片面之見與浪漫設計，得出一系列自說自話的宏大結論，完全違背社會理想必須與人類天性相吻合這一人文原則，從秩序制訂原則上違悖了「觀俗立法」的古訓，「社會意識」完全脫離「社會存在」的實際。從根子上，共產設計乃是建立在必須改造人類天性的基礎上，變人性本私為「大公無私」，不是順應人性而是改造人性，「兩個徹底決裂」——同傳統的所有制關係實行最徹底決裂、同傳統觀念實行最徹底決裂（《共產黨宣言》），一開始就走歪了道，偌大紅廈建在烏托邦沙灘上。

馬克思主義純屬片面之說，只看到剩餘價值的剝削性，沒看到若無剩餘價值，社會生產便失去最緊要的第一驅動力。剩餘價值既包含對經營者的獎勵，也是市場經濟「看不見之手」一部分，起著調節社會資源、分配生產能力的調控作用。沒一點剩餘價值，沒一點利潤，誰來冒險投資？誰來吃吃力力組織生產、開拓市場？不允許剩餘價值，失去利潤，靠什麼去推動生產？能白幹白虧或越幹越虧麼？就是最先進的工人階級，能夠僅靠「覺悟」而無償生產？靠「主義」而生活麼？

　　馬克思刻意誇大貧富差異的道德指數，無視資產階級乃是社會現代化的主要實現力量──正是資產階級的「主觀為自己」，才生產出「客觀為社會」的各式現代商品，大眾才沾享現代文明平均值，包括住房、醫療保險等社會福利。要求人們精神世界純而又純，單極強調剩餘價值的剝削性，無視其所連帶的社會生產力，當然是偏學謬說。

　　馬恩在揭批資本主義負面時，故意隱略其巨大正面效應。資本主義不僅初興之時是一位勤快的小伙子，至今仍是人類現階段最先進的經濟制度。它分娩於社會實踐，兼顧理想追求與現實可能，成功找到公私之間的歷史平衡點，合理建築於人性與價值規律之上，乃迄今為止最先進的經濟制度。更重要的是：資本主義制度得到五百年實踐不斷試錯，不斷調整糾誤，凝有相當歷史理性。一種新型社會制度的形成絕非出於一二所謂「天才」，只能出自歷代思想家的智慧疊加。至於新型制度的完善，則必須經歷實踐的不斷試錯，經驗的價值彌足珍貴。

　　中俄各赤國實踐證明：公有制無法解決最關鍵的利益驅動，強者與弱者同薪，形成弱者對強者的制度性剝削，等於鼓勵懶惰，全社會因短板效應而失去水位增高的可能。資本主義利益化的「主觀為己，客觀為人」，遠比道德化的社會主義高妙精細，社會理想與人類天性適度契合。

　　馬列主義以理想立論，單輪偏走道德，避開現實，用似乎十分容易改變的意識形態去改造不可能突變的經濟基礎，將社會改造簡單歸結為意識形態的更替，將一切建築於一廂情願的「人人覺悟」，鄙視經驗凝結的制度，不可能不闖禍。

　　1776 年，亞當‧斯密剖析：生產者的自利意圖比改善社會者的貢獻更重大更切實，因為這種自利者最終必然增加社會財富總淨值，而改善者只不過對社會已有財產進行調整。[16]

　　十八世紀末的柏克無緣得識馬克思主義，卻已直戳赤色學說通弊：

　　　　當我聽說有任何新的政治體制在尋求並且炫耀自己設計的簡捷性的時候，我就毫不懷疑可以斷定設計者們對自己的行當是全然

16　《馬恩全集》，人民出版社（北京）1957 年版，第二卷，頁 170。

無知，或者根本就不懂得自己的責任。各種單純的政府從根本上說都是有缺陷的，還不用把它們說得更糟糕了。假如您單從一種觀點來考慮社會，那麼所有這些單純的政體方式都是無限迷人的。[17]

　　歷史進程不可能人為規定，社會發展不可能主觀預設，客觀現實也不可能突變。人為重砌爐灶勢必打破歷史形成的相對平衡，造成無法預測的可怕後果。社會改造工程牽一髮而動全身，必須在不破壞社會既有平衡的前提下，以漸進量變積成整體質變。惟此，方可避免變革過程的暴烈化，才不會讓「變革代價」都壓在一代人身上。馬列赤說「兩個徹底決裂」，倡導突變，成為百年最大災源。馬克思主義的危害超過納粹主義。

　　赤色實踐還證明：計劃經濟本身就是巨大的社會浪費。巨大人力投入完全不必要的「計劃」，社會需求不可能也不必要計劃，任何計劃都不如「看不見之手」——市場調節，更精確更及時反映社會需求，也更有效調控生產。計劃經濟，純屬無事生非。

　　美國政治學者費里德曼：「其實，我們所有的人都應該是資產階級。資產階級是推動進步的動力，資產階級帶來更健康長壽的生命和更大的物質財富、享受和樂趣。」[18]老外說：「你們搞社會主義，把所有的人都變成無產階級；我們搞資本主義，把所有的人都變成資產階級。」[19]人們追求的當然是富裕而非貧窮，雖有「先富」「後富」，總比全都憋著挨窮熬貧要強吧？而且，有了源源不斷的富裕者，社會才可能擁有一口源源不斷的救助池。大家都是窮人，誰還有能力往救助池裡注水呢？德謨克利特都認識到：「共同的貧困比每個人孤立地受窮更難堪，因為這樣就什麼救助的希望都沒有了。」[20]國際共運要求全世界無產化，譽為「永葆革命本色」，真正可怕呀！還不如 2400 年前的古希臘人。

　　當然首在做大蛋糕，提高全社會的救助能力，窮人只能依靠整體富裕水準上升而獲救助，至於脫貧致富當然也只能自立自強。至少兩百年內，

17　（英）柏克（Edmund Burke）：《法國革命論》，何兆武等譯，商務印書館 2009 年版，頁 81。
18　（美）費里德曼：〈敵人不是資產階級〉，載《二十一世紀》（香港）1996 年 8 月號，頁 142。
19　黃彥：〈歷盡千般索根本〉。趙士林主編：《防「左」備忘錄》，書海出版社（太原）1992 年版，頁 66。
20　北大哲學系外哲史教研室編譯：《古希臘羅馬哲學》，三聯書店（北京）1957 年版，頁 124。

我們還無法消滅所有窮人或讓所有窮人都富起來。共產主義只在道德一翼上做文章，高調譴責私有制，似乎深刻犀利，無比正義，實質劍走偏鋒，單輪偏飛，無視人性之常與現實可能。共產主義片面強調均產，無視均產對生產效率的巨大殺傷。建設一個更好更優越的社會，最本質的要素還是提高社會生產力，提高普遍富裕水準，而非斤斤計較於既有蛋糕的切分。

柏克早就指出：

> 凡是企圖使人平均的人，絕不會使人平等。在由各色公民所組成的一切社會裡，某類公民必定是在最上層。因此，平均派只不過是改變和顛倒了事物的自然秩序而已；他們使社會的大廈不堪重負，因為他們把結構的堅固性所需要放在地上的東西置之於空中。[21]

柏克一眼就看穿了「平均」的烏托邦性質。封建特權固需剷除，但這是歷史形成的自然特權，含有一系列不得不然的客觀因素，乃是人類必須經歷的歷史階段。而赤色革命形成的則是人為特權，其不合理性更甚於自然特權。雖然封建特權不甚合理，但它來自歷史，不合理中含有相對合理，保持特定歷史階段的既有平衡。革命形成的人為特權則屬純粹攪局，遠惡劣於封建特權，社會負效亦遠遠超過封建特權。

迭經赤色各國七八十年的共產實踐，證明不可能在均產條件下有效遞增社會總財富。「共產」、「平均」直接削弱生產力，普遍消極怠工，與馬克思的設計值差距太大，不僅未能提高社會生產率，反而全線遏阻社會進步──經濟上低效浪費、政治上暴烈專制、文化上極端偏激。在活生生的赤色實踐面前，經歷了窮困與暴政的煎熬，俄中東歐越柬等國不得不結束計劃經濟與公有制，不得不揮手告別「壯麗」的共產主義事業，拐入修正主義，對「革命」進行再革命，迎回「萬惡的資本主義」。

赤潮首起西方，為何不落戶西歐產地而遠嫁東方沙俄？又不遠萬里來到中國？由落後貧窮的東方「實地試驗」，為這則人類思想史上的最大謬說買單？西方何以脫此一難？成功將禍水引向東方？歐美成功防禦「戰無

---

[21] （英）柏克：《法國革命論》，何兆武等譯，商務印書館 2009 年版，頁 64～65。

不勝的馬列主義」，躲過這場人文災難，乃是依靠其整體厚實的文化攔壩。
如德國文化傳統中有一種關懷——證明合法性，為證明您觀點的正確性，
必須提供其思想正當性的穩定基點。[22]在民主自由的原則下，既鼓勵新思
想的誕生，又保持對新思想的及時檢驗，對思想自由的這一深刻理解，乃
是保證歐美近代文化不斷發展的前提。

　　西方文明之所以為歐美帶來巨大社會進步，乃是及時從歷史中提煉經
驗，凝塑成堅固的人文理念。1776 年美國〈權利宣言〉、1789 法國〈人權
宣言〉，乃西方迅速走強的人文地基，為精確碼放價值序列提供了基準點。
十八世紀西方思想家對歷史對暴力革命的認識已相當深刻，柏克指出：

> 　　法國革命⋯⋯以最荒謬和最荒唐的手段並以最為荒唐方式發
> 生了，而且顯然地是用了最為可鄙的辦法。在這場輕率而又殘暴的
> 奇異的混亂中，一切事物似乎都脫離了自然，各式各樣的罪行和各
> 式各樣的愚蠢都攪在了一起。
> 　　我體會到這場變革不是帶來了改進，而是需要一段漫長的年代
> 才能多少彌補這場哲學式革命的後果，才能使國家回到它原先的立
> 足點上來。[23]

　　當柏克對法國大革命的判認不斷得到西方史學界認同，得到最重要的
歷史檢驗，中共思想界卻斥為「對法國大革命最無恥的詆毀」。

　　文化落後乃二十世紀中國走出歷史大彎折的最大原因。五四士林缺少
對人性的認識。在以倫理道德為價值中軸的傳統文化中，對政治與道德的
關注成為絕對支配力量，並反過來限制對個人權益的認識。文化的低弱使
五四士林未能識破馬列赤說的迷惑性。赤說懸無限美好於未來，因遙遠而
燦爛，挑激青年對現實的不滿，托望變革。革命進程中，理想又因犧牲而
聖潔，中共以烈士犧牲換取對赤說的同情。「高尚的犧牲」使大多數士人
看不到危險的烏托邦陰影。既然文化無力攔濾赤說，只能實踐而後知，支

---

[22]　（法）布林迪厄：《文化資本與社會煉金術》，上海人民出版社 1997 年版，頁 41。
[23]　（英）柏克：《法國革命論》（1790），何兆武等譯，商務印書館（北京）2009 年版，譯者序言，頁
　　13、174。

付高昂的現實代價。文化一上台階，昔日那麼神聖的東西縮為不值一提的歷史笑話，堅不可摧的「紅色建築」灰飛煙滅、隨風飄去。

對各國赤色革命者而言，與其說馬列主義征服了他們，還不如說這些造反者需要馬列主義，需要馬列學說的價值內核──「造反有理」，需要剩餘價值、階級鬥爭等「法理基礎」，需要持用赤說鼓動窮人「合法」奪回「自己的財產」，動員工農參加革命。階級鬥爭乃剩餘價值的邏輯延伸，既然資產階級壓迫我們，我們為什麼不可以壓迫資產階級？暴力論更是為革命的血腥披上「合法外衣」。各國「赤色造反者」之所以相中馬列學說，秘密就在於造反者需要一面光燦燦的現代大旗，馬列主義正好給他們送來了最最急需的理論武器，既能證明「造反有理」，又能證明暴力「合法」。毛澤東早年讀《共產黨宣言》、《社會主義史》，慧眼識珠，一下子就找到寶物：「我只取了它四個字：『階級鬥爭』。」[24]

一個空想一個暴力，給各國造反者送去兩大「寶貝」；「空想」送去燦爛炫目的紅色外衣，「暴力」送去合法的理論支撐。這就是各國革命者之所以齊刷刷選擇馬列主義的真正底牌。

毛澤東也為馬列誤導，想搶先進入共產主義，建不世之功，與赫魯雪夫爭搶國際共運老大交椅。奈何共產方向有誤，不僅不能為人民造福，反而肇禍添災。此時，毛澤東用火與劍強推「主義」，再用人民愚昧、幹部右傾解釋基層對「大躍進」的抵制。趙紫陽析毛：「實際上是因客觀沒有條件，而硬要去實行自己的理想抱負，而形成的悲劇。」[25]毛澤東率領中共奪權成功，使他獲得推行共產的巨大資本，闖禍能力亦大，積謬成罪。

馬克思主義是延安一代的祖墳，許多「兩頭真」終始對馬克思主義戀戀不捨，儘管他們已堅決揚棄計劃經濟、剩餘價值、暴力革命，但仍在抽象層面上肯定馬克思主義，因為它「目的在於拯救無產階級和其他勞苦大眾」，十分幼稚地以動機取代效果。2013 年，中宣部將否定赤色革命判為「歷史虛無主義」，有關部門派員上門向筆者「當面曉諭」。

馬列主義不僅全面主導了 1950～70 年代的中國，將中國帶上一條死胡同，還成為 1980 年代改革的巨大阻力。每推出一項改革措施，必得進行一

---

[24] 中共中央文獻研究室編：《毛澤東文集》第二卷，人民出版社（北京）1993 年版，頁 379。
[25] 《趙紫陽軟禁中的談話》，開放出版社（香港）2007 年版，頁 124。

番「社會主義」包裝，先得論證其「主義」屬性，否則便無法出門。馬克思主義仍是捆綁當今中國意識形態的最粗繩索，也是中國走向現代化必須掙脫的歷史枷鎖。

從學說類型上，強調階級的馬列與強調種族的納粹一樣，都是以剝奪一部分社會成員的尊嚴與權益而滿足另一部分成員，都是不顧社會整體和諧，以徹底破壞既有社會平衡為自己的劇變方案張目。階級偏見與種族偏見本質上都是一種偏見。階級學說不僅否定上位價值的國家、民族，而且還否定最上位的人類人性，要求信徒罷黜百家，獨尊「階級」。馬列打著為窮苦者翻身的旗號，具有道德迷惑性，故漸走漸強，肆行百餘年。

貳、概念人

與第一代中共黨人不同，延安一代普遍沒有「尋找真理」的過程，一上來就是直接膜拜馬列赤說。第一批同盟會員吳玉章（1878～1966），1925年轉共，他「最初是從舊思想的忠君愛國到變法維新，又發展到資產階級民主革命，三民主義，最後到了馬列主義共產主義。」[26]第一代中共黨人尋找救國方略，只是概念的比較，認定馬列主義比三民主義優越，改造社會更徹底。延安一代則比大革命一代「幸福」，他們沒有一個選擇比較的過程，直接迎奉紅學赤說，捧接馬列概念。1987年，81歲的黃源：「擬潛心寫回憶錄，但滿腦子都是概念，使其形象化，一如早年從感性昇華為理性，同樣困難。」[27]早年，他們十分困難地從感性爬昇至理性，成為馬列信徒；晚年又得從抽象概念退回具體形象，同樣困難。

王明、博古等還在莫斯科中大學習，搬著馬列書本上台演講，講到哪裡，書翻到哪裡。他們將這一作派帶至江西、延安。1939年，博古在重慶南方局作報告，抱了一大堆俄文厚版書上講台。[28]1935年2月，江西蘇區已被國軍束縮於狹小的仁風地區，戰士問：「敵人到底有多少？我們能不

---

26 吳玉章：〈吳玉章略傳〉，載《中共黨史資料》第11輯，中共黨史資料出版社1984年版，頁72。
27 上海魯迅紀念館編：《黃源文集》第六卷，上海文藝出版社2009年版，頁205～206。
28 李銳：《李銳近作——世紀之交留言》，中華國際出版集團有限公司（香港）2003年版，頁112。

能趕走它？」贛南軍區政治部鼓動員唐大炮嘲曰：「你這個腦袋，我看真該檢查檢查了。你要知道，不怕敵人千軍萬馬，只怕自己腦袋有問題。」[29]

搶救運動中，鄧力群與「搶救對象」范元甄私通。1945 年下半年，中央政治研究室開了一個月批判大會，楊尚昆做了組織結論，范元甄用毛筆工整抄了一份給丈夫李銳，以示對此事徹底認錯。[30]楊尚昆（1907～1998）評點鄧力群：「能力是有的，是搬弄教條、概念的能力，表現於整理材料，在概念中兜圈子。解決實際問題的能力還沒見過。不踏實，脫離群眾，浮在上面，談空話的時候多，經常有些教條在內。」[31]結合鄧力群 1980～90 年代的表現，楊尚昆的延安點評閃閃發光。1984 年，筆者聽過時任中宣部長鄧力群長達三小時的報告（錄音），他下到內蒙牧區調研，回京後反對九年義務制教育，理由是牧民居住分散，不易集中辦學，且牧民生活簡單，文化需求不高，九年義務制教育沒有意義，云云。當時就感覺以內蒙偏遠之地否定人口稠密的內地之需，以偏概全嘛，思考能力如斯，怎能當好高層領導？後讀到楊尚昆評語，才知此人早有此病！鄧力群乃北大肄業生（入學二年），中共數得著的理論家，水準尚且如此，他人可想而知。「只有搬弄教條、概念的能力」，一語拎出延安一代的代際痼疾。

為人服務的「概念」成了迫人服務的「君主」，「手段」翻成「目的」，完全顛倒主次。這一延安特徵，很早有人就感覺到了。夏志清評論丁玲：「對於生理、心理及社會實況的盲目無知，是共產主義作家的一個基本的弱點……由於對馬克思主義過於簡化的公式的信仰，使他們的頭腦陷於抽象的概念，而對人類生存的具體存在現象，不能發生很大的興趣。」[32]為了實現紅色概念，延安一代普遍無視革命造成的悲慘現實。後人擲評：黨性越強，人性越弱。

延安整風不僅摘走延安一代的五四「記憶儲存」，而且徹底「糾正」他們判別是非的標準──階級性大於人性。1947 年，劉少奇在晉察冀主持土改，支持農民挖地主浮財，沒收工商業，搞人身消滅。鬥爭會一開便把

[29] 陳丕顯：〈贛南三年游擊戰爭〉，載《中共黨史資料》第二輯，中央黨校出版社（北京）1982 年版，頁 12～13。
[30] 李銳：〈我的延安經歷〉，載《爭鳴》（香港）2010 年 11 月號，頁 70。
[31] 李南央編：《父母昨日書》，時代國際出版有限公司（香港）2005 年版，上冊，頁 379。
[32] 夏志清：《中國現代小說史》，香港中文大學出版社 2001 年版，頁 233。

地主打死，不打死也整得很厲害。如搭「坐蔣台」，讓地主站上去，下邊拆台，硬把地主摔下來。晉綏行政委員會主任、共產黨員牛蔭冠之父乃興縣首富，大地主兼工商業主，捐款萬元抗日，邊區參議會議員。土改時被鬥，用繩牽鼻，命其子拉著遊街，牛蔭冠不敢不從。晉察冀邊區政府設立「王八蛋席」，邊區政府委員大部分被列此席。[33]

　　1942年，興縣紳士牛友蘭、孫良臣因「實際表現」得入參議會，孫兼任行署建設處副處長。土改中，中共晉綏分局主要領導擔任當地土改工作團長，孫良臣在鬥爭大會上被打死，牛友蘭則強迫其子牽繩遊行，名曰「鬥牛」。幾個二流子還要揪鬥牛蔭冠，主持大會的兩名副團長予以制止，抓捕了那兩個二流子。事後，工作團長大罵兩名副團長「立場動搖」、「鎮壓貧農」，勒令向二流子賠禮道歉。[34]

　　被赤潮迷惑的延安一代，不知自己盲人瞎馬淪為「主義試驗品」。他們毫不顧惜地拱翻傳統文化，蔑棄舊日倫理，興奮地將祖先貶得一錢不值，以為自己可以創造一切。他們既不明白傳統是人類文化的結晶，更意識不到傳統的重大資源價值，自以為高明絕頂地遠離經驗走向災難。

　　他們絕大多數不知道孫中山說過：「用馬克思的辦法來解決中國的社會問題，是不可能的。」[35]孫中山堅持中國只有大貧小貧之別，無明顯貧富差距。1924年8月10日，孫中山在廣州高師演講：「中國人所謂的『貧富不均』，不過在貧的階級之中，分出大貧與小貧。其實中國的頂大資本家，和外國資本家比較，不過是一個小貧，其他的窮人都可說是大貧。中國的大資本家在世界上既然是不過一個貧人，可見中國人通通是貧，並沒有大富，只有大貧小貧的分別。」[36]1980年代，中共從求均轉身號召求富，證明孫中山的先見之明。

　　延安一代普遍缺乏傳統文化與人權意識，卻裝滿一條條謬誤邏輯，且只接受馬列赤說，摒拒其他一切資訊，形成一顆顆「花崗岩腦袋」。二十

[33] 姚錦編著：《姚依林百夕談》，中國商業出版社（北京）1998年版，頁119。

[34] 龔子榮：〈1947年晉綏的土改整黨〉。歐陽淞、曲青山主編《紅色往事》，濟南出版社2012年版，第一冊（上），頁449～450。

[35] 鄒魯：《回顧錄》，岳麓書社（長沙）2000年版，頁127。

[36] 孫中山：《三民主義·民生主義》。參見《孫中山全集》第9卷，中華書局（北京）1986年版，頁381～382。

一世紀仍有魏巍這樣的死硬信徒:「只要我們的星球不會倒轉,共產主義的太陽就不會下沉!」[37]

延安一代一生拜錯佛走錯道,認非為是,還以此為幸,無尚光榮,引為已實現自我徹底革命的重大標誌。因為他們被教育「要看本質,不要只看現象」,被教導必須原諒內部醜惡,那是革命過程中的「必然」。深受強制卻以為獲得「自由」,完成真正的「思想革命」。延安名士陳企霞教訓長子:「我尤其不喜歡你談到命運那幾句話,沒有命運,絕對沒有,『命運』是自己掌握的,如果說你不能掌握,那只是在人和社會的關係中,人自己多少還很『盲目』罷了。」[38]赤色革命者就是如此「人定勝天」。

1951 年,十九歲北大女生樂黛雲參加江西吉安地區土改工作隊,主持四千餘人大村的運動。一位七旬孤寡地主(一輩子在上海做裁縫攢錢買地)被槍決。樂黛雲想不通,向其革命引路人程賢策(北大生,文革自殺)傾述苦悶。程開導她:我們不能僅憑道德標準,土改的依據是剝削量,剝削量夠數,就該為被剝削者討還血債,至於量多量少一點,那只是「偶然」,不可能改變事物的實質;有剝削就應該有懲罰,這是必然,認識到這一點,就不會有任何歉疚而得到心靈自由。樂說:「這番話對我影響至深,後來凡遇到什麼難於承受的負面現象,我都努力將其解釋為『偶然』,聽毛主席的話則是順從『必然』。」[39]鋼鐵就是這樣煉成的,「非」就這樣被鑄造成「是」,概念就這樣戰勝了事實。

1962 年,楊振寧(1922~)在日內瓦見到來自大陸的父親,父子多次爭論,楊振寧質問數學家父親:「您現在所說的和您幾十年以前所教我的不一樣。」楊父:「你怎麼還沒瞭解,我正是要告訴你,今天我們要否定許多我以前以為是對的而實際上是錯的價值標準。」[40]這是十分「經典」的紅色時代注腳,說明赤色思潮「認非為是」的巨力。在基礎價值完全倒置的「大時代」,楊父這樣的高知都「質變」了。

---

[37] 魏巍:〈寫在汨羅江畔〉,載《中流》(北京)1990 年第 1 期(創刊號),頁 11。
[38] 陳恭懷:《悲愴人生──陳企霞傳》,作家出版社(北京)2008 年版,頁 329。
[39] 樂黛雲:《四院·沙灘·未名湖:60 年北大生涯》,北京大學出版社 2008 年版,頁 207。
[40] 劉青峰:〈試論文革前中國知識分子道德勇氣的淪喪〉,載《知識分子》(紐約)1990 年冬季號,頁 42。

對待個人財產的態度上，也能清晰看出「概念」的力量。1968 年，吃盡苦頭的龔澎不僅勸人要經得起文革委屈，還常說：「共產黨員沒有私人財產。」[41]1967 年 4 月 9 日，劉少奇對子女最後留言：「你們要記住，爸爸是個無產者，你們也一定要做個無產者。」[42]1970 年，黃華對斯諾說：「我們鄙視金錢和財產。我們要創造社會主義社會，創造新型的更高尚的人。」[43]1998 年，曾志（中組部副部長）去世，遺囑：「共產黨員不應該有遺產，我的子女們不得分我的這些錢（按：幾萬元）。」[44]遵循「無產」原則，國人若真一個個全都高尚地保持「一無所有」，那麼創造出來的財富又歸誰享用？按照「財產罪惡論」，大家寧願一無所有，那麼是否還有必要創造財富？何必創造製造罪惡的財產？乾脆消滅財富，不再製造財富，豈不一乾二淨，更革命更徹底?!其實，金錢乃社會管理結晶性產物，凝結著一系列「歷史必然」，赤士如此鄙視金錢，等於愚蠢地放棄了前人積累的管理經驗。不用金錢，難道可以僅僅用「階級覺悟」來管理麼？

「概念」之下，失去自我成為延安一代的價值自覺，明明人權被剝奪、尊嚴被侵犯，延安士林對革命理論仍一條條照單全收。1960 年何方下放安徽農村，他甘心接受專政。除定期彙報思想，凡事都向黨小組長請示。一次，家裡寄來一斤奶油糖塊，已餓得浮腫的何方不敢吃，向小組長彙報，提出分給大家一起吃。那位女小組長說個人食品可以自己吃，不過要注意影響，「這令我如同得了赦一般，趕快收藏起來自己享用。我沒敢飽餐一頓，而是有計畫地每天晚上躺在被窩裡取出一顆，放在嘴裡讓它慢慢消化，感覺簡直勝過任何美味佳餚。」大饑荒時期外交部不准「私購食品」，部黨組專門抓「應該如何正確對待困難的問題，要大家交代有沒有私自購買食品等行為。何妻宋以敏膽小，坦白交代，仍挨批評。」[45]

延安一代思維方式、價值觀念十分偏執，很難矯正。1980 年代初，港商想在深圳搞一塊華僑墓地，以便葉落歸根。香港新華分社社長、延安幹

41 喬松都：《喬冠華與龔澎——我的父親母親》，中華書局（北京）2008 年版，頁 353。
42 黃崢：《王光美訪談錄》，中央文獻出版社（北京）2006 年版，頁 420。
43 （美）伯納德‧托馬斯（Bernard Thomas）：《冒險的歲月——愛德格‧斯諾在中國》，吳乃華等譯，世界知識出版社（北京）1999 年版，頁 404。
44 曾志：《百戰歸來認此身——曾志回憶錄》，人民文學出版社（北京）2011 年版，頁 438。
45 何方：《從延安一路走來的反思》，明報出版社 2007 年版，上冊，頁 371～373；下冊，頁 389。

部王匡（1918～2003）反對：「出賣國土，喪權辱國。」北京高層有人指斥深圳特區為「新租界」，「經濟上天，紅旗落地」。[46]2005 年，藝人張國立（1959～）竟指播放韓劇為漢奸行為：「中國在歷史上曾被入侵過，但文化上卻從未被奴役過。如果我們的電視台、我們的媒體整天只知道播放韓劇，這跟漢奸有什麼區別？」[47]赤色意識形態漫溢而出的荒謬邏輯，四處皆是，成為中國走向現代化必須一一打掃的「前朝瓦礫」。

辭世較早的延安人是一種很大的幸福，帶著「為人民謀了大福利」的滿足走人，保持「認非為是」的一致性。何其芳 1977 年去世前還認為王實味、蕭軍、丁玲等人的「暴露黑暗論」就是該批。[48]天假以年，何其芳如活到 1979 年大平反，那不是「天塌下來了！」1979 年 1 月，波爾布特的柬共暴政被推翻，新四軍老人黃源驚呼：「金邊失陷了！」[49]

筆者閱讀老延安傳記，發現凡一開始就徹底運用階級性進行思維，一點都不講人性的（如范元甄），晚年無一人迷途知返；一開始多少保留一點人性的（如李銳，向地主母親下跪），晚年才有可能獲得反思起點。人性乃人類社會一切價值的初始基點，連這點人文根鬚都給刨了，反思缺乏最初的支撐點呵！

參、工農化方向

余英時：「中國的政治傳統中一向彌漫著一層反智的氣氛；……『自古已然，於今為烈』。」中共的工農化不過是「反智」的當代變種。[50]

五四口號──「勞工神聖」，響亮一時。1918 年 11 月，蔡元培演講《勞工神聖》：「此後的世界全是勞工的世界！」[51]這一口號的身後是「一切權力歸工農兵」、「窮棒子坐江山」。將藏汙納垢的民間底層美化成聖潔天堂，將群氓小民捧抬為天然偉大的領導階級。那些沒受過教育、啥啥不懂的無

---

[46] 《許家屯香港回憶錄》，香港聯合報有限公司 2008 年版，上冊，頁 23。

[47] 龍應台：〈文化是什麼？〉，載《中國青年報》（北京）2005 年 10 月 19 日。

[48] 《何其芳文集》第三卷，人民文學出版社（北京）1983 年版，頁 57。

[49] 上海魯迅紀念館編：《黃源文集》第七卷，上海文藝出版社 2009 年版，頁 233。

[50] 余英時：《文史傳統與文化重建》，三聯書店（北京）2004 年版，頁 150。

[51] 許德珩：〈我的回憶〉，載《紅旗飄飄》第 30 集，中國青年出版社（北京）1986 年版，頁 63。

知者，一夜之間魔術般從最卑微的底層被推至指點江山的「主人翁」，除
了混亂蠻幹，還能指望他們什麼？怎麼可能「最聰明最高貴」？他們不明
白社會的複雜性，不可能理性安排犬牙交錯的利益關係。對於財產，他們
除了「心嚮往之」，根本就不知道如何使財產成為「經濟增長點」。柏克早
就揭櫫——「笨蛋闖進了天使都不敢落腳的地方」：

> 　　一個理髮匠或一個蠟燭商的職業，對任何人都不會是一樁榮譽
> ——更不用說許多其它伺候人的雇工了。這類行業的人，不應當受
> 到國家的壓迫，但是如果允許像他們那樣的人個別地或集體地來進
> 行統治的話，國家可就要遭受壓迫了。在這一點上，你們認為自己
> 是在向偏見進行鬥爭，但是你們卻是在向自然開戰。
> 　　走到相反的極端，把一種低水平的教育、對事物的一種庸俗狹
> 隘的眼光、一種汙穢的雇傭職業，當作是一種值得博取的資格——
> 這樣的國家就有禍了。一切事情都應該開放，但卻不是對每一個人
> 都毫無區別。[52]

　　中共尚未成立，「勞工神聖」就已使第一代中共還沒出門就錯了方向。
1920 年 5 月 1 日，陳獨秀與李漢俊出席上海船務棧房工界聯合會成立大
會，陳發表演說：「社會上各項人，只有做工的是台柱子……只有做工的
人最有用最貴重。」[53]馬克思的「資本主義末世學」將無產階級打扮成救
世主，說是只有這一階級能夠拯救人類於水火。雷蒙・阿隆：「在『新信
仰』所統治的地方，被崇拜的對象與其說是無產階級，毋寧說是政黨。」[54]
捧抬無產階級，自然意在政黨自己——無產階級先鋒隊呵！
　　「四・一二」後，中共受第三國際影響，認為大革命失敗乃黨內資產
階級成份過濃，黨內知識分子集體消極，甚或叛變。中共「六大」從組織
上全面推行階級路線，從上至下著意提拔工農幹部，赤區出現「打倒知識

---

[52]　（英）柏克：《法國革命論》，何兆武等譯，商務印書館（北京）2009 年版，頁 59、65、66。
[53]　陳獨秀：〈勞動者底覺悟——在上海船務棧房工界聯合會演説〉（1920 年 5 月 1 日），原載《新青年》
　　（北京）第七卷第六號。參見《陳獨秀文章選編》，三聯書店（北京）1984 年版，上冊，頁 520。
[54]　（法）雷蒙・阿隆：《知識分子的鴉片》，呂一民、顧杭譯，譯林出版社（南京）2005 年版，頁 68。

分子」的口號。[55]海陸豐赤區開會，工農幹部尊坐前排，知識幹部只能坐後排。[56]1930 年代初的湘鄂贛蘇區，「讓一個是文盲的雇農當省蘇維埃政府的教育部長。那時學生出身的知識分子是吃不開的。但在湘鄂贛邊區黨的早期建設中，正是一批學生出身的小知識分子，最先接受黨的影響，投身革命，不少人為實現黨的綱領獻出了生命。」[57]1931 年 4 月，張國燾到達鄂豫皖，不久報告中央：「（鄂豫皖）長期執行了非布爾什維克的路線，黨內充滿了地主、富農、資產階級知識分子、商人、高利貸者，特別是在領導幹部中。」張國燾提拔的鄂豫皖省蘇維埃主席兼黃梅縣委書記，乃一女文盲；新集的蘇維埃主席也是一個女文盲。[58]

1938 年 3 月〈中央關於大量發展黨員的決議〉規定：工人雇農不要候補期；貧農、小手工業工人一個月；革命學生、革命知識分子、小職員、中農、國民黨下級軍官三個月。[59]1939 年 6 月〈總政治部關於大量吸收知識分子和培養新幹部問題的訓令〉，要求知識分子幹部「向老幹部、向工農幹部學習，提出看不起工農分子就不是真正的革命者的口號。」[60]延安響徹這樣的聲音：「老子不識字，還不是革命嗎？」[61]不少工農幹部不求上進，倚仗「意識形態」蠻橫一時。抗大工農副隊長黃克功求愛不成槍殺女生劉茜，辯稱：「劉氏狼心毒惡，玩弄革命軍人」，「損功名譽，當時則氣憤填胸，乃拔手槍予擊之，一槍未擊斃，故加一槍。」[62]

1939 年 12 月 6 日，中共軍委發專文承認「排斥知識分子的傾向也更濃厚。」[63]新四軍也歧視知識分子，青年王元化帶團入皖南：「他（按：項英）就是歧視知識分子，凡是戴眼鏡的都受歧視、受嘲笑。在新四軍裡，

---

[55] 王元化：《清園近思錄》，中國社會科學出版社（北京）1998 年版，頁 211。

[56] 高華：《身分和差異》，香港亞太研究所 2004 年，頁 6。

[57] 鍾期光：〈堅持湘鄂贛革命根據地的鬥爭〉（回憶湘鄂贛邊區史實之二），載《中共黨史資料》第八輯，中共黨史資料出版社（北京）1983 年版，頁 199。

[58] 成仿吾：〈張國燾在鄂豫皖根據地的罪行〉，載《中共黨史資料》第四輯，中共黨史資料出版社（北京）1982 年版，頁 157～158。

[59] 〈中央關於大量發展黨員的決議〉（1938 年 3 月 15 日），中央檔案館編：《中共中央文件選集》第 11 冊，中共中央黨校出版社（北京）1991 年版，頁 467。

[60] 中央檔案館編：《中共中央文件選集》第 12 冊，中共中央黨校出版社（北京）1991 年版，頁 467。

[61] 《謝覺哉日記》，人民出版社（北京）1984 年 4 月第 1 版，上冊，頁 426。

[62] 朱鴻召：《延安日常生活中的歷史（1937～1947）》，廣西師範大學出版社（桂林）2007 年版，頁 282。

[63] 〈軍委關於軍隊吸收知識分子及教育工農幹部的指示〉，中央檔案館編：《中共中央文件選集》第 12 冊，中共中央黨校出版社（北京）1991 年版，頁 213。

把知識分子叫作『新聞記』……造成工農與知識分子的對立。」[64]延安一代一屁股坐錯位置，從一個歪斜起點，放射出去的當然是從一個錯誤走向另一個錯誤。工農化就是這樣的「原罪型」誤點，空耗虛擲延安一代一生。

中共利用抗戰需要廣泛動員民眾這一點，推助民粹派思想迅速氾濫，因為工農化政治效應有二：一、有效動員無產者入伙，擴大隊伍；二、打壓紅色小知，要他們不要自我感受太好，不要翹尾巴，低頭聽話。

延安貶斥知識分子有書本無實踐，只會誇誇其談，推重工農幹部，輕視知識分子。蕭軍還未走到延安，就已寫下反知之語：「只有下級的以自己力量生活的人才常是真正可愛的！一些軟骨的知識分子是什麼呢？只是不中用的巧得可厭的麻雀！和隨處排糞的烏鴉！」[65]

整風後，知識分子工農化已佔領延安輿論高地，成為延安士林必須認同的紅色地基，浮出「知識帶毒論」。謝覺哉：「一爬上士大夫階級，必然反動，必然為舊統治的支持者。」[66]知識分子必須走與工農兵相結合之道路，毛澤東將此定為真假革命的惟一試金石，再三動員知青下鄉。

延安文藝座談會後，文藝工作成了只是對工農兵生活的「複寫」。《邊區群眾報》社長周文、主編胡績偉都以列寧關於文藝大眾化為座右銘：「在幾百萬的人口裡面，單單為著幾百人乃至幾千人而存在的藝術，是不必要的。」[67]陳企霞將作家稱為幫助工農改文章的「理髮員」，不過出點技巧而已。[68]工農群眾出生活，領導幹部出思想，文藝家出技巧，「三結合」創作方法已在延安小荷露尖。

「工農化道路」能通往哪兒呢？延安知青出現「仇知」與「自仇」趨向，放棄高雅，甘心「普及」。文化人向落後的無知者能學到什麼？除了盲從愚忠，只能學點表面的粗鄙化。如延安知識女性不接受「太太」稱謂，丁玲外號「陝北婆姨」。[69]趙超構評說延安女性：

---

[64] 柯達：〈王元化談知識分子問題〉，載《世紀》（上海）2012 年第 4 期，頁 9。

[65] 蕭軍：《從臨汾到延安》，山西人民出版社 1983 年版，頁 188。

[66] 《謝覺哉日記》，人民出版社（北京）1984 年版，上冊，頁 457。

[67] 胡績偉：《青春歲月——胡績偉自述》，河南人民出版社 1999 年版，頁 179。

[68] 陳企霞：〈「理髮員」和他的工作〉，載《解放日報》（延安）1942 年 10 月 8 日。

[69] 伍文：《延安內幕》（即《延安一月》），四海出版社（重慶）1946 年版，頁 62～63。

條條路都通到一個叫做「群眾」的粗糙的地方去。在這條路上休想保持你個人的喜怒愛憎，連塗脂抹粉都是犯批評的事情。英美的女性就是穿上了軍裝也是忘不了塗一下胭脂，延安人似乎還迷信著愛美與工作的不相容的。從家庭獲得解放，在群眾中又失卻了女人之所以為女人的個性，是幸福還是苦痛？[70]

搶救運動中，目不識丁的蟠龍區長張仲民在批鬥大會上，扯嗓叫罵女幹部譚丁：

譚丁，你這個臭婊子養的反革命、狗日的特務，混進我們邊區來破壞革命，替蔣介石老兒賣命，他是你的乾老子還是野男人？看你騷里騷情的屌樣兒，就不是好驢日下的……

南方女生譚丁，無法忍受如此污辱，精神崩潰，回窯洞上吊自殺。[71]趙超構評曰：「雍容揖讓的紳士禮儀在這裡失卻效用了。」[72]

工農化效果不錯，徹底改造了延安知青，他們很快就完成了自我矮化。成為許多延安人終身引傲的「革命觀念」。但無知化的後果迅速綻露。1946 年 1 月 9 日謝覺哉日記：「政權工作尤其財經工作，因為無知，吃的虧很不少。還不在無知，在無知而自以為知。」[73]反右後，連愛因斯坦的話都不能引用了。[74]中共史家胡繩承認：「（反右以後）知識分子實際上一般地被列入第二個剝削階級的範圍。」[75]

文藝方面，抗戰時期吳祖光在重慶的話劇《風雪夜歸人》、秦瘦鷗在上海「孤島」的長篇小說《秋海棠》，甚受歡迎，周恩來看了七遍《風雪

[70] 趙超構：《延安一月》，上海書店 1992 年版，頁 169。
[71] 高浦棠、曾鹿平：《延安搶救運動始末》，時代國際出版有限公司（香港）2008 年版，頁 280～281。
[72] 趙超構：《延安一月》，上海書店 1992 年版，頁 49。
[73] 《謝覺哉日記》，人民出版社（北京）1984 年版，下冊，頁 890。
[74] 張軼東：《從列寧格勒大學生到新肇監獄》，勞改基金會黑色文庫編輯部（華盛頓）2007 年版，頁 135。
[75] 胡繩主編：《中國共產黨的七十年》，中共黨史出版社（北京）1991 年版，頁 360。

夜歸人》。但因不吻合「工農兵方向」，1984 年還有權威在會議上批評：抗
戰時期居然有人寫戲子與姨太太談戀愛的故事。[76]

　　1950 年代以後，紅色士林的思想越來越扁平狹窄，越來越幼稚偏執。
隨著工農化調門越唱越高，對知識分子越來越輕視。何方：

　　　　從中央到省市，領導和直接指揮「大躍進」的基本上都是工農
　　老幹部（即使知識分子出身，也早已工農化了）。整個知識分子階
　　層在大躍進中好像貢獻甚微，無所作為，幾乎完全邊緣化了。有些
　　活躍的人，也只是跟著製造假新聞、偽科學或整理工農寫的詩歌。
　　社會上開始盛行讀書無用論。卑賤者最聰明、外行領導內行、書讀
　　得愈多愈蠢、知識愈多愈反動等理論先後出台。[77]

　　反右後，知識分子集體被黜。1957 年 7 月 9 日，毛澤東公然放言：「我
歷來講，知識分子是最無知識的。」[78]1959 年反右傾，黨內士林也癟腔，
延安一代基本靠邊站，工農幹部「全面登上歷史舞台」。延安士林整體吃
癟，等於撤去最後的理性濾層，毛澤東的瘋左政策通行無礙，失去局部微
調與基層阻抗的可能。1965 年，毛澤東又得意地說：「知識分子其實是最
沒有知識的，現在他們認輸了。教授不如學生，學生不如農民。」[79]

　　對知識分子的蔑視與否定，等於對知識的否定，社會價值指向發生根
本性逆轉。教師從最吃香的職業變成最被嫌棄的職業。民初，周揚、張資
平等人生目標是小學教師。1961 年受銜少將的王曉，1930 年代在山西定襄
任鄉村小學教員，社會地位很高，月薪八塊銀圓，絕對高薪。[80]到了文革，
一位公社書記拍拍某教師肩膀：好好幹，我提拔你當售貨員！更深層次的
摧毀是：只能由知識分子理解並提出的「尊敬知識」，知識分子為避嫌而
沉默，全社會價值倒置，反向而行，走向無知化。

[76]　《吳祖光自述》，大象出版社（鄭州）2004 年版，頁 137、129。
[77]　何方：《從延安一路走來的反思》，明報出版社（香港）2007 年版，上冊，頁 369。
[78]　《毛澤東選集》第五卷，人民出版社（北京）1977 年版，頁 452。
[79]　牧惠：《知識無罪》，天地圖書有限公司（香港）2001 年版，頁 78。
[80]　黃傳會：《天下婚姻》，文匯出版社（上海）2004 年版，頁 97～98。

　　有了延安確立的工農化方向，便有了 1960 年代中山大學「陳寅恪有什麼了不起！」大饑荒年代，中山大學師生每月定糧 14 公斤、食油 0.25 公斤，每日半兩肉。校管理層討論是否要給陳寅恪特殊補助食品（每日特供陳夫婦肉類六兩），會議開得緊張激烈，一位幹部拍了桌子：「陳寅恪有什麼了不起？他能生產一億斤糧食出來，給他什麼都可以。」[81]跟這樣的工農幹部，能討論文化的意義與大師的價值嗎？相比之下，國民黨上饒集中營成立文化組，專門優待有文化的新四軍囚犯，免除勞動與上課。[82]

　　仇視富者仇視文化總能引起窮者無知者的無比快感。十月革命一爆發，有工人向高爾基抱怨：「文明程度稍稍高一點的工人在愚昧的群眾中的處境變得非常糟糕，好像他成了自己人中的異己分子。」革命人民甚至將技工也視為資產者──「在工廠裡，幹粗活的工人對技術專業工人們的充滿惡意的鬥爭正在逐漸開始；幹粗活的工人們開始斷言，鉗工、車工、鑄工等等都是『資產者』。」[83]無知者對知識者的仇恨變得「合理化」。

　　1922 年 9 月安源煤礦大罷工，工人得勢後，每天只幹半天活，資方承受不了，找到組織罷工的劉少奇、李立三。李立三在路口攔截工人，不許他們早退，工人根本不聽，大罵他是資本家走狗，還動手打他，李立三大哭而去。劉少奇為此苦惱良久，專門請教來訪的美共領導人，對方也不知如何是好。[84]「工農最高貴最優秀」的理論與現實中的工農實況隔如天壤。劃右後的蕭乾（1910～1999）：「我那時連胡同口賣白薯的都羨慕，求之不得同他調換一下位置。」[85]天津資本家則流諺：「千金難買換階級」。[86]

　　可工農能有什麼「階級優勢」？他們除了天然渴望脫貧與奪取有產者的財產，還能有什麼？無產者多無知，文化貧瘠的工農也不可能產生「無產者最高貴」的「先進思想」。1970 年代末，中國百姓看了影片《祝福》，認為祥林嫂就是命苦，前世命定，上輩造孽；看了《大鬧天宮》，「就是有

[81] 陸鍵東：《陳寅恪的最後二十年》，三聯書店（北京）1995 年版，頁 297～298。
[82] 葉岑：〈馮雪峰在上饒集中營〉，原載《新文學史料》（北京）1983 年第四期。參見包子衍、袁紹發編《回憶雪峰》，中國文史出版社（北京）1986 年版，頁 138。
[83] （俄）高爾基：《不合時宜的思想》，余一中、董曉譯，作家出版社（北京）1998 年版，頁 43、42。
[84] 轉引自吳思：〈我的極左經歷〉，載《炎黃春秋》（北京）2007 年第 7 期，頁 53。
[85] 蕭乾：〈讀丁東的《和友人對話》──兼小議知識分子問題〉。載丁東：《精神的流浪──丁東自述》，秀威資訊科技股份有限公司（台北）2008 年版，頁 326。
[86] 許滌新：〈對南方局統戰工作的回憶與體會〉，載《四川黨史研究資料》1983 年第 1 期，頁 22。

神嘛！還硬說沒有。」[87]就這點理解能力，就這點文化水準，哪裡看得出《祝福》反夫權反迷信的啟蒙思想？《大鬧天宮》反封建反神權的民主意識？從阿Q到陳奐生，中國農民能有多少實質性的精神變化？

　　片面強調工農的單純與苦難，無視他們的弱點，必然帶來行動上的大歪大斜，使社會嚴重偏航。文革學大寨，實際上全國農民「一個幹，十個看，一百個在算」，農民精明著呢，絕大多數農民怎能脫離自身利益而去「解放全人類」？他們也無法理解為什麼要「解放全人類」？

　　就是從道德角度，指斥知識分子不如工農，也是一種毫無根據的主觀臆斷。道德是知識的伴隨物，離知識者近而距無知者遠。儘管知識分子中存在敗類，但因此得出知識分子整體道德不如工農，那麼只消上監獄、戒毒所去轉一圈，便可知道文化程度與犯罪之間的比例關係——罪犯絕大多數初中以下。浙江南潯法官賈建平：青少年罪犯多為貧家子弟。[88]

　　土改時，一些貧下中農將地富婦女作為「勝利果實」分配，不准婦女嫁出村，寡婦一定得嫁給貧雇農光棍。[89]文革造反組織中不乏出身赤紅的地痞。湘南道縣大屠殺，一些地方公然開地主婆的「大鍋飯」（輪姦）。田廣洞大隊12位貧下中農（貧協主席、賭徒、慣偷、貪汙犯、二流子）殺了一位國民黨後代，因為要開其漂亮妻子的「大鍋飯」；他們叫嚷：「殺都殺得，哪裡還有搞不得的道理？」[90]

　　很反諷，絕大多數中共高官在婚戀上均未堅持工農道路，都不肯找工農婦女，娶的都是「資產小姐」，都喜歡城市女生。文革期間，葉劍英女兒葉楚梅與王光美女兒劉平平同蹲一牢，葉女對王女說：「那時（按：北平軍調部時期）我爸爸很喜歡你媽媽，想娶她，當我的後媽。但你媽媽是洋學生，看不上我爸爸，嫌他土。」[91]文革期間，蘭州一女右派迫於生計，只能找男人「傍活」，經人介紹找到黃河灘一「陰陽人」農民，說明不能盡夫婦之道，她覺得「正合吾意」——既解決生計，又不至於出賣肉體。

---

87 丁玲：〈作家是政治化了的人〉，載《丁玲文集》，湖南人民出版社1984年版，第六卷，頁231。
88 張穎、郝亮：〈法官媽媽賈建平〉，央視12套法治頻道「中國法治報導」，2006年7月12日12時。
89 黃傳會《天下婚姻》，文匯出版社（上海）2004年版，頁40。
90 章成：〈湖南道縣農村大屠殺〉，原載《開放》（香港）2001年第7、8、9、12期。參見宋永毅主編《文革大屠殺》，開放雜誌社（香港）2002年版，頁170～171。
91 黃崢：《王光美訪談錄》，中央文獻出版社（北京）2006年版，頁16。

可這位知識女性當晚就逃回來了，只在那家待了一會兒，便絕對沒有勇氣與那人共同生活兩小時！[92]

人的思想品質又怎麼可能由階級出身決定？如果說階級出身與思想品質有必然連繫，倒應是資產子女的優秀率更高。古訓：「倉廩實而知禮節」。甕牖繩樞之子，不識之無之人，怎麼可能天然優於讀書識字者？親共英人林邁可記述：「在日本人沒有到過的地方發展抗日隊伍比較困難，然而凡是日軍到過的地方，當地老百姓都堅決支持抗日部隊。」[93]不犯自身不抗日，農民兄弟的覺悟實在不高呵，而至少十數萬知青是主動進入各中共根據地。內心深處，虔誠的延安知青並不真正認為工農比自己先進。長期主編延安通俗報刊《邊區群眾報》的胡績偉抱怨：

> 農民中雖有很多革命分子，有捨己救人的人，有一心為公的人，有真誠坦率的人……但總的說來，一般農民是私心較重的，思想是相當保守的，心胸比較狹窄的，眼光比較短淺。這恰恰是「髒」、是「不乾淨」。對知識分子，一般的說也是自私自利，患得患失，但因為他們有知識，思想不那麼保守，眼光比較看得遠，因而易於傾向革命，這也是客觀事實。拿這點來說，知識分子「不乾淨」、農民「最乾淨」也是站不住腳的。[94]

白介夫先生乃1947年東北長白縣委宣傳部長，寫有〈長白山地區土改運動日記〉，內載：

> 農民們是自私的，一進院子先找自己分得的東西，總願意把自己的先搬上車去，一個破釘子也願意渾水摸魚拿去才稱心，有好幾次把應留的東西搬出來，搬上大車，以後又給抬下來……可以看到貧苦農民的忠厚與自私、保守與貪婪。[95]

---

[92] 周素子：《右派情蹤》，田園書屋（香港）2008年版，頁97。

[93] （英）林邁可：《八路軍抗日根據地見聞錄》，國際文化出版公司（北京）1987年版，頁9。

[94] 《青春歲月──胡績偉自述》，河南人民出版社1999年版，頁218~219。

[95] 白若莉：〈長白山地區土改運動紀實──白介夫日記摘錄〉，載《炎黃春秋》2008年第1期，頁61。

1947 年，黑龍江依安縣郊區起一位地主浮財（挖出三大缸銀圓、300 多根金條），延安女大生鄧壽雨任區委書記兼區長：「那天晚上非常緊張，為避免老百姓一哄而上，把錢財搶了，鄧壽雨把縣大隊調來負責安全。取出錢財後立即讓縣銀行接收。」居然怕階級覺悟自來高的貧下中農哄搶?!

1949 年底海南赤區發生「特務案」，24 名紅色青年男女被冤殺，錯捕 95 人，牽連 216 人。被疑起點是「特務頭子」林雲進入瓊崖赤區不久的一則建議：「隊伍中不要說粗話髒話，要組織學文化學理論，要搞讀書運動，以提高全體隊伍的文化理論素質。」領導認為此人「看不起革命隊伍、驕傲自大、打擊領導。」槍斃前，林雲飽受肉體折磨。1953 年春，海南一號紅色人物馮白駒宣布平反，長篇檢討，冤魂成為「光榮烈士」。[96]

工人階級先進性乃中共「做」出來的。中共自稱「無產階級先鋒隊」，無產階級又非工人階級（絕對無產）莫屬，如此這般，工人階級就必須是「最先進的階級」。偏偏工人階級不爭氣，1950 年代新華社《內參》：

　　（撫順）有的工人強制自己妻子賣淫，從中取利；有的工人換奸妻子；尤其嚴重的是，有的共產黨員甚至無恥到集體性交。（《內部參考》1955 年 12 月 22 日，頁 222）

　　（上海總工會副主席鍾民的報告）工人創造的財富幾乎都被工人分掉了。獎勵辦法又是平均分配，實際上沒有起到刺激生產的作用。……工人獎金拿得多，福利過分的提高，一部分工人的生活已和整個國家人民生活水準不相適應。工會在太湖邊上建設的療養所，農民進去看了，說工人老大哥用的地毯比他們蓋的被子還要好，太舒服了。上海小菜場主要的雇主都是工人。大滬製鐵廠的工人一天要吃四五瓶啤酒，肉鬆、肉餅隨地倒，每月每人水果費達十萬元；穿的衣服最起碼是卡其布、華達呢，差不多每個工人都有西裝。在一般人民群眾中的影響很不好。過高的生活已引起了工人在政治上的墮落。大隆機器廠工人不願聽人講共產主義，認為共產主義社會不如他們的生活。茂興製鐵廠的工人公開反對政府。大滬製

96 燕凌、童式一、穆廣仁、宋琤編著：《紅岩兒女‧一生都在波濤中》，真相出版社（香港）2012 年 8 月初版，下冊，頁 637～643。

鐵廠 50%以上的工人嫖賭。許多跳舞廳的顧客主要是工人而不是資本家了。工人賭博的各樣都有……輸贏很大，有的以腳踏車、金戒子相抵，他們不分場合到處聚賭，在車間裡擲骰子、叫了汽車出外去賭……嫖妓女、討小老婆的風氣很盛。大滬製鐵廠至少有九個工人有小老婆，有十三個工人生梅毒病，廠中每月為梅毒病要花費四百萬元醫藥費。有些廠的工人貪圖個人獎金、福利和資本家結成統一戰線欺騙政府。（《內部參考》1953 年 4 月 25 日，頁 513～514）

「解放」了，已經在「共產黨正確領導下」的工人階級尚且如此，「舊社會」的工人老大哥難道會更好嗎？再錄幾條「領導階級」的段子。楊絳《幹校六記》關於貧下中農的「覺悟」：

我們奉為老師的貧下中農，對幹校學員卻很見外。我們種的白薯，好幾壟一夜間全被偷光。我們種的菜，每到長足就被偷掉。他們說：「你們天天買菜吃，還自己種菜！」我們種的樹苗，被他們拔去，又在集市上出售。我們收割黃豆的時候，他們不等我們收完就來搶收，還罵：「你們吃商品糧的！」……（我們）用麻繩細細緻緻地編成一個很漂亮的門簾；我們非常得意，掛廁所門口，覺得這廁所也不同尋常。誰料第二天清早跑到菜地一看，門簾不知去向，積的糞肥也給過路人打掃一空。從此，我和阿香只好互充門簾。[97]

丛維熙《走向混沌》有關貧下中農的記載：

魯谷公社距離北京市區僅僅十公里路……正逢蘇聯芭蕾舞團來中國演出，因魯谷公社曾命名為中蘇友好公社，芭蕾舞團來公社演出《天鵝湖》中的片段……結果簡直若同發生了地震，幾個和我們一起幹活的婦女社員，對我們說：「真怪！跳光屁股舞也不害臊！」「不知那些大妞兒，是不是爹媽養的！」……一天，在村頭幹整菜地畦埂的活兒，幾個男社員窮極無聊時，把一個徐娘半老的

---

[97] 楊絳《幹校六記》，中國社會科學出版社（北京）1992 年版，頁 30、36。

女社員按倒在地，扒下她的褲子（他們俗稱「開瓜」），把一根豬尾巴硬是塞進她的腿縫之間。他們笑著、鬧著……我們只好尷尬地扭過了頭。一會兒封建得像「九斤老太」，一會兒又荒唐到無以復加。[98]

　　國際共運利用工農化進行政治動員，並非真正全心全意尊重工農。延安一代早有清醒者：「各國共產黨理論上是相信人民創造歷史的，但實際上共產黨對領導人、高級領導的依賴思想超過以往任何朝代，這是非常矛盾的。」[99]中共捧抬工農化最直接的政治目的還不是打壓知識分子，而是動員「廣大無產階級」加入。中共高幹並不真正認同工農高於自己。1945年11月7日謝覺哉日記：「大眾是聰明的，也是愚笨的。」[100]

　　「革命母豹」范元甄的「走工農道路」純屬心口不一。1968年初，李南央進廠工作，起初也看不起「柴米油鹽」，但很快體會到此為工人必須的平凡生活。一日，家中電視機壞了，她找到北京唯一修理鋪，師傅答應下班後上門維修。師傅守時進門，李南央為其雷鋒精神感動，端茶倒水熱情招待，修理時陪著聊聊天。師傅一走，范元甄與次女對李南央一頓奚落：「真沒想到你剛進廠幾天就變得如此庸俗不堪，讓人作嘔。」「你用得著這麼端茶倒水的嗎？我都替你臉紅。」[101]

　　工農化最終形成龐大的工農幹部隊伍，中共11屆中委一大批勞模，省級以下工農幹部比重更大。李銳進入中組部後，發現幹部隊伍呈「倒金字塔」：文化低的在上面，文化高在下面。1983年全國2200萬幹部，大學程度21%，高中42%，初中以下37%。國家機關及企事業單位81萬領導人中，大學只占6%，高中22%，初中以下72%。縣委一級，大學程度只占5%。[102]文化低的當領導，文化高的當職員，老粗管老細。工農幹部只懂「革命」，一談建設便斥為偏離革命大方向，不屑一顧，他們根本不懂建設，只能「政治高於經濟」、「革命壓倒建設」。無知者管理社會，只能

98　叢維熙：《走向混沌》，花城出版社（廣州）2007年版，頁34。
99　王啟星：〈王飛、李慎之與毛澤東秘書談民主〉，載《炎黃春秋》（北京）2010年第8期，頁28。
100　《謝覺哉日記》，人民出版社（北京）1984年版，下冊，頁860。
101　李南央編：《父母昨日書》，時代國際出版有限公司（香港）2005年版，上冊，頁280。
102　李銳：《李銳論說文選》，中國社會科學出版社（北京）1998年版，頁601、553。

按其低下的理解能力設計社會秩序、制訂價值標準。也因為無知，面對種種現實問題想不出更多辦法，只能搬用教條，只能奉行教條主義。

1985 年底，4200 餘萬中共黨員，「全國黨員的文化程度，大學、中專和高中合計僅占黨員總數的五分之一；初中、小學和文盲合計接近黨員總數的五分之四！必須說明，這還是在中共中央的督促下，各單位近年狠抓了發展優秀知識分子入黨的工作之後的統計數字。」[103]

1980 年代初，魚米之鄉的杭嘉湖平原嘉興，一位鄉村教師呼籲上級給小學配備「三個一」──一本字典、一個鬧鐘、一份報紙。省級醫衛界「領導大多也還是不太懂業務」（浙江省政協委員語）。中直機關大量初中生，甚至小學生。1978 年大陸人口九億，高校 598 所，在校生 85 萬，年招生不到 30 萬。

與工農兵結合、與時代結合，虛空之言，無解之題，如何才算結合？如何達標？有具體參照係數麼？與工農兵結合，除了自甘混同於普通老百姓，豈有它哉？歷史證明，作家、藝術家根本不用走也不能走這條路，誰走誰虛擲生命。延安一代那麼真誠沿著「講話精神」，怎麼沒見走出一位像模像樣的文學大家、藝術大家？柳青是真正結合了，長期蹲點農村，寫出叫好一時的《創業史》，可隨著集體化、公社化道路被否定，《創業史》還能持續發光麼？至於將「與工農兵結合」規定為惟一正確道路，恰恰證明犯了絕對化錯誤──藝術之路豈能惟一？至於提高馬列修養，也是個永遠纏不清的命題，像周揚這樣的都沒提高，還有幾位能提高？

1970 年代，筆者上山下鄉於大興安嶺，深為家庭出身苦惱，為如何實現「工農化」煎心。但看看那些既無知又無行的老林工（均為東北入山農民），實在不知該向他們學些什麼？1978 年考入大學，想當詩人，受通俗化詩論影響，覺得寫詩應該讓農民讀懂，但又覺得朦朧詩有詩味，然而農民怎麼可能讀懂朦朧詩？真是徒增煩惱又走了最低級的彎路。

「工農化」還直接影響筆者一本專著出版。2001 年，拙著《中國知識分子的選擇與探索》申請上海財經大學（供職單位）資助出版，復旦大學某教授匿名審讀，不同意出版，認為拙著否定知識分子工農化，犯了方向

---

[103] 章蘊：〈全面提高黨員素質是黨風根本好轉的堅實基礎〉，原載《紅旗》1986 年第 10 期，頁 7。

路線性錯誤。不久，河南人民出版社接納拙著，還給稿費，列為「國家『十五』重點出版規劃項目」，拙著才未被掐死在搖籃裡。

　　工農化只是中共對工農政治動員以及馴服知識分子的「工具」，借用「聽話」工農打壓天性難馴的知識分子，當然不可能真正施惠工農。反智運動只為工農捎去「政治榮譽」，不可能實質性提高工農生活水準。工農化不僅長期折騰知識分子，也一併折騰工農自己，工農至今仍是社會弱勢群體，仍需知識分子去代言去拯救。壓制個人自由、否認個體價值，工農也一併交出了自己的權益基礎。當然，中共早已不敢再提工農化，如果知識分子與工農「第二次結合」，這回可是危及「維穩」了！

　　如今，無產階級歷史性在縮小。全球貧民當然不願「永葆無產階級本色」，一輩子熬守「無產」，而是一個個削尖腦袋擠入資產階級行列。2012年，南京總工會調查，國企及國有控股企業員工敬業度最低，民企、外企及合資企業員工的敬業度均高於國企。「解放」63 年了，最先進的領導階級怎麼「階級覺悟」還那麼低？[104]

肆、暴力文化

　　《共產黨宣言》明確宣示：「共產黨人不屑於隱瞞自己的觀點和意圖。他們公開宣布：他們的目的只有用暴力推翻全部現存的社會制度才能達到。讓統治階級在共產主義革命面前發抖吧。」[105]馬恩為暴力革命提供赫赫論據：舊世界絕不會自動退出歷史舞台，階級敵人總想繼續霸佔天堂，只能依靠暴力革命去調整社會秩序、更改分配制度、推行新型觀念。「革命聖經」如此撐挺暴力革命，更何況革命者認定遵循馬列之軌，就是通往鋪滿金子的人間天國。列寧說共產主義在全世界取得勝利後將用黃金建廁。[106]紅色暴力裹上「歷史正義」的神聖外衣。

---

[104] 王聰聰：〈國企員工為何敬業度最低〉，載《中國青年報》（北京）2012 年 10 月 18 日。
[105] 馬克思、恩格斯：《共產黨宣言》，人民出版社（北京）1964 年版，頁 58。
[106] 列寧：〈論黃金在目前和在社會主義完全勝利後的作用〉，原載《真理報》（莫斯科）1921 年 11 月 6～7 日。參見《列寧選集》第四卷，人民出版社（北京）1972 年版，頁 578。

　　馬克思之前，現代社會主義第一人聖西門（Saint‧Simon, 1760～1825）就豁露暴力傾向：對那些不服從他提議的人，要「像牲畜一樣來對待」。[107] 法國大革命時期，馬拉（Jean-Paul Marat，1743～1793）要求嚴厲制裁「叛國者」，死刑太溫和，「用烙鐵烙他們！斬斷他們的拇指！割下他們的舌頭！」在「正義與自由」的旗幟下，野蠻與殘暴公然行走。認識與糾肅這一披著革命外衣的舊貨，全球思想界至今「同志仍須努力」，因為暴力總會被各式革命者用一千種理由論證為「充分必要」。

　　暴力當然只能孵生於暴力文化，思維左傾、邏輯歪斜乃社會行為日漸偏激極端的起點。陳獨秀：「必不容反對者有討論之餘地，必以吾輩所主張者為絕對之是，而不容他人之匡正也。」[108]革命新興，陳獨秀輩革命者不知尚未接受實踐檢驗的「新」通常還不如「舊」，他們將新制度想像成無限美好極其燦爛，將走向天堂的革命看得太當然，根本沒有審慎這根弦。他們一方面徹底否定現狀，一方面對未來極度樂觀，認定革命會帶來所要的一切，「理所當然」地不接受任何質疑，故意忽略反面論據。如此絕然自信，勢必衍化出社會行為的種種偏激。

　　暴力文化是毛澤東成為紅色大帝必不可少的社會土壤。1934 年 2 月瞿秋白在閩被捕，對國民黨說：毛澤東野心甚大，應予注意。[109]據蘇聯解密檔案，1947 年 11 月 30 日，毛澤東致電史達林：「在中國革命取得徹底勝利的時期，要像蘇聯和南斯拉夫那樣，所有政黨，除中共之外，都應該離開政治舞台，這樣做會大大鞏固中國革命。」[110]進城後，毛澤東還真再演秦皇故事──「廢先王之道，焚百家之言，以愚黔首。」（《過秦論》）

　　1922～23 年，陳望道、李漢俊、李達吃不消陳獨秀的家長制，一一退黨。[111]這些人的退席，對中共影響甚大，意味著理性力量在中共的退隱。初創期中共，雖然呼自由喊民主，但無一人真正認識民主。既不熟悉民主

---

[107] （英）哈耶克：《通往奴役之路》，王明毅等譯，中國社會科學出版社（北京）1997 年版，頁 29。
[108] 陳獨秀：〈再答胡適之〉1917 年 5 月 1 日。參見《獨秀文存》，安徽人民出版社 1987 年版，頁 689。
[109] 田思誠：《毛澤東與紅禍》，轉引自王健民：《中國共產黨史稿》（增訂本），中文圖書供應社（香港）1974～75 年，第三編‧延安時期（上），頁 120。
[110] 〈毛澤東 1947 年 11 月 30 日給史達林的電報全文〉，載《中共黨史研究》（北京）2002 年第 1 期。轉引自郭道暉〈從我的經歷看反右〉，載《炎黃春秋》（北京）2009 年第 5 期，頁 54。
[111] 王來棣：〈關於「走俄國人的路」的思考〉，王來棣採編《中共創始人訪談錄》，明鏡出版社（香港）2008 年版，頁 300。

操作，不耐煩繁複程式，更不理解民主的長效價值與多元制衡效益，意識
不到民主因多元才具備糾錯功效。稍有爭論，陳獨秀輒拍桌子摔板凳，李
達、陳望道只能「獨善其身」。撕破臉皮爭吵，不值得也不習慣，還是回
歸「傳統」，簡單點，大家閉口。「聽司令的」，很自然的「必然」。1928年
莫斯科中共「六大」，陳獨秀秘書王若飛發言，同意陳獨秀的資產階級民
主革命已經完成的觀點，不同意對陳獨秀的處理。王若飛被制止發言、拖
下講臺、落選中委，接著留蘇學習，最後作了檢查。[112]

　　事實上，暴力已成為中共占主導地位的思維方式。1938年，徐特立
（1877～1968）經常上長沙《抗戰日報》辦公室，「討論共產黨在江西的初
期進展，他描述共產黨如何處決被俘的國民黨師長張輝瓚將軍時，眉飛色
舞，臉上浮現滿意的微笑。」此時尚為基層幹部的廖沫沙（1907～1991），
與室友「在政治議題上，他有時非常頑固好鬥。」[113]

　　馬列主義、封建傳統乃是形成中共暴力論的兩大來源。從嚴重性上，
馬列主義要大於封建傳統。一則封建傳統本已存在，不可能消除；二則封建
傳統帶著不得不然的歷史理性，乃複雜經驗綜合之物；三則像中國這樣的大
國，任何變革不可能掙脫傳統影響。馬列主義以最新最美圖紙自居，修改現
實、決定未來。不幸這柄烏托邦洋斧本身就有重大缺陷，且與中國傳統文化
中的「大同」、專制有所疊合，如此這般，中國被砍歪劈斜，也就成了歷史
宿命。如果馬列之斧換成英法啟蒙之斧，階級論、專政論換了人權論、契
約論，如果沒有拐錯彎走岔路，不走出中國共運這段歷史，自然不僅是延安
一代之幸，也是中國之大幸。當然，歷史不能假設，「如果」只能是如果。

　　毛澤東執政成災，原因多多，就其個人主觀方面，最主要的制約因素
乃是缺失人文常識。客觀方面，則是被馬列主義領錯了路。人文常識的缺
失使他失去扳誤糾謬的可能，馬列主義則使他堅定了運用政治暴力的決心
——駛向紅色彼岸呵！這還有錯嗎？這個一心帶著國人進入共產主義的
紅色大帝，居然不知道任何政治功業均以提高人民生活水準為基礎，絕不

[112] 唐宏經：〈回憶大連等地早期工運和出席中共「六大」的情況〉，載中國革命博物館黨史研究室編《黨
　　史研究資料》第四集，四川人民出版社1983年版，頁280。
[113] 黃仁宇：《黃河青山：黃仁宇回憶錄》，張逸安譯，九州出版社（北京）2007年版，頁149。

能以千萬百姓生命為「當然代價」。連執政的 ABC 都不知道，只惦著「數風流人物」，當然只能被掃進歷史垃圾堆。

毛澤東一生都是沿著「大規模改造社會」的思路走下來。1927 年 10 月，秋收暴動後，中共湖南省委就土地問題發生爭議，毛澤東直指土地問題的要害是動員貧農入伙：

> 沒收土地必有沒收對象，中國大地主少，小地主多，若只沒收大地主的土地，則沒有好多被沒收者，被沒收的土地即少，貧農要求土地的又多，單只沒收大地主的土地，不能滿足農民的要求和需要，要能全部抓住農民，必須沒收地主的土地交給農民。

毛的政治敏感十分了得，一下子叼住關鍵部位，「要能全部抓住農民」跟自己走，就必須給他們看得見的利益。秋收暴動口號：「暴動殺盡土豪劣紳」、「暴動農民奪取土地」、「暴動沒收土豪劣紳的財產」。[114]

1928 年 7 月，莫斯科中共「六大」《決議案》，明確提出推翻國民黨政府，喊出「殺盡土劣貪官！」[115]「沒收地主階級的一切土地」、「沒收外國資本家的企業和銀行」，[116]甚至「沒收標準不限於豪紳地主，只要真實的群眾要求，自耕農的土地亦得沒收。……以勞動力為標準分配與男女老幼平分，應該採取後者，這是為了爭取廣大貧農群眾所不可忽略的緊要策略。『發展生產』不是目前策略的第一標準，『爭取群眾』才是目前策略的第一標準。」[117]史達林接見中共「六大」代表，有人問：「史達林同志，中國究竟得殺多少土豪劣紳，革命才能成功呀？」[118]

紅軍經濟主要依靠雞飛狗跳的「打土豪經濟」。南昌暴動部隊南下後，1927 年 12 月 21 日，中共中央給南昌暴動朱德殘部的信中明示：

---

[114] 彭公達：〈關於湖南秋收暴動經過的報告〉（1927 年 10 月 8 日），載《中共黨史參考資料》（三），人民出版社（北京）1979 年版，頁 8、13。

[115] 紅安縣革命史編寫辦公室：〈黃麻起義〉，載《中共黨史資料》第 17 輯，中共黨史資料出版社（北京）1986 年版，頁 232。

[116] 何干之主編：《中國現代革命史》，上海人民出版社 1985 年版，頁 126～127。

[117] 〈前委通告第一號〉（1930 年 2 月 16 日），載《中共黨史參考資料》（三），人民出版社（北京）1979 年版，頁 59。

[118] 金城：《延安交際處回憶錄》，中國青年出版社（北京）1986 年版，頁 94。

　　你們隊伍一切的給養，均應從豪紳官吏財主地主身上著想，千萬不要空想黨會來幫助。這不但事實不可能，而且原則所不許。[119]

　　1928 年 7 月 4 日，湘西南特委軍委給湖南省委的報告：

　　　　從經濟上說，四軍人數如此之多，每日至節儉需要現洋七百元，湘南各縣焚殺之餘，經濟破產，土豪打盡，朱部自二月抵達耒陽時起即未能籌到一文，僅靠賣煙土吃飯。[120]

　　1928 年 8 月，井岡山紅軍「八月失敗以後，紅軍損失過半，根據地各縣相繼失陷……林彪怕死動搖，對革命喪失信心，不願過艱苦的鬥爭生活……他說：『天天吃南瓜，能打得下天下嗎？』」即在這一時期，林彪附議「紅旗到底能打多久」？[121]

　　1930 年 12 月 28 日，長途赴贛的紅七軍攻佔湘西南江華縣城，「部隊住下來一天，這一天實行沒收資本家的商店一切的一切。特別是布匹衣服是寶貝，有的衣服沒有裁就穿。第二天一早部隊又走了，真好看，部隊穿的衣服是那樣花花綠綠，帽子也是各種各樣，各有多種，顏色不同。真有點不像軍隊……」[122]1930 年 9 月 3 日〈中央蘇維埃區域報告〉：「我們的經濟來源完全是紅軍本身到白區去籌款，經濟總要籌足三個月的款項。」[123]

　　1931 年 9 月 20 日送達上海中共中央的贛西南特委報告：

　　　　在蘇區工作上有弱點，主要的是由於過去開始鬥爭的時候，盲動主義燒毀城市，紅軍赤衛隊不守紀律，所以蘇區所有市鎮大都是

[119] 中共中央：〈德兄並轉軍中全體同志〉，原載《中央政治通訊》第 16 期，1927 年底或 1928 年初編印。參見《黨史研究資料》第二集，四川人民出版社 1981 年版，頁 513。
[120] 〈中共湘西南特委軍委關於紅四軍仍應留湘贛邊給湖南省委的報告〉（1928 年 7 月 4 日），載《中共黨史參考資料》（三），人民出版社（北京）1979 年版，頁 27。
[121] 李德江：〈對林彪與「紅旗到底打得多久」問題的探討〉，載《黨史研究資料》第二集，四川人民出版社 1981 年版，頁 502～503。
[122] 紀秋暉編輯：〈從廣西到江西〉，載《黨史研究資料》第二集，四川人民出版社 1981 年版，頁 567。
[123] 歐陽欽：〈中央蘇維埃區域報告〉（1931 年 9 月 3 日於上海），載《中央革命根據地史料選編》，江西人民出版社（北京）1982 年版，上冊，頁 374。

經過破壞的。其次過去經濟政策上犯了錯誤，如把商人當土豪打，不任放（放任）商業的自由。[124]

1933 年 9 月 30 日，中央蘇區經濟部副部長吳亮平（1908～1986）總結：兩個月整個蘇區對外貿易進出口總額尚不足十萬元，蘇區發行公債主要靠強迫命令與攤派，某貧農自願買 28 元公債、一中農自願買 40 元，已屬「光榮例子」。[125]無有外貿，赤白二區商品流通堵塞，工農產品剪刀差豁口日寬，根據地普遍出現鹽荒。大米僅三四角錢一斗、豬肉一元八斤、雞蛋一角 12 個，鹽卻一元八兩。蘇區人民形容：「米用籮挑，鹽用紙包。」[126]

1931 年 11 月《中華蘇維埃共和國勞動法》，規定成立勞動職介所，許多地方硬向雇主強迫介紹，致使大量私企倒閉。1933 年 5 月 1 日，店員手藝工人「一大」決議，停止向雇主強迫介紹失業工人。[127]

贛南籍紅軍戰士胡金魁告訴斯諾：1930 年紅軍打下吉安，自己在工廠做工，工資增加四倍，每個工人都分得資金（胡分得 30 元）。一連幾天，紅軍用富家豬牛羊肉為工人大辦宴席，每天夜裡演戲，唱到嗓子嘶啞才甘休，「那段經歷真叫『痛快』。不過對地主來說可就不那麼痛快了。共產黨抓了好幾百個地主，關進了縣城。」後來，請這些地主與白軍被俘軍官喝了一頓酒，據說一夜喝掉八九十元的高粱酒，「然後將他們全部殺掉」。[128]1935 年 3 月，陝北紅 42 師打下長武縣城，「籌款數萬元，棉布數百匹，並鎮壓了一批反動地主豪紳。」[129]

1936 年 7 月 19 日，張聞天在保安對斯諾說：江西蘇維埃時期至少處決了千名「反革命」、約千名高利貸者、四五百名地主，還有許多地主「被准予外逃」。長征途中也處決了約百名地主、官吏；到陝北後，則殺了不

[124] 贛西南特委：〈贛西南的（綜合）工作報告〉（1931 年 9 月 20 日），載《中央革命根據地史料選編》，江西人民出版社 1982 年版，上冊，頁 410。
[125] 亮平：〈經濟建設的初步總結〉（1933 年 9 月 30 日），載《中共黨史參考資料》（三），人民出版社（北京）1979 年版，頁 108～109。
[126] 余伯流：《中央蘇區經濟史》，江西人民出版社 1995 年版，頁 173。
[127] 陳雲：《陳雲文選》第一卷，人民出版社（北京）1995 年版，頁 401～402。
[128] （美）愛德格‧斯諾：《紅色中華散記》，奚博銓譯，江蘇人民出版社 1991 年版，頁 134～135。
[129] 張秀山：《我的八十五年》，中共黨史出版社（北京）2007 年版，頁 79。

到十個地主，總共才槍斃兩名奸細。被俘國軍士兵每人發回家費五塊，軍官則發 30～50 塊。[130]

　　1937 年 2 月 26 日，劉少奇撰文回顧大革命武漢時期暴烈工運，提出足以致企業倒閉的一系列要求——工資加到駭人程度、工時縮至四小時以下；工會隨便捕人、組織法庭監獄、檢查輪船火車、隨意斷絕交通。「這些事在當時是較平常而且是極普通的。工會是第一政府，而且是最有力量、命令最能通行的政府，它的權力有時超過政府。」中共為此遭到各方指責，劉少奇向共產國際代表羅佐夫斯基請教：「許多小企業大企業不能維持，而工人還要提出要求，怎麼辦呢？」羅佐夫斯基指示不能使企業倒閉，工會不能代替政府。劉少奇在漢滬又與美共總書記白勞德交談兩日，要白勞德就外國經驗給予答覆，白勞德遞上 20 元錢：「你談的這些材料我可寫兩篇文章寄給美國雜誌，這是給你的一半稿費。你所求答覆的問題，在美國工人運動中還未遇到過。」[131]這些披露的史料，足以說明國民黨左右兩翼最後都同意「分共」的歷史必然。中共不僅太過火太暴烈，而且大規模破壞城鄉生產生活，當然應予制止。劉少奇 1937 年重提這段暴烈工運，要求引以為戒，說明中共抗戰時期相對成熟。這種惟工人要求是瞻的「大革命邏輯」，中共今天還好意思拎出作為「革命事蹟」麼？

　　就是抗戰時期的中共各赤區，也有雇員大於雇主的現象，致使中央書記處 1940 年不得不下文制止：

> ……過高增加工資，改善待遇條件過多，如要雇主供給衣服鞋襪，要同雇主吃同等伙食，工人參加會議除工資照給外，還要雇主供給飯錢，要求分得 40%紅利，及監督審查盈利數目，過高規定傷亡恤金，及強調實行八小時工作制等。[132]

　　中國傳統文化出自封建社會，暴力成份原本甚厚，二例可證。

---

[130] （美）愛德格・斯諾：《紅色中華散記》，奚博銓譯，江蘇人民出版社 1991 年版，頁 101～102。
[131] 黃崢：《王光美訪談錄》，中央文獻出版社（北京）2006 年版，頁 459～460。
[132] 中央檔案館編：《中共中央文件選集》第 12 冊，中共中央黨校出版社（北京）1991 年版，頁 570。

　　──「九‧一八」後，學生請願團湧入外交部，親歷者黃炎培：「學生抗日請願團到部大吵，搗毀器物，王正廷（按：外長）適與我們談話，群眾擁入毆打王正廷，王負傷。我在日記上記著：應該！應該！」[133]黃炎培時年 53 歲，竟如此看待暴力。這種「愛國請願」，中共會允許發生在今天的北京外交部嗎？

　　──1939 年底赴延的川大學子胡績偉：「這時，我還是相當崇拜武力的。……史達林的『武裝的革命反對武裝的反革命』的理論，我是很信服的。」[134]

　　封建文化土壤與赤色暴力學說一拍即合。南方蘇區「開小差的，抓回來就殺；聽到講怪話的，就鬥爭。」[135]中共上將李聚奎：

> 　　湘鄂贛這個地方，亂燒亂殺的盲動主義很嚴重。其中尤以平江的地方游擊隊為最。產生盲動主義的原因很複雜，其中有的人是出於狹隘的復仇心理，把參加革命當作為了報仇。有的把燒殺當成是堅決革命，而把反對這種錯誤行為的同志說成是對革命的不堅決。有的是把燒掉群眾的房子當作促使群眾起來革命的手段，說只有這樣，才能把資產階級（農民）變為無產者，迫使他們走上革命。……一燒起來，往往殃及老百姓的房子。有時，一條好好的街，頃刻變成一片瓦礫。[136]

　　柏克：「罪惡的手段一旦得到寬容，很快就為人們所樂於採用。比起通過倫理道德的這條大路來，它們提供了一條更短的捷徑。由於論證了叛賣與謀殺對公共利益是正當的，於是公共利益很快就變成了藉口，而叛賣和謀殺則變成了目的。」「以要求自由開始而以濫用暴力告終。」[137]以理

---

[133] 黃炎培：《八十年來》，文史資料出版社（北京）1982 年版，頁 91～92。

[134] 《青春歲月──胡績偉自述》，河南人民出版社 1999 年版，頁 157。

[135] 陳丕顯：〈贛南三年游擊戰爭〉，載《中共黨史資料》第二輯，中央黨校出版社 1982 年版，頁 51。

[136] 〈李聚奎回憶錄〉，載《中共黨史資料》第 16 輯，中共黨史資料出版社 1985 年版，頁 121～122。

[137] （英）柏克：《法國革命論》（1790），何兆武等譯，商務印書館（北京）2009 年版，頁 109、189。

殺人，以邏輯殺人，親歷者控訴：「與封建皇朝相比，共產黨的殘暴似乎
有過之而無不及，而且絕大多數都是以極冠冕堂皇的理由進行的。」[138]

　　所謂民主集中制，民主只是招牌，集中才是實質。中共從上到下均不
知如何面對七嘴八舌的民主，不知如何具體操作民主。現實鬥爭中，嚴峻
形勢也使各級共幹自然而然滑向集中。1930 年初湘鄂贛蘇區偵察部長鍾期
光（1909～1991，上將）：「陳佑生是全國總工會執行局的代表，他在湘鄂
贛一手遮天，根本不講什麼民主，只有他說了算，其他人都不行。……誰
不同意他們的作法，馬上就整到你頭上來。……大批省級幹部都成了『肅
反』的主要對象，被捕捉刑訊，有的慘遭殺害。」[139]國民黨也不知道如何
操作民主。1926 年 10 月，為解決黨內紛爭，國民黨執監委聯席會議：「提
出黨權高於一切及黨內民主的口號。」[140]

　　延安時期，鬥爭性的強烈度成為衡量忠誠度的主要指標。每一成員都
有責任向被批鬥者投擲石塊，否則就是忠誠度不夠。國人後來熟悉之至的
文革口號——敵人不投降，就叫他滅亡！即出自搶救運動。[141]

　　整風中鼓勵：

> 鬥爭是鬥爭得愈凶愈好，問題提得愈嚴重愈好，搜集別人的錯誤愈
> 多愈好，名詞用得愈多愈好，給別人戴帽子愈大愈好，批評的語句
> 愈尖刻愈好，批評與鬥爭的方式和態度愈嚴峻愈粗暴就愈好——講
> 話的聲音愈大、面孔板得愈凶、牙齒露出來愈長愈好……[142]

　　「盡善盡美」的共產主義使延安一代獲得無比堅定的價值自信，再由
此分泌出火一般的革命熱情。延安一代正值中青年，無窮無盡的精力和無
邊無際的理想，使他們將今人難以想像的強烈鬥志視為最寶貴的革命性。

[138] 胡菊人：〈中共政治非改不可〉，載金鐘主編《共產中國五十年》，開放出版社 2006 年版，頁 411。
[139] 鍾期光：〈堅持湘鄂贛革命根據地的鬥爭〉，載《中共黨史資料》第八輯，中共黨史資料出版社（北京）1983 年版，頁 198。
[140] 吳玉章：〈吳玉章略傳〉，載《中共黨史資料》第 11 輯，中共黨史資料出版社 1984 年版，頁 23。
[141] 張宣：〈鳳凰驚夢——延安搶救運動親歷記〉，原載《紅岩春秋》2000 年第 4 期。高浦棠、曾鹿平：《延安搶救運動始末——200 個親歷者記憶》，時代國際出版有限公司（香港）2008 年版，頁 195。
[142] 文伯：〈陝北之行〉，原載《中央日報》（重慶）1944 年 7 月 29 日～8 月 7 日。轉引自王健民：《中國共產黨史稿》（增訂本），中文圖書供應社（香港）1974～75 年，第三編·延安時期（上），頁 330。

他們在實現紅色改造方案的過程中，容忍了種種明顯有違初衷的暴力，以為只要目標正確，手段出格一點，無可避免。價值自信使延安一代十分自然地傾向於暴力集權，熱衷「開鬥爭會」，成為「專橫的啟蒙者」與「引起災難的樂觀主義者」。趙紫陽晚年對此有沉痛反思。

受階級鬥爭學說浸淫，延安一代終身保持高漲的敵情觀念。思想教條化、人格政治化，看出去滿眼都是關乎天地大事的政治。革命，這一迫不得已的臨時策略被強調成絕對神聖，一時之計被弄成長守之策。「鬥爭」成了延安一代的生活必需，仇視異見成了甚得鼓勵的思維方式。更重要的是中共的軍政勝利，一俊遮百醜，勝利的金袍遮掩了漸岔漸遠的極左，延安士林對紅色專制失去應有警惕。

塔斯社駐延記者：「無論過去和現在，這裡都在說服人們，強迫人們相信，在黨內使用暴力是必要的，是反對階級敵人的整個鬥爭的組成部分。」[143]為強調階級性與鬥爭性，必須蔑棄人性。毛澤東名言：「只有具體的人性沒有抽象的人性」，而所謂「具體的人性」又歸結為「階級性」，在中共的哲學中，只有階級性沒有人性，只有對立沒有調和，只有鬥爭沒有同一，滿世界只有對立，對敵人的憐憫就是對同志的殘忍。鬥爭人生是最有意義的人生，與天鬥與地鬥與人鬥，其樂無窮！文化決定行為，紅色意識形態烘培的延安一代，經由「解放戰爭」加溫，進入「偉大的毛澤東時代」，水到渠成地成為暴力一代，並培育出身後的紅衛兵一代。

——1942年7月12日，中共廣西省工委副書記蘇曼（28歲）、省工委婦女部長兼桂林市委書記羅文坤（26歲，蘇曼妻）、南方工委交通員張海萍（25歲），被捕獲釋次日，在桂林象鼻山逸仙中學集體自縊向黨報警。三張空白〈自新悔過書〉旁留言：「不自由，毋寧死。」蘇曼、羅文坤為留日東大生。1988年，兩位中共高幹讚揚：「這三位共產主義戰士意識到在這關鍵時刻，是黨需要他們為黨的事業作出最後犧牲的時候了。」[144]

——搶救運動中，刑法「壓砧子」，二三十公斤鐵砧壓在受刑人臀部，執行人坐砧左右搓揉，血水很快就流出來了。還有「擀麵」，受刑者背綁平吊，脖頸與雙腳處各橫綁一根木棍，行刑者手持木棍來回推搖，像擀麵

143 （蘇）彼得·弗拉基米洛夫：《延安日記》，呂文鏡等譯，東方出版社（北京）2004年版，頁385。
144 李昭、蘇德源：〈記蘇曼、羅文坤烈士〉，載《上海黨史資料通訊》1988年第7期，頁29～36。

一樣。刑法一上，問什麼答什麼。為挖四川「紅旗黨」，成都市委書記張宣，八天八夜不讓睡覺。[145]

——1948年10月10日，遼瀋戰役打響，國民黨侯鏡如東進兵團猛撲林彪四縱阻援陣地塔山，塔山九易其手，四縱損失過半，縱隊司令吳克華向林彪參謀長劉亞樓彙報傷亡情況，劉亞樓對著話筒大吼：「一〇一（林彪代號）說了，不要你們的傷亡數字，只要塔山。」[146]

——參與南昌暴動的李逸民（後任總政文化部長）帶著50多人土改工作組進入東北蘭西縣：「只要一通知鬥地主，群眾馬上就來了，老頭老太太都拿著棍子、剪子，婦女拿著結了冰疙瘩的烏拉草鞋，地主一拉上來，群眾一邊訴苦，一邊就打開了，怎麼也制止不住，一會兒就把人打死了。」[147]

——陳學昭參加山西臨縣土改。鬥爭大會上，一後生拉開地主婆兩臂，剝光其上衣，兩人抬起光著上身的地主婆，將她在煤渣上拉來劃去，堅硬的煤渣生生劃割著她的皮肉。[148]

——中國女大生鄧壽雨（1921～）：「土改初期我們的政策比較左，東北窮苦百姓鬥起地主來特別激烈。吊起來打的，點天燈燒死的，逼得一些地主富農，甚至還有中農跳河跳井上吊自殺了……（一位地主不肯交浮財）開始農會不講政策，又打又鬥，還把貓塞進他的褲襠裡抓咬。」[149] 1950年南方開始土改，明確提出「防止和平土改」，「鬥爭大會和遊街槍斃到處都是，一片暴風驟雨。」[150]整個土改，估計300～500萬中小地主喪生，大多被活活打死。[151]

——1950年，湖北襄陽縣劉家村呂春芝要求離婚，遭丈夫與鄉幹部吊打，鄉婦女主席大罵不要臉，給全鄉人抹灰，強迫她答應：一、不准離婚，三年內不得走娘家；二、不准與娘家村裡人說話；三、大小便要向丈夫、婆婆請假；四、離村要向婦代會報告。違反任何一條，要跪在鍘刀上喝三

[145] 高浦棠、曾鹿平：《延安搶救運動始末——200個親歷者記憶》，時代國際出版有限公司（香港）2008年版，頁233、307。
[146] 劉心聞：〈劉亞樓：「熱度」與風度〉，載《同舟共進》（廣州）2009年第9期，頁53。
[147] 《李逸民回憶錄》，湖南人民出版社1986年版，頁148。
[148] 陳亞男：《我的母親陳學昭》，文匯出版社（上海）2006年版，頁143。
[149] 蔣巍、雪揚：《中國女子大學風雲錄》，解放軍出版社（北京）2007年版，頁329。
[150] 林雪：〈「雙槍老太婆」在建國後〉，載《炎黃春秋》（北京）2008年第4期，頁8。
[151] 黃仁宇：《黃河青山：黃仁宇回憶錄》，張逸安譯，九州出版社（北京）2007年版，頁183。

碗大糞，還要開鬥爭大會。呂春芝旋發瘋出走。當年離婚要過三關──丈夫、婆婆、幹部，幹部關最難過。雲南一司法幹部將要求離婚的婦女扣押入獄，慫恿丈夫強姦。[152]

　　──1950 年代初，鄧力群協助王震在新疆實施極左政策，逼迫阿訇吃豬肉，激起民變，引怒毛澤東，鄧力群受了處分。[153]

　　──推行暴力必須排除「親情干擾」。土改、鎮反中，中共特意規定：禁止領導幹部袒護親屬，即便親屬要被處決，亦不得求情說項。[154]

　　──山西省委書記陶魯茄（1917～2011）透露，掃盲也死人。某山村老嫗聽說要消滅文盲，村幹部又蠻橫，怕得要命，說不用你們消滅，我自己消滅算了，上吊走人。[155]

　　──1966 年 8 月，南京鼓樓廣場巨型標語：「赤色恐怖萬歲！」[156]

　　──1968 年內蒙旗縣級以下清一色貧下中牧組成「群眾專政」，對「黑五類」的酷刑種類：「冷靜思考」（雪中受凍）、「熱情幫助」（爐上熱烤）、「驢拉磨」（騎在人上令其繞屋爬行）、「蕩秋千」（吊起來回抽打）、「拉大鋸」（用麻繩拉通女性陰部與肛門）；「爬肉條」（爐鉤燒紅撓燙人體）、「烙油餅」（燒紅爐蓋按壓人身）、「金鉤釣魚」（鼻上穿孔）、「擰麻花」（吊起兩臂旋轉抽打）、「戴拉東」（重物掛脖）、「掛火爐」（火爐拴吊人脖）、鐵鉗拔牙、撕耳朵、燒紅通條捅肛門、頭顱穿洞、老虎凳、跪鍘刀……號曰 26 刑 72 法。另有「焊人」（將鹽揉進割開傷口，再用燒紅烙鐵壓燙）、陰道內放鞭炮、強迫回民吃豬肉、強迫回族姑娘嫁漢人、強迫母子公媳當眾性交、逼迫男女「新內人黨」裸體遊鄉（女犯牽著拴繫男犯陽具的繩子扭唱《北京有個金太陽》）。[157]

　　1958 年 4 月初，太原召開「全市肅反工作躍進大會」，號召「肅反大躍進」，指令基層不斷擴大「立案面」，提出「流水作業」──邊調查、邊

[152] 黃傳會：《天下婚姻》，文匯出版社（上海）2004 年版，頁 57～58。
[153] 李南央編：《父母昨日書》，時代國際出版有限公司（香港）2005 年版，下冊，頁 495。
[154] 陳小津：《我的「文革」歲月》，中央文獻出版社（北京）2009 年版，頁 256。
[155] 何方：《從延安一路走來的反思》，明報出版社（香港）2007 年版，上冊，頁 230。
[156] 陳白塵：《對人世的告別》，三聯書店（北京）1997 年版，頁 688。
[157] 吳迪：〈「內人黨」大血案始末〉，載宋永毅主編：《文革大屠殺》，開放雜誌出版社（香港）2002 年版，頁 68、70～72、102～104。

訊問、邊定案、邊處理、邊結案；文件明確規定「肅反大躍進」中所定之
案，將來「再不復查」。[158]不墊襯一條條歪歪理，能走到這一步嗎？

國民黨也有這樣的暴力思維。1932 年洛陽國難會議，羅隆基、熊希齡、
李璜等質問汪精衛：國難會議為什麼不談政治？汪霸然回答：「國民黨的
天下是打出來的，你們不滿意儘管革命好了。」羅等憤然退場。[159]進剿蘇
區的國軍也殺人如麻。張輝瓚兩次血洗平江，報功稱殺 2.8 萬餘共黨；李
鳴鐘進攻七里坡，電稱農民都成「赤奴」，非殺不可，殺了七萬餘；何鍵
1929 年在武漢演說：「共匪真多，我在湖南殺了七千多青年，共黨還是到
處有。」何鍵令打進長壽的部下，當天要割送三千對耳朵。[160]1960 年代的
台灣，《自由中國》雜誌被封禁、雷震入獄、殷海光不許執教，談論民主
自由人權均成禁忌，一黨專政的國民黨也鉗制思想。當然，國民黨的文化
鉗制比共產黨寬鬆得多，否則紅色思想就不可能風起萍末。

「六·四」後流亡西方的學生：「我們這些生在紅旗下、長在紅旗下
的一代，都或多或少地沾染著共產黨的氣味。那些反對共產黨的民運人
士，身上就有著太多的類似於共產黨的仇殺心理，他們說到共產黨總讓人
嗅到些血腥氣。」[161]真是躲都躲不開、甩也甩不掉的紅色遺傳，去了歐美
十幾二十年，一張口還拖著延安思維的影子。1980 年代中期，紅士黎澍
（1912～1988）終於認識到：暴力革命的勝利者必繼以暴力統治，從而走
向專制，迷信權力統治；蘇聯如此，我們也如此。[162]

學者出身的台灣國防部長俞大維（1897～1993）一語入髓：「拳頭，是
共產黨唯一聽得懂的語言。」[163]1989 年「六·四」，鄧小平的暴力邏輯如
下：「西方國家說我們侵犯了人權，真正說起來，國權比人權重要得多。
他們那一套人權、自由、民主，是維護霸權主義者、強權主義者利益的，
我們從來就不聽那一套。你鬧資產階級自由化，用資產階級人權、民主那

---

[158] 宋永毅：〈1958：被忽略了的「另類大躍進」〉，載《爭鳴》（香港）2008 年 10 月號，頁 64。

[159] 李璜：〈談王造時與羅隆基（下）〉，載《傳記文學》（臺灣）1981 年 9 月號，第 39 卷第 3 期，頁 36。

[160] 《謝覺哉日記》，人民出版社（北京）1984 年版，上冊，頁 510。

[161] 李南央編著：《我有這樣一個母親》，開放雜誌出版社（香港）2003 年版，頁 59。

[162] 《黎澍十年祭》，中國社會科學出版社（北京）1998 年版，頁 35。

[163] 曉沖主編：《毛澤東欽點的 108 名戰犯的歸宿》，夏爾菲出版有限公司（香港）2003 年版，頁 237。

一套搞動亂，我就堅決制止。堅持社會主義必須堅持無產階級專政。」[164]
寥寥數語，底牌盡露──否定人權價值、鄙棄民主自由、錯置人權與國權
關係。執持這種暴力邏輯，能夠引導國人走向民主嗎？「無產階級專政」
能走向和諧嗎？無產階級不願被專政，別的階級就願意被專政麼？

　　上述鄧論不經一駁：離了人權，國權還剩下什麼？國權當然是對國民
人權的保護，國權怎能與人權對立？民主自由怎麼成了資產階級與強權主
義的東西？無產階級就不需要民主自由了？這樣的邏輯經得起駁詰麼？

　　人類文明越高級，暴力度就越低。文明社會的主要指標之一便是不斷
降低暴力。一個需要暴力擺平的國家，一群只聽得懂暴力語言的政治家，
與談民主自由，豈非夏蟲語冰？但在十分關鍵的 1946 年，「似乎又出現了
國共妥協的可能性。但是雙方的疑慮和恐懼以及互相對立的目標和思想意
識每次都成了主要障礙。」[165]意識形態最終成為內戰爆發的決定性因素，
而這場內戰又深刻影響了中國當代史的走向。

---

[164] 阮銘：〈中國反人權戰略擴張趨勢〉，載《開放》（香港）2009 年六月號，頁 8。
[165] （美）約翰・司徒雷登：《在華五十年》，程宗家譯，北京出版社 1982 年版，頁 160。

第九章

尷尬一代

壹、高調進城

　　中共依靠土改動員萬千農民走上戰場——保衛土改果實，與國軍作戰。渡江之後，望屋而食，拱手而取山河，神速勝利使延安一代意氣風發，高調進城。中共高層也有意讓弟兄們衣錦榮歸，儘量安排幹部回原籍工作。離家二十五年的抗聯將領周保中（1902～1964）調回故鄉雲南。[1]連「民主人士」都儘量安排原籍工作。[2]卅歲上下的延安一代已是「團長旅長的幹幹」，科處局廳省，延安幹部在中下層一統天下，到處被尊「延安老幹部」。那個得意那份優越——挾革命以遨遊，抱政治而長終。

　　1950年代前期，這批「大時代的小人物」到達人生巔峰，自我感覺好極了。他們傲問：「你住過窯洞嗎？你吃過小米嗎？你穿過草鞋嗎？」[3]此時，「急什麼呢？天下已是自己的，還怕沒有時間與機會？」[4]他們扭著大秧歌，帶著「同志」、「愛人」等新詞，氣宇軒昂進城。連北京飯館粉牌上的「菜單」也很快延安化，改稱「食譜」。[5]他們自豪地向世人發放「黃金世界的預約券」。[6]陳學昭之女描述淪右前的母親：「像上足潤滑油的機器不停地運轉，一切太順利了，工作、事業、尊敬、恭維……」[7]

---

[1] 王效明、王一知：〈我們所知道的周保中同志〉，載《革命回憶錄》第7輯，人民出版社（北京）1982年版，頁154～155。

[2] 宋雲彬：《紅塵冷眼》，山西人民出版社2002年版，頁216。

[3] 江文漢：〈延安訪問記〉，載《檔案與史學》（上海）1998年第4期，頁11。

[4] 李南央編：《父母昨日書》，時代國際出版有限公司（香港）2005年版，下冊，頁251。

[5] 李慎之：〈食譜與菜單〉，載《書屋》（長沙）1997年第3期，頁53。

[6] 李慎之：〈革命壓倒民主〉，笑蜀編：《歷史的先聲》，博思出版集團有限公司（香港），頁10。

[7] 陳亞男：《我的母親陳學昭》，文匯出版社（上海）2006年版，頁27～28。

　　一腳踢走舊社會，隻手開闢新世界。「革命成功」使中共擁有踢開一切舊傳統的權威，共產主義又使他們捏有一張「神聖圖紙」，安排新社會、制定新法律。中共剛進城，大學法學院就逐一停辦。1949 年底，浙江大學法學院停辦。[8]革命者治國似毋需法律。

　　1950 年代，延安一代信心滿滿，東風一定壓倒西風，共產主義必將實現。1952 年 9 月，延安女幹部趙洵（1917～1988）訪蘇，從紅場列寧墓出來：「我真想吻吻這土地。」李慎之晚年感慨：「這種感情，現在的青年人也許已經很難理解了……我們畢竟是有過聖潔的理想與純真的感情的一代人。」[9]有理想有青春有資歷有政權，能將「最新最美的畫」親手繪在祖國的山河大地上，還有比這更壯麗更自豪的人生嗎？中共集團支付最少回報最豐的延安一代，1950 年代前期達到人生幸福的最高峰值。

　　1949 年 10 月 1 日夜，1923 年入團的伍修權記錄感受：「孩子們興高采烈，只知道熱鬧、好玩，看我默不作聲，很是奇怪。他們哪能理解一個為這一天奮鬥幾十年的老戰士，在此時此刻的心情啊！這種幸福、自豪的感情，又怎麼能用言語來表達哩！」[10]艱難百戰奪取政權，將要實現社會轉型，澤被後人，自己也能趕上沐浴新社會的陽光，中共較之歷代開國集團，幸福值要高得多。青年布爾什維克杜導正：「新中國建立起來了，我們想怎麼畫就怎麼畫。那時我們真認為中國甚至整個世界好像只是我們手心裡的麵團，我們想怎麼捏就怎麼捏。」[11]

　　革命過程中支付的種種犧牲，理所當然地轉化為人生資本，英雄氣概膨脹，不僅堅信馬列主義從天上正確到地下，而且認為憑著革命經歷，擁有指導民眾的當然資格。進城之初，韋君宜：「我和楊述在北平街頭閒步，指著時裝店和照相館的櫥窗裡那些光怪陸離的東西，我們就說：『看吧！看看到底是這個腐敗的城市能改造我們，還是我們能改造這個城市！』」[12]1950 年初，浙江大學黨支書陳學昭與數學系主任發生爭執，系主任乃留日數學博士，認為理工科不用學〈在延安文藝座談會上的講話〉：「我們是理

8　陳學昭：《浮沉雜憶》，花城出版社（廣州）1980 年版，頁 8。

9　李慎之：〈憶趙洵〉（1991 年 10 月），載《李慎之文集》，2003 年自印本，下冊，頁 521。

10　〈伍修權同志回憶錄〉（之二），載《中共黨史資料》第二輯，中央黨校出版社 1982 年版，頁 215。

11　杜導正：〈新民主主義的回歸與發展〉，載《炎黃春秋》（北京）2009 年第 4 期，頁 9。

12　韋君宜：《思痛錄》，北京十月文藝出版社 1998 年版，頁 21。

科，不管這些，我們不學！」陳學昭訓斥：「理科工作人員也要改造世界觀！」系主任悻悻離去。[13]

黨外左翼文士也「理所當然地視革命為自己的一部分，或者說視自己為當然的革命一分子。革命的勝利也即是我們的勝利。五十年代初，以勝利者自居的驕傲自大以至狂熱都也成為不可避免的事。」賈植芳：「一般進城幹部……一闊臉就變，以勝利者自居。」[14]1950 年代初，李南央外公對她說：「你爸爸的眼睛長在頭頂上，你媽媽的眼睛長在後腦勺上。」[15]

與辛亥黨人進城後一樣，中共也有「坐了龍廷」的感覺。辛亥後，皇帝倒了，共和了，但革命黨人的思想還是舊的。1921 年，國民政府撫恤四川威遠縣辛亥烈士胡馭垓家屬，三千銀圓撫恤金，還有一項優待：胡家可派一人去當官（川南某縣厘金局長）。[16]中共進城後，高層雖然強調「永葆革命本色」，各級幹部豈能沒點「如今我說了算」的感覺？1949 年春，大革命一代的譚震林（1902～1983）在某市幹部大會上：「毛主席在北京做皇帝，我們都是封疆大吏。」[17]

奪權之艱難、建政之輝煌、「最後解放自己」之崇高，中共上下真以為共產黨員「特殊材料製成」，沒有做不到辦不成的事兒。客觀上，既然用紅色意識形態裁量一切，此前一切都被裁出一個「舊」字，都需要用革命眼光重新修正，弄得所有進入新社會的人縮頭縮腦，懷疑此前人生經驗。中共當仁不讓地成為包攬一切的救世主，似乎能夠挑起任何重擔。不過，他們馬上因「當家」而知「柴米貴」。地下黨出身的馬識途參與武漢接收，出任華中總工會副秘書長：

> 這是我們第一次做公開工作。以一個主人公姿態去擔負工作，心情自然是很愉快的，而且大家頗有信心。但是真的一拿起工作

13 陳學昭：《浮沉雜憶》，花城出版社（廣州）1980 年版，頁 9～10。
14 賈植芳：《獄裡獄外》，天地圖書有限公司（香港）2001 年版，頁 46、82。
15 李南央編：《父母昨日書》，時代國際出版有限公司（香港）2005 年版，上冊，頁 241。
16 《青春歲月——胡續偉自述》，河南人民出版社 1999 年版，頁 11、140。
17 戴晴：《在如來佛掌中——張東蓀和他的時代》，香港中文大學出版社 2009 年版，頁 90。

來，卻千頭萬緒，都是棘手的麻煩事。這才知道自己當家，是並不
容易的。……工人沒有活幹，沒有工資，怨聲載道。[18]

　　1950 年代初，丁玲自恃延安出身，較之巴金、老舍，很有「參加了革
命」的優越感。她主持的《文藝報》批蕭也牧小說《我們夫婦之間》、批
碧野的《我們的力量是無敵的》、批朱定的《關連長》、楊朔的《三千里江
山》，甚至批孫犁的《風雲初記》，文藝界惶惶然，一拿到《文藝報》便會
一哆嗦，又批誰了？[19]丁玲、陳企霞、艾青在倒下前都十分傲氣，經常否
定人，包括看不起趙樹理。

　　史學界則有尹達對顧頡剛的申斥，生物界有樂天宇對張景鉞的排拒，
連沒到過延安的張春橋都有這種優越性。1950 年代初，張春橋出席滬上報
業會議，《大公報》老報人王芸生（1901～1980）不甚在意打斷張春橋發言
「呃，不是那麼回事」。張春橋當即變色：「我是拿著槍桿子打進上海的，
不像王先生那樣和國民黨大官來往，見過大世面。說錯了，請你王先生批
評。」全座啞然，王芸生不復作聲。[20]周恩來也說：「我們黨內一些人認為
天下是他們的……他們不贊成接受監督。」[21]

　　1957 年春鳴放，老同盟會員羅翼群（1889～1967）：「共產黨有優越感，
往往以特殊階級自居，民主黨派有自卑心……共產黨是主人，民主黨派是
客人，還有人說是奴僕。」[22]1957 年 5 月 12 日，國民黨反水將領陳銘樞（1889
～1965）撰文《人民日報》，即不久成為「向黨進攻」的劃右言論：「一些
黨員同志們，狃於已往的汗馬功勳和階級的優越感，一經入黨，便以為攀
登了知識的頂峰，任意鄙夷一切，自以為『天下之美，為盡在己』。」

　　1957 年，浙江美術學院新任書記陳隴（1917～1979）亮相全院大會：
「我今天來到你們這個美術學院，是奉旨而來，也就是奉旨而來的『欽差
大臣』，要是在封建王朝時代，你們見到我都得下跪。早就聽說你們學校

---

[18] 馬識途：《風雨人生》，參見《馬識途文集》第九集（下），四川文藝出版社 2005 年版，頁 653。

[19] 邢小群：《往事回聲》，時代國際出版有限公司（香港）2005 年版，頁 168、149。

[20] 高增德、丁東編：《世紀學人自述》，北京十月文藝出版社 2000 年版，第 6 卷，頁 90。

[21] （英）韓素音：《周恩來與他的世紀》，王弄笙等譯，中央文獻出版社（北京）1992 年版，頁 344。

[22] 曉沖主編：《毛澤東欽點的 108 名戰犯的歸宿》，夏爾菲出版有限公司（香港）2003 年版，頁 515。

裡有『三金』，說他們權力很大很厲害。如今『三金』都成了右派，看他
們還有什麼可厲害，現在真正厲害的是我。」[23]

不僅共幹優越感強烈，其子女的優越感更強烈。一個少將女兒，尾巴
就翹到天上去了。此女成績很差，卻看不起同學，其父秘書向班主任施壓，
要求「助」其入團。大小姐出身的少將夫人，大學學歷，強迫警衛員洗她
的月經帶。副部級之女李南央，小小 14 歲，看不起服務行業，勞動課上
飯館幫工，「嘴上雖然從不承認，心裡那時可是看不起服務行業的。我總
是要把紅領巾帶在脖子上，以示自己不過是個上勞動課的學生，絕不是飯
館的服務員，以維護自己的臉面。」[24]

蘇靈揚一副「馬列主義老太太」的凌人盛氣，敵視當過十個月國民黨
抗日青年軍的周艾若（周揚前妻之子）。周艾若一進家門，蘇靈揚就警惕
性很高地蓋上周揚桌上文件。蘇靈揚惟一有人情味的一段日子是文革。那
時，周揚進了秦城，蘇受管制，住在北京沙灘一間幾平米小屋，「那個時
候她還有人情味，但獲得自由後又變回去了。」[25]

進城後的延安作家內部有派，對外卻團結一致，很有政治優越感。鳴
放時，河南作家蘇金傘（1906～1997）：

> 過去對於曾在國民黨地區生活過的老作家，尤其是非黨作家是採取
> 了不夠尊重甚至於是排斥的態度。對於在解放區受過鍛煉受過教育
> 或在解放區生長起來的作家，則另眼看待，作品有優先發表權，著
> 作有優先出版權；對這些作家的作品，有時給以不甚恰當的推崇，
> 使這些作家以政治上的優越性成為文學方面的先進人物。而對於老
> 作家——尤其非黨老作家，則認為他們歷史上有問題，政治上不進
> 步，對新的人民生活不理解，因此也就寫不出好作品來。即使寫出
> 作品來，也冷冷淡淡，或者讓其自生自滅，或者加以打擊。……（解
> 放區來的作家和黨團員）更多的同志有著比較狹隘的宗派主義情

---

[23] 申淵：《五七右派列傳》，五七學社出版公司（香港）2008 年版，第二卷，頁 217～218。
[24] 李南央：〈北京女十中幹部子弟班的生活〉，載李南央編著：《我有這樣一個母親》，開放雜誌出版社
（香港）2003 年版，頁 108～109、116。
[25] 李輝：《往事蒼老》，花城出版社（廣州）1998 年版，頁 392。

緒。……為什麼會產生宗派主義情緒，無非以為自己立場最堅定、政治最可靠、思想最進步、觀點最正確，是馬列主義的守衛者。[26]

北師大教授鍾敬文（1903～2002）批評作協領導對黨內同志有說有笑，對黨外作家「敬而遠之」，認為「黨員作家和非黨員作家雖然在一個同業團體裡，實際上中間的『楚河漢界』是非常分明的。」[27]

延安一代熱情澎湃工作積極，終身忙忙碌碌，積極批評別人，活得好積極好辛苦。1953 年 7 月，李銳每天三種學習：馬列理論、水電業務、俄文。[28]1950 年代後期，《文匯報》副刊編輯日記：24 點～2 點搞大掃除；一次會議從 19 點開到凌晨 5 點；一次兩人「交心」從 15 點進行到 23 點（扣除晚飯時間）；23 點回家算早的，凌晨一二點甚至五點半才到家。[29]

積極改造自己，積極改造別人，積極改造社會，希望以精神力量推動社會發展，進入共產主義。1958 年 2 月，貴州省公安廳提出要將全省搞成七無社會──無火災、無積案、無土匪、無盜竊、無騷亂、無煙毒、無賭博。公安部立即發文向全國公安機關推廣。於是，有的省開展「十無運動」、「幾十無運動」、「百無運動」。有些省市還嫌不夠「躍進」，進一步提出搞成「玻璃板」、「水晶石」城市的設想，不僅沒有任何犯罪，也沒有夫妻吵架、婆媳拌嘴。這些提法受到中央政法領導層讚揚。[30]

大革命一代、紅軍一代是中共建政的核心力量，延安一代則是人數最多的執行層，1950 年代最堅決的左派，各項左傾運動得以迅猛推進的社會基礎。如撰寫那篇挨了御批的〈我們對目前文藝工作的幾點意見〉（載《人民日報》1957 年 1 月 7 日），除了陳其通少將（1916～2001，總政文化部副部長）是長征紅軍，其餘三位全是「延安一代」──陳亞丁、馬寒冰、魯勒。他們的觀點代表了延安一代的集體性：

[26] 蘇金傘：〈肅清文學上的宗派主義〉，載《文藝報》（北京）1957 年 6 月 23 日，頁 7。
[27] 鍾敬文：〈為了完成高貴的共同事業〉，載《文藝報》（北京）1957 年 6 月 16 日，頁 4。
[28] 李南央編：《父母昨日書》，時代國際出版有限公司（香港）2005 年版，下冊，頁 410。
[29] 鄭重：〈日記裡的「筆會」編輯〉，載《文匯報》（上海）2009 年 4 月 14 日。
[30] 尹曙生：〈公安工作「大躍進」〉，載《炎黃春秋》（北京）2010 年第 1 期，頁 18。

在黨的「百花齊放、百家爭鳴」的方針下，可以允許不同的藝術思想與創作方法存在，但作為一個黨的文藝工作者必須堅持和宣傳為工農兵服務的文藝方向和社會主義現實主義的創作方法，因為它不一定對一切人都是正確的，而對我們卻是唯一正確的。[31]

請注意「允許」、「唯一正確」等用詞，一副長纓在手真理在握姿態。不過，這四位左派由於提前反對「雙百方針」，因左成「右」，馬寒冰於反右前夕自殺，他們真正冤枉至極──所有右派中最冤的左派。1937 年入黨的梅益，船工出身，中央廣播局黨組書記兼局長，「鬥紅了眼」，揪出局內最大右派──副局長溫濟澤，二十年後仍不願為溫的平反寫證明。[32]

當他們努力改造社會之日，正是自我異化之時，最後弄得自己都不認識自己。文藝主管之一的陳荒煤完全異化，文革後復出，這位赴延前出版小說集《憂鬱的歌》的文藝青年對劉心武說：「我最見不得『淡淡的哀愁』。」[33]連人類最自然的情愫都見不得了，還認為是自我改造的實績。

延安一代跟所有左翼激進派一樣，崇尚道德鄙視物質，認定馬克思主義的終極目標就是消除個人私欲。他們嘲笑一切個人欲望，尤其嘲笑「自由」，將根本不瞭解的西方想像成妖魔地獄，認定自己走在絕對正確的社會主義大道上。毛澤東之所以會說「狠鬥私字一閃念」，正是因為有這麼一大批「靈魂深處鬧革命」的社會基礎。自己靈魂深處爆發革命，會要求別人也一定得「爆發」，否則自己的「爆發」似乎就失去意義。1950 年代，延安一代到處以身作則，要求廣大群眾積極跟進。

延安一代終身堅守共產信念，視為人生最高操守。鄧力群晚年：「這個信念一旦樹立起來就矢志不二。」[34]王力患癌後遺囑「至死不悔」──「選擇共產主義作為自己的信仰，並為之奮鬥終生。」[35]「為了未來犧牲今天」的崇高，為中共披上了金光閃閃的道德光環，使他們認為無論從思想上還是從道義上，都有資格要求他人為了「長遠利益」也作出犧牲，以未來的

[31] 黎之：《文壇風雲錄》，河南人民出版社 1999 年版，頁 71。

[32] 《溫濟澤自述》，中國青年出版社（北京）1999 年版，頁 325、338。

[33] 劉心武：〈淡淡的哀愁〉，載《書屋》（長沙）2004 年第 11 期，頁 40。

[34] 《鄧力群自述：十二個春秋（1975～1987）》，2005 年內部印行本，頁 2。

[35] 《王力反思錄》，北星出版社（香港）2008 年版，上冊，頁 120。

名義要求人們放棄現實利益。正如哈耶克所說：「大批極權主義國家的人民竭力支持一種在我們看來似乎是否認大部分道德價值的制度。」[36]

1956 年是中共事業的最高點，也是下坡的起點。延安一代的高調唱不了多久了。他們發現身邊充滿更牛氣的工農幹部，知識分子幹部得不到多少呼應。1952 年 1 月 15 日，高中肄業生范元甄日記：

> 三反以來，心情很沉重，深感許多領導崗位上的人那樣不稱於他的地位。……我在這裡除工作忙碌外，還是相當寂寞的。

她致信湖南省委宣傳部長的丈夫：「碰到的居然是如此的人和事，也實在太使我沒有精神準備了。更重要的是，整個黨幾乎也使我失望，所以我痛苦到無法自制的地步。」[37]

無論赤色意識形態如何標榜共產黨員，一個個猶如天兵天將，不食人間煙火，卻不可能真正剷除複雜人性的陰惡一面。僅僅依靠政治學習，不從權力制衡、制度設計這些根本處著手，揚己抑彼的人性之惡便會借助權力一再還魂。畢竟，絕大多數人的行為驅力是利益而非覺悟，總有那麼一部分人為了實現個人利益最大化，一定會千方百計尋找歪門邪道。僅僅依賴政治思想的柔性勸導，放棄制度上的剛性防堵，能有多少效力？

對延安一代來說，真正的大規模「革命考驗」是 1957 年的反右、1959 年的反右傾、1966 年的文革，必須「批判自我」了，得承受更猛烈的革命淬火。這回，革命是真正革到自己頭上了。

貳、難說真話

紅色高壓下，自由被囚，真實就得四處躲藏。延安時期，文化生活枯燥，沒有不斷翻新的電影，沒有詩意沒有浪漫，出版物千面一腔。明明「身

---

[36]（英）哈耶克：《通往奴役之路》，王明毅等譯，中國社會科學出版社（北京）1997 年版，頁 143。
[37] 李南央編：《父母昨日書》，時代國際出版有限公司（香港）2005 年版，下冊，頁 293、315。

在延安，心在上海，心在大城市」[38]，卻必須表現出堅定的革命性。明明十分在乎的東西，非得裝出小菜一碟的姿態。延安少年何方：

> 在革命隊伍中磨練了幾年，反而失去了少年時期的那點銳氣，延安整風搶救運動一來，不久就趴了下來，順著要求說假話，從此對人也多了些心眼。周圍一看，幾乎是個普遍現象。[39]

不僅新荷嫩葉的延安知青不敢吐真，就是高層大佬也早早不敢說話了。1947 年夏，康生主持晉西北土改，到處吊打、挖浮財，甚至挖祖墳起墓財，一些幹部意見很大。親歷者曾彥修：「還有葉劍英、楊尚昆，這些情況，他們都知道，他們也不滿意，但不敢說，怕戴上右傾帽子。」[40]

1949 年後，真話更是越來越不能說了。1954 年 4 月，高崗案發後，部屬張秀山在東北高幹會議上被迫認罪：

> 會議開到這樣的程度，我別無選擇，出於參加革命 25 年來受到的教育，我只能服從集體決定，只能違心地、萬般痛苦地說：「我對於黨中央和毛主席的無限信任是毫無問題的。經過同志們的分析的批判，使我認識到，少奇同志是中央的領導，是毛主席的親密助手，我反對少奇同志就是反黨中央。」[41]

1956 年 11 月～1957 年 4 月，新華社記者戴煌（1928～）寫了一封最終未發出的信，收信人為毛澤東、中共中央。信中真實反映了當時的言論狀況，說明「不讓說話」是阻礙社會正常化的第一阻力：

---

[38] 趙浩生：〈周揚笑談歷史功過〉，載《七十年代》（香港）1978 年 9 月號，頁 31。
[39] 何方：《從延安一路走來的反思》，明報出版社（香港）2007 年版，上冊，前言，頁 X。
[40] 曾彥修：〈才德反差巨大的康生〉，載《炎黃春秋》（北京）2009 年第 2 期，頁 40。
[41] 張秀山：《我的八十五年》，中共黨史出版社（北京）2007 年版，頁 323。

人民的不滿卻日益增長而又帶有普遍性的缺點⋯⋯今年九月初，我倒大膽地試了一次，寫了一篇批評宴會、聚餐之類問題的雜文，結果被《人民日報》編輯丟進了廢稿堆。和這稿件一起的，還有給《人民日報》編輯部的一封信。在這封信上，我談到了目前我國言論自由和新聞報導方面存在的問題。對於這封信的結果，正如我所預料的一樣，石沉大海！它或許已被送到了中宣部，也可能被送到了公安部。⋯⋯翻開我們的各種報紙刊物，再對照一下我們內部的材料和各種參考資料，我們就會非常觸目驚心地感覺到：我們的光明和偉大被過分誇大地宣傳了，而黑暗和腐朽則被偷偷地掩蓋了起來。而對於美英等資本主義國家情況的報導，因為光說人家的壞而不講人家的好，於是就使人一提到資本主義國家，就想到那裡是一堆腐臭不堪的爛瘡，包括這些國家的人民和文化。這是一種不相信人民的行為。⋯⋯愈是這樣地隱瞞真相，就是把人民推離現實越來越遠。而一旦當人民看到事實後，他們的驚慌和失望的程度就會更大，從而會憤怒地悔悟到自己是受盡了別人的欺騙！⋯⋯最近，有許多人寫信給《人民日報》和新華社，批評我們的宣傳帶有欺騙性和不信任人民的性質，表示了他們的正當憤慨，說「上當愈大，失望愈重」。⋯⋯有些人即便對此表示不滿，但也不敢大膽地、理直氣壯地提出自己的主見。他們怕在黨籍、飯碗和提拔方面遭到打擊，只好忍耐地走上中庸之道。《人民日報》自從改版後，確實是發表了一些干預生活的文章。但是，它們的鋒芒是對的誰？是對那些縣以下的小人物，而且是些雞毛蒜皮的小事。對於那些地位高得多的幹部，對於那些不知嚴重得多少倍的事件，以至對於中央和國內重大的問題，卻一句話都沒有，這是什麼道理？對於這種反常的現象，新聞界的同志並不缺少要講話的人，可是，到哪裡去講呢？

1951 年 3 月，國府行政院長翁文灝自法國歸返大陸，前《大公報》記者朱啟平撰文稱揚翁嚮往新中國，放棄美法高薪聘留。稿子被「上面」改為翁文灝在海外「走投無路」，共產黨寬宏大量收納了他。朱啟平認為這

是對這位愛國老人的人格侮辱。鳴放時，他就此事提了意見，被斥「攻擊黨的領導和黨的新聞政策」，劃為右派，送北大荒勞改。[42]

1957年反右後，黨內外講話普遍顧慮重重。知識分子三不講——報上沒登的不講，領導沒講的不講，與公布數字不合的不講。[43]1958年11月，山東省政府舉辦「農業大豐收展覽會」，玻璃罩內陳列著一墩紅薯，標注500斤。副省長李宇超（1906～1968）悄悄拉過省委第一書記夫人石瀾，指出這墩紅薯明顯造假，要她向「大老闆」舒同反映。省科委副主任石瀾，對這位延安中央研究院同學說：「你是副省長，你為什麼不向上級反映？」李宇超「唉」地一聲轉身走開。石瀾晚年茫然自問：「我們平時對各種問題都是嘴快眼尖的人，不知為什麼，在那個年頭裡，在當時的氣氛下，我們都變成非常『木訥』的人了。」[44]

有人大著膽子說了真話，那好，揪出「極右」一個，本單位反右運動結碩果！新華社參編部陳亮（1929～）受鼓勵鳴放了一張大字報〈庶民談國是〉：一、高幹子弟享有特權，跟滿清旗人差不多；二、法律面前不平等，實際上還是「刑不上大夫」，少數人逍遙法外；三、對知識分子改造過於粗暴，類似焚書坑儒；四、領導人應該有退休制，外國總統總理也有退休。陳亮成了新華社與戴煌並列的兩大「極右」，發配北大荒勞改。[45]

一機部17歲女打字員戴菊英，最不可思議的「真話右派」，她只有一句「美國鞋油真好使」，成了「崇洋媚外」，她不服，頂了幾句，便是「態度不好，思想頑固」，劃了右。按規定，十八歲以下不劃右。[46]

黨內高幹也「深刻認識」必須看人下碟，不能太天真。虛假阿諛、迎逢上司，甚囂塵上。1959年7月中旬薄一波（1908～2007）上廬山，行前請薛暮橋整理一份萬字材料——「從一年來大躍進中吸取經驗教訓」，準備遞交全會。材料非常具體，對「三面紅旗」的否定力度超過彭德懷「萬言書」與張聞天發言，如「造成了糧食等很大的浪費，還損害了農民勞動的積極性」、「生產大躍進，供應大緊張……」薄上山較晚，風向已變，「我

---

[42] 戴煌：《九死一生——我的「右派」歷程》，中央編譯出版社（北京）1998年版，頁51～52、105。
[43] 辛子陵：《紅太陽的隕落——千秋功罪毛澤東》，書作坊（香港）2008年版，上卷，頁284。
[44] 石瀾：《我與舒同四十年》，陝西人民出版社1997年版，頁61。
[45] 賈宗誼：〈在美國打工17年——訪「倦鳥知歸」的陳亮〉，載《炎黃春秋》2009年第7期，頁81。
[46] 戴煌：《九死一生——我的「右派」歷程》，中央編譯出版社（北京）1998年版，頁103。

準備的發言稿未拿出來……我已『全然沒有這個膽量』去如實發表自己的
意見了。」「我也不得不和大家一道參加了對彭德懷等同志的錯誤批
判。……說了一些違心的話、過頭的話，這是不能自我原諒的，至今仍深
感內疚。」[47]廬山這場激烈的「階級鬥爭」，也是一場真實與虛偽的較量，
虛偽憑藉政治暴力大獲全勝，拉開通往餓死四千餘萬國人的最後一道閘
門。如果此時開始糾左，還有可能採取各種補救措施，如進口糧食、解散
食堂、允許開荒、注意饑情等等。至少不會出現大面積不敢「舉下情」，
各級黨委也明知饑饉仍高唱「就是好」，弄得不可收拾。

　　姚依林說反右至大躍進，困難越積越多，政策上必須改變，但總根源
的三面紅旗又不能丟，還得在文件中堅持，因此「那時每寫一份文件，讀
一份材料，文章前一二頁是不用看的，講問題從第三頁開始！」[48]

　　1959 年秋，河南信陽地區光山縣農民求醫，醫生見是饑民，便說此病
好治，有兩碗粥就好了，醫生遭逮捕法辦。信陽縣紀委幹部向省委寫信反
映餓死人的嚴重情況，遭留黨察看。地委書記路憲文在省委支持下，專門
開會命令郵局把關，凡是反映情況的信件，一律扣壓，先後扣壓信件 1.2
萬餘封；餓死不准說餓死，得說染瘟疫而死。[49]

　　1960 年下放湘潭的胡耀邦，回京向毛澤東彙報前夜，激烈思想鬥爭
──是否將餓死人的實況告訴毛？抽煙踱步，一夜未眠，最後還是沒敢向
毛完全說出真相。1960 年陳毅從南方回來，會上感歎：「在下面跑了幾個
省，誰也不敢說老實話。」[50]1962 年，林彪日記：不能說真話。[51]1960 年，
清華大學兩位學生嚷著糧食不夠吃，狠狠挨整。清華黨委教育饑餓中的學
生：「糧食問題是思想問題！」報上也一個勁在說「糧食問題是思想問
題」。[52]政治高壓之下，甚至不敢真實思考，直至以虛假為「正常」，真以
為肚子餓是思想出了問題。誰說了真話，會被認為「精神不正常」。

[47] 薄一波：《若干重大決策與事件的回顧》，中央黨校出版社（北京）1993 年版，下卷，頁 867～869。
[48] 姚錦編著：《姚依林百夕談》，中國商業出版社（北京）1998 年版，頁 160。
[49] 張樹藩：〈信陽事件：一個沉痛的歷史教訓〉，載《百年潮》（北京）1998 年第 6 期，頁 41～42。
[50] 惠浴宇：〈司令・嚴師・兄長〉，載《人民日報》（北京）1986 年 1 月 18 日，海外版。
[51] 《胡喬木傳》編寫組：《胡喬木談中共黨史》，人民出版社（北京）1999 年版，頁 216。
[52] 張軼東：《從列寧格勒大學生到新肇監獄》，勞改基金會黑色文庫編輯部（華盛頓）2007 年版，頁 149。

四川省政協主席廖伯康（1924～）：「四川餓死這麼多人，省委主要領導的對策卻是向中央封鎖消息，不准談餓死人的情況，誰要談，誰就是小資產階級動搖性和軟弱性的表現。」[53]1962年廖任重慶市委辦公廳副主任，向中央報告川省非正常死亡人口1000多萬，打成「反黨集團」，留黨察看兩年，撤銷職務，下放工地勞動，1982年才平反。李井泉其時督川，一手向中央封鎖消息。1960年9月，毛澤東加封李井泉為西南局第一書記兼成都軍區第一政委，掌管雲貴川三省，中央書記處都惹不起的西南王。

1960年3月30日～4月8日，全國人大會議，兩千餘名人大代表奉命必須「三不談」──不談糧食徵調過重、不談農村缺糧、不談餓死人，只准暢談大好形勢。[54]1961年4月，劉少奇回鄉考察，蹲點長沙縣廣福公社天華大隊。女支書彭梅秀「路線覺悟高」，閉口不談災情與一平二調退賠，力挺大食堂，否認隊裡有人浮腫。廬山會議後，該隊敢說真話的副支書段樹成不同意彭梅秀好大喜功，劃為右傾機會主義分子，撤職批鬥。劉少奇找到段，聽到實話：彭梅秀所說的產量、豬數、工分值都是虛報，口糧一天只有七八兩，全隊浮腫超過百人。段還告訴劉少奇：天華大隊是先進單位，對外開放參觀，上面給補貼；篾席廠是大隊幹部的吃喝點，幹部經常晚上去吃喝，當然不會浮腫。彭梅秀得知劉少奇找了段，路邊叫罵：劉鬍子一來把天華大隊搞亂了。劉少奇感慨：彭梅秀要趕我走，我是國家主席，公安廳長帶人保護，找人談話都受刁難，聽真話、查實情多不容易！[55]

1962年「七千人大會」後，繼續批右，仍不能說真話。劉少奇、周恩來、鄧小平、陳雲等中常委都違心附毛，還有一個專用術語「顧全大局」。陳雲一直提倡「不惟書、不惟上、只惟實」，西路軍事件經手人（時任中組部長），四十多年不敢講真話，毛澤東死後五、六年才敢說出西路軍真相。

1964年「四清」，王光美在河北撫寧縣桃園村搞「桃園經驗」，左得很，比土改還神秘，揪出外交部辦公廳「階級異己分子」董國柱，因為他向黨

[53] 辛子陵：《紅太陽的隕落──千秋功罪毛澤東》，書作坊（香港）2008年版，上卷，頁341。
[54] 辛子陵：《紅太陽的隕落──千秋功罪毛澤東》，書作坊（香港）2008年版，上卷，頁357。
[55] 黃崢：《王光美訪談錄》，中央文獻出版社（北京）2006年版，頁238～241。

組織寫了反映家鄉「四清」過左的〈回鄉見聞〉，王光美領導的工作隊要求外交部給予董國柱開除公職、察看一年，送原籍批鬥。[56]

　　真話不能說，真事自然就辦不了。1959 年 8 月開始「反右傾」，甘肅通渭縣 1169 名生產隊長以上幹部因反映真情被打「右傾」。10 月 18 日縣委擴大會議，揭批縣長田步霄等「反黨反社會主義集團」，29 日田步霄自殺。縣委以「頑固不化」上報地委，開除黨籍，批判屍體。大批農民在餓死，通渭縣委則認為：誰要求供應糧食，誰就是「以糧食問題攻擊縣委」、「鬧糧凶的地方，查了一下，都有反革命集團」。縣委要求各公社召開「萬人鬥爭大會」、生產隊召開「千人鬥爭大會」，開展兩條道路鬥爭，批鬥要求政府供糧的幹部與農民。農村已經斷糧，定西地委書記竇明海表示：「寧餓死人，也不能向國家要糧食。」[57]三年大饑荒，總根源出在延安整風形成的只能「歌德」，黨的利益高於一切，高於人民生命。

　　孩子也被教說假話。何方之子明明在幼稚園吃不飽，「但問到他在幼稚園吃飯情形時，他也和我們下放幹部說一樣的話：『吃得飽，吃得好。』只是有時一不留神會偷偷講，老師讓這樣說的。」[58]

　　不能說真話，大躍進開始後黨群普遍惡化。石瀾：「回想起戰爭年代，吃在群眾家、住在群眾家，彼此親密無間，而此時此刻，卻完全變了樣。使我最感痛苦的是農民們向我們投來的冷漠的不友好的眼神。」山東省委第一書記舒同下鄉，問三五個蹲牆根的老頭：「人民公社好不好？」幾個老頭馬上站起來走人，只有一個老者仍蹲著：「人民公社好麼！人家毛主席說好，咱還能說不好？」[59]

　　文革初起，新華社山西分社一位三八式幹部：「我現在誰也不信了。」《人民日報》編輯部一位三八式幹部：「現在的報紙要正面文章反面看，反面文章正面讀。」[60]國人已必須生活在謊言與虛偽之中。文革紅人章含

56　何方：《從延安一路走來的反思》，明報出版社（香港）2007 年版，下冊，頁 561～562，417。
57　楊繼繩〈通渭問題──大躍進五十周年祭〉，載《炎黃春秋》（北京）2008 年第 10 期，頁 43。
58　何方：《從延安一路走來的反思》，明報出版社（香港）2007 年版，下冊，頁 389。
59　石瀾：《我與舒同四十年》，陝西人民出版社 1997 年版，頁 168。
60　馮東書：〈新聞永遠是一面鏡子〉，載《炎黃春秋》（北京）2007 年第 2 期，頁 34。

之表面十分革命十分紅色，其實小資情調實足，想要教堂婚禮。[61]1957 年，她初嫁北大教師洪君彥，已不流行婚紗照了，章含之仍堅持要披婚紗。[62]

　　文革後，北京記者下省，在《內參》仍無法說真話。1979 年，陝西省府在綏德縣設立省級機構「陝北老區革命建設委員會」，省委書記兼主任，管理使用每年由中央調撥的 5000 萬援助資金。可「陝北建委」籌建時就胡亂花錢，買了一大堆沙發、席夢思、高級辦公桌。辦公室主任安排女兒為秘書、女婿車隊長、兒子管理員，總機也安排了親屬，「成了主任的家天下。……我們在『內參』中反映了這些情況，並建議把陝北建委遷到西安去。不料因此一舉我們變成了被告，那位搞家天下的主任向陝西省委告了我們一狀。這也反過來說明，記者反映問題的難處。」[63]

　　1989 年 7 月 28 日，巴金（1904～2005）編完自己的全集，認為 1950～80 年代的文章 50%為廢品，「經過一次接一次的運動，我跟讀者的距離越來越遠了……我絕不能寬恕自己！我究竟說了多少真話？」「讀者也許會把全書四分之二扔在垃圾堆上，那麼我這一生寫作上的努力就得到公平的待遇了。」[64]巴金晚年《隨想錄》翻來覆去「要說真話」，因為存在不准說真話的壓力。1980 年代初，巴金在香港陸續發表〈隨想錄〉，對文革十分謹慎地抱怨了幾句，稍微說了幾句真話，胡喬木十分不悅，打電話命令王元化撤掉巴金上海市作協主席職位。2008 年了，還有人呼籲「要容忍真話」，《報刊文摘》立予轉載，[65]說明還有這方面的需要。

　　延安文士嚴文井（1915～2005）晚年無論如何不願寫回憶錄，始終堅持「有的絕對不能說。」自謂「帶地圖」，即帶著「主義」，受黨紀約束，結結實實被綁一輩子，九十歲都不敢直面真實：

　　　　能夠寫的，不能寫，寫了會得罪人的；別人都知道的，又沒必要寫，寫了也沒價值。所以乾脆就不寫了。巴金敢寫能寫也會寫，寫的都是真話，我佩服他。蕭乾是「未帶地圖的旅人」，而我是「帶

61　章含之：《跨過厚厚的大紅門》，文匯出版社（上海）2002 年版，頁 136。
62　洪君彥：《不堪回首──我和章含之離婚前後》，河南文藝出版社 2009 年版，頁 22。
63　胡國華等：《告別饑餓：一部塵封十八年的書稿》，廣東教育出版社 2008 年版，頁 200～201。
64　《遙遠的迴響──「收穫」散文精選》，雲南人民出版社 2001 年版，頁 448～449。
65　陳四益：〈要容忍真話〉，原載《同舟共進》（廣州）2008 年第 1 期。

地圖的旅人」，條條框框多啊，寫不好，會傷害人的。與其這樣，還不如不寫。[66]

1980 年代，李慎之做對台工作，針對有人說「我們說話歷來算數」，李慎之駁道：你們不要說假話，我們說話歷來不算數的。[67]經濟學家王亞南（1901〜1969）：「專制制度下只有兩種人：一種是啞子，一種是騙子。我看今天的中國就是少數騙子在統治多數啞子。」[68]

1992 年 9 月 20 日，錢鍾書忠告兩位青年編輯：

> 一個人對自己身邊的人甚至自己的朋友，在與他們說話時要十分謹慎。如果他是一個表裡不一的人，他可能會抓住你話中的漏洞從你身後邊捅你一刀，把你賣了；如果他是一個軟弱的人，在他人的恐嚇、威脅下，他可能會作一些偽證，捏造一些無中生有的事件來；如果他是一個正直誠實的人，他可能會十分坦率地承認一些對你十分不利的事情；如果他是一個可以信賴的知心朋友，他可能會因為保護你而犧牲了他自己。總之，心中毫無阻礙，說話毫無顧忌的人，很可能害人又害己。[69]

1998 年，一本十八年前的內參集子終得出版，內有真話：

> 我們國家雖然任何時候都提倡講真話，反對講假話，但每次政治運動，都有一批農村記者因為替農民講了真話，無端受到批判鬥爭，甚至開除黨籍、撤職。[70]

---

[66] 孫遜：〈嚴文井：大隱隱於市〉，載《中國青年》（北京）2008 年第 14 期，頁 49。
[67] 邢小群：《往事回聲》，時代國際出版有限公司（香港）2005 年版，頁 60。
[68] 轉引自于浩成：〈黨對政權與社會的控制──入黨與出黨半世紀的回顧〉，載金鐘主編：《共產中國五十年》，開放出版社（香港）2006 年版，頁 360。
[69] 董磊、孫小玲：〈錢鍾書、楊絳先生寄語青年──關於語言和言語的談話〉，載何輝、方天星編《一寸千思：憶錢鍾書先生》，遼海出版社（瀋陽）1999 年版，頁 426。
[70] 胡國華等：《告別饑餓：一部塵封十八年的書稿》，廣東教育出版社 2008 年版，序言，頁 8。

　　延安一代寫回憶錄，最常出現的惶惑是：這麼寫行嗎？被不被允許？會不會接受？是不是太真實？嚇絲絲呵！研究者說：「過去老幹部們許多話都是不敢說的，甚至是不敢聽。」[71]

　　2008 年 11 月 18 日《羊城晚報》：「今天培養孩子很難，你剛教會他說真話，又不得不開始教他閉嘴了。」短短一語，可摸知當今中國的真實度。同年，一位 60 多歲的女學者歎曰：

> 　　是的，在中國說真話之難，難於上青天。這不單單是出於對嚴刑竣法的畏懼，民不畏死，奈何以死懼之！不怕死的中國人也不少見，重要的是有各種理論，消解你說真話的願望和信念，一種可怕的精神懾服，使你自我瓦解。……在政治運動中撒的謊，往往是受到黨國利益的驅動，自己也可以原諒自己……只要持有這種理由，說了彌天大謊，也可以面不改色心不跳，不必受到良心譴責，這種狀態很難有個人的自悟，也沒有誠信可言。所以中國不講誠信是群體道德的缺失，是在「正義」掩蓋下的非正義行為，這是制度的塑造，並不完全是個人的責任。[72]

　　謊言當然經不起真實的戳擊。史達林鐵幕被撩起，蘇聯解凍；文革神話被揭穿，四人幫被捕；共產謊言被揭穿，改革開放啟動；「偉光正」被質疑，民主浪潮再起。「最後的審判」得由後人做出，每一代人的「功業」必須接受歲月甄別，自說自好絕大多數是爛稻草。尤其政治人物的霸然自評，除了借助暴力王婆賣瓜，豈有它哉？

　　「偉大的毛澤東時代」，最後萬馬齊喑，「忠臣不敢諫，智士不敢謀，天下已亂，奸不上聞。」（〈過秦論〉）百姓怨，海內叛，毛伸腿，文革止。但留下龐大「毛遺產」，延禍至今，如何請毛像下牆、移毛屍出堂，還是一道大難題。

---

[71] 郭道暉：〈四千老幹部對黨史的一次民主評議〉，載《炎黃春秋》（北京）2010 年第 4 期，頁 7。
[72] 劉志琴：〈請理解老一代——懷念李慎之〉，載《炎黃春秋》（北京）2008 年 6 月號，頁 25～26。

參、尷尬人生

延安一代嫁錯「主義」，誤了終身。無論他們對勞苦大眾如何充滿感情，如何英勇壯烈、如何清廉公正，由於大方向錯誤，所有努力不僅均為無用功，還反方向托舉起大獨裁者毛澤東（共產赤國均「特產」大獨裁者），交出一份糟糕透頂的成績單，留給後人一片紅色瓦礫，剩給自己巨大「紅色尷尬」，而這一尷尬還是拎著腦袋爭取來的。

初入延安，他們的小知本質就與「徹底革命者」發生衝突，尷尬就開始了。1940 年，十九歲的范元甄致信丈夫：「我一直在幻想中構設著我們倆人的生活，那往往是非常小布爾喬亞的……這些小布爾喬亞的意識總在苦惱著我。」

延安一代雖擁「解放」之勝，很快聞土改之腥、歷肅反之恐、驚反右之謬、睹躍進之災、受饑餓之煎、熬文革之獄、涉改革之艱、痛六四之血、遭封殺之禁，最後得反思之悲。萬水千山，一路驚險一路傷，一生都在波濤中。1952 年 5 月，李銳記錄：「土改的人當作隨便撿來帶回的一些字帖、畫，卻是大珍品，有的簡直是寶物。我已珍藏起來了。土改真是文物浩劫。」1952 年 6 月，為鼓勵生育，政務院下令不准賣避孕藥。[73] 凡此種種，都是延安一代必須面對並十分尷尬的「革命副產品」。

進入晚年，延安一代撫身傷世，跌足國事，眼睜睜看著迎創的「無產階級專政」成為四不像，當年投入的每一寸努力都成為需要改革的阻力，曾經支付的每一度熱情都成為今天的羞愧。原以為自豪自傲的一生，以為臨終回首絕不會因庸碌一生而抱恨，實際上卻參與製造大饑荒、迎來反右～文革大恐怖、坦克碾街的「六·四」，赤色意識形態垂緒至今，嚴重影響子孫後代，「延安瓦礫」需要幾代人才能清除，自己的一生只能淪為尷尬的反面教材，其悲其痛其悔其傷……還是早走一步，1990 年代以前去世的蔣南翔、楊述等，避免了尷尬，信仰堅定地去見了馬克思。

---

[73] 李南央編：《父母昨日書》，時代國際出版有限公司 2005 年版，上冊，頁 214；下冊，頁 324、361。

尷尬是一點點滲透與意識到的。1947 年 8 月，松江省委書記兼省軍區政委張秀山：「我們的幹部大多是來自根據地和農村，很多人沒有見過這種場面（按：哈爾濱之繁華），除了參加工作隊下鄉去的同志，留在哈爾濱工作的，其中少數人，經不起誘惑，受不住考驗，不同程度地腐化起來。」東北大區一級機關貪汙 100 萬元（按：一萬元相當 1955 年幣改後一元）以上者約占全部工作人員 15～30%，其中黨員約 10%。東北某省查出貪汙 1000 萬元黨員貪汙分子 529 人，其中科級以上 13%，抗戰勝利以前入黨者 28.9%。因效率低下造成的浪費更嚴重，「估計等於七年（按：1945～1952）工業的全部投資，即三萬億元（舊幣），合 500 萬噸糧食。浪費如此嚴重，使國家工業化積累資本必成空話。」[74]1948 年底，中共冀熱遼分局幹部會議：「大家意見一致，下面幹部普遍貪汙嚴重，必須拋開他們。」[75]1947 年底，熱河一支「高幹隊（縣支幹部）99 人，都有嚴重貪腐。」[76]

1947 年 11 月 22 日～1948 年 3 月 21 日，毛澤東、周恩來駐紮陝北米脂楊家溝，村裡土改伊始，八歲李訥要警衛員背著去看鬥地主，回來後大哭不止。毛急問原由，警衛員說鬥爭會吊打地主，形狀甚慘，孩子受到驚嚇。各地土改，鬥地富奪財產，怎麼可能不激烈？怎麼可能不貪占？周恩來在楊家溝時就知道基層赤幹貪占地富浮財：「現在見了好衣物就貪就占，將來進了北京那還了得?!讓他們都統統『吐』出來！」[77]

1949 年後，尷尬就更濃重了。共產了，可貪汙的東西越來越多。1951年，各地貪案堆積毛澤東案頭，毛驚呼：「有些共產黨比國民黨還壞。」[78]革命黨的道德自律因利益可攫度驟增而反比率遞減，批量湧出「劉宗敏」，令堅定革命派尷尬不已。中南局第二書記鄧子恢（後任副總理兼中央農工部長），1951 年喪母，范元甄家信中：「鄧老母親死，睡楠木棺材，大出喪的隊伍在街市擺了幾小時，送喪所耗汽油數都驚人。最高領導這種作風，弄得層層邪風上升……腐化蛻變的事例這樣多，黨的領導是無法辭其咎

[74] 張秀山：《我的八十五年》，中共黨史出版社（北京）2007 年版，頁 208、285。
[75] 李南央編：《父母昨日書》，時代國際出版有限公司（香港）2005 年版，下冊，頁 185。
[76] 李南央編：《李銳日記》（一），溪流出版社（美國）2008 年版，頁 156。
[77] 秦曉鷹：〈那一刻，周恩來忽然沉默〉，原載《新民晚報》（上海）2012 年 5 月 3 日。
[78] 何立波、任晶：〈「三反」：建國後反腐第一仗〉，載《檢察風雲》（上海）2009 年第 7 期，頁 67。

的。……某些領導者生活向地主資級追求，黨內庸俗空氣並非不嚴重的。」[79]
1951 年底發動的「三反運動」（反貪污、反浪費、反官僚主義），乃中共高
層企圖遏制腐敗勢頭的應激性努力，當然只能濕濕地皮。

1950 年 3 月，黃永勝揣三千港幣擅遊香港三日，受中央通報批評與黨
內警告。黃永勝一向作風不佳，熱衷跳舞，惹董必武大怒。林彪倒台後，
葉群卡片盒中有黃永勝小詩：「纏綿五個月，親手折幾枝；雖是寒冬月，
黃葉熱戀時。」[80]有人指說葉黃有私。1951 下半年開始整黨，1954 年結束，
650 餘萬黨員中開除黨籍或勸退 41 萬，占 6.3%。[81]

1950 年代前期，中共每年選送 1000～2000 名學生留蘇，從頭到腳公
費，每月生活費 500 盧布（與美元時率 1：1.1），相當 250 名農民年收入。[82]
教育部特邀錢偉長等專家協助把關選拔，不久專家紛紛告退，抵擋不住高
幹壓力。為塞送親屬留蘇，高幹一個個神通廣大。協和醫院黨委書記之妻
程西筠，1948 年參軍，嫁高級軍官，中學生一下子成了人民大學馬列主義
研究生，五年生三孩，選送列寧格勒大學歷史系研究生。1956 年初程西筠
回國探親，拜訪北大史學教授楊人楩，楊教授忠告其應從本科一年級補
讀，「當然這個意見她是不能接受的。」高幹親屬自己學不好，受蘇方責
難，遷怒優秀生，設法使優生政治上倒楣，形成「逆淘汰」。[83]

1939 年 12 歲赴延的小八路灰娃（1927～），1953 年也感覺不對勁：

> 我一天天越發煩惱，越發回憶與思念延安。此時，人與人之間
> 的那種意味，令我實在難以忍受，難以理解的壞心情。似乎人們時
> 時懷著不可告人的心思，有的勢利眼；有的卑微相；有的狡詐得自
> 以為巧妙人不知；有的搶風頭、拔分子（按：京俚，突出自己）；

---

[79] 李南央編：《父母昨日書》，時代國際出版有限公司（香港）2005 年版，下冊，頁 287。

[80] 吳東峰：〈「中南王」黃永勝〉，載《同舟共進》（廣州）2009 年第 11 期，頁 61～63。

[81] 胡繩主編：《中國共產黨的七十年》，中共黨史出版社（北京）1991 年版，頁 318。

[82] 郭凌鵬：〈中國美術生留蘇往事〉，載《中國新聞週刊》（北京）2013 年第 24 期。

[83] 張軼東：《從列寧格勒大學生到新肇監獄》，勞改基金會黑色文庫編輯部 2007 年版，頁 73～74。

有的假積極；有的自卑可憐……人們的那種氣息、意味兒，令我覺得我進入了一種怪誕世界。[84]

1956 年，韓素音訪華發現：

> 不少黨員幹部關心自己的利益遠遠勝過為人民服務。而且幹部人數正以驚人的速度增加。消耗國家大量錢財。本書作者發現，在某一個機構裡，大約有 120 名幹部，而工作人員僅有 50 人，其中 20 人左右從事一項「重要工作」，為人沏茶。[85]

1957 年鳴放，二機部教育司趙文滔大字報揭發：該單位有高幹用大筆公款裝修私宅；塞子女走後門免試進大學；副局長誘姦二三十名女人，還有人事幹部替他辯護；小幹部耍流氓，則受法律處分。[86]

馮亦代發現私信被拆檢，「一直到年底（1955 年），人事科還扣留和私拆我的信件。領導上知道不知道中華人民共和國還有一個憲法，根本不把人當人看。」「現在做人很難，有許多事情是過了夜就變錯了，使我現在思想很混亂、很痛苦。我想黨員同志更應當痛苦。」[87]

16 歲入「民先」、17 歲參軍的軍旅作家杜鵬程（1921～1991），1959 年隨彭德懷一起倒下，晚年曰：

> 在那些年月裡，我曾千百次在心裡問自己；難道一個人少年投身革命，在艱苦環境中出生入死，為的是和廣大群眾一道來爭取這樣一種「命運」嗎？
>
> 抄家、批鬥、遊街、示眾、蹲牛棚、勞動改造……早年戴過「八路」和「解放」臂章的胳膊上，現在換了一塊白布，上寫「反革命修正主義分子」。早年浴血奮戰的地方，現在成了自己被侮辱「示

84　灰娃：《我額頭青枝綠葉──灰娃自述》，天行健出版社（香港）2011 年版，頁 138。
85　（英）韓素音：《周恩來與他的世紀》，中央文獻出版社（北京）1992 年版，頁 339。
86　趙文滔：《傷害》，夏菲爾國際出版有限公司（香港）2009 年 4 月第二版，頁 35～38。
87　馮亦代：《悔餘日錄》，李輝整理，河南人民出版社 2000 年版，頁 3、9、11。

眾」的場所。不明真相的青少年向我們吐唾沫、拋石頭，而我們縱然有多少錯誤與弱點，但確是為了使他們能過人的生活，而含辛茹苦地戰鬥在這個世界上！……在生活的舞台上，我真是扮演了不少角色啊！

縱覽我們剛剛經歷過的這一段歷史，使人不能不這樣想：是的，有人要怎樣亂幹，要怎麼胡說就怎麼胡說。但是這樣幹這樣說，把中國人民置於何地？須知一切胡作非為的慘痛後果，全都落到人民群眾的頭上──缺吃的，是他們；少穿的，是他們；忍受一切艱難困苦的、遭受精神摧殘的，都是他們啊！[88]

中共「一大」代表李達（1890～1966），武漢大學校長，1966年7月中旬酷熱之夏，糖尿病（4+）、高血壓（236／114），仍須接受批鬥；8月已極度虛脫，要求醫治，不准；8月22日，奄奄一息了，工作隊才准送醫院，但不許老妻陪同。入院三日，李達粒米未進，妻子托人捎帶牛奶，遭拒絕；8月24日，李達去世，無一親人伴側。[89]這難道會是他當年所要爭取的「下場」嗎？文革時，1940年代上海中共地下黨「巡捕特支」書記劉泮泉，隔離審查三年，其母大惑：「我兒子幹了一輩子共產黨，怎麼讓共產黨給抓起來審查？最終給整個半身不遂？」[90]

全國記協書記李炳泉，西南聯大生，1970年迫害致死。老友李普痛曰：「這個可敬的人度過了怎樣的一生啊：他一生致力於革命，但是他被他所從事的事業吃掉了，吃得屍骨無存。那天的儀式叫做骨灰安葬儀式，其實骨灰盒裡只有他用過的一副眼鏡、一頂帽子。」[91]

穆廣仁：

不能不對許多中國知識分子（包括我自己）在個人迷信時代所表現出的盲從和暴政下的屈從感到臉紅，既有損害個人尊嚴和人格

---

[88] 杜鵬程：《保衛延安》，人民文學出版社（北京）1956年6月第2版，頁431、438、440。
[89] 吳娟、許雅亭：〈李達的最後十四年〉，載《時代週報》（廣州）2009年5月18日。
[90] 曹慶庚、曹愛紅：〈長眠在烈士陵園的外公〉，載《檔案春秋》（上海）2009年第7期，頁26。
[91] 李普：〈哀李炳泉之死〉，載《炎黃春秋》（北京）2009年第7期，頁48。

的無休止的「檢討」，也有對「同類」無可奈何的批判。因此，我和同我類似的人不能說是人生的「完美」，而是「很不完美」，中間有一段甚至是「醜陋」。……也許，僅僅是由於認同了「我們所建成的，與我們為之奮鬥的完全兩樣」（奧斯特洛夫斯基），才被人們美稱之為「兩頭真」的吧。[92]

　　1950～70 年代，一場接一場的政治運動，你不充當革命的動力就淪為革命的對象。左翼知識分子的苦惱，不是因為充當革命動力傷害了同事與友朋，不是為此引起良心內疚，而是失去充當革命動力的資格。延安保安處審訊科長陳泊（1909～1972）[93]，搶救審幹時從廁所弄來一勺大糞往被審者嘴裡塞。這位海南漁民出身的大革命黨員，延安三大情報專才，1949 年後任廣東公安廳第一副廳長、廣州公安局第一副局長，1953 年 3 月 8 日以「重用反革命」、「國際間諜」判刑十年，文革慘死農場，1981 年平反。[94]

　　現實逼著延安一代反思「自己製造的歷史」：本應是下一代的恩人，怎麼成了罪人？明明是「解放者」，怎麼成了「需要解放者」？為人民造福的革命怎麼成了人民的災難？怎麼會有如此大反差的悖謬？

　　延安一代還有一項特殊尷尬：只能「攻佔」別人攻佔的碉堡，猶如參加演習的士兵，第一個衝進碉堡插上紅旗，隨即發現原來是一座早已被攻佔的舊碉堡，自己的英勇並無實際意義。革命需要他們的只是為勝利一再歡呼，既不需要實質性思考，更不需要創造性參與，只能做「歌德派」（歌頌功德）與「但丁派」（但知緊盯領導）。反右後，連「歡呼」、「但丁」的資格都沒了。神器成鐐銬，埋葬舊世界的延安一代，竟入不了自己創建的「新社會」，一次次挨批，迭遭後人詛咒，反差太大，尷尬太甚。

　　最尷尬最痛苦是昨天還是最最革命的左派，一轉眼成了「右派」、「右傾分子」、「反革命分子」：彭柏山、華崗、郭小川、牛漢、王元化、徐懋庸、李銳、陳學昭、陳沂、公木、艾青、黃源……還有資格更老的大革命

92 穆廣仁：〈奧斯特洛夫斯基：「我們所建成的，與我們為之奮鬥的完全兩樣！」〉載《炎黃春秋》（北京）2008 年第 2 期，頁 29。
93 布魯（馬來語，螺絲釘）：1926 年由瓊海總工會負責人黎竟民介紹入黨，時任邊區保衛部長。1951 年 1 月被公安部長羅瑞卿親自宣佈隔離審查。
94 高浦棠、曾鹿平：《延安搶救運動始末》，時代國際出版有限公司（香港）2008 年版，頁 186。

一代「右派」——馮雪峰、沙文漢、陳修良、楊思一、黃藥眠、聶紺弩……
天上人間，眼睜睜看著各項權利被剝奪。他們沒有死於刀光劍影的沙場
上，卻倒在「鶯歌燕舞」的陽光下；槍林彈雨中活下來，卻被自己的隊伍
所拋棄、被親手扶立的「新社會」所不容，連妻兒都不斷揭發批判自己。
與坐國民黨或日偽監獄不同，這回沒有光榮感，不再是精神上的勝利者，
只有冤屈與悲哀，昔日理想成為痛苦根源。艾青劃「右」後，多次自殺。[95]
《郭小川檢討書》詳細記錄了抽骨吸髓般的痛楚，難以理解為何被革命遺
棄，原來的自尊自得自信，全部轉為自卑自慚自棄。文革後，李慎之對楊
絳說：「我覺得最可怕是當『右派』，至今心上還有說不出的怕。」[96]

就是自己未挨整，看著親屬、戰友、同事一個個倒下，也痛苦萬分。
韋君宜：「參加革命之後，竟使我時時面臨是否還要做一個正直的人的選
擇。這使我對於『革命』的傷心遠過於為個人命運的傷心。」[97]夏志清對
郭沫若的一段評論完全適用於延安一代：「他的生涯無非是一代文人的活
悲劇；以浪漫主義式的反抗始，以屈服於自己參與創立的暴政終。」[98]

反右後，不少延安老「右」下放邊遠省區，充任文化教員，他們化悲
憤為力量，盡心盡力教書育人，所得評語則是：「你工作得愈辛苦，國家
就愈倒楣！」[99]因為你這種「黑」人，教得越辛苦，黑學生就出得越多，
對國家越是「反作用力」。

陳學昭得到這樣的「革命果實」：文革期間凍結存款，每月僅領60元
生活費，所有開銷統統在內，包括補助女兒十元、診療費、保姆工資。陳
女：「上面指令不能辭退阿姨，說是監督母親。……家中生活只有兩個字
去形容，那就是窘迫。」「數十年來只有謹小慎微，在詆毀辱罵中艱難度
日，終日誠惶誠恐，不敢與人交往，常提防著千萬不要牽累他人。」[100]

肅反～反右對許多延安一代是思想認識的折返點——開始醒悟。艾青
私下對吳祖光說：「黨內沒有民主」；「黨內沒有溫暖」；「你不是黨員還好

95　程光煒：《艾青傳》，北京十月文藝出版社1999年版，頁453、464。
96　楊絳：《走到人生邊上——自問自答》，商務印書館（北京）2008年版，頁113。
97　韋君宜：《思痛錄》，北京十月文藝出版社1998年版，頁51。
98　夏志清：《中國現代小說史》，劉紹銘等譯，香港中文大學出版社2001版，頁81。
99　張軼東：《從列寧格勒大學生到新肇監獄》，勞改基金會黑色文庫編輯部（華盛頓）2007年版，頁229。
100　陳亞男：《我的母親陳學昭》，文匯出版社（上海）2006年版，頁151、279。

點」;「黨是無情的,專整人」;「黨內做人難」;「一批人整人,一批人挨整」。艾青後悔入黨。[101]

革命者先尷尬自我——思想改造,然後尷尬別人——批判搶救,先自鬥後鬥人,最後鬥完別人鬥自己。1950年代初,馮雪峰化名批判蕭也牧;丁玲、艾青義憤填膺批判胡風;郭小川倒下前也「火力」甚足;張光年反右時力批唐達成,文革則輪到自己「悲慘倒下」。葉挺獨立團出身的蕭克上將,文革中五年挨批鬥寫檢查,發配江西永修幹校,「當年我們為了擴大革命力量,把能動員的人一個一個都動員進來了;而今天,我們這些老兵卻一個一個地被趕出革命隊伍,成了『革命對象』,縱有一腔熱情,渾身力量,也只能空對青山嗟歎。」[102]

賀敬之(1924~)說周揚文革前一貫整人,文藝界批判運動前線總指揮,但又多少同情被整者。反右時,周揚私下對張光年說:「我們是在夾縫中鬥爭啊!」[103]在自危中自保。肅反、反右、反右傾,文化部三位鬥爭最堅決的副部長,對「吳祖光小家族」成員處置下過惡狠批示,文革中輪到他們當被告:徐光霄進秦城;陳克寒跳樓致殘;劉芝明被皮帶抽死。[104]文革初期,喬冠華、龔澎家的臥室門口及大立櫃被刷大墨字——「打倒走資派喬冠華!」「打倒三反分子龔澎!」喬冠華在家中遭造反派圍喊:「打倒中國的葛羅米柯!」[105]

文革後,陸定一上周揚家,兩位吃盡苦頭的中宣部正副「閻王」回顧往事,感慨萬分:「當初咱們真是夠左的!」[106]這才有了一點反思。從無限憧憬到熱情奮鬥到無限悲憤再到痛楚絕望,從感受「鶯歌燕舞」的人生頂峰到感受毛骨悚然的邪惡極致,延安一代經歷了從遙望到走近理想的人生尷尬。文革開始後,輪到革命鬥士暗自舔傷了。

[101] 〈丁玲的伙伴、李又然的老友、江豐的手足、吳祖光的知心,艾青長期奔走於反動集團之間〉,載《人民日報》(北京)1957年9月4日。
[102] 唐筱菊主編:《在「五七幹校」的日子》,中共黨史出版社(北京)2007年版,頁6。
[103] 李輝:《往事蒼老》,花城出版社(廣州)1998年版,頁403、281。
[104] 周素子:《右派情蹤》,田園書屋(香港)2008年版,頁32。
[105] 喬松都:《喬冠華與龔澎——我的父親母親》,中華書局(北京)2008年版,頁206~207。
[106] 屠珍:〈懷念周揚伯伯〉,載王蒙、袁鷹主編:《憶周揚》,內蒙古人民出版社1998年版,頁593。

何方對「搶救運動」中的假坦白亂攀咬，以及 1959 年對張聞天的揭發，終生懷疚，平生不可饒恕兩大政治錯誤。[107]邵燕祥（1933～）評郭小川：「他參與整人他也挨整，他的苦惱困惑以至掙扎，他的激進和他的局限，他的自豪和他的屈辱，都是有代表性的，是我們土地上相當部分被稱為革命知識分子的生存狀態的一個標本。」[108]周揚、丁玲、胡喬木、郭小川……尷尬成了革命者的代際徽章。李慎之指評胡喬木一輩子都是尷尬人。[109]喬冠華文革後期滑向江青，最後歲月十分尷尬。[110]

最尷尬的還是赤色理論，一開始就遭遇種種無法自圓其說的尷尬，既無法用自己的理論維護自己的結論，也無法用事實與績效證明赤說的「偉光正」。1960 年大饑荒，韋君宜家天天吃白薯飯、醃菜葉。老保姆對孩子感歎：「哎，你們真命苦，這麼小，吃這種東西！你們的媽小時候吃的什麼呀！」韋君宜覺得這番今昔對比很反動，但又拿不出事實駁斥。更難堪的是上小學的長女要媽媽講憶苦思甜的故事，老師布置的。韋君宜出身富戶，沒有階級仇昔日苦，只得對女兒說：「媽媽家裡從前不苦。」長女不解：「不苦，你幹麼革命呀？」孩子們一直被教育：革命者都是苦大仇深的工農，既然家裡不苦，又是響噹噹的「延安老幹部」……母親只能對孩子說他們無力理解的話：「我參加革命是因為民族苦。」[111]

文革時，延安幹部普遍受到專案組工農幹部詰問：「我們沒有飯吃才參加革命，反正至多是個死。你有吃有穿，是個大小姐，還上了大學，為什麼要革命、參加黨？」階級論成為工農幹部懷疑知識分子幹部革命動機的最大問號，十分有力。如果答曰：「人除了吃飯，還有理想。」工農幹部根本不相信：「毫無道理，十足狡辯，一派胡言！」[112]

文革後，各級書記的工作十分尷尬，「思想工作」相當難做。1981 年，復旦大學黨委書記做學生的思想工作：「你們懷疑社會主義的優越性，這

---

[107] 何方：《從延安一路走來的反思》，明報出版社（香港）2007 年版，上冊，頁 119、323。

[108] 邵燕祥：〈以郭小川為鏡，審視我們的靈魂〉，載郭曉惠等編：《檢討書——詩人郭小川在政治運動中的另類文字》，中國工人出版社（北京）2001 年版，頁 374。

[109] 李慎之：〈對反右派鬥爭史實的一點補充〉，載《李慎之文集》，2003 年自印本，上冊，頁 194。

[110] 喬松都：《喬冠華與龔澎——我的父親母親》，中華書局（北京）2008 年版，頁 378。

[111] 韋君宜：《思痛錄》，北京十月文藝出版社 1998 年版，頁 75。

[112] 沈容：《紅色記憶》，北京十月文藝出版社 2005 年版，頁 138。

是沒有根據的。拿我來說，住四大間房子，租金才不過兩塊，這不是社會主義優越性的具體表現嗎？」話沒說完，學生哈哈大笑。書記乃 1929 年入黨的留日大學生，既氣憤又茫然。其時滬上住房奇缺，人均二三平米之下比比皆是，這位書記竟以自己享受的特權作為「社會主義」優越性?!復旦教授賈植芳：「這位領導同志有點像晉惠帝……」[113]

　　李銳人生軌跡：12 年寒窗求學，22 年緊跟中共，8 年秦城獨禁，12年南北流放，25 年深刻反思；一生在時代漩渦中升浮沉降。人生輝煌的頂點出現在其晚年：直面尷尬人生，勇於反思，成為中共民主派領軍人物。他概述延安一代 1949 年以後的集體命運：

> 　　1949 年以後，「一二・九」知識分子愈來愈受到心靈煎熬：當年他們曾反對國民黨「一黨專政、領袖獨裁、思想統制」，而如今實行的同他們原初確立的價值和理想的反差愈來愈大。除了思想上的困惑外，他們只能在他們參加的共產黨裡，以委婉、含蓄和曲折的方式，試圖作出某種努力，堅守自己的人格底線，但是努力的結果往往是微弱的，要麼杯水車薪，要麼無濟於事，要麼犧牲自己的政治生命乃至肉體。[114]

　　數代中共黨人還有一種日常尷尬，生活所需與不能言私之間的矛盾。1949 年後，一切單位分配，李慎之抱怨：「幾乎人人都覺得自己受了委屈，一次調級，半年不太平。此外，分房子、調工作……」[115]理論上不能言私，生活中又實在緊巴，無法瀟灑放棄物質利益，不能不爭，尷尬得很。

　　有責任感的延安老人痛惜不已。《人民日報》編輯袁鷹（1924～），一再檢討大躍進時期自己的積極配合：

---

[113] 賈植芳、任敏：《解凍時節》，長江文藝出版社（武漢）2000 年版，頁 328。

[114] 李銳：〈李昌和「一二・九」那代人〉，載《炎黃春秋》（北京）2008 年第 4 期，頁 4。

[115] 謝韜：〈我們從哪裡來，到哪裡去？〉載燕凌等編著：《紅岩兒女》第三部（上），真相出版社（香港）2012 年版，頁 18。

　　使我後來常常成為一塊心病，長懷愧疚之情的，是自己也寫了不少的散文、雜文、隨筆和詩歌，不遺餘力參與了這類發熱浮誇的大合唱。五十年過去了，總覺得對善良的讀者欠了一筆債。「無實事求是之意，有嘩眾取寵之心」，對他們說了許多不負責任，甚至強詞奪理的假話，做了許多不符合實際、過分誇張的敘述，描寫了許多虛幻的彩色泡沫。[116]

　　就人生幸福指數，延安一代除了 1950 年代前期的短暫美好，大部分歲月生活在內外交困的尷尬之中。1959 年《人民日報》戴帽「右傾」林韋（1915～1990，李銀河之父），抗大校刊主編，1957 年《人民日報》新聞部主任，反右衝鋒號「六‧八」社論執筆者，晚年常對老伴說：「我這一輩子從未做過對不起人的事，只有起草那篇社論，使我永遠感到愧疚！」[117]

　　延安一代也是有史以來人際關係最複雜的一代。最著名的有丁玲與周揚、沈從文、蕭乾的關係；周揚與胡風、丁玲、陳企霞、李之璉、溫濟澤；聶紺弩與黃苗子、吳祖光、鍾敬文、戴浩；吳祖光討厭田漢。[118]杭州大學副校長林淡秋未能頂住江青壓力，文革前夕執行了對陳企霞（下放杭大中文系資料室）的迫害，文革後街上遠遠見陳，不好意思打招呼，又無法躲避，只得低頭裝沒看見。[119]他們活得既複雜又辛苦，顧忌重重，多方提防。張光年：「絕不能隨便亂說，絕不能自由主義，絕不能授人以柄（話柄），絕不能讓敵人利用而損害了黨的事業……一個人本來有個性上的弱點，加上長期在這樣心境中生活，還能不病嗎？性格還能不受到扭曲嗎？周揚的死，是一個悲劇啊！」[120]文革中，范元甄揭發了李銳的所有朋友，凡有外調一律揭發，包括她的熟人與朋友。[121]文革後，范元甄失去這些朋友的友誼。李銳復出後，范有重婚之意，這些朋友紛紛反對。

---

[116] 袁鷹：〈我在頭腦發熱年代寫發熱文章〉，載《炎黃春秋》（北京）2008 年第 11 期，頁 27。
[117] 陳泊微：〈林韋這個人不會長壽〉，載《炎黃春秋》（北京）2010 年第 5 期，頁 54～56。
[118] 李輝：《往事蒼老》，花城出版社（廣州）1998 年版，頁 292。
[119] 陳恭懷：《悲愴人生──陳企霞傳》，作家出版社（北京）2008 年版，頁 336。
[120] 李輝：《往事蒼老》，花城出版社（廣州）1998 年版，頁 285。
[121] 李南央編：《父母昨日書》，時代國際出版有限公司（香港）2005 年版，下冊，頁 482。

馬識途：

> 建國以後，奇怪，幾十年一起工作的人，還不能開誠相見。客客氣氣、公事公辦，算是比較好的了。一次次這樣那樣名目的政治運動，主要是「整」知識分子。那麼多打小報告、搞小動作的。爾虞我詐，互相提防。不但缺乏感情，而且為人的道德也泯滅了。[122]

黨內鬥爭一次接一次，高饒、彭黃張周、彭羅陸楊、劉鄧陶、林彪、四人幫、胡耀邦、趙紫陽，一個比一個烏紗重，一位比一位倒得心驚肉跳，這不是一下下自抽「偉光正」的耳光麼？「偉大領袖」、「總設計師」，什麼眼光？這麼多人看不准？革命神話已遮蓋不住一塊塊爛疤，延安一代痛心徹肺。那些因緊跟林彪、四人幫倒下的延安人，更是尷尬不堪。文革結束後，外交部系統在北京體育館召開批鬥喬冠華大會，黃華主持，喬冠華與章含之孤坐場中長凳，狼狽接受千餘革命人民的「幫助」。[123]

延安一代還有一項必須提及的尷尬：對下一代教育的失敗。文革期間，張純音（1927～）對好友顧準說：

> 你過去只跟夫人之間講真心話，在子女面前，兩個人卻統一口徑，一律正面教育，讓他們「聽黨的話，堅定地跟黨走」。他們看到你多年來為「黨」所不容，視為異己分子，怎麼能接受這個現實？又怎麼可能不背離你而去？恕我直言，你跟幾個孩子的關係發展到今天，自己要負一部分責任。[124]

顧準臨終前亟盼見子女，五位子女「革命立場」堅定如鐵，無一人前來。文革中，延安一代普遍遭子女拋棄。十四歲的陳凱歌動手打的第一人即是父親。楊沫遭兒子老鬼粗暴造反。[125]

---

[122] 〈馬識途1998年7月2日談話記錄〉，載燕凌等編著：《紅岩兒女‧一生都在波濤中》第三部（下），真相出版社（香港）2012年版，頁707。

[123] 何方：《從延安一路走來的反思》，明報出版社（香港）2007年版，下冊，頁522。

[124] 徐方：〈憶顧準伯伯〉，載《博覽群書》（北京）1999年第2期，頁12。

[125] 馬昌海：〈「文革」前的中學生思想教育〉，載《炎黃春秋》（北京）2009年第6期，頁51。

數代紅色士林還有共同尷尬：他們培養出的紅衛兵認為父母為「反革命」，要求槍斃。無產階級比資產階級更高效地培養出「自己的掘墓人」。延安美軍觀察組長包瑞德上校，在大洋彼岸聞知紅衛兵這一「革命要求」，感慨萬分：「如果 1944 年夏天有人試圖告訴我，將來中國的男女孩子們會站在公審台上，要求把他們的父母作為反革命來槍斃的話，我是會一笑了之，拒不相信的。」[126]

「嘔心瀝血變河山，雨暴風狂意氣酣」（胡喬木詩）[127]，延安一代全力建立的一系列價值體系，最後發現起點有誤、基礎錯位，一開始就走錯了路，真正犯了方向路線的錯誤。一代人「嘔心瀝血、雨暴風狂」，竟是對國家對民族的巨罪。1980 年北京號召「五講」──講文明、講禮貌、講衛生、講秩序、講道德。需要對成年人開展幼兒級教育。一位當年女紅衛兵痛曰：「如果不是有兩代年輕人從小生活在將無知無恥當有趣的社會裡，中華民族會遭到這樣的報應嗎？」[128]

1990 年代，延安一代進入晚年，回視往事，驚訝發現「原來自己也有點左」，「怎麼會這樣?!」原先以為崇高無比的「燃燒自己，照亮別人」，不僅不被需要，且遭普遍嘲笑，直系子孫都不屑於他們的「燃燒」，更拒絕被「照亮」。後代說：您的「燃燒」是為了要我們接受您的「照亮」，我們要走自己的路，要有自己的選擇。他們堅決拒絕被規定被「照亮」。

延安一代最後尷尬發現：自己這位「解放者」原來才「最需要解放」，一生奉為神明的東西原來一錢不值，那些一直視為泰山華山般的信條，不過小堆小丘，抬抬腿就過去了。那麼神聖的東西──共產主義、階級鬥爭、無產階級專政、暴力革命、偉大蘇聯、均產平等、公有制、計劃經濟、毛澤東……那麼堅信一定傳遞萬代的東西，不到第二代就輕如薄紗，三文不值二文地被倒掉了，甚至被第三代第四代中共領導人「改革」了。1980 年代，延安一代失落巨大，無法不感歎滄桑之變。艾青：「事隔幾十年，國家和個人都歷盡滄桑，變動太大了，許多事情都顯得淡漠了。」[129]1982 年

---

126 （美）D・包瑞德：《美軍觀察組在延安》萬高潮等譯，解放軍出版社（北京）1984 年版，頁 58。
127 胡喬木：〈七律・懷念〉，載《胡喬木詩詞集》，人民出版社（北京）2002 年版，頁 96。
128 王煉利：〈我們為什麼會助紂為虐〉，載《炎黃春秋》（北京）2010 年第 10 期，頁 82。
129 艾克恩編：《延安文藝回憶錄》，中國社會科學出版社（北京）1992 年版，頁 144。

1 月，文革紅人關鋒（1919～2005）走出秦城，至死對文革奉行「四不」──不看、不想、不談、不寫，晚年惟好古書、電視、氣功。

　　當年端槍推炮進城，無限正義送舊迎新，三十年後發現巨變之中無實變；鐘山風雨起蒼黃，大革命不僅沒有帶來大變革，不過老方一帖的大奪權，社會破壞力大大超過此前所有改朝換代。經濟長期低迷──憑票供應；文化嚴重倒退──古籍盡棄；意識形態還是「莫談國事」，「新聞變成美化權力並為之歌功頌德的輿論工具，把社會科學研究變成只是論證領導決策正確性的奴婢和聽差。」[130]1986 年 9 月，黨員劇作家陳白塵：

> 在國民黨法西斯統治之下，還能鑽空子發表自己作品，而今名為在自己黨的統治下，卻只能騙人哄鬼偷偷寫作，而寫作出來卻又無印處，這叫人何以自解呢？只好說：「四人幫」推行的封建法西斯統治遠勝過國民黨的法西斯統治！這也算是一個「進步」！[131]

　　最後，居然改革開放了！竟回頭走資本主義老路，「一夜退回五一年」，共產黨不搞共產搞私有了，神聖的革命居然也被革命了?!偉大領袖毛澤東已不可能起身紀念堂領導二次文革。不過，日子卻不可思議地一天天好起來！延安一代晚年的那份困惑迷茫、那份驚惶不安、那份……

　　1989 年 9 月 1 日，黃源致信老友樓適夷：

> 現在的改革，是改革我們自己製成的一套體系。[132]

　　改革開放有了起色，國人生活有所改善，新一代中共領導人總算為黨贏回一些面子。但私有化、市場經濟畢竟不是社會主義，而是當年「拋頭顱灑熱血」要革掉的東西。社會主義的優越性竟需要資本主義的效率來證明，數代紅色士林還不尷尬至極麼？大革命的意義呢？此前支付的革命代價呢？革命還可能「烈火中永生」麼？

---

[130] 宗鳳鳴：《理想‧信念‧追求》，環球實業公司（香港）2005 年版，頁 266。

[131] 陳白塵：《對人世的告別》，三聯書店（北京）1997 年版，頁 643。

[132] 黃源：《黃源文集》第六卷（書信卷），上海文藝出版社 2009 年版，頁 329。

　　當赤色意識形態最終崩潰、紅色大廈轟然倒塌，1980 年代以後中國社會長期處於價值真空。高蹈高調的馬列主義萎然謝地，犬儒主義、技術主義行銷一時，任何形而上價值標準的鼓吹都失去聽眾。儘管，中國在走向現代化的過程中充滿爭議與不確定性，但有一點是確定的：赤色意識形態已成為一大歷史包袱，正在一點點被國人掙脫拋棄。

　　當今中共對赤色意識形態既不願持守又不敢拋棄。赤旗仍懸，但誰都明白內囊已空，和平演變至少近半。1995 年還有 11.8 萬家國企，2005 年底 76.7% 私有化或破產，僅保留 27477 家。[133] 國企高管年薪根本無法與「共產主義」對接。2008 年 10 月 27 日《新華每日電訊》：「打工皇帝」陳久霖年薪約 2350 萬元；平安保險 CEO 馬明哲年薪 6600 多萬，等於二萬農民年收入。[134] 2006 年中國人均收入剛過 2000 美元，僅為美國人均收入的 5%，[135] 兩極分化則已數倍於「萬惡的舊社會」與「骯髒的資本主義」。據國家統計局 2006 年 6 月調查：10% 的富有者掌握著 45% 的國家財富；10% 最貧困人口只擁有 1.4% 國家財富，差距 33 倍。[136] 中國是財富集中度全球第一，兩極分化最嚴重的國家。2008 年因經濟利益引發的 20 人以上群體性事件 12 萬起，星火遍地了。2013 年，紅色江山 64 年了，一個康熙之治、三個貞觀之治、三個國民黨「舊社會」，農民仍是最貧窮的龐大一族，他們只能進城打工，無力定居城市。2013 年，全國還有四千萬貧困兒童，無論生存環境與教育條件，均處於「被現代化拋棄的一代」。[137] 那個應允「無剝削無分化」的社會，在哪兒？還有盼嗎？為生民造洪福、替子孫開太平，整出的竟是一個「四不像」的中國。

　　雖然歷史總是由殉道者的鮮血寫成，延安一代也屬於殉道者，但他們眼睜睜看著流出的灘灘鮮血凝為歷史的反作用力，做出的每一寸努力竟是下一代需要一根根褪去的綁繩，尷尬呵，非常尷尬呵！革命不過引來

---

[133] 國家統計局編：《中國統計年鑑》，中國統計出版社 1995～2005 年。參見姚洋：〈中性政府與中國的經濟奇跡〉，載《二十一世紀》（香港）2008 年 6 月號，頁 20。

[134] 戴煌：〈「老新四軍」講過去的故事〉，原載《同舟共進》（廣州）2009 年第 6 期，頁 72。

[135] 梁廣平：〈林毅夫算賬〉，載《中國建材》（北京）2007 年第 7 期，頁 30。

[136] 高新春：〈全民繪就和諧共富〉，載《檢察風雲》（上海）2007 年 22 期，頁 5。

[137] 王軍偉等：〈四千萬貧困兒童困境調查〉，原載《新華網》2013 年 6 月 7 日，《文摘報》（北京）2013 年 6 月 20 日摘轉。

一場再革命的「改革」,「紅色江山」並非一幢幢後人可居的別墅,而是一片片必須拆除的「違章建築」。

　　尷尬的不僅僅是延安一代,大革命一代、紅軍一代也很尷尬。大別山孝昌縣小悟鄉,五千多人參加紅軍,三千多人犧牲,十人成為「開國將軍」。但直到 1994 年,該鄉農民仍居 1930 年代破舊黑屋,30%以上孩童繳不起學費失學。[138]走出去的老紅軍不會不問:折騰這麼大一場革命,意義呢?價值呢?中共不讓說,但國人會不想嗎?後人會不問嗎?史家會不書嗎?

　　白區地下黨則另有一層尷尬:他們許多人從未到過延安,並不知道延安發生了什麼,資訊隔絕,他們奉持中央十六字方針──隱蔽精幹、長期埋伏、積蓄力量、以待時機。他們深埋潛伏,發動民主運動、統戰、策反、情報,一切為了奪取政權。他們哪裡知道 1949 年春,南京「解放」不久,毛澤東對地下黨就發布了後十六字方針:「降級安排,控制使用,就地消化,逐步淘汰。」1949 年 9 月開始的南京地下黨整黨,兩千多名地下黨員未查出一個「反革命」,但仍有 300 多名被開除黨籍、取消候補黨員資格、停止黨籍待審。四川共有 1.2 萬名地下黨員,1980 年代初僅剩 2000 人。1950～70 年代,地下黨整體吃癟,挨整、打倒、批鬥……成為中共冤枉最深的群屬。[139]

　　地下黨老人及其子女認為:地下黨乃中共起家的原主流派,即城市知識分子與工人,基本立場為民主革命,與延安「三八式」的共同點只是抗日、反獨裁,但革命目標上存在極大差異。1949 年後,原地下黨淪為支流,主流是南下軍幹。地下黨系統整體處於「控制使用、逐步淘汰」,功績被淡化,甚至被否定。他們當然抱怨「這不是我們想要的!」

肆、打倒序列

　　數代紅色志士拋頭顱灑熱血建立起來的「新社會」,不過是一個「先打倒別人再打倒自己」的紅色地獄。1948 年東北局高幹會議,高崗、張秀

[138] 賈芝主編:《延河兒女》,人民出版社(北京)1999 年版,頁 495。
[139] 穆廣仁:〈有關地下黨的另一個十六字方針〉,載燕凌等編著:《紅岩兒女──一生都在波濤中》第三部(下),真相出版社(香港)2012 年版,頁 712～713。再參見楊奎松《中華人民共和國建國史研究》,江西人民出版社 2009 年版,第一卷,頁 400。

山等主要領導批評林楓、周桓等搞宗派,說他們「桃園三結義」;1954 年高崗倒台,林楓、周恒便將張秀山、張明遠、趙德尊、郭峰、馬洪打成高崗「五虎上將」,還以顏色。毛澤東正需要為打倒高崗找理由,「反黨集團」也需要有成員,下面遞上來「五虎上將」,龍顏大悅,笑納採用。[140]

延安一代遭大規模整肅共五次:1943 年搶救、1955 年肅反、1957 年反右、1959 年反右傾、1966 年文革。躲得了初一,躲不了十五。文革期間「三八式」幾乎一網打盡。參加革命似乎就是來經受「必要的冤枉」,度過不平常的「折騰人生」。1955 年肅反以後,一次握手、一封通信、甚至對某人作品的喜愛,都會招致滅頂之災。1950 年代以後,延安士林必須痛苦邁越三關:一、被迫修改文章著作;二、被迫不斷檢討;三、被迫參加無休止的批判。經歷了昨天珠璣今糞土的大起大落,從生活體驗多樣性角度,怕是沒有哪一代知識分子能與延安一代叫板。黨外也一樣。資中筠女士(1930~,中國社科院美國所長):「文科名教授們後半生的時間多半是在批判前半生的學術成果中度過。」[141]

1962 年中組部統計,1959 年戴上右傾帽子的黨員幹部 365 萬,其時黨員總共 2600 餘萬,14%的「右」率,絕大多數為三八式與解放牌。[142]三八式此時處於中高層,他們遭整肅,加速中共理性過濾層的喪失。反右後,黨外鴉雀無聲;反右傾後,黨內也一片寂靜。

文化人是延安一代倒下時間最早、面積最廣的群體。延安一代文化人中,知名度越大、文化程度越高、個性純真度越濃,遭整肅被打倒的序列就越靠前。如首先倒於整風的「王實味反黨五人集團」,全是北大、復旦名校生。很有點知名度的蕭軍,也第一批倒下,更準確的說,見棄於毛澤東。1949 年後,陸續倒下的紅色文士:馮雪峰、丁玲、陳企霞、艾青、舒群、白朗、徐懋庸、陳學昭、公木、王若望、彭子岡、戈揚、周揚……能一路跟下來的「終身不倒者」,大多為文化程度不高的小知,如劉白羽、

---

[140] 張秀山:《我的八十五年》,中共黨史出版社(北京)2007 年版,頁 321~322。

[141] 資中筠:〈清華園裡曾讀書〉,載《老清華的故事》,江蘇文藝出版社 1998 年版,頁 340。

[142] 何方:《從延安一路走來的反思》,明報出版社(香港)2007 年版,下冊,頁 551。

薄一波:「據 1962 年甄別平反時的統計,在這次『反右傾』鬥爭中被重點批判和定為右傾機會主義分子的幹部和黨員,有三百幾十萬人。」參見薄一波《若干重大決策與事件的回顧》,中共中央黨校出版社(香港)1993 年版,下卷,頁 870~871。

林默涵、賀敬之、康濯等。當然，延安一代沒有不左的，只是中共越走越左，只能由更左的小知來打倒相對不太左的中高級赤士。

「雙槍老太婆」陳聯詩（1900～1960），翰林後裔，入學東南大學，堅持川北武裝鬥爭20多年，丈夫中共烈士，1950年代初竟被強行勸退出黨。那位批鬥陳聯詩最厲害的女幹部，不久也被打倒，躲著不敢見陳，陳聯詩病危才去探望，去了就哭。鬥完別人鬥自己，當然只有一個「悔」。[143]

文革初期，四川第一個被揪出的走資派馬識途：

> 我運動人，也被人運動，直到被打成反革命，落到今天這樣的下場為止。真是悔之晚矣。[144]

韋君宜：「在左的思想影響下，我既是受害者，也成了害人者。這是我尤其追悔莫及的。」反右時期，韋被要求戴罪立功，「一面自己被大會批判，一面回編輯部主持批判別人。」1981年，由韋親口傳達劃「右」決定的李興華去世，韋君宜痛曰：

> 他死後，我一直在想，怎麼會產生這樣的悲劇？製造這個悲劇的人中間顯然有我一個，可是我並不想這樣。別的人，恐怕也一樣。我並不願意這樣做卻還是做了。這可以算作盲從，可是這盲從卻造成了慘痛的結果。
> 我們中國知識分子，如果盡情去寫，寫寫這些年都搞了些什麼運動，寫了些什麼文章，那真要清夜捫心，不能入睡了。[145]

文革後，樓適夷（1905～2001）撰文：「胡風落井，眾人投石，其中有一塊是我的，心裡隱隱約約作痛，實無面目重見老友。」「對馮（雪峰）、

---

[143] 滬視紀實頻道「往事」節目，2009年7月22日20：30分播出，採訪陳聯詩外孫女。
[144] 馬識途：《滄桑十年》，參見《馬識途文集》第八集，四川文藝出版社2005年版，頁60。
[145] 韋君宜：《思痛錄》，北京十月文藝出版社1998年版，頁4、83、88、161。

對傅（雷），可愧者多，如有時機，定當自補。」後人擲評：樓適夷若非「靠邊站」十二年，「他能說出這些痛愧的話嗎？」[146]

陶行知得意門生張宗麟（1899～1976，叢維熙岳丈），1925 年東南大學教育系畢業生，南京第一家幼稚園男教師；1929 年入黨，旋失去組織聯繫；1942 年參加新四軍，1943 年赴延，延安大學教育系副主任，1944 年邊區模範文教工作者；1945 年徐特立、謝覺哉介紹重新入黨；1949 年後任教育部司長；一家四口 1949 年前均入黨，1957 年三人劃「右」（本人、子、女）。[147]張宗麟的「右論」是提出校長負責制。彭雪楓遺孀林穎（1921～）也被劃「右」，開除黨籍、撤銷職務、下廠勞改。[148]

右派「基本待遇」：開除黨籍、撤職降薪、取消公費醫療、減少口糧（大饑荒期間），還有其他種種附帶「待遇」。1943 年 3 月，徐懋庸在太行山主持文聯擴大會議；1958 年山西文聯編的《山西文藝史料》，凡提其名，均為「徐××」，所做報告一字未收，只收入「徐××同志的閉幕詞」；徐懋庸此後發表的重要文章也全遭摒棄。[149]

「獨攜大報出君門，知今何世我何人！」1961 年，「右派」聶紺弩從北大荒回京，找作協副主席邵荃麟安排工作，邵斟酒一杯，送上兩包中華煙，請聶以後莫再找他，「你的事我做不了主啊。」聶羞愧出門，題詩紀之。[150]聶紺弩說胡風入獄前擲言黨會很糟糕，會自相殘殺！聶很佩服胡風的遠見：「胡風那『五把刀子』沒有一把不是正確的。」[151]

賈植芳：

> 我精神上的刺激特別大，我無法接受這樣一個殘酷的事實：我已經被我一生苦苦追求、並為之付出沉重代價的理想出賣和拋棄了！……我不是一個共產黨人，但我的思想、文化性格是「紅色的三十年代」形成的，而對我們這一代人說來，又是「五四」新文化

[146] 王培元：《在朝內 166 號與前輩魂靈相遇》，人民文學出版社（北京）2007 年版，頁 227。
[147] 叢維熙：《走向混沌》，花城出版社（廣州）2007 年版，頁 10、21。
[148] 蔣巍、雪揚：《中國女子大學風雲錄》，解放軍出版社（北京）2007 年版，頁 382。
[149] 《徐懋庸回憶錄》，人民文學出版社（北京）1982 年版，頁 150。
[150] 章詒和：〈誰把聶紺弩送進了監獄？〉，原載《南方週末》（廣州）2009 年 3 月 19 日。
[151] 寓真：〈聶紺弩刑事檔案〉，載《中國作家》（北京）2009 年第 4 期，頁 28。

運動哺育下成長起來的知識分子，既自覺地獻身於祖國的進步事業
——救亡運動，又堅持和維護自己獨立的人格價值，這兩條可以說
是我立身行事的基本準則。[152]

積極救亡，認同革命，獻身紅色事業，自覺犧牲個人自由，同時又想
保持一點獨立個性，這一對立的價值衝突始終折磨著他們的靈魂。

駐蘇大使潘自力（1904～1972），1923 年入團、1926 年入黨、1927 年
陝西團省委代書記、1928 年陝西省委書記……莫斯科中大生、長征幹部、
八屆候委，文革初期支持「打倒陳毅」，但還是被打倒，長期受折磨，死
於山西霍縣。外交部派員趕去宣布：潘案還未做結論，骨灰不得入八寶山，
家屬也留在霍縣，不再是外交部的人。[153]

林伯渠夫人朱明，延安中國女大生，看不慣江青的頤指氣使，數次發
生直接衝突。1954 年，朱明悄悄調查江青在上海的風流史，直接向江青寄
匿名信。江青督令破案，1961 年因筆跡敗露，朱明承認寫了匿名信，隨即
自殺。1925 年入黨的嚴朴之妻過瑛帶四個女兒入黨，長女嚴慰冰寫匿名信
向中央揭發葉群，蹲監 13 年，三個妹妹分別被囚六年、八年、九年，過
瑛死於南京老虎橋監獄。[154]

1969 年底，龔澎已明顯出現腦溢血前兆，同為延安出身的醫生訓斥龔
澎小題大做，就是想開病假條。龔澎求醫挨訓，回家悶坐，說這位醫生與
自己經歷相似，不該這樣啊！喬冠華無言長歎！[155]不久，龔澎終發腦溢
血，英年早逝。革命者得到這樣的「革命待遇」，革命醫生連最起碼的人
性都被「革」掉了，這場革命還有什麼值得後人紀念之處？

1982 年，文化女諜關露（1907～1982）接到中組部平反通知，滿頭白
髮、周身病痛，孑然一身，於十平米斗室淒然自殺。丁玲悼念這位左聯好
友：「我們的社會主義國家應該充滿陽光，但是陽光照不到她身上。」[156]

---

[152] 賈植芳《獄裡獄外》，上海遠東出版社 1995 年版，頁 99～100。

[153] 何方：《從延安一路走來的反思》，明報出版社（香港）2007 年版，下冊，頁 458～459。

[154] 蔣巍、雪揚：《中國女子大學風雲錄》，解放軍出版社（北京）2007 年版，頁 192、195。

[155] 喬松都：《喬冠華與龔澎——我的父親母親》，中華書局（北京）2008 年版，頁 234～235。

[156] 曹溪：〈被黨蹂躪一生的女作家關露——記中共黨員關露的生與死〉，載金鐘主編：《共產中國五十
年》，開放出版社（香港）2006 年版，頁 385。

1983 年 9 月，喬冠華病危，習仲勳代表中央探望，章含之問喬還有什麼話要向中央說，喬冠華：「不說了，什麼也不說了！」[157]太複雜太難說，剪不斷理還亂，這位清華大才子一聲長歎，無語辭世。

參加延安文藝座談會的紅色文化人，緊跟一輩子、改造一輩子，不僅沒寫出劃時代的偉大作品，連自己滿意的作品都沒有。最要命的是：明白了，還不能說不敢說。黨性原則啦、組織觀念啦，只能打掉牙和血吞。嚴文井原寫小說，1949 年後改寫兒童文學。1970 年代私吐真言：兒童文學可以避禍，現實和歷史的小說都不行，我這麼「聰明」還是被打倒。[158]

紅色士林很晚才明白「打倒一切」的邏輯出自馬列，來自必須不斷尋找敵人的「階級鬥爭」。他們認同了階級說，扶立了「打倒」邏輯，這才形成「鬥完別人鬥自己」的一場場「繼續革命」。1980 年，新華社四位中青年記者深入採訪西北基層，寫回「內參」：

> 「不斷革命」革出了什麼結果？革得人與人關係徹底破壞了，人人自危，除自己之外，無人可以相信。真如有的幹部所說：「反右以後不發言，四清以後不管錢，『文革』以後不掌權」；「兩個人說真話，三個人說空話，四人以上說假話」。相反的，各級班子越整越亂，好幹部整垮了，新幹部看怕了，壞幹部則把著權不放。他們「上了台就發財，發了財就下台；下了台就拆台，拆了台再上台」。千方百計把權力變出許多私利。「不斷革命」的最後結果是，固原縣（按：1956 年前有糧倉、油盆之稱）徹底革窮了，窮得不如新中國成立之前了。
>
> 他們（按：幹部）的雄心為什麼流失？我們接觸過的一些基層同志認為，這和歷次運動中摧殘的人太多大有關係。整得人傷了心。不僅被整的人傷了心，整人的人也怕下一次輪到自己。因此，不求有功，但求無過之風日甚。[159]

---

[157] 張彥：〈喬冠華和龔澎──我的引路人〉，載《百年潮》（北京）2001 年第 6 期，頁 62。
[158] 屠岸：〈人文社的領導和朋友〉，載《新文學史料》（北京）2009 年第 1 期，頁 109。
[159] 胡國華等：《告別饑餓：一部塵封十八年的書稿》，廣東教育出版社 2008 年版，頁 84～86、166。

最熟悉的荒謬、最原始的卑鄙，卻頂著最神聖的名義。革命者最終迎來萬萬沒想到的「大結局」。驅趕前一暴力，竟得到更殘酷更慘烈的暴力。「群眾專政」的深廣度遠遠超過能量相對有限的暴君。暴君終究只有一人一腦，「群眾專政」則是千千萬萬大小暴君。大饑荒死了四千萬、文革再死兩千萬，沒鬧事沒起義，甚至沒出「流民圖」，古今中外，哪一位暴君能做到？

我們這兒還在津津樂道消滅多少敵人、算計剩下多少敵人，西方已出現「軟實力」理論：衡量成敗的標準不是殺死多少敵人，而是結交多少朋友。[160]中西方最本質的差距在人文理念，在於對生命的理解。

伍、無有後來人

芳林新葉催陳葉，流水前波讓後波。正如延安一代去革祖上的命，中共剛進城，新一代知青就漸漸看清赤潮的暴烈悖謬，背叛就無可遏止地開始了。1949 年春，北大畢業生劉紹唐加入四野在平津招募的南下工作團。1950 年初，劉出逃香港，寫下深刻感受：

> 「新」社會裡，假如還有所謂理想的話，那就是人人必須一致的「無限度的各盡所能，有限度的各取所需」的理想，這也就是絕不可能再前進一步的人類遠景。關於這個奴役人類的社會遠景……我只想說明所有在極權控制區的人民，任何個人的或集體的理想，已全為這所謂的社會遠景而粉碎，徹底地粉碎了。[161]

一位解放牌新華社記者：

> 大學畢業以後，我分配到新華社。新華社記者可以接觸到其他人無法接觸到的社會層面。我不僅知道了很多與黨史教科書上不一致的真實情況，我也看到了城市工人的貧困生活。作為新華社記

[160] 薛湧：〈軟實力：「革命就是請客吃飯」，載《同舟共進》（廣州）2010 年第 9 期，頁 6。
[161] 劉紹唐：《紅色中國的叛徒》，中央文物供應社（台北）1956 年，頁 228。

　　者，我更知道報紙上的新聞是怎樣製造出來的，知道新聞機構怎樣
成為政治權力的「喉舌」。[162]

　　現實還教育了「一秘」田家英。田經常被毛澤東派下去搞調查，掌握不
少第一手資訊，公社化運動剛開始，他就漸生懷疑。1950 年代末，田私
語胡繩：如能重新搞社會主義，應換另一種方法。1961 年春節，田私下
議論：「全國解放已經 11 年了，而農村情況反而變壞了。這究竟是怎麼回
事？」[163]事實在教育延安一代。烏托邦從理論進入實踐，謬誤日漸豁露。
延安一代年輕敏感，成為黨內第一批「覺悟者」。此時的田家英，只是對
中式社會主義有所懷疑，對馬列主義、共產主義仍深信不疑，認為問題只
在中國，只是中共搞得不對，意識不到馬列主義本身就大歪大斜。

　　「紅色梯隊」也出現意味深長的裂紋。延安一代遭到後代兩度拋棄：
第一次 1950～70 年代，子女們堅決跟黨走，與「右派」父母、黑幫家長劃
清階級界限，如顧準、陳學昭、楊沫等子女，堅決造了父母的反；第二次
則是徹底造反，這回不是對延安父母的人身打倒，而是對延安思想的價值
背離，延安名士後代多有反出朝歌者。他們不僅不跟父母，也不跟黨走了，
拋下拉拽他們的延安父母。1979 年 1 月，李銳平反復出，李南央的精神卻
垮了，她要革命的勁頭疲軟下來，強烈的入黨願望竟沒了。她發現此前那
麼努力、那麼自律，全抵不上父親的一紙平反書。她認清中共言行不一的
虛偽，從此與黨漸行漸遠。[164]

　　陳企霞長子陳延安（1940～）：「文革後誰辦事不是靠『走後門』、『拉
關係』？」[165]周揚長子周艾若（1927～，筆者座師），「六・四」前憤曰：「我
要是你這個年紀，也出國算了！這裡有什麼好混的！」葉劍英養女、烈士
遺孤戴晴（1941～）也起身反了，「六・四」後下獄半年。[166]「六・四」前，
一位老延安之子工作積極，黨組織問他為什麼不寫入黨申請，對曰：「我
不入你們那個黨！」其父找陳企霞傾訴，陳企霞哭了：「老一輩出生入死

[162] 楊繼繩：《墓碑》，天地圖書有限公司（香港）2008 年 11 月第 4 版，上篇，頁 11。
[163] 董邊等編：《毛澤東和他的秘書田家英》，中央文獻出版社（北京）1989 年版，頁 222。
[164] 卡瑪（韓丁之女）製作的訪談光碟：《Morning Sun》（2005），內有李南央大段自述。
[165] 陳恭懷（陳延安）：《悲愴人生——陳企霞傳》，作家出版社（北京）2008 年版，頁 351。
[166] 《溫濟澤自述》，中國青年出版社（北京）1999 年版，頁 367～368。

打天下，孩子們卻說：『我不入你們那個黨！』這怎麼能叫人不痛心呢？」陳企霞五位子女，除一人外，任憑父母如何動員，就是不入黨。[167]1986 年春節，陳企霞二子聊及社會陰暗面，隨口一句：「這是由於你們共產黨的黨風不正引起的。」陳企霞氣得拍桌，沒吃一口晚飯。[168]最極端事例：1982 年 7 月 30 日，非洲某國軍事代表團專機遭劫，劫機者竟是老紅軍高幹後代，該機警衛，持槍指令改飛台北，搏鬥中被利斧劈死。[169]

　　延安一代當然也想「用推動搖籃的手推動世界」，希望將後代培養成「紅二代」。他們理所當然地推銷主義，要求子女接班，將革命進行到底，將全球搞成紅彤彤的共產主義。可後代卻不願接受延安思想。延安一代驚呼「代溝」。延安後代對父母的共同感覺是：特愛講大道理，當灌輸遭到拒絕，輒爆發代際衝突。在延安一代看來，光芒萬丈的絕對真理怎能不信?!自己的後代豈能不成為「革命接班人」？

　　1998 年 12 月，八十四歲的溫濟澤：「我是對青年人講這些的（指燃燒自己，照亮別人），但我更希望從兒童做起……我相信一個孩子出生到這個世界上來，就要對他（她）進行教育。」[170]延安老幹部普遍見不得後代「懷私」，大歎人心不古，世風日下，檢討未盡教育之責。可他們這種單向奉獻的人生觀，較之歐美的快樂人生，較之西式雙贏理念，高下優劣判然，還能招徠青年聽眾麼？

　　可憐絕大多數延安一代，懷著紅色忠誠去見馬克思，卻看不到「革命後來人」。改革開放後，恢復私有制，號召「先富起來」，不肖子孫一個個欣欣然，延安老幹部則一個個痛心疾首跌足捶胸，怎麼第二代就「修」了？糖衣炮彈咋那麼厲害?!光芒萬丈的馬列主義這就牆傾棟折斷撅兒了？

　　時代畢竟在前進，歷史也總是由後人不斷總結。劉少奇之子劉源（1951～）評父：「不管有多少客觀原因，他身為國家主席，沒有能阻止國家陷入大災難；作為黨的最高領導，沒能制止黨受到大破壞；作為人民信任的領袖，沒能保護人民免受巨大的損失；算不算一種失職呢？我想，

[167] 陳恭懷（陳延安）：《悲愴人生——陳企霞傳》，作家出版社（北京）2008 年版，頁 357～358。
[168] 秦曉晴：〈最後的日子——懷念公公陳企霞〉，載《文匯月刊》（上海）1988 年 10 月號，頁 64～65。
[169] 王世閣：〈被劫持的子爵號專機〉，載《建國後二十樁重大反革命案件紀實》，求實出版社（北京）1990 年版，頁 22～53。
[170] 《溫濟澤自述》，中國青年出版社（北京）1999 年版，頁 482。

這是不能以『維護黨的統一』，或為了黨和革命的利益『委曲求全』來解釋的。」[171]是呵，人民利益難道不高於黨的利益麼？發生反右、大饑荒、文革這樣的大人禍，肇事的中共難道不需要負責麼？還能找什麼搪塞的藉口？劉少奇首先應該對人民負責，而不是對中共對毛澤東負責。劉源較之其母王光美有較大進步，實在是歷史理性無法阻擋的延伸。

2008 年 8 月 8 日，艾青之子艾未未（1957～）撰文英國《衛報》評論網：中華人民共和國成立近 60 年，卻仍是一個極權政府，中國若欲重新發現未來，必須道別過去，揚棄極權；不論以什麼形態或方式，中國都必須向過去說再見，結束極權，因為極權政府，總是踐踏平等，漠視正義，奪取人民歡樂。兒子如此評價父輩的過去，背叛父親扶立的政權，「艾青們」的心情可想而知。

2009 年 4 月 29 日，羅瑞卿之子羅原在北京一小型聚會上：

> 這個革命產生了好多邪惡。這個革命把人最邪惡的東西都翻起來了。本來可能還有一些良知、傳統的觀念、文化什麼的，這個革命一來，它的力量非常大，把很多善的東西給磨滅了，把惡的東西全都給翻起來了，整個就倒過來了。……如果說革命是這麼不可取，會有這麼不可避免的邪惡出現的話，那麼他們當時應該怎麼做？其實也是我們今天面臨的問題。我們今天看到這個社會有這麼多的不公正，這麼多的黑暗，我們覺得痛心疾首，有的時候甚至失去希望，覺得這個就是中國的宿命，那麼我們能做什麼？[172]

揣著這種認識的紅色後代會去接「革命的班」嗎？李南央直抨中共：

> 一個懼怕歷史的政黨，怎麼可能代表了人類歷史的前進的方向呢？一個執政黨緊緊地蒙住它所統治的人民的眼睛，將他們的視野

---

[171] 王光美、劉源：《歷史應由人民書寫：你所不知道的劉少奇》，天地圖書出版有限公司（香港）1999 年版，頁 241。
[172] 羅銀勝編：《修復的記憶》，時代國際出版有限公司（香港）2009 年版，頁 275。

遮罩在眼前利益的區域，除了說明他們的統治是違反人類歷史進程的，我們還能有甚麼別的解釋嗎？[173]

一位知名「右派」高幹之女私訴筆者：

> 這場革命本是知識分子探求真理和出路，但在蘇俄共產理論的蠱惑下，走上暴力專政的歧途，日本入侵大大加劇了這一過程。一個由農民、遊民為主體的、帶有中國特色的紅色革命，實踐證明它是反現代化的。中共建政後，仇視知識、堅決反對民主和科學。然而，1940 年代中共放出許多迷惑性民主言論，黨內一批理想主義知識分子卻可悲地信以為真！1949 年前資訊完全不對稱，1949 年後矛盾全面爆發，再想抵制反知傾向，為時已晚。

　　最實質性的背叛是很多延安後人離開「偉大社會主義祖國」，作別父輩提著腦袋換來的「最優越的社會制度」，放棄國籍，加入外籍。宋任窮、李銳、李普之女留居美國、鄧小平一子一女飄居海外……1980 年代國門初啟，首先去國者，不乏中共高幹後人，因為他們擁有邁出國門所需的經濟實力。江姐之子彭雲留美不歸；艾青之子艾未未成了新一代自由鬥士；張仃之子張郎郎成立最早反對中央文革的「太陽縱隊」，亦漂出海外。1990 年 4 月，萬里幼子赴美，臨行表示：「我絕不回來了。」[174]

　　1980 年代「一江春水向西流」，中科院 5300 名碩士生，65% 與外國院校聯繫留學。北京著名學府一白髮教授在會上涕淚交流：執教半個世紀，弟子們從未像今天這樣爭相離他而去，近年培養的 16 名碩士已有 12 名赴美。一位即將留學加拿大的復旦博士生說：復旦研究生凡有一線希望出去，大都作三倍五倍的努力。[175]

　　就是那些「一家一個」進入政壇的太子黨，也不再堅持「堅定不移的政治方向」——階級論、公有制、計劃經濟、思想改造、世界革命……全

---

[173] 李南央：〈揭示歷史真相的史料〉，載《開放》（香港）2008 年 10 月號，頁 89。
[174] 杜導正：《趙紫陽還說過甚麼？——杜導正日記》，天地圖書有限公司（香港）2010 年版，頁 267。
[175] 楊先材主編：《共和國重大事件紀實》，中央黨校出版社（北京）1998 年版，下卷，頁 1958。

被悄悄拋棄了。匪論「槍桿子裡面出政權」、縱橫術「統一戰線」、奪權經驗「黨的建設」、「群眾路線」，怎麼可能「放之四海而皆準」？各國青年如繼承這樣的「革命理論」，整天都去搞政治鬧革命，這世界還要不要建設了？包括中共，還怎麼維穩？

文革後，中共已做不到 1950～70 年代的高壓，鉗制力有所鬆動，一些史實逐漸透露。革命後代吃驚於父輩的「原來如此」。羅點點（羅瑞卿之女）對一系列高層權爭難以置信：

> 我總是難以接受這樣一個簡單的事實，即培育了我精神世界的共產黨人，黨的領袖也有如此委瑣、如此醜陋的人性弱點。我總是難過地發現，我的父輩，這些高大的共產黨的創始人們竟然不是可以避免人類弱點的人。我驚異，一個偉大的事業和一些偉大的人物，卻由於一些如此渺小的原因演出了令後人汗顏的滑稽戲。這種人類弱點和渺小的原因通常包括：自大狂、偏聽偏信和背信棄義。[176]

基層亦有不少中共後代的「現反」。一、1982 年 1 月河北安次縣，麵粉廠 17 歲臨時工李××，搞了「告全國同胞書」、「中華第二人民共和國憲法」、「建國大綱」、「關於十年工作方針」、「攻打北京路線圖」、「中國工人勞動黨宣言」等 39 份文件，認為「偉大的社會主義」還不如封建盛世，幹部遠不如文景二帝與唐太宗；其祖、父均為中共黨員。二、1986 年 6 月溫州樂清與上海兩地的「中國社會民主激進黨案」，主犯于新春出身紅色幹部，本人也是工人階級──汽車駕駛員。[177]

中共一直告知「祖國的花朵」：只有共產黨真抗日，國民黨假抗日真投降。文革後我們才知國民黨支撐抗日主戰場，百餘位將領為國捐軀；倒是中共「遊而不擊」，養精蓄銳，僅折損一位高級將領左權。「三年自然災害」竟是一場人禍，四千餘萬人餓死……國史、黨史，甚至整個近代史、

---

[176] 羅點點：《紅色家族檔案》，南海出版公司（海口）1999 年版，頁 169。
[177] 李學斌：〈17 歲的政治野心家〉、陶國強：〈六・一六反革命大案紀實〉，載《建國後二十樁重大反革命案件紀實》，求實出版社（北京）1990 年版，頁 174～178、188～199。

世界史，都是按照「黨的需要」特殊編織。真實之門一啟，下一代出現大量「叛徒」，沒多少人繼續崇拜毛了。當今青年除認識人民幣上的毛澤東，對毛的「偉大功勳」已很少知道，也不感興趣。以一代人的選擇去「規範」後代，還要求世世代代遵守，本身就是荒謬低俗的反動，難道後代必須守著上一代的信條過一輩子麼？尤其當發現這些信條並不靠譜。「解放牌」金敬邁（1930～）：「我活得太艱難太累了，時代世道太荒唐！」[178]

延安一代，一生交給黨安排，一切獻給計劃經濟，昔日的政治優點成了下一代的弱點。時代不同了，市場經濟了，鐵飯碗沒有了，公家不安排了，下崗了，看著一向聽話的子女埋怨的眼光，這回老延安找不著北了。

延安左派當然不甘心退出歷史舞台。1979年後由胡喬木、鄧力群等掀起的批駁「共產主義渺茫論」，乃是赤色思潮最後的迴光返照，也是延安一代極左派利用政權力量發起的最後規模性行為。然而，今非昔比，已沒有1920～60年代湧來的聽眾了。那時，青年爭先恐後，門檻踏破；此時任你扯嗓吆喝，門可羅雀。北京東城區團委承認：「現在召開大會（宣講共產主義信仰）很不容易，許多人不怎麼感興趣。」溫濟澤在該區團委大型演講中說：「有些青年不那麼信仰社會主義、馬列主義了，甚至有些人認為馬列主義過時了，不靈了……有些青年對社會主義發生懷疑，甚至失去信仰，要『探索』什麼我國發展的道路。」三位在校女生遞交退團申請書。溫濟澤都動搖了：「我自己也開始懷疑：我們把社會主義建設搞成這個樣子，怎麼倒要批判『共產主義渺茫論』呢？我不好直接去問喬木。」

這次大樹特樹共產主義信念，大批特批「渺茫論」，能夠運用的材料不是建設實績，而是烈士鮮血，只能用烈士的犧牲去賺取青年的同情，用建政前的「不容易」而非建政後的業績來論證革命的價值。[179]邏輯已歪，論證無力——論據與論點脫節。烈士的犧牲並不能證明共產赤說的正確性，更無法證明「搞成這樣」的社會主義優越性。除了哄哄一些少不更事的中小學生，知識界以沉默相抗。紅色意識形態已是強弩之末，這會兒已無力再將沉默者打為「右派」矣。

---

[178] 金敬邁：《好大的月亮好大的天哪》，時代國際出版有限公司（香港）2005年版，頁211。
[179] 《溫濟澤自述》，中國青年出版社（北京）1999年版，頁357、390～391、354、358、376～396。

一葉知秋，中共涼意陣陣。1980年代初，延安一代普遍感覺大事不妙，紅廈難撐。1981年5月，延安女性王季愚去世，延安戰友趙洵悼文：「生長和培育她的土壤、時代已經過去了。」清晰意識到時轉世移，後繼無人，延安一代將隨時代一同逝去，不像1950年代認定紅色信仰與共產學說將一世二世乃至萬世。延安一代已無當年有恃於內無待於外的那份自信，只剩下空無實物的「精神」、方向有問題的「壯烈」，只能紀念「過程」，無力面對「結果」了。王季愚之子王力平（1940～，上海市政協主席）感慨其母：「她的……曲折、悲愴，那是他們那一代人為信念付出的代價。」[180]沾享餘蔭的太子黨都明確向延安信念拜拜了。

1988年蔣南翔病危，囑咐所有前來訣別者：「要堅持共產主義」。[181]這位「一二‧九」領導人已感到「堅持不住」。1989年5月26日，陳雲主持中顧委常委會說：為了社會主義江山，一共死了2400多萬人，來之不易呵！[182]紅色老人不斷向下一代念咒：「勝利來之不易」，將一黨勝利說成人民的勝利，要求後人守住「革命成果」。可為赤說支付的代價怎能成為論證赤說正確的論據？紅色犧牲者並不能自動論證革命必然正確。更何況2400多萬人中還包括大量無謂犧牲者。事實上，應該這樣問：犧牲了這麼多人，共產黨還將國家搞成這樣，對得起先烈嗎？

「六‧四」後，中共深感缺乏「共產主義接班人」。1989年10月9日，江澤民批示：「對培養下一代來說，究竟是造就我們的接班人，還是培養我們的掘墓人，這是擺在我們面前的一個非常尖銳的現實問題。」[183]胡喬木、鄧力群等人借助「反和平演變」，再批「共產主義渺茫論」。紅頭文件、《人民日報》，炮彈連發，輔之黨員重新登記等剛性動作。但這次更慘，連宣講人都找不到了。用滴著「六‧四」鮮血的刺刀，強迫國人信仰共產主義，誰都知道是個挨罵的活兒，都躲著避著，左王左將的力量只限於發幾份文件，用「黨紀國法」約束各級宣傳部「與中央保持一致」。

---

[180] 趙劭堅等：《平凡人生──王季愚傳略》，上海書店出版社2006年版，頁191、195。

[181] 韋君宜：《思痛錄》，人民文學出版社（北京）2013年版，頁256。

[182] 〈訪國家安全部部長、原陳雲同志秘書許永躍〉，載《百年潮》（北京）2006年第3期，頁16。

[183] 于藍：《苦樂無邊讀人生》，中央文獻出版社（北京）2001年版，頁329～330。

　　1989 年 12 月 6 日，鄧力群到北大演講，要求青年學生「應該時時刻刻想著我為國家少做了什麼，少貢獻了什麼。……需要我們年輕一代，不止一代，還要下幾代，為我們的國家，為我們的民族，繼續做出貢獻，繼續做出犧牲。」[184]如此空洞的號召，只講貢獻不講權利，新一代青年發問：我們貢獻出的青春、作出的犧牲，誰是收割者？人民麼？人民中為什麼不包括我自己？如果貢獻者鐵定不屬於收穫者，豈非等於養了一群不勞而獲者？再說，你們這一代不是貢獻了嗎？不是沒給國家造福，反而整出反右、文革、六四麼？怎麼還跑來要求下一代繼續「犧牲」？單方面要求青年貢獻，國家又為青年創造了什麼發展機會？老一代開創的紅色江山為什麼不包括青年的權益？為什麼一談個人權益就是「資產階級個人主義」？只要求青年盡義務，不允許青年談權益，對等麼？西方現代人文理念最核心的內涵：誰都無權干涉別人，更不能規定別人，已裝備一定現代人文理念的「70 後」，可不像「10 後」、「20 後」那麼單純了。1991 年蘇聯東歐解體、1992 年「南巡指示」，延安一代（包括死硬派）都明白國際共運真正進入寒冬。青山遮不住，畢竟東流去。

　　馬列主義從青年那兒始，最後終止於新一輪的青年，遭新一代青年拒棄。千辛萬苦趙走出來的「紅色之路」，後人不願跟進，老延安寒心哪！2009 年，湖北一位「90 後」女大學生課堂提問：「白毛女為什麼不嫁給黃世仁？嫁給黃世仁有什麼不好嗎？」[185]絕大多數「90 後」連看一遍《白毛女》的心情都沒有：「都講些什麼呀？老老早的片子！」最讓延安一代跌足不已的是農村出現這樣的標語：「誰致富，誰光榮！誰受窮，誰狗熊！」[186]貧窮非但不是驕傲的「革命資本」，已淪為狗熊了。1986 年，陝西韓城某村支部，50 年前的英雄支部，如今支書外出打工，村裡工作長期無人抓。老鄉說：「黨員不黨員，就差五分錢。」（每月五分錢黨費）。[187]

　　更讓延安人大跌眼鏡的是：1996 年新聞報導：〈生前黨的幹部，死後頂戴花翎〉，「天津市北郊和程林兩大殯儀館，爐前停放著一排排等待火化

[184]《鄧力群自述：十二年春秋（1975～1987）》，2005 年內部印行本，頁 844～845。
[185] 韓鐵馬：〈大觀園〉，載《檢察風雲》（上海）2009 年第 23 期，頁 72。
[186] 李銘：〈鄉村標語〉，載《當代工人》（瀋陽）2009 年第 5 期。
[187] 張秀山：《我的八十五年》，中共黨史出版社（北京）2007 年版，頁 353。

的遺體，齊整整鳳冠霞帔或長袍加身⋯⋯據天津兩大殯儀館負責人介紹，近來不知怎的，從爐前情況看，著清代官服的死者越來越多，而且不分年老年少。」一位縣團級死者，也是一身前清官服，長袍馬褂，頂戴花翎。[188]

1990 年代，市場經濟確立，且由「總設計師」一手扶立，對經濟基礎作了實質性修正。尚存的「無產階級革命家」價值崩潰，懷疑中央的「路線問題」。他們已無法從現實中為一生覓得正確性，只能從革命過程的壯烈上找尋一點安慰。此前沒有哪一代像他們那樣活一輩子，所有支付沒有「基本回報」，連腳下的地基都坍塌了，他們的失落闊巨深重。

2005 年，中宣部又策劃「傳統教育」，央視於黃金時間推出特別節目「永遠的豐碑」──每天展示一位中共烈士。一個實行 50 多年的「主義」，不能靠業績證明優越性，只能靠建政前的「崇高犧牲」來呼喚對革命價值的認同，用手段之壯烈證明目的之崇高，奪權之艱難論證「主義」之合理，牛頭難對馬嘴，能有多少說服力？還有多少人會相信你的「優越性」？紅色巨災面前，一切說辭都失去重量。革命者崇高的犧牲不僅不能無原則膜拜，還應引起特別警惕──正因為烈士的犧牲帶有迷惑力，更應特別關注：犧牲的意義呢？價值呢？

設若因崇高奉獻就自動贏得後人的「必須理解」，設若革命者一犧牲，身上便沒了「歷史局限」，後人自動喪失對「犧牲必要」的質疑，又如何從「歷史局限」汲取經驗教訓？不能展開這方面的剖析批評，歷史又如何化為理性？如果對革命只能膜拜只能仰視只能「繼承遺志」，又如何撥正革命架歪的左傾邏輯？如何從根子上認識歷史偏誤？

如果「無私犧牲」就能得到後人膜拜，那麼「九・一一」恐怖分子的犧牲也十分無私，一點不比紅色烈士遜色。恐怖分子認為他們的犧牲不僅僅在於宣倡「主義」，更在於拯救整個伊斯蘭。那麼，是不是因為他們的「崇高犧牲」，人們也應接受他們的「主義」？

「革命人民」今天看得很清楚了：手段越激烈越極端，目的一定越偏離理性。正當目的必須通過正當手段取得，任何偏離理性的手段只能帶來災難性後果。歷史理性實為不可逾越的價值底線，任何理由都不能突破。

---

[188] 〈生前黨的幹部，死後頂戴花翎〉，載《報刊文摘》（上海）1999 年 11 月 30 日。參見《中流百期文萃》，金城出版社（北京）1998 年版，頁 184～185。

　　革命的意義最終需要後人認可。紅色方向能否得到延續，價值能否得到持守，事業是否具備成長性，一切的一切，都必須接受「最後的審判」。在此意義上，那些霸住話筒的自封自吹那麼徒勞、那麼可笑。

　　一則深有意味的細節：2005 年 12 月 23 日，「無產階級金棍子」姚文元病逝，女兒們將骨灰與早逝的母親合葬，墓碑上沒有父親姓名，只鐫刻母親金英。李訥為母亦只立「李雲鶴之墓」，不敢用「江青」。無論不敢還是不願，都是一種姿態，盛名一時的姚文元、江青最後竟無名於墓。

　　絕大多數新一代青年已不再相信馬列主義，他們看到資本主義離末路尚遠，就是臨近末路，也未必一定走向共產主義；即便是共產主義，也一定不是歷史終結。二戰後的西方，由於執行福利政策，大大緩和階級矛盾，社會主義已經在人家那裡實現了，工人階級不僅毋須聯合起來，更不想通過暴力顛覆國家制度。而且隨著工業時代向電子時代轉型，整個工人階級已趨於消亡。共產主義作為社會理想，已無亮色，紅色革命動力已難凝聚。

　　2010 年 10 月，中共書記處、中組部向政治局遞交報告：人才危急，中青年高幹政治素質、道德水準大都不達標，極易腐敗墮落，形成結構性貪腐、集團性犯案。已越來越難發現既有紅色理想又拒腐蝕永不貪的接班人。此前，中共推出人才選拔戰略規劃，要求推薦 500 餘名副省級候選人、2000 餘名地廳級候選人、5000 餘名縣處候選人。考核結果：516 名副省級候選人，優秀 46 名、合格 112 名、不合格 358 名、不合格率 70%；2087 名地廳級候選人，優秀 72 名、合格 249 名、不合格 1766 名，不合格率 85%；5181 名縣處級候選人，優秀 219 名、合格 219 名、不合格 4120 名，不合格率 80%。民間擲譏：「籃裡挑瓜，越挑越差。」[189]這一現象當然說明紅色學說後繼無人，說明依靠「思想先進」選拔官吏已是無米之炊。至於近十年越演越烈貪腐形勢，「深入」政治局及政治局常委，倒是實質性說明中共當今的「階級屬性」。

---

[189] 田穗：〈中共爆人才危機〉，載《爭鳴》（香港）2010 年 12 月號，頁 15～16。

第十章

艱難反思

壹、起步維艱

1966 年 5 月 18 日，鄧拓自殺，遺書：

> 作為一個共產黨員，我本應該在這一場大革命中經受得起嚴峻的考驗。遺憾的是我近來舊病都發作了，再拖下去徒然給黨和人民增加負擔。但是，我的這一顆心，永遠是向著敬愛的黨，向著敬愛的毛主席。我要離開你們的時候，讓我們再一次高呼：
>
> 偉大、光榮、正確的中國共產黨萬歲！我們敬愛的領袖毛主席萬歲！偉大的毛澤東思想勝利萬歲！社會主義和共產主義的偉大事業在全世界的勝利萬歲！[1]

1966 年 8 月 2 日，以群跳樓，遺書家人：「……最後一句話就是要求你們認真地讀毛主席的書，聽共產黨的話！為黨立功！」[2]

要這幫打爛屁股還提褲謝恩的紅色信徒反思赤說，幾乎是無法突破的「歷史局限」。北京市委第一書記李雪峰（1906～2003）被打倒後：

> 在我倒楣的日子裡，自我沉思修養時，我曾反復思索毛主席的一個告誡，以求自慰。即：我作為來自群眾的一個共產黨員，既是黨的一員，也是群眾的一員，我們的父母、我們祖宗就是群眾，自己沒有理由不相信群眾。但矛盾的是，自己（群眾）還不能相信自己，還必須相信自己（群眾）。這兩者的對立如何統一？只能服從，歸於相信黨，相信群眾而約束相信自己。這還是毛主席講過的道

---

[1] 袁鷹：〈玉碎〉。李輝編著：《書生累—深酌淺飲「三家村」》，海天出版社（深圳）1998 年版，頁 33。
[2] 葉舟：〈以群在最後的日子裡〉，載《上海作家》2004 年第 2 期，頁 32。

理：當迷路的時候，你和大家商量，共同決定問題，即使犯了錯誤，也容易糾正。這就是說，即使自己明明白白知道路錯了，也要從眾，跟著錯，儘管自己有時感到冤枉、內疚，也要顧全大局，要經得起必要的冤枉。[3]

冤枉都成了「必要」，只能相信群眾相信黨，必須「約束相信自己」，還有什麼想不通的？打在自己身上都不叫疼，打在別人身上還會有感覺嗎？相信黨、崇拜毛，不相信自己的感覺，又如何擁有反思的初始支點？

1991 年，68 歲的杜導正先生還一屁股坐在黨派立場上：「如果沒有以前這些失誤失敗，像『大躍進』、人民公社、『文化大革命』，就不可能產生十一屆三中全會這樣正確的路線。」[4]還將中共對國家的犯罪歸結為「必要學費」的失誤失敗，似乎這些罪惡也有一定的「合理性」。

表面上，延安一代執著的熱情遮罩了理性思索，實質還是延安一代文化水準的制約。當他們看到陣營內部的醜惡，茫然莫知應對。早年每一份狂熱的投入，都成為抵制反思的強大阻力。反思大半生奉為神靈的馬列主義，對胡喬木、鄧力群等左派來說，全無可能。他們已被馬列教條層層綁縛，既不認識西方現代理念，也不願認識了。最早的反思者只能出於受難者——「被革命吃掉的兒女」。1952 年「三反」，上海財稅局長顧準挨整，思想觸動並不大，劃「右」後勞改接觸現實，才開始有品質的反思。[5]

延安時代跪受的每一則馬列教條，成為延安士林走向反思的道道雄關。1961 年 3 月廣州會議，田家英無法接受「包產到戶」，延安理念使他如此認識：「工作是我們做壞的，在困難的時候，又要實行什麼包產到戶，把一些生活沒有依靠的群眾丟開不管，作為共產黨人來說，我認為，良心上是問不過去的。……依靠集體經濟克服困難，發展生產，是我們不能動搖的方向。」這席話立即得到毛澤東、陶鑄讚賞。一年後，田家英認識到包產到戶或分田到戶對恢復生產有利，但覺得茲事體大，必須謹慎。[6]

---

[3]　吳象：《好人一生不平安》，明報出版社（香港）2007 年版，頁 121。

[4]　杜導正：《趙紫陽還說過甚麼？——杜導正日記》，天地圖書有限公司（香港）2010 年版，頁 295。

[5]　邢小群：《往事回聲》，時代國際出版有限公司（香港）2005 年版，頁 84。

[6]　逄先知：〈毛澤東和他的秘書田家英〉，董邊等編《毛澤東和他的秘書田家英》，中央文獻出版社（北京）1989 年版，頁 64～65。

　　大饑荒時期，《人民日報》編委林韋私議：「沒想到革命三十年，竟出了一個饑餓的中國，這是怎麼回事？」「歷代皇帝也沒有這麼愚蠢，敢包六億人的生活。」「餓死人還不讓說，難道我們許多同志犧牲流血就為創造這樣一個局面嗎？難道我們要建設的社會主義就是這個樣子嗎？」[7] 1960 年，甘肅省委第二書記霍維德（1902～1977，1925 年入黨）：思想改造、反右鬥爭把知識分子得罪了；合作化、人民公社化運動把農民得罪了；紅旗競賽、超先進趕先進、提高定額、加班加點把工人得罪了；再看到全國市場全面緊張的局面，「老子若知道是這樣，當初就不革命了。」[8]

　　意識形態與延安理念成為糾錯的最大阻力。絕大多數延安一代只能反思到「不合理現象」，無力再挺進一步。他們缺乏理論功底，缺乏批判的武器。他們不願質疑自己寶愛的信仰，最後的歸結仍是「如何才能達到共產主義新社會」？還是要拉著社會朝著自己的信仰前進，堅信社會主義制度代表最先進的生產力和生產關係。

　　大躍進、人民公社是中共事業的折返點。1959 年 7 月，青年學者李洪林編輯高層內刊《思想界動態》，1959 年第 14 期載華中工學院張治水給毛澤東的一封長信，駁斥三面紅旗，反映民不聊生，對毛略有微詞，但十分懇切，希望中央糾正錯誤。刊物送至廬山，恰逢毛澤東批彭德懷，李被指控「配合」彭反黨，下放農村。李洪林說：

　　　　然而我在農村做的兩次調查，卻無情地使我從根本上懷疑馬克思主義上述原理了。1961 年我在河北省新城縣孫家墊撒大隊，1962 年我在湖南省寧鄉縣炭子沖大隊，都做了該大隊從土改後到公社化以後歷年的糧食產量調查……那結論當時把我們調查組驚得目瞪口呆……歷年產量表上清清楚楚告訴我們：公社化不如合作化，高

[7]　陳泊微：〈林韋這個人不會長壽〉，載《炎黃春秋》（北京）2010 年第 5 期，頁 55。

[8]　苗慶久整理：〈甘肅省委第二書記霍維德的一些言行〉，載譚蟬雪：《求索──「蘭州大學反革命集團案」紀實》，香港天馬出版有限公司 2010 年版，頁 61。

級社不如初級社，初級社不如互助組，互助組不如單幹……從根本
上動搖了我對馬克思主義理論和黨的社會主義路線的信念。[9]

　　文革後，政治壓力鬆弛下來，但不少「馬列主義老太太」依然故我，
「仍然帶著舊的精神鐐銬，自己束縛自己，因為她已經把外在的束縛內在
化了，以至於不能意識到那是鐐銬。」[10]大革命一代、紅軍一代浸淫左論
更深，更難走出赤說左陣，形成拖滯改革開放的強大政治阻力。「總設計
師」1985 年還在教導人民：

　　　　社會主義的目的就是要全國人民共同富裕，不是兩極分化。如
果我們的政策導致兩極分化，我們就失敗了；如果產生了什麼新的
資產階級，那我們就真是走了邪路了。……總之，一個公有制占主
體，一個共同富裕，這是我們所必須堅持的社會主義的根本原則。
我們就是要堅決執行和實現這些社會主義的原則。從長遠說，最終
是過渡到共產主義。……要特別教育我們的下一代下兩代，一定要
樹立共產主義的遠大理想。一定不能讓我們的青少年作資本主義腐
朽思想的俘虜，那絕對不行。[11]

　　這番鄧論不僅清晰表明「總設計師」頭腦中的馬列縛繩，而且成為薄
熙來理直氣壯要求「共同富裕」的理論根據，再次引出追求做大蛋糕（生
產效率）還是注重蛋糕分配（防止兩極分化）的質問。2011 年，薄熙來引
用上述鄧論，以公平攻訐改革開放的效率，企圖扭轉市場經濟大航向，重
回「共產」。

　　筆者尚未見第一代中共高幹出現「深度反思」。被革命咬得夫死己傷
的陳修良（1907～1998），1926 年入團、次年向警予介紹入黨，臨終前兩年
留言：「我一生信仰馬克思主義；我只有反思，而無反悔。」[12]其女沙尚之

9　李洪林：〈我的「理論工作者」經歷〉，載《炎黃春秋》（北京）2008 年第 11 期，頁 19～20。
10　王若水：〈左傾心理病——范元甄社會性格機制的探索〉，原載《書屋》（長沙）2001 年第 6 期。參
　　見李南央：《我有這樣一個母親》，開放雜誌出版社（香港）2003 年版，頁 252～253。
11　《鄧小平文選》第三卷，人民出版社（北京）1993 年版，頁 110～111。
12　沙尚之主編：《百年繾綣——沙文漢陳修良畫傳》，上海社會科學院出版社 2007 年版，頁 154。

告訴筆者，其母始終不承認市場經濟就是資本主義，而是社會主義框架內的價格開放與市場運作，還在較「主義」的勁兒呢。

老一代「無產階級革命家」當然不願承認共運失敗。1999 年，張愛萍（1910～2003）專赴搞毛式共產的河南臨潁南街村，題詩：「山窮水盡焉無路，柳暗花紅南街村；各盡其勞同富裕，美好未來奮勇奔。」還在尋找「革命成功」的依據。此詩發表是年《求是》，配發社論。[13]毛澤東女兒李訥也去南街村，捐了十萬元，「獎勵」該村每天清晨播放《東方紅》。然而，南街村的公有制完全靠農業銀行 16 億貸款「做」出來。2008 年 2 月 28 日《南方都市報》揭底：南街村本息未還一分，貸款興辦的企業長年虧損，早已資不抵債。就在南街村最紅火的那些年，所謂「同富裕」不過是低消費的「均貧富」──人均津貼不足 200 元／月；1.2 萬餘名外來工不能享受「同富裕」，月薪僅 150～300 元。更齷齪的是：2004 年南街村就悄悄改為私有制，村支書王宏斌最大股東，11 名村官也是股東，全村人都被蒙在鼓裡。更不爭氣的是：十餘年毛氏意識形態仍未培養出「共產主義新人」，心臟病猝死的村主任王金忠被發現貪汙兩千多萬及有多處房產，包養數位二奶（抱著孩子來要遺產）。[14]底牌一曝光，南街村神話轟然倒坍，16 億餘貸款不可能歸還了，糟蹋掉的還不是老百姓的「公款」？百姓無法也無處追究責任人，更不可能去追究那些捧抬過南街村的「北京幹部」。

整個 1980 年代，赤左意識形態與現實利益衝突激烈，雙年反左、單年反右，中共高層在大方向上不斷搖擺，全國也一歪一扭難脫左繩。這一階段，名詞更改乃不得了的大事，因為鉤掛實質性變革。1984 年十二屆三中全會通過「社會主義經濟是公有制基礎上的有計劃商品經濟」；1987 年「十三大」改為：「國家調節市場，市場引導企業」；1989 年，「有計劃的商品經濟」，「計劃」二字作為社會主義標誌，不肯輕易去咒，隨即爆發姓資姓社大爭論。直至 1992 年鄧小平「南巡」，確立「社會主義市場經濟」，資本主義的市場經濟帶上社會主義紅帽正式出行，社資之爭暫時停歇。

文革後，延安一代最普遍的困惑是「黨何以會走到這一步」？他們知道一定出了錯，但不知道哪兒出了錯。1979 年 11 月，吳祖光：「玉石俱焚、

13 轉引自宗鳳鳴記述：《趙紫陽軟禁中的談話》，開放出版社（香港）2007 年版，頁 293。
14 湯國基：〈南街村還有多少不為人知的秘密？〉，載《法律與生活》（北京）2008 年 4 月，頁 23。

血肉模糊，多少好同志、好朋友、好人含冤而死，慘不忍聞……到現在我們也弄不清是為了什麼緣故，從中外歷史上也找不到類此的先例。」[15]按說，革命勝利了，從此「藍藍的天上白雲飄，白雲下面馬兒跑」，一切理應毫無懸念走上社會主義康莊大道，紅色理念大放光彩，生產大發展，矛盾全解決，一切都OK。軍政勝利之後，應該接著經濟勝利、文化勝利。軍政勝利的「重大現實意義與深遠歷史意義」不是得靠經濟勝利、文化勝利支撐證明麼？可事情似乎很不妙，怎麼越念革命的經，事情就越糟糕？運動連連，冤案頻頻，越走越不對。1977年，韋君宜：「（1977～1978）轟動九城，大門口排了長隊的地方，不是像後來這樣的百貨公司、食品店，而是中央組織部。各色各樣受冤幾十載的人寫血書上告，城裡傳說著『胡青天』的故事。」[16]鶯歌燕舞的紅色江山怎麼冤案遍地？

　　有文化有修養的「社會主義新人」沒有培養出來，無知粗鄙的「封建主義舊人」則一個個遍地走，國家領導人帶頭破壞法紀。雲南省委書記趙健民（1912～）：「有一位國家領導人，據說還是國家副主席，孩子犯了法，被抓去，他嚷著大聲吼叫：『不管什麼犯法不犯法，先給我放了再說。』」[17]

　　反思的第一步，得承認自己的認知有缺陷，若還像1950年代那樣自信滿滿，如何接納「不同異見」？何以開啟「思想解放」？晚年周揚之所以反思較深，原因之一是他最終承認胡風的文藝理論水準高於自己。[18]紅色理論家胡繩〈八十自壽銘〉：「吾十五而有志於學，三十而立，四十而惑，惑而不解垂三十載，七十八十，粗知天命。」[19]四十起惑，然後「惑而不解垂三十載」，老而粗知天命，對馬列的堅定信仰看來是動搖了。

　　阻攔延安一代反思的，還有他們享受「奪權後」的集團優越權，個人際遇也決定延安一代擺脫紅色崇拜的難度。抗戰初期在成都編小報的胡績偉、蔣慕岳、馮詩雲，1949年後，胡當上《人民日報》總編、社長；蔣為

[15] 《吳祖光自述》，大象出版社（鄭州）2004年版，頁208。

[16] 韋君宜：《思痛錄》，北京十月文藝出版社1998年版，頁175。

[17] 宗鳳鳴：《理想・信念・追求》，環球實業公司（香港）2005年版，頁241。

[18] 秋石：《兩個倔強的靈魂》，作家出版社（北京）2000年版，頁176。

[19] 徐慶全：〈胡繩「回歸自我」的歷程〉，載《炎黃春秋》（北京）2005年第5期，頁6。

《中國日報》社長、馮則是《工人日報》總編。[20]小知成高幹，小編輯成大主編，一個個住進前朝高官豪宅，飲水思源，豈能「忘本」？

就是被打倒，仍享種種特權：

──1960 年 7 月中旬，尚未摘帽的大右派陳學昭接到第三屆文代會邀請書，一紙政治地位的象徵。1961 年春，周揚在杭州探望陳學昭，陳得到其他「右派」不可能得到的待遇：一、恢復中斷四年的月薪（降級後的 15 級）；二、女兒由大觀山農場攜戶口上調杭大，免考直升杭大附中（省重點）；三、1962 年初，「右派」摘帽，參加全國文聯京郊西山學習班。[21]

──張聞天秘書何方 1959 年受牽連，撤職降級（11 級降至 13 級），月薪仍有 193 元，文革前存款三四千元，文革初每月交黨費百元。[22]高崗案犯官張秀山（東北局第二副書記兼組織部長）四級降至八級，月薪跌降較大，家庭人口眾多（供養十四五口人），王震上遼寧盤錦農場探視，回京後彙報周恩來，周恩來再報告毛澤東，不久中組部每月補助 120 元。[23]

──1961 年，開除黨籍下放的李銳還有 120 元，其妻范元甄月薪 197 元，[24]大大超過普通幹部職工四五十元月薪。徐光耀（1925～，影片《小兵張嘎》編劇）劃「右」，開除黨籍軍籍，削奪大尉軍銜，月薪 210 元降至 99 元（行政 17 級）[25]，仍高出大學畢業生 56 元月薪一大截。1961 年，大「右派」陳企霞發配杭州大學中文系寫作教研室，副教授待遇。[26]

──1968 年後上山下鄉「一片紅」，喬冠華、龔澎之女 1969 年下半年赴內蒙兵團，1970 年初其母托老友助女參軍，穿上很難穿上的軍裝。[27]

文革前後，延安一代已形成特權階層，種種優越十分自然地成為攔阻他們反思的天然障礙。

[20] 《青春歲月──胡績偉自述》，河南人民出版社 1999 年版，頁 105。
[21] 陳學昭：《浮沉雜憶》，花城出版社（廣州）1981 年版，頁 84～87。
[22] 何方：《從延安一路走來的反思》，明報出版社（香港）2007 年版，下冊，頁 450～451、457。
[23] 張秀山：《我的八十五年》，中共黨史出版社（北京）2007 年版，頁 330～331。
[24] 李南央編著：《我有這樣一個母親》，開放雜誌出版社（香港）2003 年版，頁 33。
[25] 徐光耀：〈昨夜西風凋碧樹──憶一段頭朝下腳朝上的歷史〉。參見金薔薇編《作家人生檔案》，中國工商聯合出版社（北京）2001 年版，上冊，頁 89。
[26] 陳恭懷：《悲愴人生──陳企霞傳》，作家出版社（北京）2008 年版，頁 385。
[27] 喬松都：《喬冠華與龔澎──我的父親母親》，中華書局（北京）2008 年版，頁 235～237、310。

貳、發現常識

　　1949 年後，常識漸漸需要「發現」了。1949 年 12 月，東北局縣委書記以上會議，發生關於富農黨員的爭論。農民問：窮光榮還是富光榮？幹部問：土改後致富的富農能否入黨？黨員能否求富並成為富農？高崗認為黨員不應雇工與放貸，這些是剝削行為，富農黨員應勸退或開除出黨。另一部分高幹則認為不應提「消滅富農」。官司打到劉少奇處，兼任中組部長的劉少奇認為黨員如不帶頭致富，生產發展不起來，函復東北局：黨員應有雇工自由，黨籍不能因此停止或開除；黨員對生產消極，群眾的生產熱情就絕不能發動起來。高崗告到毛澤東處，毛支持了高崗，山西省委也持高崗一派意見，富農黨員不得保留黨籍，劉少奇一派被迫檢討。[28]這場黨內爭論，以「共同富裕」的名義剝奪個人求富的合理性，說明中共建政之初就否定了常識，將求富欲望視為舊觀念舊意識，以階級說挖走人性。公理既遠，歪說自近，1949 年後的中國「理所當然」不可能富了。

　　第一批倒下去的共幹都是因為還未丟盡「常識」，漸覺中共之謬。新華社青年記者戴煌認識到副職過多，並非「人多好辦事」而是「三個和尚沒水吃」；他還發現推翻國民黨的「當官做老爺」，原來是為了自己能夠「做老爺」；各地都有特供商店、幹部醫院、高幹舞會、特殊泳池；他揭發老家幹部一手遮天。劃「右」後，戴煌被送北大荒，境遇更劣，認識更深刻：「這種人有了權力有了地位，照樣要用舊的方法來控制一切。……當年懷著崇高的理念而英勇獻身的同志，今天換來了什麼？難道就是那些攫取了他們用鮮血和頭顱換來的成果的人們，以『王公侯爺』自居？……舊的三座大山是沒有了，但一座新的大山的分量似乎也挺沉啊！」[29]

　　1951 年參加土改的樂黛雲，未能救下勤懇致富的老裁縫，實在想不通：

　　　　我試著以「階級」之名，企圖說服自己去原諒種種非人的暴行。但我親眼見到所謂階級劃分完全是人為的，既非道德標準，又不是

[28] 張秀山：《我的八十五年》，中共黨史出版社（北京）2007 年版，頁 247～252、305。
[29] 戴煌：《九死一生——我的「右派」歷程》，中央編譯出版社 1998 年版，頁 11、23、29～33、161。

價值標準。如那個老裁縫，前一天他還是德高望重、樂善好施的鄉
紳，第二天他就是罪該萬死的罪人！原因就全在那莫名其妙的土地
之「數」（不勞動而佔有土地的數量標準）！我極力不去想這些我
無法化解的事，然而，我卻無法不感到一種靈魂的扭曲，一種把自
己的一半從另一半撕裂的苦楚。[30]

　　1956 年 10 月，新華社國際部主任王飛、副主任李慎之受邀向毛進言，
很有深度，兩人發言集粹：

王　　飛：蘇維埃社會式的民主不能解決問題。無產階級專政變成黨
　　　　　的專政，由黨的專政變成少數人專制，而少數人專制變成
　　　　　個人專政。由中央一直到村幹，管得太多太死，不准有活
　　　　　動餘地。如此我們黨的威信越高，就越危險，有人認為反
　　　　　對我就是反黨。英法美政府倒台，就像換件襯衣一樣，無
　　　　　論政府換不換，整個社會是穩定的。而我們社會主義國家
　　　　　的最高統治者，如英明則沒有問題，不英明，則解決時即
　　　　　要採取衝突的形式，而且不一定能解決得好。根本的問題
　　　　　即我們採取了（指蘇聯）集權專制主義。言論自由、新聞
　　　　　自由，這是民主的實質。我們的報紙上的自由是在小問題
　　　　　上，現在言論不是獨立的。黨政要分開，削減某些部門的
　　　　　權力、某些組織的權力；不僅分權而且要削權，可以互相
　　　　　制約。人民代表與其說是選舉的，不如說是任命的，我們
　　　　　不應把選舉變成虛偽的形式主義，人民不是阿斗。保密的
　　　　　東西太多就是說告訴老百姓的東西太少，人民不知道領導
　　　　　人如何活動、如何決策，結果培養愚昧主義，不能增加人
　　　　　民的判斷能力。

---

[30] 樂黛雲：《四院・沙灘・未名湖：60 年北大生涯》，北京大學出版社 2008 年版，頁 39。

　　李慎之：無民主則無社會主義；專政不只專反動派之政，而且專到
　　　　　　人民。系統嚴密這是我們黨的好處，缺點是不容易聽到意
　　　　　　見。只要有民主，領導人差一點問題也不大。[31]

　　這兩位中青年司局級幹部雖尚局限於馬列主義，但憑藉對現實對民主
的認識，「代表」延安一代發出最初的反思，至今尚未過時。

　　黨外人士更容易發現常識。1959 年陳寅恪問周揚：為什麼半年前新
華社說大學生教學比老師好，後來又說學生應該向老師學習？周揚答
曰：新事物要實驗，總要實驗幾次；革命、社會主義也是個實驗。陳寅
恪不滿：實驗是可以的，但尺寸不能差得太遠。「尺寸」，常識也。

　　具有常識的「右派」們很輕易就發現了問題。1959 年章伯鈞說：58
年搞錯了，煉鋼失敗了，食堂辦不起來了，大辦水利是瞎來。羅隆基說：
物資供應緊張是社會制度造成的，私營工商業改造有毛病，人民怨憤已達
極點；共產黨說唯物，實際上最唯心。龍雲：「解放後只是整人，人心喪
盡，內政還不如台灣；全國幹部數量比蔣介石時代成百倍。」陳銘樞：「供
應相差驚人，幾年之內也難恢復正常供應；要是過去發生這種情況，早就
該『下詔引咎』了。」于學忠：「共產黨的政策忽冷忽熱，大躍進的成績
全是假話；天安門的工程像秦始皇修萬里長城。」[32]儘管這些「惡攻」來
自特勤「線人」（如馮亦代）的臥底彙報，但也可看出老「右」們常識猶
在，一目穿底。此時，絕大多數延安一代障葉如山，難穿一紙之隔。

　　直到大饑荒，事實開始「教育」延安一代。謝韜：

　　　　六十年代初，「大躍進」引起大饑荒以後，看到聽到遍及城鄉
　　　的悲慘景象，想想我們當初投身革命的願望和理想，看看殘酷的現
　　　實與毛澤東當年宣告的建設富強、民主、幸福的新中國的許諾截然
　　　相反，我們才開始比較清醒了，對毛澤東的思想和行為開始滋生了
　　　懷疑以至異議。對比現實，「戰無不勝的毛澤東思想」已經成為絕
　　　大的諷刺。我們覺得不能再自己騙自己了，沒有必要再在心裡做假

31 王啟星：〈王飛、李慎之與毛澤東秘書談民主〉，載《炎黃春秋》（北京）2010 年第 8 期，頁 27～28。
32 李銳：《廬山會議實錄》，春秋出版社（北京）、湖南教育出版社 1989 年版，頁 60。

戲了。……我和慎之雖然被打倒在地，還被踏上一隻腳，但是我們的腦子還在不停地思考：為什麼在宣稱實現了社會主義的中國，會出現如此荒謬如此黑暗的新式專制時代？為什麼中國的社會主義會走向以至走到反民主反自由的專制主義？[33]

1965～66年，聶紺弩：

> 社會主義可以幹活，也可以不幹活，一樣拿錢，老闆大，賠得起，可是養成了許多許多新寄生階級。過去沒有經過社會主義，幻想得很美，現在身在其中才發現有無數問題。
>
> 現在農夫也不好當。從前的農夫向地主納了地租之外，那塊地怎麼種，他有完全的權利。……現在的農夫一點權利沒有，叫你種什麼你就得乖乖地種什麼。種了之後，全部被人拿走，結果自己一無所有。這樣的制度是無法搞生產的。……現在主要問題是人的權利問題、自由問題。[34]

常識成發現，小兒科級的 ABC，會引起驚天動地的改革。1977 年 11 月 16 日，孫冶方（中共理論家）日記：通過閱讀與思考，認識到權力的腐蝕作用。外孫評曰：「這對他來說是一重大發現。」[35]1979 年 1 月，中宣部理論局副局長李洪林在十一屆三中全會上說：「不是人民應當忠於領袖，而是領袖必須忠於人民」，一句政治常識，引起強烈震動。[36]1978 年，劉心武發表小說〈愛情的位置〉，出刊前座談會，嚴文井唱歎：「愛情總算又有位置了！」一位田頭幹活的插隊知青，聽到高音喇叭「現在播送短篇小說〈愛情的位置〉」，第一感「簡直是發生了政變！」一位漁民給劉心武

[33] 謝韜：〈我們從哪裡來，到哪裡去？〉載燕凌等編著：《紅岩兒女》第三部（上），真相出版社（香港）2012 年版，頁 19～20。
[34] 寓真：〈聶紺弩刑事檔案〉，載《中國作家》（北京）2009 年第 4 期，頁 33、39。
[35] 徐慶全：〈我的外公孫冶方──武克鋼訪談錄〉，載《炎黃春秋》（北京）2008 年第 9 期，頁 37。
[36] 李洪林：〈往事回憶〉（六），載《爭鳴》（香港）2008 年 4 月號，頁 60。

寫信：聽了廣播後激動得不行，「原來自己藏在心底的愛情並不是罪惡，他現在可以跟女朋友公開地來往了。」[37]

　　生活中更能發現丟失的常識。1950～80 年代大陸商業餐飲業一律公營，不僅沒有「全心全意為人民服務」，服務態度之惡劣反而史無前例。1979 年，賈植芳進京，數次買水果既不給報紙也不給塑膠袋，售貨員惡聲惡氣：「怎麼拿？那是你自己的事，我們管不著！你不是穿著制服嗎？裝到你的口袋裡去！」上東來順吃餃子，排長隊買票，售票員愛理不理，將票與找零隨手仍出窗口。1930 年代，賈植芳上東來順，水餃外加酸辣湯、蔥爆羊肉、酒，總共不到兩毛，吃完結賬，伙計還客氣一下：「算我的吧！」客人：「哪能呢！」結賬後，給伙計一個銅板，伙計揚聲：「小賬一枚！」樓上樓下伙計齊聲發喊：「謝謝！」出門時，穿長袍的管賬先生站送：「叫您破費了，叫您破費了。您走好。」看著客人出門才坐下。「今昔對比，想不到北京人會變得這樣沒有禮貌、蠻橫和冷漠，把客人當敵人，人都變成野獸了。」[38]昔日請都請不來的「上帝」，今日成了愛來不來的「討厭」。

　　面對全民怠工與窮困，延安一代不得不思考「革命績效」。1977 年，浙江紹興縣委副書記沈祖倫（1931～，後任浙江省長），從全縣年終分配報表中看到農民人均年淨收入 84.2 元，扣除口糧、柴草等實物分配和平時預支，分不到什麼東西，許多農戶倒掛，歎曰：

　　　　社員一年辛勞盼年終分配，原來是這麼一個結果！我心裡愧疚，覺得對不起老百姓。我們黨領導人民打天下，暴力奪取政權，一切資源都控制到我們手中，一切由我們說了算。農民除鋤頭、鐵耙是自己的，什麼生產資料都沒有，也基本上沒有什麼自由。「磨洋工」也要天天出工，出遠門要經過幹部批准。那麼，既把一切資源壟斷在我們手裡，能搞得好也罷了，但是結果老百姓日子不太好過，那還是江南魚米之鄉。全國集體經濟搞得比較好的地方，尚且如此！怎麼不令人深思？那時看到農村兩大問題，一個是「吃大鍋飯」，平均主義，農民沒有生產積極性；一個是生產經營單一，只

37 韓小蕙：〈為愛情恢復位置〉，原載《光明日報》（北京）2008 年 12 月 12 日，第 2 版。
38 賈植芳：《我的人生檔案》，江蘇文藝出版社 2009 年版，頁 58～59。

准搞糧食生產。紹興有許多高產窮隊，畝產接近噸糧，但工分值每個勞動日只有一包「大紅鷹」（香煙），當時價格是 0.13 元／包。……要知道，我們原來都是維護集體經濟、公有制立場很堅定的。為什麼後來投身改革，就是這麼來的。因為知道老百姓苦。為了讓農民從苦難中擺脫出來，不怕與黨在農村的傳統政策相違逆，不怕去探索當時上級不允許做的事，不怕丟「烏紗帽」。[39]

鄧小平：「要允許一部分人先富裕起來」，也是常識，卻是對馬列原則「共同富裕」的背叛，中共黨內有人將鄧劃為「馬列叛徒」。國際共運以「兩極分化」為由發動暴力革命，允許一部分人先富起來，允許私營私產，豈非生生製造新的兩極分化？主動製造新的剝削階級？難道還不是對馬列主義的背叛？當然，這時的鄧小平已不再侈談馬列，只說「實踐是檢驗真理的惟一標準」。一旦回到常識，回頭再看原先金光閃閃的馬列主義，越看越糟糕。改革開放要改要革的就是一條條馬列。1980 年代初，中共高層大佬硬將上海開發拖滯十年，將經濟特區看成以前的租界，派人調查雇工剝削。中共的改革開放，每走半步都會受到「馬列主義」的攔阻。

實踐證明：在普遍貧困的社會狀況下，「共同富裕」不僅不是一條金光大道，而是捆在一起共同捱窮最結實的一條粗繩。共同富裕必須有一過程，不可能初始階段就實現。就這麼一小步，數代中共黨人硬是跨不過去。鄧小平本人也是一步三回頭。1983 年，他提倡「一部分人先富起來」，1984 年提醒防止兩極分化：

> 走資本主義道路，可以使中國百分之幾的人富裕起來，但是絕對解決不了百分之九十幾的人生活富裕的問題。而堅持社會主義，實行按勞分配的原則，就不會產生貧富過大的差距。再過二十年、三十年，我國生產力發展起來，也不會兩極分化。[40]

---

[39] 沈祖倫：〈改革初期我們的闖勁來自哪裡〉，載《炎黃春秋》（北京）2008 年第 9 期，頁 1。
[40] 《鄧小平文選》第三卷，人民出版社（北京）1993 年版，頁 10、64。

　　檢視鄧小平的搖擺腳印，所謂「走資本主義道路絕對解決不了90%多國人的生活富裕」，標標準準的自設障礙、錯誤預判。二十多年後，據2006年世界銀行報告，中國0.4%的人（150萬家庭）掌握了70%的國家財富，美國則是5%的人掌握了60%的國家財富，中國的財富集中度世界第一。[41]二十年前還在聲嘶力竭呼喊「防止兩極分化」的大陸，如今兩極分化最嚴重。但很奇怪，大陸人民生活水準卻因走資本主義道路得到普遍提高。中共當然也不允許將這一兩極分化歸為「中國特色社會主義」的失敗。

　　常識需要發現，乃社會整體遠離常識。1980年，幾位新華社記者採訪西北半年，支持農民劃自留地自留山，遭到林業部幹部責問：為什麼不向農民灌輸愛社如家、愛護國家集體的一草一木，反而鼓動劃自留山？新華社記者朝樓下順手一指：你們林業部大院的公家自行車都破爛髒汙，私人自行車卻一輛輛擦得瓦亮鋥新；國家機關幹部尚且做不到愛公物如己物，憑什麼要求農民做到？對方默然。[42]

　　更直觀的是香港富商：邵逸夫、包玉剛、李嘉誠、應昌期、王寬誠、陳廷驊、曹光彪、李達三……這些「飽吸勞動人民鮮血的資本家」，覺悟奇高，一擲萬金助學資教，僅邵逸夫就向大陸教育界捐資31億港幣（四千餘項目）。一個更有力的問號：自己勤苦奮鬥一輩子，改天換地鬧革命，對國家對社會的貢獻，居然還不如幾個「萬惡的資本家」?!幾位垂垂老矣的港商，不聲不響一輩子，晚年回鄉，散金於學，澤被鄉梓，這不是真正的人生有成與此生無悔麼？此時，延安一代大多一陣天旋地搖：資本家怎麼如此可敬？怎麼也會「取之於民、用之用民」？接著也許暗叫一聲：馬克思錯了？

　　回到常識，許多醜惡原形畢露：抄家批鬥、拆閱私信、[43]偷聽偷窺、私下告密、當面揭發、夫婦互咬、母子決裂……所有原先被鼓勵被讚揚的「革命行動」，真看不得了。他們無法不自問：怎麼會這樣?!

---

[41]　《中國青年報》（北京）2006年10月18日，據10月17日波士頓《2006年全球財富報告》。

[42]　胡國華等：《告別饑餓：一部塵封十八年的書稿》，廣東教育出版社2008年版，頁208～209。

[43]　陳學昭：《浮沉雜憶》，花城出版社（廣州）1981年版，頁133。「長期以來，我不寫信給任何人，偶然收到一封無關緊要的信，發現信都被檢查過的。」

　　時間也使常識日益凸顯。陳學昭這樣的「延安右派」，四年不發薪、取消公費醫療、每月定糧減至十公斤，一犯錯誤就是敵人，就不提供基本生活條件，沒有基本的人道主義。[44]至此，才發現紅色邏輯中缺失了最基本的人性，走了大歧路，與民主自由人權等現代理念背向而行。

　　對知識分子的作用，中共也是文革後才著急起來。1983 年 3 月，鄧小平要求高幹觀看影片《人到中年》：「我們現在一方面是知識分子太少，另一方面有些地方中青年知識分子很難起作用。落實知識分子政策，包括改善他們的生活待遇問題，要下決心解決。《人到中年》這部電影值得一看，主要是教育我們這些老同志的。看看，對我們這些人有好處。」[45]一輩子教訓他人的「無產階級革命家」，居然需要一部影片「受教育」，需要從思想承載量極其有限的影片獲得啟發、修正觀念，說明什麼呢？

　　1983 年，新華社香港分社社長許家屯從港人的自由富足，認識到港英政府的管理成功，須「利用香港英國政府管治成功的經驗來制訂基本法」。[46]他發現資本主義並非妖魔鬼怪，神聖的社會主義倒是醜陋不堪。同年，堅決捍衛「毛澤東思想」的胡喬木也承認：

　　　　毛澤東同志認為，由窮變富就要變成反革命。同樣，知識越多越不等於他會堅持革命，相反，可以產生這種現象，即知識越多越反動。……他有這種思想。在接近「文化大革命」幾年中，他逐漸形成這種思想。他確實說過：書讀得越多越蠢。……當時毛澤東同志的這些思想得到黨內相當多的人的贊成。[47]

　　仇富仇智的毛氏邏輯，中國被捏在這麼一位「紅太陽」手中，還能走向哪兒呢？

　　1990 年代，延安一代有了更深層次的常識發現：原來人們的普遍願望是成為資產者而非窮光蛋的無產者，嫌貧愛富乃人性之常；排斥資本主義

[44] 陳亞男：《我的母親陳學昭》，文匯出版社（上海）2006 年版，頁 36、48。
[45] 《鄧小平文選》第三卷，人民出版社（北京）1993 年版，頁 26
[46] 許家屯：《許家屯香港回憶錄》，香港聯合報有限公司 2008 年版，上冊，頁 279。
[47] 《胡喬木傳》編寫組：《胡喬木談中共黨史》，人民出版社（北京）1999 年版，頁 211～212。

原來是排斥先進生產力！1947 年以後逐步完成土改的山西，1950 年底已有 4%的農戶上升為富裕中農、85.4%上升為中農，晉農普遍要求「自由發展生產」。[48]大有作為的形勢，偏偏不讓農民「自由」而要「組織起來」，致使農業不進反退，最終導致大饑荒。按常理，85.4%中農、4%富裕中農，下一步發展只能是「富農」、「地主」，還能往哪兒發展呢？1948 年 10 月 7 日，陶鑄在東北高幹會議上：「一般農民最大目標是作地主。」[49]但以階級論的邏輯，富農、地主是萬萬做不得的，更不用說讓 90%的人去走這條「萬惡的資本主義道路」。任何一位要「革命」的中國人，只能安貧守窮，絕不能逐富求財，否則便淪為「反革命」，一富就「反」呵！階級論只能引向集體貧窮，既然一開始就規定不能富裕，不認同富有者的存在價值。

2006 年 4 月，謝韜（1921～2010）：

> 社會財富分配不均等，是調動社會成員積極性、推動社會進步的槓桿。操縱這個槓桿，有一個合理的「度」（現代經濟科學稱之為「基尼係數」）……領導者或統治者的全部藝術就是掌握好、調控好這個「度」。共產黨人為理想社會奮鬥幾十年，政策上最大的誤導就是千方百計地要消滅這個「度」，用「大鍋飯」的辦法「均貧富」，只要公平不要效率，甚至以「均貧」而自豪，造成幾十年來生產的停滯和衰退，所謂「社會主義的優越性」老也發揮不出來，砸了「社會主義」的牌子。
>
> 為什麼德國人揚棄了的馬克思主義不適合現實生活的部分，為什麼俄國人拋棄了的列寧主義，我們要當作神物供奉著？當作旗幟高舉著？[50]

一些根本毋須探索嘗試的基本常識，成了老一代共產黨人的重大發現，成了需要巨大人格勇氣才有的「先知先覺」，爆炸性的「思想解放」。

---

[48] 姚力文、劉建平：〈新民主主義的命運和劉少奇的失敗〉，載《炎黃春秋》2009 年第 2 期，頁 4。

[49] 李南央編：《李銳日記》，溪流出版社（美國，Fellows Press of America）2008 年版，頁 174。

[50] 謝韜：〈只有民主社會主義才能救中國〉（序言），載辛子陵：《紅太陽的隕落——千秋功罪毛澤東》，書作坊（香港）2008 年 6 月二版，上卷，頁 xxv、xxix。

1986 年 3 月，副總理姚依林在「定於十年後發表」的採訪中承認：外貿不行賄不行，尤其東南亞，不少生意因不肯行賄而告吹。一次中方向某外商投標，不動聲色在倫敦為外商存上一筆美金──超過 1～2%的傭金，再向外商示意，外商便把標的給了中國。姚進一步介紹行賄經驗：送禮要投其所好，給國王禮物，先得瞭解他的喜好，以及他老婆和小老婆想要什麼，多少克拉的寶石，發紅光還是藍光的……「這樣辦，買賣就做成了。不給賄賂、不送禮、送禮不周，買賣就做不成。所以我主張我們的人不可受賄，對外貿易非行賄不可。」[51]

2004 年，宗鳳鳴認識到：「公有制之所以失敗，在於它違背了人性。人們必須有個人所需的財產支配所有權。」[52]2009 年，曾彥修發現更大常識：

> 形勢已經很清楚了：由「無產階級」進行世界暴力革命，已經沒有這個可能──本來就沒有這個可能，現在更加沒有這個可能性了。……越搞世界革命，流血越多，痛苦越大，給世界帶來的破壞越深。……「共產主義」是一個科學性不夠明確的、還弄不清楚的概念。[53]

走了一大圈，這才發現第一腳就邁錯了方向，違背了基本常識。所謂科學社會主義不過是集體主義的一個變種，必然走向集權。延安老人還發現將共產赤說與本黨所有政策都說成「最新最美」，等於失去修正糾錯的哲學可能。既已「最新最美」，還有必要修補完善麼？

常識還告訴國人：任何一代人都不可能也不必對未來過度負責，社會的成熟必須體現為對未來的合理設計，解決急需解決與當下能夠解決的問題，過於遙遠的理想與顛覆性的革命均屬那口烏托邦舊井。今天若將明天的一切都設計完了，都想完幹完了，子孫後代豈非沒活幹了？豈非「逼使」他們成為庸懶之輩？子孫們也需要通過創造體現他們的生命價值呵！再說了，人類發展史上，誰能畢其功於一役？

---

[51] 姚錦編著：《姚依林百夕談》，中國商業出版（北京）1998 年版，頁 187～188。
[52] 宗鳳鳴：《心靈之旅》，開放出版社（香港）2008 年版，頁 34。
[53] 曾彥修：〈我對「和諧」的一點看法〉，載《炎黃春秋》（北京）2009 年第 4 期，頁 17。

　　一邊是常識復位，另一邊就是痛苦的信念顛覆。對延安一代來說，無產階級怎麼可以富裕起來呢？怎能鼓勵無產階級發家致富轉為資產階級？豈非階級墮落與背叛革命？消費居然也促進生產？欲求竟是社會生產的第一動力？這些「大逆不道」的新理念使延安一代張惶失色，深陷迷惘。怎麼會這樣？怎麼會這樣！那些曾經堅決捍衛的「共同富裕」、「永無私產」、「勤儉節約」……哎呀呀，這輩子過得是不是太憋太憨了？

　　喬冠華、龔澎夫婦，家庭月收入 500 元以上（中等家庭僅百元左右），但龔澎竟買不起女兒哭要的小鹿圖案毛衣（20 多元）；女兒赴內蒙兵團，買一張 16 元的狗皮褥子也算昂貴物品。1970 年龔澎去世，家裡沒有電視、冰箱，存款僅 200 餘元，保姆買菜常常得向鄰居借錢。[54]尖尖上的人物，開銷雖大一些（喬要喝茅台、綠茶），猶窮如此，中國之貧，一斑可窺。更痛心的是，他們的艱苦樸素不僅沒能為黎民百姓換來富庶，而是換來更悲慘的貧困。1990 年代，延安一代總算明白堅執半個世紀的「革命理念」真正搞窮了國家，縱然好心，卻辦了大壞事兒！

參、反右～文革之棒喝

　　反右一起，毛共反民主反自由的封建本質昭然天下，成為延安一代起疑「我黨」的第一站。棍子打到自己身上最疼，被革命吃掉的「右派」不得不質疑革命的正確性。韋君宜反右時私下說：「如果在『一二‧九』的時候我知道是這樣，我是不會來的。」（按：不會投奔中共）[55]北大反右運動高潮時，流行一語：「良心和黨性是不一致的，要良心就不能要黨性，要黨性就不能要良心。」[56]

　　李洪林對共產主義的熱情保持至 1959 年春天。[57]緊接著大躍進失敗、大饑荒降臨，延安一代腹誹更甚。李慎之：

[54] 喬松都：《喬冠華與龔澎──我的父親母親》，中華書局（北京）2008 年版，頁 184、224、319。
[55] 韋君宜：《思痛錄》，北京十月文藝出版社 1998 年版，頁 45。
[56] 王書瑤：《燕園風雨鑄人生》，勞改基金會黑色文庫編輯部（華盛頓）2007 年版，頁 143。
[57] 李洪林：〈我的「理論工作者」經歷〉，載《炎黃春秋》（北京）2008 年第 11 期，頁 19。

打成右派後，一直到 1958 年大躍進失敗以後，我覺得不必在心裡做假戲了。你共產黨就算對我有恩，從今以後我跟你一刀兩斷了！跟你毛主席也一刀兩斷了。從那以後，我一直是以批判的眼光看中國共產黨。[58]

陳學昭被宣布開除黨籍那天，一夜未眠，十分後悔當年回國：「如果 1937 年我再去巴黎，在東方語言學院工作，最大的罪名也不過是脫離政治……如今，究竟是活著呢，還是死了的好?!」陳學昭的鳴放乃是應浙省領導再三邀請，說了一句劃右言論：「省委對文藝工作不夠重視」。同時，密友 C 揭發她說過：「黨內也是複雜的」。[59]就這麼兩句。

反右後，社會形成「優敗劣勝」的逆淘汰。「在大約 20 年的時間裡，『優敗劣勝』的趨勢使得中國的知識分子幾乎全軍覆沒。」[60]1958 年，陳學昭在紹興縣文化館被冤偷竊，致信周揚：「我對人類失望了！」[61]

1937 年赴延的丁一嵐（1921～1998，鄧拓之妻），一段「毛評」可代表大多數延安一代思想軌跡：

這是逐漸覺察的，大約從 1957 年以後，看到黨內左的錯誤，反右、大躍進，特別是文革，那是一場民族災難，開始時對毛主席還看不清楚，總認為毛主席不知道，是江青幹的事情，後來才知道是毛主席親自發動的。重要的事情都是毛主席決定的。所以，毛主席的威信，文革後降低了很多，但由於他的歷史上的作用，偉大的貢獻，我還是尊敬他。[62]

1959 年廬山會議，田家英、周惠、周小舟、李銳等紅色秀才，終於意識到毛澤東「到了史達林晚年」、「反復變化太快」、「一手遮天」。李銳：「這十多天會，我的心理狀態極為複雜，我覺得很悲觀。我想，這是中央委員

58 邢小群：《往事回聲》，時代國際出版有限公司（香港）2005 年版，頁 71。
59 陳學昭：《浮沉雜憶》，花城出版社（廣州）1980 年版，頁 61、59、9～10。
60 張軼東：《從列寧格勒大學生到新肇監獄》，勞改基金會黑色文庫編輯部（華盛頓）2007 年版，頁 71。
61 陳學昭：《浮沉雜憶》，花城出版社（廣州）1980 年版，頁 72。
62 李輝：《往事蒼老》，花城出版社（廣州）1998 年版，頁 317。

會，這是我們黨最高領導層的會，怎麼竟沒有一個人敢於出來講半句公道話呢？……我的悲觀情緒，田家英是覺察到了的，以致我常用的安眠藥，後來都受到控制。」[63]1960 年 7 月，李銳開除黨籍，沒有任何猶豫就簽了字，他感覺「在不在這個黨，於我已意思不大。」[64]

　　1999 年，晚年李慎之：「如果倒退到 60 年前，那時的我只知道共產主義是最自由的，自由主義不過是比較低級的階段而已。因此，根本不認為兩者有什麼矛盾。如果倒退到 40 年前，那時我已經知道了實踐中的馬克思主義，亦即蘇聯、中國式的共產主義是與自由主義完全對立的，自由主義完全是資產階級的意識形態。」[65]

　　因言獲罪的政治高壓，使士林在現實面前深受教育，真正領教「言論自由」不合時宜。意識形態部門的胡喬木，「久贊樞機、管領意識形態，幾十年來基本上是烈火烹油的事業。」[66]怎麼幹都有小辮子，都有引火上身的危險。延安一代劃「右」者多多，至少千名作家、藝術家因文字遭整肅。[67]延安幹部李又然劃「右」，僅僅房間裡掛了一張光屁股法國女人像。[68]

　　顧準是延安一代最早的反思者，但也要到文革後期才發生質變——失去信仰，認為強調實驗與歸納的弗蘭西斯‧培根，「他的效果並不亞於馬克思主義在歷史上的功績。」顧準對革命的認識從「詩意逐步轉為散文和說理」。他十分痛苦，「當我愈來愈走向經驗主義的時候，我面對的是，把理想主義庸俗化了的教條主義。」1973 年，他否認人類有什麼終極目的，也不可能建立至善王國。「如果革命家樹立了一個終極目的，……他就不惜為了這個終極目的而犧牲民主，實行專政。」他最後痛稱：「今天當人們以烈士的名義，把革命的理想主義變成保守的專制主義的時候，我堅決走上徹底經驗主義，多元主義的立場，要為反對這種專制主義而奮鬥到

63　李銳：《廬山會議實錄》，春秋出版社（北京）、湖南教育出版社 1989 年版，頁 178～179、210；319。
64　李南央編：《父母昨日書》，時代國際出版有限公司（香港）2005 年版，下冊，頁 453。
65　《李慎之文集》，2003 年自印本，上冊，頁 104。
66　李慎之：〈胡喬木請錢鍾書改詩種種〉，原載《百年潮》（北京）1997 年第 2 期，頁 65。
67　夏志清：《中國現代小說史》，劉紹銘譯，香港中文大學出版社 2001 年版，頁 290。
68　邢小群：《丁玲與文學研究所的興衰》，山東畫報出版社（濟南）2003 年版，頁 188。

底！」[69]一個所謂的至善終極目標使所有暴力披上合法外衣，似乎「不得不這麼辦」，遮掩了一目了然的醜惡。一個主義必然窒息思想。

晚年宗鳳鳴通過梳理顧準思想：「我才理解到：所謂終極目的建立什麼至善的地上王國，這乃是一元化主義與政治上進行專政獨裁的思想根源。從而也是現實社會主義所有國家形成專政體制的根本原因所在。」[70]宗鳳鳴也許不知哈耶克早有名論：「要創造有利於進步的條件，而不是去『計劃進步』。」[71]進步應該是一種自然形成，而非一種設計與規定。

進入文革，工廠不開工、學校不上課、機關不辦公……社會風氣急劇惡化，杭州街頭頻發流氓圍哄撕扒女青年衣褲，被扒裸的姑娘逃避浴室，上萬人圍觀的大場面，警察都只能在崗亭裡「靜觀事態」。此類惡性事件1970年代全國各大城市時有發生。哪有這樣的「大好形勢」？文革使延安一代不得不面對「制度的弊端」，竭誠擁護的制度本為對付敵人，現在卻對準自己。江青秘書閻長貴（1938～）：「劉少奇在文化大革命中沒有申辯和參加辯論的權利——他這種起碼的權利被剝奪了（只能認罪，不許分辨，是所有政治運動的慣例，劉在台上時，對被整者也同樣如此，這正是相同的悲劇不斷重演的原由）。」[72]

熬蹲秦城七年半的「解放牌」金敬邁，參透紅色教條：

> 我們從上到下都習慣於侮辱他人的人格。什麼「鬥倒鬥臭」、什麼「脫了褲子割尾巴」、什麼「竹筒倒豆子」，把最見不得人的事「抖落」出來……都是主張人們不要尊嚴不要臉的。我們曾經罵國民黨「禮、義、廉……」，意思是「無恥」，可今天我們竟然以無恥為榮，一切光榮屬於「……」一切功勞屬於「……」以後，老百姓還剩下些什麼呢？當光榮離我們遠去，留給我們的只有羞辱。於是我們極力提倡「工具論」，人人都是「工具」不要獨立的人格，不要個人的尊嚴。特別對於有點知識、有點學問的人來說，當你連自

[69] 顧準：〈從理想主義到經驗主義〉，載陳敏之編《顧準文集》，福建教育出版社2010年版，頁443～444、327、460。

[70] 宗鳳鳴：《趙紫陽軟禁中的談話》，開放出版社（香港）2007年版，頁181～183。

[71] （英）哈耶克：《通往奴役之路》，王明毅等譯，中國社會科學出版社（北京）1997年版，頁226。

[72] 閻長貴：〈對劉少奇的大批判是怎樣發動的？〉，載《炎黃春秋》（北京）2009年第7期，頁10。

尊心都不要了，當你連臉面都不顧了，那麼好了，你已經「脫胎換骨」了。這該是多麼荒唐！

　　世上還有什麼事情能比這個更荒唐？歷史上還有哪個時代比起今天更黑暗！[73]

　　革命成功了，勝利了，卻進了自己人的大牢，遭萬眾批鬥。這回，再也沒了「帶鐐長街行」的悲壯，只剩下錐心悲憤。1967 年 9 月初還是中央文革成員、《光明日報》總編的穆欣（1920～2010），此時也內心苦悶：

　　這個時期自己內心的痛苦很大，但是包括家人在內，又不能向任何人傾吐表白。思想上累積了許多無法理解的問題。自己時常自語：「眼前不只十萬個為什麼？沒有一個能回答。」[74]

　　1971 年「九‧一三」林彪叛墜，不僅僅對延安一代，對中共全黨都是一聲精神核爆。毛澤東也明白，文革氣泡破了，一世「英明」結束了。不過，他意識不到，中國共運也就此滑墜──盛極衰始。

　　那些進了大小「秦城」的各級共幹，監獄摧毀了他們的肉體，卻拯救了他們的思想，開始自褪思想上的各副鐐銬。李慎之最初真信無產階級的「實質民主」，相信列寧「無產階級民主比任何資產階級民主要民主百萬倍。」直到文革，才體會到原來民主形式是對民主內容的保證。[75]

　　文革結束，迫使任何一位革命者都捫心自問：「革命的價值呢？意義呢？」韋君宜的《思痛錄》起筆於周恩來去世後，深知生前無法「拿出來」。但出於真誠，她還是寫下自己的親歷之「痛」。其女記述：

　　母親後來曾告訴我，她參加革命就準備好了犧牲一切，但是沒想到要犧牲的還有自己的良心。……比起這些後來經歷了無數內心痛苦的倖存者，早年懷抱理想慷慨赴死的老同學才是真正幸福和幸

---

[73] 金敬邁：《好大的月亮好大的天哪》，時代國際出版有限公司（香港）2005 年版，頁 73～74、117。
[74] 穆欣：《辦〈光明日報〉十年自述（1957～1967）》，中共黨史出版社（北京）1994 年版，頁 356。
[75] 李慎之：〈回歸五四‧學習民主〉，載《書屋》（長沙）2001 年第 5 期，頁 18。

運的。母親苦苦追求了一輩子，卻在眼淚都已乾涸的時候才大徹大悟，窮盡一生的努力、一生的奮鬥，換來的究竟是什麼？當她重溫自己年輕時的理想，當她不能不承認後來犧牲的一切所追隨的，都與自己那時的理想相悖，仿佛繞地球繞一圈又回到了原地，怎麼不追悔平生、痛徹骨髓呢？[76]

韋君宜歎息：「白死的人命，沒法再追究，甚至無權再追究。」「『如果都要追究起來，事情怎麼辦呢？一個地區的事，壓下葫蘆起來瓢，十幾年前的冤案都拿出來翻騰，局面不整個兒都亂啦？』這是過了幾年之後，一位經常下去的紀檢委員勸說啟發我的話。她認為一個記者這樣做就是想把局面搞亂，有罪。她的話使我越想越覺得有理，同時越想越睡不著覺。」[77]有理不能說，有冤不能申，否則就是搞亂局面。顧得了理，就顧不了「局面」，顧住「局面」，就得犧牲「理」，不犧牲「理」就是「搞亂局面」。韋君宜越想越覺得「犧牲有理」，但又越想越睡不著覺，深感邏輯不通，處處悖謬，左右迷惘，莫知所以。韋最終認識到：「天下最笨拙的民主也勝於最高明的獨裁。」[78]這位清華女生寫下反出朝歌的《思痛錄》，成為「自由化分子」，《思痛錄》遭查禁。

于浩成（1924～），1942 年赴延，南開法學教授、群眾出版社總編，「六四」後開除黨籍，流亡美國。他的認識：

> 經過對「文化大革命」這場空前大災難的反思，經過真理標準問題的討論，許多人解放了思想，從共產黨欺騙宣傳的蒙蔽中解脫出來，識破了中共的真面目。[79]

---

[76] 楊團：〈《思痛錄》成書始末〉，載韋君宜《思痛錄》，人民文學出版社（北京）2013 年版，頁 336。
[77] 韋君宜：《思痛錄》，北京十月文藝出版社 1998 年版，頁 181。
[78] 韋君宜：《思痛錄；露莎的路》，文化藝術出版社（北京）2003 年版，頁 180。
[79] 于浩成：〈黨對政權與社會的控制──入黨出黨半世紀的回顧〉，載金鐘主編：《共產中國五十年》，開放出版社（香港）2006 年版，頁 354。

肆、突破毛崇拜

延安一代雖歷文革之痛，絕大多數仍深陷毛崇拜。1970 年代末，如向延安老幹部指出〈延安文藝座談上的講話〉存在重大局限（且不說「錯誤」），他們會跟你拼老命。若要他們「正確認識」毛澤東，則會扭送你上公安局。至於與他們討論馬列主義的偏差，那就一蹦三尺高了。研家析指丁玲：「她始終不願意承認『聖經』有什麼問題。因為把它絕對神聖化了。她不顧及現實，只相信精神中虛幻的東西。」[80]

延安一代只是毛澤東的「四肢」，全國只剩下毛一顆大腦擁有獨立思考合法權，國人思想都被圈入一本《語錄》、四卷「寶書」。後人痛曰：張志新雖然難能可貴，但她還是以毛澤東思想批判文革。毛崇拜使數代國人失去開啟反思的思想資源。北大政治系肄業生高放（1927～　）：「回顧平生，我自以為從 1948 年到解放區起就已經獲得了思想解放，實際上從那時起直至 1978 年，長達 30 年之中我陷入了對領袖的個人迷信之中，思想依然備受束縛，在課堂講授和文壇發文中，處處都以領袖的經典著作為依據，不敢獨立思考，更難以發表自己的獨立見解。」[81] 1979 年 3 月，1938 年入黨的《文匯報》前總編陳虞孫（1904～1994）撰文〈還我頭來〉，抗議全國只允許一個腦袋思考，「人而亡頭，國將何有！」[82]

估計延安一代至少 50%終身走不出毛崇拜，約 40%保持半崇拜，8%掙脫毛崇拜，真正起身反思毛罪惡者，不足 2%。突破毛崇拜是延安一代思想跳龍門的關鍵一步，邁不出這一步，就談不上後面的反思。

從三八式、解放牌至紅衛兵，毛崇拜是長達四十年的「中共徽標」。川大生胡續偉：

---

[80]　邢小群：《丁玲與文學研究所的興衰》，山東畫報出版社（濟南）2003 年版，頁 152。

[81]　高放：〈我的 1978 年〉，載《炎黃春秋》（北京）2008 年第 12 期，頁 33。

[82]　雷頤：〈「還我頭來」陳虞孫〉，原載《經濟觀察報》（北京）2008 年 11 月 10 日。

　　毛澤東的演說和通電，從內容到文辭，在我聽來，都十分精彩，無懈可擊。可以說，當時我和延安的許多青年知識分子一樣，對他的欽佩和崇拜，達到了相當狂熱的程度。[83]

　　「解放牌」惠鈞憲（1932～），1975年秋與劉冰等向毛澤東狀告遲群、謝靜宜，遭毛嚴厲御批，惠為此挨批214次，但2008年惠鈞憲仍說：「我還認為那不是毛主席批的，有可能是『四人幫』捏造的。」「即使一時出現誤判，主席也是可以改正錯誤的。」再三表示崇毛之情依然如初。[84]

　　絕大部分紅軍一代與曾志一樣，晚年仍十分幼稚：「我內心深處總有種深深的惋惜：毛澤東英明一世，為什麼在他的晚年，要搞這麼一場天怒人怨的『文化大革命』!?」曾志對毛的最後態度：

　　　　我的女兒總問我一個問題：爸爸死得那麼慘，你在「文化大革命」中受了那麼大的罪，你怨不怨毛主席？這是個很膚淺的問題，我跟隨主席半個世紀，並不靠個人感情和恩怨，而是出於信仰。我對我選擇的信仰至死不渝，我對我走過的路無怨無悔，那麼我對我的指路人當然會永存敬意！我歎口氣，對我女兒說：「不怨，主席晚年是個老人，是個病人嘛！」[85]

　　如此個人化的邏輯起點，如此膚淺的思考態度，輕飄飄將毛歸為「老人」、「病人」，歎一口氣就放走老毛必須承擔的歷史罪責，您那份為國為民的負責精神哪去了？堅定不移的革命原則哪去了？偌大中國為什麼捏在一個老人病人手中27年？反右、大饑荒、文革，如此人為巨禍，就因為「所選擇的信仰」與「指路人」便可原諒麼？國家大事能夠等同個人恩怨麼？曾志的「無悔無怨」十分典型地代表了第一代中共黨人無法掙脫的歷史局限。他們不便出口的真正「理由」：原諒毛等於原諒自己──毛澤東徹底錯了，自己這一生還能對麼？否定毛不僅等於否定革命價值，否定

83　《青春歲月──胡績偉自述》，河南人民出版社1999年版，頁165。
84　唐少傑：〈我們寫信告遲群〉（採訪記），載《炎黃春秋》（北京）2008年6月號，頁13～14。
85　曾志：《一個革命的倖存者》，廣東人民出版社1999年版，下冊，頁534～535。

中共黨人的「輝煌人生」，還有一項更麻煩的「現實需要」：等於否定中共政權的合法性。2001 年 7 月，普京談及列寧遺體遷葬：「許多人把自己的生活與列寧聯繫在一起，安葬列寧意味著他們虛度了生命。」[86]

文革中，最敢放炮的聶紺弩在獄中一面認為毛有錯誤，一面還為毛歌功頌德。「這麼多勞動好的人都劃為『右派』，認為毛主席有不民主的地方。……對個人不自由不滿意……我們這些人都認為毛主席站在黨之上，不民主……同時也認為毛主席很偉大，領導這麼大的國家。」[87]

事情鬧到文革，中共已不可能鐵板一塊，必然出現叛逆者。1976 年初，中國軍事學院政委董鐵城（1918～1999）私語：「黨內同志希望毛主席早點死，他不死，國家沒有希望。『四人幫』要上了台，我們就準備上山打游擊。」[88]馮雪峰在牛棚對牛漢說：毛澤東實際上是反對魯迅精神的，毛在延安之所以將魯迅捧得那麼高——「現代中國的聖人」、「文化革命的旗手」，乃是毛當時需要一個眾望所歸的人物來團結國統區知識分子，這樣的人，只有魯迅；毛不是對魯迅精神的認同，而是在利用魯迅。[89]

延安一代清醒者代表人物顧準、李銳、田家英，覺悟過早，過於領先，成為第一批倒下者。田家英近距離觀察，大躍進後就意識到毛氏之偏。1963年以後，田家英常對密友逄先知說：「我對主席有知遇之感，但是照這樣搞下去，總有一天要分手。」[90]

文革結束，周恩來手下一位紅隊隊員走出關押七年半的上海提籃橋監獄，對家人說：

> 我們生活在一個錯誤的年代，參與了一場骯髒的政治遊戲。緊跟一個瘋狂的領袖，加入了一個愚昧的政黨。整整坑害了三代人

[86] 王正泉：〈俄羅斯圍繞列寧墓去留展開的爭論〉，載《百年潮》（北京）2006 年第 8 期，頁 71。
[87] 寓真：〈聶紺弩刑事檔案〉，載《中國作家》（北京）2009 年第 4 期，頁 12。
[88] 辛子陵：《紅太陽的隕落——千秋功罪毛澤東》，書作坊（香港）2008 年 6 月二版，下卷，頁 688。
[89] 王培元：《在朝內 166 號與前輩魂靈相遇》，人民文學出版社（北京）2007 年版，頁 96。
[90] 董邊等編：《毛澤東和他的秘書田家英》，中央文獻出版社（北京）1989 年版，頁 84。

哪！記得大漢奸汪精衛說過，「政治就像女性的生殖器，大家嫌它髒。但是都喜歡。」[91]

　　毛紀念堂修建期間，黎澍與胡喬木散步至天安門廣場，黎指著紀念堂說了一句大不敬語，胡喬木大驚失色。1980 年代中期，黎澍概括出毛澤東思想五大內涵，最後一點是思想改造實為宋明理學翻版，專門製造偽君子。[92]民諺：「大會說假話，小會說廢話，回家說真話。」[93]1988 年 7 月，黎澍臨終前數月接受中共內刊《未定稿》採訪，對階級鬥爭、馬恩權威、中共史觀、暴力革命等重大問題提出前所未有的質疑，對赤色意識形態造成的國家傷害痛心疾首：

　　　　這些認識、觀念、理論給國家政治、經濟、科學文化、意識形態的發展所造成的危害，至今還沒有人做過細緻的研究。……馬克思恩格斯的話是否句句是真理？有的話本來就不是真理。……社會科學的理論沒有永恆不變的絕對真理……幾十年來我們對歷史的看法基本是錯誤的。……（非暴力革命）產生了暴力革命所不曾有的推動人類文明進步的力量，……它所帶來的變革無疑都是深刻和持久的。中國所需要的正是這樣的革命，而不是別的。……自由是文化發展的首要條件。……馬克思主義只是作為研究問題的方法，而不是解決問題的結論。[94]

　　黎澍還要求重新估計階級鬥爭在歷史發展中的作用。黎澍的反思已觸及馬克思主義的核心部位，史學功底使他走在延安一代「兩頭真」的最前列。當然，黎澍還是未能跳出「馬克思主義」的窠臼，馬克思主義作為「研究問題的方法」，也是基本錯誤的。

[91] 申淵：《天地良心》，新大陸出版社有限公司（香港）2006 年版，頁 518。
[92] 《黎澍十年祭》，中國社會科學出版社（北京）1998 年版，頁 30、35。
[93] 陳白塵：《向人世的告別》，三聯書店（北京）1997 年版，頁 721。
[94] 黃春生：〈訪歷史學家黎澍先生〉，載《明報月刊》（香港）1989 年 7 月號，頁 106～107。

　　文革結束後，與「凡是派」的鬥爭，表面上是對華國鋒、汪東興、陳永貴、張耀祠等人，實為與毛算賬。無論改革派主觀動機如何，客觀上開始糾正毛澤東的極左，不批毛的批毛。

　　1980 年 10 月四千中共高幹縱論毛澤東，只有少數人認識到毛「封建主義打底，馬列主義罩面」，「一個偉大的革命家到臨終的時候沒有一個戰友在面前，孤零零地死在深宮裡，這是莫大的悲劇。他不需要任何人，任何人最後也認識到不需要他了。」方毅（1916～1997）：「歷史上最大的暴君要數他，連朱元璋也不如他。」[95]但這種聲音不占主導。胡喬木「絕不允許別人對毛澤東表現不敬和尖銳批評。遇見這種情況，他會大動肝火，堅決起而捍衛。」「當他看到『實踐是檢驗真理的惟一標準』一文時，憤曰：『這是分裂黨中央』。他也是較早地公開提出對十一屆三中全會異議的人。」[96]會後，胡喬木發表文章，維護「以階級鬥爭為綱」的口號。[97]胡很清楚：只有沿續毛的邏輯，才能保住毛的地位。

　　1983 年 5 月，胡喬木認為彭德懷廬山會議向毛提意見的方式方法不合適，會議才開成那樣⋯⋯[98]板子竟打到彭德懷身上！毛廬山批彭，從糾左突轉批右，僅僅為了維護自身權威，能與為民鼓呼的彭德懷相比嗎？毛重國重，孰是孰非，還需要辯論嗎？胡喬木的「忠毛」，徒留笑柄。由於胡喬木之流手握國家意識形態閥門，他的「時代局限」結結實實影響到全國掙脫赤繩的步伐。

　　抵禦個人崇拜，不僅需要勇氣需要理性，更需要資訊。隨著毛澤東私生活帷幕的逐漸拉開，言行不一的嘴臉裸露無遺。據中共黨史出版社《毛澤東生活檔案》，1960 年代初毛對西餐發生興趣，後將西餐陳廚師轉送江青。據 1961 年 4 月 26 日菜譜，涵蓋七大西菜系列，雞鴨魚蝦上百種，單是雞就開了 14 種。[99]何方這才明白：

[95]　郭道暉：〈四千老幹部對黨史的一次民主評議〉，載《炎黃春秋》（北京）2010 年第 4 期，頁 5～6。
[96]　何方：《黨史筆記》，利文出版社（香港）2005 年版，下冊，頁 658 頁、660。
[97]　于光遠：《我親歷的那次歷史轉折》，中央編譯出版社（北京）1998 年版，頁 50～51。
[98]　《胡喬木傳》編寫組：《胡喬木談中共黨史》，人民出版社（北京）1999 年版，頁 213～214。
[99]　韶山毛澤東紀念館編著：《毛澤東生活檔案》，中共黨史出版社 1999 年版，下卷，頁 395～396。

> 對毛主席不但言行，就是生活，不保密不掩蓋不作假也是絕對
> 不行的。這也是為什麼我們提倡、鼓勵和組織大家去井岡山、西柏
> 坡等地的毛主席故居，卻無意開放他住的時間更長的中南海、玉泉
> 山以及杭州、上海、武漢等地舊居的原因。[100]

毛死後一度開放中南海菊香書屋，參觀者普遍反映「沒想到這麼好！」
很快不再開放。1983 年，筆者親見杭州劉莊毛的一號樓及山上小憩之處，
衰殘中仍能看出當年的精緻華貴。

李慎之：「毛澤東最可惡之處永遠是兩面派，比如毛說：『搞點男女關
係有什麼了不起的？』『人沒有點自由主義怎樣活著？』」[101]毛在延安時期
就言行不一了。當時為動員青年咸與革命，打出鮮亮旗幟──平等、自由、
解放，「在革命隊伍中不分地位高低、職務大小，都是人民的勤務員。」
自己卻是另一套。毛對李銳等人說：「大家點一盞小菜油燈，我就是要點
兩根洋蠟燭！」李銳當時就大不以為然。[102]

謝韜評毛打著民主憲政的旗號推翻蔣介石：

> 毛澤東取代了蔣介石，各黨各派，全國人民，希望毛澤東兌現
> 延安時的民主諾言，成為中國的華盛頓，開民主憲政新紀元。住進
> 中南海，毛澤東變了臉，宣稱他是「馬克思＋秦始皇」，而且比秦
> 始皇還要厲害一百倍，成為不穿龍袍的皇帝。他設計的權力結構本
> 質上和蔣介石的獨裁體制一樣：黨在議會之上，領袖在黨之上。[103]

近年，隨著內部資訊不斷透露，不少延安老幹部對毛完全逆轉態度。
萬里秘書吳象（1922～），1938 年入抗大，2007 年 8 月在「卞仲耘遇難四
十周年紀念會」上發言：「他（指毛）不是馬克思加秦始皇，是披著馬克

---

[100] 何方：《從延安一路走來的反思》，明報出版社（香港）2007 年版，上冊，頁 370。
[101] 邢小群：《往事回聲》，時代國際出版有限公司（香港）2005 年 5 月第 1 版，頁 70。
[102] 李普：〈兩個相反的典型──談李銳並范元甄〉。載李南央編著：《我有這樣一個母親》，開放雜誌出版社（香港）2003 年版，頁 270。
[103] 謝韜：〈只有民主社會主義才能救中國〉（序言），載辛子陵：《紅太陽的隕落──千秋功罪毛澤東》，書作坊（香港）2008 年版，上卷，頁 xxx。

思主義外衣的秦始皇，本質是秦始皇，是流氓，是政治流氓！這個封建傳統裡面帝王將相的精髓的東西，毛都吃透了。」[104]莊重（1918～）:「毛主席……比封建皇帝還皇帝」。[105]

李洪林:

> 毛澤東的罪惡統治殘害了多少民族精英！……還有多少沒有留下姓名的優秀中華兒女，全都無聲無息地犧牲在共產主義暴政之下！歷史不會饒恕中國有史以來這個最大的暴君。難怪當代中國知識分子的脊樑吳祖光生前的遺願，就是把罪惡滔天的毛澤東的畫像從天安門上取下來，把他的屍體從「紀念堂」裡扔出去。中國人民怎能容忍這個暴君死後仍然盤據在中國首都的心臟！[106]

邵燕祥晚年:「從 1945 年到 1976 年:我走進毛澤東時代，又走出了毛澤東時代。」[107]但多少人走進去就再也沒能走出來，囿於學養低弱及自身獲益等原因，他們已無力走出來了。他們對這場革命的種種偏激與暴烈，至多只能質問無力剖析，只能呼籲荒謬不再，無力分析荒謬成因與具體防止措施。他們甚至沒想到自己也是這幕歷史大悲劇的積極促成者。

辛子陵（1935～），15 歲參軍，正宗紅小鬼出身，曾為鐵杆毛迷:

> 筆者行年七十……思想歷程是緊跟毛澤東的，否則不可能經歷那麼多政治運動而不被淘汰。毛澤東是我青年時代的偶像，在講課和撰文中都曾真心實意地鼓吹過對毛澤東的個人崇拜，鼓吹過他所推行的空想社會主義，甚至曲解馬克思主義為毛的錯誤作辯護，把這看作是一個理論工作者的天職，一個共產黨人的黨性。[108]

---

[104] 〈卞仲耘遇難四十年紀念會記錄〉（上），載《開放》（香港）2007 年 7 月號，頁 65。
[105] 莊重:〈誰是《敦促杜聿明等投降書》的作者？〉載《炎黃春秋》（北京）2009 年第 7 期，頁 25。
[106] 李洪林:〈風雲際會，不虛此生〉，載《爭鳴》（香港）2008 年 4 月號，頁 60。
[107] 邵燕祥:《找靈魂》，廣西師大出版社（桂林）2004 年版，頁 303。
[108] 辛子陵:《紅太陽的隕落》導言，書作坊（香港）2008 年 6 月二版，上卷，頁 xivi。

從謙虛自警角度，毛澤東遠不如蔣介石。六七十歲的毛澤東一再聲明不下「罪己詔」，但再三再四要別人寫檢討。蔣介石初執國柄不過 40 歲，1932 年「一・二八」後的日記中已出現：知識不夠、人才不夠。蔣的讀書範圍從兵書拓展至儒經、聖經、管子、法國革命史、拿破崙傳、俾斯麥傳……[109]毛澤東則一味專注古籍。無論個人自慎還是知識吸收（更不用說國策制定），蔣介石的理性程度均勝於毛。

看看「偉大領袖」執政 27 年的最簡成績單：

一、1959～62 年，因毛推行大躍進，至少餓死 4127 萬；文革整死 2000
萬（葉劍英 1978 年 12 月 13 日中央工作會議閉幕式透露）。

二、經濟損失 1.42 萬億人民幣，同期基本建設總投資僅 6500 億。

辛子陵痛曰：

> 本來可以用於建設國家和改善人民生活的寶貴資金，有三分之
> 二以上被毛澤東折騰掉了。這就是毛澤東以階級鬥爭為綱建設國家
> 的總成績單。
>
> 他披著最現代、最革命的理論外衣，做著明朝開國皇帝朱元璋
> 六百多年前幹的事情：為了讓江青順利接班，通過「文化大革命」，
> 他把勳臣宿將幾乎全收拾了。十年浩劫，政治舞台上的人物像接力
> 賽一樣換了一茬又一茬，繞這麼大的彎子，就是為了一棒一棒地把
> 「大王」傳到江青手裡，在毛晏駕的時候不失時機的接班。毛澤東
> 搞家天下的陰謀一曝光，將善良的知識分子們對他發動文化大革命
> 的高尚動機的種種猜測徹底粉碎了。[110]

1976 年 9 月 9 日，毛澤東終於死了。國人反應平淡，北京街頭肅穆悲哀的氣氛還不如史達林死的時候，更不能比周恩來。[111]文革旋被終止，毛留下的中國，經濟崩潰、政治專制、意識形態極端左傾，政治局除了「政治」不議別的。1973 年國家外匯儲備－8100 萬美元；1974 年為 0；1975 年

---

[109] 石岩：〈蔣介石日記解讀〉，載《南方週末》（廣州）2008 年 7 月 24 日，D23 版。
[110] 辛子陵：《紅太陽的隕落》，書作坊（香港）2008 年 6 月二版，下卷，頁 739；上卷，頁 xxxvii。
[111] 何方：《從延安一路走來的反思》，明報出版社（香港）2007 年版，下冊，頁 520。

1.83 億美元；1976 年 5.81 億美元。[112]毛惟留下重大「思想遺產」——反對修正主義、防止資本主義復辟，成為攔阻國人生活正常化的兩道緊箍咒。

二戰結束半個世紀，希特勒總理府女秘書特勞德一直對這段歷史保持沉默，晚年才鼓起勇氣：「希特勒是一名真正的罪犯，但我卻一直沒有發覺。」二戰後期，據各地蓋世太保檔案，希特勒仍獲 90%德國民眾支持。二戰後 900 萬德國人一直保持沉默。半個世紀後，他們才真正認識到希特勒的罪惡與自己的誤識，更不能以「別人引我入歧途」而推脫自己的責任。[113]對延安一代來說，他們也是最後才認識到對毛不能「病天下而利一人」。

毛崇拜一突破，常識就很容易發現了。1935 年，就讀華西大學的胡績偉十分討厭一說到「蔣委員長」就立正，他與幾個同學故意在提問中多設幾個「委員長」，捉弄最講究「立正」的那位教官。[114]可「委員長」不過一個立正，不過幾秒鐘，「偉大領袖」則須戴像揮書、唱歌背書、鞠躬請罪、無限忠於，遠比「委員長」麻煩。革了這麼大一場命，送走一位「立正」的委員長，迎來一位要「請罪」的毛主席，這算哪門子事兒?!

伍、面對現實

狂熱激情總是短暫的，沒有收穫就難以持續。缺乏社會利益支撐，任何政治信念都無法長期挺立。革命讓國家透支一筆鉅款，需要「革命後」的經濟績效予以補償還息，「解放後」的生產力必須大大超過「解放前」。否則，革命還有什麼價值？國人當然會問：沒有利潤，何必預支？引發「人禍」，何為「解放」？直至老毛逝世，社會生產不但沒有守成，反而折騰掉國民收入的 2/3，這麼一張成績單，何以偉大？

「紅太陽」不但沒帶來甘霖雨露，反而是一輪輪政治炙烤。舌粲蓮花的「共產主義」再也無法閃爍「預約期」的光芒。馬列主義、毛澤東思想金光褪盡，真形畢露。第一批直面現實者，多為中共自殺高幹，如高崗、

[112] 中國歷年外匯儲備總表——1950～2005 年（摘錄），國家外匯管理局主辦的網站發佈，國家外匯管理局資訊中心製作，2005 年 12 月。
[113] 沈青松：〈納粹德國留下 900 萬沉默者〉，載《環球時報》（北京）2009 年 3 月 4 日。
[114] 《青春歲月——胡績偉自述》，河南人民出版社 1999 年版，頁 58。

田家英、鄧拓、閻紅彥、吳晗……他們所處的地勢與所掌握的資訊，使他
們成為中共黨內第一批「明白人」，並徹底絕望──不認識也不想認識這
個「新社會」，「住」不下去了。陳白塵評世：「果戈理到中國也要苦悶的
時代。」[115]1965 年秋，田家英預料中國會出現一場政治大風暴。[116]

　　1964 年春，馬識途下放南充搞「四清」，與農民同吃同住同勞動──

> 　　我才驚異於我們誠心誠意為群眾謀幸福，幹了這麼十幾年，搞
> 「土改」、搞「合作化」，後來還搞「公社化」，但是不知怎麼搞的，
> 他們的生活還是這麼苦，有的社員真可說是衣不蔽體、食不果
> 腹。……農民們並沒過上解放前所夢想的、我們對他們描繪的幸福
> 生活，除開在政治上說是翻了身外，經濟上的富裕生活並沒有實
> 現。我感到很慚愧。[117]

　　真正直面現實並不容易，尤其直面自己「革」出來的真實。從承認「天
下苦毛久矣」進至「天下苦赤久矣」，延安一代十分困難也十分尷尬。他
們當然不願承認虔信一輩子的馬列主義是偽科學，更不願承認「偽科學是
假革命的兒子」。他們十分清楚，自己參與了這場「糟得很」的運動。那
些餓死人整死人的東西，正是自己奉持的「社會主義優越性」。

　　1978 年，全國農民從公社分配所得現款 74.67 元／人，超過 300 元的
「明星隊」僅約 2‰；西北農民扣除口糧幾乎一無所得，農民多年欠款集
體、集體又欠國家，形成惡性循環。糧油糕點、糖肉蛋禽、布棉鞋帽、火
柴肥皂、煤球糕點……一律憑票限量供應。社會主義優越性只體現在報紙
上。穆青得知西北農村實況，「當彙報到那種令人憂慮心焦的貧窮與饑餓
景況時，穆青幾次拍案而起，無法遏制自己悲憤的感情。」幾份內參的標
題觸目驚心，甘肅大饑荒大量死亡的〈貧困的死亡線上〉、基層幹群心態
的〈挽救失去的忠誠〉。撮選數例：

---

[115] 王培元：《在朝內 166 號與前輩魂靈相遇》，人民文學出版社（北京）2007 年版，頁 159。
[116] 董邊等編《毛澤東和他的秘書田家英》，中央文獻出版社（北京）1989 年版，頁 137。
[117] 馬識途：《滄桑十年》，參見《馬識途文集》第八集，四川文藝出版社 2005 年版，頁 2。

　　我們一連走訪了十多戶人家。十戶有八戶人家都有人在外討要，以接濟家人口糧之不足。而他們家底一貧如洗的悽愴情景，誰看了都會心酸難過。人們根本無法想像，我們社會主義中國建國三十年了，怎麼還會有人處於這等貧困的境地。我們粗略地估算過，他們每戶的家當，大都值不了十元、二十元人民幣。試想：一家農戶的家當就算超過了五十元、一百元，又能怎麼樣呢?!

　　……因缺吃少穿，他的妻子被陝西關中一個農民用幾個饃誘拐逃走了。他費盡心血總算找到妻子下落，誰知找上門去，卻發現自己的妻子成了別人的老婆。他要帶妻子回去，反而被當地人打了一頓。找當地政府，他們不管，實在冤得慌。……王書記認真而厚道，聽完我們的話先深深歎了一口氣，隨即對我們說：「事倒是件很嚴重的事，可你們想不到的是，這幾年通渭發生的這類事，已經有三千多起了，人又這麼多，讓我們政府怎麼管得過來。」

　　貧困落後的情況反映在經濟指標上也是觸目驚心的。以固原地區為例，1979 年全區社員平均收入只有 36.8 元，人均口糧 237 斤。全區累計已欠銀行、信用社貸款 3354.7 萬餘元，平均一個生產隊就是 5600 多元。……我們搞了 30 年社會主義建設，可這裡大部分生產隊把集體的全部固定資產折價，能否抵償欠國家的全部貸款還成問題。

　　按照聯合國的統計標準，每個農民的年收入 70 美元的為「貧農」，50 美元以下的為「赤貧」。我國農民生活是夠節省的。中國科學院經濟研究所核算，一個農民要活下來，維持最低生活水準年收入最低限度也得人民幣 50 元，這是一個人維持生命的限度。撇開聯合國的標準不談，就按我們國家「赤貧」標準衡量：1979 年人均分配收入，延安是 57.2 元，榆林是 52 元，平涼是 47 元，固原和定西都是 36.8 元。……這還是按地區平均數計算的，實際上人均收入在 40 元以下的和人均口糧在 300 斤以下的隊，在陝北兩個地區有 1/3 和 1/4，在平涼有一半，在固原和定西則有 4/5。

> 不僅炕上無被子，孩子無衣穿，就連吃飯的碗都沒有，只有在睡覺的炕邊上挖幾個小坑，充當吃飯的飯碗。所謂吃飯，哪裡是飯啊！如此貧困，為什麼還不給饑寒交迫的農民們放一條活路?![118]

　　1950 年代初，天津人均住房面積 3.8 平方米，1972 年三平米；建於 1950 年代初的臨時小平房，一直住到 1980 年代，「條件之惡劣、環境之汙穢難以言狀。」[119]1957～78 年，徹底消滅私有制的二十年間，全國職工年均工資從 1957 年的 582 元降至 1978 年的 549 元。[120]1978 年統計，全國農民家底：戶均住房 3.64 間，估價不超過 500 元；戶均存款 32.9 元；餘糧和存欄家畜很少；微不足道的一點農具；數目可觀的債務。公社集體財產總額 1.4 萬億元，其中地產占 85.7%。1978 年全國農民人均年收入 133.57 元，比 1957 年僅增長 66.2 元，如此低基數，21 年間仍未翻倍，年均增長率 3.3129%，兩億以上人口不得溫飽。[121]9.6 億人口中，2.5 億農村人口處於尚未溫飽的貧困線下。農村勞動力大量剩餘，城市青年更缺乏就業崗位。1978 年 12 月中央工作會議，陳雲承認：「建國快三十年了，現在還有要飯的，怎麼行呢？」1980 年國民生產總值人均僅 200 餘美元。[122]鄧小平：「現在說我們窮還不夠，是太窮。」[123]

　　1978 年，大陸城鄉居民恩格爾係數（食物消費與收入之比）分別為 57.5%、67.7%。聯合國糧農組織規定恩格爾係數大於 60%為絕對貧困，50～59%為勉強度日。1995 年，農村家庭恩格爾係數仍高達 58.6%，城市亦才剛剛降至 50%以下。2009 年，城鄉恩格爾係數分別降至 37%、43%。[124]中共用了 30 年才逐漸還清前 30 年的欠債，才讓大多數國民漸入小康。

　　2009 年 10 月，辛子陵網文〈唱著《東方紅》，迎來苦日子〉：

---

[118] 胡國華等：《告別饑餓：一部塵封十八年的書稿》，廣東教育出版社 2008 年版，序言，頁 3、5、22～23、182、184～185、202。

[119] 楊繼繩：〈住房改革的由來與現狀〉，載《炎黃春秋》（北京）2009 年第 5 期，頁 26。

[120] 劉仲藜主編：《奠基》，中國財政經濟出版社（北京）1999 年版，頁 151。

[121] 吳象：《好人一生不平安》，明報出版社有限公司（香港）2007 年版，頁 49。

[122] 《鄧小平文選》（1975～1982），人民出版社（北京）1983 年版，頁 223。

[123] 林蘊暉：〈六十載：「社」與「資」關係的歷史軌跡〉，載《同舟共進》（廣州）2009 年第 10 期，頁 4。

[124] 汝信等主編：《2010 年中國社會形勢分析與預測》，社會科學文獻出版社（北京）2009 年版，頁 220、10。

陝北農民支持和追隨毛澤東打下了江山，為的是翻身解放，過上好日子。他們萬萬沒有想到的是，毛主席坐江山以後，剝奪了他們的一切。在公社化年代，他們只剩下「一碗一筷，一鋪一蓋」，後來連一鋪一蓋也沒有了，全家人蓋一床被子。他們嚮往的好日子竟然是「老邊區」時代，即毛主席轉戰陝北那個時代。[125]

1947 年 4 月 13 日，毛澤東、周恩來的「昆侖縱隊」三百來人，來到陝北安塞縣王家灣村，一住 58 天。頭二十多天，部隊吃自攜米和當地農民的存糧，五月初打下蟠龍鎮，才送來洋麵。王家灣村 17 戶人家，一百多口人，能容下這麼多人吃飯，沒有餘糧咋行？據 2012 年美國教授夏錫瑞實地採訪，「昆侖縱隊」並未向村民付錢。1935 年入黨的高文秀，一家八口，村裡窮戶，一年也要打十四五石糧，洋芋還不算在內，醃的酸菜，曬的乾瓜片、乾紅豆角吃不完。

1980 年 3 月，幾位新華社記者採訪王家灣，高文秀時任該村主任、公社黨委委員，高家正在窯洞裡吃飯，不同年齡的飯不一樣：最小的麵疙瘩湯，大一點的「渣渣飯」（高粱連皮和苦菜一起煮），大人糠拌苦菜。窯洞裡除了一盤炕，一個鍋台，幾口空缸空罐，空空蕩蕩。一口缸裡有一點高粱，鍋台上剩半盆麵。高文秀老頭乾瘦如柴，縮脖斜靠炕壁，臥病多時了。炕上還算有一片爛氈，角上堆著兩條破被，再就一無所有了。一陣沉默後，記者問老人：這些年日子過得咋樣？他無力搖了搖頭，一聲長長的「唉——」，停了一陣才說：「不瞞你同志，已經餓了十好幾年啦。去年還算好，一口人分了三百來斤糧，自留地上一人又弄來四五十斤，餓是餓不死了，比前些年吃樹葉的日子好過些了。」

公社副書記老雷在旁說：

最困難的要算 1973～76 年間，一口人一百來斤口糧，不到過年就光了，靠糠和穀殼、麩子對付到開春。苦菜剛一露頭，就挖來吃了。首蓿成了主要食物，根本捨不得餵牲口。首蓿吃光了，就只得

---

[125] 五柳村網站 http://hexun.com/wlcexp，2009 年 10 月 6 日。

打樹葉充饑，槐樹花葉、檸條花、枸杞葉子、臭椿葉子都摘來煮著吃。有的社員實在餓得不行了，只好去偷蕎麥葉子。家裡凡能變賣的東西，都換了糧吃，好多人家還斷鹽。人人面黃肌瘦。吃了樹葉，拉的屎帶血，自己都不敢看一眼⋯⋯

為不再刺激臥病的高老漢，記者趕緊轉移話題，問起當年毛澤東來王家灣，老人忽然張大模糊淚眼：「那時候好啊，比現在好多啦。」

新華社記者痛曰：「一個對中國人民解放戰爭作出過貢獻的曾經是豐衣足食的山村，在 33 年後的今天，反而變得一貧如洗，這是多麼觸目驚心的倒退！⋯⋯我們還有什麼資格來宣傳社會主義的優越性呢？」

記者再去陝北佳縣（葭縣）李有源（1903〜1955）家，李有源大兒媳說合作化前生活不賴，後來不行了。1971 年前實在沒法子過了，出去討過飯。「群眾生活仍然趕不上李有源唱〈東方紅〉時（按：1942 年）的水準。」子長縣農民薛登恩一家七口，飯類豬食，褥如魚網，全部家當還不值 30 塊。同村其他人家稍好，家當也都不超過百元。子長縣李家岔公社小學普及率不到 59%，青壯文盲占 70〜80%。求神拜佛抽籤問事者甚眾，有黨員幹部抽籤問自己的冤案。一位復員軍人：「我這次再解決不了問題，就只有死。」記者十分驚訝：

這是陝甘寧老革命根據地啊！過去是相信共產黨、相信毛主席的。⋯⋯這是對我們工作的批判，為什麼冤假錯案在縣裡落實政策辦公室解決不了，要到這裡來求神？為什麼復員軍人的問題當地政府解決不了，也要來求神？

山西通渭縣截止 1979 年，全縣糧產量 22 年低於 1949 年。1949 年人均產糧 723 斤，1979 年僅 327 斤；人均口糧連續十年 300 斤以下。1979 年 182 斤，相當一部分社隊人均口糧只有幾十斤，年收入僅幾元。三年大饑荒，定西地區餓死至少百萬。1970 年代，通渭人口尚未恢復到 1949 年水準。

1973 年 6 月 9 日周恩來回到延安，延安地委副書記土金璋大膽說：

　　總理，延安地區 14 個縣，130 多萬人口，南邊七個縣群眾生活還可以，北邊七個縣群眾生活很貧困。最近我到子長縣李家岔村去看了一下，那裡的群眾連包穀麵都吃不飽，其中有一家五口人合蓋一床被子。

　　「戰爭年代都沒有這麼苦！這是為什麼？」周恩來很震驚。

　　「這可能和政策有關係。老百姓在院子裡種幾顆南瓜、包穀，也都被鏟掉。」

　　……

　　周恩來：「延安人民用小米哺育了我們，全國解放 24 年了，延安人民的生活還這麼苦，我們對不起延安人民。」[126]

　　毛規定「全國農業學大寨」，農家院子裡也不准種東西，因為不姓社會主義的「公」，必須鏟掉的資本主義尾巴，周恩來也不能說得更多。國人精煉概括「山西只出經驗不出糧食」，太原沿街都是乞丐。1976 年，山西呂涼地區人均口糧僅 200 來斤／年，人均分配 43 元／年。最窮的臨縣，1958～77 年間，農民人均年收入 40 元以下，1976 年 21.8 元，平均一天 6 分；有的年頭統計外出討飯 1.4 萬，沒有統計的就說不清了。延安地區 1/3 農民吃糠，一部分農民連糠都吃不上，各縣糧食加工廠的麩皮、穀殼大部分返銷回去充口糧。每有外賓來延安，公安便上街驅丐，75 歲的五保戶老漢也是乞丐。寶塔山下的收容所 1977 年 1～4 月，共收容 4519 人次。清涼山原《解放日報》社門口，橫七豎八睡著 50 多個要飯的。[127]

　　「十億人口有 2.5 億處於饑餓半饑餓狀態。」大量的「三靠隊」──吃糧靠返銷、生產靠貸款、生活靠救濟。河北涿鹿縣第一大村雙樹村，3300 多人、5400 多畝耕地，1977 年 70%村民共欠款 44 萬元、欠糧 44 萬斤；「尤其嚴重的是偷盜。幹部自己手腳不乾淨，沒法去管別人。弄得『人人都是賊，誰也別說誰』。偷盜幾乎『公開化』、『合法化』、『群眾化』。」[128]

[126] 南山：〈周恩來總理生涯的民生情懷〉，載《黨史博覽》（鄭州）2008 年第 3 期，頁 10。
[127] 胡國華等：《告別饑餓：一部塵封十八年的書稿》，廣東教育出版社 2008 年版，頁 1；2～5。
[128] 吳象：《好人一生不平安》，明報出版社（香港）2007 年版，頁 129、257、257～258。

1977 年，萬里出任安徽第一書記，他用三四個月跑遍全省大部分地區──

> 到農村一具體接觸，還是非常受刺激。原來農民的生活水準這麼低啊，吃不飽、穿不暖，住的房子不像個房子的樣子。淮北、皖東有些窮村，門窗都是泥土坯的，連桌子、凳子也是泥土坯的，找不到一件木器傢俱，真是家徒四壁呆。我沒料到，解放幾十年了，不少農村還這麼窮！我不能不問自己，這是什麼原因？這能算是社會主義嗎？人民公社到底有什麼問題？為什麼農民的積極性都沒有啦？當然，人民公社是上了憲法的，我也不能亂說，但我心裡已經認定，看來從安徽的實際情況出發，最重要的是怎麼調動農民的積極性？否則連肚子也吃不飽，一切無從談起。[129]

1980 年春季，陝北老紅軍張秀山復出，國家農委副主任，從甘肅走到青海，「一路上看到很多地方的植被遭到嚴重破壞，比我 30 年代在這裡打游擊時的狀況還差。在甘肅有的地方連吃水都很困難，老百姓的日子過得很貧窮。」1981 年 4 月，張秀山再到江西老區，瑞金農民人均年收入 52 元，興國縣（出了八萬紅軍）55 元，「群眾對我說：過去我們養一個保長，現在要養幾個保長。……農民負擔太重了，生活水準太低了，我們對不起老區人民。」1985 年一些窮區流諺：「皇冠車遍地跑，老百姓吃不飽。」陝甘老區「許多農民住的窯洞和 50 年前我們在那裡鬧革命時差不多，又黑又暗，家裡沒有什麼東西。……不少自然村眼看著高壓線從村旁經過，就是沒有錢把電接到村裡來。」幾個老區縣府機構臃腫，不到十萬人口的縣，五六十個局；一個僅四萬人的小縣，機構也照樣設置；有的縣沒有外貿業務，仍設外貿局，許多人坐在那裡沒事幹。[130]

集體捆綁挨餓是社會主義，個體單幹解決溫飽是資本主義，意識形態成為國家災源。1977 年底，安徽鳳陽小崗村生產隊長嚴俊昌：「怎麼救活

---

[129] 萬里：〈大寨這一套，安徽農民不擁護〉，載《文摘報》2008 年 10 月 12 日，第六版。摘自徐慶全編：《中國經驗：改革開放 30 年高層決策回憶》，山東人民出版社 2008 年版。
[130] 張秀山：《我的八十五年》，中共黨史出版社（北京）2007 年版，頁 343、345～346、352、254。

我們小崗村人的生命？要想救出來，大家只有分田到戶。但是，當時的環境下，政策不允——『社會主義的車輪是往前滾的』，而不會隨便能拉倒車，那是犯法的。」18 戶村民秘密分田到戶，相約「哪個講出去，不是個娘養的」。萬一幹部去坐牢或殺頭，村民撫養其子女到 18 歲。1978 年小崗村收糧 9 萬公斤，賣餘糧 3 萬公斤，油料也賣了 1.5 萬公斤，當年就解決生存問題。真正「資本主義」一用就靈。[131]

　　1981 年，中共高層對初興的社隊企業出現強烈反對聲音，「擾亂經濟秩序」、「投機倒把」、「搶佔國家資源」、「地下工廠」，一位中央領導人主張砍掉 50～70%社隊企業。一夜之間，河北抓捕 200 多位企業家（包括馬勝利），無錫兩位企業家上吊。陸定一致信胡耀邦，表述家鄉（無錫）人均僅四分地，不扶植鄉鎮企業，無法富裕，「離土不離鄉」的鄉村企業為現階段農村走向富裕之路，「誰打擊社隊企業，誰就是打擊農民！」[132]這則資料清晰透露中央大員的思想認識乃束縛中國走向富裕的攔路巨石。

　　1986 年中秋節，陝北紅色烈士謝子長之子謝紹明（1925～）首訪大別山，在老根據地英山縣（紅 25 軍、紅四方面軍駐地之一）：

　　　　在一戶農民家裡，節日的「奢侈」就是政府救濟的一碗豆渣和半條小魚；瓦罐裡鐮刀大的一片黑乎乎的豬皮，就是一家人半年的食油；鍋灶就是幾塊石頭支著的一隻破鍋。由於年長日久的煙薰火燎，房屋都黑透了。聽說中央下來的幹部，老人顫巍巍地問：「你們到這裡來，是不是又要打仗了？」

　　　　那天從英山縣鄉下歸來，謝紹明連晚飯都吃不下，躺在招待所的床鋪上，徹夜未眠。革命這麼多年了，新中國成立也已經幾十個年頭了，可在為革命做出巨大犧牲巨大貢獻的革命老區，老百姓的生活還這麼苦，簡直跟半個世紀前沒有兩樣。

---

[131] 張敏：《穿牆的短波》（記錄紅色中國），溯源書社（香港）2012 年版，頁 76～77。
[132] 陸德：〈再說我的父親陸定一〉，載《炎黃春秋》（北京）2009 年第 9 期，頁 6。

1988 年……全國尚有 592 個窮困縣，8000 萬人口沒有完全解決溫飽。[133]

1969 年，有人走訪長白山某屯十幾位七旬以上老農：「活了 70 年，經歷了好幾個朝代，哪一個朝代最好？」老農異口同聲：「當然是張大帥啦！」「為什麼？」「他讓你開荒，開多少都是你的，幾年就能當地主！」[134]1988 年，一位台灣老兵回鄉——魯西南清平縣，發現「幹一天活的男女，不洗手臉，不洗澡、不換衣服上床就睡，同四十多年前絲毫未變。」小學教師的侄子亂扔煙蒂，不相信台灣農民「怎麼會大家都富裕」？[135]

全國城鄉什麼都當官的說了算，集權比「萬惡舊社會」還厲害。1977 年，中國社科院院長胡喬木為顧頡剛等三位老年高知的住房，打報告給李先念。[136]寧夏固原縣羅窪公社流諺：「得罪支書不得活，得罪隊長派重活，得罪會計拿筆戳，得罪保管耍秤砣。」寧夏海原縣 19 個公社主任，11 個沒文化，不會批分配方案，更不會做生產計畫，社隊幹部中不少文盲，出去開三天會，回來只能傳達「三句半」，公款訂的報紙大多被幹部拿去糊牆或捲煙。陝北靖邊縣林業局長朱達禮（技術幹部出身）抱怨：「這樣搞法，真還不如封建時代的縣太爺。」[137]

四川人大副主任馬識途：

搞出個充滿農民意識、封建意識的社會，弄成個事事高度集中、專制盛行的國家……幾十年來，各地各級仍然有大大小小的「皇帝」壓在人民頭上，不少鄉村裡至今還有。[138]

1959～61 年的大饑荒：

[133] 賈芝主編：《延河兒女——延安青年的成才之路》，人民出版社（北京）1999 年版，頁 490～492。
[134] 孟歌：〈公正的歷史老人——評張學良將軍訪問記〉，載《開放》（香港）1991 年 2 月號，頁 72。
[135] 吳長波：〈仍是老樣子〉，載《中國大陸》（台北）1989 年 9 月號，頁 67～68.
[136] 錢江：〈胡喬木的一封「要房信」〉，載《新民晚報》（上海）2000 年 12 月 22 日。
[137] 胡國華等：《告別饑餓：一部塵封十八年的書稿》，廣東教育出版社 2008 年版，頁 100～101、103。
[138] 〈馬識途 1998 年 7 月 2 日談話記錄〉，載燕凌等編著：《紅岩兒女一生都在波濤中》第三部（下），真相出版社（香港）2012 年版，頁 703。

──王任重調查「信陽事件」後：「我到光山去看過，房屋倒塌，家徒四壁，一貧如洗，人人戴孝，戶戶哭聲，確實是這樣，這不是什麼右傾機會主義攻擊我們，這是真的。」[139]鄧力群：「老朋友彭大章從信陽調查回來，對我說：老鄧啊，問題真嚴重啊！說時神色慘然！後來先念同志也去了，回來講，他去過的村莊，婦女沒有一個不穿白鞋的。」[140]

──張家口地委書記胡開明在蔚縣西合營村：

> 春播時，前面播上種，後面有人就把種扒出來吃掉。隊裡沒辦法，把種子通通拌上毒藥，並通告全體社員。可是饑餓難忍的人們對糧食的需要大大超過了對毒藥的恐懼，種子照樣被扒出來吃掉，只不過增加了一道工序，即把扒到的糧食先在土裡邊搓搓，然後迫不及待地塞進嘴裡，僅此而已。結果非正常死亡人數大大增加，活著的人甚至沒有力氣把死人從屋裡抬出[141]

──在食堂幹活的生產隊長，每次帶回米飯鎖藏櫃中，獨自享用，兩個兒子幾天粒米未進，嚷叫不停，父親置之不理，幼子活活餓死。一位姑娘餓死後，其二伯父以收屍為名割肉煮食。饑民們到處打聽誰家最近死人，以便夜間刨墳掘屍為食，野外常見被剔除皮肉的屍骨。[142]

──濮陽梨園鄉東韓砦村乃抗日模範村，老人多餓死，有的家庭商量是餓死孩子還是餓死大人，結論是先死孩子，留著大人掙工分，還有一份口糧，否則大人死了，孩子也活不成。[143]

──安徽鳳陽小崗村，餓死 67 人，死絕 6 戶。1977 年全村 18 戶仍 8 戶無糧，全靠討飯度日，不會要飯的，只能餓死家中。[144]

[139] 孫保定：〈「大躍進」期間的河南農村人民公社〉，載《黨的文獻》（北京）1995 年第 4 期，頁 50。
[140] 鄧力群：〈毛澤東在七千人大會前後〉，載張素華《變局─七千人大會始末》，中國青年出版社（北京）2006 年版，頁 328。
[141] 胡開明：〈難忘的三年〉，載《中共黨史資料》第 39 輯，中共黨史出版社（北京）1991 年版，頁 85。
[142] 謝貴平：〈安徽無為縣的「大躍進」運動及其後果〉，載《當代中國研究》（美‧普林斯頓）2006 年夏季號，頁 126。
[143] 宗鳳鳴：《理想‧信念‧追求》，環球實業公司（香港）2005 年版，頁 177。
[144] 張敏：《穿牆的短波》（記錄紅色中國），溯源書社（香港）2012 年版，頁 76。

　　──饑餓犯人一邊拔毛一邊連血帶肉生啖活雞。如能從墳堆裡挖出死人骨頭，算是好運氣，「人家就這麼隨便在衣服上擦一下泥，就放在嘴裡細細唒嚼，津津有味，若監視的人來了唒不完，就帶到屋裡燒坑的火裡烤著吃，那香味倒是頂饞人的。」[145]錦西勞改礦隊 1200 多犯人至少餓死 1001人，還沒死的 198 人骨瘦如柴全身浮腫，臥床不起，另兩人靠吞吃活剝青蛙蚱蜢才勉強下床走動。[146]

　　──天津東郊茶澱勞改農場，兩名勞教犯各將一根細黃瓜塞藏對方肛門，以躲避下工時的檢查，但還是被識破，扒下褲子拉出黃瓜。燕京畢業生韓大鈞（後為中科院研究員），挖出一窩剛出生的幼鼠，眾目睽睽之下，將還沒睜開眼的幼鼠生吞下肚。[147]

　　──「七千人大會」開得摳摳縮縮。「每次吃完飯，桌子上是光光的，不論副食還是主食，都是光光的。」「會議吃飯也是一件大事……即使是少奇同志去安徽組開會，吃飯時也和大家一樣，憑飯票吃飯。十人一桌坐滿才上飯，坐不滿不行，飯票丟了也不行。」[148]外賓招待會原本請都請不到的部長，這時凡請必到。冷餐會一端上盤子，一擁而上一搶而光。周恩來不得不輕聲提醒：「注意點吃相！」[149]

　　──1969 年底，學部外文所集體下放至河南息縣東嶽鎮，軍宣隊號召訪貧問苦。一位房東告訴鄒荻帆「餓死人那年」如何挖死人吃：「要是你們所長馮至來，我們都會把他吃了。」馮至是個胖子，肉多。[150]

　　文革時期乃 20 世紀社會治安最亂時段，流氓當街扒裸姑娘、聚眾鬥毆等惡性案件頻發。1980 年，陳學昭痛曰：「想想祖國，心裡總是難過，特別是看著這下一代，書既不愛讀，工作又不願做，遊來蕩去，說謊、欺騙、打、砸、搶。」物質生活上，全國限額供應糧油，1977 年 10 月陳學昭上京探友，得自攜大米豆油。[151]

---

[145] 何滿子：《跋涉者──何滿子口述自傳》，北京大學出版社 1999 年版，頁 113～114。
[146] 戴煌：〈我的「右派」生涯及相關芻議〉，載《領導者》（香港）2007 年 6 月號，頁 109。
[147] 叢維熙：《走向混沌：叢維熙回憶錄》，花城出版社（廣州）2007 年版，頁 108；132。
[148] 張素華：《變局：七千人大會始末》，中國青年出版社（北京）2006 年版，頁 30；324。
[149] 資中筠：〈記餓──「大躍進」餘波親歷記〉，載《書屋》（長沙）2008 年第 1 期，頁 10。
[150] 賀黎、楊健采寫：《無罪流放──66 位知識分子五七幹校告白》，光明日報出版社（北京）1998 年版，頁 45。
[151] 陳學昭：《浮沉雜憶》，花城出版社（廣州）1981 年版，頁 132、142。

　　1980 年代初，因擔心「全國分配」，家長不願子女讀大學（尤其重點大學），認為大學不如中專、中專不如技校──出來就是工人階級，還能留城。整個 1980 年代，讀書無用論仍甚囂塵上，因腦體倒掛嚴重。北京一副教授三個孩子：長子大學畢業留校，月薪 90 元；次子高中生進廠，月薪 100 多元；幼女初中生飯店服務員，月薪 200 多元。復旦退休工人賣包子，收入比一級教授還多。[152]

　　「新社會」不僅沒有大批湧現「社會主義新人」，反倒大批湧現「社會主義懶漢」。年年救濟的西北，越窮越靠、越靠越窮──「吃糧靠返銷，花錢靠救濟，生產靠貸款，建設靠投資」。1949 年以來，延安、榆林、定西、慶陽、平涼、固原等六地區，國家發放各類救濟、投資、信貸 20 億元，收效甚微，因為當地政府花撥款根本不算計，反正花光了再要。[153]

　　更麻煩的是意識形態，歪理怪論說得山響。1983 年，一位副廠長說：

　　　　是否念了幾年書，有點書本知識就算是「明白人」，而我們這些工人出身、幹了二十多年工作的反倒成了沒有知識的「糊塗人」呢？……工人具有三大革命鬥爭的豐富經驗，這是知識分子所不能比擬的。我們廠裡有些技術人員，墨水雖然喝了不少，可是沒有辦企業的經驗，我們不能把領導權交給他們。……究竟怎樣看待知識？是先有勞動還是先有知識？我認為知識應該從屬於勞動。知識分子的知識是靠勞動人民的血汗培養出來的。……「黑手」（工人）養活「白手」（知識分子）有一定的道理。四個現代化要靠工人農民幹出來，而不靠知識分子畫出來（指設計、繪圖）。……歷史已經證明「科學救國」是行不通的，我們切不可重蹈覆轍。否則就有可能改變國家的性質，走到「勞心者治人，勞力者治於人」的道路上去。[154]

[152] 陶大鏞：〈知識越多越不值錢是一種反常現象〉，載《群言》（北京）1985 年創刊號。
[153] 胡國華等：《告別饑餓：一部塵封十八年的書稿》，廣東教育出版社 2008 年版，頁 131～132。
[154] 蘇德山：〈我有些問題想不通〉，載《工人日報》（北京）1983 年 1 月 12 日。

意識形態成為改革的最大阻力。1980 年代末還有人質疑市場化：

> 無產階級奪取政權後，已經處於統治地位的工人階級，能把自己階級兄弟當作勞動力商品送到市場上去進行交換嗎？……值得警惕的是，前段有人主張把勞動制度改革引向建立勞動力市場，造成失業大軍，企圖像西方一樣用饑餓的鞭子強迫工人「好好幹」。這是很危險的。[155]

政治上，1990 年代政協委員何方十餘次視察「老少邊貧」地區，「看到有一個普遍現象，就是一個村子擁有最好住房和其他最好設備的，基本上都是支部書記。」[156]誰當官誰的日子好過，「胡漢三回來了」！1994 年，宗鳳鳴回到抗日老區的家鄉，村民圍言：「共產黨衰落了」、「為人民服務的作風沒有啦」。宗十分感慨：「概括的是多麼明確、簡單、尖銳而又真實啊！」[157]

何家棟：「像我們這些老黨員，連總書記是怎麼下台的都不知道，也不知道誰是馬克思主義，好像馬克思主義也沒有自由。共產黨到現在還像個地下黨，幕後交易，神秘兮兮的，真是莫名其妙。」「路線鬥爭抬得這麼高，搞得這麼濫，完全是出於造神運動的需要……正確路線成了權力獨佔的理由，又是排斥異己的理由。」「一個國家裡沒有挑戰者是十分危險的。……沒有向良性方面發展而是向惡性方面發展，不是在進步而是在倒退，對輿論工具的管制比戰時還嚴密，禁忌還多。改革開放二十多年，越改言路越窄，越改神經越脆弱，越怕聽見不同聲音。竟改出一個文化恐怖主義，你說這個改革還有什麼盼頭？」[158]

延安一代當然想用經濟實績證明「社會主義優越性」，當然不願一生奮鬥成為悲慘的負效實驗。但在極端貧困的現實面前，比比 1949 年前遠不如中國的「亞洲四小龍」（台港韓新），實在慚愧，不得已承認「貧窮不是

---

[155] 重華：〈正確認識新時期工人階級的地位〉，載《上海工運研究》1989 年第 6 期。
[156] 何方：《從延安一路走來的反思》，明報出版社（香港）2007 年版，下冊，頁 426。
[157] 宗鳳鳴：《心靈之旅》，開放出版社（香港）2008 年版，頁 47。
[158] 邢小群：《往事回聲》，時代國際出版有限公司（香港）2005 年版，頁 114、116。

社會主義」，萬般無奈開始改革，而所謂改革即是用資本主義方式來搞「社會主義」，用資本主義的效率來證明社會主義的英明，用資本主義的光環為社會主義化妝，用資本主義的內涵支撐社會主義的房屋。中國人民都知道所謂「羞羞答答的資本主義」就是已沒了社會主義的襯裡。

如今，中共高舉「中國特色社會主義」，但抽去公有制、計劃經濟、均產化，還剩下什麼「社會主義」內涵？只有一條「黨的領導」了。然而，沒有經濟內涵，社會主義便失去價值基座。用「中國特色」解釋改革以告別赤色教條，乃中共第二代領導人的「理論創新」，表明中共正式走上「修正主義」──背離馬列原教旨。延安一代當然明白這一轉向的意義。

「均貧富」是動員窮人參加鬧紅的有效口號，如果那時就提出「先讓一部分人先富起來」，窮人還會踴躍參加麼？截止 2005 年，大陸億萬富翁五萬餘人，其中資產超過一億美元 200 餘人；千萬富翁 30 多萬，百萬富翁可能上千萬。[159]但是，相對 13 億國人，尤其相對於年收入不足百元的 5000 萬絕對貧困者，這點「先富起來」實在是「一小撮」。兩極分化如此嚴重，貧富如此懸殊，難道是中共當年的革命目標麼？

1995 年，中國基尼係數就超過美國了。[160]據世界銀行 1997 年報告：1980 年代初中國基尼係數 0.28，1995 年 0.38，1990 年代末 0.458，幾個研究機構的結果都是這一結論。中國的基尼係數除了比幾個非洲撒哈拉國家、拉丁美洲國家稍好，全球還沒有一個國家在短短 15 年內收入差距如此之大。[161]雖說有人「先富起來」乃歷史理性的回歸，也算中共政績，只是與馬列原教旨完全相悖，不可能不使「革命人民」生發長歎──早知如此，何必革命？

1949 年以前，中共以救世主自居，承諾解決一切社會問題，從解決農民貧困到大學生失業，從實現工業化到人人幸福……共產黨來了一定苦變甜。六十五年過去了，歌聲在耳，國情依舊。農民仍是社會最底層最大坨的貧困者，至少還有 3000 萬絕對貧困者（中共承認的數字）；至於大學生「畢業即失業」，每年各地人頭攢動的招聘會，擠爆情況絕對超過「萬惡

---

[159] 徐風：〈中國富翁遭遇「黑公」〉，載《民主與法制》（北京）2006 年第 8 期，頁 5。
[160] 劉濟生：〈社會主義本質：一句話的變遷〉，載《炎黃春秋》（北京）2008 年第 4 期，頁 23。
[161] 孫立平：《轉型與斷裂》，清華大學出版社（北京）2004 年版，頁 130。

的舊社會」，甚至出現萬人爭一席的擁堵記錄。解決社會弊端並非易事呵！中共當年的大話實在太沒邊了，無非帶著政治功利的自我神化。

1980 年代，當國境外的陽光終於射入，延安一代得知「萬惡資本主義」的真相：1950～77 年間，美國農業勞力從 733 萬人減至 241 萬人，穀物產量卻從 8514 萬噸增至 26171 萬噸，肉產量從 1207 萬噸增至 2551 萬噸；1981～82 年度，發達國家出口穀物占全球出口量的 85%，出口肉類奶類分別占 74%與 99%。美國每一農業勞動力產糧從百年前供養 5 人，1962 年增至 26 人，1983 年 79 人。[162]1960 年，美國農產品出口額不足 50 億美元，1974 年突破 200 億美元，1980 年 400 億美元；1987 年美國農產縣人均收入比非農業縣高出 25%。[163]2006 年美國人均收入 36276 美元。[164]美國貧困線劃在年收入 5375 美元／人以下。2008 年 10 月起，2800 萬美國人可領取食品券，這一數字打破食品券福利實行 40 餘年最高紀錄，紐約有百萬人領取，每人 107 美元／月。[165]美國最窮者也能過上接近中國中產階層的生活。

「紅岩牌」老幹部許良英氣惱不已：

> 六十多年前被列寧判定已處於「垂死」階段，以後又被毛澤東詛咒「一天天爛下去」的西方世界，不僅沒有死去，反而呈現出旺盛的生命力，甚至出現了不可思議的人間奇跡：共產主義者夢寐以求的消滅「三大差別」（工人與農民的差別、城市與鄉村的差別、體力勞動與腦力勞動的差別），竟在發達的資本主義國家已基本實現！而我們這個自詡為「到處鶯歌燕舞」的極樂世界，卻只能在神話和謊話中討生活。[166]

[162] 宋則行、樊亢：《世界經濟史》，經濟科學出版社（北京）1994 年版，下卷，頁 27；36。
[163] 翟景升：〈工業化＋商業化──美國農業迎來新的變革〉，載《參考消息》（北京）1996 年 10 月 12 日。
[164] 辛子陵：〈合成一個新東西〉，載《炎黃春秋》（北京）2008 年第 7 期，頁 47、45。
[165] 王姍姍：〈美國低收入者生活艱難〉，原載《工人日報》（北京）2008 年 6 月 23 日。
[166] 許良英：〈幻想‧挫折‧反思‧探索〉，載燕凌等編著《紅岩兒女》第三部（上），真相出版社（香港）2012 年版，頁 240。

中國搞了 62 年社會主義，靠著後三十年的改革開放（即請回資本主義），2005 年人均 GDP 才 1703 美元，美國的 1/25，日本的 1/21 和世界平均水準的 1/4，全球排名 110。同時，經濟效率不高，產品技術含量和附加值低。中國 GDP 約占世界總量 5%，資源消費卻占全球 25～40%。中國擁有自主知識產權核心技術的企業，僅約萬分之三，99%的企業沒有申請專利，60%企業沒有自己的商標。[167]

中國絕對貧困人口，1970 年代末 2.5 億（中共「十七大」政治報告資料），1990 年代初 8000 萬，1990 年代末 3000 萬，劃別標準為年均收入 625 元人民幣／人，另有約 2000 萬人處在溫飽線邊緣。[168]國家統計局資料：2010 年人均 GDP 29992 元人民幣，約合 4712 美元，仍只有美國的 1/12，[169]再據網上國際貨幣基金組織 2013 年各國人均 GDP 數值，大陸 5414 美元（全球 89 位）、台灣 20101 美元（40 位）、香港 34049 美元（26 位）、澳門 66311 美元（6 位）、日本 45920 美元（18 位）、美國 48387 美元（14 位）、英國 38592 美元（22 位），「東風」遠遠落在「西風」後面，這還不算人權等政治文化指標。

若按世界銀行規定的國際貧困線（人均每日生活費低於一美元），1999 年中國貧困人口約占總人口 17%，即超出 2.15 億人。預計至 2015 年，仍有 5300 萬貧困人口。[170]2007 年農村人均純收入達到空前的 4140 元人民幣，城鎮人均收入 13786 元，[171]仍分別不足 600 美元、2000 美元，全球低層次，至少低於美國貧困線 50%以下。

2009 年，一位九旬老赤幹撰文：

> 馬克思設想只有在這樣的絕對的專制統治下才能實現絕對的自由。……階級鬥爭無論在西方還是在東方，都不是馬克思所說的

[167] 劉錚、姜敏：〈中國 GDP 世界第四，仍非經濟強國〉，載《新華每日電訊》2006 年 10 月 10 日。
[168] 孫立平：《轉型與斷裂》，清華大學出版社（北京）2004 年版，頁 356。
[169] 陳學明：〈我們所渴求的『小康社會』〉，載《解放日報》（上海）2012 年 1 月 23 日。
[170] 汝信等主編：《2003 年：中國社會形勢分析與預測》，社會科學文獻出版社 2003 年版，頁 223。
[171] 辛子陵：〈合成一個新東西〉，載《炎黃春秋》（北京）2008 年第 7 期，頁 45～46。

是歷史的動力。……我們必須重新啟蒙……西方的歷史所宣導的自由、民主和科學已經成為全球人類的普遍的思想財富。[172]

話大致說透了，70 年奮鬥不過重回歷史原點，從這裡出發，再從這裡結束，而且痛苦發現還是人家資本主義國家「社會主義元素最充分」，幹了一輩子社會主義，還不如人家資本主義距離目標近！

更糟糕的遺禍

國際共運以蠱惑人心的共產旗幟摧毀了社會既有秩序，扒塌此前千辛萬苦砌築的人文台階，致使社會各階層無法調和相處，各失其所，不僅未能築就「可居之所」，反而瓦礫遍地，處處留下需要拆除的「紅色違章建築」。加上當今中共政府出於自身「維穩」，仍打「左燈」，致使大多數國人還在接受左訊、填充左學，思維仍帶左枷，沒有幾代人無法徹底送客馬列。1978 年，一位研究美國文學的中國學者如此描繪美國：

> 美國……政治生活方面，我們看到，什麼兩黨制，什麼民主選舉，統統都是騙局，是愚弄群眾的花招；報刊雜誌，新聞宣傳墮落為統治階級欺騙群眾的工具。至於美國南方，在黑人「解放」六十年以後，仍然是那麼閉塞、那麼落後；對於黑人、對貧窮的白人來說，仍然是一座監獄。[173]

這樣的言論今能示人否？當年硬放在新華書店敢賣！

1991 年，平均主義下的國營企業流傳對聯──「上午泡、下午泡、天天都泡，你拿獎、我拿獎、人人拿獎」，橫批是「一不做二不休」（一、上班不做活，二、誰也不休息曠工）。[174]1992 年，大陸煤炭業職工 700 多萬，

[172] 于孚：〈重新啟蒙：五四運動九十周年反思〉，載《炎黃春秋》（北京）2009 年第 10 期，頁 6。
[173] 董衡巽：《《美國短篇小說集》序》，參見《美國短篇小說》，人民文學出版社 1978 年版，頁 2。
[174] 李劍閣：〈平均主義將嚴重影響今後幾代人的素質〉，載《經濟社會體制比較》1991 年第 2 期。

比全球煤炭職工總和還多，績效僅 1.2 噸／人，每年虧損 40 億。[175]一家日本人管理只要 250 人的工廠，合營談判，日方讓步至 700 人，中方硬要塞下 1350 人，最後告吹。1991 年國企冗員 2000 多萬，1996 年國企冗員 3000 萬。[176]1980 年代初杭州大學，學生 3000 餘，教職員 1600 餘。哈爾濱某大學四個教職員教一個學生。[177]

文革後，中共對 1949 年後的國史定策「淡化」，收效甚巨。喬冠華、龔澎之女喬松都（1953～），2008 年還認為：「1966 年之前是解放後我國國民經濟向前發展，各項工作走向成熟的最佳歲月。」[178]這位高幹子女留法遊美，怕連反右危害、反右傾、大饑荒等基本資訊都不知道哩。

2007 年 3 月，北京全國人大通過《物權法草案》。美國《中國經濟季刊》總編亞瑟‧R‧克羅勃一目洞穿：《物權法》是中國拒絕此前社會主義道路的標誌性法律認可，意味著中國的改革已到了無法回頭的階段。[179]但這位老外有所不知，《物權法草案》醞釀長達 13 年，仍遭 3274 名退休副部級以上官員、將領、教授的連署反對。[180]反對的理由是該草案以私有制為價值基礎，與馬克思主義公有制價值基礎完全悖反。《物權法》最後勉強通過，但非常關鍵的「私有財產神聖不可侵犯」仍被摒擋於憲法之外。

2008 年初，中共派員巡迴演講改革開放 30 周年偉大成績，經常遭遇中年聽眾詰問：「你知道我們這個地方貧富差距有多大嗎？我們懷念毛澤東時代！那時候大家拿的都差不多，誰也不眼紅誰！」這一見不得人富起來的心態，赤色意識形態熬製的真正深層次的國家內傷。

一位中共理論工作者說：改革開放經歷了四次大爭論，第一次 1978 年前後，堅持「兩個凡是」還是改革開放？第二次 1992 年前後，計劃經濟還是市場經濟？第三次 1997 年前後，私營經濟是禍水還是活水？第四次是 2004 年以來至今，改革開放是不是搞錯了？全部挑戰均來自意識形態。這

---

[175] 張幼清：〈國有企業冗員多〉，載《企業家》（杭州）1991 年第 11 期。

[176] 周立方：《金玉良言：新聞寫作弊病剖析》，新華出版社（北京）2001 年版，頁 129，338。

[177] 徐鑄成：《風雨故人》，浙江人民出版社 1985 年版，頁 334。

[178] 喬松都：《喬冠華與龔澎——我的父親母親》，中華書局（北京）2008 年版，頁 140。

[179] 載《紐約日報》2007 年 3 月 9 日。轉引自辛子陵：《中共興亡憂思錄》，天行健出版社（香港）2009 年版，頁 22。

[180] 辛子陵：《中共興亡憂思錄》，天行健出版社（香港）2009 年 12 月初版，頁 21。

位理論工作者承認：「大家覺得改革開放的確是一次又一次戰勝了舊思維、舊勢力以及『左』的阻礙，才得以前進。」[181]可都是哪些舊思維？中共不讓往下說了。

赤色意識形態成為改革開放難以掙脫的緊箍咒。改革開放政治上通行，意識形態上卻迭遭非議。鄧小平的「不爭論」，高掛免戰牌，只是延緩爭論的時間，雖然剝奪對方的質疑權，也取消了自己的答辯權。極左派一直對改革開放狂吠非難。謝韜：「鄧小平、江澤民、胡錦濤只有執政權沒有話語權。」[182]2006 年跳出來的鐵杆毛派馬賓（1913～），1932 年入黨，文革蹲獄五年半，卻認定文革十分必要、非常及時，「無產階級專政下繼續革命的理論」是對馬列主義的偉大貢獻。馬賓不承認毛澤東犯有晚年錯誤，呼籲發動二次文革，將「走資派」趕下台，徹底改變「鄧江路線」。二十一世紀初，北京一所著名高校問卷調查，50%大學生認為有必要再來一次文革。[183]既然還祭著馬列牌位、高懸毛像，總會有信徒。

中共摧毀了資產階級舊法，又豎立不起無產階級新法；傳統倫理失效，紅色道德又無法代行職能。新一代中共官員的道德自律大幅下滑。像所有革命黨一樣，年月一長，理想黯淡熱情消退，最終還得回到生活常態，原來怎樣，現在還是怎樣，生著怎樣的瘡還是散發怎樣的味兒。最持久的東西終究還是人的本性。「偉大毛時代」對國家法治不僅沒有添磚加瓦，反而大幅破壞。毛澤東曾授意「憲法搞得粗一點」，以便他靈活操用。

現實也在不斷提醒國人認清國家現狀。四川新聞網 2009 年 6 月 19 日報導，鄭州城市規劃局副局長逯軍（1958～），研究生學歷，記者採訪，一語驚人：「你是準備替黨說話，還是準備替老百姓說話？」一不小心掉了餡，「露」了當今黨群關係。逯副局長這一「理直氣壯」可是來自社會現實、來自他的「理所當然」。還有上下一色的「太子黨」，1980 年代中共高層約定「一家培養一位」，基層便有山西繁峙身家過億的副檢察長穆新成，父子兩代在當地出任要職；安徽阜陽謝橋鎮「白宮書記」張家順、張治安

[181] 馬立誠：〈交鋒三十年，四次大爭論〉，載《中國經濟時報》（北京）2008 年 12 月 12 日。
[182] 謝韜：〈只有民主社會主義才能救中國〉（序言），辛子陵：《紅太陽的隕落──千秋功罪毛澤東》，書作坊（香港）2008 年 6 月二版，上卷，頁 xix。
[183] 閻陽生：〈清華附中紅衛兵 100 天〉，載《炎黃春秋》（北京）2008 年第 12 期，頁 27。

父子，張家順升任縣委副書記，仍兼任鎮委書記，直到兒子張治安接班才卸任。張氏家族還有十餘人在當地為官。[184]

史料無情。絕對的集權造成龐大黨政機構，公費揮霍驚人。大陸公務員的職務費用從 1978 年國家財政收入的 4%，上漲至 2005 年的 24%，每一國人負擔的行政管理費從 20.5 元增至 498 元。每百萬美元 GDP 負擔的公務員人數，中國 39 人，美國 2.31；日本 1.38；中國為美國的 17 倍、日本的 28 倍。「這還是從財政開支的比較來計算的，至於幾乎普遍的貪汙腐化的收入更加無從計算，數量更是驚人。」[185]

至於發言權，不僅延安一代沒有「異議權」，大革命一代也沒有。1925年入黨的陸定一，1992 年的聲音，2009 年（去世 13 年）才完整披露：

> 我們黨開始腐敗了！……反腐機構也是由黨來領導的，如果是黨的領導人甚至是一把手也腐敗了，那該由誰來管？……光靠自律是不能徹底解決腐敗問題的。反腐中，自己既是「運動員」，又當「裁判員」，這在管理中就會出現（功能的）「缺失」，達不到預期的管理效果。「裁判權」和「監督權」一定要放在外部。[186]

老資格的中宣部長都沒有「異議權」，國家領導層無法吸納來自各路實踐的智慧經驗，還可能繪繪一張「最新最美」的畫嗎？

壟斷思想當然是最嚴重的遺禍之一。一切人文學科均為欽定官學，所有口徑均定自官方。對世界對歷史對現實對未來的任何評論均為中共專享特權，人文思想被圈入狹促禁地。如此這般，還是你必須接受的黨紀國法。社會心理上，對中共形成的恐怖成為一種「國情」，說謊成為習慣性本能，欺騙成為「成熟標準」。[187]長期流諺：「大會說假話，小會說廢話，回家說真話。」[188]人們說真話的條件得是「我今年 80 歲了，什麼也不怕了！」趙

[184] 李星文：〈官位也「世襲」？〉，載《北京青年報》（北京）2009 年 7 月 8 日。
[185] 余孚：〈重新啟蒙：五四運動九十周年反思〉，載《炎黃春秋》（北京）2009 年第 10 期，頁 5。
[186] 陸德：〈再說我的父親陸定一〉，載《炎黃春秋》（北京）2009 年第 9 期，頁 7～8。
[187] 沙葉新：〈為何「天下相率為偽」〉，載《同舟共進》（廣州）2009 年第 12 期，頁 12。
[188] 陳白塵：《向人世的告別》，三聯書店（北京）1997 年版，頁 721。

丹臨終批評中共管文藝太具體，「文藝沒希望」，因為「對我，已經沒有什麼可怕的了。」[189]

1970 年代末，控訴與反思文革浪潮初起，「傷痕文學」剛露頭，中共高層很快意識到必須抑制這一思潮，對林彪、「四人幫」的批判也必須有所約束，必須撇清他們與毛的關係，必須維護馬列赤旗與毛澤東形象。為此，必須淡化反右、淡化文革、淡化毛罪，將毛說成違犯馬列原則才犯的錯誤。1989 年「六‧四」後，除了淡化「六‧四」、還淡化一切負面黨史。翻揭這一塊塊赤色傷疤勢必影響「偉光正」，直戳政權合法性。如此這般，只能打左燈向右行，舉著紅旗反紅旗，生怕意識形態易幟危及政權穩定。第二代、第三代中共領導人，蕭規曹隨，既缺乏直面本黨歷史的政治勇氣，也缺乏「全心全意」的政治責任。赤色歷史包袱至今仍甚。

中共至今一邊將「東風」定為不能退回去的「老路」，一邊又將「西風」說成堅決不能走的「邪路」。路向上的這一模糊，當然是中共現實政治利益的需要──既不能丟棄赤色革命的理論來源，又不能真按赤色圖紙改天換地，只能舉著赤旗悄悄復辟資本主義。這一尷尬的政治難局（改革找死，不改革等死），大大遲誤國家現代化進程──不能名正言順走向民主自由，得拖著馬克思主義這一歷史包袱一步步搬挪，即在改革過程中，國人「必須兼顧」中共的既得利益。

陸、撩看黨史

中共革命的實質是馬列旗號下又一場農民造反。1929 年 3 月 1 日，湘贛邊界特委報告：「邊界共有黨員不過三千人，黨員成分十九是農民，工人極少。」[190]1939 年 10 月，毛澤東清晰表達：「中國共產黨的武裝鬥爭，就是無產階級領導之下的農民戰爭。」[191]

延安一代接受的中共黨史當然都是經心剪裁的化裝史，他們晚年才有機會撩看真實黨史。這部分長期被塵封的黨史，對今天八千餘萬中共黨員

[189] 陳荒煤：《冬去春來》，江蘇文藝出版社 1994 年版，頁 37。
[190] 余伯流、陳鋼：《井岡山革命根據地全史》，江西人民出版社 2007 年版，頁 383。
[191] 《毛澤東選集》第二卷，人民出版社（北京）1966 年版，第 1～2 卷合印本，頁 572。

來說，仍有巨大衝擊力，因為他們大多數並不知道我黨「原來如此」。1998
年，李慎之：「近讀《血泊羅霄》，才知道秋收起義之後，工農紅軍在湘南
也有過「燒！燒！燒！燒盡一切土豪劣紳的屋！殺！殺！殺！殺盡一切土
豪劣紳的人！」[192]他們不知道歸順朱毛的井岡山綠林首領王佐、袁文才死
於這樣的《中共六大決議案》（1928 年 7 月 9 日）：

> ……與土匪或類似的團體聯盟僅在武裝起義前可以適用，武裝起義
> 之後宜解除其武裝並嚴厲的鎮壓他們，這是保持地方秩序和避免反
> 革命的頭領死灰復燃。他們的首領應當作反革命的首領看待，即令
> 他們幫助武裝起義亦應如此。這類首領均應完全殲除。[193]

1929 年 2 月 25 日，湘贛邊界特委書記楊克敏（1905～1930）向中共中
央報告江西蘇區狀況：

> 紅軍中的生活與經濟是非常之艱難的，擁有數千之眾，每個月
> 至少要一萬五千元作伙食費，米還是由當地籌辦的，經濟的來源全
> 靠去打土豪，附近各縣如寧岡、永新、茶陵、酃縣、遂川土豪都打
> 盡了，再要打就須遠一點去，要遠一點去就必須與敵人硬拼一次才
> 通得過，所以打一次土豪就必須大的部隊出發。紅軍中的薪餉，早
> 就廢除了，只有飯吃，有錢的時候發一二塊錢的零用錢，最近幾個
> 月來，不講零用錢不發，草鞋費也沒有發，伙食費也減少了。最近
> 兩月來，每天每人只發伙食費三分、四分油、四分鹽、米一斤四兩、
> 三分錢一天的小菜錢，只買的一斤南瓜，洗衣剃頭穿草鞋吃煙的零
> 用錢沒有發了，所以最近以來，士兵生活特別的苦（不論士兵官長
> 以及地方工作的也是一樣）。去年冬天，棉衣問題幾乎無法解決，
> 後來在遂川買得幾千斤棉花，搶得一點布，才勉強解決了。所以近
> 來士兵生活感覺得不安，當時有一句口號「打倒資本家，天天吃南

[192] 李慎之：〈發現另一個中國〉，王學泰《游擊民文化與中國社會》，學苑出版社（北京）1999 年版，頁 4。
[193] 《中共黨史教學參考資料》（一），人民出版社（北京）1957 年版，頁 179。

瓜」，可以概見士兵的情形，因此士兵動搖起來了，有開小差的、
拖槍跑的，下級幹部也深感不安，所以最近向贛南的原因大部也
是為的經濟問題──應付敵人的會剿，當然是這次的重要原因，
因為四軍如果不出發解決經濟問題，大多數的群眾，有不能領導
了的危險。這個經濟問題，要算紅軍中最困難的問題，也就是邊
界割據的致命傷。[194]

　　竭澤而漁的「擴紅」，更是直接破壞蘇區生產力。1933 年 2 月 8 日，
中共號召：「在全中國各蘇區創造一百萬鐵的紅軍。」1932 年贛南十三縣
參加紅軍 33.1 萬餘，十三縣總人口 247 萬，達 13.4%；參加赤衛隊、擔架
隊、慰勞隊、洗衣隊等達 60 餘萬。以最粗略計算，50% 人口為男性，扣除
老人孩童病殘，13.4% 已是能動員的所有青壯年。《中央蘇區史》：「不少家
庭甚至沒有留下一名男子在家耕田。……閩西上杭縣才溪鄉 88% 的青壯男
子外出參軍支前，全鄉只剩 69 個男勞力，勞力缺乏成為當務之急。」[195]

　　蘇區已無法維持簡單再生產。蕭華（1916～1985）：「（興國）全縣青壯
年 80% 以上都扛起槍走上前線。其中許多模範區，90% 以上的青壯年都參
加了紅軍。只有 20 多萬人口的興國縣，參軍人數竟達八萬之多。這是何
等的壯舉！何等的英勇犧牲！」[196]中共在「有力說明」蘇區群眾擁紅的同
時，忘了也「有力顯示」對蘇區經濟的摧毀，青壯參軍去，只剩童與姑；
田裡莊稼誰人種？各路重活誰承負？

　　閩西上杭才溪鄉兩千餘人口，一次次「擴紅」只剩下七名壯丁，居然
還要該鄉「突擊擴紅」。[197]毛澤東〈長岡鄉調查〉（1933 年 11 月）：「這裡
一個重要問題，就是動員女子參加生產。長岡鄉 16 歲至 45 歲的全部青年
壯年 733 人，出外當紅軍做工作去了 320 人，在鄉 413 人，其中男子只 87
人，女子竟占 326 人（一與四之比），因此長岡鄉的生產絕大部分依靠女

[194] 〈楊克敏關於湘贛邊蘇區情況的綜合報告〉，載《中央革命根據地史料選編》，江西人民出版社 1982
　　年版，上冊，頁 36～37。
[195] 余伯流、凌步機：《中央蘇區史》，江西人民出版社 2001 年版，頁 612～613、258、681。
[196] 蕭華：〈模範的興國‧英雄的人民〉（之一），載《中共黨史資料》第七輯，中共黨史資料出版社（北
　　京）1983 年版，頁 256。
[197] 張鼎丞：《中國共產黨創建閩西革命根據地》，人民出版社（北京）1983 年版，頁 69。

子。」[198]江西風俗婦女從不下田，鄉諺：「婦娘學犁，母雞學啼，觸犯天理，要遭雷劈。」婦委書記蔡暢在興國挽褲腳下田，拜老農學犁學耙，再集中輪訓各鄉婦女幹部，動員婦女下田，以緩和勞力嚴重不足。[199]但這種「婦女解放」只能支撐一時，繁重農活不可能全由「半邊天」頂下來。而且，一個個「寡婦村」「寡婦鄉」，人口如何「簡單再生產」？

農民大多數不願「光榮當紅軍」，逃兵甚多，甚至黨團員也不願參軍。1930 年 10 月，百餘紅軍新兵逃跑。[200]1932 年 5 月，江西省委報告：

> 黨團員不願去當紅軍的現象，除少數縣外，差不多成為一般的現象，沒有向這種右傾機會主義的表現作堅決的鬥爭，還無形中承襲過去，群眾因為避免加入紅軍而入共產黨的怪現象，甚至萬泰雩都有兩區的黨員，聽到黨員應領導去當紅軍，他寧肯出黨。

1933 年 10 月 18 日福建省委工作報告：

> 擴大紅軍的數量還很微弱……如永定從五月到現在僅擴大二百餘人，武平則僅一百六十餘人，代英縣成績也很微弱。……逃跑現象的嚴重，報名後不能集中，或集中後逃跑。如六月授旗典禮，上杭三區的模範營僅能集中一部分，寧化模範團成千人送博生沿途開小差只剩下二百餘，四都模範營二百多人開小差，寧化在「九・一八」送去前方新戰士一千多人也逃跑三四百人，汀東兆征有許多報告的不能集中，甚至有黨團員帶領逃跑，以及比較負責的幹部也有逃跑（如汀市少共書記）。現在上杭全縣老兵共一千一百餘人，長汀每區平均四十餘人，卅四師及各獨立團均發生過逃跑的嚴重現象。……（擴紅）用強迫命令、欺騙、收買的方法。如新橋區紅坊鄉支部會議中說不去當紅軍就是反黨，有些地方不報名則會議不散，有些還鎖起門開會，歸隊運動還採用強迫的方法，致使老兵家

---

[198] 中共中央文獻研究室編：《毛澤東文集》，人民出版社（北京）1993 年版，頁 301。

[199] 余伯流：《中央蘇區經濟史》，江西人民出版社 1995 年版，頁 134。

[200] 《邱會作回憶錄》，新世紀出版社（香港）2011 年 1 月初版，頁 19～20。

屬扯哭不放或跳水尋死（官莊），或老兵上山、去白區以至自殺（舊
縣及其它），派人假領導去前方（汀東濯田、汀市），或用拉閹（長
汀）以及用錢收買（汀東新橋用五十毛收買一人）；在工人師與少
共國際師的動員中，工會與少共曾發生過「搶兵」的現象，而且進
行了一些非政治的鼓動。[201]

　　紅軍的逃兵越來越多，1933 年 11～12 月，逃兵達 2.8 萬人，瑞金一縣
就有 4300 多人。[202]中共史書記載：開小差紅軍一旦被捉，「被當作破壞擴
紅的『反革命分子』遭到捕殺。」[203]

　　所謂優待「紅屬」，興國一縣近兩萬戶「紅屬」（1934 年 4 月統計），
大家都是只有老弱婦幼的「紅屬」，誰家還有能力幫扶別家？還有什麼勞
力可充「優屬隊」、「什務隊」？「優待紅屬」也使紅軍家屬對蘇區政府產
生依賴。1932 年江西蘇區省委抱怨：

　　　　優待紅軍家屬上……發生紅軍家屬生活一切都依賴政府解決
　　的不好現象，紅軍家屬一餐無油無米也到政府去要，甚至紅軍家屬
　　自己有牛不耕田，而要政府派人派牛到他家耕田等等現象。因此，
　　有些鄉政府造成了紅軍家屬的當家人。[204]

　　伍修權記述長征前的突擊擴紅：「為了這次轉移積極擴軍，除了把地
方游擊隊整編擴充到主力紅軍外，還把根據地的壯丁幾乎都動員參軍了，
有的農村只剩下婦女老弱。」[205]1934 年 1 月 10 日，感於糧食問題的日益
嚴重，中央蘇區成立糧食部，陳潭秋任部長。1934 年 5～7 月，為對付第
五次圍剿，五十天內再「擴紅」五萬，軍糧無著，只得緊急動員蘇區徵穀
24 萬擔。1934 年 7 月下旬，圍剿形勢日緊，中共領導層決定「戰略轉移」，

[201] 江西省檔案館、中共江西省委校黨史教研室編：《中央革命根據地史料選編》，江西人民出版社 1982
　　年版，上冊，頁 435、505～506。
[202] 蔡孝乾：《江西蘇區‧紅軍西竄回憶》，中共研究雜誌社（台北）1970 年版，頁 155。
[203] 余伯流、凌步機：《中央蘇區史》，江西人民出版社 2001 年版，頁 1013。
[204] 參見《中央革命根據地史料選編》，江西人民出版社 1982 年版，上冊，頁 436。
[205]〈伍修權同志回憶錄〉（之一），載《中共黨史資料》第一輯，中共黨史資料出版社 1982 年版，頁 163。

發起一次更大規模的「借穀運動」——68.8 萬擔。據陳潭秋報告，完成 58.2
萬擔。中共史家：「中央蘇區人民作出了巨大而無私的奉獻。」[206]

1934 年 9 月，中央組織局、中革軍委總動員武裝部等五單位聯合發文，
要求全蘇區一月內動員三萬新戰士參軍。至 9 月 27 日，實際完成 18024 名。
1934 年 5～9 月底，中央蘇區總共擴紅八萬餘人。[207]此時，江西蘇區轄地
日蹙，總共 250 萬人口。[208]

蘇區土改政策「地主不分田，富農分壞田」，斷絕地富生活來源：

> 不給地主以生活出路，就會使他們流離失所或上山為匪，破壞
> 社會秩序，影響根據地的安定，而在經濟上消滅富農的政策，就會
> 影響中農的生產積極性，對農業生產的發展是十分不利的。在重新
> 分配土地中還嚴重地侵犯了中農的利益，這首先表現在實行打亂平
> 分，侵犯了一部分中農的土地。[209]

歧視城鎮工商業，剝奪商人選舉權，等於剷除商業生存土壤，也摧毀
了個體手工業維持簡單再生產的可能。[210]1932 年 5 月 12 日頒布的〈湘鄂
贛省蘇維埃政府農村勞動暫行法令〉，32 條規定全部針對並限制經營業
主，如「強迫資本家恢復失業工人工作」。[211]

貧農雖然分得土地、免去前債，但土地一分再分，所有權一變再變，
幾乎每年都重新分一遍，生產積極性嚴重受挫。「分來分去，到底分到哪
年哪月止？我不要了！」許多農民「怕上升為富農小地主，拼命吃穿，不
想擴大生產」，「荒廢了許多土地，生產降低了。」1934 年 5 月底，「總計
各地尚未蒔好的荒田，不下 12 萬擔。」[212]「農民只要致富，就會變成被打

---

[206] 余伯流：《中央蘇區經濟史》，江西人民出版社 1995 年版，頁 247、245～246。

[207] 余伯流、凌步機：《中央蘇區史》，江西人民出版社 2001 年版，第 1103。

[208] 余伯流：《中央蘇區經濟史》，江西人民出版社 1995 年版，頁 455。

[209] 成仿吾：〈張國燾在鄂豫皖根據地的罪行〉，載《中共黨史資料》第四輯，中共黨史資料出版社（北京）1982 年版，頁 151。

[210] 中共福建省委黨校黨史研究室編：《紅四軍入閩和古田會議文獻資料》（續編），福建人民出版社 1980 年版，頁 157～158。

[211] 《湘鄂贛革命根據地文獻資料》第二輯（內部發行），人民出版社（北京）1986 年版，頁 210。

[212] 余伯流：《中央蘇區經濟史》，江西人民出版社 1995 年版，頁 151。

擊的對象,因此土地革命並沒有調動農民生產的積極性。……在東西蘇區的最後歲月,居然發生過多起蘇區農民集體逃亡到白區的事件。」[213]

1929 年,閩西蘇區農民分到土地,收穫比以前多,但經濟不流通,米價一路走低。上杭縣此前每元買米 17 斤,1929 年可買 27 斤,龍岩更低。蘇維埃政府出布告禁止米價降低,但農民暗中減價出售。中共福建省委巡視員報告:「證明蘇維埃在消極方面來限制是沒有作用的,因為農民一切油柴什用總要靠糶米的錢來維持。」[214]毛澤東也承認:「紅色區域在建立的頭一二年,農業生產往往是下降的。」[215]

江西蘇區財政人員:

> 城市商業日漸衰落,最後陷於停頓。營業稅的收入也很少了。此外,其它收入則為數更少。因此。自始至終,在財政收入中占重要地位的是向地主富農籌款,特別是向白區地主富農籌款,即所謂打土豪的沒收款。[216]

毛澤東:「向著一切國民黨區域去擴大我們的財政收入,向著一切剝削分子的肩上安放著蘇維埃財政的擔子……這就是克服困難的方法。」[217]1931 年 2 月,閩西蘇維埃政府明確規定:「開闢財源問題。各縣有工農武裝或游擊隊的,須向白色區域游擊,打土豪籌款。」[218]

「打土豪經濟」必須依靠高歌凱進不斷擴張才能維持,與黃巢、李自成之所以到處流竄(流寇主義)相同。一旦擴張停止,僅僅依靠赤區經濟體系,便無法挺持。因為蘇區農民都怕冒尖成富,都怕成為打擊對象的「新富農」,普遍缺乏生產積極性,幾乎沒人願意多種地,只要全家夠吃就行。各蘇區出現大量拋荒,越是老蘇區,拋荒地越多。鄂豫皖蘇區放棄前,1931

---

[213] 張鳴:〈多面相的民國農村〉,載《同舟共進》(廣州)2011 年第 6 期,頁 17。

[214]《中央革命根據地史料選編》,江西人民出版社 1982 年版,上冊,頁 149～150。

[215]《毛澤東選集》第二卷,人民出版社(北京)1966 年 7 月橫排本,第 1～2 卷合印本,頁 117。

[216] 陳毅、蕭華等:《回憶中央蘇區》,江西人民出版社 1981 年版,頁 373～374。

[217] 中華蘇維埃共和國中央執行委員會:《蘇維埃中國》,1933 年印行;中國現代史資料編輯委員會翻印,1957 年 7 月第一次印刷,頁 277～278。

[218] 余伯流:《中央蘇區經濟史》,江西人民出版社 1995 年版,頁 365～366。

年下半年已出現糧荒，「外面不能輸入，內面儲蓄已罄。」[219]1931 年 8 月，鄂豫皖紅軍總指揮徐向前報告中央：「兩次『圍剿』以來，全軍不僅沒有發過一個零用錢，而且衣服草鞋都弄到非常困難的地步。」。[220]

　　「打土豪經濟」也是陝北紅軍的主要生存方式，1937 年底還在吃大戶。薄一波在山西沁縣招待彭德懷：「今天我們就放開肚子吃一頓，所有的東西都是從土豪劣紳那裡弄來的，一個錢不花，算是『借花獻佛』了。」[221]1944 年 10 月中外記者團訪延，美國親共記者白修德：「共產黨從地主和富人那裡敲榨錢財的作法是殘忍的，可能比野獸還無情。」[222]江西蘇區鄉紳曾哀鳴：「越窮越好，早死早贏。」[223]王若水很晚才意識到：「中共統治之下沒有人權保障遠始於延安和江西蘇區時代。」[224]

　　為貫徹階級路線與體現蘇維埃制度優越性，蘇區制訂出許多違反經濟常識的規定。中央蘇區規定：「工人每週經常須有連續不斷的 42 小時的連續休息」；「在任何企業內的工人繼續工作到六個月以上者至少須有兩個星期的例假，工資照發；在危害工人身體健康之工業中工作的工人，每年至少須有四個星期的例假，工資照發」。1931 年 11 月《中華蘇維埃共和國勞動法》，第 21 條規定「須一律停止工作」的紀念日——列寧逝世、二七慘案、巴黎公社、國際勞動節、五卅、十月革命、廣州暴動，「紀念日節日前一日工作時間，至多不得超過六點鐘」。夜工必須高於常薪、非特許額外工作發雙薪、女工帶薪產假八周、女職員帶薪產假六周、小產帶薪產假二周、被徵入伍者發三月工資、暫失勞動能力亦須保留原職與原中等工資。雇主還須為工人支付薪額 10～15% 的「社會保險基金」。

　　一些工人甚至要求企業主免費提供雨衣、梭標、制服、套鞋，過年費與雙薪等等。雇工成本太高，收穫季節請不起幫工，「有時農民出售一擔

[219] 中國共產主義青年團編：《青年實話》第 18 期（1933 年）；《紅旗週報》第 26 期，1931 年 12 月 9 日。
[220] 成仿吾：〈張國燾在鄂豫皖根據地的罪行〉，載《中共黨史資料》第四輯，中共黨史資料出版社（北京）1982 年版，頁 153。
[221] 薄一波：〈不能忘卻的懷念——回憶彭德懷同志〉，載《人民日報》（北京）1988 年 10 月 23 日。
[222] （美）白修德：《中國抗戰秘聞——白修德回憶錄》，崔陣譯，河南人民出版社 1988 年版，頁 201。
[223] 《中共黨史資料》第七輯，中共黨史資料出版社（北京）1983 年版，頁 241。
[224] 王若水：〈整風壓倒啟蒙：「五四精神」和「黨文化」的碰撞〉，原載《當代中國研究》（美）2001 年第 4 期。何清漣主編《20 世紀後半葉歷史解密》，博大出版社（美國）2004 年版，頁 21。

稻穀，所得款價還不夠支付割禾工資。有些地方的農民甚至稻子黃了無力雇人收割，也不願意雇人收割，寧肯讓金黃的稻子掉在田裡。」蘇區私企一一倒閉。石城縣某小店開除工人，縣勞動部罰款 210 元，可這家商店全部資本只有 200 元。[225]

汀州恒豐榮煙店工人李振光，1932 年 11 月～1933 年 4 月抽調蘇維埃，五個半月未在店內服務，但按蘇區《勞動法》，老闆須支付他大洋 145.8 元，該店總資本僅 400 元。張聞天都為這家老闆叫屈。[226]閩西工人薪水提高三四倍以上；長汀等地造紙工人月薪原十元大洋，提高至二三十大洋，其他店員工人一律提高至 16 塊大洋，且不問勞動紀律。工人經常開會、放假。閩西赤區創始人張鼎丞：「拿了工錢又吃老闆的飯，許多資本吃光了，商店關門，店員失業，反而造成了自己的困難。可是省蘇維埃政府還在說：要更多維護工人的利益，這樣才叫做執行『進攻路線』。」[227]

鄂豫皖赤區的成仿吾：「工人每星期休息 36 小時，每年休息四星期，工資照發等等過『左』的勞動政策。這些政策實行的結果，造成工商業店鋪的倒閉，使根據地的財政經濟發生極大的困難。」[228]

為填補財政赤字，1932 年 6 月中央蘇區發行第一期「革命戰爭公債」60 萬元，10 月再發行第二期 120 萬元。1933 年 7 月 22 日，再發行「經濟建設公債」300 萬元。[229]1934 年 1 月底，中央蘇區銀行人員：「公債已發行了近半年，交庫尚不及半數，土地稅自十二月開始，至一月下旬，所收不及十分之一，後方機關限量吃飯，直到開始長征。」財政困難迫使「國家銀行」超量發行紙幣，長征前發行總數約八百萬元。紅軍走後，這批紙幣大部分被蘇區百姓焚毀。1955 年中共發行新幣，以 1:1 收回一小部分。[230]

「皖南事變」，中共叫得山響，全世界都聽到，而中共方面製造的「摩擦」卻一聲不響。吳國楨《夜來臨》記載：

[225] 余伯流：《中央蘇區經濟史》，江西人民出版社 1995 年版，頁 327～330、357。
[226] 張聞天：〈五一節與《勞動法》執行的檢閱〉，載《鬥爭》（瑞金）第 10 期（1934 年 4 月 19 日）。參見余伯流：《中央蘇區經濟史》，江西人民出版社 1995 年版，頁 335。
[227] 張鼎丞：《中國共產黨創建閩西革命根據地》，人民出版社（北京）1983 年版，頁 69～70。
[228] 成仿吾：〈張國燾在鄂豫皖根據地的罪行〉，載《中共黨史資料》第四輯，中共黨史資料出版社（北京）1982 年版，頁 152。
[229] 余伯流：《中央蘇區經濟史》，江西人民出版社 1995 年版，頁 395、399。
[230] 陳毅、蕭華等：《回憶中央蘇區》，江西人民出版社 1981 年版，頁 375。

　　——北平教師趙侗（1912～1938），抗戰後在北平西山拉起一支學生游擊隊、襲擊日軍彈藥庫、破壞敵人鐵路。1938 年赴渝受訓，結業後返華北。1938 年冬，這支抗日隊伍在河北贊皇縣遭共軍伏擊，幾被全殲。因為這支隊伍忠於國府、拒絕共軍收編，成為那一地區共軍的有力競爭者，趙侗被俘後被處死。

　　——國軍「會被秘密包圍，並在黑夜裡遭到突襲，軍官通常被處死，至於士兵，要麼是將他們收編到共產黨部隊中去，要麼就是集體屠殺掉，為的是不讓一個人活著回去向政府揭露內情。……1939 年春，秦啟榮指揮下的五千名政府軍就這樣在山東被共產黨吃掉了。同年夏，張蔭梧指揮下的另外五千人在河北遭到了同樣的命運。而 1940 年朱懷冰將軍指揮下的一個一萬人的整師在太行山附近遭到了劉伯承將軍的伏擊，並被迫收編到八路軍中。」

　　相比之下，國民黨要比中共講團結，出台維護統一戰線的政策性舉措。國民黨中宣部長吳國楨：

　　從蔣介石到國民黨中央宣傳部，從中央宣傳部到政府控制的新聞界，都下令說不要發表有關共產黨與政府發生衝突的消息。再也沒有比這個政策更使共產黨高興了。當我們傻傻地保持沉默，他們卻大肆宣傳，全世界只能聽到他們的說法而聽不到我們的。

　　絕大多數延安一代終身不知「重慶談判」的重大細節：額定全國軍隊 50 個軍，中共提出占 19 個軍，國府最初同意 9 個軍，最後讓步至 15 個軍，只要求協定簽訂後立即縮編。周恩來明確同意，毛澤東不同意。主持調停的赫爾利：「達成統一的障礙來自共產黨的要多於來自國民黨的。」[231]國民大會從 1946 年 5 月 5 日延期至 11 月 12 日，再推遲至 15 日，均為等待中共出席。開幕後，55 人主席團仍為中共留了九席。中共拒絕出席的理由是要在國務會議 40 席中占 14 席（包括左翼黨團），以便握有否決權（所有

[231] 吳國楨：《夜來臨：吳國楨見證的國共爭鬥》，吳修垣譯，香港中文大學出版社 2009 年版，頁 146～147、168、164、190～194。

決議均需 2/3 票通過），國府同意 13 席。蔣介石提交大會的憲法草案「比
十年前準備的那個草案要民主得多，它標誌著委員長的思想進步了。」馬
歇爾：「不幸的是共產黨人認為他們不宜參加這次國民大會，可是憲法卻
已經把他們提出的一切主要要求包括進去了。」[232]

　　絕大多數中共黨員不知道內戰肇始還有一個版本：1946 年 8 月共軍圍
攻大同甚急，國府再三要求停止進攻，宣布如不停止，國軍將進攻承德、
張家口及延安。中共不理，國軍乃有收復承德之役，大同之圍由綏遠傅作
義馳援，殲共軍 11 個旅，遺屍二萬，大同之圍遂解。[233]

　　湯恩伯一直遭中共醜化，筆者讀到白修德的一段文字，一陣吃驚：「我
認為，湯恩伯不失為一個好人。他命令所有的軍官都要在營房裡收留一名
災區孤兒；所有的士兵都要從每月的配給中扣下一磅糧食分撥給受餓的人
們。」[234]中共好像至今都未有這樣的愛民將領。

　　2008 年，畢業於中央大學外文系的穆廣仁反思：

> 　　在上個世紀四十年代投身中國革命的我們這一代人……既不
> 知道史達林的暴政，也從未料到中共解放後一段時間實施的「左
> 禍」。在我所接觸到的那個同時代人當中，極少對他們當時的追求
> 有所悔的……這就是我所以為奧斯特洛夫斯基的警語深為感動的
> 原因：「我們所建成的，與我們為之奮鬥的完全兩樣！」[235]

　　1946 年入黨的許良英（六四後開除黨籍）：

---

[232]（美）約翰・司徒雷登：《在華五十年》，程宗家譯，北京出版社 1982 年版，頁 162～163。

[233] 王健民：《中國共產黨史稿》（增訂本），中文圖書供應社（香港）1974～75 年，第三編・延安時期
（下），頁 545。

[234]（美）白修德：《中國抗戰秘聞──白修德回憶錄》，崔陣譯，河南人民出版社 1988 年版，頁 135。

[235] 穆廣仁：〈奧斯特洛夫斯基：「我們所建成的，與我們為之奮鬥的完全兩樣！」〉，載《炎黃春秋》（北
京）2008 年第 2 期，頁 29。

　　我自己年輕的時候，提著腦袋幹革命，為了建立新中國。但是，想不到我們後來得到的是這麼一個國家，我非常沮喪。[236]

　　中共建政後實況：一言堂、家長制、等級制、平均主義、剝奪私產、否定個權、棄蔑自由、斥民主為「資產階級自由化」，以反資本主義之名行封建還魂之實，封建臟器一個都不少。就是改革開放以來，六四坦克、一黨專政、禁錮言論、不准批評、禁談民主、重判曉波、打壓異見……醜陋黨史還在延續。今人都看不得，當然更經不起後人撩揭了。

柒、反思難度

　　人總是最難發現自身錯誤，最難打破親手編織的幻夢。徜徉於馬列框架，自滿於革命邏輯，伴以「東風壓倒西風」的自信，長年片面的資訊輸入，延安一代已養成自覺摒拒西方現代人文學說的「黨性」。生活在紅色神話中的一代人，當然不願告別神話。1965 年，胡喬木「七一抒情」——如此江山如此人，千年不遇我逢辰。[237]自我感覺好得很哪！

　　「成績是主要的，偏差錯誤是個別的。」這句中共套語，典型說明中共很早已無反思可能。既然成績是主要的，偏差與錯誤是個別的局部的，不僅馬列框架、計劃經濟、階級專政等不可能納入反思範疇，就是基層單位的具體工作也不可能進行全面檢討。文革折騰成這樣，早年入讀杭州法政學校、上海大學的總政文化部長李逸民（1925 年入黨）：「當時對一切都聽得不順耳，絕沒有想到，整個『文化大革命』都是錯的。」[238]這個「絕沒想到」，正是文革得以迅猛鋪開並持續十年的社會基礎。

　　「胡風分子」何滿子（1919～2009），歷經 25 年大難，又有相當文史功底，晚年仍稱毛澤東為「偉人」，認定馬克思主義為最偉大的社科學說。延安一代普遍只能質疑紅旗的一角，不可能審視紅旗全身。

　　史家指出文革初期中共高層之所以未能制止毛澤東的原因：

[236] 張敏：《穿牆的短波》（記錄紅色中國），溯源書社（香港）2012 年版，頁 192。
[237] 馮蘭瑞：《別有人間行路難》，時代國際出版社有限公司（香港）2005 年版，頁 18。
[238] 《李逸民回憶錄》，湖南人民出版社 1986 年版，頁 229。

　　中共領導人對毛澤東作為中共至高無上的領袖之地位以及對
中共意識形態的高度認同，是他們迅速繳械認錯的最主要原因——
他們根本沒有任何可以對抗毛的思想武器和政治手段……劉本人
既無任何政治實力，也無任何精神力量去與毛抗衡……就中共當時
的高層政治格局而言，無論是劉少奇還是其它任何人都不會產生一
絲一毫的「聯合其它中央領導共同反抗毛」的念頭。[239]

　　中共高幹不僅缺乏抗衡毛澤東的政治基礎，更缺乏對抗其歪說謬論的
思想武器，這是中共高層對文革失去最後阻攔的基礎性原因。

　　1962 年就很有反骨的聶紺弩，雖意識到毛澤東將遭歷史審判，但堅信
馬列主義必勝。「將來這個人（按：毛澤東）歷史上不知道要寫成多醜
啊！……這個現在（按：毛時代）能維持多久？……總有一天，誰是混蛋
就要倒下去的。當然，馬克思主義的勝利、無產階級的勝利，這是不成問
題的，這是歷史確定了的。」[240]

　　1960 年代初，黎澍發覺赤色史學弊謬，撰文質疑《聯共（布）黨史》
將歷史發展概括為階級鬥爭的推動、一切戰爭都是階級鬥爭等觀點。[241]但
在已然形成的赤瀾大波前，純屬螳臂擋車，文革一起，黎澍立遭批鬥。

　　紅色共運也是絕大多數老延安竭力維護的「底線」，包括相當一批反
思者。何方雖認為「馬克思主義不是『放諸四海而皆準的真理』」，但還是
認為馬克思「很偉大」：

　　　不論人們怎樣評論，馬克思主義在人類思想史上都佔有重要
　　地位，誰也不能否認馬克思是一位偉大的思想家和一位偉大的人
　　道主義者。

[239] 宋永毅：〈被掩藏的歷史：劉少奇對「文革」的獨特貢獻〉，載《當代中國研究》（美・普林斯頓）2006
年秋季號，頁 51～52。
[240] 寓真：〈聶紺弩刑事檔案〉，載《中國作家》（北京）2009 年第 4 期，頁 44。
[241] 李銳：〈黎澍十年祭〉，載《黎澍十年祭》，中國社會科學出版社（北京）1998 年版，頁 29～30。

筆者叮問一句：馬克思的偉大體現何處？造成一億紅色冤魂與至少 20
億人非正常生存，如此「主義巨災」，還偉大得起來麼？

何方還肯定中共革命：「中共的先輩們和廣大精英……確實起到了重大
作用，改變了歷史，取得了革命勝利，建立了中華人民共和國，這是主要
的，不能因為接受許多消極因素而抹煞一切。」[242]要邁過馬列雄關與否定中
共革命的整體價值，對絕大多數延安一代來說，實為難以逾越的代際局限。

再讀一段范元甄的文字，可真切搭到延安一代的脈跳，理解他們何以
在左傾迷途上難以返身。1976 年 4 月 29 日，范元甄致信準女婿巴悌忠：

> ……對我，是跟隨毛主席進行路線鬥爭，並從中改造自己世界觀的
> 幸福過程。別看這個過程中有眼淚，也有時痛苦，那卻是雖有缺點
> 的真正的戰士才能理解與體驗的莫大幸福。這場鬥爭為我在文化大
> 革命及其後批林批孔、當前批鄧反擊右傾翻案風等運動準備了思想
> 基礎，使我能照偉大領袖毛主席指引的方向不斷前進。我的惟一痛
> 苦，就是我沒有投身於這些偉大鬥爭第一線的機會。我的痛苦是戰
> 士而無戰鬥崗位的痛苦。[243]

馬列主義乃數代中共黨人難以逾越的理論關隘。中共第二個〈歷史決
議〉稱毛澤東的文革錯誤「是一個偉大的馬克思主義者的悲劇」，似乎只
要是「馬克思主義者」的錯誤，不僅應予原諒，似乎仍很偉大。馬列成為阻
礙數代中共黨人反思的最大障礙。中共完全顛倒了馬列主義與國家利益的
關係，成了國家利益要為馬列主義服務，而非馬列主義為國家利益服務。

喬冠華晚年承認自己的宗教心理。一後生問他：「喬伯伯，你一生廉
潔，忠心耿耿，卻被整得這麼慘，你不對自己的信仰動搖嗎？」喬認真答
曰：「我不是工農出身，參加革命、參加共產黨不是因為自身受壓迫，而
是因為對馬克思主義的信仰。我 16 歲離家，尋求真理……最終決定信仰
馬克思主義。如果我現在對自己的信仰動搖，豈不是我自己把一生的追求

[242] 何方：《從延安一路走來的反思》，明報出版社（香港）2007 年版，下冊，頁 754、781。
[243] 李南央：〈她終於解脫！〉，載《開放》（香港）2008 年 3 月號，頁 68。

都否定了？」後妻章含之：「我不願與他爭執，因此我從來沒有和他談過我對理想破滅的感受。」[244]

對延安一代來說，發現具體錯誤與承認局部錯誤容易，發現並承認全局整體的錯誤，幾近不可能。整體反思，已非針對個人，而是整套制度、整個方向，意味著從一開始就走錯路，這種徹底認錯無異要了延安一代的老命。他們對「自己人」的錯誤輕描淡寫，揮揮手就算了。丁玲晚年：「無論如何不能把年輕時的理想再動搖了」，「我受難，黨也在受難」，輕輕推開反思的痛苦。[245]陳企霞：「過去的事，是歷史造成的，不好追究哪個人的責任。」[246]陳企霞始終認為各種不正之風只是暫時現象，新的黨中央能夠重新得到人民信任。[247]但反右、大饑荒、文革、六四可以不追責麼？不是哪個人的責任，那是誰的責任？難不成又是美蔣反動派的責任？人民憑什麼要跟黨一起受難？為什麼就該與黨「患難與共」？

1989 年 3～4 月，胡喬木訪美演講〈中國為什麼犯二十年的「左」傾錯誤〉，他從毛時代中挑出「發展較好」的兩個時段：1953～57、1961～65。至於左誤之因，胡喬木拎出五項錯誤：所訂指標過高、經濟建設離不開階級鬥爭、追求空想目標、國際環境惡化、文化落後與民主缺失。推責指標過高、目標空想、國際環境惡化、文化落後，對實質性的「階級說」、毛獨裁一帶而過，還在強扶紅旗、硬撐赤說，「社會主義並不跟左傾錯誤相聯繫，而是跟經濟進步、文化進步、社會進步、政治進步相聯繫的。」[248]其實胡喬木口是心非，明明 1979 年私下對李昌說：「馬列那個社會主義一千年也實行不了。」[249]可又一直主持批駁「共產主義渺茫論」。

2008 年，四位城市地下黨出身的「兩頭真」：

---

[244] 章含之：《跨過厚厚的大紅門》，文匯出版社（上海）2002 年版，頁 182。

[245] 邢小群：《丁玲與文學研究所的興衰》，山東畫報出版社（濟南）2003 年版，頁 152。

[246] 胡國華：〈寫在陳企霞同志百日忌辰之際〉，載《新觀察》（北京）1988 年第 11 期，頁 24。

[247] 陳恭懷：《悲愴人生──陳企霞傳》，作家出版社（北京）2008 年版，頁 357。

[248] 胡喬木：〈中國為什麼犯二十年的「左」傾錯誤〉，載《學習》雜誌創刊號。參見《中共黨史研究》（北京）1992 年第 5 期，頁 1～5。收入《胡喬木文集》第二卷。

[249] 袁晞：《一蓑煙雨任平生──馮蘭瑞傳》，氣象出版社（北京）1999 年版，頁 154。

在一定的意義上，也可以說一代的青春浪費了，他們理想中的目標大部分都未能實現。但卻很難說他們當初就作了錯誤的選擇。[250]

　　還是不甘心被全盤否定，不願承認徹底失敗。延安一代雖然不得不承認各種赤災，仍情不自禁綴上「但是……」、「也應看到……」。1989 年，逢先知論及大躍進與人民公社，回避大躍進導致大饑荒，還在為大躍進尋找「正能量」：

　　　　對「大躍進」和人民公社化運動本身應持否定態度，這是毫無問題的。但在那一段時間裡，人們的自力更生、艱苦奮鬥、奮發圖強的精神面貌，是值得稱道的。在這種精神力量的鼓舞下，我國在農田水利建設方面，在工業和科學技術的某些方面，都取得了一些新的成績。這一方面也應當看到。[251]

　　逢先知強調的「自力更生、艱苦奮鬥、奮發圖強的精神面貌」，均為虛虛的形而上名詞，面對大饑荒有何實際意義？除了赤潮鼓動者參與者，誰還會懷念那些給錯地方的激情？至於農田水利、工業科技那點成績，倚墊四千餘萬餓殍與長達 30 年短缺經濟的歷史天幕，還值得炫耀麼？

　　首任中國證監會主席劉鴻儒（1930～），感歎 1992 年必須握持馬克思語錄才能搞股份制：

　　　　鄧小平南巡講話雖然明確了股份制與股票市場可進行試驗，但因所有馬列教科書都將股份制與股票市場作為資本主義特有經濟範疇加以批判。因此，我從《馬恩全集》第 29 卷找到一句非常重要的話，馬克思在給恩格斯的一封信中說：「股份資本，作為最完善的形式（導向共產主義的）……」括弧裡這句話十分重要，因為它明確指出股份制在社會主義制度下是可以利用的。1992 年 6 月，我在

---

[250] 燕凌執筆：〈《紅岩兒女》第三部前言〉，燕凌等編著《紅岩兒女》第三部（上），真相出版社（香港）2012 年版，前言，頁 4。
[251] 董邊等編：《毛澤東和他的秘書田家英》，中央文獻出版社（北京）1989 年版，頁 29。

> 《人民日報》發表了〈關於我國試行股份制的幾個問題〉，有人說
> 我是找到了一棵救命的稻草，現在有馬克思的論述，就好辦多了。[252]

沒有馬克思的原話，沒有那個小括弧，股份制硬是不好辦哩。馬克思沒有說的，後人就不能辦了？莫非馬克思比今人還瞭解今世？更明白今世？必須捏著馬克思語錄搞改革，說明什麼？

受意識形態及文化能力的雙重局限，延安一代只有很少一部分精英晚年具有反思能力。絕大多數抱馬列而長終，隨赤潮走完一生。文革後，他們進退失據，左右為難，尷尬極了。明知必須突出赤色重圍，但不知如何突出；明白必須向昨天告別，但又捨不得已投入的感情，捨不得徹底拋棄「惟一理想」。更麻煩的是他們渾身上下「一片紅」──從知識結構到價值觀念，每一寸思維都是紅色的，難以洗褪難以脫卸。1980 年代初，一位知識分子政協委員：「小鞋穿慣了，一下子放了腳，不會跑了。」

李銳的思想認識也有一個由淺入深的漫長過程。1988 年，李銳《廬山會議實錄》對毛的反思還停留在事實層次，未上升至反思左傾理論與宏觀歷史的高度。2006 年，李銳：「好像一個老將軍說的，我們這些人都纏過腳……都是解放腳，而且戴過緊箍咒。」[253]

許良英劃右後開除黨籍，回鄉務農，1974 年以前一直深信毛澤東和黨報，對中共所有號召聞風而動，儘管 1969 年畏怯批鬥喝過「敵敵畏」：

> 即使被劃成右派以後也是如此。凡是毛澤東的主張，我都衷心擁
> 護，凡是黨報所宣傳的，我都深信不疑。「文革」時，我也義無反
> 顧地響應毛主席的號召，提著腦袋支持造反派。[254]

但整個 1980 年代大陸政治格局，必須首先由延安一代起身反左，邁出艱難的第一步，才有可能通過他們推動社會改革，才有可能使中共開始

---

[252] 劉鴻儒：〈我為股分制試驗找到一句馬克思的話〉，載《北京日報》2009 年 6 月 22 日。
[253] 李銳：〈開放言論，推進政治體制改革〉，載《炎黃春秋》（北京）2006 年第 10 期，頁 76。
[254] 許良英：〈幻想‧挫折‧反思‧探索〉，載燕凌等編著：《紅岩兒女》第三部（上），真相出版社（香港）2012 年版，頁 233、236。

「回頭」。其時，延安一代 55～70 歲，只有他們有能力承擔這一歷史責任，國家需要他們通過修正自己去修正中共。時代需要延安一代既為上一代的赤潮畫句號，又為下一代的改革開啟「冒號」。

　　能夠反思的延安老人，除了歷史責任感，還得有相當的文化素質與才具稟賦。中共最早質疑馬列主義的顧準，對打著進入未來天國的旗幟叫人民一再忍受當下饑餓的宣傳，反感至極：「革命的目的，是要在地上建立天國──建立一個沒有異化的、沒有矛盾的社會。我對這個問題琢磨了很久，我的結論是，地上不可能建立天國，天國是徹底的幻想；矛盾永遠存在。所以，沒有什麼終極目的，有的，只是進步。」[255]顧準為自己的這一「超前思想」支付了高昂代價──組織拋棄、家庭鄙夷，臨終前五個子女一個都不肯來。顧準的「下場」映襯出延安一代反思的難度。

　　延安「兩頭真」晚年硬啃理論，勤讀史書，提高認識，獲得探究馬列原教旨的能力。他們意識到艱苦奮鬥一生，但走錯路跟錯人，不僅沒有為國家民族帶來成果，反而南轅北轍釀成大災巨禍。他們希望能夠找出走錯路的根源，意識到這一「尋根」的重大意義。

　　文革後，十年為一台階，延安一代的反思呈現某些共性：

一、1970 年代後期，文革剛結束，「主義」仍然大如天，社會主義方向、無產階級革命路線絕對壓倒人民利益。1978 年，安徽鳳陽小崗村 18 農戶密謀包產到戶，省委書記萬里違抗中央精神表態支持，與另一省委領導發生「要社會主義」還是「要群眾」的爭論。[256]當時的政治氛圍下，萬里的「我要群眾」需要相當勇氣。但問題是「偉大的社會主義」怎麼會與人民群眾產生如此嚴重的價值對立？「要群眾」這樣的常識，為什麼需要勇氣？應該為人民服務的「主義」何以與服務對象發生對立？抽象的「主義」怎麼會高於大於具體的人民？這場「要主義還是要群眾」之爭，清晰說明「主義」對中共的束縛。

二、1980 年代，延安一代的反思有所深化，但仍局限於文革，認為只是毛的一念之差才使天堂瞬轉地獄。絕大多數延安一代步大革命

---

[255] 顧準：《顧準文集》，貴州人民出版社（貴陽）1994 年版，頁 370。
[256] 馬龍閃：〈珍視萬里的「我要群眾」思想〉，載《北京日報》2008 年 12 月 8 日。

一代後塵，將文革歸結為個人因素，責怪毛澤東、林彪、康生及四人幫，很少將反思延伸至文革前甚或反右，更看不到起於萍末的赤色思潮。這種止於文革的反思，既是一種情結，更是一種局限。1979 年 11 月，周揚四屆文代會報告除了文革十年算冬天，其餘都是春天，講到「四人幫」以外的教訓，羞羞答答，忸忸怩怩，遮遮掩掩，水過地皮濕。[257]

三、1990 年代，延安一代的反思逐漸深入，進入赤色思潮層面，懷疑「主義」的正確性，但掣肘仍十分滯重，且只能以馬列之矛攻馬列之盾，無有別的理論武器。韋君宜承認：

> 更多的理性分析還是留給後人去做吧！至於我本人，至今還不可能完全說透，我的思維方式也缺少討論這些問題的理論根據和條理性。[258]

1984 年，延安幹部汪澍白（1923～）請調廈門大學哲學系，決心後半生以唯實獨立精神致力毛澤東研究，「30 年匆匆過去……成績卻不大理想。究其原因，在主觀方面……對本身浸染很深的教條主義也沒有自覺地加以清算。」[259]

「六·四」後，一批延安「兩頭真」流亡海外，仍以正宗馬克思主義自居。2005 年，蘇紹智某著第一章標題：「毛澤東不是馬克思主義者」。[260]還走在中共和尚念歪經的路子上。

四、進入二十一世紀，大徹大悟，娩出不少內涵深刻的感悟：

> 今天歐美國家普通老百姓所擁有、所享受的物質文明，早已超過了馬克思、恩格斯的想像，超過了他們所制定的共產主義標準。正是資本主義生產方式創造了共產主義的物

---

[257] 秋石：《兩個倔強的靈魂》，作家出版社（北京）2000 年版，頁 206、208。

[258] 韋君宜：《思痛錄》，北京十月文藝出版社 1998 年版，頁 4。

[259] 汪澍白：〈感受 1978 年歷史轉折〉，載《炎黃春秋》（北京）2008 年第 8 期，頁 56。

[260] 蘇紹智：《民主不能等待》，田園書屋（香港）2006 年版，頁 1。

質基礎。真想讓老百姓過上好日子，就老老實實地走人類
文明的大道。你消滅了資本主義生產方式，共產主義就是
永遠建不起來的空中樓閣。毛澤東領導的向共產主義過
渡，就是這樣一場幾億人參加的空忙，越搞越窮，越奮鬥
離共產主義越遠，好像對著目標倒著走一樣。[261]

　　只有對馬列進行整體質疑，才可能分泌有品質的反思。「兩頭真」中，
也只有寥寥精英有能力深入反思至「主義」層面。饒是顧準，他最後的思
想仍帶著相當紅箍：「私有財產終歸是要消滅的」。[262]囿於各種局限，延安
一代已無法對中國未來展開深入思考，無法完成這一歷史任務了。2008
年，像宗鳳鳴這樣的「最後清醒者」，亦走不出馬克思主義迷陣，仍認為
馬克思「正確分析了社會主義乃資本主義高度發展的產物，是社會生產力
高度發展的結果」。[263]

　　1980 年代以後的社會轉型，延安一代青春歲月的純潔理想成為晚年懺
悔的起點，神聖信念蛻變成發黴穢物。一生追求的理想崩潰了，個人主義
並非萬惡之源，私有制恢復了，因為公有制比私有制更可怕，否定了個人
價值，等於否定了人類社會的價值起點。延安一代晚年歲月如煎似熬，悔
恨交加，所持守的價值體系被否定，依附其上的一生無從寄託，狼奔豕突，
惶惶然不知所終。

　　1980 年代以來，中共基於「維穩」，對 1949 年後的黨史國史規定「淡
化」，只許有限反思。黨性也阻止延安一代集體反思，叛出朝歌者只是極
小一部分。這一小部分「兩頭真」遭到昔日戰友的圍訐。死硬左派以維護
革命正統為己任，認定「兩頭真」為最可惡的叛徒，比「異教徒」更壞。

　　對中共來說，每承認一處「自己的錯誤」，包括承認史達林與波爾布
特的罪惡，都是千不情萬不願。直到 1989 年，蘇聯最高法院都為托洛茨基、
布哈林平反了，中共才公開承認史達林殺錯了他們。[264]

---

[261] 辛子陵：《紅太陽的隕落——千秋功罪毛澤東》，書作坊（香港）2008 年版，上卷，頁 xxvi、xxviii。
[262] 顧準：〈從理想主義到經驗主義〉。參見陳敏之編《顧準文集》，福建教育出版社 2010 年版，頁 323。
[263] 宗鳳鳴：《心靈之旅》，開放出版社（香港）2008 年版，頁 68。
[264] 曾彥修口述、李晉西整理：〈我認識的胡喬木〉，載《炎黃春秋》（北京）2010 年第 8 期，頁 42。

共產赤說確類鴉片煙，一些留歐留美者也很難清醒。牛津畢業生、譯家楊憲益（1915～2009），娶英國姑娘戴乃迭，積極要求入黨未果，拒絕國民黨飛台機票，韓戰時夫婦傾囊捐獻飛機，文革被誣特務，下獄四年，母親掃大街，兒子被逼瘋並自焚英國街頭。楊憲益仍於 1986 年入黨，1989年反對「六‧四」鎮壓退黨。在楊的人生軌跡中，1986 年加入中共成為難以解釋的一筆，只能歸之為對共產赤說的價值認定，說明識穿赤說之難。

赤色誘惑太鮮豔太美麗，不僅迷惑了數代紅色士林，大洋彼岸的高鼻子也有不少被終身欺蒙。張愛玲美國丈夫、左翼作家賴雅至死都堅信文革是在進行人類最偉大的革命。史達林形象「黑」掉後，西方左翼士林將希望寄託在毛澤東身上，認為文革是毛開闢的一條真正走向社會主義的道路，標示人類未來希望。他們在本國發動種種「反建制」運動。一些港台知青篤信中共宣傳，認定中共通過文化革命進行自我改造。[265]至今，西方仍有一派學者堅持認為：民主的前途必須從馬克思主義中尋找。[266]

一脫離中共立場，跳出廬山便很容易認清中共。1947 年，儲安平：

> 共產黨的對人，只有「敵」「我」……一切都以實際利害為出發，不存在任何人情與友誼。……我們現在爭取自由，在國民黨統治下，這個「自由」還是一個「多」「少」的問題，假如共產黨執政了，這個「自由」就變成了一個「有」「無」的問題了。[267]

[265] 李怡編：《知識分子與中國》，遠流出版事業股份有限公司（台灣）1990 年版，頁 74～75；40。
[266] 金耀基：《中國政治與文化》（增訂版），牛津大學出版社（香港）2013 年版，頁 104。
[267] 儲安平：〈中國的政局〉，載《觀察》週刊（上海）第二卷第二期，1947 年 3 月 8 日。

第十一章

分裂分化

壹、最初裂紋

抗戰結束後，土改伊始，毛劉分歧就漸漸浮現。1949 年後，隨著一場場暴烈的政治運動，黨內外矛盾劇增，尤其如何進行社會主義建設，更是無可避免地出現各種不同政見。延安一代也漸漸出現各種意味深長的裂紋。反右後，正式分化。文革後，分化日益顯豁。1970 年代的凡是派、1980 年代的極左派、1990 年代的《中流》派，中堅力量都是老延安。反過來，政治上能與之抗衡的也只能是另一撥老延安——「兩頭真」。認識上的差異必然會在政治上實質性體現。李慎之說與鄧力群的關係：「我根本不與他來往了，40 年不來往了！見面連頭也不點。」[1]1982 年，鄧力群拍拍溫濟澤肩膀，要他不要同于光遠搞在一起。[2]親不親，政見分。

延安一代的真正分裂出現於文革後，在紅色破壞力的現實面前，延安一代已不可能鐵板一塊。最初的分裂局限於經濟政策，聚焦於農村包產到戶與鄉鎮企業的臧否，很快上升至意識形態。1978 年，政治局議決：建立深圳、珠海、汕頭、廈門四特區。大連原本也接著辟為特區，胡喬木去了一趟深圳，回京後說：深圳什麼都變白色了，只有國旗還是紅色的。大連特區審批遭阻。[3]所謂特區，即資本主義市場經濟試驗區。1980 年代初，陳雲集團成為改革開放的最大阻力。1981 年 4 月，陳雲集團攻擊特區即租界之翻版，是賣國，明確傳言：「中央領導同志（指陳雲）意見，特區要取消！」鄧小平一時也不敢說話。1981 年 12 月 25 日，陳雲在省市書記會

---

[1] 邢小群：《往事回聲》，時代國際出版有限公司（香港）2005 年版，頁 69。

[2] 《溫濟澤自述》，中國青年出版社（北京）1999 年版，頁 358。

[3] 張根生：〈聽華國鋒談幾件大事〉，載《炎黃春秋》（北京）2008 年第 10 期，頁 10。

上：「除深圳、珠海、廈門部分地區（2.1 平方公里），試辦特區，不能增加；國家建設必須全國一盤棋，按計劃辦事。」1984 年，陳雲對中組部長喬石說：黨內知識分子最優秀的代表是胡喬木與鄧力群。[4]中共上下集體發現：社會主義建設遠不如「打倒蔣介石」那麼目標清晰，社會主義道路原來是一趟沒有地圖的旅行，得摸著石子過河。胡喬木：「建設社會主義會比推翻蔣介石、建立由共產黨領導的人民政權還要困難。」[5]

　　1790 年，柏克：「當古老的生活見解和規則被取消時，那種損失是無法加以估計的。從那個時候起，我們就沒有指南來駕馭我們了，我們也不可能明確知道我們在駛向哪一個港口。」[6]赤色革命摧毀了一切傳統，不僅使革命獲得「徹底解放」，獲得檢驗豁免權，也使革命失去指南，莫知所往，只能隨流而瀉，以觸礁沉船繳學費。這不，改革開放至今仍是方向未明的沒有地圖的旅行，仍須「理論創新」。

　　1980 年代的改革開放，必須以中共發生思想裂變為前提，出現胡耀邦、趙紫陽、萬里、安志文、李銳、杜潤生、李昌、于光遠、田紀雲等一批改革派，改革開放的車輪才可能轉動。鄧小平雖是總設計師，沒有執行者也是不行的。「在深圳真正打開局面的是梁湘。」1981～86 年，年逾六旬的「延安青年」梁湘出長深圳，開創出神奇的「深圳速度」。[7]

　　改革開放一啟動，延安一代無可避免地發生分裂，對待資本主義的「包產到戶」，1970 年代末發生嚴重分歧。支持者：萬里、趙紫陽、李銳、杜潤生、田紀雲等；反對派：華國鋒、胡喬木、王任重（中央農委主任）、楊易辰（黑龍江省委書記）、李爾重（河北省委書記）、馬文瑞（陝西省委書記）、廖志高（福建省委書記）、金明（河北省委書記），還有李先念、徐向前，若非鄧小平鼎力堅持「包產到戶」，並不容易壓倒反對派。[8]

　　港商投資上更有「原則性分歧」。1980 年代初，李嘉誠（1928～）欲投資內地，項目還未談成，就有人說他賺了多少多少錢，他向許家屯發恨：

[4]　李銳：〈懷念同趙紫陽的交往〉，載《開放》（香港）2006 年 4 月號，頁 44～45。

[5]　《胡喬木傳》編寫組編：《胡喬木談中共黨史》，人民出版社（北京）1999 年版，頁 208。

[6]　（英）柏克：《法國革命論》（1790），何兆武等譯，商務印書館（北京）2009 年版，頁 104。

[7]　〈梁湘：深圳特區先鋒官〉。參見杜導正、廖蓋隆《重大決策幕後》，南海出版公司（海口）1998 年版，頁 135～147。

[8]　趙紫陽：《改革歷程》，新世紀出版社（香港）2009 年版，頁 72。

「我決定不再到國內投資，要我捐款可以。」[9]見人賺錢就渾身不舒服，見不得一點「私」，視私如敵，視富為仇，如此心態如何與商品經濟對接？

1980 年 3 月，北京當時甚缺旅遊飯店，港商包玉剛再三要求無償捐建一高檔飯店，惟一要求命名「兆龍飯店」（父名）。包這張一千萬美元支票硬沒人敢接，都怕同意飯店私名被指「右傾」。高層傳聲：「要建兆龍飯店，這不是為資本家樹碑立傳嗎？是愛國主義還是賣國主義？」國家旅遊總局副局長莊炎林挨批：「我黨一直強調自力更生，拒絕接受外援，你在搞什麼名堂嘛！」莊炎林直遞報告給鄧小平，鄧放話：「人家對我們有貢獻，紀念紀念應該！」鄧親自出席贈款簽字儀式並題寫「兆龍飯店」。[10]

意識形態部門習慣性地堅持紅色教條，中宣部成為左派大本營，一再以馬列原教旨攔阻各項改革。1979 年理論務虛會，本意大幅糾正極左思潮，一開始也開得很解放，但胡喬木為鄧小平起草了〈四項基本原則〉，致使歷史契機悄然隱失，大陸民主化進程延緩至少三十年。[11]

1986 年初出現學潮，圍繞「四項基本原則」，從基層到中央都出現不同聲音。浙江左士黃源：

> 學生鬧事，暴露了這幾年資產階級自由化氾濫，文藝界裡這股潮流，背後實際就他們暗中支持的。前幾年中宣部想加以整理，未成，作協四次代表會，更烈。這次理事會上，對「決議」寫上資產階級自由化，有異議。……我們看了上海學生鬧事的錄影，真不像話，數十年後，學生受毒，鬧事，反對四項基本原則，不是鄧老提出堅決處理，是非不明，又滑過去了。[12]

寥寥數語，可窺知中共高層的思想分裂。

1987 年李銳致函趙紫陽、鄧小平：「中央的改革和開放這一根本方針，他（鄧力群）是一貫抵制的，認為現在經濟體制改革中的一系列做法，離

9　許家屯：《許家屯香港回憶錄》，香港聯合報有限公司 2008 年版，上冊，頁 275。

10　鍾兆雲、易向農：〈鄧小平親自接受「燙手支票」〉，載《揚子晚報》（南京）2010 年 9 月 18 日。

11　李銳：〈我的延安經歷〉（三），載《爭鳴》（香港）2011 年 7 月號，頁 63。

12　上海魯迅紀念館編：《黃源文集》第七卷，上海文藝出版社 2009 年版，頁 300。

開了馬克思主義基本原理,不過是援引西方資本主義某些經驗……他從來不正面宣傳改革和開放,而是從意識形態出發對改革和開放進行各種各樣的指責,設置各種各樣的障礙。……近年又搬出《資本論》雇七個工人即形成『資本剝削』,來指責搞活經濟、允許雇工的政策。」[13]

改革開放以來,「延安左派」一直堅決反對,認為改革開放背離毛澤東思想,違反馬列主義原則,放棄計劃經濟更是資本主義復辟,乃是貪汙腐敗、兩極分化等總根源,呼籲只有退回「毛時代」才能救中國;解決世界一切社會矛盾的惟一辦法就是遵循馬列原則──根絕私有制;市場經濟瓦解了社會主義經濟基礎,沿海地區的開放是「香港化」;鄉鎮企業、個體企業的興起是發展資本主義,多一份外資和三資企業就是多一份資本主義。他們堅決要求取消特區,剷除資本主義溫床;改革開放不問姓社姓資,乃是資產階級自由化的典型表現。1989 年 5 月 17 日晚,中共政治局常委在鄧小平家開會,姚依林指責趙紫陽搞亂經濟,搞的是資本主義市場經濟而非社會主義商品經濟。[14]

1980 年代的中共,一邊倡導思想解放,一邊堅持馬列主義,形成意識形態的巨大怪圈。既倡導思想解放,又要求必須運行於馬列圈內,絕對不能突破,思想解放從何談起?既然設定「真理範疇」,非「馬」勿視、非「馬」勿聽,又如何「思想解放」?「解凍」的初始目標只是針對極左思潮,有限「解放」,用馬列的這一部分反對馬列的那一部分,或曰用鄧氏馬列否定毛氏馬列。但所有極左思潮都源自馬列,溯源而上,不可能不追至對馬列主義的反省,不可能不刨至這座赤色祖墳。

貳、「六・四」之裂

「六・四」則是延安一代徹底分裂的界碑。「六・四」槍響,對延安一代是致命的,也是最後的催醒劑。他們萬萬沒想到起身學運的黨,居然會轉身鎮壓學運,而且比「萬惡舊社會」任何一次鎮壓都血腥,死亡人數

---

[13] 李銳:〈李銳致趙紫陽鄧小平函〉,載《開放》(香港)2006 年 4 月號,頁 50～51。

[14] 陳一諮:《中國:十年改革與八九民運》,台灣聯經出版公司 1990 年版。轉引自韓文甫:《鄧小平傳》(治國篇),東西文化事業公司(香港)1994 年版,頁 787。

多到「不便公布」。「六・四」之夜，李銳與老伴在木樨地住宅臨街陽台不停對坦克叫喊「法西斯」，遭子彈掃射，趕緊蹲避。[15]一些三八式、解放牌因「六・四」被捕，如鮑彤、李洪林、王若望；有的流亡境外，如劉賓雁、蘇紹智、于浩成；有的黨內批判，如李銳、于光遠、李昌、胡績偉、杜潤生、王若水。多數延安老幹部「覺得黨已無望，一片灰色絕望情緒」，「李鵬在電視上一亮相，大家就關機了。」更讓一些老紅軍、老延安、解放牌絕望的是：兒孫在「六・四」被坦克打死，扣上暴徒罪名。[16]

一位延安老幹部怒曰：

> 共產黨要解放全人類，首先要解除人民說話的恐懼感。少數人的意志強加給多數人總不行。……我們這些社會主義國家，黨執政後，可以不尊重人民的意志，想怎麼擺弄人民就怎麼擺弄人民。1958 年「大躍進」是這樣，「文革」更是這樣，此次天安門事件又是這樣！[17]

「六・四」使中共黨內矛盾激化，隱性矛盾浮出表面，爭論日烈。副總理田紀雲（1929～）：

> 1989 年後至 1991 年底，關於「姓資姓社」的爭論甚囂塵上。保守者以「農村社會主義教育」否定農村改革；以「反和平演變」否定改革開放。……說什麼「政治上的自由化來源於經濟上的自由化，經濟上的自由化來源於農村的家庭承包」，「三資企業是和平演變的溫床，鄉鎮企業是不正之風的風源，農村承包制是集體經濟瓦解的根源」。那時候，可以說，從上到下，形成了一股否定改革開放的力量。[18]

[15] 張敏：《穿牆的短波》（第一卷），溯源書社（香港）2012 年版，頁 467。
[16] 丁子霖：《尋訪六四受難者》（1989～2005），開放出版社（香港）2005 年版，頁 24～28、118～121、207～209、210～213。
[17] 杜導正：《趙紫陽還說過甚麼？——杜導正日記》，天地圖書有限公司（香港）2010 年版，頁 280、282、265。
[18] 杜明明、徐慶全：〈田紀雲談 1992 年中央黨校講話〉，載《炎黃春秋》2009 年第 3 期，頁 1、3。

連大革命一代都因六四而分裂。1990 年 3 月，陳雲致信中央，攻訐鄧小平：「『十年改革』的極右，處理『六四』是極左。」1991 年 3 月，陳雲對鄧力群說：「鄧小平從來不是馬列主義者，而是實用主義領先，好事做了一些，但很多事都做錯了，把黨和國家引向險途，要害是實用主義，黑貓白貓。」[19]陳雲不同意生產力標準代替馬列「資社」標準。

嚴家其（1942～）：「六四一聲槍響，把馬克思主義送出中國。」[20]不知何時，天安門廣場已沒了馬恩列斯巨像，意識形態轉型的腳步不可逆轉。何燕凌（1922～），復旦新聞系出身，南方局地下黨員，1946 年操辦晉冀魯豫區《人民日報》，2006 年卞仲耘遇難四十周年紀念會上：

> 我們為什麼到解放區去？就是要求民主……嚮往民主自由。當時共產黨民主旗幟是舉得高的……後來，社會主義成了痛苦的概念。最後文化大革命一弄，覺得夢想完全破滅了。改革開放以後覺得有點希望了。但是兩個事情使我慢慢地對這個黨啊，幾乎徹底絕望。一個是搞掉胡耀邦的宮廷政變，再一個就是六月三日夜裡聽到槍響，我老伴心臟病都犯了，簡直是整個完蛋了。到底是怪誰？從哪來的？我就一直想這個問題。我覺得中國革命什麼武裝奪取政權、農村包圍城市，全是錯的！如果真正是像舊政協那樣搞聯合政府，一路走下來，什麼文化大革命這一套，什麼大躍進，都不會有了。根子就在中國社會整個一個封建傳統，沒有從根本上動搖。就是搞了一個農民武裝鬥爭，結果在中國建立了一個專制政權。這個專制政權的首惡就是毛澤東！[21]

[19] 宋衣蒙：〈陳雲批評極右與極左〉，載《鏡報》（香港）1991 年 1 月號；衛天誼：〈八中全會議而不決內情〉，載《鏡報》1992 年 1 月號。轉引自韓文甫：《鄧小平傳》（治國篇），東西文化事業公司（香港）1994 年版，頁 838、843。
[20] 嚴家其：〈談談「孔老夫子救世論」〉，載《動向》（香港）2010 年 3 月號，頁 79。
[21] 〈卞仲耘遇難四十年紀念會記錄·下〉，載《開放》（香港）2007 年 8 月號，頁 72。

連紅軍一代都分裂了。1989 年 5 月 20 日戒嚴後，蕭克、葉飛、張愛萍、楊得志、李聚奎、陳再道、宋時輪等七上將連署上書，反對武裝鎮壓，強調人民解放軍的槍口不能對準人民。[22]

延安一代因「六四」一裂為四：

一、「第二種忠誠」派

1990 年 4 月 30 日，許家屯權衡再三，決定出走，但十分矛盾：「一個五十多年忠誠的共產主義的信徒，『旅遊』到資本主義美國『休息』。這對中國共產黨，對我自己，都是極大的諷刺！本來想都想不到、更極不願見到的事，竟成為現實……」逃美後，許被開除黨籍，但仍堅守馬克思主義，「我願和中國共產黨內外的志同道合者，共同摸索社會主義、共產主義新的模式。」[23]港媒點評許家屯：「黨性堅定，思想開放」。

香港《文匯報》總編金堯如（1923～2004），前中共台灣省委宣傳部長，「六‧四」後聲明脫共，協助許家屯逃美。劉賓雁也屬於這一派，脫黨但不背棄「主義」。劉賓雁 1987 年初因「資產階級自由化」開除出黨，1988 年 3 月赴哈佛進修講學，抨擊中共時政；「六‧四」後流亡海外，1989 年 7 月在巴黎與嚴家其等發起「民主中國陣線」，與中共徹底分道揚鑣。

這一派人數較多，沒有逃美走港的，在大陸沉默著。

二、花崗岩腦袋派

該派從 1970 年代的凡是派到 1980 年代的左派，再到 1990 年代的「《中流》派」。胡喬木晚年詩句：「紅牆有幸親風雨，青史何遲辨愛憎」、「鋪路許輸頭作石，攀天甘獻骨為梯」，[24]以為只要情操高尚、輸頭作石獻骨為梯，便能最終得到後人的「辨愛憎」。還有不少范元甄式人物，范元甄對鄧小平、趙紫陽「絕對大不敬，一點也沒把他們當了黨的化身」。[25]

22 張敏：《穿牆的短波》（第一卷），溯源書社（香港）2012 年版，頁 464～465。
23 《許家屯香港回憶錄》，香港聯合報有限公司 2008 年版，上冊，前言（一）、（四）。
24 李慎之：〈胡喬木請錢鍾書改詩種種〉，載《百年潮》（北京）1997 年第 2 期，頁 65。
25 李南央編著：《我有這樣一個母親》，開放雜誌出版社（香港）2003 年版，頁 24。

1980 年 8 月，復出後的丁玲在廬山全國高校文藝理論研討會上，堅決反對文藝界普遍要求擺脫隸屬政治的呼聲：

> 文藝為政治服務，文藝為人民服務，文藝為社會主義服務，三個口號難道不是一樣的嗎？這有什麼根本區別呢？……創作本身就是政治行為，作家是政治化了的人。有的作家說他可以不要政治；你是個作家，就有志向，就有理想，就有感情，這都不是與政治無關吧？[26]

1991 年 4～9 月，中共高層爆發「姓資姓社」大爭論，左派借助反和平演變質疑改革開放，認為包產到戶分散經營，缺乏集中統一，市場經濟純屬經濟自由化，背離社會主義大方向，要求恢復鄉村合作社。[27]這才有次年鄧小平南巡談話那 11 字──「要警惕右，但主要是防止『左』。」薄一波稱「關鍵時刻的關鍵談話」。

進入二十一世紀，延安左士已無力全面抵禦改革開放，但執拗地想從馬克思主義中尋找「正統」，既為中共革命尋找歷史價值，亦為改革開放尋覓「紅色依據」。他們煞費苦心地求證史達林、毛澤東並非馬克思主義正宗，而是偏支旁流。甚至列寧主義也被他們斷尾放棄了。2000 年 10 月 30 日，中國社科院在京郊昌平召開「馬克思主義哲學和二十一世紀」國際學術討論會。前中宣部副部長、中央黨校副校長龔育之（1929～2007）：

> 馬克思主義、社會主義在世界上的命運如何？我們中國人的信心是：只要中國實現自己的現代化目標，社會主義就巋然屹立在世界上。我們中國人的觀察是：社會主義經歷一個長過程發展必然代替資本主義，這是社會歷史發展不可逆轉的總趨勢，雖然道路是曲折的。

還是不肯認輸，還要硬撐下去。龔育之堅信 300 年後社會主義將在全世界獲勝，東風最終壓倒西風。胡繩則認為二十二世紀就可實現全球

---

[26] 丁玲：〈作家是政治化了的人〉。參見《丁玲文集》第六卷，湖南人民出版社 1984 年版，頁 230～231。
[27] 杜潤生：〈中國農村改革漫憶〉，載《社會科學報》（上海）2004 年 2 月 12 日。

社會主義。[28]就算中共專政體制下實現經濟現代化（政治現代化當然不可能），用的也是資本主義藥方，仍無法證明是馬克思主義的勝利。

誰都明白，中共之所以至今高舉馬列大旗，還在高唱〈國際歌〉，並非還在堅守赤色信仰，而是這一意識形態拴繫著中共政權合法性，設若換旗易幟，那麼⋯⋯

三、渾渾噩噩派

這一派學歷偏低，人數也不少，他們回避重大理論，流連於膚淺自戀，高唱青春無悔，也可稱「終身不醒派」。

延安女大學員于藍：「1990 年代曾有 100 對金婚、銀婚夫婦和健在的女大師生，共同回首半個世紀前的浪漫生涯，她們和革命一起經歷了風風雨雨，但是她們對革命的信念始終如一。」[29]有的延安女大生還在無限懷念延安的「崢嶸歲月」：「如果說每個人都有黃金時代，那麼我上女大期間便是我人生的黃金時代。那是我一生中最愉快、最幸福的時光。」[30]

女紅軍曾志的信徒式臨終遺言：

> 堅信三座大山一定能推翻，堅信中國革命一定能勝利，堅信無產階級革命、世界大同一定能成功⋯⋯我始終將自己的政治生命看得最為重要，而把家庭、子女、感情看得較輕、較淡。只要為了黨的利益和需要，我可以捨棄一切，包括生命。因為我不僅是一個女人，更是一名戰士。[31]

「三座大山」不是已經推翻？「中國革命」不是已經勝利？至於「無產階級革命」，對不起，無產階級在西方都快不存在了；「世界大同」，好像一時半會還看不到成功的曙光。但從這一段遺言中，可強烈感受到這位女紅軍以戰士為榮的價值取向。

28　《龔育之回憶：「閻王殿」舊事》，江西人民出版社 2008 年版，頁 142、172。
29　于藍：《苦樂無邊讀人生》，中央文獻出版社（北京）2001 年版，頁 47。
30　延安中國女大北京校友會編：《延水情》，中國婦女出版社（北京）1999 年版，頁 155。
31　曾志：《一個革命的倖存者》，廣東人民出版社 1999 年版，下冊，頁 534。

1998 年曾志病重，女兒陶斯亮攜女探母，突發奇問：「如果讓你再選擇一次，你選什麼樣的男人？」外孫女不假思索：「我會選壞男孩！」陶斯亮：「我選比較優秀的男人！」曾志認真想了想，斬釘截鐵：「他首先必須是共產黨員！」陶斯亮母女哈哈大笑，曾志沒笑，她從來不說笑話。2009 年，陶斯亮（1941～）說母親屬於「騎馬挎槍走天下的那種女性」，身上那種紅的狂熱、革命的狂熱，是滲透到骨子裡的。對曾志來說，永遠政治生命第一。陶斯亮認為自己不像母親，屬於溫情型，原則性不強，不適合從政，故辭去中央統戰部副局長。[32]三代女性三種不同選擇，說明紅色家庭「一代不如一代」──黨性漸弱人性漸強，從嚴肅板正轉向活潑恣肆。

「六‧四」時，還有一批渾渾噩噩的延安高幹。《海南日報》總編程凱撰文：海南首任省委書記許士傑（1920～1991），1938 年入黨，趙紫陽一手提拔且一直以與「紫陽同志」關係鐵硬自炫。「六‧四」後，不僅率先表態支持「鎮壓暴亂」，狠批趙紫陽，且對同事梁湘落井下石，帶頭揭發。此前，許士傑同意並修改以省府名義電請中央與學生對話，此時全部推責於梁。全國人大記者會，許宣布梁湘有幾百萬經濟問題。程凱認為許士傑雖非大奸大惡，但「六‧四」使其自私齷齪暴露無遺，未能像梁湘一樣挺直腰杆。[33]許士傑代表了大多數中共幹部「跟風走」的政治品質。

四、「兩頭真」派

1985 年 7 月，李慎之、蘇紹智、王若水、李洪林、于浩成等上福建武夷山開研討會。李洪林論文：一、重新認識資本主義，資本主義並未像馬克思所說的成為社會生產發展的阻力；二、重新認識社會主義，社會主義革命都發生在生產力水準很低的國家，所建立的並非社會主義國家；三、重新認識「資社」國家之間關係，誰更有前途，要看誰能適合生產力發展；建議把廈門辦成香港一樣的自由港。[34]李洪林的三個重新認識，否定了社會主義一定優於並必將代替資本主義，否定了社會主義不可動搖的神聖

[32] 劉暢：〈陶斯亮回憶母親曾志〉，載《環球人物》（北京）2009 年第 4 期，頁 78～79。
[33] 程凱：〈哀哉許士傑〉，載《動向》（香港）2011 年 8 月號，頁 78～79。
[34] 李洪林：〈武夷山高多風雨〉，載《爭鳴》（香港）2008 年 6 月號，頁 61～62。

性。此為延安一代明確反叛馬克思主義的第一步，也是中共思想界十分重要的一次裂變——堡壘終於從內部發生地基塌陷。

蕭洪達（1918～2005），1939 年入黨，中紀委副書記，六・四後憤然辭職，喬石再三挽留，仍堅辭。「這樣六・四後中紀委一切違背良心的行動與我蕭洪達無關，歷史上我蕭洪達不承擔任何責任。」還有延安老幹部「六・四」後說：「我們黨十年轉了一圈又回來了，真是可怕得很、可煩得很。看來要將忠心於黨的同志都逼到造反才甘心。」[35]

2007 年，宗鳳鳴：

> 我是搞學生運動出身的……我對鎮壓青年學生極度傷感，簡直使我對自己終身為之奮鬥的理想信仰有所破滅。「人民軍隊鎮壓人民」，開進幾十萬大軍，用坦克、機槍來對付手無寸鐵的學生，這是中外歷史前所未有的，這是歷史大悲劇。我很想瞭解為什麼會有這樣的決策。[36]

真正的反思需要思想資源與信息資訊。「六・四」後被鄧小平欽點「黑後台」的《人民日報》總編胡績偉，先下台，後撤銷人大常委，審查三四個月，再由胡喬木親臨《人民日報》組織批判兩年，初擬開除黨籍，後改留黨察看。1993 年，由前《中央日報》副總編陸鏗安排，胡績偉訪學美國明尼蘇達州立大學新聞學院，遍訪美國十幾座城市，十幾所大學和學術機構，其後演講，「使我這個在嚴密封閉和高壓統治下奮鬥了幾十年的民主戰士，得到了一次活生生的現實教育，使我在年近八十的晚年，得到一次更為徹底的醒悟，進一步轉變了我從此之後的這一二十年的世界觀和人生觀。」[37]胡績偉最後認識到毛澤東、鄧小平與希特勒、史達林、蔣介石的政治思想完全同質：

[35] 杜導正：《趙紫陽還說過甚麼？——杜導正日記》，天地圖書有限公司（香港）2010 年版，頁 139、243。
[36] 宗鳳鳴記述：《趙紫陽軟禁中的談話》，開放出版社（香港）2007 年版，頁 15。
[37] 胡績偉：〈突破重圍・衝進一個新世界〉，載《動向》（香港）2008 年 7 月號，頁 78。

毛澤東繼承希特勒、史達林、蔣介石的政治遺產，堅持「四個
一」的「一個黨、一個領袖、一個主義、一個黨軍」的法西斯獨裁
政治制度，建立了暴君、暴黨、暴軍、暴政的法西斯暴力統治。……
鄧小平的六四屠城一脈相傳的法西斯歷史禍害。[38]

其實只有兩派

所謂四派，真正對立的是兩派：以趙紫陽、李慎之、李銳、胡績偉等
為首的民主派與以胡喬木、鄧力群、林默涵、魏巍等為首的極左派，即要
求自由民主的改革派與堅持馬列專政的挺毛派。改革派走在最前面的，趙
紫陽認為是顧準、李慎之，兩人最後大徹大悟，與馬列主義決裂，胡績偉、
李銳、杜潤生是黨內民主派。[39]

六四後，魏巍（1920～2008）「臨危受命」，受鄧力群委託，與林默涵
等人創辦馬列原教旨雜誌《中流》，1990 年創刊號宣言詩，豪稱與資本主
義復辟勢力以及資產階級自由化思潮戰鬥到底──

我們的紅旗喲曾何等鮮豔，我怎忍看見她顏色暗淡？
我們的紅旗喲像燦爛的早霞，我怎能看見她無聲地落下？
看亂雲奔湧喲黑雲翻捲，陣地上出現了最大的危險。
叛徒們正把紅旗紛紛砍倒，我的熱淚滾滾喲怒火中燒。
他們摘掉了人民心中的紅星，把人民的戰鬥成果輸得空空。
他們用糖裏的毒藥欺騙人民，把神聖的信念變成了一縷煙雲。
想到這裡我止不住淚灑大地，解放了的人民怎能再當雇傭奴隸？
詩人（按：屈原）喲，你當年在江畔如癡如醉，我今天的憂思呵也
恰似洞庭湖水。
但我絕不效你投湖投江，必要時我將舉起明亮的刀槍！
詩人喲，我絕不效你投身清流，我將同人民一起再一次戰鬥！

---

[38] 胡績偉：〈胡績偉訪談錄〉，載《爭鳴》（香港）2011 年 5 月號，頁 61。
[39] 宗鳳鳴記述：《趙紫陽軟禁中的談話》，開放出版社（香港）2007 年版，頁 345。

我要大聲呼喚全世界的同志，我們必須擊退逆流繼續前進！
只要我們的星球不會倒轉，共產主義的太陽就不會下沉！[40]

　　《中流》、《真理的追求》沒有廣告，僅靠左派老讀者支持與少量贊助，度日艱難。馬列原教旨已失去 1930 年代的熱能，毛澤東思想更是遭到新一代士林集體拋棄，輝煌不再。

　　極左派利用群眾的不滿策動二次文革，九旬馬賓（部級高幹）為毛澤東原教旨派領軍人物。2005 年 5 月 15 日，馬賓致信中央，批評胡錦濤「拋棄馬克思主義階級鬥爭學說……莫名其妙地提出一些沒有階級性和革命性的口號和主張，例如什麼『以人為本』、『和平崛起』、『和諧社會』、『小康社會』等這些資產階級的人性論和階級鬥爭熄滅論的東西。」極左派把馬賓的文章、講話彙集成冊，上網炒作。開篇公然要「徹底為毛主席、江青、張春橋、姚文元、王洪文等人平反昭雪。」「必須造反，必須堅持毛澤東思想，遵循毛主席革命路線搞第二次文化大革命。」（頁 21）

　　赤色意識形態成為改革開放最兇惡最頑固的阻力。意識形態主管胡喬木、鄧力群、「六‧四」後主管經濟的姚依林等，迭次借助赤色意識形態企圖扭轉改革開放大方向，舉著「反和平演變」旗幟阻攔走向市場經濟。若非鄧小平 88 歲高齡南巡，沿途發表「重點防左」並放出狠話：「誰不搞改革誰就下台」，[41]中國能否走向市場化實難預料。胡喬木「六‧四」後撰文：「文化大革命並非黑漆一團，一無是處」。既想為文革翻案，又質疑改革開放大方向。鄧力群提出「要抓黨內走資本主義道路的當權派」，認為毛澤東這一提法十分正確。[42]鄧小平「九二南巡」前戳穿左派：「鄧力群是想藉『反和平演變』全面恢復毛主席的主張。」[43]

　　2001 年 7 月，因反對私營業主入黨，《中流》、《真理的追求》被江澤民叫停。此後出現甚囂一時的毛左網站「毛澤東旗幟網」、「烏有之鄉」，繼續叫罵「今上」為修正主義，要求回到「偉大的毛澤東時代」。2012 年，

[40] 魏巍：〈寫在汨羅江畔〉，載《中流》（北京）1990 年第 1 期（創刊號），頁 11。
[41] 杜明明、徐慶全：〈田紀雲 1992 年中央黨校講話〉，載《炎黃春秋》（北京）2009 年第 1 期，頁 3。
[42] 宗鳳鳴：《理想‧信念‧追求》，環球實業公司（香港）2005 年版，頁 389～390。
[43] 劉必：〈鄧制止全面恢復毛主張〉，載《鏡報》（香港）1992 年 2 月號。轉引自韓文甫：《鄧小平傳》（治國篇），東西文化事業公司（香港）1994 年版，頁 854。

薄熙來「唱紅打黑」的重慶模式戛然倒台,「毛澤東旗幟網」、「烏有之鄉」隨之被關閉,毛左政治上盡失公開陣地,轉入地下。但只要中共仍堅持「打左燈」,不進行意識形態「拆違」──送客馬列,毛左派就握有質疑改革開放大方向的「合理性」,就還有動員底層民眾進行「造反」的合法理論武器,中國就有爆發「無產階級二次革命」的意識形態土壤。

參、反省漸深

中共十一屆三中全會以後,政治高壓稍緩,民間抗議越來越響。一位晉農擲評:多少年來,公社制度把我們農民像牲口一樣死死拴在槽上;拴在槽上也可以,卻不給草料吃,還不讓我們去找草料吃。[44]「不讓我們自己找吃!」言簡意賅又創痛深巨的控訴。三皇五帝到唐宗宋祖,再到「萬惡的舊社會」,哪朝哪代誰曾制定這樣的規矩──只准餓死、不准找食?

延安一代反思者,最初只敢擺事實,不敢講道理,不敢分析。畢竟,溯源析因,心驚肉跳,太可怕了!黨性使他們稍一思考便會自動停步:這不是反黨反馬列主義麼?!

經過1980年代的醞釀,出現「兩頭真」。「六‧四」後,以「兩頭真」為代表的延安一代民主派反抗漸烈,不太聽話了,從懷疑老毛到懷疑中央懷疑今上,最後質疑馬列。胡績偉說自己「老時醒,醒時老。」[45]去日既多,來日苦短,延安老幹部愛國救黨的迫切度越來越高。1985年,胡喬木的老下級曾彥修為「清汙」寫了近三萬字的〈申訴書〉,「以過分對過分」,向胡喬木全面抗議,書中幾次要求胡道歉。[46]

2000年10月,李慎之:

> 我們不幸而歷盡坎坷,吃了自己曾經十分寶愛的「理想」的苦頭,然而幸而又能活到還能反思,或許可以做個明白人的機會,因

[44] 胡國華等《告別饑餓:一部塵封十八年的書稿》,廣東教育出版社2008年版,序言,頁1。
[45] 蘇紹智:〈超越黨文化的思想樊籬──我如何在八十年代由馬克思主義信仰者轉變為研究者〉,載《當代中國研究》(美‧普林斯頓)2007年第2期,頁14。
[46] 曾彥修口述、李晉西整理:〈我認識的胡喬木〉,載《炎黃春秋》(北京)2010年第8期,頁42。

此我認為我們的反思必須到位。這樣不用說什麼對得起人民、對得起歷史那樣的大話，至少自己可以心安理得一些。[47]

要為個人主義翻案。[48]

「兩頭真」的晚年反思與頂抗，其膽如虎其聲如鐘，衝在思想解放最前列，反抗烈度最強，反思程度最深，中共高層最頭痛，也最難對付。堡壘裡出了「思想叛徒」，真正的窩裡反，且思想會傳染，「反思」越演越烈，成野火燎原之勢。依靠統一聲音而集權的中共，這回感到真正的透心涼。相當一部分醒悟者不惜自揭家醜以揭「黨的機密」。馮亦代 2000 年（辭世前五年）自曝臥底劣跡──發表《悔餘日錄》，以實際行動裸示懺悔。魯藝教員嚴文井晚年尤喜《金剛經》，到處向人薦讀。[49]

「兩頭真」刨根反思：

一、直指中共淪為既得利益集團

蘇聯東歐的傾覆驚雷灌耳，宗鳳鳴自述：

> 東歐的巨變、蘇聯的解體，當時原蘇聯共產黨的解散，如同一聲巨雷使我迷惑不解：這究竟是怎麼回事？是否共產黨的意識形態要退出歷史舞台，是否自己奮鬥一生所追求的社會、目標方向錯了？是否自己終生為之奮鬥犧牲的事業到頭來是走錯了路？這樣，中國的社會主義旗幟還能打多久？中國的社會主義改革能否成功？中國究竟向何處去？未來社會應是什麼樣？馬克思主義還靈不靈？這些問題成了我晚年反復思考的問題。……我的反思是「理性異化」統治著我，也是馬克思主義的理論武裝了我束縛了我。[50]

---

[47] 李慎之：〈回歸五四・學習五四〉，載《書屋》（長沙）2001 年第 5 期，頁 21。

[48] 劉志琴：〈請理解老一代──懷念李慎之〉，載《炎黃春秋》（北京）2008 年 6 月號，頁 28。

[49] 王培元：《在朝內 166 號與前輩魂靈相遇》，人民文學出版社（北京）2007 年版，頁 179。

[50] 宗鳳鳴記述：《趙紫陽軟禁中的談話》，開放出版社（香港）2007 年 1 月初版，頁 292。

李慎之：

> 有幾十年的時間曾被認為可以代替「資產階級民主國家」而成
> 為另一種現代化國家，而且被世界上一部分最忠於理想主義和犧牲
> 精神的人們認為最後會成為全人類現代化的最後目標的社會主義
> ──共產主義制度，經過整個二十世紀歷史的比較和考驗，已經徹
> 底失敗。它已失去作為一種經濟～政治制度，社會～國家制度的資
> 格，因而已為許多實行過這種制度的國家所唾棄。世界上只有極少
> 數國家（中、朝、越、古）的官方理論還以之作為前進的目標，其
> 中尤以中國改動的幅度為最大。其實這種目標完全是錯誤的、虛偽
> 的。只是因為已經由空幻的理想主義集團的共產黨退化為權力集團
> 和利益集團，不肯放棄絕對專制的權力和利益，還要憑藉這種空幻
> 理論來把持政權而已。[51]

據說，1990 年代江澤民向老上級沈圖拜年時說：今天的共產黨比過去
的國民黨還腐敗。[52]1992 年，陸定一也說：「我們黨開始腐敗了！」[53]

二、直評時政，重拾人文勇氣

公務無隱私，必須接受評議。但大陸士林一直被教導必須「相信人民
相信黨」，批評領導人就是反黨，大逆不道！中共領導人至今仍享有「批
評豁免權」，包括去世的政治局委員、人大副委員長、政協副主席、最高
法院院長、最高檢察長，有關他們的一切評論（尤其負面）均須通過中宣
部審核。積 60 年歷練，大陸士林已十分習慣為「今上們」守諱，除了倒
台的林彪、康生、四人幫，一觸碰「前國家領導人」（更不用說現任），先

---

[51] 李慎之：〈中國現代化的目標是民主〉，載《李慎之文集》，2003 年自印本，上冊，頁 11。
[52] 蔡詠梅：〈一個巧取豪奪的新富階級──中共官僚權錢壟斷面面觀〉，載金鐘主編《共產中國五十年》，
　　開放出版社（香港）2006 年版，頁 324。
[53] 陸德：〈再說我的父親陸定一〉，載《炎黃春秋》（北京）2009 年第 9 期，頁 7。

就自己肝兒顫了。封建時代僅須為「今上」一人守諱，可以批評大臣，如今則得為一群「今上」守諱，連大臣都說不得了。

「兩頭真」的直評今上，這回真正起了歷史性的「先鋒模範作用」。掀掉毛崇拜，對付鄧崇拜、江崇拜就好辦了。宗鳳鳴直指今上：

> 他（指江澤民）在「穩定壓倒一切」的口號下，壓制民主、自由，不顧人民的死活，壓制「非典」傳播的實情，打擊不同政見者，實行專制主義，剝奪人民的權利，致使中國的社會主義日益權貴化，發展為腐敗的市場經濟，成為權貴資本主義，共產黨蛻化演變為既得利益的代表了，這也可稱之為政治價值觀演變或「異化」。[54]

馮蘭瑞（1920～）：

> 我國長期以來只有憲法而無憲政……近 20 年來，我國社會文明基本停滯不前。[55]

三、承認失敗，呼籲「多黨」

1996 年 5 月，陸定一最後留言：「要讓孩子上學！要讓人民講話！」[56] 連教育權講話權這些最基本的人權，都需要第一代革命家臨終囑託了。陸定一還說：「以我六十多年的革命生涯經歷，我認為中國應實行多黨制」、[57]「新聞為政治服務是強姦民意、是混帳新聞。」[58]1925 年入黨的陸定一，這輩子就這幾句話值錢，可入史冊。

趙紫陽認為資本主義也能走向現代文明，批駁了馬克思認為惟有社會主義一條道的論斷。宗鳳鳴「居然」說台灣的國民黨走到共產黨的前面：

---

[54] 宗鳳鳴：《心靈之旅》，開放出版社（香港）2008 年版，頁 7。

[55] 馮蘭瑞：《別有人間行路難》，時代國際出版社有限公司（香港）2005 年版，頁 6～7。

[56] 陸德：〈我的父輩陸定一〉，載《新民晚報》（上海）2006 年 12 月 3 日，A8 版。

[57] 〈李銳證實陸定一臨終前望中國有多黨制〉，載《開放》（香港）2007 年 5 月號，頁 16。

[58] 〈陸定一兒子述其父晚年政治反思和懺悔〉，載《開放》（香港）2007 年 6 月號，頁 15。

國民黨在台灣接受了過去的教訓，進行土地改革，發展工業，使經濟起飛了；對地主的土地採取回收辦法，並給予補償，使其發展工商業；對農民予以貸款，使其獲得土地，從而整個社會生產力得以發展，避免了暴力的破壞。後來又適應世界民主潮流，開放黨禁，結束一黨專政，實行現代民主政治和新聞言論自由。客觀地說，無論在經濟上還是政治上，台灣都走到大陸的前面了，成為一面鏡子。[59]

何方：「我們的新民主主義革命，不但沒什麼新，而且就政權更迭來說仍然是一次改朝換代。」[60]

四、批駁赤說，籲求易幟

2006 年 4 月，謝韜要求「收場」：

建立共產主義的說教表現了共產黨人對發展先進生產力、改善人民生活的無能。把實現不了的許諾推向遙遠的未來，用所謂「長遠利益」否定「當前利益」，用未來共產主義天堂的幸福生活安撫人民，叫人民忍受現實的饑餓、貧窮的苦難，是空想社會主義欺騙人民的把戲。這一切都應該收場了。

我們的制度不能阻止把五十多萬知識分子打成右派，不能阻止公社化和大躍進的瘋狂發動，當法西斯式的文化大革命廢止憲法，停止議會活動的時候，我們的制度沒有任何反抗。說這個制度在保障民主、保障人權、保衛憲法尊嚴方面，形同擺設，是假民主、真專制，難道不符合事實嗎！[61]

---

59 宗鳳鳴：《理想‧信念‧追求》，環球實業公司（香港）2005 年版，頁 283～284、326。
60 何方：《從延安一路走來的反思》，明報出版社（香港）2007 年版，下冊，頁 806。
61 謝韜：〈只有民主社會主義才能救中國〉（序言），辛子陵：《紅太陽的隕落──千秋功罪毛澤東》，書作坊（香港）2008 年 6 月二版，上卷，頁 xxviii～xxix、xxx～xxxi。

　　「兩頭真」對降旗易幟呼聲漸烈，逼得中共只得出見「公婆」，無法再憋守「不爭論」。2009 年 3 月 16 日，為給今上「不搞多黨制」作注，中共理論喉舌《求是》2009 年第 6 期發表〈為什麼必須堅持馬克思主義在意識形態的指導地位而不能搞指導思想的多元化〉：

> 　　馬克思主義在中國的指導地位，不是別人也不是一個黨的主觀意志決定的，而是歷史的選擇，人民的選擇。……沒有馬克思主義就沒有新中國。……搞指導思想的多元化，就是自陷困境、自毀長城。……只要……馬克思主義在意識形態領域的指導地位就會堅如磐石，任何力量都不能把它動搖！[62]

　　此文代表「今上」表態──「不搞指導思想的多元化」，而不搞指導思想多元化，後面連著「黨的一元化領導」。誰都明白（包括此文撰者），如今再倡「必須堅持馬克思主義」已不是延安時期出於堅定信仰，而是出於政治利益，一種「不鬆勁」的姿態──保持政治高壓，明示士林不要「亂說亂動」。至於「任何力量都不能把馬克思主義動搖」，當然已有一種力量在動搖。結束「不爭論」意味著爭論將走向結束，結果當然也只有一個──歪說最終得讓席正說、政治必將敗給歷史。

---

[62] 秋石：〈為什麼必須堅持馬克思主義在意識形態的指導地位而不能搞指導思想的多元化〉，載《求是》（北京）2009 年第 6 期，頁 13～16。

第十二章

最後歸宿

壹、走錯了路

延安一代不得不承認：埋葬的「舊」社會可以指罵蔣介石，而創立的「新」社會卻不能批評一個小科長（除非東窗事發），更不用說毛澤東與「今上」。這場紅色大革命究竟為國家為民族帶來什麼？

一個依靠工運登上歷史舞台並自稱工人階級先鋒隊的政黨，一個依靠學運發展壯大的革命黨，執政後竟在《憲法》中刪除「罷工」、鎮壓學運，公然「此一時彼一時」。延安一代不可能不反思「我黨」，並由此反思一生奮鬥的價值。「兩頭真」承認「走錯了路」，犯了方向路線性錯誤。李慎之進而徹底否定暴力革命，認同伯夷、叔齊的「以暴易暴，不知其非」[1]，大逆不道地說：「千千萬萬人（包括我自己在內）……跟錯了一個十九～二十世紀在世界上號稱最最革命的非主流思潮，使中國陷入了五十多年的最反動最黑暗的政治制度之中。」[2]走出國門的趙復三（（1926～，中國社會科學院副院長）說出久藏心語：「中共欺騙愚弄了全國人民。」[3]

一場被發動者自詡為最偉大最科學的革命，竟是一場最殘暴最反動的反革命，越革越狹，越革越窮，越革越走向自己初始的反面。一場以滿足大多數人欲望為號召的革命，竟走到剿滅欲望本身──「狠鬥私字一閃念」、「私是萬惡之首」，完全走到人性對立面，以抽象的革命目的劈殺人類自然本性。以革命的名義消滅革命，以自由之名建立專制。覺醒者這才

---

1 李慎之：〈風雨蒼黃五十年〉，載《動態》（香港）2000 年 5 月號。
2 李慎之：〈中國現代化的目標是民主〉，參見《李慎之文集》，2003 年自印本，上冊，頁 10。
3 趙復三：〈總結五四經驗‧開闢歷史道路〉，載《明報月刊》（香港）2006 年 5 月號，頁 61。

發現最初就走錯了路，鋪斜了棧道，架歪了邏輯。一種必須不斷製造敵人以顯示存在價值的政治學說，註定難以持久。

1997 年，近六十年黨齡的金堯如（1923～2004），在紐約一集會上泣訴：「我少年時相信共產主義，那是患的少年幻想症；如果我今天還相信共產主義，那就患的是老年癡呆症了。」李慎之晚年讀懂了美國思想家尼布林（Reinhold Nibur）：「人行正義的潛能使得民主成為可能；人行不義的傾向使得民主成為必要。」[4]這才真正觸及何以需要民主的實質。

延安一代中還有人終於讀懂德・托克維爾和阿克頓勳爵的思想：

> 社會主義意味著奴役。
>
> 民主擴展個人自由的範圍，而社會主義卻對其加以限制。民主盡可能地賦予每一個人價值，而社會主義卻僅僅使每一個人成為一個工具、一個數字。民主和社會主義除了「平等」一詞毫無共同之處。但請注意這個區別：民主在自由之中尋求平等，而社會主義則在約束和奴役之中尋求平等。

西方現代賢哲深刻認識到自由必須依賴於財富與政治制度，「自由不過是權力或財富的代名詞」。[5]一個兩手空空的窮光蛋當然不可能享有自由。西方既出了馬克思，也出了能夠辨識馬克思主義的思想家。他們意識到及時修正極端觀念，就可防止這些觀念所帶來的巨大災禍。西方成功避赤實有深長文化原因。1920 年，羅素首次訪華：

> 所有中國的不幸根由都在於貧困與生產力太低；而這一點，惟有透過工業化才能解決，一切空洞的討論，這個主義或那個主義是

4　李慎之：〈全球化和全球價值〉，原載《萬象》（瀋陽）2002 年第 10 期（署名：虛中）。參見《李慎之文集》，2003 年自印本，上冊，頁 268。
5　（英）哈耶克：《通往奴役之路》，王明毅等譯，中國社會科學出版社（北京）1997 年版，頁 20、30、29、31。

無補於事的。儘管會有很多人會從倫理角度來反對資本主義，但顯然只有資本主義才能夠達到工業化的目標。[6]

1922 年，羅素再次訪華，敏銳感覺到：

> 中國的工業處於初創階段，和別的國家一樣，這是一個不擇手段和殘酷的階段。知識分子希望有人能告訴他們讓中國成為工業國的方法，而這個方法又不那麼殘酷，但目前還沒有任何兩全其美的方法。[7]

但中共及延安一代堅信為中國找到了這一最佳方法，對於羅素「只有資本主義才能夠達到工業化的目標」，理所當然地斥為資產階級謬說。

犧牲「先烈」三千多萬的中國共運，[8]換來不能看的毛時代及「六·四」，延安一代終於有人大徹大悟：不是和尚念歪了經，而是迎請來的馬列本身就是一部歪經。否則，指向天堂的光燦鮮豔大旗為何引至陰森地獄？何以再演「父子相食」舊時怖事？解放十億三十億勞苦大眾，怎麼連自己都解放不了？為什麼中共越努力，國事越糟糕、人民越貧困？

2000 年 10 月，趙紫陽：

> 中國革命幾十年了，仍然搞專制，該說：「此路走錯了！」[9]

李銳認為中共與「毛澤東們」一開始就南轅北轍走錯了路：

> 毛澤東們選擇的「俄國人的路」，幫助中共黨人經過共產革命，取得了執政地位，但是終究沒有「根本解決」中國的問題。豈止是

---

[6] 載《時事新報》（上海）1920 年 11 月 6 日。參見曹聚仁：《我與我的世界》，北嶽文藝出版社（太原）2001 年版，下冊，頁 647。

[7] （英）伯特蘭·羅素：《中國問題》，秦悅譯，學林出版社（上海）1996 年版，頁 58。

[8] 辛子陵：〈走世界農業文明的共同道路〉，載《香港傳真》（內部刊物）2008 年 8 月 27 日，中信泰富政治暨經濟研究部、中國稅務雜誌社綜合研究組主辦，頁 1。

[9] 杜導正：《趙紫陽還說過甚麼？──杜導正日記》，天地圖書有限公司 2010 年版，頁 167。

沒有「根本解決」問題，簡直就是同人類文明背道而馳，遲滯了國家走向現代化的進程……運動不已，生靈塗炭，幾千萬人非正常死亡，上億人受到牽連，上演了一幕幕愈演愈烈的人間悲劇，使得國家、民族和社會付出了極為慘重的代價，遲滯了中國走向現代化的進程……甚而至於發生「六四風波」，動用軍隊彈壓手無寸鐵的學生和市民，導致了中國二十世紀的最後一場悲劇，所有這些，反思起來，都要從上個世紀「走俄國人的路」追根溯源。[10]

由延安老幹部說出對中共革命的整體否定，乃當今大陸最開放、背景甚硬的《炎黃春秋》都無法刊登的言論。2008 年第八期《炎黃春秋》載出李銳此文，刪去最關鍵的兩句。

2006 年 4 月，李銳從共產思潮根子上撥亂反正：

「無產階級革命和無產階級專政」的道路從根本上就錯了。一場以消滅私有制為結局的革命，一種以排斥先進生產力為特徵的社會制度，無論以什麼堂皇的名義，都是沒有前途的。代表先進生產力的資產階級和私有制，無論遭到多大誤解，無論怎樣被妖魔化，最終都會被人類認同的。……資本家和知識分子代表先進生產力和先進文化，是不能消滅的，消滅了還得請回來。這是二十世紀國際共產主義運動的失敗留給後世的最根本的教訓。[11]

無論是蘇俄革命的經驗，還是蘇聯的專制制度，無論是列寧主義，還是史達林主義，都是對自由、民主、公正、法治等人類普世價值的背離。十月革命 74 周年後，蘇共下台、蘇聯解體。事實證明，背離人類普世價值自由、民主、科學和法治，脫離人類文明依靠科學知識即智慧發展的規律，任何制度、任何意識形態都只能為自己敲響喪鐘。這個結果，是中共早期創始人始料不及的。套用一

---

[10] 王來棣採編：《中共創始人訪談錄》，明鏡出版社（香港）2008 年版，頁 10～11。載《炎黃春秋》2008 年第 8 期，刪去「與人類文明背道而馳」與涉及「六四」兩句，頁 44。

[11] 辛子陵：《紅太陽的隕落──千秋功罪毛澤東》，書作坊（香港）2007 年版，頁 IX～X。

句名言的句式：中國人在一個錯誤的時間，從一個錯誤的地方，移
植了一個錯誤的樣板。[12]

2007 年，抗大生吳象（1980 年代國務院農村發展研究中心副主任）：

　　我們這一代人，往往自以為一直是有理想有追求，並不渾渾噩
噩，最後發現幾十年一切努力、奮鬥造成的竟然是歷史的倒退。一
些最珍貴的東西蕩然無存了，一些曾經那麼毅然摒棄、徹底決裂的
東西必得再揀起來，幾乎要從頭做起。每想至此，是何等的茫然若
失、五內俱焚！十年文革動亂是民族的大災難，但也促成了最普遍
的大覺醒。我覺醒得很遲，缺乏獨到見解，常在茫然愕然恍然之中，
拾人牙慧來表達自己的反思，常常因為不能擺脫思想的混沌狀態而
生自己的氣。[13]

　　李慎之：「社會主義無非是爭取平等，資本主義無非是保障自由。自
由和平等都是人類基本的價值追求。但是如果剝奪了自由，連追求平等的
自由也沒有了，所以自由先於平等。」[14]明確表述了自由先於平等，得先
進入自由的資本主義，才有可能進入平等的社會主義，完全背叛了國際共
運的原始教旨──埋葬資本主義是進入社會主義的前提。

　　國家體改委副主任安志文（1919～），1936 年入團、1937 年入抗大並
入黨、高崗秘書，2012 年總結：「我一生做了兩件事，第一是老老實實地
學習計劃經濟，第二個是老老實實地學習改變計劃經濟。」[15]一來一去，
搭進幾代人，搭進多少國家災難！

　　延安方向被否決，紅色革命所扶立的計劃經濟、公有制被證謬，階級
學說被廢棄，一場驚天動地的大革命成了負值的「歷史彎岔」，延安一代
還能得到什麼歷史安慰？還能為自己尋覓多少價值？有人開始追溯「始作

---

[12] 王來棣採編：《中共創始人訪談錄》，明鏡出版社（香港）2008 年版，頁 8。
[13] 吳象：《好人一生不平安》，明報出版社（香港）2007 年版，頁 281～282。
[14] 丁東：《精神的流浪──丁東自述》，秀威資訊科技股份有限公司（台北）2008 年版，頁 335。
[15] 林衍〈建議重設『體改委』〉，載《中國青年報》（北京）2012 年 3 月 8 日。

俑者」，不得不痛苦承認「走錯了路」。就像拆除舊房建新房，最後發現新房竟比舊房還糟糕，連中軸線都歪了，低頭一看，原來圖紙就錯了！

何方承認：

> 應該說，我們的路就根本上走錯了。我們建設的不但不是具有無比優越性的社會主義，而且連我們一直在批判的資本主義都不如。因為資本主義總還是在發展，而且發展得很快，我們卻在後退，相對說來也退得很快。……1955 年中國經濟占全球份額的 4.7%，1980 年下降到 2.5%。……2005 年也僅占全世界總量的 4.1%。這就是說，我們後來這二十多年的快速發展，還沒補夠頭二三十年的落後造成的差距，實在有點對不起祖先和後代。從這裡也引出來一個問題，就是這些年來，我們究竟建設的是什麼社會呢？按照鄧小平的說法，顯然不是社會主義。[16]

宗鳳鳴：

> 實行專政就不可能實行民主，有了辦法也不可能去執行。為了保權，既不允許言論自由予以公開監督，又不允許成立政治組織予以制衡，更不允許黨派之間進行競爭，怎麼會避免衰敗呢！甚至對實行民主存有恐懼感，對黨內、黨外都進行控制，到處進行防範，對黨內、軍內，無論在職或退下來的一些領導人，行蹤外出都要進行監控，就連離退休幹部的任何組織也嚴加防範，不准成立。就是對有些老同志的追悼會也設法制止。甚至對學生會組織也加以限制。對群眾的集體上訪，更是抓頭頭予以治罪，對幹部聯名上書建議也不允許，至於龐大的民工更不允許成立自己的組織，農民工只能被任意宰割，這哪還有為人民的政治理念呢？這些應該說是反人民的，是反動的，實行的是恐怖統治。

---

[16] 何方：《從延安一路走來的反思》，明報出版社（香港）2007 年版，下冊，頁 712～713。1955 年中國經濟占全球分額 4.7%，1980 年降至 2.5%，據《人民日報》（北京）1988 年 4 月 6 日。

　　回首自己一生獻身於為打倒國民黨的一黨專政、為爭取實現自由民主的新中國而獻身終生了，雖不是九死一生，也是五死五生的倖存者。但是我看到的卻仍是一個一黨專政的政體，其腐敗程度超過任何朝代，其對人民的掠奪、奴役和兩極分化的嚴重程度超過世界上任何國家。而對不同政見、不同意見、不同教派所進行的迫害、鬥爭、殘殺，所造成的冤假錯案，更是為世人罕見。而且使這個自稱偉大、光榮、正確的共產黨也在蛻化、變質、名存實亡了。專政體制也腐爛了。這多麼令人傷感、令人痛心啊！真是中國人民的名字叫「苦難」！這都是由於堅持一黨專政、不實行民主政治轉型的結果。[17]

　　據說，國有資產共 3.5 萬億，1982～92 年共流失 0.5 萬億，到 1995 年又流失 0.15 萬億，每年流失約幾百億，每天流失 1 億多。過去幾十年來全國人民勒緊腰帶積累起來的公共財產被這些人白白地私吞了，人民又遭到一次大掠奪，引起社會上的強烈不滿。……正如戈巴契夫所說：「公有制成了無主的財產」。公有制好像一塊肥肉，可以任意宰割，並逐步變成了官僚階層所有制。」[18]

　　為實現經濟轉型，1980 年代中期實行價差甚大的「雙軌制」、1990 年代市場化過程中的「權力尋租」、2000 年以後的「土地批租轉讓」等腐敗，[19]還不都是「無產階級專政」高度集權帶來的政治病？或曰返回市場經濟「必須忍受的歷史陣痛」，大陸人民在為中共錯誤實質性買單。

　　國人也總結概括出紅色極權政制的基本特徵：一黨獨大的全能壟斷，無遠弗屆無微不至，吞併一切公共領域，從政治到經濟，從文化到思想，從衣著到語言，滲透所有私人空間，剝奪一切個人自由。新聞只能是政治傳聲筒，人大只是鼓掌機與自動投票箱，司法是黨的統治工具，銀行更是黨的提款機，國庫即黨產。這一切的一切還都是不能質疑的「社會主義特色」！

[17] 宗鳳鳴：《心靈之旅》，開放出版社（香港）2008 年版，頁 54、55。
[18] 宗鳳鳴：《理想·信念·追求》，環球實業公司（香港）2005 年版，頁 200～201、269。
[19] 高尚全：〈深化改革是中國的唯一出路〉，載《炎黃春秋》（北京）2006 年第 9 期，頁 4。

南斯拉夫不同政見者，共產主義運動叛逆者、鐵托副手、南斯拉夫副總統密洛凡‧吉拉斯（Milovan Djilas，1911～1995）：

> 向來沒有一個宗教或獨裁政治，能夠希望獲得像共產主義制度那樣全面而無所不包的權力。
> 　當代共產主義是具有三種基本要素以控制人民的一種極權主義。第一種是權力，第二是所有權，第三是意識形態。這些因素都被唯一的政黨或……由一個新階級所壟斷。……在歷史上從未有一種極權制度能將這些要素成功地同時並用，而控制人民到這種程度。[20]

蘇聯解體時，政治文化全面落後沙俄時代，經濟也落後於全歐。一位二戰英雄無限傷感：十月革命搞錯了，二月革命後多麼自由！要是此後著重實行民主、發展經濟，俄國現在絕不會處於全歐水準之下。[21]

終身從政，一些老延安晚年流露出對從學的嚮往。清華女生韋君宜見差得多的同學留美後成了大科學家，十分失落。胡喬木對北大同學季羨林的學術成果欣羨不已，心情悵然。[22]陳企霞臨終前：「我想了好幾天了，我這一輩子沒有留下什麼有價值的東西」，「我本來應該成為一個大作家的。」[23]

延安一代的「無用功」，1942 年 8 月 16 日，那位塔斯社記者預言：

> 延安有很多青年是有獻身於革命的理想的，不幸的是他們受了許多使人變蠢的宣傳。他們註定是無所作為的了。看到這些青年被迫塞了這麼多無用的、窒息獨立思考的東西，我感到很難過。[24]

---

[20] 轉引自薛山：〈絕對權力是腐敗之源——談中共的「新階級」〉，載金鐘主編《共產中國五十年》，開放出版社（香港）2006 年版，頁 346。

[21] 何方：《從延安一路走來的反思》，明報出版社（香港）2007 年版，下冊，頁 763。

[22] 季羨林：《懷舊集》，北京大學出版社 1996 年版，頁 149。

[23] 秦曉晴：〈最後的日子——懷念公公陳企霞〉，載《文匯月刊》（上海）1988 年 10 月號，頁 65～66。

[24] （蘇）彼得‧弗拉基米洛夫：《延安日記》，呂文鏡等譯，東方出版社（北京）2004 年版，頁 54。

1950～80年代那麼輝煌的延安一代，一代驕子，一生努力似乎只在凸現自身局限、證明紅學赤說的荒謬，只能得到自我否定的結論。他們這一「歷史不幸」才真正錐心刺骨、長夜難眠。

貳、實踐而後知

辛亥前，老者曾呼：「天下之亡，不亡於長槍大劍而亡於三寸毛錐。」力主新學的張之洞，晚年見新思潮洶洶，人心日浮，天下動搖，頗生悔心，袖手嗟歎。[25]

1920年初，浙江督軍、省長密電北京大總統、國務院：

> 《新社會》、《解放與改造》、《少年中國》等書以及上海《時事新報》，無不以改造新社會、推翻舊道德為標幟，撥拾外人過激言論，迎合少年浮動心理，將使一旦信從，終身迷惘。[26]

延安一代如讀知這些五四「反動」的言論，不少人定會仰天長歎！
1988年9月，余英時剖析：

> 中國思想的激進化顯然是走得太遠了，文化上的保守力量幾乎絲毫沒有發生制衡的作用。中國的思想主流要求我們徹底和傳統決裂。因此我們對於文化傳統只是一味地「批判」，而極少「同情的瞭解」。甚至把傳統當做一種客觀對象加以冷靜的研究，我們也沒有真正做到。這是西方「為知識而知識」的科學精神，但卻始終與中國知識分子無緣。中國人文傳統的研究到今天已衰落到驚人的地步。[27]

---

[25] 胡思敬：《國聞備乘》，上海書店出版社1997年版，頁56，84。
[26] 轉引自陳福康：《一代才華——鄭振鐸傳》，上海人民出版社1996年版，頁23。
[27] 余英時：〈中國近代思想史上的激進與保守〉（香港中文大學廿五周年紀念講座），參見余英時《錢穆與中國文化》，上海遠東出版社1994年版，頁219。

左傾激進因動作過大必引社會動蕩，保守則可能推不動必要的變革，如何把握此間之度，確乎很難。根據歷史理性，兩難之下，甯右毋左。因為，較之左的破壞性，右的保守性含有更多的承傳，保留了可逆性。激進的左，應在充分論證下（即在右的制約下）進行，庶可避免無經驗支撐的盲目。步子慢一點，為修正糾錯留下餘地，誤差可小得多；走得太快，步子邁得太大，再收回來就費事了。赤潮初入的五四，傳統文化本可起到一定的攔濾作用，由於被新文化運動一鋤頭掘掉，失去驗別新說的資格，文化未能防堵、制衡赤潮，只能實踐而後知，支付巨大歷史代價。

無論孫中山還是毛澤東，他們所領導的革命均為起於草莽的底層造反。底層造反的重弊便是缺乏執政經驗與全域眼光，參加者又必定為中青年，不知執政之難，只見權力不見責任。相比之下，孫中山長年留洋，視野開闊，熟悉並理解民主自由的價值。毛共則完全是小知造反，更缺乏孫中山「革命是不得已」的審慎。孫中山、毛澤東革命的區別在於：孫中山以西方歐美民主政制為模本，從軍政而訓政而憲政；毛澤東則以蘇共集權政制為藍圖，以專政為本，以無法實現的共產主義為目標。國共殊途殊歸異種異果。兩黨歷史再次證明「政綱是政黨的靈魂」，旗號鉤連內質。

紅色革命向民眾高調炫示「共產」，一再許諾革命將解決所有問題，以理想批判現實，以道德攻擊制度缺陷，凸顯社會陰暗面以強調革命的必要性急迫性，以局部苦難作為必須重起爐灶的理由，看不到現有「爐灶」本身凝聚的經驗內涵。事實上，即使是萬惡的專制，實在也是「存在即合理」，凝聚著一系列不得不然的歷史因素。專制因權力集中而所需人員較少，管理成本低廉，與農業社會緩慢的生活節奏和落後的生產力相一致。清代官員總數未及四萬，官員與人口的比例僅萬分之一。以農業社會有限的供養能力與文化教育水準，不可能孵生頻繁開會的代議制，也供養不起一大群議員。對弱民愚氓來說，「老爺作主」省事又省心。

國際共運用「歷史必然」解釋一切，為尚未得到實踐檢驗的赤說立論，用「未來」論證未來，如此低級的論據支撐，當然只能蒙唬半瓶水的小知。一切事物既已「必定」，又何必費時耗力去研究？從哲學角度，只有當事態發展並非必然，才有必要進行研析。1944年，哈耶克：「在社會演進中，

沒有什麼東西是不可避免的,使其成為不可避免的是思想。」[28]使某一社會現象不可避免的只能是思潮,因為它提供了「不可避免」的邏輯。天不饗「國」,乃今有「共」,大陸難逃赤劫。

時間當然是最好的檢驗:軍政勝利無法掩飾赤色文化的失敗。面對毫無起色的經濟,中共一再推責,起初是「國民黨留下的爛攤子」,接著「階級敵人搞破壞」,進而「右派搗亂」、「自然災害」、「蘇修逼債」、「劉鄧資反路線」、「林彪、四人幫」、「國外和平演變勢力」……總能找到各種「客觀原因」。軍政勝利了,文化失敗了,得到的不是想要的,而且比原先的還要差,這不是真正的「世紀大忽悠」麼?

資料最有說服力。1978~2005年,中國GDP從3624億人民幣增至18.23萬億,年均增長9.4%;城鎮居民可支配收入由343元增至10493元,農村人均純收入由134元增至3255元;城市人均住宅建築面積從6.1平米增至8.1平米,農民住宅從人均26平米增至29.7平米;國家財政從1132億增至3.16萬億,外貿進出口總額從206億美元躍至1.42萬億美元,外匯儲備從1.67億美元增至8189億美元。[29]

再據北京國家統計局資料,2010年中國GDP總量超過日本,近40萬人民幣(約5.9萬億美元),世界第二,人均雖仍很低(約4400美元),至少說明改革開放的實績,證明「西風」之效。如此「硬道理」,鄧力群等極左派認為無甚足觀。他們看重的是「主義」:全國工業產值國有比重不到20%、工業領域國有和集體企業就業比重只占20.3%,公有制經濟不占主體地位,中國已不再是社會主義。在他們看來,「主義」高於一切,「路線」重於泰山,人民的生活、國人的意願都必須服從他們的馬列主義。

另一方面,因政治落後,政權無監督,中共政府不可能用好錢。2006年中共政府財政收入3.9萬億人民幣,占當年國家GDP 19.5%。美國政府同年財政收入占國家GDP16%,但美國政府財政開支73%用於社會保障、醫療衛生、教育文化等公共事業,行政開支僅為10%;中共政府的行政開支卻占到38%,用於龐大的人頭費、行政經費,僅25.5%用於公共事業。同時,中國人年均工作2200小時,阿根廷1903小時、巴西1841小時、日

[28] (英)哈耶克:《通往奴役之路》,王明毅等譯,中國社會科學出版社(北京)1997年版,頁51。
[29] 高尚全:〈深化改革是中國的唯一出路〉,載《炎黃春秋》(北京)2006年第9期,頁4。

本 1758 小時、美國 1610 小時、英國 1489 小時、荷蘭 1389 小時。[30]哪個政府管理成本低？哪個政府真正「為人民服務」？哪種制度有競爭力？哪類國家「更適合人類居住」，還需要其他論據嗎？東風拿什麼去壓倒西風？「最新最美的制度」都 60 年了，兩三代人搭進去了，還能叫人民忍耐等待嗎？還好意思說「麵包會有的」?!

2008 年，中共栽培的「解放牌」黨史專家辛子陵：

> 一個把 61%的財政收入用在普通百姓身上，一個把財政收入15%用在普通百姓身上，在這個事實面前我們只能承認：美國政府比中國政府做得更好些。
>
> 只有在生產力高度發展的前提下，剝削才能趨於消亡。所以，剝削是與生產力發展水準相適應的歷史現象，它存在的歷史理由，就在於它對於歷史的進步是一個不能超越的過程。[31]

大洋彼岸的夏志清評中共新階級：

> 他們（按：中共）既然把人性也消滅了，除了炫耀自己玩弄異性、物質享受和個人權力這三方面的「成就」外，還有甚麼東西更能代表他們騎在人民頭上的高位呢？不錯，一個新的階級是誕生了，但他們致力的目標，不是服務人民，而是奴役人民。革命卻沒有誕生。[32]

人文導向的「國家錯誤」持續發酵。1990 年代大陸文藝作品中的知識分子仍一個個性情古怪、心胸狹窄，越沒受過教育的底層工農反而越有知識學問。1980 年代出現的「匪商」，文化程度很低，但賺錢多多，腦體明顯倒掛。社會價值導向上仍為貶智化。美國未來學家阿爾溫‧托夫勒忠告中國人：「如果你們國家不採取政治和經濟的措施扭轉這種傾向，那麼你

30 趙靈敏：〈民主決定品質〉，載《南風窗》（廣州）2007 年第 11 期，頁 28。
31 辛子陵：〈合成一個新東西〉，載《炎黃春秋》（北京）2008 年第 7 期，頁 45～46。
32 夏志清：《中國現代小說史》，劉紹銘等譯，香港中文大學出版社 2001 年版，頁 370。

們國家要想實現現代化是沒有希望的。」[33]社會價值導向上的混亂,至少需要半個世紀的回填與修復。

　　延安一代終於有了覺悟者。1984 年,于光遠:「馬列主義不能解決當前中國許多問題。」[34]1990 年 10 月下旬,薛暮橋致信政治局常委:「……敢於不斷拋棄那些過去曾被當作『社會主義』來遵循和實行的教條,……不宜過分地在經濟工作中劃分什麼是社會主義、什麼是資本主義,因為經濟活動作為人類的一項基本生存運動,其中有任何制度下都必須遵守的共同的客觀規律。」薛暮橋為中共最高層正在進行的「姓社姓資」爭論提供了「來自經濟學家的聲音」,支持了鄧小平繼續改革的思路,信中的一些話也被鄧小平吸收發揮,成為戳刺保守派理論堡壘的有力武器。[35]

　　1993 年,長期主管江蘇經濟口的許家屯在美國總結:

　　　　想靠計劃來管制所有的方面,事實上做不到,主觀願望成分太大。另外,公有制確實把所有私人的積極性束縛住了……成了阻礙生產力發展的經濟模式。……過去就是受了這些條條的影響不敢動,現在先把這些東西丟開。[36]

2008 年,宗鳳鳴:

　　　　一切必須由各級領導審批,從而把經濟也就捆死了。這樣使一切經濟單位和個人都喪失了獨立性、主動性,使社會機制都喪失了活力。這樣的社會制度,所有人的生活條件被控制了,實際上人的命運也就完全被集權者掌握了。人不得不服從,不得不聽命於領導,人成為工具,叫幹什麼就幹什麼,分到哪裡就去哪裡,作「馴服工具」。只有這樣,人才能生活下去。而且,也只有如此,才能

---

[33] 葉朗文:〈我們的人文導向出了什麼問題?〉,載《工人日報》(北京)1994 年 1 月 12 日。

[34] 林衡:〈中國理論的探索和突破〉,載《九十年代》(香港)第 197 期,1986 年 6 月號。轉引自韓文甫:《鄧小平傳》(治國篇),東西文化事業公司(香港)1994 年版,頁 743。

[35] 柯良:〈中共七中全會年底才開的真相〉,原載《鏡報》(香港)1991 年 1 月號。轉引自韓文甫:《鄧小平傳》(治國篇),東西文化事業公司(香港)1994 年版,頁 836~837。

[36] 《許家屯香港回憶錄》,香港聯合報有限公司 2008 年版,下冊,頁 601。

晉升，生活得稍好些。因此，有的為了晉升，就投上級之所好，唯唯諾諾，逢迎拍馬，或見風使舵、說假話，奴性十足，毫無個性可言，更談不上獨立的人格，大家都不敢說真話，領導喜歡什麼就說什麼，領導叫幹什麼就幹什麼。採取消極的人生態度，致使社會風氣每況愈下。這就是這一社會制度的悲劇和走向瓦解的來由。[37]

　　1980 年代，江西宜春地區農民：「責任制鼓勵了勤人，教育了懶人，安排了閒人，利用了殘人。」張秀山時任國家農委副主任，聽後十分高興，對該地幹部說：「中國的農業組織現在不能太大，群眾要有生產的自由。」[38] 中共高層此時才承認自由與生產積極性的關係。實踐生知、歲月辨偽，實踐證誤面前仍不肯低頭的，當然絕不是「為人民服務」，而是要人民為他服務。如毛澤東發動文革——要七億國人為他的大饑荒買單，用更大的錯誤去遮掩前一錯誤。

　　俞頌華、俞彪文、俞梅蓀祖孫三代人生，很能說明馬列主義在華運行軌跡。1920 年 10 月，上海《時事新報》、北京《晨報》特派員俞頌華（1893～1947），中國首位駐外記者，雇譯員瞿秋白赴俄採訪，最早販馬列入華。1937 年初，俞頌華採訪延安，向國統區報導陝北赤區。其子俞彪文（1926～1957），入讀東吳大學、上海滬江大學，任職國府中央信託局，1949 年拒赴台灣，出席中共開國大典，創建中國人民保險總公司，1957 年 7 月 19 日劃「右」跳樓。其孫俞梅蓀（1954～），1984 年畢業北大法律系，受冤入獄三年，如今為送走其祖迎來的馬列主義艱苦奮鬥，知名「異議分子」。[39]俞家三代一滴淚，對馬列赤說走出十分標準的「否定之否定」螺旋型。

　　歷史決定中國的現代化只能是追趕式，只能向先進國家抄襲。不幸的是我們抄襲了最壞的一份樣板，一份無經驗支撐的試驗性樣板，並用暴力推行半個世紀，弄得不可收拾，創痛深巨。對馬列主義需要如此痛苦的「實踐而後知」，只能說明我們的文化免疫力太弱。農業文明的古典文化對工

---

[37] 宗鳳鳴：《心靈之旅》，開放出版社（香港）2008 年版，頁 36。

[38] 張秀山：《我的八十五年》，中共黨史出版社（北京）2007 年版，頁 346。

[39] 俞梅蓀：〈緬懷蒙冤自殺的右派父親〉，載《開放》（香港）2008 年 9 月號，頁 82～83。

業時代的馬列主義，缺乏辨識檢驗能力。五四士林面對湧入的各式現代西說，無力辨識，很容易被奇裝異服的「外來妹」拉走。一切大規模社會行為歸根結底都是文化行為，都是根據文化價值進行的集體選擇。

大革命一代、延安一代、解放一代，再拉上後面的紅衛兵一代、後文革一代，才完成對馬克思主義的證偽。一項學說，需要如此天翻地覆興師動眾「實踐而後知」，全世界賠上至少一億生命（中國至少七千萬），未能用祖先經驗常識予以檢驗、有效格擋，數代紅色士林的整體歷史地位與代際價值，可想而知。

參、認清赤謬

根據人類發展史，貧富差距拉大乃社會進步標誌，反而平均狀態下難以萌生進步苗芽。以共產均財為目標的紅色革命，從根子上就是錯誤的。

社會態勢上，弱勢群體任何時候都會要求「均貧富」，於是總有一些「社會邊緣人」利用這一社會心理折騰起事，充當「革命領袖」。馬克思主義以為只要消滅了資產階級，窮人的一切問題便自動解決。但問題恰恰在於資產階級乃是社會財富的主要創造者、現代化勞動的組織者，消滅了資產階級，等於消滅了財富的創造者與現代化生產組織者。社會財富總量上不去，社會成員的生活品質就無法發生質變。人類都成為無產階級，當然還不如都成為資產階級。

共產主義雖被紅色信徒們冠以「科學」，實質仍為政治宗教，一種信仰耳。因為，它所有的一切均需未來證明，且像所有宗教一樣，崇拜教主（甚至活人）。當今全球五口水晶棺材全是「紅色教主」——列寧、毛澤東、胡志明、毛澤東、金日成、金正日。

1949 年 6 月，73 歲的司徒雷登進入剛剛由中共接管的上海，一眼就看到紅色狂熱與人民需要之間的矛盾，看到問題的實質——馬克思主義試驗：

> 他們的民族主義和馬克思主義的狂熱信念與這個大都會的經濟結構，與滿足其五百萬人口並為他們提供保護等這樣一些實際而

急迫的需要又是相抵觸的。這樣一來，也有可能使上海成為一處極
其重要的社會試驗場。[40]

　　數代紅色士林用最笨拙最「有效」的實踐去鑒別馬列主義，逼著全體
國人跟著支付巨大學費，至少折騰國家 71 年（1921～1992）。1980 年代，
鄧小平對非洲某國領導人說：「我勸你們現在不要搞社會主義」、「只要經
濟搞上去，人民生活改善了、滿意了，叫什麼主義都可以！」[41]鄧小平確
實不是堅定的馬克思主義者，此乃中國大不幸中的小幸。否則，大陸 13
億「革命人民」至今還掙扎在饑寒交迫之中。

　　我國史家之所以對湯武的逆取順守屢頌屢揚，即在於歷代賢哲懂得逆
取為非常之道，順守乃治國之則，必須尊重歷史經驗，必須適度規隨前人。
最初的「否定」必須適時轉為「肯定」，絕不能將傳統砸爛打光，不能徹
底否定前人經驗。現實既然不可能重塑，一切邏輯也就不可能完全重設。
赤色思潮極度擴大社會弊端的嚴重性，無限放大局部陋弊的危重性，徹底
否定現實，蔑棄傳統，宣倡必須重起爐灶，致使革命與歷史脫鉤，無從承
接傳統經驗，一切都要重新摸索，等於白白放棄前人已經築就的台階。此
乃國際共運重大歧誤的第一步。中共不知其弊，跟著「走俄國人的路」，
偏要挑戰歷史經驗，以大破大立自詡，既逆取又逆守，全盤推倒傳統，藐
視一切經驗，走到文革直接實施「兩個徹底決裂」，與傳統制度傳統觀念
徹底割裂，失繩於己，失範於世，天怨人怒，豈能免乎？

　　馬克思主義之所以產生西歐而被西方摒拒，自然不是西歐「反動力量」
過於強大，而是西歐文化過濾能力相對細密，知識界主流很早就從法國大
革命中意識到暴力革命的巨大負弊，產生了柏克這樣的思想家，從具體政
策到最高原則全面檢討暴力革命，認定秩序乃是自由的前提，不能一味追
求純之又純的完美，否則就會因純潔完美走向專制，革命也就只能是再一
次的以暴易暴。柏克贊同美國革命，因為美國革命以英國傳統的自由理念
為價值基礎，而這一基礎理念已得到歷史檢驗。柏克認為法國大革命以抽
象理念為基礎，缺乏實踐支撐。指導現實政治的理論應該以現實生活為依

---

[40]　（美）約翰・司徒雷登：《在華五十年》，程宗家譯，北京出版社 1982 年版，頁 244。
[41]　杜導正：〈新民主主義的回歸與發展〉，載《炎黃春秋》（北京）2009 年第 4 期，頁 11。

據,而非以空想或哲理概念為依據,任何權利都必須依據事實而非出自抽象概念。柏克認為英美革命以維護傳統中的美好價值為目的,法國大革命則以破壞傳統為目的。當中國青年布爾什維克一味歌頌法國大革命時,柏克早在百餘年前發問:「這個(法國大革命)的權力是誰給的?」[42]變動社會秩序,天翻地覆的徹底更變,涉及所有人的利益,難道不需要國人授權麼?難道可以僅僅因為某些人發喊「造反有理」?

1830 年 3 月 14 日,歌德也有一段閃光預言:

> 任何革命都不免要走極端。在一次政治革命中,最初的要求大抵只是糾正若干弊害;但後來他們總會走入流血和恐怖而不自知。法國人在當前的文學革命裡,開始要求的只是一個自由的形式;但他們並不停留在那裡,而要把傳統內容跟形式一齊擯棄掉。他們開始宣稱描寫高貴的感情和行為都是可厭的,而企圖處理種種癡行怪事。魔鬼、女巫和吸血鬼代替了來自希臘神話的美好題材,古代的高貴英雄必須讓位於變戲法的騙子和搖船的奴隸。[43]

歐美較早意識到共產赤說對社會基礎理念的摧毀,從而凝聚起較強大的集體抗拒力量。歐美的先進是整體的,先進文化凝塑先進的政治經濟,先進的政治經濟又保護先進文化,建立起一套運行有效的人文理念與社會制度——自由經濟、言論自由、三權分立、社會契約、個性解放、人權至上、票選表決等。若無這些現代價值理念與社會制度的牢固確立,怕也很難抵禦共產幽靈。畢竟,「終極解決一切社會弊端」、「人人平等」,對誰都有誘惑力,「無比壯麗」呵!人盡其力,無爭無鬥,無罪無惡,難道不是千好萬好麼?能一開始就認識到共產赤說的烏托邦性質,並以集體意志予以抵禦,彙聚成國家行為,不僅僅是政治問題,更是文化能力問題,拒絕將下位價值倒置上位價值之上。文化最實質的內核即各種價值的理性碼

（英）柏克（Edmund Burke）:《法國革命論》（1790），何兆武等譯，商務印書館（北京）2009 年版，譯者序言，頁 xii。

[43] 歌德與愛克曼的談話。伍蠡甫主編:《西方文論選》，上海譯文出版社 1979 年版，上卷，頁 481。

放。一種優秀文化，其價值碼放既合乎理想又順應現實，中庸合度，平衡兼顧，推助社會財富增長與社會幸福度提高。

如今大陸思想界大概已有能力認識到：英國近代濃厚的保守氛圍，正是來自對英法革命的深刻剖識，來自對 1688 年「光榮革命」非暴力原則的確認，乃是英國得以避開共產赤潮的文化絕緣層。

上帝使西方從一開始就「自覺」遠離無神論。宗教作為一種傳承經驗的方式使歐美意外而有效地摒拒赤說。正如 1790 年柏克的慶幸：

> 多虧了我們對變革的堅韌抗拒，多虧了我們冷峻持重的國民性，我們還保留著我們祖先的特徵。……我們不是盧梭的信徒，也不是伏爾泰的門生！愛爾維修在我們中間無所作為。無神論者不是我們的傳道師，狂人也不能成為我們的立法者。我們知道我們沒有發明什麼，我們也不認為在道德方面有什麼東西可以被發明出來。

國際共運的悲慘實踐印證了柏克 200 年前的預言：

> 他們在自己的成功之中發現了對自己的懲罰……工業毫無生機、商業奄奄待斃；已經不納稅，但是人民卻貧困了；教堂遭到洗劫，國家得不到休息……其後果則是國家破產。[44]

現實更在教育老延安：就是國共相比，國民黨雖然也一黨專政、首領獨裁，但其基本政綱乃孫中山的「三民五權」，無論蔣介石怎麼折騰，還不至於公然踢開「三民五權」，不能無限期「訓政」而否認「憲政」目標。中共則以「專政」為理論基礎，以剝奪民主為「理所當然」。兩黨在民主問題上完全「價值悖反」。最後，「腐朽沒落」的國民黨居然在台灣還政於民，開放黨禁，實現孫中山的「三步走」。國民黨可以下台，也可以再上台；陳水扁能當總統，也得接受審判。台灣體制的開放性，越來越顯出自我調節的先進機能，深得大陸同胞認可。1979 年，香港學人就評台：

---

[44] （英）柏克：《法國革命論》（1790），何兆武等譯，商務印書館（北京）2009 年版，頁 115、51。

中華民國在台灣的三十年，以雄健的事實證明一個古老的文化
社會可以在很短的時間中創造一個現代化社會的能力。一千幾百萬
的中國人在物質十分貧乏的條件下，以智慧與勤勞改變了台灣的面
貌……構成了對中國大陸一個具有巨大磁力的先進模型。[45]

擦鞋童出身的「解放一代」金敬邁：

> 正確與錯誤、好壞是非的標準如此荒誕，只因為多年來，我們
> 以什麼「立場」的名義，「階級」的名義在提倡背信棄義。我們從
> 「階級鬥爭」出發，鼓勵落井下石。我們根本不談人性，我們不承
> 認有人性……用「鬥爭」用「立場」來掩蓋一切假惡醜，借鬥爭弘
> 揚假惡醜，……人性泯滅了，道德淪喪了，這是我們作的孽！我們
> 種下的這顆苦果是肯定要發芽的。……今天如果我們不遭到懲罰，
> 歷史也必將懲罰我們的下一代。[46]

2006 年，三八式老幹部王晶堯（1922～）：

> 我們這些在座的人，都是一生的精力希望創造、獻身社會主義天
> 堂，結果怎麼樣？結果建立農民政權，造成人類歷史上的毒瘤！列
> 寧講無產階級民主比資產階級民主要民主一百倍，我後來想，如果
> 在無產階級領導之下，有資產階級民主的 1%，就了不起了。[47]

堡壘內部發出如此「不同聲音」，如此明確否定「光芒萬丈的社會主
義制度」，公然聲稱「剝削」的歷史合理性，直接論證社會主義不如資本
主義，還有刊物敢於發表這種典型的「三反」言論，世道真的變了，無產
階級革命的時代過去了。

---

[45] 金耀基：《中國政治與文化》（增訂版），牛津大學出版社（香港）2013 年版，頁 152。
[46] 金敬邁：《好大的月亮好大的天哪》，時代國際出版有限公司（香港）2005 年版，頁 201。
[47] 〈卞仲耘遇難四十年紀念會記錄〉（下），載《開放》（香港）2007 年 8 月號，頁 72。

　　一個世紀的赤色實踐證明：馬克思主義的核心論點——「階級鬥爭」、「暴力革命」、「無產階級專政」、「剩餘價值」、「社會化大生產與生產資料私有制之間不可調和的矛盾」、「計劃經濟」、「公有制」等等，實為赤災之源，奪走至少一億人生命，致使至少 20 億人非正常活著。[48]許諾可獲得更大更多的生產力，結果反使生產力大倒退；原本為了過上好日子，可連原先的日子也過不上；出發時的目的與最終到達的車站完全反向。共產革命不僅沒有成為歷史的加號，反而是有史以來最大的負號。

　　從效率與公平角度，馬列主義只盯住既有財產分配，而非追求做大蛋糕——提高生產效率以擴大可分配財物總量。只注重分配，無視更重要的財富創造，乃是共產主義的基礎性偏差。實踐證明：馬克思主義所追求的「公平」，至少 500 年內尚無實現的社會可能。但為了這一「公平」，卻結結實實傷害了中俄等赤國 50～70 年的「效率」。為了財富分配的「公平」，破壞了實現「公平」的前提——產生財富的「效率」。為得魚反丟筌。

　　1949 年秋，接管上海的中共面對高失業率，迅速決定「三個人的飯五個人勻著吃」，[49]但平均主義畢竟只能維持以一時，無法撐挺以長久，片面的「公平」破壞了整體的效率。既然幹好幹壞一個樣，「磨洋工」迅速普遍滋生，如何調動「偉大人民」的生產積極性一直纏擾赤色各國，成為社會主義天生痼疾。奪富濟貧終究只能短期救窮，而非授人以漁。無產階級在得到一筆「共產」後，很快又回到無產。資產階級失去財產與工廠，社會也就一併失去效率，「蛋糕」再也做不大了，再也沒有財富可注入扶貧的「救濟池」。共產只能使窮人高興一陣子，社會卻因此失去致富的利益驅力，窮人也很快嘗到「共產」的後續滋味。共富只能是虛幻的烏托邦，共貧才是結結實實的事實。歷史理性通過正反兩方面的事實教訓世人：不讓財富創造者得到比庸懶者更多的收成（即便含一定「剝削」），全社會就不可能得到財富總量的遞增。不允許個人求富，等於不允許全社會富起來。那種「階級覺悟」、無私奉獻，無法從紅色圖紙走向現實。

---

[48] 美國總統布希在共產主義受難者紀念碑落成儀式上的演講（2007 年 6 月 12 日於華盛頓），內有「這一意識形態奪走了估計高達 1 億無辜的男人、女人和孩子的生命」。

　　From: http://www.whitehouse.gov；中國事務 http://www.chinaaffairs.org 轉載。

[49] 董邊等編：《毛澤東和他的秘書田家英》，中央文獻出版社（北京）1989 年版，頁 246。

　　除了經濟效率低下，「偉大的社會主義」還有其他一系列無法甩脫的制度性通弊：個人專權、政治封閉、言論管制、知識分子與「偉大的黨」總是離心離德、整個國家機構日益無知化低效化……由此推源，病症同一，病灶自然亦出於共同的馬列主義，出自同一型號的社會制度。套用《共產黨宣言》那句用語：當赤國人民發現馬列主義的臀部也蓋有一枚封建紋章，面面相覷，一哄而散。

　　許良英很晚才認識到：「自十六世紀的荷蘭革命和十七世紀的英國『光榮革命』以後，民主已成為現代文明發展的主流，生活在十九世紀的馬克思竟倡言專政，是完全違背人類的歷史潮流。」[50]革命並非一定神聖呵，還得看它走在哪股道上，是否行進在人性人權、自由平等的軌道上。法律的價值內涵也只是對人權人性的提煉概括。保衛個人利益等於捍衛集體利益的根鬚，失去個人，何為集體?!失去個權，何需國權？

　　延安一代很晚才知道：「萬世不移」的革命目標——共產主義，1893年就被革命導師恩格斯（F. Engels, 1820～1895）揚棄：「我們沒有最終的目標。我們是不斷發展論者，我們不打算把什麼最終規律強加給人類。關於未來社會組織方面的詳細情況的預定看法嗎？您在我們這裡連它們的影子也找不到。」1895年，恩格斯明確承認：「歷史表明我們也曾經錯了，我們當時所持的觀點只是一個幻想。歷史做的還要更多：它不僅消除了我們當時的迷誤，並且還完全改變了無產階級進行鬥爭的條件。1848年的鬥爭方法，今天在一切方面都已經陳舊了。」[51]人家一百年前就自我修正了。

　　任何大型社會改革都必須以經驗為地基，各種理論無非來自不同領域不同經驗的選擇，只能提供參考，不可能包打天下，世上也不存在一擇解千愁的「主義」。中共將自己對馬列主義的選擇說成「歷史的選擇」，將赤色革命論證成「歷史必然」，一黨私言耳。不過，存在即合理，寰內左翼士林接受馬列赤說，國家最終走了赤色之路，自有一定的客觀基礎，緣自

[50] 許良英：〈幻想‧挫折‧反思‧探索〉，載燕凌等編著：《紅岩兒女》第三部（上），真相出版社（香港）2012年版，頁222。
[51] 弗‧恩格斯對法國《費加羅報》記者的談話（1893年5月11日）。載中央馬恩列斯著作編譯局編：《馬克思恩格斯全集》第22卷，人民出版社（北京）1965年版，頁628～629。弗‧恩格斯〈卡‧馬克思「1848年～1850年的法蘭西階級鬥爭」一書導言〉（1895年3月6日），參見《馬克思恩格斯全集》第22卷，頁595。

一定國情。但「歷史的選擇」並非就是「歷史的必然」，更不等於「歷史的正確」。歷史的正確只能取證於歷史的結果，不可能取決於歷史的發生。1978 年中共啟動改革，社會主義只能向資本主義「偷拳頭」（杭俚：學武藝），等於承認西風壓倒東風，這才是真正的「歷史選擇」，吃了苦頭後的「猛回頭」。否則，中共何以至今仍需要對改革開放「堅定不移」？

　　人類社會的每一寸進步都是綜合力量的推動。偏向平等的社會主義與側重效率的個人主義始終是兩隻主動輪，雖說不同時空會有不同偏傾，但整體上兩者必定互為因果，不可偏廢。西方人類史是講究整體的斯巴達主義與偏重個人的雅典精神的交替之跡。在中國，法家與道家也對應兩大價值方向。一個理想的社會，自然能較好地協調兩大價值，絕不壓制或犧牲某一價值以滿足另一方。兩者失衡，勢必掀聳社會大失衡。多元兼顧，整體均衡，即老祖宗所說的「中庸」再次被證明顛撲不破。以效率為核心的歷史理性一方面鼓勵強者不斷奮鬥，追求價值創造最大化；另一方面追求仁慈為核心的道德倫理，從憐憫弱者角度，要求財富分配相對均勻，弱者也能沾享社會進步的雨露。各項制度設計應以這兩點為軸心，現代理想社會的目標就是根據現實可能性，尋求兩者之間的最佳平衡點。

　　延安整風後，中共單極強調個人服從組織，致使大陸士林半個世紀喪失獨立性，斯巴達主義高漲，雅典精神淪喪，嚴重失衡，加上馬列圖紙本身之謬誤，中國共運自然走不遠。對延安一代士林來說，自由民主似乎只針對封建專制，只具有解構力量，僅須用於對外對敵。他們意識不到民主自由其實更重要的意義還在於建構，乃是建設現代化社會不可或缺的地基，亦須對內對己。1959 年商務印書館重印約翰‧斯圖亞特‧密爾（John Stuart Mill，1806～1873）《論自由》，〈重印序言〉竟稱：

　　　　自由對於我們來說，正如民主一樣，是一種手段而不是目的。它的目的是在於實現人類的無階級無剝削的幸福生活。[52]

　　可沒有自由、民主的生活，還可能有「幸福生活」麼？

---

[52]（英）約翰‧斯圖亞特‧密爾：許寶騤譯，商務印書館（北京）1959 年版，頁6。

　　近十年，「兩頭真」掌門的《炎黃春秋》雜誌成為寰內思想解放排頭兵，經常刊載「大逆不道」的文章，近年更是漸走漸深，觸及「一黨專政」、「多黨制衡」、「三權分裂」等核心問題，代表了延安一代民主派的總結性願望，燃燒出最後的餘熱。「兩頭真」雖然來得晚了一些，但他們還是真誠地向國人呈交一份心靈自白，沒有自欺欺人當駝鳥，並因此得到後人尊重。應該說，絕大多數延安一代終身保持對貧苦工農的深切關懷，始終堅忍不拔地追求理想，永不背棄價值選擇，「兩頭真」當然根植於「一直真」。

　　不過，延安一代受理論層次的制約，最終仍說不清何以必須民主？自由價值何在？他們僅抽象籲求民主自由，無力指出自由乃民主價值基礎，民主是對自由的政治保障，現代化必備要素。惟有民主，才有保障個人自由的合理秩序，現代化果實才能公平地為人民所享有，才能有效遏制官吏貪腐。延安一代也認識不到民主的真正優點在於及時糾錯，民主也許不能實現人間天堂，但可防止進入人間地獄，決策最大依據是非暴力的「點人頭」。「暫時多數」既保證決策的相對公平，也保證「暫時少數」的存在權與發展的可能性。總之，民主能在相當大的範圍內相容各方，既防止少數對多數的專政，也防止多數對少數的鎮壓。

肆、最後歸宿

　　2008 年，八十八歲的「三八式」宗鳳鳴：

> 　　中國向何處去？馬克思主義究竟還靈不靈？是否要告別馬克思？這些問題成了我晚年反復思考的問題。目的是想弄個明白……一個人、一個社會或一個國家、一個民族應該發展的方向。[53]

　　延安一代從救國強國出發，從青年奮鬥至晚年，發現回到原點，仍須繼續尋路。只是這回尋求的是下樓之路，為如何送走自己迎請來的「客人」搭梯，安全地將赤色大神扶送原籍。

---

[53] 宗鳳鳴：《心靈之旅》，開放出版社（香港）2008 年版，頁 3。

大多數國人都已看清當今中國困局——上層建築與經濟基礎嚴重脫節，馬克思主義與改革開放之間的矛盾日益顯豁。中共需要馬克思主義扶撐政權的合法性，而社會發展卻明確需要拆除意識形態的違章建築——馬克思主義。共產赤說不僅成為經濟改革的強大拖滯，無法解釋「資本主義復辟」，而且處處攔阻「改革開放」，成為極左毛派的「復辟基地」。無論人心向背，還是客觀需要，馬列赤旗必須降下。只是希望「拆違」時不要壓著人，不要再讓歷史過重地壓傷現實。

中共當然也明白這一「國家病」，也知道無法回避意識形態「攤牌」，但「國家領導人」既想改革又怕失控，難措手足，還是維穩第一，「歷史問題讓歷史來解決」，一直拖著捱著。國家再次轉回晚清時代：欲新中國，先新思想；欲新思想，先新自我。只是這回要「更新」的已不是傳統思想，而是當年一個勁啃學來的「馬克思主義」。2008 年，李銳先生：

> 1949 年以後那段時期所實行的一整套政治、經濟、文化制度和政策，恰恰是這個黨、也是「一二‧九」知識分子曾經反對的「一個政黨、一個領袖、一個主義」的重演。凡此種種，不過是史達林主義的翻版，又帶有中國特點，是源遠流長的中國專制主義復歸，比史達林式的蘇聯社會主義積弊更多更深……中國社會問題的癥結，的確在於專制主義及其制度。史達林模式、毛澤東晚年的所謂「社會主義」，最根本的弊端在於復活了專制主義。黨執政以後，建立了一個權力不受制約的集權制度，黨員和公民都不享有民主權利。這就離開甚至背離了人類近代文明主流。[54]

> 現在看來也是發達國家的社會主義元素最充分。瑞典沒有明顯的貧富分化，個人收入差異本來高達 300 多倍，但經過國家稅收的平衡，下降到 4：1，基本實現共同富裕。也沒有腐敗，30 多年沒有貪官。[55]

[54] 李銳：〈李昌和「一二‧九」那代人〉，載《炎黃春秋》（北京）2008 年第 4 期，頁 3～4。
[55] 笑蜀：〈「總起來看我還是比較樂觀的——李銳談社會主義與中國」〉，載《炎黃春秋》（北京）2007年第 2 期，頁 13。

　　俄中東歐朝東古越的赤色實踐證明，由一個黨掌管所有社會財富與一切資源，黨成為惟一大地主大資本家，實在要比自由多元的資本主義糟得多。共產主義在歷史現階段無法形成任何有效制度，亦無力承擔社會責任。共產實踐所提供的只是一條鮮血凝成的教訓：任何政治暴力都不能享有特權，無產階級專政這條「蘇維埃渡船」無法抵達所允諾的彼岸。赤色各國知識分子更深刻地體會到西方哲諺：暴力的終點永遠是暴力，由劍得到的亦將因劍而失去；暴力之下不可能有文明的演進，暴力無法給予公眾長遠利益。延安一代當然明白自己也是舉著「火與劍」的赤色傳教士。

　　延安一代民主派在「現代化尋找」中，首先搬掉了馬克思主義這塊壓腳石。2008 年 1 期《炎黃春秋》新年寄語：「馬克思主義不是尋求駕馭資本的制度，而是尋求消滅資本的制度。而資本在地球上至少在很長時間內是不應當也不可能被消滅的。」[56]話雖未直說，意思十分明確，馬克思主義至少已被「兩頭真」送客了。

　　馬克思主義、集權政制，當今中國士林都明白這是一座必須拆除的危廈，但麻煩的是：必須使它的坍塌不要壓著今人。歷史又回到一個世紀前的晚清，開藥方成為當代士林的「主旋律」。這回，延安一代當然明白：明天只能是今天的選擇之果。「兩頭真」開出藥方：

一、加速政改

　　延安一代民主派普遍籲求加速政改。前廣東省委書記、中顧委員任仲夷（1914～2005，1936 年入黨）的認識令人敬佩：

> （政治體制改革滯後）這是當今一切社會問題的根本所在……我們現在是自己監督自己，如同用自己的左手來監督右手，是遠遠不夠的。前廣東省委書記吳南生（按：1937 年入黨）說，「這種體制，鬼都會腐敗。」我認為有道理……政治改革的最終目標就是建立民主的政體，這是毛澤東當年在延安回答黃炎培時向人民莊嚴的承

---

[56] 本刊編輯部：〈新的一年‧新的期待〉，載《炎黃春秋》（北京）2008 年第 1 期，頁 2。

諾。這是中國共產黨還未完成的歷史任務⋯⋯天底下的民主都是大同小異的，沒有什麼本質的區別，都是人類創造的文明⋯⋯「三權分立」的本質和科學的成分就是權力制衡，本身是沒有階級性的⋯⋯政治上有競爭，執政者就不得不為民辦事，不得不當「人民公僕」，不然你就會下崗，淘汰你，這是保持先進性最好的機制。⋯⋯在和平環境下，對人民造成傷害的不是殺人的強盜，也非不可抵抗的天災，而是不受制約的權力⋯⋯我們不能像國民黨那樣，搞一個政黨、一個領袖、一個主義⋯⋯我不贊成老百姓造反，因為造反是沒秩序的，必然會造成社會的混亂，生產力的大倒退，全民族的大災難，但如果固步自封、不思改革，積壓矛盾，就會官逼民反，民不得不反。[57]

　　任仲夷已走出「階級論」迷陣，認識到當代中國政治的癥結。雖然都是些常識，並非什麼深刻洞見，但不少老延安不敢說，甚至不敢聽。回歸常識，對延安一代來說乃是一項「歷史進步」呢！痛乎、惜乎、歎乎？

　　至於「國民弱智論」，推說百姓文化程度不高、對民主漠不關心、實行民主條件不成熟等等，也該收起來了。1950 年 7～10 月，台灣舉行五次選舉，800 萬台人投票率在 62～82% 之間。主持人吳國楨感慨：「任何一個目睹那些選舉的人，必定會拋棄自己最後一點懷疑，即認為東方人不適合民主，對民主漠不關心。⋯⋯我認為只有信任才能產生信任，而且除非給他們一個大膽的起步，否則是不可能有進步的。」[58]難道 2013 年的大陸「革命人民」，素質會低於 62 年前的台民麼？64 年「黨的教育」呵，應該有點提高吧？國人當然也清楚：一個真正「為人民服務」的政府至少應該讓人民漸漸明白自己握有參與公權運作的權利，而非以「愚昧貧弱」剝奪民眾的參政權，更不應該將專制論證成必須尊重的「特殊國情」。

57　關山：〈任仲夷關於政治體制改革的思想〉，載《炎黃春秋》（北京）2006 年第 11 期，頁 6～9。

58　吳國楨：《夜來臨：吳國楨見證的國共爭鬥》，吳修垣譯，香港中文大學出版社 2009 年版，頁 294、272。

第一步當然得開啟言禁，保證言論自由、新聞自由，撤除禁區。反右、大饑荒、文革、六四不能再「重點保護」（嚴格審查），今上也可指點批評。新聞自由的要義之一在於擴大監督，及時糾誤。

關於政治現代化的必要性，海內外士林當然早就認識到了。1984 年香港學人金耀基（1935～）：

> 中共今日宣示推行四個現代化，而竟未及政治現代化。實則，政治現代化才是中共萬題之題。[59]

因為只有政治現代化，政府的結構才可能與日益精細的經濟運作相匹配，對社會的規劃能力才能提高，對資源的調配才能理性化，上層建築才能符合現實需求並服務於經濟現代化。

二、告別革命

基於二十世紀形形色色的赤色思潮，寰內士林痛定思痛，普遍認為應該從歷史理性上「告別革命」，從基本價值上否定劇變。毛澤東的以「破」代「立」，似是而非，甚具迷惑，為絕此弊，只能「告別革命」，徹底斷絕赤色邏輯起點。

文革爆發後，章乃器（1897～1977）總結：

> 君主立憲是虛君共和而不是專制獨裁，自然有它的道理。英國資產階級革命，國內動亂了四十年，最後不得不把王室從國外請回來。清末是改良與革命賽跑，改良太慢，才發生辛亥革命，我也跟著參加了。建立民國之後，袁世凱、蔣介石還不是搞獨裁。接下來又搞革命，一直革到現在，還在「不斷革命」。結果又能怎樣呢？我看改良的代價或許要比革命小得多。[60]

---

[59] 金耀基：《中國政治與文化》（增訂版），牛津大學出版社（香港）2013 年版，頁 96。
[60] 章立凡：《君子之交》，明報出版社（香港）2005 年 2 月初版，頁 81。

2009 年，1938 年入黨的陝公學員曾彥修繞了一大圈後認識到：

> 中國只有逐步地改良才是惟一的正確前途。中國這麼十幾億人口的國家，是絕對來不得任何動亂的，小動亂也不行，尤其不能天天自上而下馬不停蹄地搞大動亂，只能實行逐步地改良。「以階級鬥爭為綱」這一類理論，恐怕在全國是再無復活的可能了。[61]

改革開放 30 年，雖然這次是「對革命的革命」，實踐證明漸進式改良好處多多，一則基礎扎實避免反復；二則靈活機動，易於調節糾錯；三則避免社會激烈震盪，破壞性小，可逆性強，社會成本最低；四則尊重歷史兼顧傳統，從根本上避免赤潮再起。當然也有缺點，速率太慢。然利弊相權，選擇也仍然是惟一的——寧可改良，告別革命。

孫中山辛亥前就認識到：「革命的事情是萬不得已才用，不可頻頻傷國民的元氣。我們實行民族革命、政治革命的時候，須同時想法子改良社會經濟組織，防止後來的社會革命，這真是最大的責任。」[62]三民主義中的「民生」，目的就是防止社會貧富差異造成不平等，杜絕革命之源。[63]1924 年 8 月，孫中山演講：

> 說到用革命手段來解決經濟問題，在俄國還不能說是成功。俄國近日改變一種新經濟政策，還是在試驗之中。由此便知純用革命手段不能完全解決經濟問題。因為這個原因，歐美許多學者便不贊成俄國專用革命的手段去解決經濟問題的方法，主張要用政治運動去解決這種問題。行政治運動去解決政治經濟問題，不是一日可以做得到的，所以這派人都主張緩進。[64]

---

[61] 曾彥修：〈我對「和諧」的一點看法〉，載《炎黃春秋》（北京）2009 年第 4 期，頁 19。
[62] 孫中山：〈在東京《民報》創刊周年慶祝大會的學說〉（1906 年 12 月 2 日）。參見《孫中山全集》第一卷，中華書局（北京）1981 年版，頁 326。
[63] 《孫中山全集》第八卷，中華書局（北京）1986 年版，頁 471。
[64] 《孫中山全集》第九卷，中華書局（北京）1986 年版，頁 378。

中共革命需要「二次革命」進行修正，自是回應了孫中山的預言。毛澤東與孫中山的差距，實在不是一點點。

當代西方學人的剖析更犀利：

> 革命的政權通常都是專制的政權。它在行使權力時不受法律的約束。它表達的是一小撮人的意願。它不會，也不可能會關心其它民眾的利益。……「革命」與「民主」是兩個相斥的概念。
>
> 所謂的無產階級革命，如同過去的所有革命一樣，只是由一個精英集團通過暴力取代另一個精英集團。這樣的革命並未呈現出任何非同尋常的特徵，能使人借此歡呼「史前史的結束」。[65]

不僅李銳等「兩頭真」贊成以漸進的方式推動社會進步，余英時、李澤厚等海內外學界名流，亦持此論。

從世界近代史來看，理性總是與穩健持重同行。謹慎的身後是歷史經驗、顛撲不破的傳統，理解小心謹慎的必要。「保守的革命」之所以成為一個世紀最濃縮的原則性概括，裏含了極其深刻的經驗內涵，看到了紅色革命的實質──捏著一張新圖紙並不等於建起一個新社會，往往有可能更糟。1988 年，余英時對激進與保守的互制互補有一段精闢論述：

> 一個要求變革的時代，「激進」往往成為主導的價值，但是「保守」則對「激進」發生一種制約作用，警告人不要為了逞一時之快而毀掉長期積累下來的一切文化業績。相反的，在一個要求安定的時代，「保守」常常是思想的主調，而「激進」則發揮著推動的作用，叫人不能因圖一時之安而窒息了文化的創造生機。世界上幾個主要文化大致上都是循著這種一張一弛的軌跡發展出來的。在近代的中國，我們則看到一種截然不同的景象。大多數的知識分子在價值上選擇了往而不返的「激進」取向。[66]

---

[65] （法）雷蒙・阿隆（Raymond Aron）：《知識分子的鴉片》（1955），呂一民、顧杭譯，譯林出版社（南京）2005 年版，頁 39、42。
[66] 余英時：《錢穆與中國文化》，上海遠東出版社 1994 年版，頁 216。

從相當意義上，「告別革命」就是告別浪漫，以平常智慧與歷史理性
實現中國的民主自由。

轍虜易驅，民國難建，飽含歷史滄桑的泣血總結。漸進式、非暴力最
終為中國士林普遍接受，各路史家都認識到：法國大革命、俄國十月革命、
中共革命因推崇暴力，「反而延遲甚至破壞了革命前早已開始的許多政
治、社會方面的改革措施。」[67]

三、修正「單邊改革」

鄧小平的出現，提供了「第一代無產階級革命家」自我修正的標本
——從推行共產主義始，至恢復資本主義終。1991 年，鄧小平對姓「社」
姓「資」的不爭論，實為爭論不起，自己矗立的房子，不捨得拆，也不敢
拆，只能將這幢違章建築留與「歷史」——江山留與後人愁。

任仲夷：「小平同志主要的不足就是沒有利用他的崇高威望適時地進
行他所主張的政治改革。」[68]何方評鄧氏護毛：「維護毛澤東和毛澤東思想
的地位，實質上也就是為了恢復『文革』前的政治和領導體制。這就使中
國錯過了一個極為有利的政治改革機會，在走向現代化的道路上缺了一條
腿。」[69]不要毛的公有制，但要毛的獨裁制，鄧小平就這樣成了「半邊人」。

如今，毛崇拜尚未徹底倒，鄧崇拜更是動不得，由延安老人率先破冰，
呼籲「民主憲政」，也算以身作則，燃燒最後的正能量。

四、走西方人的路

謝韜明確只能走西方人的路，從歐美政制汲取成功經驗：

　　　　企圖保留毛澤東模式的政治體制，只在經濟上改革開放，會重
　　蹈蔣介石國民黨在大陸走向滅亡的官僚資本主義道路。只有民主憲

---

[67] 余英時：〈中國近代思想史上的激進與保守〉（1988 年 9 月）。載余英時《錢穆與中國文化》，上海遠
東出版社 1994 年版，頁 213。
[68] 關山：〈任仲夷談鄧小平與廣東改革開放〉，載《同舟共進》（廣州）2004 年第 8 期。
[69] 何方：《黨史筆記——從遵義會議到延安整風》，利文出版社（香港）2005 年 4 月初版，下冊，頁 646。

> 政才能從根本上解決執政黨貪污腐敗問題。只有民主社會主義才能
> 救中國！現在正在醞釀通過黨內三權分立（將決策權、監督權和執
> 行權分離：黨的代表大會及其常設委員會行使決策權，黨委會行使
> 執行權，紀律檢查委員會行使監督權）實現領導體制民主化作為政
> 治體制改革的突破口，並在一些地區試點。[70]

　　從「走俄國人的路」到「走西方人的路」，從絕對排斥三權分立到開始悄悄「偷拳頭」，承認三權分立的精確性，青山遮不住呵！他山之石，何不借用？如果各地有一個能制衡書記和×長的議會，而非徒有擺設的人大、政協，「決策一言堂，用人一句話，開支一支筆」的諸侯制還能繼續嗎？花六個億修建世界最牛縣衙門的預算能夠通過嗎？[71]

　　2004 年 7 月 4 日美國國慶日，布希總統對中國網民說：

> 人類千萬年的歷史，最為珍貴的不是令人炫目的科技，不是浩
> 瀚的大師們的經典著作，不是政客天花亂墜的演講，而是實現了對
> 統治者的馴服，實現了把他們關在籠子裡的夢想。因為只有馴服了
> 他們，把他們關起來，才不會害人。我現在就是站在籠子裡向你
> 們講話。

　　讓權力入籠，用憲法管住統治者，西方現代文明最智慧的實質體現。而中國現行制度則是千方百計防範人民，讓人民戴著「主人」的高帽入籠被囚。看著籠外「公僕」貪污腐敗為非作歹，籠內「主人」束手無策，不但無法行使「主人」之權，而且既張不開口，也拿不起筆，更邁不動步，因為「什麼都沒用」。大陸國人都明白：官員也是人，一半是野獸一半是天使，管住他的獸性才能使他「替天行道」，自律靠不住。制度好可使好

---

[70] 謝韜：〈只有民主社會主義才能救中國〉（序言），辛子陵：《紅太陽的隕落──千秋功罪毛澤東》，書作坊（香港）2008 年 6 月二版，上卷，頁 xxxi。

[71] 人民網《網路輿情》2009 年 1、2 期合刊，頁 34。浙江長興縣花費了 6 個億修建縣政府大樓，「辦公大樓及其周邊的配套設施，總的花費達到了 20 億元。」

官更好，壞官無法使壞；制度不好，壞官放肆行壞，好官也會變壞；好官若不同流合污，就遭逆淘汰。

從中國當代發展之需來看，正確碼放基礎價值，為個人正名、為個人權益脫帽加冕，乃是最急需的人文基本建設。必須鼓勵社會成員理直氣壯地捍衛個人權益，惟此各種政策才能有一穩定的價值支點，社會運作才能漸上層次。很簡單，一切社會進化都來自社會成員的需求，如果大家都「崇高」了，都沒了「需求」，社會前進還有動力麼？還需要前進麼？當今大陸侵權如此普遍，原因就在於個人權益十分容易被侵害，受害者甚至覺得很正常——「中國嘛，就這樣！」

「兩頭真」只要求自己的黨兌現延安開出的民主支票，他們就瞑目矣。當年中共向國民黨索要民主，「往往把一切國內的問題歸納到民主問題」，[72]籲求「廢除一黨專政」，如今不僅「六‧四」開槍，公然聲稱「不搞多黨制」，還不准回憶反右、文革；強迫信仰「一個主義」，文網之嚴遠甚「五四」，言論自由遠低國府，政治局常委退休後在香港出回憶錄都限制重重，限制民眾自由者，自己也失去自由！這難道是「燦爛彼岸」麼？

無論如何，延安一代即將全部走入歷史帷幕，「兩頭真」雖不至於「帶著花崗岩腦袋去見馬克思」，多少獲得一點最後的安慰，畢竟遺憾遠大於欣慰、痛苦遠高於幸福。錯走一生，用錯一生，偌大中國因自己的「走錯」蒙受巨災，數代十多億國人苦熬赤禍，至少七千萬國人（如加上 1949 年前的三千萬則上億）倒斃赤塵。他們「悲壯的錯誤」之下，墊著內戰、反右、文革、上山下鄉、六四……至少需要半個世紀去「拭錯」。價值方向上終一生而歷二世呵！早年否定的晚年再迎回來，自己推立的「新社會」再由自己去扳倒，原來革命對象的資產階級，越富越反動，這會兒成了「響應黨的號召」，越富越光榮。截然相反的價值落差，石猶碎散，人何以堪！

72　文伯：〈陝北之行〉，原載《中央日報》1944 年 7 月 29 日～8 月 7 日。轉引自王健民：《中國共產黨史稿》（增訂本），中文圖書供應社（香港）1974～75 年，第三編‧延安時期（上），頁 335。

結　語

　　「領錯圖紙」既是中共的宿命，也是國人不得不接受的「社會存在」。中共萬水千山推翻國民黨，滿懷正義鋪展「最燦爛最科學」的馬列主義……然而，可歌可泣的革命並不等於「主義」的正確。軍政勝利了，所奉持的主義卻失敗了。如同尷尬的三門峽水庫——整一個設計錯誤的工程。

　　《大學》：「物有本末，事有始終；知所先後，則近道矣。」「其所厚者薄，而其所薄者厚，未之有也」。馬列赤說顛倒本末，亂了「始終」，錯置「厚薄」，欲得正果——紅旗飄萬代，當然「未之有也」。祖先經驗豈能隨意「隻手打倒」？個體差異如何硬性拉平，何必視差別為仇敵？破壞人文生態的硬改造、強拉平，只能適得其反。

　　共產革命最糟糕的是「革」掉了人類承傳至今的經驗，否斥一切傳統，惟全新「紅色理論」才是真正寶貨。那麼，您的全新之說從何而來？是否來自歷史檢驗？何以最美？何以正確？赤色革命者將這一論證推至「革命後」，以「來世」躲檢避驗，以未來為自己立論，滑過最初的質詢。以「來世」擋避今世檢驗，論證邏輯已同宗教。

　　看得很清楚了，共產赤說實為政治宗教耳，以未經歷史檢驗的「全新」藍圖吸聚徒眾，依靠暴力奪取政權，走的還是嘯聚山林的造反老路。惟一不同的是：這次有了一件新鮮的洋外衣——科學共產主義，號稱能夠一勞永逸地終極解決一切社會弊端。然而，「最科學的學說」不僅沒有帶來正面效應，反而帶來此前造反者不可能達到的破壞能量。此前造反者不過「彼可取而代之」，逆取順守，奪權後襲傳統循前規，轉「革命」為生產，很快回到傳統經驗。這次赤色革命，摒棄一切歷史經驗，從頭到腳全新、否定一切既有承傳，完全按照馬克思藍圖操作，用幾十年的時間、億萬人的生命搞一場「主義」大試驗，用火與劍強迫國人進入「共產」，再夾雜一系列個人權爭，大殺功臣、「運動」人民，闖下舊時造反者無法折騰出的巨禍，至今難以徹底送客「馬列」。

　　今天為禍日烈的「官二代」，當然也是封建大尾巴。李銳：「陳雲就說過，還是自己的子弟可靠。」一場天翻地覆、灑血千萬的大革命，到頭仍

然「豆腐一碗」，能不受到最起碼的價值質疑麼？2011 年，李銳老更明確地說：「共產黨則逐步蛻變成一個控制全體人民思想的黨，一個絕對不允許任何不同聲音存在的黨，一個徹底地反對人性、反對自由的黨。這個副作用在『建立新中國』以後逐漸暴露無遺。」[1]

雖然中共至今還在堅持「當年走社會主義道路是正確的，今天市場經濟道路也是正確的。」但兩個正確中只可能一個正確。「今上」炫耀的經濟起飛並不是靠「延安藥方」，恰恰靠放棄「延安藥方」，重走資本主義道路。所謂「『當年』、『今天』都正確」，當然是「司馬昭之心」。

中共如今以「歷史不可能走直線」卸責，但「不可能走直線」能夠成為「只能走曲線」的理由麼？總結歷史，當然只能用「直線」校正「曲線」，還能有其他尺規麼？階級學說捲簾之日，便是赤潮在華全面退落之時。馬列主義一被中共自己修正，市場經濟一復辟，也就是馬列原教旨運動在中國的正式終結。得不到經濟支撐的政治，當然不可能「萬歲」。連老農都質疑：「鄧小平說讓一部分人先富起來，解放前我們村原來就有一戶地主兩戶富農，已經是一部分先富起來了。早知如此，何必當初？」[2]

赤潮禍華，除了風雲際會等複雜的歷史原因，從文化角度，還是士林不清楚現代化的人文根柢為確立個權與價值多元化，馬列主義、國際共運則是反向的一元化集權。左翼士林之所以迅速接受馬列赤說，除了外敵環伺、日寇侵華等外因，主要的內因則是傳統文化過於注重倫理道德，崇尚自我犧牲，限制了對個人權益的認識，致使中國走向現代化時價值失偏，被馬克思主義輕易領走。五四士林無力揀選西說精華，「全盤西化」的背後乃是對西學的無力剔識。中共嘲笑人家「月亮外國的圓」，自己也是「月亮馬列的圓」，一轍耳。

延安一代當然明白：否定赤潮等於否定赤史。三四代中共黨人，一本正經帶著最深沉的「階級感情」，堅定慘烈地推行馬列赤說，末了發現捏錯圖紙，幹了大蠢事，還留下如此這般形格勢禁的「國情」——打左燈向右行，拖著一根赤色意識形態大辮子，還不知最後如何收場！

[1] 李銳：〈我的延安經歷〉（三），載《爭鳴》（香港）2011 年 6 月號，頁 67；《爭鳴》2011 年 7 月號，頁 67。
[2] 周大偉：〈從侯寶林的「革命理論」談起〉，載《領導者》（香港）2012 年 12 月號，頁 170。

　　赤潮禍華，延安一代及其後人不幸「被紅色」、「被馬列」，至今仍不得徹底掙脫。為此，檢視「延安」腳印，查找走偏之因，甚為必要。此即本人之所以棄文就史，拿出最好一段人生歲月「把一切獻給黨」。

　　說到底，革命必須捏著正確圖紙。沒有洛克《兩篇關於政府的論文》（1689）提出民主立憲思想，明確天賦人權與社會契約概念，論證政府職能在於保護公民各項權利，即「政府守夜者理論」，美國獨立革命後，如何立國？傑弗遜憑什麼起草《獨立宣言》？黑格爾早就援引《新約》名言，一針見血剖析學界新流派一個擠掉一個的爭名現象：當你埋葬前人的時候，將要把你抬出去的人已經站在門口了。[3]一味趨新實屬淺薄，世上也不可能有那麼多新東西，尤其經驗沉澱度很高的政經制度與人文思想。

　　中共至今不肯徹底認輸，不僅政治上抵制歐美，還想通過「理論創新」文化上抗衡西方。這種以維護政權為軸心的「政治努力」，當然是不可能完成的「歷史任務」。尤其將一黨專政粉飾論證成「中國特色社會主義優越性」，故意抹煞一黨專政與民主自由的價值悖反，否認政治現代化乃國家現代化不可或缺要素之一，且居樞紐之要──只有政治民主才能既保證社會各階層成員的各項積極性，又保障現代化果實為人民享有。民主已成為現代政治的「道德世界語」。

　　二十一世紀的中國當然只能還是向西方學習的一個世紀，中西文化落差仍呈台階性。當寰內還在辯論私有財產是否「神聖不可侵犯」，西方已意識到物質財富只是幸福要件之一，和諧的人際關係才是更上位的幸福指標。他們認識到私有經濟儘管使人們獲得相應自由，負效則是人際衝突公開化，社會力量仍須壓制私欲中邪惡的一面。為此，深刻表現人際關係的現代派文學應運而出，歷經百餘年調適，不僅西方現代文化獲得歷史性進步，整個西方人文環境也獲得實質性優化。西方對自身缺陷的認識，遠比我們對自身缺陷的認識自覺深刻得多。讀懂西方現代人文思想，大陸思想界還有很長的路要走。畢竟，現代化不可或缺的基礎是思想現代化。

---

[3]　轉引自王元化：《清園近思錄》，中國社會科學出版社（北京）1998 年版，頁 40。

跋

　　本人宏觀論著都來自最初的「霎那間有意味的衝動」，然後慢慢擴散滲脹，從一則想法引出一段思考、飄落一些文字、積成一篇文章，最後擴展成書。如果一開始就知道面對龐然大山，一定本能地縮回去——算了吧，何必呢？此山高聳險峻，吃力不討好，風險一望可知。

　　致力延安一代士林研究，純屬個人行為，無任何資助任何助手，有的只是一路驚惑一路恐懼。若不解放思想，錄寫真實思考，這項研究毫無意義；而一解放一自由，必然出圈撞線，除了觸惹官家，還得與根深蒂固的紅色觀念一路搏鬥，不斷遭遇自幼形成的各條縛繩——「是不是太反動？會不會捉進去？」本人終究只是一雙纏後再放的「解放足」，全身各處勒痕深深，還有許多難以自知的暗傷。

　　投入這項宏大研究，所憑所藉，只是身在林泉心懷廊廟的傷史思痛。步入延安城、掌撫太行山，思考山嶽般巍峨的國史，留學於世留思於後，想想總還是值得的。我始終認為學（原理探究）與術（方策制定）應該結合，既要堅持「為學術而學術」，也不能藉學術而回避現實，藉研史而避今。求真求知求解，最終為了求鑒。過去發生的一切都是滋潤今天與未來的養料，且為惟一之源，後代只能以前輩終點為起點。任何否定歷史蔑棄經驗的「革命學說」，都應引起高度警惕——他想幹什麼?!

　　拙著的形成與出版，頗為曲折。2004 年夏，長沙《書屋》編輯約稿，指定寫延安知識分子。此前，我向這位編輯寄贈拙著《中國知識分子的選擇與探索》，內有一章「延安一代」。他發現「礦脈」，命題作文，我承應下來，月餘交差。不料，2004 年 9 月 2 日「胡哥」發表收縮性講話——防堵意識形態顏色革命，《書屋》吃了批評，拙稿〈延安一代知識分子〉終審時四比一被斃。但本人的延安思考已經展開，很難剎車，積年累月，竟有了擴展成書的雛形。

　　2008 年春，香港中文大學出版社黎耀強編輯得知我有研究延安一代的意向，且有前期規模性投入，鼓勵我加力完成。黎先生原為香港中大《二十一世紀》編輯，拙文〈文革狂濤中的知識分子〉責編，知道我對知識分子研究有興趣，經甘琦社長同意，向我口頭約稿。《延安一代》進入該社

選題行列，交稿期初定一年。既經約定，全力投入。一年後，書稿初成，再打磨半年。此時，拙文〈中共勝利的基幹隊伍──延安一代知識分子〉已載《二十一世紀》2009 年八月號。2009 年秋，黎耀強調離中大出版社，拙稿隨遭某匿名審稿人黜落。具體評語未與我見面，轉告大意：感情色彩強烈，太重褒貶，文學筆調，缺乏學術性等等。2010 年 1 月 12 日，中大出版社甘琦社長來函：「怪我管理不力。評審過程中多有得罪。也的確遇到不可抗力因素──未來有一天或可相告」。與中大出版社的合作只能結束。不過，沒有該社的鼓勵，此著不可能開工，更重要的是若非定於香港出版，不必顧慮內地種種禁忌，我將不可能相對自由地展開思考，不可能不落違心之語，更不敢全面檢討「金光閃閃的馬克思主義」。至於是否「褒貶過烈，感情過濃」從而影響客觀性學術性，不便自評，只能遞交讀者了。

2010 年初，香港時代國際出版有限公司老闆徐躍先生接納拙著，7 月簽訂出版合同，徐躍表示「不考慮市場」，一時使我深感「德不孤」。可徐躍先生未能踐約，且很失風度地不解釋原因，一躲了之。只能推測受到官方壓力，他在上海有公司。其實，他只要解釋一下，我能理解。2012 年初，《開放》主編金鐘先生接下拙稿，評價甚高。此時，國家強力機關攔阻，嚴令「十八大」後才能出版。延宕近一年，2013 年初進入校排、挑選插圖。然終因拙著的學術化，論述宏觀，無市場效應，2013 年 4 月，金鐘先生要求從 57 萬字刪至 30 萬，當然明白已萌「退意」。6 月中旬，金先生托蔡姐婉言示退。也巧，5 月在上海魯研館偶遇台北秀威資訊科技股份有限公司主編蔡登山先生，因感覺金先生「不穩」，改嫁「秀威」，蔡先生接下拙稿，組織審閱，一月後示納，認為「很有出版價值」。7 月下旬，接到秀威「出版合同契約書」。從相當意義上，台灣「秀威」對拙著的接納，當然是兩岸政治文化的一種融合。

此前，金鐘先生的「刪議」已使我開始「瘦身」。2013 年 7 月 7 日結束香港中大訪學，為不辜負「秀威」賞識，也為了儘量對得起讀者、對自己負責，最後全力投入一月修改加工，刪去五萬餘字。出版的延宕，客觀上有助於拙著精化，雖然每次修改都使我精疲力竭。

真誠感謝錢理群先生。2010 年 8 月中旬，錢先生冒酷暑審稿撰序，給了「正當其時」的評語。錢先生對拙著的一系列點撥，深化了我的思考，

融入此後幾度修改。

　　真誠感謝李銳老，2010 年 10 月 13 日，接李南央北京來電，告知銳老看了一些章節（包括對銳老的尖銳評析），認同拙著觀點。10 月 17 日，李南央電函：「我父親完全接受您對於『大公無私』的批判。讓我轉告您，『大公無私』的本質還是不講人性，共產黨的一切錯誤均源於毀滅人性。他和別人的談話中，已開始將您的見解溶於自己的思考。」得到銳老如此肯定，深感榮幸，亦觸摸到這位老延安的「一直真」。

　　大陸「五〇後」一代，認識真實固然不易，更困難的是表達真實。「說真話」不僅需要勇氣，還需要「踩線不過線」的技巧。後人難以相信：二十世紀下半葉，數代國人面對真實的第一意識是回避。他們更難相信，「說真話」何以需要勇氣與技巧?!「走向真實」的這一難度，恰恰正是中國與歐美之間的人文差距：第一步的真實都那麼困難，遑論第二步第三步的評析真實！

　　文革「勝利結束」（華國鋒語），筆者以七〇屆初中生進入黑龍江大學七八級中文系。此時，已入大興安嶺八年了。畢業後，分配至浙江省政協，兩年後請調高校。閱人歷世，含恥的少年（成分不佳）、黯淡的青年（上山下鄉）、艱難的中年（貧窮困頓），每一步都使我深感國家貧弱、文化落後、左網難掙、左脈深長。1990 年代，先入杭州大學攻碩、再入復旦大學攻博，學位論文均選題「二十世紀中國文學人性研究」。人性研究成為個人思想發展的轉捩點，使我認清赤潮之所以偏斜歪謬的理論根源，獲得批判赤說的價值支點，研析赤源漸成無法阻遏的價值自趨。也可以說，幼年由「專政」擲入心底的羞辱還是發酵了。我承認：只要一想起文革巷口的抄家鑼鼓，一憶及我與姐姐小兔般驚慌失措瑟瑟發抖，就無法不湧起「階級仇恨」。這一輩子總得哼出一二聲吧？雖不至於擲還羞辱，總還可以研析一下如此極端的左學赤說何以大行，探討一下如何為其徹底送葬吧？

　　2004 年，章詒和一句「能夠悲傷也是一種權利」[1]，讀得我心驚肉跳，只有經歷過 1950～70 年代的「陸民」才能讀出內中含量。當今青年怕是很難理解「能夠悲傷」何以還是「一種權利」？這陣心驚肉跳堅定了我的研究信心，認定研究「中國為什麼走得這麼偏」深有價值，至少應該明白紅色革命使我們失去了什麼，應該為後代再要回什麼？

---

[1]　章詒和：《最後的貴族》，牛津大學出版社（香港）2004 年版，自序，頁 2。

　　長年蹲察延安一代「否定之否定」人生軌跡，一路心情沉重。大革命一代、紅軍一代、延安一代，就過程而言，紅色革命確實可歌可泣。周文雍、陳鐵軍、夏明翰、方志敏、江姐……長征的萬水千山、三年南方游擊的艱苦卓絕……怎能不感佩壯懷激烈的犧牲、不讚歎氣薄雲天的意志？可是，「砍頭不要緊」，根柢在於「主義真」。烈士犧牲的價值在於「主義」的正確，而非犧牲本身的感召。壯烈犧牲並不自動等於「主義真」。革命所支付的一切代價，必須由革命扶立的新制度出示價值。馬列主義的偉大必須體現於經濟績效與社會進步，而非擎舉赤旗者自封的「偉光正」。

　　國際共運造成全球一億人非正常死亡，「革命後」的死難者數十倍於「革命中」、數千倍數萬倍於「革命前」。當俄中東歐朝越古柬等赤國齊嶄嶄出現「社會主義經濟危機」，生產長期低迷，社會失去活力，饑饉頻發，還怎麼支撐國際共運的「正確性」？受害人能不探討一下造成赤難的根源麼？紅色烈士，尷尬呵！拼作階下囚，工農未解放；拋顱灑鮮血，換來大災難。大革命後不僅未大變，反而霧更濃夜更長呵！如此壯烈犧牲與巨大實踐代價，換來的只是證實共產圖紙的荒謬。檢視這一行行先烈的紅色腳印，長夜難眠，悲從衷來。

　　朝鮮、古巴至今仍生活在極端貧困之中。朝鮮的「先軍政治」（軍事優先）使 1/3 國家財政用於軍費，2300 萬人口養軍 170 萬；2009 年，朝鮮約 870 萬人缺糧，不少人得靠野生食物維持生存，1990 年代餓死 300 萬人。[2]2006 年，一位生活在平壤的粵人說，平壤人均月薪不超過 30 元人民幣。[3]2010 年，古巴國企工人平均月薪僅約 20 美元。[4]

　　海桑迭變，星月猶然；西風殘照，漢家陵闕。幸虧人事有代謝，往來成古今；風雨驗真偽，正邪終自明。任何獨裁者都無法掙脫自然規律，都有退出歷史舞台的一天。再華麗的皇冠終將落地，再雄偉的宮殿也會衰敗，飄風不終朝，驟雨不終日，惟合乎人性的認識才會凝成傳統，真正「自有後來人」。各種喧囂一時的歪理邪說畢竟行之難遠，必失其「鹿」。後人總是按照自己的需求一遍遍審視前朝舊事，從而形成一輪輪「最新認識」。

---

[2]　2009 年 7 月 20～24 日，滬視紀實頻道「眼界」節目，連播五集「直擊朝鮮」。
[3]　劉文忠：《新海國圖志》，崇適文化出版拓展有限公司（澳門）2007 年版，頁 17。
[4]　周喆：〈古巴「地下餐廳」有望浮出水面〉，載《人民日報》（北京）2010 年 8 月 9 日。

後人不可能為前朝謬誤守歲。一種不符合普遍人性的學說與制度，無論打著怎樣的旗號，無論曾經得到怎樣的歡呼，都不可能得到後人繼承，這就是誰都無法逃脫的「最後審判」。

我們這一代學子也有千載難逢的代際機遇：只要收拾收拾舊山河，打掃打掃前幾代亂搭誤建的「人文違章建築」，就能建功立業——「朝天闕」。時代需要我們完成的也似乎只是反思一段帶著體溫的歷史，僅須摘除前面二三代的人文錯誤，拭淨紅色墨漬，就可「成果累累」。從思想史角度，我們這一代雖然未能創立新式學術體系，推出創新思想，但也留下一筆代際人文遺產——將赤說釘上「千萬不要忘記」之柱。

研析延安一代的難度在於必須捧接延安一代塞給我們的「歷史遺產」，我們無法選擇歷史，只能按「延安邏輯」邁出最初步伐。上山下鄉空耗我輩青春，吮吸不到傳統養分，卻稀裡糊塗吞下一串串歪扭錯亂的紅色貨色。最有難度的是必須承認延安一代的抗日功績與革命初衷，又須一步步撥找走向極端的各種原因。史看兩翼，話說兩面，難度自然不小。當然，還得不時掂量必須面對的「無產階級專政」。研究帶著歷史體溫的延安一代，勢必涉及對國際共運評價，要挖到赤色思潮的祖墳。

拆刨赤廈的價值地基，必然會有「不同意見」。重新迎請「個人主義」，似乎先得犧牲一點「小我」，沒有一點「為難」是不可能的。在限制性甚大的一生中，為此項研究「承受壓力」已是可選擇範圍內的「最大值」。如果為此承受「時代局限」、支付「歷史代價」，也只能「時刻準備著」。從小仰慕岳母刺字，感佩張蒼水題文天祥：「宋室已亡惟有死，千秋名節不消磨」。容烈辭壯，氣薄雲天。如因研究赤潮而支付代價，只當「精忠報國」了。寧可枝頭抱香死，不隨落葉舞西風。明知當為而不為，非吾之所為也。此生也就這麼一次值得的「報國」機會了。

資料上，拙著局限甚大，只能運用大陸書刊與有限的港台書刊，視角與立場不可能不受限制，尤其是難以自察的局限。二戰時期，英國人十分震驚從德國反納粹流亡者口中聽到半法西斯觀點。[5]我也難以避免像空氣一樣進入體內的紅色思維，難以避免「以赤反赤」。不過，只能這樣了，這

---

[5]　（英）哈耶克：《通往奴役之路》，王明毅等譯，中國社會科學出版社（北京）1997 年版，頁 16。

也是我們「50 後」難以掙脫的代際特色。當然,使用大陸資料也有一大優勢,可免卻中共對我資料來源的攻訐,庶可脫「惡攻」之嫌。

近十年,我常為自己的「反動思想」不寒而慄:幼稚園就被紅色影片《紅霞》深深打動,至今仍會哼唱〈祝紅軍〉;少年時代精讀《紅旗飄飄》,文革歲月一遍遍守看紅色影片《突破烏江》、《金沙江畔》、《英雄兒女》……為中共艱難百戰唏噓不已;青年時代讀《共產黨宣言》激動血沸;中年竟發生如此大彎折,臨近晚年寫下這麼一本「反動」之極的書,每念及茲,駭怖不已。

生逢左潮,至今仍生活在這場大荒謬的拖影中,不得不「把一切獻給黨」,悲哉?幸哉?研究一種已被證謬的思潮,遠不如研創一項新型學說有價值;搬開一塊擋路舊石,總不如修築一條新路更有意義。可我們這一代的宿命是:出生在黑夜之中,只能先挪走黑暗,才可能迎接光明。

希望後人通過拙著濃縮窺測中共革命,亦向幾十年、幾百年後或會出現的新一波革命者提個醒:小心革命,尤其小心提出重起爐灶的思想家!思想不僅會殺人,威力還遠在原子彈之上!社會發展雖然離不開改良,似乎也需要一點革命,但對任何拆房換樑的框架性徹變一定得小心!對任何一步到位的「革命」都必須大打問號。人類社會的複雜性遠遠超出任何個人的認知能力,任何個人都不可能包打天下。最最重要的是:任何革命絕不能以毀棄既有文明為代價。去就有序,變化應時;一代完成一代的任務;非暴力低動盪、漸循序微代價,這兩點是血淋淋的二十世紀國際共運留給人類的人文遺產,值得後人再三躬身細察。

最後,感謝拙妻張米云,沒有她的一路伴行與價值認同,很難獨行至今,亦無力走完這趟漫長痛苦的「延安之旅」。

再謝秀威公司厚愛,俯允補訂版,使我有機會訂正初版中的錯誤,補上延安士林代表人物小傳。

裴毅然

2014 年 11 月 30 日於滬‧三湘

深春訪銳老
——馬列理論本身就全錯了

原載《開放》（香港）2011 年七月號　編輯改題〈李銳談毛澤東、三峽〉

裴毅然

　　二〇一一年五月二十九日十時，歷經跌宕曲折（因有關部門再三阻攔），終得走進北京木樨地那幢老舊的高幹樓（曾住不少名流，如蕭三、王光美等），見到我心目中的當代英雄——李銳老，中國政改思想界領軍人物，延安一代碩果僅存的健在者。由於求見者甚眾，不少還是「爛屁股」，若非京中友人引薦，我很難被允見。一起去的還有一對中年夫婦，當然也是銳老的崇拜者。

　　銳老坐在客廳沙發上，利索地起身握迎，真沒想到九五老翁身體這麼好。銳老生於一九一七年，身板略曲、握手有力、聲音洪亮、反應靈敏、思維活躍、表達流暢、記憶準確、寫字有力，惟右耳有點重聽及對近事記憶稍欠。見銳老身體狀態如此良好，暗暗為國家高興。不過，銳老見我長鬚飄胸、髮亂膚黑，不太像謙謙學者，側望生疑：「你就是××介紹的那個研究延安知識分子的教授？」幸好捏有友人手書「介紹信」，連忙遞上。落座之後，談話立即進入正題。

　　李　銳：你研究我們延安一代，怎麼研究的？
　　裴毅然：從你們「一二・九」一代進入中共陣營開始，從學歷構成、
　　　　　　思想追求、價值理念、人生經歷等各個方面切入，主要構
　　　　　　勒剖析你們這一代的人生際遇與思想歷程，重點當然是你

們延安一代紅色士林對馬列主義與中共革命的認識，尤其
是前後發展變化的認識。

李　銳：延安是中共打敗國民黨的基礎，抗戰前只有五萬黨員。不
過，我們延安一代的本質很難認識，一般人很難有深入認
識。我近年思考三大問題：人類社會進步到底依靠什麼？
主義與理論是個什麼東西？共產黨應當怎樣革命、執政？
對於這三個問題，如今老中青三代都有人在談，但多零零
碎碎，很少進行系統研究。可以說，全國上上下下、黨內
黨外糊塗為主，全明白的人不多。馬列主義、共產黨都是
外來貨嘛。

裴毅然：那麼，銳老您的思考呢？

李　銳：我認為革命本身不可否認，即革命本身不可避免。當年辛
亥革命，從孫中山開始，後來袁世凱復辟、蔣介石獨裁，
遲遲不抗日，都起了將我們這一代推向中共的作用。馬日
事變時，屍體就橫在我家門口，十四五歲的紅色少女被推
去殺頭時在街上大呼口號。中國的事兒首先怪蔣介石，否
則共產黨起不來。抗戰勝利後，國共不打，事情也好得多。

裴毅然：您出生的家庭很好，從小受到良好教育……

李　銳：我父親一九〇五年由張之洞公費派日本留學，即參加了同
盟會，與宋教仁是同鄉同年，早稻田大學的同班同學，同
黃興是好朋友。民國二年，我父親當選國會議員，與譚延
闓也是朋友。但我父親死得早，一九二二年就去世了。我
母親是女子師範畢業的，湖南第一批接受現代教育的婦
女。母親對子女教育很嚴格，特別要有好品格。我十七歲
進武漢大學，學的是工科。思想激進。「一二‧九」後，
自己組織起共產黨。武漢大學一個教授寫信給我母親，說
你的兒子有危險。一九三七年二月，母親特地趕來武漢，
在武漢大學邊上租房住下，監視我行為。她跟我說：如果
你父親在世，也會贊成共產黨；但蔣介石厲害，被抓住要
殺頭的。三七年五月，我就跑了，上北平去接黨的關係了。

裴毅然：你們「一二‧九」一代都是這麼滿懷激情與革命理想奔赴延安的。

李　銳：當然，我們就是為了救亡、为了五四精神，追求民主與科學，反對國民黨，投奔共產黨。就住在我們這幢樓裡的王懷安，當過最高法院副院長，被打過右派，一九四〇年他從四川帶了一百多名大中學生到了延安，但整風後期都被打成特務。延安那會兒竟「搶救」出 1.5 萬個特務，實際一個特務也沒有。我也坐了一年多的牢，那個滋味兒可不好受，連續五天五夜不讓睡，眼皮都不准眨，旁邊站著一個端槍的。我受刑還不算嚴重的。這是康生從蘇聯帶回來的肅反經驗，據說只要多少天不讓睡，就會講真話。中國自古沒有人權傳統。

裴毅然：關於老毛呢？銳老您在這方面很有研究。

李　銳：毛澤東嘛，李六如的夫人與我母親是同班朋友，她告訴我母親，當年毛澤東常去他家，不講衛生，她經常給毛洗長褂子，那個髒呵！毛澤東比古今中外皇帝都厲害的，比列寧、史達林還厲害的，是控制人的思想，要改造人的思想，改造最好的就數林彪了。全國人民學雷鋒，都當螺絲釘。黨員當馴服工具，不可以有自己的思想。共產黨實際上就是一個農民黨，早期的殺人放火，一點不假。蘇區肅反，殺 AB 團，自己殺自己人居然殺了十萬。黃克誠一生十來次挨整，第一次就是反對殺人放火。毛澤東革命有功，治國有罪，滔天大罪呵！

裴毅然：銳老，老毛的革命有功，好像僅僅只針對中共一黨，對國家實在談不上什麼功績。從抗美援朝、思想改造、三大改造、反右、三面紅旗、大饑餓、文革，真是沒有一件做對的。同時，也正因為「革命有功」，他才有本錢如此折騰國家。你們革命原本想為下一代開創一個更優美更合理的新社會，結果弄得我們知青一代不讓讀書，上山下鄉，去走什麼「五七道路」，讀的書比你們這一代還少，開歷史

倒車，還自封「偉光正」！這難道是你們在延安時想要的
「明天」麼？

李　銳：是的，毛澤東的這筆賬遲早要徹底清算。老實說，我能活
　　　　到現在，還有這麼個狀態，也靠人家美國的科學技術，我
　　　　安過兩次起搏器，二〇〇八年又做心臟手術，還有搭橋支
　　　　架，都是美國發明的。中國文明有世界影響的恐怕只有飲
　　　　食了。中關村與硅谷是人類的希望所在。知識分子是社會
　　　　與國家的大腦，工人農民不過是手足四肢，四肢要聽命於
　　　　大腦的。毛澤東晚年還反對知識，硬要知識分子走工農化
　　　　道路，要知識分子向工人農民學習，不是歷史大倒退麼？
　　　　一九七九年後，我去過美國三次，美國二百多年歷史，真
　　　　是一張白紙上好畫最新最美的圖畫。諾貝爾獎獲得者，70%
　　　　在美國，18%為猶太人，12%德國人。蘇聯史達林清除異
　　　　己，但沒有整知識階層，所以衛星還能上天。我跟胡喬木
　　　　關係很深，1955 年他要我為《人民日報》寫社論，我寫了
　　　　一篇〈幹部一定要學習自然科學〉[1]，也登了，但等於白寫，
　　　　很快就開始反右，只講政治不講科學了。

裴毅然：唉，毛澤東呵，這個毛澤東！什麼大救星，明明是顆……

李　銳：我再跟你們說一個毛澤東的事兒。去世的詩人蕭三，原來
　　　　也住在這幢樓裡，我們之間有接觸，他說毛澤東是××
　　　　×，很難聽。楊開慧的一些手跡藏在住宅牆壁裡，八十年
　　　　代修故居時發現了，湖南黨內刊物上曾予以刊出。前幾年
　　　　湖南來人告訴我，有些要害話被刪去，如說毛是「生活流
　　　　氓、政治流氓」。她的哥哥楊開智，1929 年去過井岡山，
　　　　楊開慧知道毛澤東娶了賀子珍。她帶著三個孩子住在長沙
　　　　東鄉六十里的板倉，毛澤東兩次打長沙都經過此處。省長
　　　　何鍵為報仇，將楊開慧逮捕，逼她登報同毛離婚，她不應
　　　　允，於是將她殺害。易禮容這個人知道嘛？易禮容同我談

---

[1]　李銳：〈幹部一定要學習自然科學〉，載《人民日報》（北京）1955 年 7 月 15 日。參見《李銳文集》，
　　香港社會科學教育出版有限公司 2010 年版，頁 167～171。

過楊開慧臨刑前押在人力車裡遊街，她大喊：「我不要死！我不要死呀！」因為她還有三個孩子呵！毛澤東一生好動喜鬥，人品壞，我最近有一首打油詩，唉，這個你別記，……最後兩句是：其樂無窮拼命鬥，家亡國破全由他。

裴毅然（犯難地）：銳老，這麼好的句子，為什麼不讓記呢？可以放到以後發表呵。

李　銳（慈祥地）：好好，你記吧，記吧。唉，中國自古以來既沒有人權和民主自由傳統，也沒有科學尤其自然科學傳統，毛澤東培養的是奴才，尤其是林彪這樣的奴才，人才根本就不要，只要聽話的，不要會思考的，逆淘汰呵！真是頻頻運動無限哀，人才不要要奴才。現在這個問題沒有根本解決。胡繩晚年覺悟了，說毛澤東不過是個民粹主義者，他的《八十自壽銘》：「吾十五有志於學，三十而立，四十而惑，惑而不解垂三十載，七十八十稍知天命。九十無望，嗚呼尚饗。」胡喬木就一直沒覺悟。

裴毅然：今年是辛亥百年與中共建黨九十周年，你作為延安一代黨員，對自己這一生與這場革命有什麼提煉性總結？

李　銳：我認為人類進步不靠革命靠改良（改良與改革在西方是一個詞 Reform），不靠主義靠科學，尤其自然科學，有絕對真理，社會科學惟有靠實踐證明，事前無法預先證明。英國還有女皇、日本還有天皇，但人家近代無內戰，發展得很不錯。至於我自己這一生，做人與當共產黨員發生根本矛盾時，我不惜犧牲一切堅持了前者，對得起自己，也對得起歷史。我有種感覺，人最難受的是什麼？是挨餓，我在北大荒挨餓，幾乎餓死！我們需重新認識馬列主義，馬列主義基本理論完全錯了。我為張宣三（比我大一歲）寫的書《重新認識馬克思主義》寫過序言，談到這個問題。有大陸作家到美國寫了一本書《誰是新中國》，說「新中國在台灣」。中國不變不行，黨不改革不行。至於當今有

的領導人，我說他們是繫著紅領巾長大的，上面來人叫我不要這麼說，可這麼說難道錯了麼？

裴毅然：不能說真話，或者說不讓說真話，這樣的感覺實在太不爽，社會環境也很壓抑。比如我來見你，沒想到會那麼不容易。

李　銳（指著電話機）：唉，連我這裡的電話都是監聽的。最近有一個離職的外國官員要來見我，要人家通過外交部，人家說以平民身分見一位中國公民，弄得那麼麻煩，就不請求了。

裴毅然：銳老，能否請您再談一下三峽，我知道這是您心裡的一大情結。

李　銳：別提了，最近找我的人多，都是為了三峽。溫家寶五月十八日開會，提出三峽有問題了。三峽的種種問題，特別是水庫各縣的泥石流、山洪問題，泥沙淤泥等問題，以及對下流的影響等，過去論證時，反對者都再三提出過。對長江河床的變動和影響等，過去也都關心過，下游幾個大湖出現的乾涸等，是否有關？

裴毅然（插話）：最近報導沉入水底 330 年的江蘇盱眙洪澤湖西岸明祖陵旱露，洪湖等湖泊比歷史同期減少四成水量，上千座水庫低於「死水位」運行，鄱陽湖水量為歷史同期均值的 13%。[2]

李　銳：水利大專家黃萬里來我家兩次，我總記得他說的憤慨話：「三峽建成出了事，在白帝城頭（如岳王廟一樣）也將鑄三個跪著的歷史罪人：中間錢正英，兩邊張光斗、李鵬。」黃萬里了不起，黃炎培的五個兒女都被打成右派。

裴毅然：讓人大代表投票表決三峽工程，本身就是一則歷史笑話。這種需要高度專業基礎為判斷前提的活兒，怎麼能讓一大幫外行來搞最高決策的投票呢？

2　張磊（記者）：〈明祖陵 300 年重見天日〉，載《揚子晚報》（南京）2011 年 5 月 20 日。郭遠明、沈翀：〈長江中下游旱情：人為因素不可忽視〉，載《新華每日電訊》（北京）2011 年 5 月 25 日。

李　　銳：當時發給人大代表的都是贊成三峽工程一方的材料，負面意見一律隱匿，不提供。大會投票時，不讓反對的人發言；投反對和棄權票的人八百多，這是歷史上沒有的。我知道最後決策人鄧小平也有責任。他去三峽，陪他的是長江水利委員會原負責人林一山的秘書，對他說三峽大壩修起來後，萬噸輪船可直達重慶。鄧小平聽進去了，他是四川人嘛，便堅決主張修。其實南京和武漢長江大橋都只能通過五千噸的輪船，於是後來將萬噸輪船改為「萬噸船隊」，這真可以當笑話了。

裴毅然：銳老，您的晚年思考使你無意中攀上歷史峰巔，您已成為「一二・九」一代的標誌性人物，或者說是這一代中共黨員中的一道獨特風景線，您的著作、文章已經入史，成為中共黨史中別樹一幟的「李學」，黨史研究者必讀呵。往深裡說，您的「李學」必將提醒後面的革命者，告別暴力，告別革命。

李　　銳（謙遜一笑）：哎，你留著這麼長的鬍子，今年多大啊？

裴毅然：我今年五十七周歲。

李　　銳：哎，玉珍（銳老夫人），他只有五十多歲！只有五十多歲！

看得出，銳老為「自有後來人」而高興。我自己的感覺則大不同，年近六旬，歲入秋暮，能為國出力的日子不多矣！

臨出門前，瞭見銳老書房桌頭放著封面十分熟悉的《李作鵬回憶錄》，剛剛新出的港版書，他的閱讀很前衛呵！

我與那對夫婦各購一套銳老新近港版《李銳文集》（得銳老題詞），滿載而歸。我自然會一如既往關注銳老，從事「李學」，歸納整理「一二・九」一代用生命換來的「紅色經驗」，融入當今社會轉型，並交遞給下一代——遠離暴力，寧要改良不要革命。

2011-5-30～31 整理・於滬
2011 年 6 月 12 日經李銳老詳細審定。

延安士林代表人物小傳（按字母排列，134 人）

艾思奇（1910～1966）出身雲南騰沖官吏家庭（父為省民政司長）；留日入福岡工大；1935 年入黨，1937 年赴延，中央文委秘書長、《解放日報》副總編；1959 年中央黨校副校長，學部委員。

艾青（1910～1996）出身浙江金華地主，入杭州西湖藝專，留法生；1941 年赴延，1945 年入黨，延安《詩刊》主編；1949 年後，《人民文學》副主編，1957 年「右派」，下放黑龍江、新疆；1979 年中國作協副主席。

安志文（1919～　）安子文三弟，出身陝西子洲官宦家庭，綏德師範畢業生；1936 年入團，1937 年入抗大並入黨；綏德地委秘書長、高崗秘書；1949 年後，計委副主任，吉林省革委會副主任、六機部長，國家體改委黨組書記，中候委。

白朗（1912～1994）羅烽妻，出身瀋陽名醫，嫁表兄羅烽（中共黨員）；1935 年隨夫赴滬，加入「左聯」；1941 年赴延，《解放日報》副刊編輯，1945 年入黨，《東北日報》副刊部長，《東北文藝》副主編；1949 年後，東北文協副主席、人大代表；1958 年劃「右」，下放煤礦勞改；1979 年入中國作協。

草明（1913～2002）出身廣東順德鄉紳家庭，廣東女師生，1932 年入「左聯」，1935 年被捕，次年獲釋；1940 年在渝入黨，1941 年抵延，中央研究院研究員，參加延安文藝座談會；1949 年後，鞍鋼副書記、東北文協副主席、北京第一機床廠副書記、中國作協理事。歐陽山妻。

陳伯達（1904～1989）出身福建惠安鄉紳（父親秀才）；集美師範畢業生，1924 年入上海勞動大學中文系，1925 年加入國民黨，1927 年 4 月加入中共，9 月入莫斯科中大；1937 年赴延，中央黨校教員、毛澤東秘書；1949 年後，中宣部副部長、《紅旗》雜誌總編、中常委；1970 年被打倒，1981 年判刑 18 年。

陳荒煤（1913～1996）出身湖北襄陽軍官家庭；省立二中畢業生，1927 年入團並加入「左聯」，1932 年入黨；1938 年秋赴延，魯藝文學系主任，文藝評論家；1949 年後，中南軍區文化部長、文化部電影局長，文化部副部長。

陳企霞（1913～1988）出身浙江鄞縣商家，寧波甲種商業中學肄業；1933 年加入「左聯」，9 月入團，年底轉黨，被捕一年餘；1940 年初攜妻赴延，《解放日報》

副刊編輯，出席延安文藝座談會，華北聯大文學系主任；1949 年後，全國文聯秘書長、《文藝報》副主編；1955 年打為「丁陳反黨集團」，1957 年劃「右」，取消行政十級，發生活費 96 元；1961 年入杭大中文系；文革後浙江作協副主席。

　　陳學昭（1906～1991）浙江海寧鹽官書香之女，1922 年入上海女校，留法文學博士；1940 年赴延，《解放日報》副刊編輯，1945 年入黨；1949 年後，浙江大學黨支書、浙江文聯副主席、專業作家；1957 年「右派」，發落杭州大學圖書館。

　　陳湧（1919～　　）廣東南海人，初級師範毕业生，1938 年入抗大並入黨，《解放日報》編輯；1949 年後，《文藝報》編委，中社院現代文學組長；1957 年劃「右」，文革後中辦研究員、中央書記處研究室顧問、《文藝報》主編。

　　陳慕華（1921～2011）出身浙江青田地主，陳誠侄女；1938 年赴延，抗大四期生，6 月入黨；熱河軍區一科參謀、醫院副院長；1949 年後，國家計委交通局處長、外經委三局副局長、外經部長兼黨組書記、中國銀行行長兼黨組書記、計生委主任、全國婦聯主席、國務委員、副總理、人大副委員長，政治局候委。

　　池必卿（1919～2007）出身山西平定縣上莊村，1935 年入太原友仁中學，校「民先」小隊長，1937 年入黨；平定縣委組織部長，1949 年後，太原市委第一書記；文革受衝擊，1969 年天津革委員副主任，1971 年再受迫害，1975 年後內蒙第二書記、貴州第一書記兼省軍區第一委；中央委員、中顧委員。

　　鄧力群（1915～　　）出身湖南桂東地主，1935 年入北大經濟系，1936 年入團並轉黨；1937 年初赴延，馬列學院教育處長、中央政治研究室組長；1949 年後，《紅旗》副總編，中社院副院長，中宣部長、書記處書記；晚年自傳《十二個春秋》嘲笑「全民公決」，認為中共毋須證明就代表全民利益與人類最美好未來。

　　丁玲（1904～1986）湖南臨澧大地主之女，1923 年入上海大學中文系；1930 年參加「左聯」，1932 年入黨，1933 年被捕，1936 年赴延；《解放日報》副刊主編；1949 年後中宣部文藝處長；1955 年打為「丁陳反黨集團」，1957 年「右派」；終身深陷赤說。

　　丁雪松（1918～2011）四川巴縣貧家女，就讀省立女子職校；1937 年入黨，1938 年入抗大三期，李鼎銘秘書；抗戰後與丈夫回朝鮮，1950 年返國，國務院外事辦秘書長、對外友協秘書長、駐荷蘭、丹麥大使。

　　杜潤生（1913～　　）出身山西太谷富農，1934 年入北師大文史系，1936 年入黨，1937 年入太行山赤區；義勇軍三支隊長、太行山黨委宣傳科長、教育處長；1949 年後，中科院秘書長、中央書記處農村政策研究室主任、國務院農村發展研究中心主任。改革派。

杜導正（1923～　）出身山西定襄鄉村教員，1937年入定襄縣中，同年入黨；應縣民運部長、《晉察冀日報》記者、新華支社副社長；1949年後，新華社廣東分社社長、《光明日報》總編、新聞出版署署長、《炎黃春秋》雜誌社長。

方毅（1916～1997）出身廈門城市貧民，廈門一中生；1930年入團，次年轉黨；廈漳團支書、廈門市委書記、新四軍五支隊政治部主任、山東省副主席；1949年後，福建副主席、上海副市長、財政部副部長、計委副主任、外經部長；文革受迫害，文革後中科院長、國家科委主任、副總理，國務委員、政治局委員、書記處書記；認為毛澤東乃中國有史以來最大暴君。

馮牧（1919～1995）出身北京知識家庭，畢業於北平輔仁中學，1938年入冀中赤區，1939年抵延，入抗大、魯藝文學系，《解放日報》文藝部編輯，1946年入黨；1949年後，昆明軍區文化部副部長、《新觀察》主編、《文藝報》副主編；文革後，文化部政策研究室負責人、中國作協副主席、《文藝報》主編。

范元甄（1921～2008）李銳前妻，出身武漢富家，1937年8月入黨，第三廳演劇九隊支書；1939年與李銳赴延，入馬列學院；1949年後，湖南省工業廳主任秘書、航空工業總局總技術處長；至死崇拜毛澤東、抱持階級論。

范文瀾（1893～1969）出身浙江紹興書香世家，1917年畢業於北大國學門，孫中山秘書；1926年入黨，後失去組織關係，1939年重新入黨；北平大學女子文理學院院長，1940年赴延，中央研究院副院長；1949年後，中國科學院近代史所長，中央委員，學部委員。

范明（1914～2010）原名郝克勇，出身陝西臨潼耕讀世家，父為楊虎城部騎兵營長；1932年入團、1933年入復旦大學，1937年10月入安吳青訓班，1938年入黨；1942年由毛澤東改名范明；1946年西北局統戰部處長、「一野」政治部秘書長；1949年後，入藏18軍獨立支隊司令兼政委、西藏工委書記、西藏軍區副司令、少將；1957年因寫小說《新西遊記》劃「極右」，批鬥百餘天；1958年發配長白山勞改，1962年因彭德懷案監禁，1980年出秦城，陝西省政協常務副主席。

馮蘭瑞（1920～　）李昌妻，貴陽人，入學貴陽達德學校；1938年1月入黨，1940年赴延，入中央青委、中央研究院，1949年後《中國青年報》編委、哈工大宣傳部長、黑龍江統計局副局長、中社院馬列所書；晚年反思者。

傅冬菊（1924～2007）傅作義長女，1946年畢業於西南聯大外語系，1945年入少共，1947年入黨，成功勸降其父；1949年後，天津《進步日報》編輯、《人民日報》編輯；文革被殘酷批鬥，文革後，譴新華社香港分社，從事統戰。

顧準（1915～1974）出身上海小商人，自學得聘大學會計教授；1935年入黨，江蘇文委書記，1940年入蘇北赤區，1943赴延學習，1946年山東財政廳長；1949年後，上海財稅局長、上海財委副主任、華東財政部副部長；1952年打為「思想老虎」；1953年建築部財物司長、經濟研究所研究員；1957年劃「右」，1962年摘帽，1965年再次劃「右」，妻子汪璧1967年自殺；黨內反思第一人。

戈揚（1916～2009）江蘇海安工商地主之女，1937年畢業於鎮江師範；1941年入黨，新四軍新華支社主任；1949年後，《解放日報》駐京辦事處主任、《新觀察》主編，1957年「右派」；六四後流亡美國，著名民運人士。

葛佩琦（1911～1993）出身山東平度貧農，「一二·九」分子，1937年畢業於北大物理系；1938年入黨，潛任國民黨東北行轅政治部少將督察，因與單線連絡人失去聯絡；1951年中國人民大學講師，1957年「鳴放」，《人民日報》歪曲發表其發言，欽點「大右派」，無期徒刑；1975年特赦出獄，雙目失明，生活艱難；1983年平反。

郭小川（1919～1976）出身河北豐甯知識家庭，高中生，1937入黨，入馬列學院；1949年後，中國作協副書記兼秘書長、《詩刊》編委、《人民日報》記者。

郭汝瑰（1907～1997）出身重慶銅梁鄉村教師，黃埔五期生，1928年秘密入黨，入陸軍大學、盧山軍官訓練團；抗戰期間國軍師長、軍務署副署長；抗戰後國防部作戰廳長，密遞中共百餘次情報，制定種種助共部署；1949年7月兵團司令，12月率部宜賓反水；1949年後，中共不恢復其黨籍、不授軍銜，南京軍事學院副處長；1957年因「特嫌」一度被捕；文革被批鬥，1970年回巴縣定居；1980年准許入黨，1985年副兵團級待遇。

龔澎（1914～1970）喬冠華妻，出身合肥軍官家庭，1936年入黨，次年畢業於燕京歷史系；八路軍總部秘書、《新華日報》記者、中共代表團秘書、香港工委外事組副組長、軍調處中共新聞組長。1949年後，外交部新聞司長、部長助理。

谷牧（1914～2009）出身山東榮成農家，文登省立第七鄉師畢業生；1931年入團，次年轉黨，北平「左聯」負責人，1936年入東北軍從事兵運；1949年後，濟南市委書記、上海市委副書記、國家建委主任、副總理、國務委員、中央委員、書記處書記、政協副主席。

關鋒（1919～2005）出身山東慶雲貧家，慶雲中學生；1933年入黨；樂陵縣委書記；1949年後，山東分局宣傳部理論處長，1958年參與創辦《紅旗》，編輯專供毛澤東閱讀的《思想理論動態》，得毛賞識升任《紅旗》編委，參與起草〈五·一六通知〉，進入中央文革；1967年8月倒台入秦城；1982年獲釋，免予起訴但不恢復黨籍；晚年鑽研孔莊，對文革「四不」──不看、不想、不談、不寫。

黃華（1913～2010）出身河北磁縣鄉警之家，燕京經濟系肄業，1936 年入黨，同年協理斯諾等西方記者採訪紅軍；中組部幹事、朱德秘書、軍調處中共代表團新聞處長；1949 年後，外交部歐非司長、駐埃及、加拿大大使、中央委員、外長，副總理、國務委員、人大副委員長、中顧委常委。

胡喬木（1912～1992）出身江蘇鹽城地主（父為秀才）；1930 年入清華歷史系，同年入團，1932 年入黨；1933 年轉浙大外語系，1935 年鬧學潮勒令退學；1937 年赴延，青聯宣傳部長，毛澤東秘書；1949 年後，新聞總署署長，中宣部副部長、中社院長、政治局委員。

胡績偉（1916～2012）出身四川威遠富家，1936 年川大經濟系肄業，1937 年入黨，1939 年赴延，《邊區群眾報》總編、新華社西北分社社長；1949 年後，《人民日報》主編、社長；反對「六·四」鎮壓被罷免人大常委，「兩頭真」代表人物。

胡繩（1918～2000）出身蘇州普通家庭，1935 年北大哲學系肄業，1938 年入黨，南方局文委委員，《新華日報》編委；1949 年後，人民出版社長，出版總署黨組書記，中宣部秘書長、《紅旗》副總編；文革後，中央委員、中社院長，政協副主席；「凡是派」，晚年稍反思。

何其芳（1912～1977）出身四川萬縣大家，1935 年北大哲學系畢業生，1938 年夏抵延，同年入黨，魯藝文學系主任，出席延安文藝座談會；1949 年後，中社院文學研究所長、中國作協書記處書記、《文學評論》主編、學部委員。

何方（1922～　　）出身陝西臨潼富農，1938 年赴延入抗大並入黨；抗大助教、遼陽縣委宣傳部長、遼東省青委副書記；1949 年後，張聞天秘書、外交部辦公廳副主任；1959 年受張聞天牽連，長期下放農村；文革後，中社院日本所長、榮譽學部委員、「兩頭真」。

何家棟（1923～2006）河南信陽人，1938 年考入鐵道警備隊幹訓班，八路軍南嶺支隊小隊長；1945 年入黨，入華北聯大、《新大眾報》編輯；1949 年後，《工人日報》科長、工人出版社編輯室主任；1957 年因出版劉賓雁〈本報內部消息〉劃「右」，開除黨籍撤銷職務；1962 年因編輯小說《劉志丹》打為「習仲勳反黨集團」；文革批鬥，母親及二子非正常死亡；文革後，工人出版社副社長，1984 年因發表劉賓雁〈第二種忠誠〉被追究，「兩頭真」。

宦鄉（1909～1989）出身遵義官紳（父親貢生），1932 年肄業上海交大，留英攻讀經濟學；1938 年入《前線日報》，副社長兼總編；1948 年 6 月入黨，天津《進步日報》主筆、政協副秘書長、外交部歐非司長、駐英代辦、部長助理；文革受迫害，文革後駐歐共體兼比、盧大使，中社院副院長。

華君武（1915～2010）出身杭州留日醫生家庭，1936 年畢業於上海大同大學高中部，1938 年赴延，任教魯藝文學院，1940 年入黨；1949 年後，《人民日報》美術組長、文藝部主任，著名漫畫家；文革遭批鬥，文革後中國美協副主席。

華國鋒（1921～2008）出身山西交城工匠家庭，畢業縣商校，1938 年入黨，縣犧盟會秘書、縣委書記、地委宣傳部長；1949 年後，湘陰縣委書記、湘潭地委書記、湖南省委統戰部長、省革委會主任、省委第一書記兼省軍區政委，1971 年兼廣州軍區政委、公安部長、常務副總理、政治局委員、中央主席兼總理，主持逮捕「四人幫」，「凡是派」；

賀敬之（1924～　　）出身山東嶧縣貧農，1937 年山東滋陽簡易鄉師一年級肄業，入國立湖北中學；1940 年赴延，入魯藝文學系；1941 年入黨，參編《白毛女》；1949 年後，《人民日報》文藝部副主任、《詩刊》編委；1977 年文化部副部長、中宣部副部長、文化部代部長，中央委員。

韓天石（1914～2010）出身瀋陽郊區農家，1933 年入北大，1938 年畢業於川大數理系；「一二·九」骨幹，1936 年 1 月入團，3 月轉黨；「民先」成都總隊長、四川工委學委書記、成都市委書記、川康特委青委書記；1940 年赴延，中央青委秘書長、西北局青委副書記、葭縣縣委書記、佳木斯市委書記、東北局青委書記；1949 年後，鞍山市委書記；1956 年下放昆明機床廠副廠長；文革遭殘酷迫害，文革後雲南省委副書記；1979 年北大黨委書記，1982 年中紀委書記。

蔣南翔（1913～1988）出身江蘇宜興地主，1932 年入清華中文系，翌年入黨，清華黨支書、「一二·九」領導人；全國學聯黨團書記、南方局青委書記、中央青委宣傳部長、東北局青委書記；1949 年後，清華校長兼黨委書記、高教部長；1977 年後，天津市委書記、國家科委副主任、教育部長、中央黨校第一副校長。

江青（1914～1991）毛澤東妻，出身山東諸城中產家庭，入諸城女子學堂、省立實驗劇院；1933 年入黨，1934 年 10 月在滬被捕，11 月獲釋從藝；1937 年 8 月抵延，恢復黨籍，魯藝一期生；1938 年 11 月與毛澤東結婚，軍委秘書；1949 年後，中宣部電影處長、中央文革小組副組長、政治局委員；1976 年 10 月被捕、永遠開除出黨，1981 年判處死緩；1991 年 5 月 14 日自殺。

紀登奎（1923～1988）出身山西武鄉農家，1937 年畢業於武鄉民中（初中）；1938 年入黨，魯山縣委書記、許昌地委書記；1949 後，河南省委第一書記，省革委會副主任、副總理，北京軍區第一政委，政治局委員；十一屆三中全會後邊緣化，正部級待遇。

金堯如（1923～2004）浙江紹興人，暨大生，1946 年 3 月在校入黨，1947 年

台灣工委宣傳部長，後香港《文匯報》總編，負責香港宣傳和統戰，遊說程思遠投共；文革召回，審查勞動八年；文革後回香港復職；「六四」《文匯報》開天窗發表四字社論「痛心疾首」，退黨移美，協助許家屯逃美，著名「叛黨分子」。

柯仲平（1902～1964）出身雲南寶寧中產家庭；1926年肄業北平法政大學法律系，入創造社出版部；1930年入黨，1935年留日；1937年11月抵延，邊區文協副主席、民眾劇團團長；1949年後，西北軍政委文教副主任、中國作協副主席。

康濯（1920～1991）出身湖南湘陰縣城，長沙高中生；1938年抵延並入黨，魯藝一期生；延安文化界抗聯宣傳部長、《工人日報》主編、晉察冀區委副書記；1949年後，中央文學講習所副秘書長、《文藝報》常務編委、河北省文聯副主席、湖南省文聯副主席、中國作協書記處書記；文革中遭迫害，失去健康；文革後，湖南省文聯主席。

廖蓋隆（1918～2001）出身廣東信宜貧農，1938年畢業於廣東高州中學高中師範；1938年8月帶領同學赴延，入陝公，9月入黨；1939年入馬列學院，留院任教、《解放日報》新聞部主任、新華社副總編；1949年後，中宣部宣傳處長、朱德秘書；文革遭迫害，文革後，中央黨史研究室副主任。

廖沫沙（1907～1991）出身無錫軍人家庭，1925年畢業於長沙師範；1930年入黨，1933年參加「左聯」；《新華日報》編輯主任，香港《華商報》主筆；1949年後，北京市委教育部長、統戰部長；1966年5月遭批鬥，1968～1975年蹲獄八年，後發配江西林場勞改三年；1979年平反，北京市政協副主席。

黎澍（1912～1988）出身湖南醴陵地主，1935年入北平大學商學院，1936年入黨；湖南省委機關報《觀察日報》總編、香港國新通訊社經理、香港新華社總編；1949年後，新聞總署研究室主任、中宣部報紙處長，中央政治研究室歷史組長、中社院近代史所副所長兼《歷史研究》主編，1980年《中國社會科學》總編、國務院學術委員會委員；改革派。

梁湘（1919～1998）出身廣東開平華僑家庭，北師大畢業生，1936年入黨，1937年赴延；中央黨校教務處副主任、遼寧西安縣長、瀋陽區委書記；1949年後，廣州副市長、韶關地委副書記；文革後，廣州市委第二書記、深圳市委第一書記、市長；1988年海南省長，1989年9月撤職，騙京被囚，反覆審查而終。

劉白羽（1916～2005）出身北京通州商家，1936年肄業北平民國大學中文系；1938年赴延、入黨；延安文藝界抗協支書，參加延安文藝座談會；《新華日報》副刊部主任、北平軍調處執行部記者；1949年後，中國作協黨組書記、文化部副部長，總政文化部長、《人民文學》主編；終身持守紅色意識形態。

劉賓雁（1925～2005）出身長春鐵路職員家庭，1944 年於天津入黨；1951 年
《中國青年報》記者，發表「干預現實」小說，1957 年劃「右」；文革後，《人民
日報》哲學版主編、中國作協副主席；1987 年「資產階級自由化」開除黨籍、罷
免中國作協會籍；「六四」後在海外成立「民主中國陣線」，客死美國。

劉家棟（1917～2012）出生北京職員家庭，1935 年北師大附中生，「一二‧
九」分子，1936 年入黨，同年入燕京；1937 年 11 月赴延入抗大，陳雲秘書、富縣
組織部長、齊齊哈爾市委宣傳部長、李富春秘書、吉林市委書記、重慶手工業管
理局長；文革受迫害，1972 年後重慶文化局長、四川省委宣傳部第一副部長；文
革後，中紀委研究室主任、中紀委員。

劉祖春（1914～2001）出身湘西鳳凰小康家庭，入常德省立三中，1934 年得
沈從文資助赴京求學，1935 年考入北大；「七七」後赴晉參加游擊隊，1939 年赴延
入抗大，同年入黨；《晉冀豫日報》社長、《解放日報》副刊部主任、博古秘書、
新華社辦公室主任、中南局宣傳部常務副部長；1949 年後，華北局副秘書長兼工
業部長、中宣部常務副部長；文革後，北京市委科教部長、中顧委常委。

李普（1918～2010）出身湖南湘鄉農家，長沙廣雅高中畢業生，1938 年入黨；
區委書記、新華分社社長；1941 年入學華中大學歷史系，《新華日報》記者、新華
社「二野」分社社長；1949 年後，新華社採訪部副主任、中宣部宣傳處副處長、
中南局辦公廳副主任、廣東省委宣傳部副部長；1973 年新華社北京分社社長，總
社副社長；1982 年離休，《炎黃春秋》編委，「兩頭真」。

李慎之（1923～2003）出身無錫知識家庭，父為《申報》、《新聞報》駐無錫
記者；1945 年燕京經濟系畢業生，1946 年赴延，新華社國際部副主任，1948 年 11
月入黨；1949 年後，周恩來外交秘書、參加板門店談判、日內瓦會議；1957 年主
張「大民主」劃「右派」；文革後，中社院副院長兼美國所長，鄧小平、趙紫陽訪
美特別助理；1990 年因反對「六四」鎮壓被免職；「兩頭真」領銜人物。

李銳（1917～　）出身湖南平江大地主，父為國會議員；1934 年入武漢大學
工學院，「一二‧九」分子，1937 年 2 月入黨；1939 年 12 月攜妻赴延，中央青委
宣傳部宣傳科長、《解放日報》評論部組長、高崗、陳雲秘書；1949 年後，湖南省
委宣傳部長、水電部副部長、毛澤東兼職秘書；1959 年廬山會議開除黨籍，文革
入秦城監獄八年；文革後，水電部副部長、中組部常務副部長，中央委員、中顧
委；「兩頭真」領銜人物。

李昌（1914～2010）出身湘西永順官宦家庭，1935 年入清華大學，「民先」
全國總隊長，1933 年入團，1936 年轉黨，同年赴延；中央青委組織部長、禮山縣

委書記，豫鄂邊區黨委秘書長，四縱政治部主任；1949 年後，北京市青委書記、上海團市委書記、團中央書記、哈工大校長兼書記、中候委；文革遭殘酷迫害，文革後，中科院黨組書記兼中科大第一副校長、中央委員、中紀委書記。

李常青（1904～1960）出身吉林延吉縣城小商販，1929 年入北平民國大學三年級，1930 年參加「左聯」，1931 年入黨，5 月因校內張貼標語開除學籍；焦作中心縣委書記、北平市委書記、河北省委軍委書記、《東北日報》社長兼東北局宣傳部秘書長；1949 年後，哈爾濱市委書記兼松江省委書記；1954 年因高崗案撤職；1957 年 11 月調教育部高教司副司長，同年劃「右」，開除黨籍，撤職降薪，發配內蒙師院任教；1960 年因車禍死於呼和浩特。

李之璉（1913～2006）出身河北蠡縣富農，1930 年入北平大學法商學院高中部，1932 年入「左聯」，1933 年入黨；1934 年入獄，1937 年 5 月釋放；人民自衛軍政治部民運科長、冀中軍區直屬隊政治部主任、「七大」代表、東北局組織部長林楓秘書；1949 年後，中南局組織部副部長、中宣部秘書長；1958 年劃「極右」，開除黨籍，行政七級降至十三級，下放京郊勞改，餓得全身浮腫，大小便失禁；1979 年複任中紀委副秘書長兼辦公廳主任，中紀委常委。

林默涵（1913～2008），出身福建武平地主家庭，福州高師生，1929 年入團，兩次被捕，團市委秘書，1935 年留日；1938 年 8 月抵延，9 月入黨；《中國文化》編輯、延安華北書店總編，參加延安文藝座談會，《解放日報》副刊編輯、《新華日報》副刊部主任；1949 年後，中宣部文藝處長、副部長兼文化部副部長；文革關押勞改十年；1977 年底複任文化部副部長、中國文聯黨組書記；1988 年與魏巍創辦馬列原教旨《中流》雜誌，2001 年公開反對「三個代表」，不同意私營主入黨。

林穎（1920～ ）襄樊大戶千金，初中生，1938 年入黨，1941 年嫁彭雪楓；1949 年北京輕工業局副局長、紡織部機械局副局長；後嫁周恩來外交秘書馬列，1957 年對歷次政治運動持異議而劃「右」，下放保定化纖廠，後調回紡織部。

魯瑛（1927～2007）山東黃縣人，入學臨沂縣辦山東大學新聞系，《渤海日報》記者；1949 後，《大眾日報》農村組長、《解放日報》文教組長；1973 年《人民日報》負責人、總編、白字連連；1976 年 10 月被捕、開除黨籍；1980 年 12 月 10 日出庭指證姚文元，行政降三級，《人民日報》出版社圖書館資料員。

魯藜（1914～1999）福建同安人，入學集美鄉師；1936 年入「左聯」並入黨，1938 年赴延，入抗大；晉察冀軍區民運幹事、戰地記者，入北方大學中文系；1949 年後，天津作協副主席，1955 年因胡風案入獄 26 年；文革後《詩刊》編委。

羅烽（1909～1991）出生瀋陽文職軍官家庭，入哈爾濱呼海路傳習所，1929年入黨，滿洲省委候委；1934年入獄，1935年釋放，攜妻赴滬入「左聯」；1941年赴延，「文協」延安分會主席，參加延安文藝座談會；東北人民政府文化部副部長、東北文聯副主席；1957年劃「右」，文革與妻子白朗同遭迫害。

呂振羽（1900～1980）出身湖南武岡農家，湖南大學工科畢業生，1936年入黨，1939年在渝從事統戰；「皖南事變」後調新四軍軍部；1942年赴延，劉少奇秘書、熱西地委副書記；1949年後，大連大學校長兼書記、東北人民大學校長兼書記、學部委員；1963年突蒙不白之冤，失去自由，文革系獄八年，身致重殘；1979年平反，中國社科院顧問。

陸平（1914～2002）出身長春小商人家庭，1933年2月入團，月底轉黨，吉林團市委宣傳委員、吉林西區區委書記；1934年入北大教育系，「民先」總隊組織部長；1938年後，晉察冀分局青委書記、平北地委書記兼軍分區政委、晉察冀軍區政治部主任、三縱政治部主任；1949年後，團中央青工部長、鐵道部副部長；1957年10月北大黨委書記、校長；文革被打倒，1975年七機部副部長、政協副秘書長。

馬洪（1920～2007）出身山西定襄農村貧家，小學未畢業，1937年11月入黨，1939年畢業於延安馬列學院，《共產黨人》編輯、中央研究院研究員、平泉縣委書記、冀察熱遼分局秘書處長、東北局副秘書長、國家計委秘書長、高崗「五虎上將」之一，1954年貶為北京建築公司副經理；文革後，中社院長、中候委。

馬天水（1912～1988）出身河北唐縣農家，縣立師範畢業生，執教十年縣小，1928年加入國民黨，1931年入中共；縣府財經科長、區長；1938年抵延入抗大，繁峙縣委書記、晉察冀地委書記兼軍分區政委；1949年後，皖南區委書記、華東局財經委副主任、上海市委副書記、上海革委會副主任，1972年後主持上海，中央委員；1977年停職審查、開除黨籍，1981年因精神病中止起訴，取保候審。

馬識途（1915～ ）出身四川忠縣官紳，1936年入中央大学工学院，1938年入黨，1945年畢業於西南聯大中文系；鄂西特委書記、川康特委副書記；1949年後，四川省建委主任、西南局宣傳部副部長；文革四川第一個揪出的「走資派」；文革後，四川省委宣傳部副部長、省人大副主任、省文聯主席、省作協主席。

馬賓（1913～ ）安徽滁州人，1932年入黨，新四軍軍法處科長，射陽縣委書記、哈東地委書記、遼寧省委秘書長；1949年後留蘇，鞍鋼總經理、寶鋼副總指揮、冶金部副部長、國務院經研中心副總幹事；鐵杆毛派，呼籲發動二次文革打倒鄧江「走資派」，極其欣賞南街村模式、重慶模式；不願買房，堅持「無產」。

穆青（1921～2003）出身河南周口貧寒農家，1933 年入杞縣大同中學，「七七」後入八路軍學兵隊，1939 年入黨；1940 年抵延，入魯藝文學系，畢業後入《解放日報》；1949 年後，新華社農村組長、華東分社社長、副社長、總編。

梅行（1919～2000）張家港泗港鎮人，1935 年入蘇州工業專科學校；1938 年入延安抗大、魯藝，同年入黨；魯藝研究員、綏德地委宣傳部科長、西北局宣傳部秘書；1949 年後，東北局宣傳部辦公室主任，國家計委辦公廳副主任、中央辦公廳財經組長兼周恩來秘書、國家經委研究室主任；文革後，中央書記處研究室副主任；1990 年創辦左刊《真理的追求》，批判改革開放。

聶元梓（1921～　）女，出身河南滑縣名醫兼地主，其兄為中共滑縣組織創始人；入太原國民師範，1938 年入黨；1939 年赴延，哈爾濱市委理論部長；1959 年因丈夫吳宏毅（哈爾濱副市長）頻有外遇而離婚；1963 年北大經濟系副主任；1966 年初與老紅軍吳溉之結婚，半年後吳受政治事件牽連，聶奉康生之命痛苦離婚；1969 年北大革委會主任，北京市革委副主任、中候委；文革後判刑 17 年；1984 年保外就醫，無生活費無醫藥費無住房；借室獨居；1999 年每月 600 元生活費。

潘復生（1908～1980）出身山東文登農家，1931 年入省立第一鄉師並入團，同年轉黨；次年被捕，1937 年底出獄；文登中心縣委書記、湖西地委書記、冀魯豫區書記兼軍區政委；1949 年後，河南省委書記兼省軍區政委、八屆候委；1959 年「右傾」，下放農場勞动，1962 年平反，全國供銷合作總社主任；1966 年黑龍江省委第一書記兼省軍區政委、遞補中央委員；1971 年因製造冤案被免職；1982 年審查結論：鑒於早年功績與文革原因，加上已歿，不作組織處理。

彭沖（1915～2010）出身漳州城市貧民，龍溪高師生；1933 年入團，次年轉黨；漳州地區黨支書；「七七」後，新四軍二支隊秘書、蕪湖縣委書記、「三野」師副政委；1949 年後，福建省委秘書長、江蘇省委秘書長、南京市長、江蘇省委書記；文革遭迫害，經周恩來點名，省委第一書記兼南京軍區第二政委、江蘇省革委會主任；文革後，上海市委第一書記，市長；政治局委員、書記處書記、政法委第一副書記、人大副委員長兼秘書長。

喬冠華（1913～1983）出身江蘇鹽城工商地主，清華哲學系畢業生、留德哲學博士；1939 年入黨，《新華日報》國際評論主筆，新華社香港分社社長；1949 年後，參加板門店談判、外交部部長助理、副部長、部長、中央委員；文革後期背叛周恩來，1976 年隨「四人幫」倒台，鬱鬱而死。

喬石（1924～　）出身上海職員家庭，華東聯大文學系畢業生；1940 年入黨，同濟大學總支書；1949 年後，杭州市委青委書記，華東局青委統戰部副部長、鞍

鋼公司工程技術處長、中聯部長、中央書記處候補書記、中辦主任、中組部長、政法委書記、副總理、中紀委書記、中央黨校校長、政治局常委、人大委員長。

齊燕銘（1907～1978）出身北京蒙古貴族，1930年中國大學國語系畢業生，任教中國大學、東北大學；1938年入黨，1940年赴延，魯藝教員、南京中共代表團秘書長；1949年後，政務院副秘書長、總理辦公室主任、統戰部副部長、文化部副部長、濟南副市長；文革受迫害，文革後全國政協秘書長、統戰部副部長。

秦川（1919～2003）出身貴州赤水富紳家庭，1933年畢業於赤水中學畢業。1934年入北平圖書館自學，1936年加入「左聯」北方部，同年入團轉黨；1937年入延安抗大、中央黨校；西北局文委宣傳科長、米脂縣委書記；1949年後，西北局宣傳部秘書長，中宣部宣傳處長、北京工業大學黨委書記，《人民日報》副總編、總編、社長，中央委員。

秦兆陽（1916～1994）出生湖北黃岡鄉鎮塾師家庭，1937年畢業於武昌鄉師；1938年赴延，入陝公、魯藝；1939年後在華北打游擊，1941年入黨，任教華北聯大；1949年後，《文藝報》常務編委、《人民文學》副主編，1957年因發表〈我們夫婦之間〉、〈組織部新來的年青人〉、〈在橋樑工地上〉等「干預小說」及堅持現實主義的論文而劃「右」；文革後，人民文學出版社副總編輯兼《當代》主編。

錢俊瑞（1908～1985）出身無錫農家，畢業於省立三師、無錫民眾教育學院；1935年入黨，華中局文委書記、新四軍宣傳部長、新華社北平分社社長兼總編；中央秘書、華北大學教務長；1949年後，北平軍管會文委會主任、教育部黨組書記兼副部長，文化部黨組書記兼副部長；文革入獄八年，1978年中社院世界政經研究所長，學部委員，中候委。

任仲夷（1914～2005）出生河北威縣農家，就學北平中國大學政經系，「一二‧九」分子，1936入黨；北平西北區委書記、三縱司令部秘書長、邢台市委書記兼市長；1949年後，大連市委書記、哈爾濱第一書記、黑龍江省委常務書記、黑龍江革委會副主任；文革後，遼寧省委第一書記兼省軍區第一政委（主持為張志新平反）、廣東省委第一書記；中顧委員，呼籲設立「政治特區」。

芮杏文（1927～2005）出身江蘇漣水地主，就學山東大學政治系，1945年入黨，東北局組織部幹事、錦西煉油廠機電科長；1949年後，蘭州化工廠副廠長、國防一辦副主任、七機部副部長、計委副主任、上海市委書記、中央委員、書記處書記（負責意識形態），隨趙紫陽下台。

沙汀（1904～1992）出身四川安縣袍哥家族，1926年畢業於四川一師，1927年入黨，「左聯」秘書及散文組長；1938年攜妻與何其芳、卞之琳赴延，魯藝文

學系代主任；1940 年在重慶發表政治小說〈在其香居茶館裡〉；1949 年後，西南文聯副主任、四川作協主席；文革後，中社院文學所長、中國作協副主席。

司馬璐（1919～　）出身江蘇海安封建家庭，小學學歷，1937 年入黨並抵延，1941 年派遣浙西，1943 年脫離中共；1944 年後組建「中國人民黨」、「和平民主同盟」，呼籲國共停戰；1950 年抵港，創辦反共雜誌，1952 年出版回憶錄《鬥爭十八年》，反共名士；2002 年與 86 歲戈揚在美結婚，共同追求民主自由。

舒群（1913～1989）出身黑龍江阿城泥瓦匠家庭，就讀哈爾濱一中，「九‧一八」後參加義勇軍，1932 年入黨，1934 年在青島被捕，次年獲釋赴滬參加「左聯」；1937 年赴延，朱德秘書、魯藝文學系主任、《解放日報》副刊部主任、東北大學副校長、東北電影製片廠長；1949 年後，中國作協秘書長；1950 年代後期「反黨分子」，開除黨籍，下放本溪合金廠副廠長；1970 年代在農村、礦山；1979 年返京，專業作家、《中國》主編。

宋平（1917～　）出身山東莒縣殷實農家，清華大學化學系肄業；1937 年入黨，1938 年赴延入中央黨校、馬列學院；馬列學院教育處長、《新華日報》編輯部秘書長、周恩來秘書、哈爾濱區委副書記；1949 年後，東北總工會副主席、國家計委勞資局長、勞動部副部長、國家計委副主任；1972 年後，甘肅省委書記、國家計委副主任、國務委員、中組部長，政治局委員，「六四」後升政治局常委。

田紀雲（1929～　）出身泰安教員家庭，1941 年參加八路軍，1943 年保送抗屬學校，中學文化；1945 年 5 月入黨，冀魯豫根據地區長；1949 年後，貴州財政廳科長、處長、廳長；1981 年後，國務院副秘書長、副總理兼國務院秘書長，12～15 屆政治局委員、書記處書記、人大副委員長；改革派。

王若望（1917～2001）出身江蘇武進貧家，上海藥廠學徒，1933 年入「左聯」，1934 年被捕，判刑 10 年；1937 年獲釋赴延，入陝公，同年入黨；寶雞中心縣委書記、新華社淮海前線支社社長；1949 年後，華東局宣傳部副處長、上海柴油機廠廠長、《文藝月報》副主編；1957 年劃「右」，1968 年因反毛入獄四年；文革後，《上海文學》副主編；1987 年與劉賓雁、方勵之一起開除黨籍；1989 年入獄 14 個月，1992 年流亡美國，靠妻幫帶孩子為生；1993 年在美成立反共組織，客死紐約。

王若水（1926～2002）出身江西泰和小資家庭，1948 年畢業北大哲學系，同年入黨；北平市委政策研究室幹事、《人民日報》理論組編輯、評論組長、副總編，中紀委員；1987 年以「資產階級自由化」開除黨籍；「六四」後公開反共，客死美國。

王元化（1920～2008）出身武昌基督教高知家庭，父親留美碩士、清華教授；「一二‧九」分子，1938 年入黨，從事文化工作；1949 年後，上海文委文學處長、

上海新文藝出版社副社長，1955 年因胡風案遭迫害，1981 年平反；1983～85 年上海市委宣傳部長，上海人大常委、華東師大教授，學者。

王任重（1917～1992）出身河北景縣農家，縣鄉師生，1932 年入團、1933 年轉黨；本校黨支書、滄州特委書記、冀南五地委書記、冀南行署主任；1949 年後，湖北副省長、武漢市委第一書記、湖北省委第一書記兼武漢軍區第一政委、中南局第一書記；文革被關押，1978 年陝西省委第一書記兼革委會主任，1979 年副總理、1980 年中宣部長、書記處書記；人大副委員長兼財經委主委。

王力（1921～1996）出身江蘇淮安五代秀才之家；1935 年入團，1939 年入黨；山東分局教育科長、渤海區宣傳部長；1949 年後，華東局宣傳部秘書長、《紅旗》副總編；1960 年列席中央書記處會議，1964 年中聯部副部長，列席中常委；1966 年入中央文革，1967 年 8 月被打倒，押禁秦城 14 年，五年不許閱讀書報，毛澤東發話「不准提審王力」；1982 年出獄，入住北京部長樓，常逛書店，終身毛崇拜。

汪道涵（1915～2005）出身安徽嘉山留日秀才家庭（父為同盟會員），1932 年考入上海交大機械系，1933 年入黨，11 月逮捕，三月後保釋；「七七」後赴延，入新四軍五支隊，嘉山縣委書記、行署專員、山東軍區軍工部長、山東省財政廳長；1949 年後，華東工業部長、一機部副部長、外經部副部長；1980 年上海市委第三書記兼市長，中候委、中顧委；1990 年代主持兩岸「汪辜會談」。

韋君宜（1917～2002）北京鐵路局長之女，父親留日生，母親舉人之女，清華哲學系肄業，「一二·九」分子，1936 年 5 月入黨，1939 年抵延，《中國青年》編輯；1949 年後，《文藝學習》主編、《中國青年》總編、作家出版社總編、人民文學出版社社長兼總編；晚年著有自傳《思痛錄》。

萬里（1916～　　）出身山東東平貧家，曲阜省立二師畢業生，1936 年入黨；東平工委書記、泰西特委宣傳部長、地委書記兼軍分區政委；1949 年後，南京經濟部長、西南工業部長、北京副市長、市革委會副主任、鐵道部長；1977 年安徽省委第一書記兼革委會主任，1980 年後中央書記處書記、副總理、農委主任、政治局委員、人大委員長；改革派。

溫濟澤（1914～1999）出身江蘇淮陰地主，1930 年入團，1934 年畢業於復旦附中，1936 年轉黨；1938 年初抵延入陝公，中宣部幹事、中央研究院研究員、《解放日報》副刊編輯、新華電台編輯部主任；1949 年後，中央廣播局副局長兼中央電台副總編；1957 年劃「右」，開除黨籍，行政 9 級降至 15 級；文革後，中社院研究生院長；1980 年代初，因不同意「反資產階級自由化」，又被整幾年。

吳伯簫（1906～1982）出身山東萊蕪富農，1931 年畢業於北師大英語系，萊
陽鄉師校長；1938 年赴延，入抗大，邊區文協秘書長；1941 年入黨，邊區教育廳
中教科長，參加延安文藝座談會；1943 年教育廳第一個「審」出的「特務」，無數
次登台示範的「坦白典型」；抗戰後華北聯大中文系副主任、東北大學文學院副院
長；1949 年後，人民教育出版社副社長兼副總編、中國作協文學講習所長；文革
開除黨籍，文革後《寫作》主編。

吳南生（1922～　）出身汕頭貧家，1936 年肆業汕頭商務英專，同年參加華
南義勇軍，1937 年入黨；1944 年赴延，入中央黨校；吉南地委民運部長、吉林市委
宣傳部長；1949 年後，南昌副市長、汕頭市委副書記、華南分局宣傳部副部長、中
南局秘書長；文革後，廣東省委書記兼深圳市委第一書記、市長，負責廣東三特區。

吳冷西（1919～2002）出身廣東新會鄉村華僑，1937 年畢業於廣州廣雅中學
（高中部），同年赴延入抗大、馬列學院，1938 年入黨，馬列研究室研究員；1940
年調毛澤東身邊編輯《時事叢書》、《解放日報》國際部主任；1949 年後，新華社
總編、社長；1957 年 6 月《人民日報》總編兼新華社長，1964 年兼中宣部副部長；
1980 年廣東省委書記，1982 年廣電部長，中候委，人大常委、「凡是派」。

吳學謙（1921～2008）出身上海小康家庭，1940 年入上海暨南大學外語系，
1939 年 5 月入黨，上海格致公學黨支書，上海中學區委書記、上海地下學委書記；
1949 年後，上海團工委秘書長、團中央國際聯絡部長；文革後，外交部第一副部
長、國務委員兼外長、副總理、政治局委員。

吳德（1913～1995）出身河北豐潤縣貧農，就讀北平弘達中學，1933 年入黨，
唐山工聯黨團書記、北平市委副書記、華北鐵路工委書記；1937 年赴延，河北省
委組織部長、冀東軍區政委兼唐山市委書記；1949 年後，平原省委書記、天津市
長、吉林省委第一書記，中候委；文革中，北京市革委會主任、市委第一書記兼
北京軍區政委，政治局委員，人大副委員長；隨「凡是派」倒台而失勢。

魏巍（1920～2008）出身鄭州貧家，鄉村簡易師範生，「七七」入 115 師干校，
1938 年抵延入抗大三期，5 月入黨；晉察冀宣傳科長、騎兵團政委，1951 年以散
文〈誰是最可愛的人〉名世；《解放軍文藝》副總編、總政文藝處副處長、北京軍
區文化部長、國務院文化部長；1990 年代反對改革開放，抱守馬列原教旨，公開
反對「三個代表」，認為資本主義復辟，極左《中流》主編，毛派精神領袖。

項南（1918～1997）出生閩西連城貧家，父親乃周恩來特科成員，叔父犧牲，
母親下獄；12 歲隨父母半工半讀於滬寧，1938 年入黨；阜東縣政府秘書、區委書
記、縣宣傳部長；1949 年後，安徽團省委書記、安徽大學黨委書記、團中央書記

處書記，1959 年劃「右傾」，下放農場勞動；文革挨整，1970 年一機部農機局長、副部長，1980 年福建省委第一書記兼省軍區第一政委；保守政敵利用「晉江假藥案」打垮項南，撤銷職務，黨內警告，項南至死拒絕在處分書上簽字。

謝韜（1921～2010）出身四川自貢貧家，1944 年畢業於金陵大學社會系，1946 年入黨；《新華日報》記者、華北大學教員；1949 年後，中國人民大學教授；1955 年上書為胡風鳴不平，毛澤東批捕，校長吳玉章力保，圈禁校內審查，1960 年入秦城監獄；文革後，《中國社會科學》編審、中國社會科學出版社黨委書記兼常務副社長、人民大學常務副校長、中社院研究生院第一副院長；「兩頭真」代表人物，呼籲走北歐式「民主社會主義」。

蕭軍（1907～1988）出身遼寧義縣貧農，1925 年入東北講武堂，1935 年出版長篇小說《八月的鄉村》；1938 年抵延，任教魯藝文學系，參加延安文藝座談會；《文化報》主編、東北大學魯藝文學院長，終身未入黨；1948 年因「反蘇」受批判，1957 年劃「右」，文革遭關押勞改，文革後平反。

徐懋庸（1911～1977）出身浙江上虞下管鎮工匠，1927 入上海勞動大學中學部，1934 年「左聯」宣傳部長、書記；1938 年抵延，同年入黨；抗大教員、政教科長，晉冀魯豫邊區文聯主任，《華北文化》主編，冀察熱遼聯合大學校長；1949 年後，中南文化部副部長、教育部副部長；武漢大學副校長、黨委書記；1957 年劃「右」，中科院哲學所研究員。

許家屯（1916～　）江蘇如皋人，初中生、紙廠學徒；1938 年入黨，泰州縣委書記、蘇中區第三地委書記、「三野」師政委；1949 年後，江蘇省委書記，1979 年江蘇省委第一書記；1983 年香港工委書記、新華社香港分社社長、中央委員、中顧委員；1990 年因「六‧四」逃美，1991 年開除黨籍。

許良英（1920～2013）出身浙江臨海農家，1942 年畢業於浙大物理系；1946 年入黨，浙大地下黨支書、杭州團市委學生部長；1949 年後，調中國科學院，1955 年因介紹「胡風分子」方然入黨，停職審查一年，1957 年劃「右」，回鄉改造；文革後，迭次參加「資產階級自由化」活動，致力政治民主，2008 年獲美國物理學會薩哈洛夫獎。

許立群（1913～2000）南京人，1936 年畢業於清華大學。1937 年 2 月入黨；川東特委青委組織部長、中央青委宣傳部編輯科長、《中國青年》主編，遼西省教育廳副廳長；1949 年後，北京團市委書記、團中央宣傳部副部長、中宣部理論處長、常務副部長兼《紅旗》副總編、兼中央編譯局長；文革入秦城監獄八年半，文革後中社院哲學所長；1990 年創辦左刊《真理的追求》，批判「改革開放」。

熊複（1915～1995）出身四川鄰水農家，1936 年川大教育系肄業，1936 年加入「民先」，1937 年入黨，在川主編《救亡週刊》；1938 年赴延入抗大，抗大三大隊政治處宣傳股長、《新華日報》總編；1949 年後，中南局宣傳部副部長兼《長江日報》社長、武漢市委宣傳部長、中聯部副部長、中宣部副部長，新華社長、《紅旗》總編；「凡是派」。

熊向暉（1919～2005）出身山東掖縣官僚地主（父親縣長、法庭庭長），清華中文系肄業，1936 年 12 月入黨，1937 年底周恩來密譴胡宗南部，1939 年黃埔15 期畢業，胡宗南機要秘書；1947 年密報胡宗南進攻延安情報，毛澤東稱熊一人頂幾個師；1949 年後入外交部，駐英代辦，首赴聯合國代表團成員、駐墨西哥首任大使、統戰部副部長，兼職軍委情報部、安全部。

于光遠（1915～2013）出身上海大富商，1936 年畢業於清華物理系，「一二·九」分子，1937 年初入黨，1938 年赴延，任教延安大學財經系；1949 年後，北大圖書館系教授、中宣部理論處副處長、學部委員；國家計委經濟研究所長、國家科委副主任、中社院副院長、中顧委員；「改革派」。

姚依林（1917～1994）安徽貴池人，出身官僚大族，1936 年清華化學系肄業；1935 年由周小舟介紹入黨，「一二·九」骨幹，北平學聯黨團書記、天津市委宣傳部長、市委書記；「七七」後，河北省委秘書長、宣傳部長、晉察冀北方分局秘書長。晉察冀財經辦事處副主任；1949 年後，貿易部副部長、商業部長、中辦主任、中央書記處書記、中常委、副總理兼計委主任；支持「六·四」鎮壓。

楊献珍（1896～1992）出身湖北鄖縣安陽小鎮小作坊家庭，1920 年畢業於武昌商專，1925 年加入國民黨，次年轉中共，兩次入獄，關押北京草山嵐監獄；1937年進入太行山赤區，1940 年北方局秘書長、晉察冀宣傳部長；1949 年後，八屆中委、中央黨校校長、學部委員；後批評「大躍進」受批判並降職，文革押禁秦城八年，1980 年平反，全國政協常委。

楊西光（1915～1989）出身安徽蕪湖教師家庭，1933 年入團，1935 年入北大，「一二·九」分子，1936 年入黨，參加西安事變；福建省委宣傳部長；1940 年赴延，入馬列學院，中央統戰部科員、教導總團教育長；1949 年後，《福建日報》總編、復旦大學黨委書記、《解放日報》總編、上海市委候補書記；文革「反黨分子」，大會批鬥，監禁七年；1978 年《光明日報》總編，主持「真理標準討論」。

楊易辰（1914～1997）遼寧法庫人，出身官吏富家；1935 年入北平中國大學法律系，「一二·九」分子，1936 年入黨，1938 年赴延，入馬列學院；冀南三地委宣傳部長兼肥鄉縣委書記、平原分局七地委副書記、遼西省委書記；1949 年後，

黑龍江省副省長；文革初期遭殘酷迫害，1972 年恢復工作，文革後黑龍江省委第
一書記兼省軍區第一政委、最高檢察長；中央委員、中顧委員。

　　袁永熙（1917～1999）陳佈雷婿，出身貴州修文官宦世家；「一二・九」骨
幹，1938 年入西南聯大經濟系，12 月入黨；聯大總支書、北平學委負責人；1947
年被捕，姐夫葉公超（國府外交次長）保釋；1949 年後，清華第一書記，因不滿
校長蔣南翔專行，肅反時以「自首變節嫌疑」降為校長助理，1957 年劃「極右」，
十級降至十七級，發配長城腳下放羊餵豬；1962 年刑滿，河北南宮農村中學任教；
文革幾被打死，擲入荒野拋屍，野狗撕醒，爬至學生家；1981 年北京經濟學院院
長。袁氏三兄弟 1930 年代入黨，一人錯殺，二人劃「右」。

　　尹達（1906～1983）出身河南滑縣牛屯鎮書香世家（父親舉人），1932 年畢業於
河南大學國文系，1934 年畢業於中央研究院史語所研究生，參加殷墟發掘；1937 年
12 月赴延，次年 3 月入黨；馬列學院研究員，參加范文瀾主編《中國通史簡編》；北
方大學圖書館長、華北大學教務處長；1949 年後，北平軍管會文物部長、北大副教務
長、中科院歷史所長、《歷史研究》雜誌主編、學部委員、中央文革小組第一名成員。

　　葉群（1917～1971）福州人，國軍少將之女，1935 年畢業北師大附中，年底
入團，1936 年轉黨，再入天津師院高中、南京國民黨青訓班；1938 年赴延，入中
組部訓練班、中央黨校二部，1943 年嫁林彪，「四野」秘書；1949 年後，教育部普
教司副司長、上海市教育局副局長、廣州市教育局副局長、林辦主任、中央文革
副組長、中央軍委辦事組成員；政治局委員，「九・一三」墜機身亡，開除黨籍。

　　曾濤（1914～1997）出身江蘇泰興中農，無錫洛社鄉師生，小學教員；「七
七」後赴延，入安吳青訓班，結業後分配浙江，1938 年入黨；中心區委書記、地
委組織部長、寶應縣委書記兼縣獨立團政委；1949 年後，鎮江地委副書記、上海
市委副秘書長，市人委秘書長；1960 年後，新華社古巴分社社長、國務院外辦秘
書長、駐阿爾及利亞、南斯拉夫、法國大使；1977 年新華社長，人大副秘書長。

　　曾彥修（1919～　　）四川宜賓人，成都聯中高中部畢業生，1938 年赴延入陝
公，同年入黨，入馬列學院；留院講授馬列基礎課，1941 年調中央政治研究室，
1944 年入中宣部；1949 年後，華南分局宣傳部副部長、《南方日報》社長、廣東教
育廳長；1957 年劃「右」；1979 年人民出版社總編、社長；「兩頭真」。

　　宗鳳鳴（1920～2010）出身河南濮陽鄉紳家族，畢業於保定育德中學（高中）；
1938 年入黨，縣委書記、地委副書記；1949 年後，貴州安順地委副書記、北京工
業學院黨委書記、哈爾濱航空發動機廠總工程師、北京航空學院黨委書記；2007
年在香港出版《趙紫陽軟禁中的談話》，「兩頭真」。

周揚（1908～1989）出生湖南益陽大地主，上海大夏大學畢業生；1927 年 5 月入黨，1928 年留日，1930 年回滬，「左聯」黨團書記、上海中央局文委書記；1937 年 9 月攜妻與艾思奇、周立波等 12 人赴延；陝甘寧邊區教育廳長、魯藝院長、延大校長；1949 年後，中宣部副部長兼文化部副部長，主管文藝，「紅色文藝沙皇」，中候委；文革押禁秦城監獄近九年，文革後中社院副院長兼研究生院長、學部委員、中央委員、中國文聯主席；晚年稍悟者。

周惠（1918～2004）生身江蘇灌南縣農家，1938 年入黨，同年入延安中央黨校；中央青委延安縣工作團長、士敏縣委書記、夏津地委書記。1949 年後，益陽地委書記、常德地委書記、湖南省委代理第一書記；1959 年廬山會議後，降職交通部工業局副局長、水運總局副局長；文革受嚴重迫害，1977 年交通部副部長、內蒙第一書記、中央委員、中顧委員。

張春橋（1917～2005）出身山東巨野縣地主，1932 年入讀濟南正誼中學，1935 年 5 月赴滬，加入「左聯」；1938 年赴延，入陝公，同年入黨；《晉察冀日報》副總編、石家莊市府秘書長；1949 年後，《解放日報》社長兼總編、市委宣傳部文藝處長、柯慶施秘書、上海市委宣傳部長；文革時期，上海市委第一書記兼革委會主任，1975 年副總理兼總政主任、政治局常委；1976 年 10 月被捕，1981 年判死緩。

朱穆之（1916～　）出身江蘇江陰小商人，1937 年畢業於北大外語系，1938 年入黨；129 師宣傳部副部長、軍分區政委、晉冀魯豫中央局宣傳科長；1949 年後，新華社副總編、副社長；文革受迫害，被關押。1972 年新華社長、中宣部副部長、文化部長、國務院新聞辦主任；中央委員、中紀委員、中顧委員；改革派。

章文晉（1914～1991）出身北京官宦世家（祖父翰林，父親天津區長）；1927 年留德，1935 年入清華機械系；1938 年入黨，1943 年畢業於西南聯大；1944 年入中共重慶辦事處、駐南京代表團翻譯；1949 年後，天津市府外事處長、駐巴勒斯坦大使、外交部歐美司長、駐加、美大使、外交部副部長。

趙紫陽（1919～2005）出身河南滑縣地主，1937 年肄業武昌高級中學；1932 年入團，1938 年入黨；滑縣縣委書記、豫北地委宣傳部長、南陽地委書記；1949 年後，華南分局副書記兼農工部長、廣東省委書記兼省軍區政委、廣東省委第一書記兼廣州軍區政委；文革下放湖南漣源機械廠鉗工；「九・一三」後，內蒙革委會副主任、廣東省委書記、四川省委第一書記兼成都軍區第一政委、國務院總理，總書記，經濟體制改革設計者；「六・四」下台，軟禁至逝。

被革命「吃掉」的延安兒女（不完全統計，54人）

　　卞仲耘（1916～1966）安徽無為地主之女，大學文化；1938年入大別山從事兵運，1941年入黨，於西北大學、燕京大學從事學運；後入晉冀魯豫邊區，供職新華社晉冀魯豫分社、《人民日報》編輯部、陝北廣播電台編輯部；1949年後，北師大女附中總支書記兼副校長；1966年8月5日，被本校女紅衛兵活活打死；1978年追認「烈士」。

　　柴沫（1917～1966）：出身浙江慈溪農家，初一輟學入滬，煙紙店學徒，「左聯」報童；1937年冬赴延，入陝公，1938年1月入黨；1941年入中央政治研究室，旋任毛秘書；抗戰後，冀察熱遼中央分局秘書處長、鐵道部科技局長；1949年後，天津軍管會秘書長、湖南省委秘書長、中央政治研究室秘書長、中央馬列學院黨委副書記；因農村政策與田家英一致，文革伊始遭審查，1966年9月4日絕望自殺。

　　常溪萍（1917～1968）出身山東萊陽農家，1933年入平度中學，「一二・九」過激勒令退學；1938年入黨，「民先」總部秘書，黃縣組織部長、南海公署專員；1949年後，山東分局副秘書長、華東師大學黨委書記兼副校長，1957年主持劃「右」400餘人；上海市委教衛工作部長；文革劃「反黨分子」，全市大會批鬥，關押期間慘遭毒打，滾地哀求；1968年5月25日在華東師大跳樓自殺。

　　蔡鐵根（1911～1970）出身河北蔚縣貧農，入讀廈門大學，1936年底參加紅軍，1939年入黨；115師政治部宣傳幹事、華北軍政大學第一總隊副隊長；1949年後，解放軍訓練總監部條令局副局長、南京最高軍事學院作訓部長；大校、行政十一級；1958年劃「右」，開除黨籍軍籍、降至十五級，下放常州市工業局科員，妻子離婚；文革劃「反革命串聯組織活動」，1970年3月31日槍斃，向子女索要「子彈費」。

　　陳璉（1919～1967）浙江慈溪人，陳佈雷小女，1939年加入中共，1942年入重慶中央大學；1947年與北平學委書記袁永熙結婚；9月被捕，蔣介石批釋；1949年後，團中央少兒部長，丈夫劃「右」，批鬥大會上「火線離婚」；1962年華東局宣傳部文教處長；文革被指叛徒，1967年10月19日跳樓自殺，定性「自殺叛黨，敵性內處、開除黨籍」。

　　陳笑雨（1917～1966）出身江蘇靖江富商，入學師範，1938 年入延，就讀陝公，同年入黨；新華社編輯、主任、分社長、中宣部出版處副處長、《文藝報》副主編、《新觀察》主編、《人民日報》文藝部主任；1966 年 8 月 24 日投永定河自盡；臨終留字「死了比活著好，死了更乾淨」。

　　陳賁（1914～1966）長沙人，1934 年入清華地學系，首批「民先」隊員，八路軍炮兵團教員，因學員多為文盲，聽不懂課，老粗團長喝令教員「混蛋」，要求抗大拒絕幾位教員入學；陳回西南聯大，1941 年入黨；1949 年後，青海石油局研究所地質師、燃料工業部勘探司副總地質師；1957 年鳴放「經濟核算」以減少國家損失，劃「極右」，開除黨籍公職，流放青海勞教；文革初期自盡於戈壁灘。

　　陳傳綱（1915～1966）筆名成全，復旦新聞系畢業生，1938 年入黨；1940 年攜妻赴延，行政學院教務主任，1941 年入馬列學院，調中央政治研究室研究經濟；整風打成「王實味反黨集團」；1949 年後，復旦副書記、副校長，文革中自殺。

　　陳家康（1913～1970）出身湖北廣濟資本家，入學武漢大學經濟系；1935 年入黨；江蘇省委軍委委員、長江局秘書、周恩來秘書兼英譯、南方局外事組副組長、聯合國中共代表董必武秘書；1949 年後，團中央聯絡部副部長、外交部亞洲司長、駐埃及大使、外交部副部長；文革受迫害，1970 年死於湖南茶陵幹校。

　　鄧拓（1912～1966）出身福建閩侯書香家庭，入學上海光華大學經濟系、上海法政學院；1930 年入黨，上海法南區委宣傳部長、南市區工委書記；1932 年被捕，次年秋保釋；1934 年參加閩變，失敗後入河南大學經濟系續讀，1937 年 9 月進入五台山赤區，《晉察冀日報》社長兼總編、新華社晉察冀分社社長；1949 年後，北京市委宣傳部長、《人民日報》社長兼總編，學部委員、北京市委書記處書記、華北局書記處候補書記；1966 年「五·一六通知」發佈當日自殺。

　　范長江（1909～1970）沈鈞儒婿，出身四川內江地主，入學省立六中；1927 年春於武漢入伍，參加南昌暴動；1928 年秋入南京中央政校鄉村行政系，1932 年入北大哲學系；1935 年赴西北採訪，首次報導紅軍長征；1939 年周恩來介紹入黨，《新華日報》（華中版）社長、華中新聞專科學校校長、中共代表團發言人；1949 年後，新華社總編、《解放日報》社長、新聞總署副署長、《人民日報》社長、政務院文教委副秘書長；文革遭摧殘，1970 年 10 月 23 日於河南確山井中發現遺體。

　　馮志（1923～1968）出身河北靜海縣貧農，初小文化，1937 年參軍，1939 年入黨；冀中三縱勤務員、警衛員、班長、排長、武工隊長、文工隊長；1947 年入華北大學中文系學習；1949 年後，新華社河北分社記者、河北省電台編輯、文藝部主任，著有長篇小說《敵後武工隊》，1968 年迫害致死。

關露（1907～1982）山西右玉官僚家庭之女（父為舉人），1931 年中央大學中文系肄業，1932 年入黨入「左聯」；「七七」後奉命在滬為諜，數欲入赤區皆不准，因「漢奸」無法與王炳南相愛；抗戰後，任教蘇北建設大學文學系；1949 年後，供職華北大學、電影局劇本創作所；1955 年受胡風、潘漢年牽連、被捕入獄，精神分裂；1957 年獲釋，1958 年被迫退職；1967 年入秦城監獄，1975 年釋放，1982 年 3 月中組部下達平反書，12 月 5 日，自殺於十平米居屋。

海默（1923～1968）出身山東黃縣貧家，入學北師大附屬平民小學、北京育英中學；1941 年入晉察冀邊區，同年入學華北聯大戲劇系，1943 年抵延安，魯藝工作團員；1949 年後，北影廠編劇，編劇影片《洞簫橫吹》遭批判，文革中迫害致死。

胡仁奎（1900～1966）山西定襄縣蔣村人，1925 年入北大，次年入黨；抗戰後盂縣縣長、晉察冀邊區副主委兼民政廳長；1939 年打入國民黨營壘，長期在渝寧從事地下工作；1949 年後，服務於中央情報部，天津外貿部管理局副局長、貿易部辦公廳主任、外貿管理總局局長、海關總署署長、北京林業學院院長；1966 年 12 月 29 日迫害致死。

江隆基（1905～1966）出身陝西西鄉縣小地主；北大生，1927 年 6 月入黨，1929 年留日，1931 年留德；1936 年回國，兩次被捕，參與西安事變；陝公副教務長、華北聯大教務長、延安大學副校長，邊區教育廳副廳長；1949 年後，西北軍政委員會教育部長、北大書記兼副校長，因反右不力 1959 年貶蘭州大學黨委書記兼校長；1966 年 6 月初遭批鬥，6 月 25 日自殺。

孔厥（1914～1966）江蘇吳縣人，畢業於江蘇測量專科學校，商務印書館學徒、測量隊技術員；1938 年赴延，入魯藝；魯藝文學系助教，與袁靜合作長篇小說《新兒女英雄傳》；1949 年後，任職《人民日報》副刊部、人民大學、中央電影局；1952 年因男女關係開除黨籍，後任出版社編輯；文革初期，跳陶然亭湖自殺。

劉芝明（1905～1968）出身遼寧蓋縣商家，1929 年畢業於日本早稻田大學；上海法政大學、暨南大學教授；1931 年入黨，被捕判刑十年；1937 年營救出獄後赴延，中央黨校教務主任、延安評劇院長、鞍山市委書記、遼東省委宣傳部副部長；1949 年後，東北局宣傳部副部長、文化部常務副部長、中國文聯黨組書記，肅反～反右積極分子，文革中被誣「右派」包庇者，1968 年遭皮帶毒打致死。

劉善本（1915～1968）出身山東昌樂泊莊書香世家，入北大附中、杭州筧橋航校，國民黨空軍上尉飛行員，1943 年留美；1946 年 6 月 26 日駕 B-24 轟炸機投延，國軍駕機投共第一人，此後國民黨空軍百餘人 42 架飛機投共；1946 年 9 月東

北航校副校長；1949 年 2 月入黨，以師長參與韓戰，空軍軍訓部副部長、空軍學院副教育長，1955 年大校，1964 年少將；1968 年 3 月 10 日迫害致死。

劉克林（1925～1966）出身北洋海軍部少將司長之家，1939 年入黨（14 歲），不久失去組織聯繫，燕京新聞系畢業生，《大公報》記者；1957 年前不承認黨籍，中宣部國際處幹事，「九評」執筆人之一，文革劃「階級異己分子」、「劉少奇黑筆桿」（參與編輯《劉少奇文選》，劉太忙未審稿而未出版），8 月 6 日跳樓自殺。

廖魯言（1913～1972）出身南京富家，1930 年入北平軍醫大學；1932 年入黨並被捕，1936 年營救出獄後赴太原，山西青年抗敵決死隊旅政治部主任；1939 年抵延，中央統戰部友軍科副科長、王明秘書、政策研究室副主任、劉少奇秘書；1949 年後，政務院參事室主任、政務院副秘書長、農工部副部長、農業部長、中候委；文革受迫害、關押，1972 年 11 月冤逝。

廖申之（1915～1968）出生湖南寧鄉望族，抗戰後赴延，入學陝公、馬列學院，1938 年入黨；1949 年後《新湖南報》副總編；1959 年劃右傾，文革中自殺。

陸蘭秀（1918～1970）江蘇吳縣高知家庭之女，父為中學校長、東南大學教授；1937 年入武大化學系，1940 年入黨；1946 年 6 月被捕；1949 年後，供職煤炭工業部、全國科協，1965 年蘇州圖書館副館長；1969 年 10 月撰文批判文革，要求為劉少奇平反；1970 年 3 月 25 日被捕，7 月 4 日槍斃；文革後追認烈士。

李春潮（1913～1957）出身陝西戶縣村長之家，1932 年畢業於北大，1936 年先後入東京早稻田大學、帝國大學；1937 年底入黨，1939 年秋赴延，新四軍營教導員，負責轉化日俘；1949 年後，徐州教育局長、中南局宣傳部負責人、廣西文教委副主任、教育廳副廳長兼黨組書記；1955 年「胡風反革命集團」骨幹分子，開除黨籍、公職；1957 年劃「右」，投水庫自盡。

李炳泉（1919～1969）出身濟南名醫之家，1938 年入西南聯大地質系，1940 年入黨；羅平縣委書記、《平民日報》採訪部主任；1949 年後，《人民日報》記者、新華社國際部副主任、外事部主任兼全國記協書記處書記；文革中批鬥毒打致死。

李又然（1906～1984）出身上海殷商，入上海群治大學法律系，1927 年入巴黎大學哲學系，加入法共；1932 年回國，1938 年赴延，1941 年入黨，參加延安文藝座談會；《穀雨》主編；慘遭「搶救」；抗戰後，合江省立聯中副校長、哈爾濱大學文藝學院院長、《文藝月報》主編、吉林文協主任；1949 年後，新聞總署國際新聞局翻譯，後調中央文學研究所；1957 年劃「右」，下放涿鹿師院，繼入商務印書館，1979 年恢復名譽，但無棲身之所、無謀食之處，路斃北京公園。

藍玨（1919～1966）：四川瀘州人，畢業於成都中學高中部；1938 年赴延，入中組部訓練班，同年入黨；晉綏區黨委宣傳科長、《救亡報》主編、《邊區群眾報》編委；1949 年後，《新寶雞日報》總編、新華社新疆分社社長、通俗讀物出版社副總編；因倡言引進市場經濟，1957 年劃「極右」，月薪從 200 多元降至 32 元，備遭凌辱，文革初期自縊。

羅廣斌（1924～1967）重慶市忠縣地主（父親秀才），國軍十六兵團司令羅廣文胞弟，入學西南聯大附中，1948 年 3 月經江竹筠介紹入黨，9 月被捕，關押中美合作所，越獄脫險。1949 年後，重慶團市委統戰部長、重慶青聯副主席，長篇小說《紅岩》作者之一；文革初期率先造反；1967 年 2 月 5 日遭批鬥，「山城頭號政治扒手」，10 日跳樓自殺。

馬寒冰（1916～1957）出身緬甸華僑會計家庭，1936 年畢業於上海滬江大學，1937 年 10 月隨作家訪問團赴延而參加八路軍，陝公宣傳幹事；1938 年 1 月入黨、王震秘書，第一兵團宣傳部長；1949 年後，總政文化部處長、《解放軍戰士》主編；1957 年初撰文不同意「雙百方針」，批評王蒙小說〈組織部新來的青年人〉，認為北京不可能存在官僚主義，挨毛澤東批評，6 月 28 日服安眠藥自殺。

祁式潛（1915～1966）居正女婿，出生揚州官宦世家，1931 年入金陵大學，「一二・九」分子；1937 年入黨，和江中心縣委書記；1945 年被捕，居正救出；1947 年任職社會部；1949 年後，上海聯絡局專員兼秘書處長，1956 年重新入黨，中社院近代史所研究員；文革打成「小三家村」成員，1966 年 8 月 4 日批鬥後服「敵敵畏」自殺。

蘇曼（1914～1942）：出生廣西蒼梧書香之家，1935 年肄業廣東勷勤大學，旋入東京大學，1936 年在東京入黨；1937 年底入延安中央黨校，1940 年冬廣西工委副書記，1942 年 7 月 9 日因南工委組織部長郭潛叛變，與妻子（黨員）等三人被捕，11 日獲釋，12 日晚三人集體自縊桂林逸仙中學宿舍；三份〈悔過書〉旁留言「不自由，毋寧死」，自殺是為向黨報警──出了叛徒、我們被捕了。

邵荃麟（1906～1971）：出生重慶藥商之家，1927 年肄業復旦大學經濟系，1926 年 3 月入黨，浙江團省委書記，1934 年被捕，1937 年出獄；華東局東南文委書記、香港工委副書記、文委書記；1949 年後，政務院文教副秘書長、中宣部副秘書長、中國作協會主席、黨組書記；文革遭殘酷迫害，冤死獄中。

田家英（1922～1966）：出身成都藥鋪小業主家庭，1936 年以第一名考入成都縣中（高中），1937 年 5 月加入「民先」，11 月赴延，入陝公；1938 年 2 月入黨，

1939 年入馬列學院，留校任教；1941 年中央政治研究室、中宣部歷史組員；1948
年 8 月毛澤東秘書，中央辦公廳副主任，文革初期自殺。

　　田漢（1898～1968）出生長沙東鄉貧農，日本東京高師畢業生，加入少年中
國學會、創造社；執教上海大學、大夏大學；1925 年創辦南國社及南國藝術學院，
著名戲劇家，「左聯」執委；1932 年瞿秋白介紹入黨，左翼劇聯黨團書記；1935 年
一度被捕，〈義勇軍進行曲〉詞作者；1949 年後，文化部藝術局長；文革押禁秦城
監獄，強逼喝尿，「永遠開除出黨」；1968 年迫害致死。

　　唐麟（1911～1968）出身湖南邵陽鄉紳，1927 年 8 月入團，1930 年被捕一年；
1938 年入黨，邵陽縣委書記、川東工委書記、中央城工部黨務組書記、湘南支隊
政治部主任；1949 年後，湖南省文化局長、省委宣傳部長；1959 年受周小舟案牽
連，下放寧鄉黃材公社副書記；1962 年調任湖南大學副校長、文革殘遭迫害；1968
年 2 月 18 日墜亡，死因不明。

　　王實味（1906～1947）出身河南潢川舉人之家，1927 年肄業北大文院；1926
年入黨，1927 年失去組織聯繫，1928 年任職南京國民黨部；1937 年 10 月赴延，陝
公隊長，重新入黨；1938 年調馬列學院（後易名中央研究院）編譯室；整風被誣
托派，開除黨籍；1947 年 7 月 1 日被殺，1992 年平反。

　　王昭（1917～1970）：出身河北平山農家，1932 年入黨；平山縣委書記，地
委書記、四縱政委、64 軍政委；1949 年後，公安部政治部主任、公安部副部長、
公安學院院長、青海省委第一書記兼省長；1970 年 2 月因迫害，慘死青海獄中。

　　王宗一（1921～1966）出身山東費縣小學教員家庭，畢業於費縣師範講習所；
1936 年 10 月入黨，11 月費縣工委書記；1937 年底入安吳青訓班，1938 年入抗大、
魯藝；魯藝宣傳科長、華北聯大幹部科副主任、新華社編輯；1949 年後，中宣部
資料室副主任、宣傳處長；文革被揪出，剃光頭，低頭彎腰罰勞動，唱「我是牛
鬼蛇神」自辱，1966 年 9 月 9 日自殺。

　　聞捷（1923～1971）出身江蘇丹徒鐵路職工家庭，當過媒廠學徒；1938 年入
黨，1940 年抵延，入陝公；新華社西北總分社採訪部主任；1949 年後，新華社新
疆分社社長、《文藝報》記者、《人民日報》特約記者，1957 年後蘭州作協副主席、
上海作協理事，專業詩人；文革遭迫害，1971 年 1 月 13 日開煤氣自殺。

　　蕭也牧（1918～1970）：浙江吳興人，畢業杭州電校，1936 年入滬為工；「七
七」後入山西民族革大，1938 年入晉察冀邊區，任演員、記者，1945 年入黨；1949
年後，張家口鐵路工人糾察隊副政委；1951 年因小說〈我們夫婦之間〉遭批判，
1958 年劃「右」，文革中被活活打死，大小便失禁，屎尿滿床，埋屍亂墳崗。

　　熊大縝（1913～1939）出身上海官宦之家，1935 年畢業於清華物理系，「七七」放棄留德入冀中赤區；1938 年底任冀中軍區供給部長，1939 年被誣特務，由鋤奸部秘密處死。

　　許明（1919～1966）孔原妻，遼寧錦州人，就讀天津美育中學、北平女二中，1936 年入黨；1937 年 10 月入延安中央黨校理論班；中央社會部科長、瀋陽市府人事處長、延邊地委調研室主任、民運部副部長、撫順市委秘書長；1949 年後，海關總署人事處長、總理辦公室副主任，國務院副秘書長，1966 年底服安眠藥自殺。

　　葉以群（1911～1966）出身安徽歙縣書香門第，1929 高中畢業，因發表激進文章被捕，同年入東京政法大學經濟系；1931 年回國，「左聯」組織部長，1932 年入黨；重慶文化聯絡社總編；1949 年後，上影副廠長、上海作協副主席、上海文學研究所副所長、《上海文學》、《收穫》雜誌副主編；文革「三反分子」，1966 年 8 月 2 日跳樓自殺。

　　楊帆（1912～1999）出身常熟書香門第，1932 年入北大中文系，先後加入「民先」、北京「左聯」；1937 年入黨，項英秘書、新四軍軍法處副處長；鹽阜區社會部長、區保安處長，新四軍三師保衛部長、華中局敵工部長、聯絡部長，華東局社會部副部長；1950 年上海公安局長，1954 年因「潘楊案」入獄 25 年，精神分裂；1980 年平反，上海市政協常委。

　　楊剛（1905～1957）出身湖北省代省長之女，1932 年畢業於燕京英文系；1928 年入黨，1932 年退黨，1938 年重新入黨，香港《大公報》副刊主編；1943 年留美；1949 年後，天津《大公報》副總編、上海《大公報》軍代表、周恩來秘書、中宣部國際處長、《人民日報》副總編；1957 年 10 月 7 日跳樓自殺；數日前參加批鬥「丁陳」大會，深受刺激，理想崩潰。

　　楊朔（1913～1968）出身山東蓬萊書香之家（父為秀才），1937 年底赴延，參加延安文藝座談會，1945 年入黨，以隨軍記者參加平津戰役；1949 年後，全國總工會文藝部長，1954 年入中國作協，文革重點批鬥對象，1968 年 7 月底，要求上書毛澤東或與單位領導談話，均遭拒絕，8 月 3 日服安眠藥自殺。

　　楊賡（1915～1957）長沙縣福臨西沖人，先後就學湖南省立一中、北大法律系；1938 年 1 月入黨，湖南省委青委委員、《新華日報》編輯、新華社東北社長；1949 年後，《新觀察》主編、新華社東北總分社社長兼東北新聞局長，1953 年 7 月通俗讀物出版社副社長；1957 年劃「右」，含憤自殺。

　　姚溱（1921～1966）出身江蘇南通教員家庭，入學南通中學，1938 年入黨，1940 年入上海大同大學；1942 年赴淮南赤區，新華社華中總分社主編《消息》；1948

年 10 月被捕，備受酷刑，營救出獄；1949 年後，上海新聞出版處長、上海市委宣傳部副部長、中宣部國際處長、副部長，人大副秘書長，中央釣魚台寫作班子成員；1966 年 7 月 23 日因康生一句話自殺。

俞時模（1917～1969）出身安徽樅陽貧農孤兒，入學縣城私立小學；1938 年 3 月入安吳青訓班，1939 年入黨，入澤東青年幹校；毛紡廠長、煤礦礦長、饒河縣委書記、合江省團工委書記；1949 年後，東北團委組織部副部長、清華大學副書記；1958 年 2 月劃「右」，降任徽州師範副校長，1965 年再降茅山茶場副場長；文革中迫害致死。

趙樹理（1906～1970）出身山西沁水貧苦農家，入學長治省立四師；1937 年入黨，撰有〈小二黑結婚〉、〈李有才板話〉等小說名篇；1949 年後任中國文聯常委、中國作協理事、中國曲協主席；文革中批鬥致死。

鄒魯風（1910～1959）出身遼寧遼陽貧苦農家，「九・一八」後參加北滿游擊隊，1933 年入北平東北大學；1936 年入黨，從事東北軍兵運；魯西游擊隊政治主任、平陰縣長、遼陽市長、遼南省政府副主席；1949 年後，東北政府教育部副部長、人民大學副書記兼副校長、北大副校長；因不贊成人民公社某些做法，北京市委準備批判他，自沉北大校園湖中；1979 年隨彭德懷案平反。

張昕（1914～1968）：出身山東利津縣城貧家，山東平原第五鄉師畢業生；1939 年入黨，參加新四軍；山東省委組織部秘書、汝南中心區委書記、新蔡縣委書記、新四軍五師政治部民運科長；1949 年後，西南軍區政治部副主任、西南軍區後勤部財務部副政委、總後武漢後勤學校政委、長春獸醫大學政委；1968 年 5 月 15 日迫害致死。

張學思（1916～1970）張學良四弟，1933 年入黨，1937 年畢業南京中央軍校；1938 年赴延，入馬列學院；抗大東北幹部隊長、冀中軍區副參謀處長、晉察冀軍分區副司令員、遼寧省政府主席兼遼寧軍區司令員、東北行政委員會副主席；1949 年後，海軍學校副校長兼政委、海軍參謀長、1955 年少將；文革收監，含冤以歿。

周小舟（1912～1966）出身湖南湘潭地主，入讀北師大國文系；1927 年 5 月入團，1935 年入黨，北平市委宣傳部長，「一二・九」骨幹；1936 年赴延，旋任毛澤東秘書；1938 年冀中區宣傳部長、易縣縣委書記、察哈爾地委書記、北平市委宣傳部長、華北局宣傳部副部長；1949 年後，湖南省委宣傳部長、省委第一書記兼副省長、省軍區政委、八屆候委；1959 年廬山會議後降任公社副書記，1962 年調任中科院中南分院副院長；文革多次挨鬥，1966 年 12 月 26 日自盡廣州。

血歷史58　AC0024

新銳文創
INDEPENDENT & UNIQUE

烏托邦的幻滅
——延安一代士林

作　　者	裴毅然
主　　編	蔡登山
責任編輯	林世玲
圖文排版	連婕妘
封面設計	秦禎翊

出版策劃	新銳文創
發 行 人	宋政坤
法律顧問	毛國樑　律師
製作發行	秀威資訊科技股份有限公司
	114 台北市內湖區瑞光路76巷65號1樓
	電話：+886-2-2796-3638　傳真：+886-2-2796-1377
	服務信箱：service@showwe.com.tw
	http://www.showwe.com.tw
郵政劃撥	19563868　戶名：秀威資訊科技股份有限公司
展售門市	國家書店【松江門市】
	104 台北市中山區松江路209號1樓
	電話：+886-2-2518-0207　傳真：+886-2-2518-0778
網路訂購	秀威網路書店：http://www.bodbooks.com.tw
	國家網路書店：http://www.govbooks.com.tw

出版日期	2014年4月　BOD一版
定　　價	910元

國家圖書館出版品預行編目

烏托邦的幻滅：延安一代士林 / 裴毅然著. -- 一版. -- 臺
北市：新鋭文創, 2014. 04
　　面；　公分. --（血歷史；AC0024）
BOD版
ISBN　978-986-5716-04-2 (平裝)

1. 中國共產黨　2. 知識分子

576.25　　　　　　　　　　　　　　　103002802

讀者回函卡

感謝您購買本書，為提升服務品質，請填妥以下資料，將讀者回函卡直接寄回或傳真本公司，收到您的寶貴意見後，我們會收藏記錄及檢討，謝謝！如您需要了解本公司最新出版書目、購書優惠或企劃活動，歡迎您上網查詢或下載相關資料：http:// www.showwe.com.tw

您購買的書名：＿＿＿＿＿＿＿＿＿＿＿＿＿＿＿＿＿＿＿＿＿＿＿

出生日期：＿＿＿＿＿＿年＿＿＿＿＿＿月＿＿＿＿＿日

學歷：□高中 (含) 以下　　　□大專　　　□研究所 (含) 以上

職業：□製造業　□金融業　□資訊業　□軍警　□傳播業　□自由業
　　　　□服務業　□公務員　□教職　　□學生　□家管　　□其它＿＿＿

購書地點：□網路書店　□實體書店　□書展　□郵購　□贈閱　□其他

您從何得知本書的消息？

　　□網路書店　□實體書店　□網路搜尋　□電子報　□書訊　□雜誌
　　□傳播媒體　□親友推薦　□網站推薦　□部落格　□其他＿＿＿＿＿＿

您對本書的評價：(請填代號　1.非常滿意　2.滿意　3.尚可　4.再改進)

　　封面設計＿＿＿　版面編排＿＿＿　內容＿＿＿　文／譯筆＿＿＿　價格＿＿＿

讀完書後您覺得：

　　□很有收穫　□有收穫　□收穫不多　□沒收穫

對我們的建議：＿＿＿＿＿＿＿＿＿＿＿＿＿＿＿＿＿＿＿＿＿＿＿

＿＿＿＿＿＿＿＿＿＿＿＿＿＿＿＿＿＿＿＿＿＿＿＿＿＿＿＿＿＿

＿＿＿＿＿＿＿＿＿＿＿＿＿＿＿＿＿＿＿＿＿＿＿＿＿＿＿＿＿＿

＿＿＿＿＿＿＿＿＿＿＿＿＿＿＿＿＿＿＿＿＿＿＿＿＿＿＿＿＿＿

11466
台北市內湖區瑞光路 76 巷 65 號 1 樓

秀威資訊科技股份有限公司　　　收

BOD 數位出版事業部

....

（請沿線對折寄回，謝謝！）

姓　　名：＿＿＿＿＿＿＿＿＿　年齡：＿＿＿＿　性別：□女　□男

郵遞區號：□□□□□

地　　址：＿＿＿＿＿＿＿＿＿＿＿＿＿＿＿＿＿＿＿

聯絡電話：(日)＿＿＿＿＿＿＿＿＿　(夜)＿＿＿＿＿＿＿＿＿

E-mail：＿＿＿＿＿＿＿＿＿＿＿＿＿＿＿＿＿＿＿